U0552765

國家古籍整理出版專項經費資助項目

中國古代城池基礎資料彙編
第一輯
第四冊

地方志城牆資料彙編
（上）

成一農　編

中國社會科學出版社

圖書在版編目（CIP）數據

地方志城墙資料彙編·上／成一農編．—北京：中國社會科學出版社，2016.10

（中國古代城池基礎資料彙編．第一輯；第四册）

ISBN 978-7-5161-9000-5

Ⅰ.①地… Ⅱ.①成… Ⅲ.①城墙—史料—彙編—中國 Ⅳ.①K928.77

中國版本圖書館 CIP 數據核字（2016）第 237897 號

出 版 人		趙劍英
選題策劃		郭沂紋
責任編輯		耿曉明
責任校對		石春梅
責任印製		李寡寡

出　　版		中國社會科學出版社
社　　址		北京鼓樓西大街甲 158 號
郵　　編		100720
網　　址		http：//www.csspw.cn
發 行 部		010-84083685
門 市 部		010-84029450
經　　銷		新華書店及其他書店

印刷裝訂		北京君昇印刷有限公司
版　　次		2016 年 10 月第 1 版
印　　次		2016 年 10 月第 1 次印刷

開　　本		710×1000　1/16
印　　張		34.5
字　　數		581 千字
定　　價		127.00 圓

凡購買中國社會科學出版社圖書，如有質量問題請與本社營銷中心聯繫調換
電話：010-84083683
版權所有　侵權必究

前　言

一

　　本資料集原是中國社會科學院重點項目和社科基金青年項目"中國古代城市地理信息系統"的基礎資料。作爲個人項目，"中國古代城市地理信息系統"的構架顯然過於宏大了，在實際執行中，受到技術能力和條件的限制，這兩個項目所建立的地理信息系統最終祇能用於解決本人感興趣的一些問題，缺乏拓展性，因此未對外公佈。

　　本人最初並未有將用於構建"中國古代城市地理信息系統"的基礎資料進行出版的構想，但在中國社會科學出版社郭沂紋老師的鼓勵下，思量再三，感覺出版紙本資料在目前依然有其一定的學術意義，因此才有了目前這一套資料集。那麽在現在歷史文獻大量數字化的情况下，這種紙本專題資料集的意義何在呢？其實這一問題可以更爲尖鋭地表達爲，在數字化的時代，紙本專題資料集還有出版價值嗎？

　　要回答這一問題，還需要回到學術研究本身。誠然，當前歷史文獻的數字化極大地便利了學術研究，以往學者可能花費數年、數十年進行的資料搜集、整理的工作，現在可能數小時或者短短幾天就可完成。就這一角度而言，紙本專題資料集確實已經失去意義。但問題在於，使用數字化資源進行檢索的前提是需要研究者有着明確的"問題"，即祇有形成了"問題"，才能利用數字化的文獻資料進行檢索。那麽"問題"是如何形成的呢？其中一個途徑就是對原始資料的大量閱讀，這就是紙本專題資料集學術價值所在，而這也是數字化文獻所無法替代的。誠然，目前通過數字化文獻以及其提供的便利的檢索方式推進了對一些史學問題的認識，但這些被解決的問題中又有多少是通過對數字化文獻的檢索提出來的呢？基本是没有的，甚至很多通過檢索數字化文獻進行的研究，其基本思路也是傳統的。

　　本人最初關於中國古代城市的研究就來源於對文本文獻的閱讀。攻讀博士期間，我在導師李孝聰教授的指導下開始系統翻閱《天一閣藏明代方志選刊》及《續刊》，並整理其中與城牆有關的資料。在閱讀中發現，這些方志中關於宋元時期和明代前期城牆修築的記載非常少，這似乎不符合城牆是中國古代城市的標志的傳統觀點；此外，傳統認爲的唐宋之際城市革命的重要體現之一坊牆的倒塌，在這些地方志中也沒有任何痕迹可循，而上述這兩點來自史料閱讀的疑問構成了我後來博士論文和第一本著作的主體內容，這些問題不是簡單的史料檢索可以發現的。

　　不僅如此，在整理中國古代城市資料的過程中我還曾注意到了一些問題，祇是隨着興趣點的轉移這些問題已經沒有時間去深入研究了。如從地方志的記載來看，各地文廟的初建雖然存在地域差異，但幾乎很少有早於宋代的，這不同於目前通常認爲的文廟普遍興建於唐代的觀點[①]。又如，宋代的廟學，無論是建築布局還是建築的名稱並不統一，明清時期，兩者都逐漸規範化，尤其是明嘉靖和清雍正時期廟學建築的名稱以及建築布局都發生了一些重要的變化，而這兩個時期也都發生了一些重要的歷史事件，如嘉靖時期的大禮議、雍正時期的文字獄，這些與廟學建築的變化是否存在聯繫？此外，如果大量閱讀廟學的修建碑刻（碑刻資料會在本資料集的後續各輯中出版），就會發現在某些時期和地區，碑刻的撰寫有着相似的內容結構：一般通常會先描述廟學的破敗，然後再叙述現任地方長官到任之初傷感於廟學的破敗，不過其並未立刻着手廟學的修建，祇是等到經過一段時間的治理，地方民風淳樸、經濟發展之後，才向地方官吏和士紳提出修理廟學的建議，而這一建議立刻得到了積極的回應。不過，廟學的修建並未驚動一般百姓，資金大都來源於地方長官、官吏和士紳的集資，甚至直到廟學修建完成之後，地方百姓才得以知曉，也就是説此舉並未勞民傷財。最後，感慨於地方長官的善政和地方官吏、士紳的義舉，地方上公推碑文的作者來撰寫碑文以示紀念。但碑文的作者以自己才疏學淺一再謙讓，祇是最終在認識到如果自己不寫碑文，這些善政和義舉將會被

―――――――――――

　　[①]　對此，本人曾經簡單地撰寫過一篇小文，參見《宋、遼、金、元時期廟學制度的形成及普及》，《十至十三世紀中國文化的碰撞與融合》，上海人民出版社2006年版。

後人忘記之後才不得不下筆。如果將廟學認爲是中國地方城市中一類非常特殊的建築，在這些碑刻之中，我們是否可以看到各種利益的彙集、國家與社會的互動？

總體來說，在如今數字化的時代，"查詢"衹是解答史學問題的方式之一，而不是提出"問題"的方法。

二

本資料集原來的名稱爲"中國古代城市基礎資料"，但後來改爲"中國古代城池基礎資料彙編"，主要有着以下考慮。

中國古代即有"城市"一詞，而且産生的時間較早，在電子版《四庫全書》中以"城市"一詞進行檢索，總共命中 3423 條[1]。關於這些"城市邑""城市"，有些學者認爲表達的即是現代"城市"的含義，當然這也與"城市"概念的界定有關，如馬正林在《中國城市歷史地理》一書中提出的"城市"概念是"也就是説，中國古代的城是以防守爲基本功能。城市則不然，它必須有集中的居民和固定的市場，二者缺一都不能稱爲城市。根據中國歷史的特殊情況，當在城中或城的附近設市，把城和市連爲一體的時候，就産生了城市"[2]，並由此推斷中國古代城市出現的時代應該是西周，即"夏商的都城是否設市，既無文獻上的依據，也没有考古上的證明，衹有西周的都城豐鎬設市，有《周禮·考工記》爲證"[3]，並由此認爲文獻中出現的"城市邑"和"城市"即是現代意義的"城市"概念。他提出的這一對城市概念的界定，即"城（城牆）"+"市"="城市"，在中國古代城市研究中具有一定的代表性[4]，雖然不能説馬正林提出的認識是錯誤的，畢竟關於"城市"的概念至今也没有達成一致的意見，但這並不能説明古代文獻中出現的"城市"一詞具有

---

[1] 其中有很多並不是作爲"城市"這個詞彙出現，或是城和市兩個概念的合稱或是偏重于"市"，因此實際上出現的次數要遠遠少於 3423 條。

[2] 馬正林：《中國城市歷史地理》，山東教育出版社 1998 年版，第 18 頁。

[3] 同上書，第 19 頁。

[4] 董鑒泓：《中國城市建設史》，中國建築工業出版社 1989 年版，第 5 頁。

了現代"城市"的含義①。當然，我們可以用現代的"城市"概念來界定古代的聚落，但無論近現代"城市"的概念如何界定，實際上都是從本質上（主要是經濟、社會結構）將一組特殊的聚落與鄉村區分開來，那麼我們首先需要考慮的是中國古代是否曾將某些聚落認爲是一種特殊的實體，如果存在這種認識，那麼這些特殊的聚落是否與近現代"城市"概念存在關聯。下面先對這一問題進行分析：

除了遼、金、元三個少數民族政權之外，在中國古代的行政體系中，並不存在單獨的現代意義的建制城市。韓光輝在《元代中國的建制城市》②《中國元代不同等級規模的建制城市研究》③《宋遼金元建制城市的出現與城市體系的形成》④ 等論著中對遼、金、元時期，尤其是元代建制城市的出現和發展過程進行了叙述。根據韓光輝的分析，設置建制城市（也就是録事司）的標準，並不是現在通常用來界定"城市"的經濟、人口等數據，而主要依據的是城市的行政等級，即"録事司，秩正八品。凡路府所治，置一司，以掌城中户民之事。中統二年，詔驗民户，定爲員數。二千户以上，設録事、司候、判官各一員；二千户以下，省判官不置。至元二十年，置達魯花赤一員，省司候，以判官兼捕盜之事，典史一員。若城市民少，則不置司，歸之倚郭縣。在兩京，則爲警巡院"⑤，從這一文獻來看，界定"建制城市"的標準首先是行政等級，然後才是人

---

① 總體來看，馬正林所提概念涵蓋的範圍過於寬泛了，有"市"和一定的居民即可以爲城市，且不說其中的市是否是固定市還是集市，人口要到多少才算是達標，如果按照這一概念，不僅中國古代大多數行政城市，以及衆多的鄉鎮聚落都可以作爲城市，而且世界古代的大多數聚落似乎也可以界定爲城市了。對於這種定義，李孝聰在《歷史城市地理》一書中批評道"而且，城市作爲人類社會物質文明與精神文化最重要的載體，僅僅用城牆和市場這兩個具體而狹隘的標準來衡量也是缺乏説服力的"，山東教育出版社2007年版，第4頁。此外，由於"城市"一詞具有的誤導性，讓人容易理解爲"城"＋"市"，因此有學者認爲應當放棄對這一詞彙的使用，參見王妙發、鬱越祖《關于"都市（城市）"概念的地理學定義考察》，《歷史地理》第10輯，上海人民出版社1992年版，第133頁。而且"城市"一詞在古代可能僅僅表示"城"的含義，這點參見後文分析。

② 韓光輝：《元代中國的建制城市》，《地理學報》1995年第4期，第324頁。

③ 韓光輝、劉旭、劉業成：《中國元代不同等級規模的建制城市研究》，《地理學報》2010年第12期，第1476頁。

④ 韓光輝、林玉軍、王長鬆：《宋遼金元建制城市的出現與城市體系的形成》，《歷史研究》2007年第4期，第42頁。

⑤ 《元史》卷九十一《百官志》，中華書局1976年版，第2317頁。

口，如果行政等級不高，人口再多也不能設置錄事司；同時，文獻中對於"若城市民少，則不置司"中的"民少"並沒有具體的規定，另外不設判官的標準爲兩千户以下，並且没有規定下限，則更說明"民少"的標準是模糊的。不僅如此，雖然我們不能確定元代"城市"發展的水平，但明清時期"城市"的發展應當不會低於元代，但這種建制城市却在元代滅亡後即被取消。從這點來看，"建制城市"的出現並不能代表中國"城市"的發展水平，而且也没有確定一種傳統，可能只是中國歷史發展中的偶然現象。總體來看，就行政建制方面而言，中國古代缺乏現代意義的"城市"的劃分標準，"城"通常由管轄周邊郊區的附郭縣（府州及其以上行政層級）或者縣管轄，"城"與其周邊地區的區分在行政層面上並不重要。

不僅如此，在漫長的歷史中，除了元代之外，清末之前幾乎没有用來確定某類特殊聚落地位的標準。在各種文獻中提到的"城"，通常是那些地方行政治所和一些修築有城牆的聚落，因此如果要尋找劃分標準，那就是"地方行政治所"和"城牆"，但這兩者又不完全統一。一方面，至少從魏晉至明代中期，很多地方行政治所並没有修築城牆[1]；另一方面大量修築有城牆的聚落又不是地方行政治所。因此，中國古代文獻中的"城"，其實包含兩方面的含義，一方面是地方行政治所（不一定修築有城牆）；另一方面是有牆聚落。兩者之中，都涵蓋了各色各等差異極大的聚落，有牆聚落中既有規模居於全國首位的都城，也有周長不超過3里圍繞一個小村落修建的小城堡。即使行政治所，規模差異也很大[2]。因此文獻中"城"和"城池"這類的概念實際上表示的是一種地理空間，而並不具有太多的其他意義。

中國古代編纂的各種志書中，在涉及地方的部分基本上很少將與城有關的内容單獨列出。如現存最早的地理總志《元和郡縣圖志》，其中所記政區沿革、古迹、山川河流都没有區分城内城外，而且也極少記録城郭的情况。《元和郡縣圖志》之後的地理總志，雖然記述的内容更爲豐富，但

---

[1] 參見成一農《中國古代地方城市築城簡史》，《古代城市形態研究方法新探》，社會科學文獻出版社2009年版，第160頁。

[2] 參見成一農《清代的城市規模與城市行政等級》，《古代城市形態研究方法新探》，社會科學文獻出版社2009年版，第126頁。

也大致遵循這一方式，即沒有强調"城"的特殊性。地理總志以外的其他志書也基本如此，如《十通》，在記述各種經濟數據（如人口、税收等）、山川、衙署等内容時，並不將城的部分單獨列出。宋代之後保存至今的地方志中雖然通常有"城池"一節，但主要記錄的是城牆和城濠的修築情況；"坊市"中雖然主要記載的是城内的坊（或牌坊）和市的分佈，並與城外的鄉村（或者厢、隅、都等）區分開來，但這可能是受到行政建置（城内與鄉村的行政建置存在差异）的影響；在其他關於地理的章節（如橋樑、寺廟）、關於經濟的章節（如食貨、户口）等中基本看不到對城的强調。因此，可以認爲在這些志書的編纂者看來，作爲行政治所的"城"並没有太大的特殊性，或者説他們心目中並没有歐洲中世紀那些具有特殊地位的"城市"。

此外，雖然中國古代早已有"城市"一詞，但其含義與近現代的概念並不相同，如清代編纂的關於北京的《日下舊聞考》中有以"城市"命名的章節，記載城内的街巷、寺廟、景物等，但該書主要是分區域記述的，與"城市"對應的章節分别爲"皇城""郊坰"和"京畿"等，因此"城市"一詞在這裏很可能只是一種空間分區，表示的是城牆以内皇城以外的範圍，類似於"城"或者"城池"。另如《後漢書·西羌傳》記"東犯趙、魏之郊，南入漢、蜀之鄙。塞湟中，斷隴道，燒陵園，剽城市，傷敗踵係，羽書日聞"①；又如《北齊書·陽州公永樂傳》"永樂弟長弼，小名阿伽。性粗武，出入城市，好毆擊行路，時人皆呼爲阿伽郎君"②，這些文獻中的"城市"一詞同樣並不一定表示的是現代意義的"城市"，很可能只是"城"或"城池"的同義詞，而且文獻中這類的用法還有很多。總體來看，中國古代文獻中的"城市"一詞很可能並不表示現代或者西方與文化、文明、公民等概念有關的含義。

不僅文獻如此，在流傳至今的古代輿圖中，極少出現現代意義的"城市圖"，大部分表示"城"的輿圖往往將城與其周邊區域繪製在一起。當然方志中的"城池圖"是例外情況，其表現的是整個政區的組成部分之一，在明清時期的很多方志之中，除了"城池圖"之外，還有着大量表示鄉村的疆里圖，因此這種"城池圖"表現的實際上是一種地理單位，

---

① 《後漢書》卷八七《西羌傳》，中華書局1965年版，第2900頁。
② 《北齊書》卷一四《陽州公永樂傳》，中華書局1972年版，第182頁。

重點並不在於強調城的特殊性。另外宋代保存下來的幾幅"城圖"，都有著特殊的繪製目的，《平江圖》是在南宋紹定二年（1229）李壽朋對蘇州里坊進行了調整並重修了一些重要建築之後繪製的，是用來表示這些成果的地圖；《靜江府城圖》則是出於軍事目的大規模修建靜江府城池之後，用來記錄修城經過和花費的城圖，圖中上方題記中詳細記載了修城的經過和所修城池的長、寬、高與用工、費、料以及當時經略安撫使的姓名即是明證，從文獻來看，這樣的城圖在宋代還有一些。宋代之後直至清末之前，除了都城之外，與其他專題圖相比較（如河工圖、園林圖），以"城"爲繪製對象的輿圖較爲少見。以《美國國會圖書館藏中文古地圖叙錄》[①] 一書爲例，其中收錄有美國國會圖書館所藏中文古地圖約 300 幅，其中城圖僅有 19 幅。在這 19 幅城圖中，北京地圖有 6 幅，其餘的 13 幅地圖中繪製於同治時期的 2 幅、光緒時期的 8 幅、清後期的 1 幅（即《浙江省垣水利全圖》，李孝聰教授認爲該圖與清同治三年浙江官書局刊印的《浙江省垣城厢全圖》刊刻自同一時期或稍晚），繪製於清代中期的只有 2 幅（《萊州府昌邑縣城垣圖》[②] 和《寧郡地輿圖》）。從中國傳統輿圖來看，與今天大量出現的城市圖不同，除了方志中的"城池圖"和單幅的都城圖之外，中國古代極少將"城"作爲一種單獨的繪圖對象。

總體來看，中國古代可能存在有現代意義的"城市"，但並沒有突出強調某類聚落性質上的特殊性。"城""城池"，甚至"城市"的劃分標準很可能祇是地理空間，而不是現代的從内涵上進行的界定，同時也沒有從經濟、社會等方面對聚落進行劃分的標準，因此可以認爲中國古代並無"城市"這樣的概念。出現這種情況，並不是説明中國古代沒有現代意義的城市，而是説明中國古代並沒有一種我們現代認爲的"城市"的概念或者認識。

總體而言，中國古代肯定存在"城市"（具體如何界定則需要根據所使用的概念），但並無類似於近現代或者西方從經濟或社會的角度界定的"城市"的概念和劃分標準，而祇有"城"或者"城池"這樣的地理空間的劃分。大概只是到了清末，隨著與西方接觸的密切，西方"城市"的概念才逐漸進入中國，中國獨立於鄉村的"城市"的意識才逐漸明晰，

[①] 李孝聰：《美國國會圖書館藏中文古地圖叙錄》，文物出版社 2004 年版。
[②] 通過進一步分析，該圖實際上應該繪製於光緒年間。

也才開始注意城鄉之間的劃分。基於此，由於本資料集主要涉及的是各個時期治所城池空間範圍內（以及周邊的）地理要素，因此用"城池"來作爲書名應當更爲準確。

三

再回到本資料集的來源——歷史城市地理信息系統。由於具有較強的實用性和綜合性，因此歷史城市地理信息系統是目前國內歷史地理信息系統開發的熱點。不過，大部分可以查閱到信息的已經完成或者正在建立的城市歷史地理信息系統，目前大都未能對外公佈數據，也未能與各城市的UGIS或"數字城市"計劃相銜接，從而限制了這些數據的使用。如南京市城市規劃編制研究中心負責的基於3S技術的南京歷史空間格局數字復原研究，已於2010年7月27日通過項目驗收，其最終體現爲"南京市歷史文化空間格局演變應用服務系統"。在網絡上可以查到這一項目的獲獎信息，但無法找到這一系統的網站和使用方法。之所以出現上述現象，其原因很可能是因爲這些系統未能達到立項時設計的目的，無法滿足研究和使用的需要。

從理論上講，單一城市歷史地理信息系統的開發與現代城市地理信息系統的開發最爲主要的差異就是存在"時間軸"的問題，但只要引入滿志敏教授提出的地理要素生存期的概念，那麼這一問題基本可以得到解決。因此在技術層面上，開發單一城市歷史地理信息系統的難度並不大，這些系統未能滿足研究和使用需要的原因應當源於技術之外。

全國或區域性的城市歷史地理信息系統的開發，目前能見到的主要是本人的"中國歷史城市地理信息系統"，但由於技術上的問題，這一系統遠遠未能達到最初設計時的目的，其數據結構的設定只能爲某些特定問題的研究提供相應的服務。總體來看，目前開發完成和正在開發的歷史城市地理信息系統大都未對外公佈的原因，可以分爲技術方面的與技術之外的。首先分析技術方面目前存在的問題：

第一，不同於現代數據，現存的中國古代的信息數據通常缺乏量化，而且中國不同時期以及不同區域的度量衡存在差异，因此將文獻中記載的具體數據轉化爲現代度量衡單位時存在不小的困難。此外，還經常會遇到不同文獻所載數據存在差异，但無法輕易判斷其中對錯的情況。面對上述問題，歷史城市地理信息系統的建設需要在數據方面花費大量的時間，因此其開發的週期要比現代城市地理信息系統更長，也需要更大的資金投入。

第二，涵蓋區域或全國城市的歷史地理信息系統的數據結構的設計在技術上難度很大。涵蓋區域和全國城市的歷史地理信息系統，如果是關於城牆、廟學、寺廟、衙署等單一功能建築的專題性質的信息系統，數據結構的設計難度並不大。目前數據設計方面難度最大的就是，如何在涵蓋區域和全國城市的歷史地理信息系統中包含城市所有的功能建築。當然如果僅僅是專題地理信息數據整合，難度也不大，但這樣的地理信息系統並不能達成數據整合的意義，因爲城市中功能建築之間的位置關係和時間關係是具有研究價值的，其中時間關係通過生存期的概念並結合檢索技術基本可以實現，但對功能建築之間位置關係進行查詢和分析則較難實現。尤其是建立區域和全國歷史城市地理信息系統的時候，由於這一歷史地理信息系統不涉及城市內部的"面"，因此無法通過空間查詢功能來達成對全國城市某些類別功能建築之間位置關係的分析。

除了技術方面的因素之外，目前影響城市歷史地理信息系統以及其他類型歷史地理信息系統開發的主要有以下幾個因素：

第一，歷史地理信息的開發，無論是數據的考訂、分析和轉換，還是數據結構的設計、平臺的搭建，都需要投入大量的時間，而且還需要不斷投入時間進行數據和平臺的維護和更新，而這些都不是目前"論文至上"的學科評價體系所承認的研究成果，因此很少有學者願意投入大量的時間和精力來從事這方面的工作。

第二，雖然目前對於歷史地理信息系統的價值和作用在歷史地理學界中得到了廣泛的認可，但目前無論是在學術研究方面，還是在現實應用方面，歷史城市地理信息系統都未取得與其投入資金相對應的成果。而且與目前如火如荼的古籍數字化不同，歷史地理信息系統的使用需要一定的技術能力，無法短時期內就被研究者所普遍使用，難以產生立竿見影的效果。可能正是由於這一原因，使得國家、城市管理部門以及各個研究單位對於需要耗費大量資金和時間，短期內難以見到顯著成效的歷史地理信息系統的投入持保留態度。

第三，包括歷史城市地理信息系統在內的歷史地理信息系統的開發實際上需要文理科的聯合，其中人文學科的學者無法處理設計數據結構時遇到的錯綜複雜的數據關係和進行地理信息系統平臺的深入開發；而理科出身的地理信息系統的研發者很多時候無法正確處理文獻中記載的數據，或者把握模糊處理這些數據的尺度，而且很多時候也無法明瞭研究者所需要的數據關係。最近一段時期以來，雖然國家和研究院所都鼓勵跨學科的研究，但實際上取得的成果極其有限，這一問題產生的原因非常複雜，其中最爲重要的原因之一，可能在於文理科學者思維上的差异所造成的研究思路上的隔閡，而目前"碎片化"的學科體制使得文理科學者之間缺乏一種能長期對話、合作的機制，而這種機制應當從研究者的培養階段，也就是大學時期就開始建立。

總體來看，目前以歷史城市地理信息系統爲代表的歷史地理信息系統，雖然取得了一些零散的成就，但從長遠來看，依然缺乏明確的發展前景，短期內也無法取得突破和獲得重要的研究成果，因此如果歷史地理學界公認這一技術手段今後必然會極大地推動歷史地理學甚至歷史學的研究的話，那麼就應當合整個學界之力，致力於這一系統的開發。對此，本人設想應當需要採取以下措施：

第一，以某一具有廣泛影響力的研究機構爲核心，聯合國內各研究院所建立某種形式的研究機構，進行以城市歷史地理信息系統爲代表的歷史地理信息系統平臺的開發，并且説服國家或者研究基金投入大量資金扶持這一難以短期產生效益和成果的項目，但又屬於前沿性和基礎性的學術基礎數據平臺的建設。

第二，以這一機構和研究項目爲基礎，吸收青年學者參加，通過制定特殊的職稱評審體制，鼓勵研究者安心長期從事這一基礎領域的工作。

第三，在歷史地理信息系統的開發中，重視建立一種促使文理科研究者深入討論與合作的機制，通過各種方式達成雙方對對方思維方式、思路、研究目標、理念的理解。

第四，在歷史地理信息系統項目建設之初，應當投入大量的時間確定一套有着普遍適用性和擴展性的數據標準，並將這一標準公之於衆。然後，再以這一平臺和標準爲基礎，或對現有的成套、比較成熟的文本數據進行加工，或以項目的形式組織研究人員整理製作各種類別的地理信息系統數據，並鼓勵和幫助其他研究機構使用這套數據標準建立各自的數據和地理信息系統。由此才能最終建立起一套可以相互銜接、不斷擴充的數據集。

四

因爲當前本人的主要精力已經轉移到了古地圖的研究，雖然還在進行古代城市的研究工作，但投入的精力已經大不如前，不過歷史地理信息系統的建設依然是今後長期關注的重點，其原因一方面是這一研究方法今後很可能會帶動整個學科的發展，另一方面是希望通過這一方法將歷史學、地理學和現實問題結合起來，因此今後本資料集還會繼續出版。大致的安排如下：第二輯和第三輯，以地方志中的城牆資料和廟學資料爲主，也就是第一輯的續編；第四輯，主要收錄與城牆和廟學有關的碑刻材料；第五輯，爲宋元方志中的城市基礎資料彙編。

五

我非常高興能借此機會向恩師李孝聰教授表達謝意！没有他的指引和無微不至的呵護以及在我後來的學術發展中給予的最大可能的幫助，我的學術研究無法走到今天這一步。在我學術成長中給予我各方面引導、支持和幫助的魯西奇教授、張曉虹教授、侯甬堅教授、唐曉峰教授、辛德勇教授、韓茂莉教授、華林甫教授、卜憲群研究員、王震中研究員、楊珍研究員等，在此一併表示謝意。還有中國社會科學出版社的副總編審郭沂紋老師，没有她的鼓勵和幫助，這本資料集的出版是無法想象的。最後還要感謝具體負責本書編輯的劉芳、耿曉明，對於這本枯燥無味的資料集，她們投入大量的時間和精力來閱讀並提出了諸多寶貴意見。

目　　録

甘肅省 ……………………………………………………（1）
　康熙《安定縣志》 ………………………………………（1）
　　安定縣 …………………………………………………（1）
　乾隆《成縣新志》 ………………………………………（1）
　　成縣 ……………………………………………………（1）
　民國《崇信縣志》 ………………………………………（2）
　　崇信縣 …………………………………………………（2）
　乾隆《狄道州志》 ………………………………………（2）
　　狄道州 …………………………………………………（3）
　道光《敦煌縣志》 ………………………………………（3）
　　敦煌縣 …………………………………………………（3）
　　黃墩堡 …………………………………………………（4）
　乾隆《伏羌縣志》 ………………………………………（4）
　　伏羌縣 …………………………………………………（4）
　萬曆《肅鎮華夷志》 ……………………………………（4）
　　陝西行都司 ……………………………………………（4）
　　山丹衛 …………………………………………………（5）
　　高臺所 …………………………………………………（5）
　乾隆《甘州府志》 ………………………………………（5）
　　甘州府 …………………………………………………（5）
　　東樂城 …………………………………………………（6）
　　山丹縣 …………………………………………………（6）
　　撫彝城 …………………………………………………（6）
　道光《續修山丹縣志》 …………………………………（6）

山丹縣 …………………………………………………………………（6）
光緒《海城縣志》 ……………………………………………………………（7）
　　　海城縣 …………………………………………………………………（7）
乾隆《合水縣志》 ……………………………………………………………（8）
　　　合水縣 …………………………………………………………………（8）
民國《和政縣志》 ……………………………………………………………（9）
　　　和政縣 …………………………………………………………………（9）
民國《華亭縣志》 ……………………………………………………………（9）
　　　華亭縣 …………………………………………………………………（9）
嘉靖《徽郡志》 ………………………………………………………………（10）
　　　徽州 ……………………………………………………………………（10）
嘉慶《徽縣志》 ………………………………………………………………（10）
　　　徽縣 ……………………………………………………………………（10）
道光《續修會寧縣志》 ………………………………………………………（11）
　　　會寧縣 …………………………………………………………………（11）
康熙《金縣志》 ………………………………………………………………（12）
　　　金縣 ……………………………………………………………………（12）
乾隆《涇州志》 ………………………………………………………………（12）
　　　涇州 ……………………………………………………………………（12）
道光《靖遠縣志》 ……………………………………………………………（13）
　　　靖遠縣 …………………………………………………………………（13）
乾隆《靜寧州志》 ……………………………………………………………（14）
　　　靜寧州 …………………………………………………………………（14）
道光《蘭州府志》 ……………………………………………………………（14）
　　　蘭州府 …………………………………………………………………（14）
　　　狄道州 …………………………………………………………………（15）
　　　渭源縣 …………………………………………………………………（15）
　　　金城縣 …………………………………………………………………（15）
　　　河州 ……………………………………………………………………（16）
　　　靖遠縣 …………………………………………………………………（16）
道光《兩當縣新志》 …………………………………………………………（16）
　　　兩當縣 …………………………………………………………………（16）

民國《創修臨澤縣志》…………………………………………（17）
　　臨澤縣 ……………………………………………………（17）
康熙《隆德縣志》……………………………………………（17）
　　隆德縣 ……………………………………………………（17）
民國《民勤縣志》……………………………………………（17）
　　民勤縣 ……………………………………………………（18）
乾隆《清水縣志》……………………………………………（18）
　　清水縣 ……………………………………………………（18）
光緒《洮州廳志》……………………………………………（19）
　　洮州廳 ……………………………………………………（19）
光緒《通渭縣新志》…………………………………………（19）
　　通渭縣 ……………………………………………………（19）
民國《創修渭源縣志》………………………………………（20）
　　渭源縣 ……………………………………………………（20）
乾隆《西和縣志》……………………………………………（21）
　　西和縣 ……………………………………………………（21）
民國《夏河縣志》……………………………………………（21）
　　夏河縣 ……………………………………………………（21）
民國《新纂康縣縣志》………………………………………（21）
　　康縣 ………………………………………………………（21）
清《永登縣志》………………………………………………（22）
　　永登縣 ……………………………………………………（22）
乾隆《玉門縣志》……………………………………………（23）
　　玉門縣 ……………………………………………………（23）
　　赤金土城 …………………………………………………（23）
　　惠回堡土城 ………………………………………………（23）
道光《重修鎮番縣志》………………………………………（23）
　　鎮番縣 ……………………………………………………（23）
民國《重修靈臺縣志》………………………………………（24）
　　靈臺縣 ……………………………………………………（24）
民國《重修鎮原縣志》………………………………………（26）
　　鎮原縣 ……………………………………………………（26）

乾隆《莊浪志略》……………………………………………（27）
　　莊浪縣 ……………………………………………………（27）
嘉靖《秦安志》……………………………………………（29）
　　秦安縣 ……………………………………………………（29）
乾隆《五涼全志》…………………………………………（29）
　　涼州府 ……………………………………………………（29）
乾隆《直隸秦州新志》……………………………………（30）
　　秦州 ………………………………………………………（30）
　　秦安縣 ……………………………………………………（31）
　　清水縣 ……………………………………………………（31）
　　禮縣 ………………………………………………………（32）
　　徽縣 ………………………………………………………（32）
　　兩當縣 ……………………………………………………（32）

陝西省 ……………………………………………………（34）
　道光《重修略陽縣志》…………………………………（34）
　　略陽縣 ……………………………………………………（34）
　嘉慶《安康縣志》………………………………………（36）
　　安康縣 ……………………………………………………（36）
　嘉慶《白河縣志》………………………………………（37）
　　白河縣 ……………………………………………………（37）
　　外城附 ……………………………………………………（37）
　光緒《白河縣志》………………………………………（38）
　　白河縣 ……………………………………………………（38）
　乾隆《白水縣志》………………………………………（39）
　　白水縣 ……………………………………………………（39）
　道光《褒城縣志》………………………………………（40）
　　褒城縣 ……………………………………………………（41）
　民國《寶雞縣志》………………………………………（41）
　　寶雞縣 ……………………………………………………（41）
　民國《邠州新志稿》……………………………………（42）
　　邠州 ………………………………………………………（42）

光緒《蒲城縣新志》……………………………………………（42）
　　蒲城縣 ………………………………………………………（42）
宣統《長武縣志》……………………………………………（44）
　　長武縣 ………………………………………………………（44）
正德《朝邑縣志》……………………………………………（44）
　　朝邑縣 ………………………………………………………（44）
康熙《朝邑縣後志》…………………………………………（45）
　　朝邑縣 ………………………………………………………（45）
康熙《城固縣志》……………………………………………（45）
　　城固縣 ………………………………………………………（45）
民國《澄城縣附志》…………………………………………（46）
　　澄城縣 ………………………………………………………（46）
乾隆《淳化縣志》……………………………………………（46）
　　淳化縣 ………………………………………………………（46）
民國《續修大荔縣舊志存稿》………………………………（47）
　　大荔縣 ………………………………………………………（47）
民國《大荔縣新志存稿》……………………………………（48）
　　大荔縣 ………………………………………………………（48）
光緒《定遠廳志》……………………………………………（48）
　　定遠廳 ………………………………………………………（48）
光緒《鳳縣志》………………………………………………（49）
　　鳳縣 …………………………………………………………（49）
民國《佛坪縣志》……………………………………………（50）
　　佛坪縣 ………………………………………………………（50）
嘉慶《扶風縣志》……………………………………………（50）
　　扶風縣 ………………………………………………………（50）
光緒《扶風縣鄉土志》………………………………………（51）
　　扶風縣 ………………………………………………………（51）
乾隆《府谷縣志》……………………………………………（51）
　　府谷縣 ………………………………………………………（51）
嘉靖《高陵縣志》……………………………………………（52）
　　高陵縣 ………………………………………………………（52）

光緒《高陵縣續志》……………………………………（53）
　　高陵縣 ……………………………………………（53）
乾隆《韓城縣志》………………………………………（53）
　　韓城縣 ……………………………………………（53）
乾隆《郃陽縣志》………………………………………（54）
　　郃陽縣 ……………………………………………（54）
光緒《富平縣志稿》……………………………………（54）
　　富平縣 ……………………………………………（55）
嘉慶《葭州志》…………………………………………（55）
　　葭州志 ……………………………………………（55）
民國《葭縣志》…………………………………………（56）
　　葭縣 ………………………………………………（56）
宣統《重修涇陽縣志》…………………………………（56）
　　涇陽縣 ……………………………………………（56）
光緒《藍田縣志》………………………………………（57）
　　藍田縣 ……………………………………………（57）
乾隆《臨潼縣志》………………………………………（58）
　　臨潼縣 ……………………………………………（58）
光緒《麟游縣新志草》…………………………………（58）
　　麟游縣 ……………………………………………（58）
道光《留壩廳志》………………………………………（59）
　　留壩廳 ……………………………………………（59）
康熙《隴州志》…………………………………………（60）
　　隴州 ………………………………………………（60）
乾隆《隴州續志》………………………………………（60）
　　隴州 ………………………………………………（60）
民國《洛川縣志》………………………………………（61）
　　洛川縣 ……………………………………………（62）
光緒《洛南縣鄉土志》…………………………………（63）
　　洛南縣 ……………………………………………（63）
宣統《鄜縣志》…………………………………………（63）
　　鄜縣 ………………………………………………（63）

光緒《沔縣志》…………………………………………（64）
　　沔縣 ………………………………………………（64）
光緒《寧羌州志》………………………………………（64）
　　寧羌州 ……………………………………………（64）
光緒《平民縣志》………………………………………（65）
　　平民縣 ……………………………………………（65）
乾隆《蒲城縣志》………………………………………（65）
　　蒲城縣 ……………………………………………（65）
雍正《重修陝西乾州志》………………………………（66）
　　乾州 ………………………………………………（66）
光緒《乾州志稿》………………………………………（66）
　　乾州 ………………………………………………（67）
乾隆《三水縣志》………………………………………（67）
　　三水縣 ……………………………………………（67）
光緒《三原縣新志》……………………………………（67）
　　三原縣 ……………………………………………（68）
民國《商南縣志》………………………………………（69）
　　商南縣 ……………………………………………（69）
道光《神木縣志》………………………………………（70）
　　神木縣 ……………………………………………（70）
《神木縣鄉土志》………………………………………（70）
　　神木縣 ……………………………………………（70）
道光《石泉縣志》………………………………………（71）
　　石泉縣 ……………………………………………（71）
乾隆《同官縣志》………………………………………（71）
　　同官縣 ……………………………………………（72）
光緒《武功縣續志》……………………………………（72）
　　武功縣 ……………………………………………（73）
乾隆《西安府志》………………………………………（73）
　　西安府 ……………………………………………（73）
　　咸陽縣 ……………………………………………（74）
　　興平縣 ……………………………………………（74）

臨潼縣 …………………………………………………………（75）
　　高陵縣 …………………………………………………………（75）
　　鄠縣 ……………………………………………………………（75）
　　藍田縣 …………………………………………………………（75）
　　涇陽縣 …………………………………………………………（76）
　　三原縣 …………………………………………………………（76）
　　盩厔縣 …………………………………………………………（77）
　　渭南縣 …………………………………………………………（77）
　　富平縣 …………………………………………………………（78）
　　禮泉縣 …………………………………………………………（78）
　　同官縣 …………………………………………………………（78）
　　耀州 ……………………………………………………………（79）
道光《西鄉縣志》……………………………………………………（79）
　　西鄉縣 …………………………………………………………（79）
光緒《孝義廳志》……………………………………………………（80）
　　孝義廳 …………………………………………………………（80）
光緒《新續渭南縣志》………………………………………………（81）
　　渭南縣 …………………………………………………………（81）
民國《興平縣志》……………………………………………………（81）
　　興平縣 …………………………………………………………（81）
嘉慶《續潼關縣志》…………………………………………………（82）
　　潼關縣 …………………………………………………………（82）
民國《續修禮泉縣志》………………………………………………（82）
　　禮泉縣 …………………………………………………………（82）
民國《續修南鄭縣志》………………………………………………（83）
　　南鄭縣 …………………………………………………………（83）
光緒《續修平利縣志》………………………………………………（84）
　　平利縣 …………………………………………………………（84）
光緒《洵陽縣志》……………………………………………………（84）
　　洵陽縣 …………………………………………………………（84）
乾隆《延長縣志》……………………………………………………（85）
　　延長縣 …………………………………………………………（85）

乾隆《鎮安縣志》……………………………………………（86）
　　鎮安縣 …………………………………………………（86）
光緒《鎮安縣鄉土志》………………………………………（87）
　　鎮安縣 …………………………………………………（87）
光緒《洋縣志》………………………………………………（87）
　　洋縣 ……………………………………………………（87）
乾隆《宜川縣志》……………………………………………（88）
　　宜川縣 …………………………………………………（88）
光緒《宜川鄉土志》…………………………………………（89）
　　宜川縣 …………………………………………………（89）
民國《宜川縣志》……………………………………………（90）
　　宜川縣 …………………………………………………（90）
光緒《永壽縣志》……………………………………………（90）
　　永壽縣 …………………………………………………（90）
光緒《鄠縣鄉土志》…………………………………………（91）
　　鄠縣 ……………………………………………………（91）
民國《重修鄠縣志》…………………………………………（92）
　　鄠縣 ……………………………………………………（92）
道光《陝西志輯要》…………………………………………（93）
　　西安府 …………………………………………………（93）
　　咸陽縣 …………………………………………………（93）
　　興平縣 …………………………………………………（93）
　　臨潼縣 …………………………………………………（93）
　　高陵縣 …………………………………………………（93）
　　鄠縣 ……………………………………………………（94）
　　藍田縣 …………………………………………………（94）
　　涇陽縣 …………………………………………………（94）
　　三原縣 …………………………………………………（94）
　　盩厔縣 …………………………………………………（94）
　　渭南縣 …………………………………………………（94）
　　富平縣 …………………………………………………（94）
　　禮泉縣 …………………………………………………（95）

同官縣	(95)
耀州	(95)
同州府	(95)
潼關廳	(95)
朝邑縣	(95)
郃陽縣	(95)
澄城縣	(96)
韓城縣	(96)
白水縣	(96)
華州	(96)
華陰縣	(96)
蒲城縣	(96)
鳳翔府	(96)
岐山縣	(96)
寶雞縣	(97)
扶風縣	(97)
郿縣	(97)
麟游縣	(97)
汧陽縣	(97)
隴州	(97)
乾州	(97)
武功縣	(98)
永壽縣	(98)
邠州	(98)
三水縣	(98)
淳化縣	(98)
長武縣	(98)
鄜州	(98)
洛川縣	(98)
中部縣	(99)
宜君縣	(99)
漢中府	(99)

留壩廳	(99)
定遠廳	(99)
褒城縣	(99)
城固縣	(99)
洋縣	(99)
西鄉縣	(100)
鳳縣	(100)
寧羌州	(100)
沔縣	(100)
略陽縣	(100)
興安府	(100)
漢陰廳	(100)
平利縣	(100)
洵陽縣	(101)
白河縣	(101)
紫陽縣	(101)
石泉縣	(101)
商州	(101)
鎮安縣	(101)
雒南縣	(101)
山陽縣	(101)
商南縣	(102)
延安府	(102)
安塞縣	(102)
甘泉縣	(102)
保安縣	(102)
安定縣	(102)
宜川縣	(102)
延長縣	(102)
延川縣	(103)
定邊縣	(103)
靖邊縣	(103)

榆林府 …………………………………………（103）
　　神木縣 …………………………………………（103）
　　府谷縣 …………………………………………（103）
　　葭州 ……………………………………………（103）
　　懷遠縣 …………………………………………（103）
　　綏德州 …………………………………………（103）
　　米脂縣 …………………………………………（104）
　　清澗縣 …………………………………………（104）
　　吳堡縣 …………………………………………（104）
光緒《綏德州志》……………………………………（104）
　　綏德州 …………………………………………（104）
乾隆《鳳翔府志》……………………………………（105）
　　鳳翔府 …………………………………………（105）
　　岐山縣 …………………………………………（106）
　　寶雞縣 …………………………………………（106）
　　扶風縣 …………………………………………（106）
　　郿縣 ……………………………………………（106）
　　麟游縣 …………………………………………（107）
　　汧陽縣 …………………………………………（107）
　　隴州 ……………………………………………（107）
道光《清澗縣志》……………………………………（107）
　　清澗縣 …………………………………………（107）
道光《安定縣志》……………………………………（108）
　　安定縣 …………………………………………（108）
光緒《靖邊縣志稿》…………………………………（109）
　　靖邊縣 …………………………………………（109）
嘉慶《續興安府志》…………………………………（110）
　　興安府 …………………………………………（110）
　　平利縣 …………………………………………（111）
　　白河縣 …………………………………………（111）
嘉慶《重修延安府志》………………………………（112）
　　延安府 …………………………………………（112）

膚施縣 …………………………………………………（112）
　　安塞縣 …………………………………………………（112）
　　甘泉縣 …………………………………………………（113）
　　保安縣 …………………………………………………（113）
　　安定縣 …………………………………………………（113）
　　宜川縣 …………………………………………………（114）
　　延長縣 …………………………………………………（114）
　　延川縣 …………………………………………………（114）
　　定邊縣 …………………………………………………（115）
　　靖邊縣 …………………………………………………（115）
光緒《同州府續志》 ……………………………………………（115）
　　同州府 …………………………………………………（115）
　　朝邑縣 …………………………………………………（115）
　　郃陽縣 …………………………………………………（115）
　　澄城縣 …………………………………………………（116）
　　韓城縣 …………………………………………………（116）
　　華　州 …………………………………………………（116）
　　華陰縣 …………………………………………………（116）
　　蒲城縣 …………………………………………………（116）
　　白水縣 …………………………………………………（116）
道光《吳堡縣志》 ………………………………………………（116）
　　吳堡縣 …………………………………………………（116）
雍正《宜君縣志》 ………………………………………………（117）
　　宜君縣 …………………………………………………（117）
民國《磚坪縣志》 ………………………………………………（117）
　　磚坪縣 …………………………………………………（118）
康熙《延綏鎮志》 ………………………………………………（118）
　　延綏鎮 …………………………………………………（118）
嘉慶《續修中部縣志》 …………………………………………（118）
　　中部縣 …………………………………………………（119）
民國《中部縣志》 ………………………………………………（119）
　　中部縣 …………………………………………………（119）

民國《岐山縣志》……………………………………（120）
　岐山縣……………………………………………（120）
民國《鰲屋縣志》……………………………………（121）
　鰲屋縣……………………………………………（121）
嘉靖《耀州志》………………………………………（122）
　耀州………………………………………………（122）
　同官縣……………………………………………（123）
　富平縣……………………………………………（123）
乾隆《續耀州志》……………………………………（123）
　耀州………………………………………………（123）

河北省……………………………………………（125）
乾隆《武安縣志》……………………………………（125）
　武安縣……………………………………………（125）
乾隆《唐縣志》………………………………………（125）
　唐縣………………………………………………（126）
光緒《唐縣志》………………………………………（126）
　唐縣………………………………………………（126）
民國《鹽山縣志》……………………………………（126）
　鹽山縣……………………………………………（127）
民國《新樂縣志》……………………………………（128）
　新樂縣……………………………………………（128）
嘉靖《藁城縣志》……………………………………（129）
　藁城縣……………………………………………（129）
民國《藁城縣鄉土地理》……………………………（129）
　藁城縣……………………………………………（129）
光緒《故城縣志》……………………………………（130）
　故城縣……………………………………………（130）
乾隆《滄州志》………………………………………（131）
　滄州………………………………………………（131）
雍正《館陶縣志》……………………………………（131）
　館陶縣……………………………………………（131）

民國《續修館陶縣志》……………………………………（132）
　館陶縣 ……………………………………………………（132）
乾隆《東安縣志》…………………………………………（132）
　東安縣 ……………………………………………………（133）
民國《安次縣志》…………………………………………（134）
　安次縣 ……………………………………………………（134）
光緒《安國縣新志稿》……………………………………（135）
　安國縣（祁州）…………………………………………（135）
民國《霸縣新志》…………………………………………（136）
　霸縣 ………………………………………………………（136）
民國《柏鄉縣志》…………………………………………（137）
　柏鄉縣 ……………………………………………………（137）
民國《昌黎縣志》…………………………………………（139）
　昌黎縣 ……………………………………………………（139）
民國《磁縣縣志》…………………………………………（140）
　磁縣 ………………………………………………………（140）
民國《大名縣志》…………………………………………（141）
　大名縣 ……………………………………………………（141）
民國《高邑縣志》…………………………………………（143）
　高邑縣 ……………………………………………………（143）
民國《廣平縣志》…………………………………………（143）
　廣平縣 ……………………………………………………（144）
民國《完縣志》……………………………………………（144）
　完縣 ………………………………………………………（144）
光緒《豐潤縣志》…………………………………………（145）
　豐潤縣 ……………………………………………………（145）
光緒《撫寧縣志》…………………………………………（146）
　撫寧縣 ……………………………………………………（146）
雍正《阜城縣志》…………………………………………（146）
　阜城縣 ……………………………………………………（146）
民國《高陽縣志》…………………………………………（147）
　高陽縣 ……………………………………………………（147）

民國《廣宗縣志》……………………………………………………（147）
　廣宗縣 ………………………………………………………………（147）
民國《邯鄲縣志》……………………………………………………（148）
　邯鄲縣 ………………………………………………………………（148）
乾隆《雞澤縣志》……………………………………………………（149）
　雞澤縣 ………………………………………………………………（149）
民國《冀縣志》………………………………………………………（150）
　冀縣 …………………………………………………………………（150）
民國《薊縣志》………………………………………………………（152）
　薊縣 …………………………………………………………………（152）
民國《交河縣志》……………………………………………………（154）
　交河縣 ………………………………………………………………（154）
民國《晉縣志料》……………………………………………………（155）
　晉縣 …………………………………………………………………（155）
雍正《井陘縣志》……………………………………………………（156）
　井陘縣 ………………………………………………………………（156）
光緒《續修井陘縣志》………………………………………………（157）
　井陘縣 ………………………………………………………………（157）
民國《井陘縣志料》…………………………………………………（157）
　井陘縣 ………………………………………………………………（157）
光緒《樂亭縣志》……………………………………………………（158）
　樂亭縣 ………………………………………………………………（158）
光緒《蠡縣志》………………………………………………………（158）
　蠡縣 …………………………………………………………………（158）
民國《臨榆縣志》……………………………………………………（160）
　臨榆縣 ………………………………………………………………（160）
康熙《靈壽縣志》……………………………………………………（162）
　靈壽縣 ………………………………………………………………（162）
乾隆《隆平縣志》……………………………………………………（163）
　隆平縣 ………………………………………………………………（163）
民國《盧龍縣志》……………………………………………………（163）
　盧龍縣 ………………………………………………………………（164）

光緒《灤州志》……………………………………………………（164）
　　灤州 ……………………………………………………………（165）
民國《滿城縣志略》………………………………………………（166）
　　滿城縣 …………………………………………………………（166）
民國《南宮縣志》…………………………………………………（167）
　　南宮縣 …………………………………………………………（167）
乾隆《南和縣志》…………………………………………………（168）
　　南和縣 …………………………………………………………（168）
民國《南皮縣志》…………………………………………………（168）
　　南皮縣 …………………………………………………………（169）
道光《內邱縣志》…………………………………………………（169）
　　內邱縣 …………………………………………………………（169）
光緒《祁州續志》…………………………………………………（170）
　　祁州 ……………………………………………………………（170）
民國《清河縣志》…………………………………………………（170）
　　清河縣 …………………………………………………………（170）
民國《清苑縣志》…………………………………………………（173）
　　清苑縣 …………………………………………………………（173）
康熙《慶都縣志》…………………………………………………（174）
　　慶都縣 …………………………………………………………（174）
乾隆《任邱縣志》…………………………………………………（175）
　　任邱縣 …………………………………………………………（175）
民國《束鹿縣志》…………………………………………………（176）
　　束鹿縣 …………………………………………………………（176）
民國《任縣志》……………………………………………………（177）
　　任縣 ……………………………………………………………（177）
光緒《容城縣志》…………………………………………………（178）
　　容城縣 …………………………………………………………（178）
民國《文安縣志》…………………………………………………（178）
　　文安縣 …………………………………………………………（178）
光緒《無極縣續志》………………………………………………（180）
　　無極縣 …………………………………………………………（180）

民國《無極縣志》 …………………………………………（180）
　　無極縣 …………………………………………………（180）
道光《武強縣新志》 ………………………………………（181）
　　武強縣 …………………………………………………（181）
同治《武邑縣志》 …………………………………………（181）
　　武邑縣 …………………………………………………（182）
民國《新城縣志》 …………………………………………（182）
　　新城縣 …………………………………………………（182）
民國《新河縣志》 …………………………………………（183）
　　新河縣 …………………………………………………（183）
光緒《邢臺縣志》 …………………………………………（184）
　　邢臺縣 …………………………………………………（184）
光緒《雄縣鄉土志》 ………………………………………（185）
　　雄縣 ……………………………………………………（185）
民國《雄縣新志》 …………………………………………（186）
　　雄縣 ……………………………………………………（186）
光緒《永年縣志》 …………………………………………（187）
　　永年縣 …………………………………………………（187）
同治《元城縣志》 …………………………………………（188）
　　元城縣 …………………………………………………（188）
光緒《趙州屬邑志》 ………………………………………（189）
　　柏鄉縣 …………………………………………………（189）
　　隆平縣 …………………………………………………（189）
　　高邑縣 …………………………………………………（189）
　　寧晉縣 …………………………………………………（189）
民國《寧晉縣志》 …………………………………………（190）
　　寧晉縣 …………………………………………………（190）
光緒《定興縣志》 …………………………………………（191）
　　定興縣 …………………………………………………（191）
民國《定縣志》 ……………………………………………（191）
　　定縣 ……………………………………………………（191）
民國《涿縣志》 ……………………………………………（192）

涿縣 ……………………………………………（192）
　康熙《重修阜志》 …………………………………（193）
　　阜城縣 …………………………………………（193）
　順治《元氏縣續志》 ………………………………（193）
　　元氏縣 …………………………………………（193）
　咸豐《固安縣志》 …………………………………（194）
　　固安縣 …………………………………………（194）
　光緒《鉅鹿縣志》 …………………………………（195）
　　鉅鹿縣 …………………………………………（195）
　民國《威縣志》 ……………………………………（195）
　　威縣 ……………………………………………（195）
　咸豐《深澤縣志》 …………………………………（196）
　　深澤縣 …………………………………………（196）
　民國《成安縣志》 …………………………………（197）
　　成安縣 …………………………………………（197）
　民國《望都縣志》 …………………………………（198）
　　望都縣 …………………………………………（198）

山西省 ………………………………………………（200）
　乾隆《解州安邑縣志》 ……………………………（200）
　　安邑縣 …………………………………………（200）
　民國《安澤縣志》 …………………………………（200）
　　安澤縣 …………………………………………（200）
　康熙《保德州志》 …………………………………（202）
　　保德州 …………………………………………（202）
　雍正《定襄縣志》 …………………………………（203）
　　定襄縣 …………………………………………（204）
　民國《浮山縣志》 …………………………………（205）
　　浮山縣 …………………………………………（205）
　乾隆《廣靈縣志》 …………………………………（206）
　　廣靈縣 …………………………………………（206）
　光緒《廣靈縣補志》 ………………………………（206）

廣靈縣 …………………………………………………（206）
民國《和順縣志》 …………………………………………（206）
　　和順縣 …………………………………………………（207）
民國《洪洞縣志》 …………………………………………（207）
　　洪洞縣 …………………………………………………（207）
光緒《吉州全志》 …………………………………………（208）
　　吉州 ……………………………………………………（208）
同治《稷山縣志》 …………………………………………（209）
　　稷山縣 …………………………………………………（209）
嘉慶《介休縣志》 …………………………………………（210）
　　介休縣 …………………………………………………（210）
民國《介休縣志》 …………………………………………（211）
　　介休縣 …………………………………………………（211）
雍正《遼州志》 ……………………………………………（213）
　　遼州 ……………………………………………………（213）
民國《臨汾縣志》 …………………………………………（214）
　　臨汾縣 …………………………………………………（214）
乾隆《臨晉縣志》 …………………………………………（215）
　　臨晉縣 …………………………………………………（215）
民國《臨晉縣志》 …………………………………………（215）
　　臨晉縣 …………………………………………………（215）
民國《陵川縣志》 …………………………………………（216）
　　陵川縣 …………………………………………………（216）
民國《馬邑縣志》 …………………………………………（217）
　　馬邑縣 …………………………………………………（217）
道光《偏關志》 ……………………………………………（218）
　　偏關縣 …………………………………………………（218）
乾隆《平陸縣志》 …………………………………………（219）
　　平陸縣 …………………………………………………（219）
民國《平陸縣續志》 ………………………………………（219）
　　平陸縣 …………………………………………………（219）
乾隆《蒲縣志》 ……………………………………………（220）

蒲縣 …………………………………………………	（220）
民國《沁源縣志》 …………………………………………	（220）
沁源縣 ………………………………………………	（220）
光緒《榮河縣志》 …………………………………………	（221）
榮河縣 ………………………………………………	（221）
雍正《朔州志》 ……………………………………………	（222）
朔州 …………………………………………………	（222）
乾隆《太谷縣志》 …………………………………………	（222）
太谷縣 ………………………………………………	（222）
民國《太谷縣志》 …………………………………………	（223）
太谷縣 ………………………………………………	（223）
道光《太原縣志》 …………………………………………	（225）
太原縣 ………………………………………………	（225）
道光《陽曲縣志》 …………………………………………	（225）
陽曲縣 ………………………………………………	（226）
光緒《天鎮縣志》 …………………………………………	（227）
天鎮縣 ………………………………………………	（227）
民國《萬泉縣志》 …………………………………………	（227）
萬泉縣 ………………………………………………	（227）
康熙《文水縣志》 …………………………………………	（228）
文水縣 ………………………………………………	（228）
乾隆《聞喜縣志》 …………………………………………	（229）
聞喜縣 ………………………………………………	（229）
康熙《隰州志》 ……………………………………………	（229）
隰州 …………………………………………………	（229）
光緒《續修隰州志》 ………………………………………	（230）
隰州 …………………………………………………	（230）
民國《襄垣縣志》 …………………………………………	（231）
襄垣縣 ………………………………………………	（231）
民國《新絳縣志》 …………………………………………	（232）
新絳縣 ………………………………………………	（232）
民國《續修昔陽縣志》 ……………………………………	（233）

昔陽縣 …………………………………………………（233）
　民國《翼城縣志》 ………………………………………（234）
　　翼城縣 …………………………………………………（234）
　光緒《交城縣志》 ………………………………………（236）
　　交城縣 …………………………………………………（236）
　光緒《長治縣志》 ………………………………………（237）
　　長治縣 …………………………………………………（237）
　光緒《長子縣志》 ………………………………………（238）
　　長子縣 …………………………………………………（238）
　雍正《猗氏縣志》 ………………………………………（239）
　　猗氏縣 …………………………………………………（239）
　光緒《壽陽縣志》 ………………………………………（239）
　　壽陽縣 …………………………………………………（239）
　民國《襄陵縣志》 ………………………………………（240）
　　襄陵縣 …………………………………………………（240）
　同治《陽城縣志》 ………………………………………（240）
　　陽城縣 …………………………………………………（240）
　光緒《榆社縣志》 ………………………………………（241）
　　榆社縣 …………………………………………………（241）

山東省 ……………………………………………………（243）
　民國《定陶縣志》 ………………………………………（243）
　　定陶縣 …………………………………………………（243）
　民國《德縣志》 …………………………………………（244）
　　德縣 ……………………………………………………（244）
　道光《博興縣志》 ………………………………………（246）
　　博興縣 …………………………………………………（246）
　乾隆《昌邑縣志》 ………………………………………（246）
　　昌邑縣 …………………………………………………（246）
　嘉慶《長山縣志》 ………………………………………（247）
　　長山縣 …………………………………………………（247）
　民國《朝城縣續志》 ……………………………………（248）

朝城縣 …………………………………………（248）
康熙《茌平縣志》 ……………………………………（248）
　　茌平縣 …………………………………………（248）
光緒《德平縣志》 ……………………………………（249）
　　德平縣 …………………………………………（249）
民國《德平縣續志》 …………………………………（250）
　　德平縣 …………………………………………（250）
康熙《鄒縣志》 ………………………………………（250）
　　鄒縣 ……………………………………………（250）
民國《增訂武城縣志續編》 …………………………（251）
　　武城縣 …………………………………………（251）
乾隆《諸城縣志》 ……………………………………（251）
　　諸城縣 …………………………………………（251）
民國《齊東縣志》 ……………………………………（252）
　　齊東縣 …………………………………………（252）
道光《長清縣志》 ……………………………………（253）
　　長清縣 …………………………………………（253）
乾隆《平原縣志》 ……………………………………（254）
　　平原縣 …………………………………………（254）
光緒《日照縣志》 ……………………………………（254）
　　日照縣 …………………………………………（254）
　　安東衛 …………………………………………（255）
　　石臼所城 ………………………………………（255）
　　夾倉鎮巡檢司城 ………………………………（255）
　　安家口城 ………………………………………（255）
道光《東阿縣志》 ……………………………………（255）
　　東阿縣 …………………………………………（255）
民國《東阿縣志》 ……………………………………（256）
　　東阿縣 …………………………………………（256）
光緒《文登縣志》 ……………………………………（257）
　　文登縣 …………………………………………（257）
光緒《霑化縣志》 ……………………………………（257）

霑化縣 ………………………………………………（257）
民國《霑化縣志》 ………………………………………（258）
　　霑化縣 ………………………………………………（258）
康熙《利津縣新志》 ……………………………………（258）
　　利津縣 ………………………………………………（258）
乾隆《利津縣志補》 ……………………………………（259）
　　利津縣 ………………………………………………（259）
民國《利津縣續志》 ……………………………………（259）
　　利津縣 ………………………………………………（259）
乾隆《樂陵縣志》 ………………………………………（260）
　　樂陵縣 ………………………………………………（260）
康熙《新城縣志》 ………………………………………（260）
　　新城縣 ………………………………………………（260）
順治《招遠縣志》 ………………………………………（261）
　　招遠縣 ………………………………………………（261）
康熙《益都縣志》 ………………………………………（262）
　　益都縣 ………………………………………………（262）
乾隆《掖縣志》 …………………………………………（262）
　　掖縣 …………………………………………………（263）
民國《陽信縣志》 ………………………………………（263）
　　陽信縣 ………………………………………………（264）
光緒《陽穀縣志》 ………………………………………（264）
　　陽穀縣 ………………………………………………（264）
民國《續修歷城縣志》 …………………………………（266）
　　歷城縣 ………………………………………………（266）
民國《續修博山縣志》 …………………………………（267）
　　博山縣 ………………………………………………（267）
民國《無棣縣志》 ………………………………………（268）
　　無棣縣 ………………………………………………（268）
乾隆《濰縣志》 …………………………………………（268）
　　濰縣 …………………………………………………（268）
康熙《威海衛志》 ………………………………………（269）

威海衛 …………………………………………………………………………（269）
　　百尺崖後所城 …………………………………………………………………（269）
　　營城 ……………………………………………………………………………（270）
宣統《滕縣續志稿》 ………………………………………………………………（270）
　　滕縣 ……………………………………………………………………………（270）
光緒《壽張縣志》 …………………………………………………………………（270）
　　壽張縣 …………………………………………………………………………（270）
民國《東平縣志》 …………………………………………………………………（271）
　　東平縣 …………………………………………………………………………（271）
宣統《重修恩縣志》 ………………………………………………………………（273）
　　恩縣 ……………………………………………………………………………（273）
民國《福山縣志稿》 ………………………………………………………………（273）
　　福山縣 …………………………………………………………………………（273）
光緒《高唐州鄉土志》 ……………………………………………………………（274）
　　高唐州 …………………………………………………………………………（274）
同治《即墨縣志》 …………………………………………………………………（274）
　　即墨縣 …………………………………………………………………………（274）
　　鰲山衛 …………………………………………………………………………（275）
　　雄崖所 …………………………………………………………………………（275）
　　浮山所 …………………………………………………………………………（275）
　　即墨營 …………………………………………………………………………（275）
民國《濟寧縣志》 …………………………………………………………………（275）
　　濟寧縣 …………………………………………………………………………（276）
乾隆《濟陽縣志》 …………………………………………………………………（276）
　　濟陽縣 …………………………………………………………………………（276）
道光《重修膠州志》 ………………………………………………………………（277）
　　膠州 ……………………………………………………………………………（277）
　　靈山衛 …………………………………………………………………………（277）
咸豐《金鄉縣志》 …………………………………………………………………（277）
　　金鄉縣 …………………………………………………………………………（278）
清《靖海衛志》 ……………………………………………………………………（278）
　　靖海衛 …………………………………………………………………………（279）

寧津所 ……………………………………………………（279）
嘉慶《莒州志》 ………………………………………………（279）
　　莒州 ………………………………………………………（279）
嘉慶《平陰縣志》 ……………………………………………（280）
　　平陰縣 ……………………………………………………（280）
民國《青城續修縣志》 ………………………………………（281）
　　青城縣 ……………………………………………………（281）
民國《續修曲阜縣志》 ………………………………………（281）
　　曲阜縣 ……………………………………………………（281）
道光《榮城縣志》 ……………………………………………（282）
　　榮城縣 ……………………………………………………（282）
　　尋山所 ……………………………………………………（282）
　　寧津所 ……………………………………………………（282）
民國《壽光縣志》 ……………………………………………（283）
　　壽光縣 ……………………………………………………（283）
咸豐《濱州志》 ………………………………………………（283）
　　濱州 ………………………………………………………（284）
民國《莘縣志》 ………………………………………………（284）
　　莘縣 ………………………………………………………（284）
民國《鄒平縣志》 ……………………………………………（285）
　　鄒平縣 ……………………………………………………（285）
民國《昌樂縣續志》 …………………………………………（285）
　　昌樂縣 ……………………………………………………（285）
民國《長清縣志》 ……………………………………………（286）
　　長清縣 ……………………………………………………（286）
康熙《泰安州志》 ……………………………………………（286）
　　泰安州 ……………………………………………………（287）
民國《續修廣饒縣志》 ………………………………………（287）
　　廣饒縣 ……………………………………………………（287）
乾隆《東明縣志》 ……………………………………………（288）
　　東明縣 ……………………………………………………（288）
宣統《東明縣續志》 …………………………………………（290）

東明縣 ……………………………………………………（290）
　民國《東明縣新志》 ……………………………………………（290）
　　東明縣 ……………………………………………………（291）
　咸豐《慶雲縣志》 ………………………………………………（293）
　　慶雲縣 ……………………………………………………（293）

天津市 ………………………………………………………………（295）
　乾隆《寶坻縣志》 ………………………………………………（295）
　　寶坻縣 ……………………………………………………（295）
　民國《靜海縣志》 ………………………………………………（296）
　　靜海縣 ……………………………………………………（296）
　康熙《天津衛志》 ………………………………………………（296）
　　天津衛 ……………………………………………………（296）

寧夏自治區 …………………………………………………………（297）
　宣統《固原州志》 ………………………………………………（297）
　　固原州 ……………………………………………………（297）
　弘治《寧夏新志》 ………………………………………………（297）
　　寧夏鎮 ……………………………………………………（298）
　　靈州 ………………………………………………………（298）
　　平虜城 ……………………………………………………（298）
　　靈州守禦千戶所所屬屯堡 ………………………………（298）
　　後衛領屯堡四 ……………………………………………（299）
　　興武營守禦千戶所領堡 …………………………………（299）
　　中衛領屯堡 ………………………………………………（299）
　民國《朔方道志》 ………………………………………………（299）
　　朔方道 ……………………………………………………（300）
　　寧朔縣 ……………………………………………………（300）
　　寧朔縣屬城池 ……………………………………………（301）
　　中衛縣 ……………………………………………………（301）
　　中衛縣屬城池 ……………………………………………（302）
　　平羅縣 ……………………………………………………（302）

平羅縣屬城池 …………………………………………………（302）
　　靈武縣 ………………………………………………………（303）
　　靈武縣屬城池 …………………………………………………（303）
　　金積縣 ………………………………………………………（303）
　　鹽池縣 ………………………………………………………（304）
　　鹽池縣屬城池 …………………………………………………（304）
　　鎮戎縣 ………………………………………………………（304）
　　鎮戎縣屬城池 …………………………………………………（305）
　光緒《平遠縣志》 ……………………………………………（305）
　　平遠縣 ………………………………………………………（305）
　民國《豫旺縣志》 ……………………………………………（305）
　　豫旺縣 ………………………………………………………（306）
　　豫旺縣屬城池 …………………………………………………（306）
　乾隆《寧夏府志》 ……………………………………………（306）
　　寧夏府 ………………………………………………………（306）
　　滿城 …………………………………………………………（307）
　　所屬州縣城堡 …………………………………………………（307）
　嘉慶《靈州志》 ………………………………………………（310）
　　靈州 …………………………………………………………（310）
　　所屬城堡 ……………………………………………………（310）
　乾隆《中衛縣志》 ……………………………………………（311）
　　中衛縣 ………………………………………………………（311）
　　所屬城堡 ……………………………………………………（312）

江蘇省 ………………………………………………………（313）
　民國《重修金壇縣志》 ………………………………………（313）
　　金壇縣 ………………………………………………………（313）
　民國《吳縣志》 ………………………………………………（314）
　　吳縣 …………………………………………………………（314）
　正德《常州府志續集》 ………………………………………（315）
　　常州府 ………………………………………………………（315）
　　無錫縣 ………………………………………………………（315）

宜興縣 …………………………………………（316）
江陰縣 …………………………………………（316）
靖江縣 …………………………………………（316）
成化《重修毗陵志》 …………………………（316）
　常州府 …………………………………………（316）
　無錫縣 …………………………………………（317）
　宜興縣 …………………………………………（317）
　江陰縣 …………………………………………（318）
　靖江縣 …………………………………………（318）
光緒《丹徒縣志》 ……………………………（318）
　丹徒縣 …………………………………………（318）
民國《阜寧縣新志》 …………………………（323）
　阜寧縣 …………………………………………（323）
道光《高郵州志》 ……………………………（324）
　高郵州 …………………………………………（324）
道光《續增高郵州志》 ………………………（325）
　高郵州 …………………………………………（325）
民國《三續高郵州志》 ………………………（325）
　高郵州 …………………………………………（325）
乾隆《淮安府志》 ……………………………（326）
　淮安府 …………………………………………（326）
　鹽城縣 …………………………………………（329）
　阜寧縣 …………………………………………（329）
　清河縣 …………………………………………（330）
　安東縣 …………………………………………（330）
　桃源縣 …………………………………………（331）
光緒《淮安府志》 ……………………………（332）
　淮安府 …………………………………………（332）
　鹽城縣 …………………………………………（335）
　阜寧縣 …………………………………………（336）
　清河縣 …………………………………………（336）
　安東縣 …………………………………………（337）

桃源縣 …………………………………………………（337）
宣統《續纂山陽縣志》 ………………………………………（338）
　　山陽縣 …………………………………………………（338）
光緒《江蘇沿海圖說》 ………………………………………（338）
　　上海 ……………………………………………………（339）
　　寶山 ……………………………………………………（339）
　　崇明 ……………………………………………………（339）
　　川沙 ……………………………………………………（339）
　　金山衛 …………………………………………………（339）
　　海門 ……………………………………………………（339）
　　呂四 ……………………………………………………（339）
　　掘港 ……………………………………………………（339）
　　新洋港口 ………………………………………………（340）
　　射陽湖口 ………………………………………………（340）
　　墟溝 ……………………………………………………（340）
　　青口 ……………………………………………………（340）
　　朱篷口 …………………………………………………（340）
　　劉河 ……………………………………………………（340）
　　白茆口 …………………………………………………（340）
　　滸浦 ……………………………………………………（340）
　　福山 ……………………………………………………（340）
　　通州 ……………………………………………………（340）
　　江陰 ……………………………………………………（341）
　　鎮江 ……………………………………………………（341）
　　十二圩 …………………………………………………（341）
　　金陵 ……………………………………………………（341）
道光《江陰縣志》 ……………………………………………（341）
　　江陰縣 …………………………………………………（341）
光緒《江陰縣志》 ……………………………………………（343）
　　江陰縣 …………………………………………………（343）
　　楊舍堡城 ………………………………………………（345）
光緒《靖江縣志》 ……………………………………………（345）

靖江縣	(346)
萬曆《重修昆山縣志》	(347)
昆山縣	(347)
光緒《昆新兩縣續修合志》	(348)
昆山縣、新陽縣	(348)
光緒《溧水縣志》	(349)
溧水縣	(349)
嘉慶《溧陽縣志》	(350)
溧陽縣	(350)
光緒《溧陽縣續志》	(351)
溧陽縣	(351)
光緒《清河縣志》	(352)
清河縣	(352)
嘉慶《如皋縣志》	(352)
如皋縣	(352)
正德《松江府志》	(353)
松江府	(353)
金山衛	(354)
青村城	(354)
南彙嘴城	(354)
嘉慶《松江府志》	(354)
松江府	(354)
奉賢縣	(355)
金山縣	(356)
上海縣	(356)
南彙縣	(357)
青浦縣	(357)
川沙城	(358)
拓林城	(358)
西倉城	(358)
瓮城	(359)
同治《宿遷縣志》	(359)

宿遷縣 …………………………………………（359）
民國《宿遷縣志》 ……………………………………（360）
　　宿遷縣 …………………………………………（360）
光緒《通州直隸州志》 ………………………………（360）
　　通州 ……………………………………………（361）
　　石港城 …………………………………………（362）
　　舊海門縣 ………………………………………（362）
　　鶴城 ……………………………………………（362）
　　鳳城 ……………………………………………（362）
　　便倉城 …………………………………………（362）
　　泰興縣 …………………………………………（362）
　　如皋縣 …………………………………………（363）
乾隆《錫金識小録》 …………………………………（363）
　　無錫 ……………………………………………（363）
嘉靖《徐州志》 ………………………………………（364）
　　徐州 ……………………………………………（364）
　　蕭縣 ……………………………………………（365）
　　沛縣 ……………………………………………（365）
　　碭山縣 …………………………………………（365）
　　豐縣 ……………………………………………（366）
乾隆《震澤縣志》 ……………………………………（366）
　　震澤縣 …………………………………………（366）
道光《重刊續纂宜荊縣志》 …………………………（367）
　　宜興縣、荊溪縣 ………………………………（367）
嘉慶《新修宜興縣志》 ………………………………（367）
　　宜興縣 …………………………………………（367）
嘉慶《重刊荊溪縣志》 ………………………………（367）
　　荊溪縣 …………………………………………（367）
乾隆《江都縣志》 ……………………………………（368）
　　江都縣 …………………………………………（368）
　　瓜洲城 …………………………………………（369）
嘉慶《江都縣續志》 …………………………………（370）

江都縣 …………………………………………………（370）
　　瓜洲城 …………………………………………………（370）
民國《江蘇省地志》 ……………………………………（370）
　　江蘇省 …………………………………………………（370）
　　南京市 …………………………………………………（371）
洪武《蘇州府志》 ………………………………………（372）
　　蘇州府 …………………………………………………（372）
　　吳江縣 …………………………………………………（373）
　　昆山縣 …………………………………………………（373）
　　太倉城 …………………………………………………（373）
　　常熟縣 …………………………………………………（374）
　　嘉定縣 …………………………………………………（374）
　　崇明縣 …………………………………………………（374）
嘉慶《新修江寧府志》 …………………………………（374）
　　江寧府 …………………………………………………（374）
　　句容縣 …………………………………………………（375）
　　溧水縣 …………………………………………………（375）
　　江浦縣 …………………………………………………（375）
　　六合縣 …………………………………………………（375）
　　高淳縣 …………………………………………………（376）
光緒《續纂句容縣志》 …………………………………（376）
　　句容縣 …………………………………………………（376）
康熙《睢寧縣舊志》 ……………………………………（376）
　　睢寧縣 …………………………………………………（376）
雍正《揚州府志》 ………………………………………（377）
　　揚州府 …………………………………………………（377）
　　江都縣 …………………………………………………（378）
　　甘泉縣 …………………………………………………（379）
　　儀徵縣 …………………………………………………（379）
　　高郵州 …………………………………………………（380）
　　興化縣 …………………………………………………（380）
　　寶應縣舊城 ……………………………………………（381）

泰州 …………………………………………（381）
　　民國《甘泉縣續志》 ……………………………（382）
　　　甘泉縣 ………………………………………（382）
　　同治《重修山陽縣志》 …………………………（382）
　　　山陽縣 ………………………………………（382）
　　光緒《丹陽縣志》 ………………………………（384）
　　　丹陽縣 ………………………………………（384）
　　道光《重修寶應縣志》 …………………………（385）
　　　寶應縣 ………………………………………（385）
　　道光《琴川三志補記》 …………………………（385）
　　　常熟縣 ………………………………………（385）

河南省 …………………………………………（387）
　　嘉慶《濬縣志》 …………………………………（387）
　　　濬縣 …………………………………………（387）
　　民國《安陽縣志》 ………………………………（388）
　　　安陽縣 ………………………………………（388）
　　乾隆《登封縣志》 ………………………………（390）
　　　登封縣 ………………………………………（390）
　　乾隆《鄧州志》 …………………………………（391）
　　　鄧州 …………………………………………（391）
　　民國《氾水縣志》 ………………………………（392）
　　　氾水縣 ………………………………………（392）
　　光緒《扶溝縣志》 ………………………………（393）
　　　扶溝縣 ………………………………………（393）
　　民國《鞏縣志》 …………………………………（394）
　　　鞏縣 …………………………………………（394）
　　民國《光山縣志約稿》 …………………………（394）
　　　光山縣 ………………………………………（395）
　　乾隆《濟源縣志》 ………………………………（396）
　　　濟源縣 ………………………………………（396）
　　道光《河內縣志》 ………………………………（396）

河內縣	(397)
民國《淮陽縣志》	(397)
淮陽縣	(397)
民國《郟縣志》	(398)
郟縣	(398)
民國《孟縣志》	(399)
孟縣	(399)
民國《林縣志》	(400)
林縣	(400)
光緒《靈寶縣志》	(400)
靈寶縣	(400)
民國《靈寶縣志》	(401)
靈寶縣	(401)
光緒《盧氏縣志》	(402)
盧氏縣	(402)
民國《洛寧縣志》	(402)
洛寧縣	(403)
乾隆《洛陽縣志》	(403)
洛陽縣	(403)
道光《泌陽縣志》	(404)
泌陽縣	(404)
康熙《孟津縣志》	(405)
孟津縣	(405)
乾隆《南召縣志》	(405)
南召縣	(405)
民國《確山縣志》	(406)
確山縣	(406)
康熙《汝陽縣志》	(407)
汝陽縣	(407)
民國《太康縣志》	(408)
太康縣	(408)
民國《陝縣志》	(409)

陝　縣 …………………………………………………（409）
民國《商邱縣志》 ……………………………………（410）
　　商邱縣 …………………………………………………（410）
乾隆《偃師縣志》 ……………………………………（411）
　　偃師縣 …………………………………………………（411）
民國《通許縣舊志》 …………………………………（411）
　　通許縣 …………………………………………………（411）
民國《通許縣新志》 …………………………………（412）
　　通許縣 …………………………………………………（412）
道光《武陟縣志》 ……………………………………（412）
　　武陟縣 …………………………………………………（412）
民國《續武陟縣志》 …………………………………（413）
　　武陟縣 …………………………………………………（413）
民國《西平縣志》 ……………………………………（413）
　　西平縣 …………………………………………………（413）
咸豐《淅川廳志》 ……………………………………（414）
　　淅川廳 …………………………………………………（414）
民國《夏邑縣志》 ……………………………………（415）
　　夏邑縣 …………………………………………………（415）
乾隆《襄城縣志》 ……………………………………（416）
　　襄城縣 …………………………………………………（416）
民國《新安縣志》 ……………………………………（416）
　　新安縣 …………………………………………………（417）
乾隆《新蔡縣志》 ……………………………………（417）
　　新蔡縣 …………………………………………………（417）
乾隆《新鄉縣志》 ……………………………………（418）
　　新鄉縣 …………………………………………………（418）
民國《新鄉縣續志》 …………………………………（419）
　　新鄉縣 …………………………………………………（419）
民國《新修閿鄉縣志》 ………………………………（419）
　　閿鄉縣 …………………………………………………（419）
乾隆《新野縣志》 ……………………………………（420）

新野縣 …………………………………………………（421）
康熙《新鄭縣志》 ……………………………………（421）
　　新鄭縣 …………………………………………………（421）
民國《許昌縣志》 ……………………………………（422）
　　許昌縣 …………………………………………………（422）
民國《續滎陽縣志》 …………………………………（423）
　　滎陽縣 …………………………………………………（423）
民國《鄏城縣記》 ……………………………………（423）
　　鄏城縣 …………………………………………………（423）
民國《禹縣志》 ………………………………………（424）
　　禹縣 ……………………………………………………（424）
民國《鄢陵縣志》 ……………………………………（425）
　　鄢陵縣 …………………………………………………（425）
民國《陽武縣志》 ……………………………………（427）
　　陽武縣 …………………………………………………（427）
同治《葉縣志》 ………………………………………（428）
　　葉縣 ……………………………………………………（428）
道光《伊陽縣志》 ……………………………………（429）
　　伊陽縣 …………………………………………………（429）
民國《儀封縣志》 ……………………………………（429）
　　儀封縣 …………………………………………………（429）
光緒《宜陽縣志》 ……………………………………（430）
　　宜陽縣 …………………………………………………（430）
光緒《虞城縣志》 ……………………………………（431）
　　虞城縣 …………………………………………………（431）
乾隆《裕州志》 ………………………………………（432）
　　裕州 ……………………………………………………（432）
民國《長葛縣志》 ……………………………………（432）
　　長葛縣 …………………………………………………（432）
民國《正陽縣志》 ……………………………………（433）
　　正陽縣 …………………………………………………（434）
民國《鄭縣志》 ………………………………………（435）

鄭縣 …………………………………………（435）
乾隆《嵩縣志》 ………………………………………（435）
　　　嵩縣 …………………………………………（436）
民國《修武縣志》 ……………………………………（436）
　　　修武縣 ………………………………………（436）
康熙《內鄉縣志》 ……………………………………（437）
　　　內鄉縣 ………………………………………（437）
光緒《光州志》 ………………………………………（438）
　　　光州 …………………………………………（438）
乾隆《杞縣志》 ………………………………………（439）
　　　杞縣 …………………………………………（439）
乾隆《獲嘉縣志》 ……………………………………（440）
　　　獲嘉縣 ………………………………………（440）
民國《獲嘉縣志》 ……………………………………（440）
　　　獲嘉縣 ………………………………………（440）
民國《考城縣志》 ……………………………………（441）
　　　考城縣 ………………………………………（441）
光緒《南陽縣志》 ……………………………………（442）
　　　南陽縣 ………………………………………（442）
民國《商水縣志》 ……………………………………（443）
　　　商水縣 ………………………………………（443）
康熙《上蔡縣志》 ……………………………………（444）
　　　上蔡縣 ………………………………………（444）
民國《中牟縣志》 ……………………………………（444）
　　　中牟縣 ………………………………………（444）
民國《重修滑縣志》 …………………………………（445）
　　　滑縣 …………………………………………（445）
民國《重修汝南縣志》 ………………………………（446）
　　　汝南縣 ………………………………………（446）
民國《重修信陽縣志》 ………………………………（447）
　　　信陽縣 ………………………………………（447）
民國《重印信陽州志》 ………………………………（448）

信陽州 …………………………………………………（448）
　光緒《范縣鄉土志》 …………………………………………（449）
　　范縣 ……………………………………………………（449）
　民國《續修范縣志》 …………………………………………（449）
　　范縣 ……………………………………………………（449）
　同治《增續長垣縣志》 ………………………………………（450）
　　長垣縣 …………………………………………………（451）
　光緒《南樂縣志》 ……………………………………………（451）
　　南樂縣 …………………………………………………（451）
　光緒《開州志》 ………………………………………………（452）
　　開州 ……………………………………………………（452）

北京市 ……………………………………………………（453）
　光緒《昌平州志》 ……………………………………………（453）
　　昌平故城 ………………………………………………（453）
　　萬年故城 ………………………………………………（453）
　　宣中衛故城 ……………………………………………（453）
　　昌平州城 ………………………………………………（453）
　光緒《順天府志》 ……………………………………………（454）
　　良鄉縣 …………………………………………………（454）
　　固安縣 …………………………………………………（455）
　　永清縣舊城 ……………………………………………（456）
　　東安縣 …………………………………………………（458）
　　香河縣 …………………………………………………（459）
　　通州 ……………………………………………………（459）
　　張家灣城 ………………………………………………（463）
　　漷縣舊城 ………………………………………………（464）
　　永樂店城 ………………………………………………（464）
　　三河縣舊城 ……………………………………………（464）
　　武清縣舊城 ……………………………………………（465）
　　寶坻縣 …………………………………………………（466）
　　寧河縣 …………………………………………………（467）

昌平州 …………………………………………（467）
鞏華城 …………………………………………（468）
順義縣 …………………………………………（468）
密雲縣 …………………………………………（468）
古北口城 ………………………………………（470）
懷柔縣 …………………………………………（470）
涿州 ……………………………………………（471）
房山縣 …………………………………………（473）
霸州 ……………………………………………（473）
文安縣城 ………………………………………（474）
大城縣 …………………………………………（475）
保定縣 …………………………………………（476）
薊州 ……………………………………………（476）
平谷縣 …………………………………………（477）

上海市 …………………………………………（480）

光緒《寶山縣志》……………………………（480）
寶山縣 …………………………………………（480）
寶山所城 ………………………………………（481）
民國《寶山縣再續志》………………………（481）
寶山縣 …………………………………………（481）
民國《寶山縣續志附再續志·新志備稿》……（482）
寶山縣 …………………………………………（482）
民國《崇明縣志》……………………………（483）
崇明縣 …………………………………………（483）
崇明縣所屬舊城 ………………………………（484）
光緒《重修奉賢縣志》………………………（484）
奉賢縣 …………………………………………（484）
光緒《青浦縣志》……………………………（485）
青浦縣 …………………………………………（485）
民國《青浦縣續志》…………………………（486）
青浦縣 …………………………………………（486）

同治《上海縣志》	(487)
上海縣	(487)
民國《上海縣續志》	(488)
上海縣	(488)
乾隆《華亭縣志》	(489)
華亭縣	(489)
金山衛	(489)
柘林城	(489)
倉城	(489)
萬曆《嘉定縣志》	(489)
嘉定縣	(490)
民國《嘉定縣續志》	(490)
嘉定縣	(490)
乾隆《金山縣志》	(491)
金山縣	(491)
咸豐《金山縣志》	(491)
金山縣	(492)
金山衛	(492)
光緒《金山縣志》	(493)
金山縣	(493)
金山衛	(493)
光緒《南匯縣新志》	(494)
南匯縣	(494)
民國《南匯縣續志》	(495)
南匯縣	(495)

甘 肃 省

康熙《安定縣志》

康熙《安定縣志》，成文出版社有限公司，1970年。

安定縣

（卷二"建置·城郭"，35）縣舊城，周圍三里三分，南北兩門。宋紹聖中，涇源道經略使章楶所築。明正統中，知縣杜讓增擴六里三分，城高三丈，基闊五丈，頂二丈五尺，女墻六尺，深如之。關城樓櫓四十二處，鎮樓五座，四角有飛樓三間，俱爲瓮城。壯偉盡制，雖係土城，邊寇稱爲"鐵櫃"云。城四正通衢，四隅阻塞，右用武之地。今規模雖（36）歷久不堅，年來民困飛挽，整葺尚未遑也。

乾隆《成縣新志》

乾隆《成縣新志》，成文出版社有限公司，1970年。

成縣

（卷一"城池"，141）成城之肇造於漢唐者，不可考矣。南宋時，吳氏昆弟駐節上城，著保蜀功，稱雄鎮焉。後圮爲坡陀。洪武五年，知縣鮑子信重修。末年，知縣李彥文加培，然猶周不踰三里，高僅一丈五尺，壕塹湮淺。歲久頹壞。正德甲戌，知縣張瓛幇增挑浚，視舊加十之五，四面護以小墻，高一丈，（142）闢四門，皆覆以樓，東曰東安、西曰西成、南曰南熏、北曰北辰，但土性善崩，繕治貴有良法。崇正七年，流賊入破者三。八年，隴西主簿何行俊署縣事，移寓玠、璘舊址，曰上城，成之，西北隅連城也。九年，知縣謝鏞申請將殘城作關厢，以上城爲治所，先浚壕塹，深二丈七尺，闊倍之，城周圍立敵臺，樹懸樓，南沿舊路，北闢新門，制不逾三里，而四面斗絕雄峻，足資守禦，賊數來攻而城卒全。國朝初，猶兩次被兵，恃上城而民不蒙難。承平日久，垣墉、營房蕩然。康熙三十五年，知縣胡承福修復舊治，築東河（143）堤以防水患，移治下城，今仍之（訂舊）。

民國《崇信縣志》

民國《崇信縣志》，成文出版社有限公司，1970年。

崇信縣

（卷一"建置志·城池"，79）縣城，自唐建中元年，武康郡王李元諒建，周二里一百九十八步（《鄉土志》，城築自唐貞元間），高二丈五尺。明末，知縣高斗垣截錦屏山麓，展築故城，南無垣，即倚山爲壁，門二，東賓陽、西來爽，各建樓二（80）楹（《甘肅通志》）。案故城舊縣巷遺址尚存。明末寇變，公署、民居悉付之一炬。知縣高斗垣截築錦屏山麓，倚險以居下，爲門，題曰"據險"（《舊志》今呼南城曰"堡子頂"者以此）。清順治六年，知縣武全文建敵臺，浚城壕，今城上炮臺七座，獨東面有深池七尺，寬丈餘（《甘肅通志》）。同治元年，銅回亂，北城年久陷落五丈餘，知縣蘇文炳補修。光緒三年，知縣黃慶麟重修北城角炮臺。三十一年，河湟變起，知縣楊培之增置西北炮臺一、東炮臺二，補茸城門，緩急可恃！（81）民國五年，知事王廷議捐廉重修東西城樓各三楹（爲庭舍式），規制遠不如舊，然工堅料實，較爲壯觀，勒石志其事。九年，地震，聊睨強半塌陷，知事劉相輔撥公款重新補茸聊睨六百七十四、炮臺八（以上采訪）。

乾隆《狄道州志》

乾隆《狄道州志》，成文出版社有限公司，1970年。

狄道州

（卷一"城堡"，92）狄道城基址，在秦漢者不可考。其前涼之武始、唐之臨州，亦因沒於吐蕃，城池多遭傾圮，故李吉甫《元和志》於臨州之四至八到無得而述焉。《臨洮府志》載，自宋熙寧五年，王韶城武勝軍，金、元因之增修者，徵信也。明洪武三年，指揮孫德增築，周九里三分，高一丈一尺，池深三丈五尺，門四，東曰大通、西曰永寧、南曰建安、北曰鎮遠，俱甃以甎，上建層樓、戍樓、戍鋪，後又增築北郭。景泰四年，知府劉昭重修，闢東、西、北三門。隆慶三年，知府申維岱、知縣何常春復修之，額其城樓，南曰"南通蜀漢"、北曰"北連嘉峪"、東曰"東望盛京"、西曰"西接崑崙"，凡敵樓（93）一十六，更鋪二十有八，垛口一千八百有二十。

國初，靖逆侯張勇駐師臨洮，引洮水支流近城，謂之飲馬河，其後遂成巨浸，衝嚙西城。雍正五年，知府李如璐謀塞之，未就。乾隆十二年，知州管孫翼奉文估修，河復故道，城垣無水患矣。乾隆二十五年，署狄道州沈雲振、陶國幹奉旨補築西城，乃始完善可觀云。

（94）東關、南關、北關，各長二里。按北關，舊名臨洮堡，宋熙寧六年置。明洪武二年，移城，遂爲郭，今仍之。西關，長百步，關門高三丈，闊二丈五尺。

道光《敦煌縣志》

道光《敦煌縣志》，成文出版社有限公司，1970 年。

敦煌縣

（卷三"建置志·城池"，128）縣城，周圍三里三分零，計長六百丈，高一丈九尺六寸，根寬二丈三尺，頂寬一丈，頂上外垛墻高五尺，厚一尺六寸，裏面女墻高二尺六寸，厚一尺四寸，開東西南三門，城門樓三座，北城樓建廟，腰樓八座，每座墩臺周圍三丈一尺八寸，角樓四座，每座墩臺周圍五丈，甕城樓三座，雍正三年建。

（129）郭城一座，包羅縣城東南北三面，周圍五里五分零，長一千丈，城根五尺，頂寬二尺，高二丈，東門、南門、北門、西南角門四座，炮臺一十二處。

黃墩堡

　　黃墩堡，在敦煌城正北六十三里。土城一座，周圍二里四分，計長四百三十二丈，高一丈八尺，根寬二丈，頂寬七尺，頂上外垛墻高五尺，厚一尺二寸，裏面女墻高二尺五寸，厚一尺，東西兩門，城樓二座（130），甕城樓二座，腰樓二座，雍正五年建。

乾隆《伏羌縣志》

乾隆《伏羌縣志》，成文出版社有限公司，1976年。

伏羌縣

　　（卷三"建置志·城池"，61）方城，距古冀城百步許，創於宋，元因之。明景泰元年，知縣王珣增築。成化十三年，知縣事尹恭復葺焉。嘉靖二十一年，李令灌大爲增修，周圍四里三分，高（62）二丈五尺，頂闊八尺，池深一丈，闊如之。隆慶六年，甘令芍增敵臺九座，又增高加厚。我朝不無傾圮。聖祖五十年，知縣事三韓侯琰捐俸重修，但歷風雨侵蝕，雉堞僅存，而周墉大半崩塌。乾隆三十一年，奉發帑銀一萬八千兩零，知縣事殷兆燕領修，東曰陽和、南曰阜財、西曰挹爽、北曰迎恩，其周圍高厚仍舊。

萬曆《肅鎮華夷志》

萬曆《肅鎮華夷志》，成文出版社有限公司，1970年。

陝西行都司

　　（卷二"建置志·公署"，32）陝西行都司，舊城周九里三十步。明洪武二十五年，都督宋晟於東增築新城三里三百二十七步，總一十二里二百五十七步，高三丈二尺，厚三丈七尺，其城上瞭堠四角各一，四面各十二；城門四，東咸熙、西廣德、南延恩、北永康，東、北城樓各一，西、南箭樓各一，西南、西北角樓各一，巡鋪五十有八；池深一丈三尺，闊三丈七尺。東隸左衛，南隸中衛，西隸右衛，北隸前後二衛，行都司統之。關四：南關城高二丈二尺，厚二丈一尺，周三里四十二步。東關城，高厚俱二丈二尺，周四里一百三十一步，連亙南關。北關城高厚與南關同，周門半之，多土著回夷列肆貿易。嘉靖三年，土魯番犯甘州，各夷謀內應，都御史陳元疇遂接爲一區，置兵邏守，謀遂寢。

山丹衛

（36）山丹衛，舊城一里二百六十步。洪武二十四年，指揮莊德展築，共七里二百九步，高二丈八尺，厚三丈五尺，東南西三門，箭樓七，邏鋪二十八。池深九尺，闊二尺、五尺。關廂連亙南城，周闊有差。

高臺所

（37）高臺所，舊爲站堡。景泰中，依舊堡築，周四里，高三丈六尺，闊三丈，惟南門一，城樓一，內餘月城二、箭樓各一，邏鋪八。池深一丈二尺，闊一丈五尺。南關廂爲門二，計一里。

乾隆《甘州府志》

乾隆《甘州府志》，成文出版社有限公司，1976年。

甘州府

（卷五"營建·城郭"，482）甘州府城，周一十二里三百五十七步，高三丈二尺，厚三丈七尺，門四，皆重闉，樓櫓畢具，角樓四，巡鋪四面各六，凡二十有四。池深一丈七尺，闊三丈七尺。郭三面，南郭亙二里二十四步，高二丈二尺，厚二丈一尺；東郭亙四里一百三十一步，高厚如南郭；北郭高厚如東郭，亙半之；西郭無。或曰古張掖故城，西夏因之。（483）元大德中擴修，周九里三十步。至大二年重修。明洪武二十五年，都督宋晟擴修三里三百二十七步，如今數。嘉靖三年，土魯番犯甘州，都御史陳九疇截爲一區，置兵邏守。萬曆中，總兵李震、僉事徐節，甃以磚石。我朝乾隆二十九年，署張掖縣富斌領帑重修。東城門揚煦，二門寅賓；西城門懷新，二門廣德；南城門延恩，二門時熏；（484）北城門鎮遠，二門永康。

東樂城

東樂城，舊堡，未詳所始。周圍長四百九十一丈四尺，高二丈九尺，底厚一丈六尺，頂厚七尺。乾隆八年，移駐縣丞，修補。東城門，也是樓；西城門，"先看陰鷟"。

山丹縣

（484）山丹縣城，周七里二百九步，高二丈八尺，厚三丈五尺，東西南三門皆重闓，樓櫓畢具。池深九尺，闊二丈五尺。東西無郭，南郭連亘東西，與城等。西夏趙元昊建。元至元二十六年新之，周一里二百六十步。明洪武（485）二十四年，指揮莊得展築，周七里二百九步，如今制。萬曆中，增築南關城。我朝乾隆二十四年，大水毀南關城郭。二十五年，知縣王璿望領帑重修。東城門承輝，"峽谷嶙峋"；西城門靖遠，"新堡雲韶"；南城門揚武，"南樓遠眺"，向北一額"甘淩凝睇"。

撫彝城

撫彝城，周一里四分，高二丈五尺，厚二丈二尺，門東西各一，樓櫓畢具，腰樓、巡鋪共六座。舊係民堡，乾隆二（486）十九年，通判高沅領帑重修。東城門東作，"憑陵黑水""半壁長城""金湯鞏固"；西城門西成，"雄峙天山""西陲保障""玉塞屏藩"。

道光《續修山丹縣志》

道光《續修山丹縣志》，成文出版社有限公司，1970年。

山丹縣

（卷四"營建·城郭"，107）地當孔道，羌夷要衝，誠河西咽喉也。金城湯池，莫斯爲重。漢泊觻得，鄣郭無考。西夏以來，頻紀修營，而山丹爲夏甘肅軍。《舊志》稱古刪丹，非其實也。明時均作堡寨，雖蕞爾無稽而鄰番界，綢繆桑土，奚容緩乎？乾隆二十八年七月，奉上諭，各省督撫嗣後將所屬城垣，細加查勘，如稍有坍卸，（108）隨時按例保固，仍於每歲年底，繕摺彙奏，欽遵在案。於是邊陲鞏固，益具巖巖屹屹之觀矣。

縣城，周七里二百九步，高二丈八尺，厚三丈五尺，東西南三門皆重闉，樓櫓畢具；池深九尺，闊二丈五尺；東西無郭，南郭連亙東西，與城等。西夏趙元昊建。元至元二十六年，新之，周一里二百六十步。明洪武二十四年，指揮莊得展築，周七里二百九步，如今制。萬曆中，增築南關城。我朝乾隆二十四年，大水毀南關城郭。二十五年，知縣王（109）亶望領帑重修。東城門承輝，"峽谷嶙峋"；西城門靖遠，"新堡雲韶"；南城門陽武，"南樓遠眺"，向北一額，"甘淩凝"。

光緒《海城縣志》

光緒《海城縣志》，成文出版社有限公司，1970年。

海城縣

（卷一"建置志·城池"，29）縣城，宋名天都寨，夏改爲東牟會，元名海喇都。明初，以地賜楚王，又名海城。城周四里三分，設承奉司，內臣居之，撥官兵一千五百員名。滿俊之亂，增設指揮同知及千戶官兵爲屯牧戰守之備。成化四年，巡撫馬文升重修之。七年，兵備道楊冕增設倉場。崇禎十三年，奇荒，人民相食，戶口寥落。十六年，又爲闖賊所破。至國朝乾隆間，元氣始復。十四年，有同知移駐之命，築堡爲城，聊作藩籬。咸豐初年，同知葛以簡創建東西南三門，設鼓樓一座。同（30）治八年，回叛焚之。光緒三十年，知縣王秉章由清丈地畝房基項下，籌款補修。三十三年，知縣楊金庚因南西二城門損壞，西城牆倒塌五丈有餘，捐廉增修，以資捍衛。蓋海城巖邑也，唐之吐番、明之滿俊、國朝乾隆間之田十五、同治間之馬明善、田成基、光緒二十一年逆回李倡法勾結河回馬匡國等，戕官劫獄，前車屢覆，可爲殷鑒。況城內之水，掘井九仞而不及泉，獨賴城南十五里之五橋泉以供吸飲。設於南山之麓曲防以阻之，期城池立變枯魚之肆，知縣楊金庚於署內浚修水窖，凡營汛及城內居民共鑿窖二百七十餘隻，復於南門外修一大潦池，商民賴之。

乾隆《合水縣志》

乾隆《合水縣志》，成文出版社有限公司，1970 年。

合水縣

（卷上"城郭"，39）建水之陽，山脉橫亘，從子午劈分蜿嬗而來，逾六村原脫卸於此，有阜矗起而銳，因以爲城。城山依山，山頂大如方丈，地遠望之如人戴卷檐帽，而勢欲東向拜者。然以此爲城之脊垣，由是起如葫蘆之蒂，其初甚狹，漸下而漸廣焉，將及地復一束。（40）北垣連山高五丈，東西南皆在平陸，高三丈，厚半之，悉土築。其雉堞則以磚，在山上者甃數層，婉轉因山斜叠之，最易剝落，覽其周遭，仿佛嵌齦殘齒耳。東西二百三十步，南北一百九十步，周三里一百八十步。池深一丈五尺，闊三丈三尺，隍周七里三分，東西二門，東曰綏定、西曰慶寧，高八尺五寸，闊九尺二寸，上各屋三間，無樓櫓、無重闉，即馬道、更房等亦多未備，陋之甚矣。城內東西二街，居民二百餘戶。雖非通闤帶闠，然已（41）屋瓦鱗次，少隙地焉。兩關厢甚長，無郭門，尚存舊址，各一廟及旅店數家而已。

後山徑若城之半，而大止四之一，無人居。舊有元帝廟，旁建三清宮，俱久廢，惟一碑趺陷土中，交龍屹立，其文爲前明時修廟作，土人云其地今悉屬官。巽方城上有魁星樓一座，巋然若靈光之獨存。

明侍郎李楨撰城隍廟碑曰："合水古蟠蛟"。考《唐書》，武德元年析合川之蟠交縣，天寶初更名合水，則城當築於是時。（42）宋崇寧間，渤海高頡修城隍廟，邑人強恕撰碑文曰："熙寧四年，詔以合水鎮爲邑。歷二十年，城郭中外，百廢俱興"。又曰："紹聖二年，渤海高頡一日仿徨廟下"，及睹舊記有："咸平壬寅歲，逮今九十四年之語"。然則城之建於唐，而復興於宋可知。原志謂熙寧年間築，蓋泥於以鎮改縣之文，而非謂城之自是始也。崇□初，流寇夜半從北城入。後十年，復火燒城門，連破三次。順治間，楊太守率縣令劉源澄修復之，有記。雍正時，知縣酒養澤所修門額，久亦頹圮。

民國《和政縣志》

民國《和政縣志》，成文出版社有限公司，1976年。

和政縣

（卷二"建置門·城郭"，43）縣城，舊城道址在城北隅。明弘治乙卯，立寧河鎮市，三日一聚。清康熙四十一年，移建本城。嗣是，烟戶繁盛，間日一聚。至光緒二十三年，河州鎮焦大聚、州牧楊增新稟請重修，督令防營營官康學義、張其高、曾永國督隊修之，功竣。二十四年，邑貢生王仲甲監修西城門磚洞。城周五百四十丈，垛口八百八十四，炮臺十二座，頂寬一丈一尺，底寬三丈一尺。東城高一丈七尺五寸，南城高三丈六尺，西城高三丈六尺，北城高二丈八尺，面（44）積約一萬六千二百方步。前代祇有驛館、營汛，民國十八年，改建縣治。西郭、西關市場，無城墻，長約二百步，寬約一百步。南城門外里許，舊有二十一空石橋，橫跨廣通河上，曰寧河橋。後經湮廢，清代歲修木橋，命名曰廣通橋，至今仍之。

民國《華亭縣志》

民國《華亭縣志》，成文出版社有限公司，1976年。

華亭縣

（第二編"建置志·城郭"，161）《吳越春秋》：堯使崇伯鯀築城衛君，造郭以守民，是爲中國有城郭之始。後魏晉秦二年，築亭川鎮城，以扼吐蕃。唐及五代、北宋皆因之，蓋即儀州故城。金大定二年，以城大難守，割弃西北三（162）分之二，僅留東南一隅，城始縮小。明末，數陷於寇。清順治初，知縣佟希堯招工增修舊城雉堞。康熙末，知縣陳珣葺金築城内西北新城，以便固守。乾隆三十二年，知縣張漢芳詳請修築，城垣復新。同治六年，回匪陷城。九年，知縣蔣順達擇要補葺，後漸崩塌。光緒間，知縣楊鼎新詳請修築，未果。宣統三年，陝西反正，土匪猖獗，知縣陳良均、典史高晉中召集學紳尚增新、潘大觀、姜輔周、莊居敬、張樹勛、王建平、張正銘、潘偉觀、幸順祥、曹鋻等籌捐,合城鎮各界措資三千餘串,勉事修葺,女牆、城樓稍增完善。民國九年十一月七日,地震,墻垛又多崩塌。十二、三年,知事原志堅又籌款修葺,垛牆、城樓均煥然一新,惟西北尚築土垛(163)。綜計城周三里三分有八,垛環一千二百一十有七,底厚二丈一尺,頂寬一丈二尺,高約二丈四尺,城上邏鋪八,敵臺四,東南西城門三,門樓三,西門月城一。外隍深一丈五尺,今皆平坦。後周顯德中,增修城東外郭,先時因之,今則僅存遺址。十五年十月,縣長王玉堂因土匪爲患,同縣紳潘達觀會議增修邏鋪、更房一十八座,洗刷北城外牆之低者,從此雨寒皆可防守矣。

嘉靖《徽郡志》

嘉靖《徽郡志》,成文出版社有限公司,1970年。

徽州

(卷二"建置志·城池",24)徽,宋元土城。國朝洪武初,增修,周四里三十步,高一丈七尺。永樂中知州楊懋,成化中知州息清相繼修葺。正德六年,蜀寇入陷,後知州侯禮開拓,包鐘樓山於其中,城乃壯,周五里三分。未幾就頹。嘉靖元年,府同知丁浚偕知州白松,奉御史許公、鳳翔劉公𪨊槷增築,高二丈,厚一丈,土性善崩,隨即坍塌,環城置屋八百餘間,門樓加葺,東望京、南通蜀、西鎮羌、北眺隴,有進士王麟記。嘉靖二十二年,屋復漸敝,知州許釗撤而崇之,增置四關門樓,有知府賈上元記。近又崩圮,(25)知州孟公鵬年復加補修,民壯二百五十名守之。

嘉慶《徽縣志》

嘉慶《徽縣志》,成文出版社有限公司,1976年。

徽縣

(卷三"建置志·城池",162)宋開寶初,移河池縣於固鎮。南渡後,縣廢爲宣撫守將治。元初,置南鳳州。至元中,改徽州,皆因之。治之南郭曰舊城，宋初建置。紹興後，斯爲重鎮。自宋迄元，數遭焚毀，而環城基址尚有可尋。移治今城，未詳始於何時。明初，知州金堅始創修城池，周四里有奇，土疏善圮。正德六年，蜀寇入陷，知州侯禋奉巡道李璋檄重加（163）板築，開拓舊基，包鐘樓山於東北，城周五里三分，池深一丈。嘉靖元年，知州白松請於巡按許鳳翔、劉翀復修，環城置屋八百餘間。二十五年，屋壞，知州許釗乃撤屋而用磚甃，增置門樓。至崇正末，復圮。國朝順治七年，知州楊三辰修葺。康熙初，霪雨大圮，徐起霖重加修築，城始固。以後相繼修葺。嘉慶四年，邪匪滋擾城下，屢修屢圮，知縣李受曾率紳民於東南隅開挖海壕數十丈。十一年，知縣張伯魁率邑紳士（164）捐葺完固，重修四關門樓，東曰"群峰聳秀"、西曰"河池古治"、南曰"鐵山棧道"、北曰"襟連秦鳳"。

道光《續修會寧縣志》

道光《續修會寧縣志》，成文出版社有限公司，1970年。

會寧縣

（卷上"建置志·城池"，26）城，會城建自前明洪武六年，知縣事郁彬偕鞏昌衛千戶傅履始成之。恢其制者，則成化四年同知羅諭也。增闢西門及西南北郭者，則嘉靖間總制劉天和也。增闢東門，營東郊及添設敵臺者，則萬曆元年知縣戴光啓也。自是規模大備，今之城垣，其故址也，然皆即土爲墉，未有甃甓之固。其砌磚爲垛者，則自萬曆三年知縣史（27）天佑始，於後再修於勝國，四葺於我朝。而乾隆三十年知縣折遇蘭之舉爲最後，亦爲最堅。顧踵其任者，因陋就簡，遙遙之七十餘年，土之崇者夷而爲道路矣，磚之累者運而爲井竈矣，樓之岑、壕之浚者化而爲荒烟、塞而爲蔓草矣。道光十八年，知縣徐敬詳請各上官，謀諸紳士，倡捐修理，七閱月落成，高低寬厚，悉仍其舊，而敵樓、角樓，周圍垛堞一律甃以新甓，額其東之門曰"九霄紫氣"、南之門曰"西陲鎖鑰"、西之門曰"萬里雄圖"、北之門曰"屈吳保障"，皆敬所自書。由是屹中固外，視昔有加焉。

（28）池。城之有池，始可資畚築，繼可以阻戎車，《易》所謂隍是也。若久廢不治，則城復於隍矣。泰之上六戒之慮，泰極而爲否也。會邑之池，自明劉天和浚治後，屢疏屢塞。至國朝康熙年間，兩經地震，城既告圮，池亦就平，大有復隍之象，而百餘年來，邊境又安，桴鼓不事，人且不知有城之利，何論於池。然有備無患，捍圉良謨。道光十八年，知縣徐敬於修城之際，鳩工開浚，周圍抱城，惟西南之因河爲池者，則仍其舊焉。

關厢。城外有城，古所謂郭，今之關厢亦郭之制。而郭必（29）周城，關厢則因地制宜，或有或無。會邑關厢有東南北三城而以河爲界。東關，早爲居民募修完固，城樓亦重建。惟南北二關，頹圮過甚。道光十八年，知縣徐敬一律修整。南關城上舊無敵樓，庀材補建，自題其額曰"威震重關"，由是其制始備。

康熙《金縣志》

康熙《金縣志》，成文出版社有限公司，1970年。

金縣

（卷上"城郭"，21）土城一座，周圍三里三分，高三丈三尺，厚二丈。池深二丈一尺，闊三丈。城門二，南曰阜安門、北曰清安門，上各層樓三間，城隅大鋪四，周圍小鋪二十。外郭，當龕峪山口，即宋之舊寨。郭門二，南曰永綏、北曰咸寧，上各建層樓（22）三間。城郭四門舊有照壁，今俱廢。郭門外昔有瓮城，萬曆間，知縣劉文炳與邑人有隙，去之。識者以爲風氣衰微由於此，至今遺恨。嘗按邑城池創自元至元間，歷時增修，堅緻牽實，當時稱爲鐵瓮。萬曆三年，知縣劉去僻重修，上增女墻一周，甃以磚石，較昔壯麗。我朝康熙二十四年，頒示郡縣修理城池，知縣魏煜（23）如捐俸補葺層樓、垣墻改觀。

乾隆《涇州志》

乾隆《涇州志》，成文出版社有限公司，1970年。

涇州

（卷上"建置·城池"，67）城池。制城原在涇河之陽，元張爾嚴兄弟據其城，明將徐達、常遇春屠之。嗣因水害無常，遂遷於涇陰，即古安定驛也。成化十三年，知州曹光增修東城，州人閻鋌有記。正德十四年，知州宋灝增修西城。嘉靖二十四年，知州張髦士重修，平邑趙時春有記，均載"藝文"。(68) 土城一座，周圍三里三分，高三丈，濠闊二丈（女墻磚砌，久圮），建門三，南曰承熙、北曰永寧、南左曰東盛。

道光《靖遠縣志》

道光《靖遠縣志》，成文出版社有限公司，1976年。

靖遠縣

(卷二"城池"，132) 靖遠縣城，衛城，即隋會寧、唐會州郡。宋章楶克復之。會州，元併西寧縣入會州之舊址也。宋邢恕於會州西祖厲河造船拒夏人，則會州在祖厲河之東明矣。明正統二年，都指揮房貴奉命於古會州舊址修復，增築城池，建靖遠衛。成化十三年，恢拓東城。嘉靖二十年，守備黃恩修築南關。萬曆六年，少卿梁許重修東西門并城樓，增築南關城垣，甃砌女墻。城周圍六里三分，開三門，東曰通化、西曰治平、南曰安遠，城高三丈，根基闊四丈一尺，上平闊二丈二尺。南關城周圍二里半，高闊與衛城等。池深三丈。城上正北 (133) 曰鎮邊樓，三楹，高三丈五尺，中題曰"威遠"，西題曰"坐鎮四塞"，北題曰"大觀"；東內城門上曰通化樓，上題曰"三秦藩籬"，甕城及稍門俱有樓；西內城門上曰治平樓，上題曰"兩河屏翰"，甕城門及稍門原俱有樓，今甕城樓已傾廢；城南門上曰安遠樓，上題曰"秦隴鎖鑰"，俱正統二年建，萬曆六年，苑馬卿梁許增修。城東邊門上曰鎮戎樓，中題曰"元老登壇"，北題曰"北門鎖鑰"，嘉靖辛丑，兵備副使韓通偉、兵部侍郎趙廷瑞閱邊，各有詩記事；城西邊門上曰寧塞樓，中題曰"河清海晏"，北題曰"河山一覽"，俱嘉靖辛卯守備白爵建。萬曆六年，參將哈欽增修空心樓二，一在祖厲河口，一在 (134) 三角城，今俱廢（《康熙志》）。乾隆二十五年，知縣劉杰請帑以工代賑重修，城垣周圍長一千一百六十六丈，高二丈六尺，頂寬一丈五尺，底寬五丈（《縣冊》）。

(135) 西關門，在西五里轉嘴山下，指揮陳繼忠建。道光十年，邑士民等募資重建，祀文昌帝君、關聖帝君於其上，更砌修經行大路，較昔稱巨觀焉。東闌門，在東十五里紅山寺口，嘉靖十年，守備白爵建（《康熙志》）。

乾隆《靜寧州志》

乾隆《靜寧州志》，成文出版社有限公司，1970年。

靜寧州

（卷二"建置志·城池"，57）靜寧城，建於宋，元明因之。洪武初，減外城爲内城，周五里七十五步。景泰元年，（58）知州李華奉文築城，開西、南關二門。天順初，知州蓋瑗仍築外垣，周六里五十步，更築東西月城，周七里八十六步。成化四年，知州靳善重築東南北郭城，環袤九里，東西達内城爲二門，復建樓於東西二門之上，各五楹。十一年，知州祝祥築外東關。嘉靖十四年，知州劉琉重修。十九年，知州李時中始開南門，修城樓並建四隅樓。萬曆四年，知州王冠增修，又廓西關。二十三年，知州潘汶愈增修北城樓。本朝順治十年，地震，雉堞傾頹，知州劉瑞重築，周五里一分，高三丈四尺，深一丈八尺。十七年夏六月，陰雨破壞，知州李民聖補築。康熙五十七年，地震，雉堞盡頹。雍正二年，知州李正發重修西門樓。乾隆七年，知州楊國瓚補葺東（59）門樓。凡州城内外大城門三，東曰迎春、西曰餕輝、南曰向離；西關門一，曰戢寧，南關門一，曰保障；東月城稍門一，東關南北便門二，東稍門一，南新城門一，西月城夾城門一，南關稍門一。

道光《蘭州府志》

道光《蘭州府志》，成文出版社有限公司，1976年。

蘭州府

（卷三"建置志·城池"，181）蘭州府城，自隋初築於皋蘭山北少西，濱河，宋苗綬修之。明洪武十年，指揮同知王得增築，東西長一里（182）二百八十步，南北長一里八十二步，周六里二百步，高三丈五尺，闊二丈六尺，東西南池深三丈，北因河爲池，門四，東曰承恩、南曰崇文、西曰永寧、北曰廣源，上各建層樓。宣德間，僉事卜謙、指揮戴旺自城西北起至東築外郭，凡十四里二百三十一步。正統十二年，又增築承恩門外郭，自東至北七百九十九丈有奇，名曰新關，郭門九，東曰迎恩、東北曰天塹、又東北曰廣武、南曰拱蘭、東南曰通遠、西南曰永康、又西南曰靖安、西曰袖川、北曰天水。弘治十年，都指揮梁瑄又築東郭外牆三百六十丈，爲游兵營，使居守之。萬曆八年，甃以磚石。（183）皇朝康熙六年，巡撫劉斗補修，重建城樓。二十四年巡撫葉穆濟，乾隆三年巡撫元展成，二十八年巡撫常鈞皆加補葺。

狄道州

（183）狄道州城，自宋王韶破羌人城武勝軍，金元因之。明洪武三年，指揮孫德增築，周九里三分，高三丈，池深一丈，門四，東曰大通、西曰永寧、南曰建安、北曰鎮遠，俱甃以磚，上建重樓，戍樓九，角樓四，又增築北郭。景泰四年，知府劉昭重修，闢東西北三門。隆慶三年，知府申維岱、知縣何常（184）春復修之。國初，靖遠侯張勇駐師臨洮，引洮水支流近城，謂之飲馬河，其後遂成巨浸，衝嚙西城。乾隆十一年，知州管孫翼奉文修，河復故道，始無水患。二十五年，署州事沈元振、陶國幹補築西城，乃復完善。其外郭東南北各長二里，西長百步，關門高三丈，闊二丈五尺。

渭源縣

（186）渭源縣城，創建於宋，土築，周三里三分，高二丈五尺，池深一丈，門二，南曰渭川、北曰清源，上有敵樓。明弘治十七年，（187）知縣党茂增築月城。國朝康熙二十五年，知縣張宏斌重修。北有郭，循西面依王韶故堡，徑三里，周五里，高一丈五尺，東西門二，乃明嘉靖四十二年建。

金城縣

（187）金縣城，即宋龕谷寨城，周三里三分，高三丈三尺，池深二丈，門二，南曰安阜、北曰清安，上建層樓。明萬曆四年，知縣劉去僻修築。國朝康熙二十四年，知縣魏煜如重修。外郭，當龕穀山口，門二，南曰永綏、北曰咸寧，亦有層樓。

河州

（188）河州城，秦符堅時建，元時逼近北原。明洪武十二年，指揮徐景改築。弘治庚申，都指揮蔣昂重修，周九里三分，高五丈，厚三丈，池深二丈，闊三丈，門四，東曰平秩、西曰定羌、南曰安遠、北曰鎮邊，上各有敵樓。嘉靖間，知州聶守中創修南郭，周三里有奇，門一，亦建重樓。國朝康熙四十四年，知州王全臣重修。乾隆四十六年，回變，樓堞俱被殘毀。五十一年，知州德慧奉文動帑補修。

靖遠縣

（189）靖遠縣城，即古會州城址。明正統二年，都司僉事房貴修築。成化十三年，拓東城。嘉靖二十年，守備黃恩築南郭。萬曆六年，兵糧道梁許重修。城周六里三分，高三丈，門三，東曰通化、西曰治平、南曰安遠，北有鎮北樓，池深三丈。南郭周二里半，高與城等。國朝乾隆二十五年，知縣劉杰奉文以工代賑，動帑興修。五十一年，知縣胡紹祖、王賜鈞先後捐資補修。又（190）西五里有西闗門，山水衝刷，路斷成川。道光十年，知縣陳之學冀勸捐修復。

道光《兩當縣新志》

道光《兩當縣新志》，成文出版社有限公司，1970年。

兩當縣

（卷三"建置"，44）兩當縣城，前代無考。明洪武初，始置縣，築土城，周□里，高一丈，止東西二門。宣德中，知縣史忠重修。成化中，知縣韓時重修，始開南北門。正德十一年，知縣高騰增修，高厚深廣加十之五，又以西城薄山，築山城墩堡以捍之。今城圮址存。嘉靖十三年，知縣孫逢吉重修，城上覆以屋三百餘間，旋亦敝廢。至隆慶初，傾圮殆盡，知縣張效良復修，改建門樓，創築月城，周三里，高二丈，池深丈五尺。崇禎七年，流寇攻陷，蕩爲荒（45）墟，知縣徐文獻率士民於城西山頂築數椽以居，城內止有文廟、關帝廟、城隍廟，亦凋殘不堪。國朝康熙初年，知縣張鳳翥始率士民遷入舊城，整理文廟、關帝廟，復創衙門，士民復立房舍，而城垣尚未大修。乾隆三十四年，知縣宋瓚請帑監修完固。

民國《創修臨澤縣志》

民國《創修臨澤縣志》，成文出版社有限公司，1976年。

臨澤縣

（卷二"建置志·縣城"，99）縣城，舊爲民堡。乾隆十八年，改設通判。二十三年，通判高沅領帑建修，周一里七十二丈，高二丈五尺，厚二丈二尺，東西二門，重闉，樓櫓畢具，東門額曰東作，城樓額曰"憑陵黑水""金湯鞏固""半壁長城"；西門額曰西成，城樓額曰"雄峙天山""西陲保障""玉塞屏藩"。清光緒二十一年，通判文棋重修西（100）門壕牆。民國十六年，地震，裾牆、垜口大半坍塌，縣長方光策籌銀洋二千圓，令飭邑紳韓國棟、李登瀛、魯秉禮、馬永駒等鳩工庀材。十月動工，十七年五月竣工，現今恢復舊觀。

康熙《隆德縣志》

康熙《隆德縣志》，成文出版社有限公司，1970年。

隆德縣

（"沿革"，46）明洪武二年，復修縣城。成化十九年，改削南城，邑人進士王銓因城大空虛難守，陳言兩院削去南城三里三分。崇禎八年，流寇七次破城，復因人寡難守，知縣蔣三捷申請再削去西北城三里許。大清順治十六、七年間，土城爲霪雨傾圮，知縣常星景捐資鳩工，修葺完固，偏東門樓曰"六盤聳翠"，扁南門樓曰"美（47）高屏峙"，扁北門樓曰"象鳳環襟"。

民國《民勤縣志》

民國《民勤縣志》，成文出版社有限公司，1970年。

民勤縣

（"建置志·城郭"，85）縣城。明洪武時，因元季小河灘空城，周圍三里五分，修葺爲衛。成化元年，調集涼永官軍協助本衛軍夫，都指揮馬昭監工，展築西北兩面三里餘，新舊周圍六里二分零二十三步，高三丈一尺，厚二丈有奇，東西南三門，東曰永和、西曰永綏、南曰陽武。後飛沙擁城，嘉靖二十五年，參政張璽申呈都御史楊博築西關以堵飛沙。係土城，都御史侯東萊奏請磚包，萬曆三年起，四年工竣，建城樓三、角樓四、邏鋪一十有九、月城三。池深一丈五尺，闊三丈，三門俱有木橋，西城牆內戶兒街穿水洞。國朝康熙元年，參將王三華重修西門樓。今各樓（86）皆圮，池平橋壞，砌磚剝落，存者十僅二三，女牆敧缺，水洞亦淤。西北則風擁黃沙，高於雉堞，東南則土城墳起，危似岩墻，惟邏鋪粗有形迹耳。康熙三十年以前，軍民負插搬沙，月無虛日，勞而無功，且沙以掀翻，易於漫溢，故罷其役。

乾隆《清水縣志》

乾隆《清水縣志》，成文出版社有限公司，1970年。

清水縣

（卷三"建置"，37）清水，古秦亭舊地，在汧渭之間，周孝王封秦非子所築，在北原上，本名上邽（《說文》曰：邽，天水大阪也）。桓王六年，秦自汧渭間徙平陽。十四年，秦武公伐邽戎取其人來，因名邽縣。漢武帝時，始名清水（《三秦記》：隴西關其城九回，不知高幾里，其上有清水四注，因名）。後因唐開元時地震，寶應初復遭吐蕃兵火，城圮廬毀。宋太平興國二年，曹瑋因南二里許人家稠密，改築今城。金元俱因之。明洪武間，知縣劉德重（38）築。嘉靖三十一年，知縣姜潮捐修。後門樓傾壞，康熙二十六年，知縣劉俊聲捐修。城亦壞。五十二年，知縣張仕渾捐修。年來城復傾圮十數處，乾隆五十六年，知縣朱超捐修。

光緒《洮州廳志》

光緒《洮州廳志》，成文出版社有限公司，1970年。

洮州廳

（卷三"建置·城池"，228）洮州城，明洪武十二年己未，西平侯沐英始建，周圍九里，計長一千四百五十丈二尺，底寬二丈四尺，收頂二丈，高三丈，垛墻二千三十五堵，城門四座，城樓四座，水西門一座，東西南三瓮城，每處建礮樓三座，共礮樓九座，東曰武定門、南曰迎熏門、西曰懷遠門、北曰仁和門。池深一丈五尺。成化五年，指揮李隆重修。弘治間，副使張公泰增修。萬（229）曆□□□總兵李昫因山水衝北城，截築西北，順川循山。□□十二年，副總兵李芳築新墻一道，長一百八十丈（見《府志》）。國朝道光二十八年，洮州同知明福重修。咸豐三年，同知張作霖重修水北門、瓮城四座，屹然爲巨鎮。同治五年，回逆叛據，官兵四面攻之，周圍幾無完垛。繕修何年，恢復何代，城守之制，是在有志民生者。

光緒《通渭縣新志》

光緒《通渭縣新志》，成文出版社有限公司，1970年。

通渭縣

（卷三"地域·建置附"，78）縣城，周四里，高二丈，西南各建敵樓，東南角奎星閣，正南有月城重樓，正北建真武宮，磚朵一千五百有奇，炮墩十有六，壕深一丈五尺。門三，東曰紫陽；南曰重華，月城曰來熏，內有武廟；西曰阜成，寫橋三。通衢東西二，南北一，市廛由西北而南，餘皆民居。文廟在後街之東，左學署，署左昭忠祠，南對節孝祠，東數十武，舊爲府館，館東爲分司，今廢。東北角爲城隍廟，迤南前街有玉皇閣，前爲樂樓，西數十武南折爲義學，東南角爲養濟（79）院，南爲壽名書院，又南爲社倉，均西向。倉前舊有湖應寺，今廢。西數十武爲文昌閣，閣南爲馬王廟，西過十字街爲縣署，儀門外西有獄神廟，東有福德祠，祠北爲廳署，西南角舊爲射圃亭，今廢。折北爲忠孝街，有文昌樓，左爲李家賢門，今廢。東爲李公祠，前有孝子坊，西北角爲關帝廟，左有白衣閣、三聖宮，東數武舊爲察院，又數武爲報恩寺，今俱廢。寺東爲山陜會館，又東爲大有倉，倉東爲奎文閣，閣北有龍神祠，東爲菩薩樓，樓東數武爲城守營，又東數武爲新文昌宮。

（93）縣城原委，詳"沿革"，修葺見"名宦"。地震以前，無容再述。至雍正間，知縣汪國琮覓舊址捐築土垣。乾隆十二年，知縣趙國賢稟詳各憲、洮岷道赫公，赫奉委親臨查閱請奏，奉旨發帑金五百有奇，增築城垣，太守吳紹詩諭士民捐資六百貫，一時首事者如生員程學曾、李魁瞻、姚以寬，里民（94）盧承烈、李芝、蘭顯祖等莫不躬親畚鍤，鳩工任勞，閱數月而工竣，知縣蔡理可題重樓，東曰"紫氣遙臨"、西曰"瑤池在望"、南曰"遠接天門"，規模略定，猶慮不足以捍衛，乾隆三十二年，知縣金洪從新整飭，建南角城重樓、東南奎星閣、北真武宮。道光二十九年，知縣崔景烇補修。同治二年，知縣余士谷增修。三年，知縣繆寶鈞復修城浚濠，作舄橋，閱三月工竣。四年三月，軍功王國楨捐資修城南捍臺。

民國《創修渭源縣志》

民國《創修渭源縣志》，成文出版社有限公司，1970年。

渭源縣

（卷三"建置志·城池"，100）按《府志》，先代不可考，惟有首陽城在縣五十里，今屬隴西界。城創於宋，九間爲縣，即今縣治，在舊墟西，周圍二里，高一丈五尺，南北門二，曰清源、曰渭川，敵樓十六，有樓櫓。嘉靖十八年，縣令楊侯璉增築。歷百餘年，規模舊址半僵骨立。康熙丙寅年，奉旨修理，縣令張鴻斌捐俸重建清源樓一座，北門鐘樓一座，垛樓、城垣較前略備。同治回亂，二樓焚毀，垛垣頹敗。宣（101）統二年，邑侯陳鴻寶督率紳耆重修，周圍四百六十四丈，城垛堆四百八十七個，炮臺房十二座，城路加寬四尺，續增城樓二座，工堅料實，更爲壯麗，撰有碑記，載"藝文"。

乾隆《西和縣志》

乾隆《西和縣志》，成文出版社有限公司，1970 年。

西和縣

（卷一"城池"，70）宋州城在崆峒山下，今縣城西北。高宗南渡後，紹興元年，以吳階爲鎮西軍節度使，又於南山高峻處築十二連城，聯綴相屬，即今之所謂上城。明洪武四年，知縣於通改建於南山下，周五里三分，高二丈，壕深二丈，開東南北三門，西無門，以倚連城之險也。明崇禎末年，流寇陷城，官署、民居悉爲煨燼。寇退，民訴於署知縣李攀桂，復遷連城故地，民賴以安集，然蹬道崎嶇，月吉讀法、輸納錢糧頗艱於往來。康熙四十三年，知縣董貞因民之便，復遷於南山下舊城，而城（71）南面傾圮頗多，退舊城里許橫築南墻一堵（《舊志稿》云，康熙十三年築腰城，未詳），開門一，祠廟、學舍、常平等倉在城南門之外，縣捕衙署在城之內。今上城一座，南北二門，南門樓一間，北門樓三間，東門久廢，周圍廣二里，高二丈七尺，根寬二丈二尺，頂寬一丈五尺。

民國《夏河縣志》

民國《夏河縣志》，成文出版社有限公司，1970 年。

夏河縣

（卷七"政治"，77）縣治所在並無城垣。

民國《新纂康縣縣志》

民國《新纂康縣縣志》，成文出版社有限公司，1976 年。

康縣

（卷五"城池"，95）白馬關，向無城垣。清雍正七年，復設州判一員，住階州城內正明書院，舊名三台衙門。其舊城在縣境西南一百二十里東固城，毘望賊關，遺址尚存。光緒三年，提督（96）陳再益新築石城一，周二百八十一丈，高一丈九尺，寬一丈一尺，築敵臺四座，垛牆共四百二十二個，東西門樓各一（節錄《階州續志》）。（99）三十一年，州判馬繼武守是邦，以城垣雉堞所甃之石其圮陷脫者均由公僱夫輦石補葺之，並添蓋東西城樓之瓦。民國二十三年，中央軍第一師第二團團長楚（100）南□定南□□樓垛牆，建築城東西附近之路。冬，第五團團長楊□□□帳駐康，續補城垣，又在山頭築堡，河灘挖戰壕，深寬皆丈餘。夏秋間，三團二營營長王應尊，山西人，親率士兵修築城內前後胡同，沿路兩旁遍植楊柳百餘株，並於街路側鑿土浚渠，引城南河上游之水自西門直貫東門，於城垣下穿隧道流出城外。民二十四年春間，保安大隊附嚴吟龍鑒於街衢爲泥淖淤塞，與部隊荷鍤運沙，按舊渠之址復□後之，並於烈日炎炎之中在數里外采運石板，將渠之兩旁與底三面均用石板甃之，更添植路旁楊柳百株，於是渠基堅固一（101）□□□壅塞之患焉。

　　按白馬關之有城□，自清光緒三年始，《續志》提督陳再益新築石城云云，是□修志時未見此碑，采訪遺漏之故。碑云："光緒三年，階州石刺史心田稟請撥款，奏准經營□□□□□□軍門率部承其役"，似不可沒石刺史之請也。再考城形勢，東西長，南北狹，北依山爲城，東西南以河爲池。建築時，以石甃此三面，便成鞏固金湯。□其西門曰永安、東門曰建光，古云"帶礪河山"於茲益信。其用款若干，興工始末，碑詳載，茲不贅。今距修城時已六十年矣。城以石□堅固耐久，迭經地震，不無動搖，城（102）上垛牆及敵臺率多剝落，幸守斯土者及駐防軍隨時補葺焉。

清《永登縣志》

　　清《永登縣志》，成文出版社有限公司，1970年。

永登縣

　　（卷二"建置志·城郭"，29）縣城，周圍包磚，八里二十六步三尺，高連女牆三丈八尺，底闊三丈五尺，收頂二丈八尺，內外八門，隨城角樓一十六座，護門墩一座，高三丈。

　　郭，城西南關厢一座，周圍九里三十六步，高連女牆三丈，底闊二丈一尺，收頂一丈，腰樓八座，門樓三座，東北無。

（卷三"兵防志·駐防"，53）滿城一座，周圍磚包，四里三分，連女牆高三丈五尺，底闊三丈，收頂二丈八尺，內外八門，隨門樓八座，角樓四座，鋪樓十六座，城門外建橋四座，四門官廳軍房五十間，馬步兵房二千四百九十二間。城外大教場處門樓一座，演武廳一座。

乾隆《玉門縣志》

乾隆《玉門縣志》，成文出版社有限公司，1970年。

玉門縣

（"城垣"，6）玉門縣，土城壹座，周圍計叁里叁分，南北城門貳道，城樓貳座，甕城貳座，角樓肆座，腰樓貳座，馬道貳座。

赤金土城

赤金土城壹座，周圍計貳里叁分零，南北城門叁座，城樓叁座，俱倒塌。

惠回堡土城

惠回堡土城壹座，周圍計壹里貳分零，開東門壹道，城樓壹座。

道光《重修鎮番縣志》

道光《重修鎮番縣志》，成文出版社有限公司，1970年。

鎮番縣

（卷二"建置圖考·城池"，97）城自明洪武時，因元季小河灘空城修葺爲衛，非宋金以前故址也。舊衹三里五分，成化元年，調集涼永官軍協助本衛軍夫，都指揮馬昭監工，展築西北二面三里有餘，新舊周圍計六里三分二十三步，高三丈一尺，厚二丈有奇，東西南三門，東曰永和、南曰陽武、西曰永綏。嗣飛沙擁城，嘉靖二十五年，參將張（98）爾申呈都御史楊博築西關以堵飛沙。係土城，都御史侯東萊奏請磚包，建城樓三，角樓四，邏鋪一十有九，月城三。池深一丈五尺，闊三丈，三門俱有木橋，穿水洞於西城墻內戶街兒。國朝康熙元年，參將王三華重修西門樓，顏以"鼎新覽勝"，木榜東門樓，守備黃揜顏以"文光炳漢"，南門樓顏以"三秦遠翰"。今各樓久廢，池平橋壞，砌磚剝落，存者十僅二三，且西北風擁黃沙高於雉堞，東南更多傾圮。古云"慎固封守"，殆將奚恃。

民國《重修靈臺縣志》

民國《重修靈臺縣志》，成文出版社有限公司，1976 年。

靈臺縣

（卷一"城池"，97）按靈臺縣舊名鶉觚縣，其城始自（隋）時大業元年，由現在縣屬東南六十里之邵寨鎮移來，建於今縣城東南里許之隱形山麓，原係土築，周圍二里二百六十五步，高約一丈五尺，濠深相輔。至（元）時至正間，由平章令萬戶丁處守加修城門三座，東曰和陽、南曰南熏、西曰來遠，後被河水衝崩南城。至（明）嘉靖年間，由縣令郗中式修築，旋由知縣景管重修，上建城樓三座，不逾年又崩，知縣楊尚義補修，係涇州州判署縣事申文補築，工未完，復崩。萬曆間，知縣姚繼先用磚砌葺墻垣，知縣郭之屏改修城門，添修窩鋪七座，並修東廓附治城，周圍一里，又開東北二門，東曰"長安周道"，北曰"拱辰迎祥"。三十五年，被水崩沒南廓城二十餘丈，居民房屋毀者大半，復經知縣張鳳池重修。崇禎七年，流賊掘破，官民宅舍焚毀無餘，惟存文廟、關王廟、隍廟三處，嗣由知縣敖宏貞北移土堡（即今臺山）之半，築城其上，周圍四百三十丈，東西寬一百八十丈，南（98）北長二百四十丈，高一丈八尺，闊半之，池深闊各八尺，東西城門二道，外關又建東西南三門，西北修築二敵臺，共設三十六窩鋪（有記，見"藝文"）。迄（清）順治二年，賀賊攻圍三晝夜，賴以固守。十年，地震，敵樓、窩鋪俱塌。當經知縣黃居中重修，並浚疏濠溝，寬深如舊。此後至同治年城陷以前檔案均失無考。同治三年，回匪陷城，屠殺焚燒，閴若無存。四年，知縣吳瑩補修，草建南城門樓，並塞東南角門，藉便守禦，此係鄉老傳說，未為信獻。光緒三十二年，溪河北趨，衝沒南關城門，崩塌城垣三十餘丈，南關東街商民房舍半付洪流，河水依城，其勢尤烈，文廟、隍廟及高小學校十數年間均形岌岌。民國九年冬，地震，又崩沒大城西北一帶，周圍女墻、雉堞俱裂，外濠填塞，幾如坦途。十年十月內，由知縣熊遠猷爲護持文廟起見，特偕六里八排紳民鑿南山下之河流舊道，引水南移，以顧外城。十三年春，知事李翰復建南城門樓一座。十五年春，知事張文泉修葺周圍女墻、雉堞，仍用磚砌，惟西北一帶，猶築土墻，並浚濠開池，煥然一新，復建東南角層樓一座，西北營房二大間。當年八月，潰兵流匪，明擾暗窺者再，其城賴以無患者，修築之功也，其監工者係段連級、解治元、王邦彥、王得魁、何考榮等，純盡義務。十七年七月，縣長王心廣復修大城及南關周圍女墻，並飭建設局長王杰丞督工浚疏內外壕溝，暨補各處城垣，又添築東西炮臺、營房共五處，大城門內稽查室四間，外關東西門樓二座，補闕塞漏，較前更屬完固。十九年秋，由縣長丁耀斗偕商，建設局長王杰丞、保衛團總（99）姚達丞、財政局長賈子廉、公安局長田子璽暨地方耆老等督工修築外關城垣，高深寬長均十餘丈，並建外關周圍炮臺共五座，開浚西關外濠一百餘丈，寬深各丈餘。二十年秋，縣長鄧子雲因建外關營院之役，隨改修東西關門，俱砌以磚，東仍名曰和陽、西仍名曰來遠，王杰丞書字，其門高寬均丈餘，能通車馬。二十二年春，復因外關東城垣不固，南關又崩，經縣長張東野會議，由建設、財政、保衛團督工，並飭王杰丞、姚達丞、賈子廉及駐防營長馬登雲等協修，計共改築新城垣六十餘丈，高三丈二尺，闊一丈五尺，並補修內外城炮臺、敵樓與水衝毀各處缺陷。二十三年春，楊司令子恒巡視回靈，因鑒山城無門，其氣不通，且於防禦上似不適宜，當商同張縣長東野，並飭該部駐軍營長杜耀宗，同闢修大城北之小西門（名曰靈通，另有碑記沿革，見"藝文"），上建城樓一座，並啓東南角塞閉之門，以取乾巽合爻、剛柔相濟之義，兼修內城南北石路、外關各處馬路，現在城關俱新，街路坦平，人民謂爲建設新靈臺，信不誣矣！今後調元復古，防禦有備，地靈人杰，鞏固磐石，吾民實永賴之！

　　謹據俗謂縣城始建無考，且謂古之建城於河曲，枉費財力也。然建始雖無確據，蓋以隋大業元年，改名靈臺證之，當是建城之始也。考《黃志》新舊城圖，一係明萬曆三十七年，知縣張鳳池重修；一係明崇禎八年，知縣敖宏貞改修。想隋時初建，河水即依流於南山下，必不爲患，故建城於北山之陽。如其時水患稍現，當不築於衝要之地，役民力兼費民財也，明矣！且自隋迄元至正年間丁處守添修城門時，其間相距已數百年矣。河水北趨，方爲城患，彼不即時改建，又經多人因陋就簡，補缺塞漏，迨明萬曆三十年，再行重修，延至崇禎八年，復經流賊掘破，河伯肆虐，方改築於山城之半，則是古人築城，非無因也，依勢修築，非枉費也，蓋不得已也。其城原在隱形山之陽，次移中臺山之麓，斯今城之經始者，張鳳池也，繼移山城之半而完成者，敖宏貞也。先輩謂，三移縣治，信不誣矣。附記數言，聊備參考。

（100）又按檔卷所記，今城初建時，周圍通長四百三十七丈，內城長八十三丈，城垣高二丈六尺，底寬三丈八尺，頂寬一丈五尺，內城下截捍臺長八十二丈，底寬五丈六尺，頂寬三丈一尺，水洞二座，水簸箕二十五道，堞垛墻六百六十七堵，女墻共長四百丈，以上雖未見載於《舊志》。然以現勢求之，則內城南北長一百三十五丈，東西寬一百五十二丈，周圍四百五十二丈，水洞如舊，水簸箕僅有八道，外城南北長四十一丈，東西寬一百六十丈，較諸檔案所記相差甚鉅。且自同治兵燹後，各房科檔案毀失無存，不知前記由何處采來，故並錄以證其謬。再內外城，自民國十五年改修以後，歷年均加修築，現在外城土垣無庸相記，其內城東西南前城一帶，共有磚砌雉堞三百三十五堵，北城一帶又共有土築雉堞三百五十九堵，通共六百九十四堵，合併分注，以免傳誤。

民國《重修鎮原縣志》

民國《重修鎮原縣志》，成文出版社有限公司，1976年。

鎮原縣

（卷三"建置志"，350）北周武帝天和四年，築原州及涇州東城。隋置湫谷縣（《元和志》湫谷縣，取縣內湫谷爲名）。唐代宗廣德八年冬十月，元載奏請城原州。德宗貞元四年冬十月，吐蕃城故原州而居之。貞元十八年夏四月，涇原節度使劉昌奏請移行原州爲平涼城，詔從之。此即縣西故臨涇城，唐爲行原州，至此改爲平涼城。（351）宋太宗至道二年，置鎮戎軍於原州，涇原經略使郝玭築臨涇城。仁宗慶曆二年冬十月，知環州鍾世衡、知原州蔣偕築細腰城（范仲淹奏疏，詳見"藝文志·奏議類"）。元李思齊城原州，即今之縣城也。《平涼府志》：縣城在高平川北。

元至正二十年，平章李思齊、僉院張德欽築，縱橫各六百步，縱贏一分，池深及仞，雍門四，損北增西，樓櫓三十餘。明成化末，知縣徐鏞增修。嘉靖癸卯，知縣雙應麟加板，崇四尋有二尺，完樓櫓。（352）《李志》：隆慶時，邑令高自治、馬呈圖相繼補修。令陳遇文建四門樓，令趙以莊開小東門（即今東門），東西北三面剝削，侯李槃加築。《張志》：萬曆時，南城一帶被水衝崩，及後喪亂，縣遂棄而不守，故城址崩削益甚。清初，僑治縣南黃家岔堡。康熙四年，侯寧世延詳請截築新城一道，工未竟而遷。侯孫象觀踵成之，新開南門，並舊小東門、小西門為三門云。《縣冊》：乾隆二十二年，侯荊有慶重修東南二門。

縣城：邑城北包大山（中峰潛夫），南臨好水，周六里四分六厘四毫。自元至正二十年建築，迄今五百四十有九年。清道光二十七年以前變遷，已述於前。茲查卷檔，花門變後，歷事粘補。同治九年，邑侯廖溥明補修全城。十一年，侯左壽（353）堂補修雉堞。光緒二年，侯易簡移河固城。四年，侯宋之章補修北城。十一年，侯劉玉衡補修南城。二十三年，侯汪宗翰補修北城。三十年，侯宋運貢補修西南城，並移河固城。

（356）案：邑城建於元順帝至正二十年，距今民國二十三年，合五百七十餘年有奇。其間亦衹粘補，並未重築。乾隆三十年，凡甘省破損城池，奉文勘修，邑令吳道寧竟以堅固詳報，嗣後賢父母迭經補葺，但傾圮過甚，中外無分，竟成坦道，穿窬之患，延及官舍，剗可禦外寇乎？嘉慶五年，楚匪逸至固原牛營川，邑人震恐，公派錢文於西南重加補築，而東北則侯江勻楠令里民葺之，稍稍完固。雖然民力幾何克荷此任，非動官帑興工，終成築舍。再者，城南河道舊從河南黃家岔東流，溝底皆石，斯鮮（357）衝塌。自河失故道，不惟故南城衝崩，且將近截築之南城，而邑至不可居矣。將來欲建新城，先決河水，使循故道，並治山水以防穿□，為工無多，而萬世利賴，是在仁人君子矣！

乾隆《莊浪志略》

乾隆《莊浪志略》，成文出版社有限公司，1970年。

莊浪縣

（卷五"城池"，85）莊城，元初建（本州治）。至正二十七年，守禦周僉事修，周圍一里一百七十步，高二丈五尺，池深一丈五尺，皆土（86）城，舊列城門三，今東塞，其南門曰鎮遠，其北門曰拱極。明成化五年，知縣馮憲增築。康熙五年，知縣王鐘鳴補修。六十一年，知縣胡虞昌重修（《陝西通志》）。

《舊志》載：明嘉靖十三年，知縣張瑜始建南門城樓，有碑記。北門城樓，不知創何年代。至崇正二年，知縣張聖化重修。餘如《省志》。

《舊志》，《左氏傳》曰：城過百雉，非國之制。訊若邑也。今莊城僅三里許，墉雉不高，然小而固，壑雖深，然徒而削，瞭望便也，尤易守禦。況人心朴魯，耕鑿之夫，皆能（87）戈，各不惜死力爲身家計。自明越三百餘載，屢經寇夷，而未嘗失守，豈非地利人和之明效與？而議者以莊貧日甚，謂地勢朔高南低，逐山走水，宜塞南門以回□流，開東門以納生氣。此堪輿術數之說，非固本寧邦之道也。雖然不可盡信，亦不可不信。城池非以捍首封疆，山水乃以永奠城邑，總在有司加意，大夫士爲佐厥成耳。

《舊志》：莊城斗大而堅壁捍禦，易於固守，故從古迄今，未有遭變難者。但人才響絕，民貧日甚，或者謂邑治地（88）北高南下，山行水竄，堂阿逼促，却無回顧之勢，開南門之誤也，宜改闢東門，塞南門，風藏氣萃，倘以地方貧瘠，一時遽難鳩工，可於南瓮城外築一高垣梢曲，東門內倚濠牆外築環牆，朝東而行至羅家莊，暫開小門，東向上蓋高樓曰生氣樓，山朝水繞稱尚吉。惟祈賢大夫主持氣運，吾同輩協心效力，急爲莊改觀，翹才雖不敏，竊厚望觀厥成焉（邑紳柳翹才）。

知縣邵路曰：莊浪土城一座，周圍約三里，自康熙五年，南城傾圮二十餘丈，北城湮。前令王公鐘鳴議修（89）以來，經今二百餘年，風雨剝蝕，率多崩頹。城高址二丈四、五尺至三丈二、三尺不等，頂寬至八、九尺至一丈四、五尺不等，角臺、敵臺十一座，坍塌過半。南瓮城久圮無存。正城與北正瓮城雖存，而銀臺窄狹，券洞低小，兩正城樓各平房三間，矮狹甚，垛宇等牆並未簸箕，馬道一切倒壞，捍衛無資。乾隆三十年，達遇詔發帑金，令次第興修。三十三年春，餘承辦斯役，估銀一萬三千三百九十八兩零，是卑者使高，隘者使廣，外城（90）新幫一十有九段，共三百十五丈，內城新幫十五段，共一百丈，餘加洗刷仍舊，高自三丈至三丈四、五尺，廣自一丈八尺至二丈三、四尺，南北正城深廣俱增至四丈，兩瓮城亦俱增至二丈八尺，而南瓮城則開闢舊基，改門向東受生氣，以慰民望，其正城則新建高樓三間，改南門曰朝陽、北門曰迎恩，兩瓮城仍循其舊名，亦各新蓋一轉三樓房一座，銀臺砌石五層，磚皆新造，厚三寸，寬六寸，長倍之。水簸箕增至十八道，加廣馬道兩座，一切垛墻、女墻悉改其舊，內外（91）城跟、馬道悉加清擴，俾得通行無阻。南城設明水溝一道，以利宜泄。自二月二十一日開工，迄九月二十四日落成。莊城雖陋，庶幾改觀，爰詳志其概於右。

嘉靖《秦安志》

嘉靖《秦安志》，成文出版社有限公司，1976 年。

秦安縣

（卷一"建置志"，19）城周三里有九十步，高丈有九尺。宋爲秦寨，金爲秦安城，後爲縣，國朝亦因之爲縣云。景泰初，知縣質修葺焉。成化癸巳，胡虜深入，府同知（20）張洪定奉巡撫都御史司馬公文升札子重修之，高三丈，厚二丈有五尺，隍外增築子墻高丈餘。成化間，知縣鵬增修西城獨厚，人至今稱之。弘治乙丑，知縣威奉巡撫都御史楊公一清札子加葺焉，有二門二樓，曰濱渭、曰憑隴云。

乾隆《五涼全志》

乾隆《五涼全志》，成文出版社有限公司，1976 年。

涼州府

（"建置志·城郭"，53）武威，置自漢武，城郭基址不可考。《舊志》□，李軌築，周一十五里，高四丈八尺。明洪武十年，都指揮□英增築三尺，共高五丈一尺，厚六尺，周圍減去三里餘，止一十一里零一百八十步，舊有東南北三門，後宋晟增闢西門，建東南北大城樓三，吊橋四，濠深二丈許，闊三丈許，郭如之，周城建箭樓、邏鋪三十六，北城西獨建高樓一座，可以遠望。月城西深一丈四尺，闊六丈八尺。萬曆二年，經督撫題請大城用磚包砌。東關長一里許，闊百五十步，爲門二。四十五年，分守參議張創開新南門，曰興賢，與文廟相向，嗣因警守不便，仍闭。乾隆三年，凉驻道阿□修城垣及箭楼、女墙、角楼。

满城，城东北三里许，乾隆二年置，砖包，周围七里三分，东南西北四门，大城楼四，瓮城楼四，角楼四，箭楼八，每门官厅各一，房各一十三。

乾隆《直隶秦州新志》

乾隆《直隶秦州新志》，成文出版社有限公司，1976年。

秦州

（卷三"建置"，212）秦州城，盖自唐天宝初节度使王忠嗣城雄武。城在今城之东。宋知州罗极城东西二城（《旧志》於此下云，盖节度使城也。【213】语意未明）。明洪武初，守御千户鲍成约西城旧址而城之，周四里馀，高三丈有半；外环以池，深丈有二尺，阔五丈有五尺；辟东西二门，东曰长安、西曰咸宁。嘉靖中，又辟南北二门（北门筑塞不知始於何时），内有月城，咸覆以重楼。其东郭，则裁古城之半以为城。成化间，指挥吴锺重修之（以上咸述《旧志》，又《旧志》此下云：郡司李梅茂复周以子城。今东郭更无他城，未详所指。东郭外距州五里有故城址，俗名外络城，或是与？又或传是隗嚣郭城，盖不可知矣）。其西郭则未逮为郭城也。有城焉，名曰中城（俗名新街），辟四门，东接州城为东门，迤南复折而西，距罗玉河为西门，北有（214）门，外为菜园，南有门，外为卫所前後寨（《旧志》不记中城所始。万历中有重修碑记，今存）。逾罗玉桥西，始称西郭城。嘉靖中，总制刘天和行郡到秦，檄副使朱旟城之，旟责之知州李鲸，鲸以责之西郭之民，令自城之。城成，高广次中城，辟门四，秦安胡中丞为记（载"艺文"）。又西为小西关城，亦曰伏羲城，以内建太昊宫也，门二（不知与西郭城同筑耶，抑於何时别筑耶？《旧志》不详）。自州城外东郭一，西郭城三（中城亦属西郭），相属以拥州城。（215）国朝顺治甲午，地震，城圮，巡道宋琬捐俸，知州姜光胤督工重修（宋公有记，载"艺文"。又按胡中丞《西郭城记》云与州卫城并称，岂当时犹有州、卫城之别耶？而宋公此记云，官之所莅为卫城，盖即《旧志》言千户鲍成所城故也。要之州城，又安属耶？详不可得闻矣。今但就见在名曰州城，可耳）。州城东西门楼最钜丽，高三层，阔七楹。康熙四十六年，知州胡麟徵因東樓將傾，併西樓改造之，規制低小，州人惜焉（按宋公《修城記》前云：麗譙之雄，非他郡敢校。後云其樓觀翬如也，蓋鉅麗可想見也）。康熙五十七年，（216）地震，城垣未夷，至今四十餘年，漸多頹損。又二十年來，城南藉水歲以北侵州城東南隅，東郭城西南半壁盡復於隍，片址無存。官不得已，乃於城南水北築長堤以禦之。沙土善崩，歲須增築，乃得無患。城垣之修，尚未遑議及焉。州東西三十里皆有城，其在東者有東南而無西北，在西者四面俱全，民居之以爲鎮市，皆不知築於何時，爲何名。又西八十里關子鎮，其城尤大於二城，內有關帝廟、城隍廟，制如縣邑。城外有坊，榜曰"涼沙古縣"，考列史未見有涼沙縣名，亦不（217）知何時築城。

秦安縣

（242）秦安城，周三里有九十步，高丈有九尺。宋爲秦寨，金爲秦安城，後爲縣（《縣志》云爾。按此，則城起於宋矣。而雍正中所修《直隸秦州志》云，秦安舊土城，金皇統間建。則又疑起於金。未審何據，或即宋舊城而增修與？縣志何以略不著也）。明景泰初，知縣向質重葺。成化中，套寇深入，鞏昌府同知張洪定奉巡撫馬文升檄重修，高三丈，厚二丈五尺，隍外增築子墻，高丈餘，後知縣李鵬復增修，西城獨厚。弘治中，巡撫楊一清檄知縣趙威重修。嘉靖中，總督劉天和請城沿邊郡邑，檄副使朱旒，旒檄縣增修（243），東加三之二，南加五之半，西加五之一，城高三丈有五尺，厚二丈有三尺，池深三丈有三尺，闢二門，覆以重樓，南曰濱渭，北曰憑隴，衛以月城，亦樓其上，南曰龍翔，北曰斗拱。國朝康熙戊戌，地震，門樓傾圮，周遭剝削，城上四隅舊皆有亭可以憩飲，併與女墻垛口之屬一概無餘。乾隆六年，知縣牛運震申文上官，請修築，未得請，迄今日益卑薄焉。其北郭西北兩面猶存，南郭西南兩面猶存（西南隅俗號曰新城，南郭門上有文昌閣），而皆無東口，不知其故，亦不知築於何時，或（244）即成化中隍外增築之子墻歟。

清水縣

（258）清水縣，古秦城舊地。魏司馬懿增築以扼蜀者在北原上，稍南里許爲今城（《縣志》以今城即秦非子築，《直隸秦州志》獨云爾，或當別有考據），創建自唐，宋金元俱因之。明洪武四年，知縣劉德重修。

據《縣志》云，周四里零二百八步，高厚各二丈，池深二丈，惟東西二門，覆以樓（舊《秦州志》云，嘉靖壬寅，知縣姜潮增修，闢二門，東安居、西樂業，皆覆以樓。而《縣志》及《直隸秦州志》皆不載）。弘治間，增築東西二郭。萬曆六年，知縣文重質奉軍門董世彥檄，增高加厚，改建東西門，覆以重樓，又益四角重樓各一，警宿鋪一十四（259）（《直隸秦州志》止此）。崇禎六年，邑舉人馬騄捐家資，建東門石橋。十一年，又建西門橋。國朝康熙初，門樓併橋皆傾壞，知縣劉俊聲捐俸重修（《縣志》成於康熙二十六年，以後不載）。

禮縣

（267）禮縣故無縣，亦無城，惟有禮店所。明成化間，始建縣。初欲於所城建署，議者以爲所城□小，又有所署，再加縣治不便。於是就所城迤西，拓地建城。蓋以所之西城爲縣之東垣，惟增築南北東三面。所城舊有南北二門，縣城亦開南北二門，而復於所西縣東通一門，曰穿城門。萬曆三十年，以軍民出入或妨，又於所東闢一門，曰東門，後以水恆入城，居民患之，復閉焉。其城惟土，垛用磚，高三丈五尺，闊二丈，周三里有奇，池深六尺。國朝仍其舊（《鞏昌志》云：門覆以樓，四角俱有敵樓）。

徽縣

（273）徽縣，宋元土城，即古河池舊址。明洪武初增修，周四里有奇，高二丈，土疏善圮。正德六年，蜀寇入陷，知州侯禮奉巡道李璋檄，重加板築，開拓舊基，包鐘樓山於內，（274）周五里有奇，高三丈，闢四門，池深一丈。後復漸圮。嘉靖初，知州白松請於巡按許鳳翔、劉翀復修之，城頭覆以屋八百餘間。二十二年，屋始壞，知州劉釗乃撤屋而用磚甃城，又增置門樓，東曰望京、西曰鎮羌、南曰通蜀、北曰眺隴。國朝康熙九年及二十九年，相繼修葺。

兩當縣

（282）兩當縣，前代無考。明洪武初，始置縣，築土城，周一里，高一丈，止東西二門。宣德中，知縣史中重修。成化中，知縣韓時重修，始開南北門。正德十一年，知縣高騰增修，高厚深廣加十之五，又以西城薄山，築山城墩堡以捍之，今城圮而墩存。嘉靖十三年，知縣孫逢吉重修，城上覆以屋三百餘間，旋亦敝廢。至隆慶初，傾圮殆盡，知縣張效良復修，改建門樓，創築月城，周三里，高二丈，池深丈五尺。崇禎七年，流寇攻陷，蕩爲荒墟，知縣徐文獻率士民於城西山頂築數椽以居，城內止有文廟、關帝廟、城隍廟，亦雕敝不堪。本朝康熙中，縣官整理文廟等，復創衙門，士民復立房舍，而城垣尚未大修。

陝西省

道光《重修略陽縣志》

道光《重修略陽縣志》，成文出版社有限公司，1970年。

略陽縣

（卷二"建置部·城郭"，123）略陽，即古興州城，明正德間，勛撫藍璋委扶風知縣孫璽築土城，周五里，高一丈七尺，門五，各建樓，東曰永濟、南曰（124）定羌、西曰鎮江、北曰拱極、西南曰通濟。後以水患傾圮，知縣李朝言請修，指揮李乾元督軍民砌石於外，築土於內，以期捍衛。厥後，邑令王之臣身任其事，其功始竣。崇禎辛未，江漲，壞城二百餘丈，知縣午問仁修之。我國朝順治十一年，地震壞南門樓、西南城四十一丈，知縣諸保宥同遊擊梁加琦補修。康熙元年、十二年、二十四年，均有水衝，邑令施有光捐修，並補門臺，遊擊譚綸董其役。乾隆三十一年，知縣郭愈博請帑修理，周三里一分，長五十八丈，外磚內土，高一丈七尺，底寬一丈八尺，頂寬一丈二尺，堞（125）墻高二尺七寸，厚一尺八寸，垛墻七百七十四堵，每堵長六尺，高二尺七寸，厚一尺八寸，東、南、西、北、小西南門臺城樓五座，馬道五座。東門外八渡河石堤一道，長九十丈，高二丈五尺，寬五尺。西門外嘉陵江石堤一道，長一百丈，高五尺，寬五尺。乾隆五十四年，大雨，東西城樓坍塌，垛墻、土牛、石堤均有傾圮，署知縣何樹滋、張約前後領銀分段補修。嘉慶十三年，署知縣楊元泗領項補修南北城樓。十六年七月，大雨連綿，東西城樓門臺坍塌，正北磚城、正南土城並東門外石堤均有傾陷，知縣周書領項補修。十八年，（126）工竣。道光七年七月，大雨連綿，嘉陵江水勢猛漲，八渡河及玉帶河均各濫溢，三水汹汹，城垣、廬舍傾圮不堪，令金在紳稟請於城東三里許地名文家坪相度山勢，居高臨下，實堪建築城垣并文武衙署、倉厫、監獄、兵房、馬棚及文廟各祠、馬神廟、演武廳等基址。奉陝西布政司林於七月廿六日起程來略勘明，稟請帑項移建。是年十一月準到繕冊估工之文，後以邑令金在紳卸事，署略陽縣知縣郭熊飛十二月稟請各上憲給領移建城垣工料銀兩。道光（127）八年正月，興工，估需費銀四萬七千八百九十六兩零，文武衙署並倉厫、監獄、兵房、馬棚、馬神廟、演武廳需費銀一萬一千五百九十八兩零。道光八年正月廿五日，護理陝西巡撫徐具奏移建略陽縣城垣動用帑項緣由，竊照漢中府屬略陽縣於上年七月江河異漲，城垣被水衝塌，委令前署藩司林親往確勘，該縣舊城三面臨水，連年叠遭水患，難以修復，議詳移駐舊治迆東三里許之文家坪建築新城，經臣會同署督臣鄂恭摺具奏，欽奉諭旨，准其照議移建，并接準（128）部諮行令委員勘估照例辦理。當即行令署藩司督飭漢中府知府楊名揚率同印委各員，逐一切實撙節勘估去後。茲據署藩司方詳覆，接准漢中府知府兼護陝安道楊名揚諮稱，略陽縣移駐文家坪地方，應請照依舊治建築外磚內土城垣一座，周圍共長三百零六丈，除門臺三座，計外皮頂底均長二百九十六丈九寸，裏皮頂底均長二百八十五丈二尺九寸，城身露明至拔檐磚下高一丈八尺，底寬一丈八尺，頂寬一丈一尺，外皮根腳砌埋頭石二層，露明圍屏石二層，裏皮沿邊包築灰土，中心夯築土牛，（129）頂鋪海漫磚二層，土砌排垛等墻，並出木石橙、城樓、門臺、碉樓、炮臺、馬道、堆房等項，督同署沔縣知縣任廷杰、署略陽縣知縣郭熊飛撙節確估，共需工料銀四萬七千八百九十六兩三分八釐，造具估計，冊結圖說，由該管府道加結，核轉到司，所需工料銀兩，請照例於庫貯留備城垣本款及新收商筏畜漏等稅，並當商生息銀款內動支，具詳請奏前來。臣查，略陽縣地處漢南，路通隴蜀，實係握要之區。今移駐文家坪，一切倉庫、錢糧、軍火、器械、監獄，均關緊要，亟須照舊建築，以資捍衛，相應遵例奏明動款，飭（130）令及時興辦，俟工竣，核實造銷，責令照例保固，倘限內稍有傾損，著落承辦之員賠修。除將估計銀數，冊結圖說，另疏具題諮部查核外，所有估計銀兩緣由理合恭摺具奏。

新城，建築文家坪，前邑令郭熊飛於道光八年正月十六日興工監修，於道光九年九月二十九日修理工竣。周圍共長三百零六丈，計一里七分，門臺三，東門曰延旭、南門曰玉帶、西門曰安江，北向無門，虛設城樓一座，書有"一善"二字於壁。

嘉慶《安康縣志》

嘉慶《安康縣志》，成文出版社有限公司，1970年。

安康縣

（卷三"建置圖"，46）《舊志》，舊城自宋元以來並爲土城。明洪武四年，指揮使李琛始甃以磚，東西一里二百五十三步，南北三百一步，圍周六里二十八步，門五，東朝陽、南安康、西寧遠、北之東通津、北之西臨川（舊在關廟巷，城圮後廢）。萬曆十一年，大水壞城，守道劉致中改築新城趙臺山下。崇禎間，流寇橫行，僉謂新城難守，守道張京復修舊城，工未竣而明鼎革。國朝順治四年，知縣楊宗震復修舊城，總兵任珍截西半，移築西門於蕭家巷口，門四，東仁壽、南向明、西阜康、北仍通津。十五年，守道曹葉卜、總兵齊陸升議奏修西半，令民居東，兵居西，不毀阜康門，使兵民不相紊亂。知州王章以費繁阻其議。康熙五年，寶豐街士民請開小北門直安康門（【47】此門舊無名，臨川門廢後，不知何時將臨川石額移於此門，遂失臨川門舊迹）。三十二年，城圮，修築未竟。四十五年，復圮，乃重修新城，移建焉。嘉慶二年，巡撫秦公承恩議修北城，捐銀五千兩，從寧遠門西北角炮臺舊址增補，南至西南角，又東至小南門，知府周公光裕捐銀勸輸，從寧遠門西北角增築至仁壽門之東北角，又從小南門增築至仁壽門之東南角。於是，元明以來之全城復舊觀矣。惟時以伏戎未靖，東關無郭，遂置仁壽門一帶城墻不築，而北因惠壑堤，東因長春堤，南因白龍堤，加築爲城，西城增門二，北安瀾、南興安；東城增門二，北迎恩、南興文，並舊門爲九矣。十三年，知縣王森文請帑補修，南北一千零三十六丈六尺，東西二百五十七丈，周七里（48）一分八厘，仁壽門南北照舊補築，城上更加海漫，以資鞏固。安康門至興安門一百八十九丈，興安門至西南角一百十五丈，西角門至寧遠門八十二丈，寧遠門至西北角三十八丈，西北角至安瀾門七十九丈，安瀾月城長三十三丈八尺，安瀾門月城至通津門一百六十二丈，通津門至臨川門六十八丈二尺，臨川門至迎恩門一百一十七丈，迎恩門至東北角六十八丈，東北角至朝陽門五十七丈，朝陽門至東南角八十丈，東南角至興文門七十丈，興文門至安康門一百二十四丈六尺。

（52）《舊志》：萬曆十一年大水，舊城壞。十二年，城守道劉致中改築新城趙臺山下，易名興安，東西二百九十五步，南北三百五十三步，周三里一十六步，門四，東喬遷、南阜民、西安渚、北拱辰。二載，工竣，而舊城之民懷土不遷者十之七八。崇禎十六年，流寇橫行，僉謂新城逼近南山，緩急難守，乃覆議修舊城，未及興工。國朝順治三年，李自成餘孽劉二虎圍新城兩月，屠之，平其城隍。四年，復築舊城。康熙四十五年，大水入舊城。又葺築新城，文廟、鎮署、四營暨常平倉皆遷城內，並繕營房以居兵焉。嘉慶十三年，知縣王森文請帑補修，南北三百二十九丈七尺，東西三百六十三丈七尺，周三里七分。東門至（53）東南角長五十一丈七尺，東南角至南門長五十七丈八尺，南門至西南角長六十八丈四尺，西南角至西門長八十八丈六尺，西門至西北角長八十七丈六尺，西北角至北門長一百一十六丈四尺，北門至東北角長八十七丈一尺，東北角至東門長一百三十五丈八尺，更於城南趙臺山修建碉樓一座，以資防禦，碉樓見方一丈八尺，三層，通高二丈一尺，上砌排墻、垛口。

嘉慶《白河縣志》

　　嘉慶《白河縣志》，成文出版社有限公司，1976 年。

白河縣

　　（卷二"建置志·城池"，63）按《通志》，明成化八年，於洵陽縣界立白河堡。十二年，始改爲縣，城周一百一十二丈，高二丈五尺，池深一丈。明末寇毀。（64）本朝徙冷水河。康熙二十六年，知縣龍家佐始西枕高□砌石爲城，周半里許，高一丈三寸，東南北門三。《縣志略》，初龍令壘石爲城，僅昭其概。乾隆十年，知縣羅文思□建三門。乾隆三十一年，知縣謝奉璋詳請建門樓三座，城加以磚，高二丈五尺。

外城附

　　外城，自土地嶺起，歷天池嶺、周家埡、陳家埡、探馬溝、呂家山、長春寺嶺、太山嶺、清風溝、桃園止共二千一百餘丈，周一十四里，四圍皆因山爲城，高十餘丈不等。□城（65）外山坡有高至數十丈或百餘丈，勢極險峻，有橋兒溝、清風溝、土地嶺三面城門。於嘉慶二、三年，賊匪竄擾，內城形如釜底，四面皆山，難以防守，係知縣嚴一青捐築外城，即名爲大寨云。於嘉慶五年正月，蒙制憲松奏稱，據平慶道祝稟稱該縣地方與湖北之竹山、鄖縣犬牙相錯，城依山麓，形同釜底，若被賊匪占據山梁，甚屬可虞。該縣倡捐銀兩，里民樂輸，就城縣四面山梁添築外城，周圍十里有餘，勒有碑記可憑。數年以來，每遇（66）賊匪滋擾，百姓得以入城避難，免遭荼毒，皆係該縣築城之功。又於嘉慶五年四月，蒙撫憲台奏稱□興安府白河縣舊城，四面皆山，形如釜底，署知縣五郎、通判嚴一青到任後，相度地勢，難以防守，於舊城之外，踞山之顛增築大寨二千一百餘丈，三千四百餘堵，其中可容萬家，一遇賊警，老幼婦女避入山寨中，與舊城爲唇齒等語。

光緒《白河縣志》

光緒《白河縣志》，成文出版社有限公司，1969年。

白河縣

（卷四"建置志·城池"，71）明成化十二年，立洵陽白河堡爲縣城，周一百一十二丈，高二丈五尺，池深一丈。明季城毀。國初，縣令徙治冷水河。康熙二十五年，知縣龍家佐始因山高下砌石爲城，周半里許，高一丈三寸，建門三（舊制未詳，今名【72】東曰朝陽、南曰迎薰、北曰拱極，未知改自何時，觀《迎楓門記》，似在道光十年以後），經營草創，僅立始基。乾隆十年，知縣羅文思重建三門。三十一年，知縣謝奉璋建門樓三座，城加以磚，高二丈五尺。嘉慶二年，教匪竄擾，城形如釜底，四面崇山，難以防守，知縣嚴一青始築外城，自土地嶺起至天池嶺、周家埡、陳家埡、探馬溝、呂家山、長春寺嶺、太山嶺、清風溝、桃園，共二千一百餘丈，周一十四里，緣山爲城，高十餘丈不等，勢極險峻，名爲大寨外城，東門曰"鎖鑰錫城"，北門曰"天池關鍵"，南門曰"鎮遠一青"，有記。知縣葉騰蛟跋曰：縣令於縣事無所不當，務尤在急所，先務簿書期會，刀筆筐篋，俗吏能爲，無俟循吏。循吏於簿書期會，刀筆筐篋無異俗吏之爲之也。獨有一二事爲俗吏所不及知，即知亦不能爲，唯其慈（73）愛、悱惻之心根於至誠，孚乎衆志則明，生乎則事集，毅然爲之，食其利者至數十百年且未艾。白河小邑也，舊僅有城。乾隆三十一年丙戌，謝君倡議築之，高不尋丈，廣不百堵，湫隘弇陋，民不適所居。歲癸丑，吳興嚴君來治茲邑，政修人和，百廢具舉，會山賊竊發，衆患城小難守，君乃於城外險峻處相度周遭，集父老紳士而觴之曰："城小難守，吾欲別築大城以衛之，上踞山顚，下循山麓，依形勢爲曲折瓴甓，費矣；易以石版築，勞矣。籠以土用力少而成功多，衆以爲奚？"若衆始聞築城，議皆錯愕，不知對，及聞擘畫周詳，簡而易，從皆起立歡呼，曰"唯使君命"。計城之廣三千三百五十六堵，不兩閱月而工畢，見者莫不詫爲神，安知其至誠之愜，於衆志如此哉。今歲二月，余代理茲土，巡視城垣，見輒感喟，始信數年來鄰邑困於賊者不知凡幾歲，白河雖屢告警，卒不敢薄城下，百姓安堵如故，端賴有此，則君之爲功於白河者不小。碑記君所自作，僅書城郭之廣袤，修築之月日，餘皆歸功於民，仁人用心不欲自尸其功也。余爲表而出之，因書其後。

知縣朱斗南重修迎楓門記曰：白邑內外兩城，均各三門，而正北一門，尤爲往來衝（74）要。嘉慶初年，教匪滋擾，由楚而秦，前署任嚴勸諭士民捐輸，增築外城，用資捍衛，因建北門名曰迎楓，以培地勢而壯觀瞻，以稽出入而備寇賊，蓋此城一大扼要也。顧歷時既久，一切柱棁榱題不無傾圮剝蝕。余下車以來，嘗欲葺而修之，緣此地工程較多，文武兩廟外兼有城隍，是以先彼後此，乃於道光十五年夏五擇吉鳩工，除捐廉及辦公餘錢外，復勸捐三十餘緡助之，共費錢六十六緡有奇，不兩月而工竣，門樓重新，共慶落成，所以培地勢而壯觀瞻者於斯，即所以稽出入而備寇賊者亦於斯，易曰"重門擊柝以禦暴客"，其是謂乎！然則是門之新，所關非淺鮮也，而量力輸財，襄茲盛舉，其功又烏可或沒哉。因書其顛末，而並志好義者又名於右，是爲序。

乾隆《白水縣志》

乾隆《白水縣志》，成文出版社有限公司，1976年。

白水縣

（卷二"建置志·城池"，94）縣城，原方四里。《府志》云，相傳唐尉遲恭監築（唐貞觀時，尉遲恭爲同州刺史，縣城或其所檄修者）。元末，兵亂，蕩爲丘墟。明洪武二年，主簿丁華營建於南臨川，有進士渭陽石希仁碑記（見"藝文志"）。四年，知縣張三（95）同至以其地阻河傍谷，遇時雨驟降，河水泛溢，居民輸挽不便，乃復還今治，築土城，周四百一十丈，計二里三分有奇，高二丈五尺，趾闊二丈，頂闊一丈三尺，壕深一丈，闊一丈五尺，建東南北三門（《舊志》云，舊城北門在大十字街口，東門在御使行臺巷東，惟南門是仍舊處，今邑民皆稱內城為新城，對古城言之也）。自洪武初至嘉靖中，百七十餘年，其間隨時葺理，未有增改也。嘉靖三十二年，寇陷中部，將逼境，潼關張兵備翰檄知縣溫伯仁加築外郭，起自內城西北隅，終於東南隅，增廣五里有奇，周圍共計九百六十丈零，高闊俱二丈，建東西北三門，光祿卿三原馬理有銘（見"藝文志"）。縣內城故無西門，外城故無東南水門（一名汲水門），不知何時開建。城上故無女墻，（96）隆慶二年，知縣趙翰重修，乃用磚砌成之，又以東水門架以本栅，易於朽腐，乃悉易以磚石，邑人通判王志忠有記。崇禎初，李賊犯境，知縣王無逸閱城，見頂徑蹙隘，不便奮擊，欲從外豐幫，而賊鋒逼境，弗敢梯竪，乃就裏擴基一丈，高與舊齊，又為雉堞、敵樓，極一時之鞏固。乃厥工初就，賊以潛入，而城傾陷焉。順治三年，知縣王永命至，時門闔圮壞，官舍蓬蒿幾及檐端，狐兔豺狼迹遍廛市，永命以無險可憑，難禁居民逃竄，於是鳩工修陣，浚壕闊二丈，深三丈，又以東南不達逵路，因塞汲井門，築堋圍井，密穿矮門以通瓶盎。康熙二年，知縣蔣如瑤至，時城經七陷，令死者五，官斯土者率避山寨而（97）處，縣治益以荒涼。如瑤與民休息，數年乃計里甲，均丈尺而修復之，巡按御史蒲城米襄有記。此後屢值寇亂，東南汲井門及矮門俱閉。至四十年，乃開汲井門而矮門永塞焉。雍正初，兩關門傾圮，東門譙樓亦壞，知縣謝立重加修葺，有碑記，合城郭內外周廣七里，其門八，其樓四。內城門，東曰來旭（原名□洛）、南曰奎聚（原名永寧），俱有樓。乾隆十九年，知縣李善長重修（□□倉聖□名）。北曰依斗（原名景泰）有樓，西門故缺名，又為雨所壞，乾隆十八年，善長重修（題名寶成），上無樓。外郭門，東曰迎陽，有樓，西曰險寧、北曰星拱、東南曰汲井，仍以水名也，皆無樓。

道光《襃城縣志》

道光《襃城縣志》，成文出版社有限公司，1969年。

褒城縣

（卷六"城署志"，213）縣城，自漢唐來俱建於打鐘壩。宋慶曆間，移於山河堰，北當褒谷南口，北依連城山，褒水環其東南。紹興初，毀於兵燹。慶元初，知縣張寅重修。嘉太中，知縣陳彪繼葺，城郭尤未備也。明洪武三年，知縣段勉始築土城。弘治十二年，知縣張表始合官民鄉衛之力築城，周二里半有奇，分設四關，詳邑人張瑞修城記。正德四年，蜀有藍鄢之亂，奉令堅築，東北則郡丞何子奇督之，西南則衛指揮戴經督之，時以倉卒，塞其西門，城高二丈，池深廣（214）皆七尺，見太僕卿楊廷儀《修城記》。嘉靖三十二年，知縣張庚復表其門，各有題額。崇正甲戌，流寇焚毀。國朝康熙二十八年，知縣雷闓重修，周四里三分，外係石砌，內用土築，高二丈四尺，底寬二丈八尺，頂寬一丈四尺，磚砌城堞五百二十堵，高二尺六寸。乾隆十二年，補修東南北柵門。嘉慶十五年，久雨，城坍。道光元年，知縣趙廷俊捐修葺之，城門樓東曰"山河三堰"、南曰"梁漢群峰"、北曰"褒斜二谷"。東南城隅魁星樓，乾隆初，知縣鄒嶙建。

民國《寶雞縣志》

民國《寶雞縣志》，成文出版社有限公司，1969年。

寶雞縣

（卷三"建置·城池"，109）縣城周二里七分，門三，東曰迎恩、西曰來遠、南曰解阜。脉自吳山來，蜿蜒一百二十里，前渭水、後陵原，左金陵、右玉澗，面波千頃，目秀萬峰。城建自唐至德二載。明景泰二年，知縣劉通重修。萬曆中，師嘉言建東西月城。崇正七年，李嘉彥續修。十三年，知縣嚴夢鷥新增南門月城，并建南門水城，浚玉澗之水，繞郭東注金陵河，水城久湮。前清順治八年，知縣張六部因久雨壞城，倡加修築，邑人黨崇雅有築城碑。雍正元年，知縣劉光然懸鐘於（110）東門。乾隆七年，知縣喬光烈建奎宿樓於城東南隅。二十八年，知縣許起鳳請帑增修，圍長九百三十五丈五尺，頂闊一丈五尺，高二丈五尺，內外門六，樓三，奎樓一，鐘樓一，更樓五，更房四，馬道五，柵門三，炮臺八，水道十八，有修城碑記。同治十二年，知縣姜桐岡重修，工未竣去任。光緒十六年，知縣黃肇宏興修之，有修城碑記。二十五年，久雨城傾，知縣李端蘂重修，均係就地籌款。

按《唐書·地理志》，至德二載，改鳳翔縣爲寶雞縣，《郡志》因謂城築於是年。考《周書圖記》，隋大業移陳倉舊理於渭北留谷城，即今縣。《周書·高祖紀》，天和元年秋七月戊寅，築武功郡斜谷（111）、武都留谷、津坑諸城，置軍人，是留谷先已有城，不始於至德也。

風匣城，附城北之阜，上跨原巅，下屬北城之陰，創於前明，嚴令夢鷥、許前令修城時倡捐增修，上祀文昌、武曲、奎宿諸神，以應東城巽卯二峰之修，有碑記。光緒十六年，知縣黃肇宏重修文昌閣三楹，左右側房各三楹，以應文星。

民國《邠州新志稿》

民國《邠州新志稿》，成文出版社有限公司，1969年。

邠州

（卷二"疆域·治城"，9）《舊志》云，邠州城四面廣闊，而東南亘於山頂，宋城也。宋金繼修。元末，李思濟令部將何進仁重修。今城圍九里三分，壕深二丈，又墻二重。城高東南面各三丈，東北面各三丈七尺有奇，堞境二千三百六十，敵臺四百三十二，戍樓六十二，吊橋東西門各一，城門四，繼復開小南門一。清光緒十八年，州牧周耀東重修，工未竣。至光緒二十一年，州牧余鳳修繼修之，工始竣。

光緒《蒲城縣新志》

光緒《蒲城縣新志》，成文出版社有限公司，1970年。

蒲城縣

（卷二"建置志·城池"，99）《舊志》，縣治土城一座，周圍八里，崇九尺，濠深四尺，建年無考。明景泰初，邑令高隆加修城二丈九尺，鑿池一丈五尺，闊三尺各有差。正德間，令張鏒備置腰舖，濠塹環植以樹。

然址故狹易圮，（100）嘉靖初，令楊仲瓊培築之，闊一丈八尺，女牆砌以磚，頗完厚。萬曆中，令田蕙於四門建樓各一，增置文昌、青龍、奎星諸樓於東城上，久而鋪堞漸毀，柵垣、馬道亦廢。每值雨後，水自東北來，入東門外城濠，繞流而南，輒與濠平。崇正九年，令田臣浚濠深三尺，廣倍之，中界以環牆。國朝順治七年秋，霪雨三月，日有崩陁，令張舜舉鳩工補葺。至乾隆二十八年，令興泰擴修，周圍九里三分，東三百六十丈，西三百六十四丈，南四百七十丈，北四百八十丈，四圍共長一千六百七十四丈，高三丈六尺，基厚一丈八尺，頂一丈三尺，磚堞高五尺，厚二尺，城樓四座，城坡四處，外有角門，城上巡鋪九座。嘉慶二十年，地震，城樓垜牆多傾圮，令孫晉元多方捐修。道光二十一年，秋雨壞城，令朱大源勸捐補葺。同治元年三月，粵匪自商雒入陝，令周相焯飭邑紳增修，（101）建更房八十九座，富紳羅漢章獨捐修東城堞，其西南北三城女牆則各街以衆力成之。至七月，回匪攻城十餘日。六年四月，捻匪擾城四十餘日，城內官民賴以堅守，卒無恙。光緒二十一年秋，河州回變，令張榮升飭修城浚濠，四門外又建月城、樹柵門，通濠處各有耳門。二十四年，霪雨月餘，城壞者數十處，令楊孝寬籌款補築。今惟北城樓迤西女牆之卑者尚未高堅，餘則可恃無恐。

按今之邑城，建年無考，惟城內南北二寺，其浮圖皆唐時立。相傳築城時截南寺山門於外，則寺在前，城在後可知。而縣署之置，實在開元中，城之移建於此，當亦屬此時。

城門四，東曰承恩、西曰慶成、南曰迎薰、北曰挹秀。初設南門與縣衙衝，明隆慶間，令呂宗儒東移數十步。舊時，四城門扉皆在（102）城洞中，門外餘洞數尺，可容數十人。同治元年，逆回負桌魚貫入其內，城上炮石不及擊，賊燒門，幾毀矣。城內急，以土石實內洞，始獲無恙。賊退後另安小門於外，旁砌以磚，然猶木門也。今四城均易大門，又用鐵葉包裹，較曩時倍形堅固。

城樓四，自嘉慶時修理，後迭遭兵燹，傾圮已久。今之城東樓，光緒五年，令馬毓華建。南樓、西樓，同治元年，令周相焯建。北樓，八年，令李正心建，外砌磚牆，層設炮眼，甚爲合式，非僅如東西南之徒壯觀瞻也（邑人屈聞要有《重建北城樓記》）。

宣統《長武縣志》

宣統《長武縣志》，成文出版社有限公司，1969年。

長武縣

（卷一"疆域志·城池"，35）城垣周匝三里，城濠深二丈許，東南曠原，西北大谷，故東南有濠，而西北無濠。北城有泉眼，自城牆下出，極旱不竭，名爲秀水，居民皆取資焉，但有泄無蓄，故從無富室。城基即宜祿驛之堡，擴而允之，非鶉觚舊址也。城係土築，不能堅固，故每歲必藉繕益，濠當涇漆黑諸水所經，泥沙易淤，故亦每歲挑浚。其城樓、角樓、戍樓，城雖小而制實備焉，列圖於左。

（卷二"續山川表"，58）城內半屬居民，鋪面稀少，市商、旅店盡在西關。城中有東西南三街，而無北街。縣城舊有五門，東門自道光初年連遭陰雨，城壕水陡漲，衝陷城門及公濟橋，現在城門修起，公濟橋興工未就。西門、南門今通大路。北門下臨深溝，自咸豐年間倒塌，同治元年九月，因回匪叛亂，築修之，鑿以土門，名曰小北門，下有通濟泉。東面又有北門，兩門皆汲水之路。小南門自回匪倡亂，遂置封焉。

（卷三"縣境故城今城表"，64）城垣周匝三里，城壕深二丈許，東南曠原，西北大谷，故東南（65）有壕，而西北無壕，北城有泉眼，自城牆下出，極旱不竭，名爲秀水，居民取資焉。但有泄無蓄，故從無富室。城基即宜祿驛之堡，擴而充之，非鶉觚舊址也。城係土築，不能堅固，故每水必藉繕益，濠當涇漆黑諸水所經，泥沙易淤，故亦每歲挑浚。其城樓、角樓、戍樓，城雖小而制實備焉（亮吉按，縣城仍明舊不改）。

正德《朝邑縣志》

正德《朝邑縣志》，成文出版社有限公司，1976年。

朝邑縣

（卷一"總志"，16）縣先在西原上，有相地者云，城居高而左下，法不利（17）知縣。後其言稍稍驗，乃更移置原下，然無城。景泰初，知縣申潤築焉，方三里有奇，東門一，西門二，北無門，南門一。城中東偏爲縣衙，縣衙南爲西安行府，府南爲儒學，文廟在焉。儒學南爲按察分司，西爲布政分司。布政分司北爲城隍廟，城隍廟北爲陰陽學及醫學。倉凡三所，一在縣，一在學，一在城西原上。壇凡三所，社稷壇在城西北，山川壇在城南，邑厲壇在城北。草場二所，一在城西，一在山川壇東。養濟院，在城南。教場，在城東。桑棗園，在教場西。漏澤園，在山川壇南。

康熙《朝邑縣後志》

康熙《朝邑縣後志》，成文出版社有限公司，1969 年。

朝邑縣

（卷二"建置·城池"，94）縣城，周四里，高一丈五尺，池深廣各一丈，創建於明景泰二年知縣申間，繼成於成化三年知縣郭良，十七年（95）知縣李英，嘉靖二十年知縣劉尚義。厥後，時圮時葺。入國朝，康熙十九年，知縣陳昌言重修。戊寅，霖雨，坡水大發，東南北三面衝崩幾盡。四十六年，知縣王兆鰲通詳各憲，三十六里分地版築，裹糧從事，門樓、女牆捐俸砌建，不百日而告成事焉。城門五，東一曰臨河（順治十七年，知縣丁魁南建樓其上，改題陽楡像，祀昭烈君臣），西二曰鎮羌（建樓，像祀真武）、曰金湯（覆以屋），南一曰望岳（康熙六年，攝篆檢校劉聲芳建樓，像祀文昌，後圮。四十五年，署事西延督捕同知張芳及知縣王兆鰲重修），北一曰迎恩（覆以屋）。

西關，邑故四關，後東南北皆廢，惟北西門外蓬廬鱗次，稱小西關。南西門外市廛、百室、醪舍、食館畢備，而穀市在焉，稱大西關。

康熙《城固縣志》

康熙《城固縣志》，成文出版社有限公司，1969 年。

城固縣

（卷一"輿地·城池"，65）城高三丈六尺，厚二丈四尺，東西相距三百餘步，南（66）北相距七百九十餘步，周圍七里一十步，分門有四，各建層樓，東曰永和、南曰通濟、西曰安遠、北曰新寧（今廢）。嘉靖六年間，知縣劉振新開東西二小門。城外池闊二丈，深一丈五尺。城內馬道五尺。正德七年，漢中府通判周盛修。

民國《澄城縣附志》

民國《澄城縣附志》，成文出版社有限公司，1969 年。

澄城縣

（卷二"建置·城池"，51）治城，建築約始於後魏（按《石志》，治城建築不知始於何時，而《方輿紀要》載後魏太平真君七年，置澄城郡，改置澄城縣，遷於今縣治。據此，治城建置當即是時）。歷代累有重修，東西長約一百四十五丈，南北約一百二十六丈，周三里有奇，面積約三百零四畝三十餘方丈，門四（洞有磚甃，上有譙樓），城基寬約一丈六尺，頂一丈餘，高二丈五尺不等，土基磚堞，東城女牆一百九十七，西城二百一十八，南城二百四十八，北城二百八十九，西面無隍，有西湖，內附城根，外用石砌。民國十年六月，因戰事地洞轟倒南城樓，城破，旋即修葺。十四年春，戰事又起，南城門復圮，幸城未破。是年秋，駐軍姜景坤、知事王懷斌委員重修南城，加築四隅炮臺，並浚隍南東北三面深約二丈餘，闊二丈五尺餘，較昔頗稱堅固。十五年六月，駐軍段懋功築城關外圍牆及炮臺十三座並浚隍，深廣皆丈餘。

乾隆《淳化縣志》

乾隆《淳化縣志》，成文出版社有限公司，1976。

淳化縣

（卷一"土地記"，66）《太平寰宇記》，唐武德元年，分雲陽縣，仍於雲陽縣南十五里（67）水衝城以安之。《長安志》，武德元年，徙雲陽縣於南十五里，治水衝城。《舊志》，古雲陽城在縣西北五十里，後人多指甘泉山前為古雲陽縣，北有村亦名古城村。亮吉按，《涇陽縣志》云，即涇陽縣北三十里雲陽鎮，則故城不在州屬也。疑涇陽故城，乃武德所徙南十五里城。

宋雲陽城：《太平寰宇記》在耀州西七十里。《長安志》西南至京兆府一百二十里，縣境東西七十里，南北一百二十里，縣城周二里餘一百一十步，雉崇九尺，壕深二尺。

宋淳化城：（68）《舊志》淳化四年，於金龜鄉梨園鎮地立縣，曰淳化。

元淳化縣：《舊志》淳化縣，元時曾徙三水。亮吉按，《元史·地理志》淳化下云：至元七年，省三水入本縣，不云移縣治至三水。《舊志》蓋誤也。

明淳化城：明萬曆中《邠州志》，淳化縣城爲五里三分，高三丈五尺，上闊一丈，下闊二丈五尺，南北西溝，東河，三面有門，各一樓，東曰迎和、南曰阜民、北曰拱極。《舊志》嘉靖九年，知縣馬崇增築。四十三年，知縣張介設垛樓。崇正中，趙之琴增修。末年，知（69）縣孟學孔設敵臺西南角。

國朝淳化城：《舊志》明仍宋舊。國朝亦因之。順治五年，知縣趙賓修城樓。康熙三十九年冬十月，知縣張如錦捐俸補築垣城一百三十餘丈。《縣冊》，城皆山圍，東西一百七十步，南北一里二百六十步，周四里一百七十步，高二丈五尺，池深一丈，闊五尺，東南北三門，東曰迎和、南曰阜民、北曰拱極，南北以溝爲隍，東以河爲隍。至乾隆二十八年，知縣吳國棟詳請動項，重修城垣一座，周圍四里一分二十步二尺，其西城依原修築，無城門，周圍長七百四十（70）八丈二尺。

民國《續修大荔縣舊志存稿》

民國《續修大荔縣舊志存稿》，成文出版社有限公司，1970年。

大荔縣

（卷四"土地志·城池"，58）光緒二十一年秋，甘肅河洲回變，風鶴告警，邑令張琦設城防局，籌款補修縣城，周圍坍塌處一律完固，並於城上添設巡鋪更房二十餘所。迨三十一年，因連歲霪淋，致城西南隅傾圮數十丈、數丈不等，邑令陳潤燦動公項擇要補葺，卒以工鉅款絀未能大加繕治。宣統三年，會逢多事，上游飭各地方設團捍衛，僉謂今昔殊勢，城上前建營房過多，防範偶疏，轉藏奸宄，隨將小房全行拆毀。西門外添建柵門，門內設伏橋，壕池通過，門左右築牆連壕，蓋西通省垣大道關鍵尤嚴重云。

民國《大荔縣新志存稿》

民國《大荔縣新志存稿》，成文出版社有限公司，1970 年。

大荔縣

（卷四"土地志·城池"，463）大荔自入民國常駐重兵，城垣隨時修補。十一年，中央陸軍騎兵二十團團長王佐才以雉牆空隙過低，增高尺許，以資掩蔽，而東南隅之魁星樓、西北隅之文昌閣，亦修理一新，費銀幣約萬元。十五年冬，國民軍圍城，麻振武恃強頑抗，至翌年八月，張維璽、劉汝明軍於北（464）城樓東掘地道進攻，轟毀城牆二十七丈餘，麻軍殲焉。十月，縣府令城鄉民眾派工修復。同時北城樓亦被擊毀，十九年，略爲修葺，未復舊觀。

光緒《定遠廳志》

光緒《定遠廳志》，成文出版社有限公司，1969 年。

定遠廳

（卷六"建置志·城池"，287）《周禮》掌固氏掌修城郭、溝池。《月令》"孟秋之月，補城郭"，言役有時也。左氏曰："計丈數、揣高卑、度厚薄、□溝洫"，言工有度也。蓋自鯀作九仞之城，墨子有金湯之訓，漢鑿龍首之土以城長安，夏主赫連勃勃蒸土以城統萬，皆取其堅耳。至宋太祖城汴，筆爲蚓曲形，則與裴行儉城碎葉紆環以詭出入者同一深意也。國朝乾隆十年，部定各屬城工銀千兩，蓋不能不借資民力也。

定遠城，秦以前無考，漢城西鄉（《後漢書》班超封侯詔云，其以漢中郡南鄭之西鄉戶千爲定遠【288】侯，舊注：定遠故城在今西鄉縣南二百里，久廢）。三國蜀，置南鄉縣城（按《通鑒注》，在西鄉縣東南歸仁山，即今漁渡壩，久廢，址存，曰古城堡）。晉，改西鄉縣城，西鄉名縣自此始（屬漢川郡，宋齊仍之）。北魏，置洋州洋川郡城（酈道元《水經注》，洋水發源星子山，故名。山在廳治南，其城當是南鄉舊治）。後魏，改豐寧縣城。西魏，分置懷昌郡（以上二城修築均無考）。周降縣。隋，復西鄉縣城（初，廢郡；大業初廢州，縣復名，屬漢川郡）。唐，復置洋州城（武德七年，置洋源縣屬焉。天寶中，又徙西鄉縣屬之。寶曆初，廢）。五代，仍復西鄉縣，即今之縣治（屬漢川郡，宋仍之。元徙治，屬興元路，明屬漢中府）。國朝，初仍舊制。嘉慶七年，置廳城於西鄉縣東之固縣壩（按城分新舊。先是都司張俊督兵民築土堡三百丈，是爲舊城。嘉慶八年，同知嚴如熤遵母命，捐廉擴修，東接土堡，周圍一百七十二丈二尺，底寬一丈二尺，頂寬八尺，高一丈二尺，女墻四尺，並建南西北三門樓，是爲新城。又捐資重修舊堡，裏以灰石，兩城始合，共圍四百七十二丈二尺。是年八月經始，九年十月落成。十三年，同知李樞煥捐修東門樓。二十二年，山水衝坍東城，同知馬允剛請帑補修，有碑，見"藝文志"）。

光緒《鳳縣志》

光緒《鳳縣志》，成文出版社有限公司，1969年。

鳳縣

（卷二"建置·城垣"，110）縣治城，即古鳳州，其始建未詳。今城，元至正二十八年，平章蔡均踵修，因舊址也，南跨南岐，北臨故道水。元末，圮於兵。明嘉靖十九年，司恩甃以磚石，建城樓四，東拱辰、西秩成、南南岐、北望江，後以南門山路塌陷乃封閉。萬曆二年，知縣江大鯤加茸以土基，砌垛墻。國朝順治十一年，地震，城圮，知縣張石麟重修。乾隆二十八年，知縣王廷鈞領項重修，周四里三分，長七百七十四丈三尺，內外均用土築，高二丈五尺，頂寬一丈五尺，磚（111）垛八百四十八堵，每堵長八尺五寸，東西北門，臺城樓三座，北東門月城城樓兩座，馬道三座。工成，估銀一萬六千六百六十八兩五錢。乾隆五十四年，陰雨連綿，三城樓並東月城皆傾圮，次年修補。嘉慶十五年，雨水衝塌城身並北城樓及垛墻數處，詳報修理。嘉慶二十五年，鄭謙葺修，添建文星樓一座。北門瀕河，山水漲發，衝決不時，故封閉，至今未啓。咸豐三年，知縣蔡天錫補修，添建堡子山奎星閣。光緒三年，大旱，鄉民焚毀之。同治元年，知縣郭建本補修，添築炮臺八座，今存南城一座。（112）光緒五年五月，地震，城上垛牆傾塌一百六十四座，城身尚完，稟批就地籌款，以費巨未及補葺。

民國《佛坪縣志》

民國《佛坪縣志》，成文出版社有限公司，1969年。

佛坪縣

（卷上"建置志"，21）古人因地建城，因城建署，而學校、廟祠亦類及之。蓋（22）所以治民而事神者，非不苟焉已也。佛坪城，道光五年同知景梁曾始建，東西二百四十二步，南北一百三十四步，周長三百五十七丈三尺四寸，基闊二丈，頂闊一丈二尺，門三，東曰景陽、西曰豐樂、南曰延熏，其上俱有譙樓。自同治元年藍逆□後，城圮待修。城外東北隅舊有護城堤，歲久矣，圮，水患堪虞。光緒八年，同知劉焕重修之。

嘉慶《扶風縣志》

嘉慶《扶風縣志》，成文出版社有限公司，1970年。

扶風縣

（卷五"城廨"，97）城周回四里，西北依崗，東南面水，凡七門，曰東門、曰小東門、曰南門、曰小南門、曰西門、曰小西門、曰北門。明景泰元年，知縣周本築，蓋前此不可考矣。厥後，知縣徐讓、孫昌並加修葺。嘉靖三十四年，地震，城圮，知縣孫科、王世康、徐三畏相繼增修。崇禎八年，毀於寇，知縣宋之杰增城堞，創敵樓，加崇峻焉，宋有《恢復縣事記》刻石，在縣治大堂左壁。國朝順治三年，復爲賀寇所陷，知縣劉瀚芳重修。乾隆初，知縣張子耕又增修之。舊以漳水爲壕，沿堤植柳，前明（98）宋之杰重加浚築，近歲水漫，幾嚙城根。嘉慶十年，知縣謝時懋浚復故道。二十年，世犖又倡勸紳士浚流築堤，並修補城垣如舊

（城中爲十字街。東大街，路出東門；西大街路出西門；南街路出南門；北街路出北門。北街之左曰小東街，路出小東門；北街之右曰小西街，路出小西門；東大街之北曰光祿巷、曰倉巷，東大街之南曰趙家巷；西大街之南曰小南巷，路出小南門，西大街之北曰猪市巷，折而北曰小北街。大街舊甃以石，近傾仄難行，世犖倡勸紳士、街民重砌之，石記立關帝廟大門）。

光緒《扶風縣鄉土志》

光緒《扶風縣鄉土志》，成文出版社有限公司，1969年。

扶風縣

（卷一"疆域篇·附城池圖"，8）城在城里，周回四里，西北枕崗，東南面水，凡七門，曰東門、小東門、南門、小南門、西門、小西門、北門。明景泰元年，周本築，前不可考。厥後，知縣徐讓、孫昌並加修葺。嘉靖三十四年，地震，城圮，知縣孫祥、王世康、徐三畏相繼增修。崇禎八年，毀於寇，知縣宋之杰增城堞，創敵樓，加崇峻焉。國朝順治三年，復爲寇所陷，知縣劉瀚芳重修。乾隆初，知縣張於耕又增修之。舊以漳水爲壕，沿堤植柳，前明宋之杰重加浚築。嘉慶十年，知縣謝時懋因水漫幾嚙城根，浚復故道。二十年，知縣宋世犖浚流築堤，並修補城垣如舊。同治七年，知縣方啓憲倡修。光緒二十六年，知縣唐松森復倡修之。

乾隆《府谷縣志》

乾隆《府谷縣志》，成文出版社有限公司，1970年。

府谷縣

（卷一"城池"，61）城建山上，周三里七分，高二丈五尺，六門，因河爲池，東南逼臨黃河，城根巨石嶙峋，甚陡險。正南門迤東，高懸崖上，迤正西門更石崖崇聳，至小西門城崖稍低，然自南迤西至北俱高深，石址下有寬大深溝繞之。自北迤東二十步許，地稍平坦，而甘露一溝直南繞河，其深闊實壯東隅之險，當與鐵葭州匹雄焉。計東門城樓一座，迤北水洞一道，迤南水洞一道，門外半里許沿河岸下坡有控遠門一座，建河石畔，左右俱（62）危石直立。河邊大南門城樓一座，外瓮城一座，下坡半里許控遠門一座，右倚高崖，左臨黃河，迤西水洞一道，又城角迤西水洞一道。小南門樓無外五十餘步控遠門一座，建石崖上，左漏明水洞一道，右水洞二道。大西門城樓一座，小西門外瓮城一座，樓無。正城門內左右城頭高出城三丈，圍圓三丈二尺，外皮若半月形，可資遠望。北門城樓一座，瓮城一座，共城樓四座，俱係轉角重檐。

《省志》，府谷縣城池始建未詳，五代唐升府谷鎮爲縣（63），復建爲州，宋又置麟府路，則城池始建宜在唐宋間。乾隆四十六年，知縣麟書親舉督是修理，東門外石蹬鑿平開寬，至控遠門外砌石階以便民人臨河汲水。又山路開鑿寬平，直達小炭窯、石壓子、林園彙三窯，以便民人挑炭，民生濟焉。又十二里至河中山寺，佛殿額曰"永慶安瀾"，氣脉貫通，縣治因修容堂三間，題"在水中央"，宴酣之樂，反而登舟，放乎中流，至控遠門外上岸。

嘉靖《高陵縣志》

嘉靖《高陵縣志》，成文出版社有限公司，1976年。

高陵縣

（卷一"地理志"，36）後魏復徙於今所。後周明帝元年，析萬年縣入高陵，萬年即櫟陽也，而更置萬年於長安。隋大業二年，復爲高陵。七年，築城，周二里百二十步，今曰土城，爲儒學射圃北垣。

（卷一"建置志"，53）縣城，已見前。至於明興，景泰元年，知縣錦增築之，周四里二百二十步，廣二百七十步，袤一里二百步，崇三丈，四門，東曰距河、南曰迎翠、西曰接蜀、北曰通遠，接蜀、距河，知縣清磚甃之。重葺其敵臺及更房十六，則天順中僉事張紳所築也。城東南隅爲舊蓮池，甚洿下，雨水咸注，或浸崩城垣、民舍，知縣興仁（54）開一水門，用鐵窗磚石券甃之。縣七街，自迎翠門直達通遠門爲正街，自通遠門而南三分正街之一爲北街，自迎翠門而北三分正街之一爲南街，南街之北折而西行直達接蜀門爲西街，北街之南折而東行直達距河門爲東街，自東街之西迆南、西街之東迆北爲中街，其南五十步折而東行爲縣街，其西爲新街。縣街、新街無市集，市集在五街，日輪一街，惟六畜柴市在新街，其市貨布花米麥優諸處。

光緒《高陵縣續志》

光緒《高陵縣續志》，成文出版社有限公司，1969 年。

高陵縣

（卷一"建置志·城池"，82）城池，始建詳《呂志》、《府志》，土築，周遭共長八百三十丈，計四里六分有奇，城身均高三丈，頂厚七尺，底厚一丈七尺，池深二丈五尺。國朝乾隆十八年，知縣蕭大中詳修，門四，東距河、西接蜀、南迎翠、北通遠，俱仍舊。同治元年，回變，城樓、更房俱燬。五年，署知縣陸坤籌款補修，（83）重建城樓，增置更房三十三座，四圍雉堞甃以磚，工未竣，去。六年，署知縣曹琛續修。七年，知縣洪敬夫蒞任，始訖工，自爲記略云。街七，有市集者五，舊係日輪一街，五日一集，未知所自始。兵後，市廛無存，近稍稍招集，正南西三街略生聚，其北東二街依然落莫也。

乾隆《韓城縣志》

乾隆《韓城縣志》，成文出版社有限公司，1976 年。

韓城縣

（卷二"城池"，89）城延一里二百四十三步，袤一里三百二步，環六里六十五步，高三丈，址廣三丈三尺，面廣一丈六尺，雉堞一千三百有八，警鋪三十有二，城門四，四門洞臺咸瓴甋甃之，臺上爲樓，樓各懸書門名，東曰迎旴門、南曰濩浡門、西曰梁奕門、北曰拱宸門，前爲橋，橋下爲隍。隍環城，深幾二仞。嘉靖二十一年，知縣全文創四門月城，厥後去焉，至今人念之。不置隍，外爲郭，南郭臺門，知縣王應選創之，西郭則（后缺）

乾隆《郃陽縣志》

乾隆《郃陽縣志》，成文出版社有限公司，1970年。

郃陽縣

（卷一"建置"，69）古之論地利者，必首城池，則建置莫先於此矣。今郃陽縣城，據《舊志》，西魏大統三年左馮翊刺史王羆築（按《北史》及《後周書》王羆字熊□，京兆霸城人。北魏孝武西遷，羆除華州刺史。文帝大統時，移鎮河東，始終未嘗爲馮翊刺史。則築城之說，亦似未可據矣），後圮。至明正統十四年，知縣董鎰仍築之，東西二里二百八十步，南北二里一百九十步，圍八里二百二十步，（70）高二丈五尺，基闊四丈三尺，頂闊一丈二尺。正德六年，知縣張綸修門浚隍（音黃，城下池也，有水曰池，無水曰隍），門四，其上俱有譙樓（譙音樵，城門上樓，以望敵者），隍深一丈二尺，闊一丈五尺。嘉靖三十年，知縣王納策增修其卑薄者，朝邑韓尚書邦奇爲之記。隆慶二年，知縣李希松重建城門，內外俱甃以磚，稱壯麗。崇正五年，城復圮，知縣陳箴復修之，邑紳康主政、姬鼎記。（71）城闉，則崇正八年，知縣范志懋增築者，名其門，東曰雨粟、南曰阜財、西曰崇埔、北曰歸極。國朝順治中，知縣莊曾明復加浚隍加深，葉子循添設柵門。康熙三年，知縣侯萬里重修。乾隆十一年，知縣朱依霍又倡修之。十三年，知縣許顯森畢其役。二十八年，知縣梁善長請領帑項銀三千三百六十兩有奇，督工大修焉，本年報竣。

城外行潦繞流於隍者，曰腰帶水。先是，大雨時，其水自梁山來，徑向城左。（72）國朝初，雷進士學謙捐資引水分繞城右，南流至淨羅廟東，徑謝家橋又東至千金塔南數折而後入河，如圍帶云。今湮矣，當更有因其勢而利導之者。

四郭俱無門，其大小不可志也。

光緒《富平縣志稿》

光緒《富平縣志稿》，成文出版社有限公司，1969年。

陝西省　55

富平縣
（卷二"建置志·城池"，153）縣城當全境西南，右連城堡，左竇村，本窰橋寨。元末，張良弼據之。明初，徐達經略關中，相地即定爲縣治，然僅有土垣繚之，無城池。正統初，知縣高應舉始就高阜築土爲城，四周壁削，僅三里，高三丈，闢門葺墻，合池堞計五丈餘。弘治間，知縣（154）陳潤始建四門。嘉靖中，巡撫謝蘭增築敵臺，知縣胡志蘷砌以磚。乙卯，地震，城圮，知縣趙桐繕之，知縣崔舉葺四門，知縣史燦竟其工，名其東曰華翔、西曰荆踞、南曰石磐、北曰帶溫，知縣劉兌始創東郭，更名盤門，引玉帶渠水南入隍中。本朝康熙元年，知縣鄭昆璧修築。五十二年，知縣楊勤改建南門，更名啓運。乾隆十八年，知縣李世垣詳請動帑重修。二十四年，霖雨，復坍塌數處，知縣興泰詳明補葺。嘉慶十二年，圮二十餘丈，知縣劉用霖、謝長清先後繼修之，門樓一新。知縣鄭昆璧修時，邑人曹中書玉珂代記之。

嘉慶《葭州志》

嘉慶《葭州志》，成文出版社有限公司，1969年。

葭州志
（卷一"地理志·城池"，21）何郡邑無城池，而葭之城池固於金湯。磊砢而上，山作根基，蜿蜒而來，河爲屏翰，磐石之安在是矣。抑有土者，恃德不恃險，尚其和輯，民人以守之。宋元豐中，河東轉運使孫覽築葭蘆寨。金大定間，改爲葭州。元明因之。洪武初，千戶王剛因兵少難防，遂自北而南截三之一建城與北郭焉。嘉靖間，知州周尚志於極南青沙嶺置邏城。隆慶間，知州章評以舊城狹小更增南城。萬曆中，知州尹際可再修南城及邏城。國朝順治十五年，知州武宏祖又即北城重新之。乾隆十八年，知州祖德宏補建北城腰門。三十二年，知州鄭仔同榆、神二縣分工重修。四十七年，知州金之佩補修北城之東城。五十一年，知州王石潤補（22）修北城之西南城，其城距高山之嶺，以黃河、葭水爲池，北城周三里五分，南城周七里，高皆三丈，用石包砌，隨□畔蜿蜒爲墉。

民國《葭縣志》

民國《葭縣志》，成文出版社有限公司，1976年。

葭縣

（卷一"建置志·城池"，51）嘉慶己巳以前，詳載《舊志》。厥後，同治十二年，知州汪炳煦補葺城身，周圍一十二段，計長五百一十二丈八尺，埤堄垛口二百二十間，城樓五座，並補各處殘缺裂縫。光緒十二年，知州田運昌補修東城十餘丈。二十一年，知州吳浚棠補修南關東城十餘丈。二十八年，知州陳澤霖補修南關東城三丈。民國四年，知州戴茂椿補修西門城樓及東門外邏城。五年，知州李瑞瑾補修南關西城根四丈。縣治居高山之巔，左帶黃河，右襟蘆水，東西南三面距山顛各里許，河流環抱，居高視下，皆危崖壁立，惟北面與北來之山脉相連，無險可恃。城外（52）百餘步有小崗高與城齊，其上舊置炮臺一座，爲北門鎖鑰。承平日久，半形傾圮。民國五年，陝北土匪蜂起，全城戒嚴，知縣李瑞瑾以北顧堪憂，愚諸紳民籌款鳩工，立興廢墜，又復增修雉堞，以爲北城一帶屏蔽。

宣統《重修涇陽縣志》

宣統《重修涇陽縣志》，成文出版社有限公司，1969年。

涇陽縣

（卷一"地理志上·城池"，105）《舊志》，土城，秦苻堅築，其制無考。元至正二十七年，張思道令右丞魏文佐守禦修築。城高三丈五尺，池深七尺，東西一里二百四十步，南北一里四十步，周圍三里二十步。明景泰元年，知縣曾玉重修，建東西二門，東曰宣文，西曰寧武。成化間，巡撫右都御史余子俊增闢南北二門，南曰臨川，北曰拱辰。嘉靖二十六年，增東西郭。崇禎四年，城圮，知縣梁士淳重修。八（106）年，知縣王珵增修北門瓮城。國朝康熙九年，知縣王際有重修南門城樓及窩鋪。乾隆九年，知縣唐秉剛重修四門城樓。二十八年，巡撫鄂愷奏請重修，以知縣羅崇德督工，年餘告竣。城高二丈八尺，周七百七十三丈三尺九寸，計五里四分有奇。城頂折厚一丈一尺，底折厚一丈九尺五寸，磚垛高四尺一寸，厚一尺六寸。城樓四座，五檁、四椽、兩檐、張翼，登城坡路各設柵欄。外隍周一千二十一丈四尺，計五里六分二十六步四尺，城南外低窪，深七尺，餘皆一丈五尺，闊四丈。道光間，大雨，城圮，知縣郭熊飛重修。咸豐間，南城圮，知縣龔衡齡重修。同治元年，回逆之亂。八月，炮轟地陷，傾圮過半。四年，知縣黃傳紳重修。七年，知縣沈淦勸邑紳姚□出資，怡立方督工增高女牆，改用雙孔，添窩鋪，浚外隍深廣倍之。光緒二十五年，大雨，東南、西北兩角傾圮，知縣張鳳岐醵資城內（107）各商重修。宣統二年秋，霪雨四十餘日，內外崩壞數丈、十餘丈不等，迄今急宜培補。

光緒《藍田縣志》

光緒《藍田縣志》，成文出版社有限公司，1969年。

藍田縣

（卷一"圖·縣城圖"，36）城土築，周圍共長八百五十六丈一尺，連炮臺伸出共長九百丈，計四里八分有奇，城身均高二丈五尺，頂厚一丈二尺，底厚二丈，池深二丈，闊一丈。舊名嶢柳城，亦曰青泥城，周八里，後改築之。明嘉靖二年，知縣王科拓之。二十年，知縣呂好古闢西南隅水門。三十二年，知縣楊紹先易女牆以磚。萬曆中，知縣王邦才增築北門甕城，建門樓西向，甃以磚。崇正中，知縣雷鳴時甃北城以磚。本朝順治七年，知縣楊行健修葺甕城。十六年，知縣郭顯賢重修。乾隆十七年，知縣鄭錡以工代賑，詳請重修，動（37）帑項八千九百九十八兩有奇。嘉慶十六年，知縣邵琅因年久傾圮，請項興修，估銀二萬八千餘兩，奉文停緩。道光七年，知縣羅定約重建北門城樓、南門城樓各一座。十七年，知縣胡元煐見城垣傾坍四百六十餘丈，捐銀三千二百兩，典史藍樹基、委員王必迪各捐銀一千兩，渭紳賀逢庚首捐銀四千兩，復集捐銀一萬五千餘兩，共修築城垣九百丈，城門樓五座，下房五座，復移建魁星樓一座，以培文風。東門顏曰鳴鳳，翼人方之興也；南門顏曰延釐，期民物之□也；其北門曰迎恩，西門曰（38）涌金，水門曰永清，往迹俱存，因悉仍當年之舊焉。

乾隆《臨潼縣志》

乾隆《臨潼縣志》，成文出版社有限公司，1976年。

臨潼縣

（卷一"建置"，84）縣治在驪山下華清宮北一里，左臨河，右潼水，會於西北入渭。唐天寶建，王建詩縣在華清宮北面是也。明洪武初重築。城圍四里許，高二丈七尺，闊一丈七尺，趾闊二丈五尺，雉堞一千二百有奇。池深闊不等。門四，東北曰集鳳、北曰臨渭、西曰永豐、南曰華清。樓五，在三門之上者曰城樓，在坤艮二隅者曰角樓。廟一，在乾方，曰真武；閣一，在巽方，曰文昌；亭一，在子方，曰臨渭。前縣趙於京建鋪十，北一，東二，南三，西四。順治（85）十年，塞北門，走東北門。《前志》驪山脉自東南來，以山爲屏，以渭爲帶，城坎宮屬水，驪山屬土，土克水，故南門有甕城，門西向以受金氣，則土生金，金生水，而又恐水之直泄也，乃塞北門焉。倘於中街四達之衢，再起一樓而懸鐘於上以應金星，亦培植風教之一助云。

光緒《麟游縣新志草》

光緒《麟游縣新志草》，成文出版社有限公司，1969年。

麟游縣

（卷二"建置志·城池"，93）麟游城，按史稱義寧元年置鳳棲郡。二年，改麟游兼置縣。唐初，廢郡爲州。貞觀間，州廢，以縣屬岐州。《方輿紀要》云，隋於仁壽宫置鳳棲郡，兼置縣。《府廳州縣志》云，故城在今縣西。貞觀六年，移今治。據此，則古城當在九成宫。今治乃唐城遺址。《舊志》稱元以前仍隋唐所築，又云明景泰間知縣張翀循舊營建，當是循（94）唐迹而誤言隋耳。天順間，知縣張紳因山憑險，增修外城，周九里有奇，當時人文彫謝，閻左虛耗，人皆咎之。萬曆間，知縣張養清建坊舊城，以別外城，而城仍未修改。崇正七年，爲流賊陷，曠遠殘破，保障難資，非盡人過也。迄十年，知縣夏紹虞疏請築城，規模復舊迹。越八月，竣事。《吳志》稱西南未盡如古者，以紹虞遷職去耳。國朝因之。康熙間，知縣楊鑛始加修葺。乾隆十六年，東門譙樓霆霖摧折，知縣蔣振凱捐俸修之。三十六年，知縣區充請帑大修，費九千六百七十金有奇，周仍三里一分，高（95）三丈，基闊二丈，頂闊一丈二尺，四方三門。門上爲譙樓，城身皆土，雉堞、門洞悉甃磚。東北及西北角隍闊丈餘，深如之。正南及東西南角下倚危崖，嵌空峭聳，有深至十餘丈者，遂無隍。道光二年，知縣謝濟經復修之，樓堞、門柵悉如舊。門則東武川、西獲麟、北邠風，名仍前明云。道光二十年，知縣陳典重修南城女墻，增建奎星樓。同治初年，知縣李正心禦回籌防，復浚隍引水，補葺頹敗，登高臨深，益稱完固。自後風鶴時警，迭有興作，而用心則各殊矣。同治三年，知縣李廷鈺增建城西敵臺，費千餘緡，旋圮，民至今怨焉。（96）六年，知縣曾吉光補葺南城，復建東南角奎星樓。光緒三年，知縣侯恩濟以工代賑，視其卑薄，益加堅厚，人頗善之。四年，知縣蕭大勳續賑，浚南隍。五年，籌金改修女墻者，則知縣厲乃慶也。

東西南三郭無闕，北即舊外城門爲之。郭垣則明張紳所築外城也，周九里有奇，東存三之二，北存三之一，西南皆廢矣。

（96）東郭有猛將軍廟，廟側爲迎春場，場東南跨垣有奎星閣，明天啟六年建。（97）國朝乾隆二十一年，重修，有記，不錄。近城則聖廟，廟東爲文昌宮，附以忠義、節孝、昭忠等祠，廟西爲虎公祠，俱詳後。

北郭、（102）西郭。（103）南郭，環抱杜水，雜以農郊、菜畦，惟東南間穴外垣爲門狀，乃康熙間知縣范光曦所開南門也。上爲文明樓舊址，即古奎光閣舊迹處也。

道光《留壩廳志》

道光《留壩廳志》，成文出版社有限公司，1969年。

留壩廳

（卷一"廳城圖"，32）廳舊無城。嘉慶五年，同知龍萬育築土城，旋圮。十一年，巡撫方維甸奏請移建今城於太平山，同知任奎光承修，築城圍長三百四十三丈，垛口五百二十有五，計一里八分五厘，城身高二丈二尺，其上垛堞高六尺，其下入地深五尺，底寬二丈二尺，頂闊一丈三尺有奇，內土外磚，堞墙、排墙、女墙、海漫皆以磚，南北門臺城樓二座，南曰陽德、北曰壽安，角臺二、炮臺三、馬道四、水洞四、水道三十、堆房三，東南在山頂，西北瀕留壩河，經始於十三年，告成於十六年。二十四年，坍陷五十三丈二尺，同知呂朝選修之。道光二（33）年，坍陷四十九丈一尺，同知唐錫鐸修之。今北門迤西復陷九十三丈有奇。二十二年，修之，崇墉孔固，水帶山環，誠一方之保障也。已然而城之，內天平山居其半，文武官廨居其半，兵房又居其半，卒鮮隙地以處民，故商旅皆居南城外焉。

康熙《隴州志》

康熙《隴州志》，成文出版社有限公司，1970 年。

隴州

（卷二"建置志·城池"，111）州城，土城，周圍五里三分，高三丈，底闊二丈六尺，頂一丈，女墻高五尺，池深二丈，闊一丈五尺，城門（112）內上各有樓。景泰元年，知州錢昌新築，以後陸續增修，門名，東曰迎恩、西曰覽翠、南曰挹薰、北曰拱極。順治十七年，知州黃雲蒸重修。康熙五十二年，知州羅彰彝復修。

乾隆《隴州續志》

乾隆《隴州續志》，成文出版社有限公司，1976 年。

隴州

（卷二"建置志·城池"，141）隴州舊城，周九里三分，土築。景太元年，知州錢日新以水患改築，周五里三分。嘉靖十八年知州李朴、隆慶二年知州楊世卿俱增築。萬曆五年，知州張鳳羽重修（《舊志》俱失載）。其城介於南北兩河，環山帶水，形同澤國。康熙五十二年，知州羅彰彝重修。乾隆八年，東北城脚被北河水衝七十八丈，倒塌城墻半面一十八丈，知州鄭大綸請帑修築石堤，保護城垣，未蒙俞允，又請動公項運土築堤，工費較省，亦未邀准，復援酌撥（142）民夫徐爲粘補之例上請，奉批照行。十年，陳大中丞以爲用土木之工遠護城根，何如用土木之工就圻築壩，再於河之下游就勢挑浚，爲河水去路，一堵一泄，水不浸城，城自無患。委西安府白同本府孟，親臨確勘情形，公同酌議，嗣經詳明，灘俱沙磧，秋水時至，堤防易潰，砂遇水衝，旋挑旋淤，萬難舉行，請於水勢汕刷之處，簽釘木樁，仿洪澤湖笆工成法，以竹席緊貼排樁，內用好土三尺，夯硪堅築，餘則砂土並用，足資捍衛，覆允在案。知州洪維松捐費購料，勸動民（143）夫，於乾隆十年九月協力興修完固。至坍塌北城一十八丈，暨女墻垛口，十四年、十五年，知州洪維松署州州同顧世瑛、知州朱興燕歷經捐費撥夫補修。十六年，夏雨連綿，節次淋衝，共坍塌四十四段，垛口二百六十個，女墻一百二十二丈八尺，城墻崩流三十八丈，署州劉度昭通報請修。十七年，知州朱永年復勘明，共坍塌一百八十餘丈，急需動帑興工，屢詳屢駁。十九年，署知州寧羌州州同趙繼撰又詳請添修四門月城、城樓、角樓及馬道、水道等項，估需銀一千（144）四百三十餘兩，奉鍾大中丞批飭，署知州袁枚相會同沔陽縣知縣孫巒確勘，議稱趙署牧所請，雖爲徹底修葺起見，尚非目前急務，祇應將被雨淋坍之垛口、女墻及城身等處修補完固，估需銀五百七十兩七錢，先借司庫閑款興工，於知州公費內分年扣還，詳蒙俞允。至二十年，知州韓成基照議辦理，於三月內經始，十一月內完工。

　　四城壕地共計三十畝，四城門軍分種收租。

　　炳按：《通志》，隴城，西魏在今州南八里，周明帝二年，移（145）今治，舊祇西南二門。明景泰五年，建北門。明成化十五年，建東門，其改建次第如此。《舊志》俱削而不載，致後人無從考核，似涉疏略。隴城東北隅逼近北河，河流遷徙靡常。乾隆八年以後，夏秋霖雨，水發直衝，城根漸遭汕刷。舊議仿洪澤湖笆工成法，以爲捍衛計，誠善。然修而圮，屢矣。三十年七月，秋雨驟漲，東北角城根土臺復被衝崩，予捐費募夫如法修築完固，幸保金湯無恙。近例，各州邑城垣，牧令督率士民自爲補葺。所謂衛國，適以自衛者，官民固宜共體此意焉耳。

民國《洛川縣志》

民國《洛川縣志》，成文出版社有限公司，1976年。

洛川縣

（卷二"疆域建置志·城池"，60）（1）縣城現勢：縣城位置，以南什字爲中心，位於東經一百零九度二十八分十三秒，北緯三十五度五十六分四十九秒。城東側南北長四百七十一公尺，西側南北長四百七十二公尺；城南側東西長二百九十九公尺，北側東西長三百零一公尺。周圍一千五百四十三公尺，合一公里又五四三公厘，面積爲二百二十四畝四分三厘四毫。長方形，略向西方傾斜。城之東南西三面均有深溝環抱，城外平疇無際，易於防守，歷次兵爭匪患，而城不易下者，恃此也。（參《軍營志》）近復建碉築堡，形勢益險要。詳參下圖。

（63）（2）遷建沿革：縣城，姚秦始建洛川縣，時在舊治北三十里。（見《舊志》）。嗣移舊治西南三十里之高槐（今大同鄉安宮村）。《太平寰宇記》云："隋開皇六年，自高槐移於今所"，（《劉志》引）即今舊治所在地也（今舊治城東門上標"姚秦古城"四字）。

舊治縣城，元僉院胡興築，緣山阻澗，周二里一百六十步，東西南門三。明洪武中，知縣朱炳重修。正德七年，因李午構亂，築東郭土城，高丈餘，周三里七分，池深一丈三尺。嘉靖二十五年，知縣吉澄重修，倍加高厚（《舊志》云：皆二倍），東北南三門建大樓三座。嘉靖三十一年，知縣王一賢因防秋建東西門樓。嘉靖三十七年，同知劉顯第建譙樓。萬曆元年，知縣李廷儀增築郭城，周三里八分，高三丈五尺；浚池深二尺，闊如之。北築長垣。建城樓四。更繕內城，扁其四門，又築敵臺。（64）嗣以舊治城垣，四面臨崖，城根塌陷入溝，基址全頹，難施工力。清乾隆十四年，經欽差會同督撫勘驗，嗣於乾隆三十一年，議以鳳棲堡城開展添建，爲今治城（據《劉志》，並參《舊志》）。今治縣城，在舊治西四十里鳳棲堡，周二里七分，凡四門。乾隆三十三年，知縣蘇燕承修。（65）不四十年，城樓漸圮。嘉靖十年，知縣劉毓秀重修北門城樓，自爲記。（66）道光二十一年，知縣黃大楨倡導紳民捐資修補，並重修四門城樓（勒有碑記）。光緒二十二年，知縣張炳均因有回變之警，倡導捐資補築城身及城根缺陷處。民國十一年，營長李耀昌於楊軍攻城後，新浚四面城壕，深一丈八尺，寬如之，並用磚補砌女牆之坍塌處。三十一年，西城墻坍塌十丈餘，縣長周景龍徵集民工六千餘人修葺之。（67）三十二年，復培修西城水澗（估價二萬四千餘元，已竣工）。

光緒《洛南縣鄉土志》

光緒《洛南縣鄉土志》，成文出版社有限公司，1969年。

洛南縣

（"地理"，109）縣城形勢，面水背原，廣長、袤短，三面四門。城自成化十七年，始拓爲周三里三分，後逼北嶺，前臨河壖，東西廣一里許，南北不及其半，門則東曰長春、西曰永靖、南曰朝陽，又於南門之西啓一門曰恒慶，亦曰禹門。城固難修，池更難鑿，築堤防水，且勞工作。洛境土性疏散，每見霖雨，即自崗頹，故城隍屢築屢壞，高堅最未易言。雖圍城舊浚一渠，寬深各祇（110）五尺，而南則水嚙城根，非惟不可導水使來，猶恐防水不去。故前代護城堤堰屢勞工作，奈石無楞角，堤難久耐。今則城西南隅水勢又逼近矣。

宣統《鄜縣志》

宣統《鄜縣志》，成文出版社有限公司，1969年。

鄜縣

（卷四"政錄·城池"，131）縣城三里，凡三門，東門、西門、南門。乾隆二十七年，知縣陳朝棟重修，高二丈五尺，臺厚二丈，頂厚九尺，垛二千九十一，濠深一丈二尺，闊三丈二尺。萬曆二十九年《劉志》：城踞鄜塢舊基南，元武宗元年築，東西三百二十步，南北二百步，周三里。明景泰元年、正德五年增築。隆慶元年，又築基，廣二丈，高四丈有奇，上闊九尺。萬曆四年，復磚砌垛墻，水道門三各豎醮樓，頗雄麗。隍周城外者，則填闢漸夷矣。聞舊惟東西二門，或曰更有北門，王司空取道修墳，再闢南門，復塞北門。雍正十一年《張志》：東迎恩門，西景賢門，垛墻、醮樓俱全。吳逆變亂，塞南門以（132）防寇，至今未開。光緒年間，西城坍塌五丈有餘，各處城身並多損裂，周圍垛墻倒壞者亦不少。於宣統元年，經知縣沈錫榮重修。

光緒《沔縣志》

光緒《沔縣志》，成文出版社有限公司，1969年。

沔縣

（卷二"建置志·城池"，89）漢沔陽故城，在舊州鋪。魏嶓冢故城，在銅錢壩。元鐸水故城，在黃沙鎮。今其基址皆無復存，獨縣之東關，爲漢陽平關，一名白馬城，三國又名石馬城，唐宋西縣，五代安遠軍因而治焉。其基址架山臨水，隱約可識。《舊志》謂（90）即諸葛公之漢城，非也。漢城即西樂城，辨已見前。明洪武四年，知州王昱由沔州遷治於西山谷口，比白馬故城稍移而西，即今城也。倚山據平地，高二丈五尺，周三里三分，垣堞以土，池深一丈，闊八尺，沔水環流，門三，東曰鎮江、西曰拱漢、南曰定軍，東西俱重門。萬曆元年，千戶李光文始甃以磚。明末，爲流寇小紅狼所破毀。我朝順治年知縣李煊，康熙年知縣郭元佐，乾隆年知縣賈直心，嘉慶年知縣周廣，道光年知縣朱清標、富星阿俱有重修之役。以城址西臨白馬河，南臨漢江，秋霖水（91）漲，時有衝頹故也。同治二年，經髮逆亂後，委員查勘，城垣周圍三里許，三門城樓均被拆毀，女牆七百六十垛，毀壞五百二十二垛，西北城牆坍塌二十餘丈，城內除殘破倉廠十六間外，所有廟宇、衙署、監獄片瓦無存，估計工程共需萬餘金，以地瘠民貧，尚未籌款興修。

光緒《寧羌州志》

光緒《寧羌州志》，成文出版社有限公司，1969年。

寧羌州

（卷二"建置·城池"，103）寧羌州治，在白馬氏之東羊鹿坪。明洪武三十年建衛。成化二十三年，增建州治，築城於衛治之南，四面繞流，地勢頗壯，建門四，東陽和、西永惠、南南熏、北通濟。嘉靖丙午，知州蕭遇祥、指揮岳喬各依分界增城樓。萬曆癸未，知州盧大謨補繕。我朝乾隆二十四年，知州高自立請項修理，周四里四分，長七百九十二丈，外磚內土，高二丈，底寬一丈八尺，頂寬一丈二尺，堞墻、垜墻共高五尺，城樓四座，月城四座，土（104）城柵欄四道。嘉慶十五、六年，秋雨連綿，城身垜墻裏皮、土牛並東西月城門洞、四門城樓均有坍塌，知州鄭緒章領項修繕。同治二年，兵燹後，知州汪炳煦、陳景修、羅驥、楊翰霄隨時葺治之。

光緒《平民縣志》

光緒《平民縣志》，成文出版社有限公司，1969 年。

平民縣

（卷一"建置志·城池"，40）關故有城，戰國時爲臨晋關，兵衛甚設，後魏大丞相高歡遣大都督庫狄溫築城於蒲津西岸。久圯。嘉靖辛丑，狄大入太原，諜報欲下平陽，浮河而西，巡按都御史路公迎檄西安同知朱光霽作城，韓少保恭簡公記其事。萬曆時，關浸於河，城復於陞，宮觀漫爲丘阜矣。設縣以來，屢興築城之議，然以水旱頻仍，籌款不易。十九年春，縣長葛潤琴始因陋就簡，繚以土垣，圍約三里，並舊里門爲門九，北一門，東西二門，南四門，藉資防堵焉。

乾隆《蒲城縣志》

乾隆《蒲城縣志》，成文出版社有限公司，1969 年。

蒲城縣

（卷四"建置·城池"，103）《舊志》，周圍八里，崇九尺，濠深四尺。明景泰元年，令高隆加修城二丈九尺，濠一丈五尺，闊三丈各有差。正德間，令張鐶備置腰鋪，壕塹環植以樹。然城址故狹善圯，嘉靖初，令楊仲□培築，闊凡一丈八尺，加女墻以磚石，稱厚完。尋爲乙卯歲饉，禁稍弛，塹樹爲人襲伐。萬曆丁丑，令田蕙四門建樓各一，餘材增置文昌、青龍、魁星諸祠。久而鋪堞漸毀，郭柵垣、馬道漸廢，後東北水自東門外（104）入濠繞流，而南濠平矣。至崇禎丙子，令田臣計浚濠深三丈，廣倍之，中界以環墻。順治丙戌，山賊劉文炳率衆圍城，攻四門，火及北關，城幾陷，殆而卒不能緣而附者，濠為之阻也。歲庚寅，淫雨彌秋三月，崩陁日告，令張舜舉鳩工具畚鍤隨其後，功易集而善固。城四門，舊南門與縣衙衝，隆慶間，令呂宗儒改東數十步。按今縣治，係土城一座，周圍九里三分，東長三百六十丈，西長三百六十四丈，南長四百七十丈，北長四百八十丈，周圍共長一千六百七十四丈，高三丈六尺，底厚一丈八尺，頂厚一丈三尺，磚垛高五尺，厚二尺，城樓四座，每（105）處蓋五檁轉角樓三間，上城設立角門四間，闔城上巡鋪九處，每處蓋鞍架房一間，前署縣興泰於乾隆二十八年正月動項新修。

雍正《重修陝西乾州志》

雍正《重修陝西乾州志》，成文出版社有限公司，1976年。

乾州

（卷一"城池"，29）乾州城，即古奉天城。唐建中初，德宗所幸，方士桑道茂（30）言國家不出三年有厄，古奉天有王氣宜高垣□為王者居，使可容萬乘。上信之，詔京兆尹嚴郢發眾數千及神策兵城之。時方盛暑，趨功人莫知其故。及朱泚反，僖宗蒙難奉天，乃驗其說。舊子城，周五里。羅城，周十里有奇，高二丈二尺，上闊七尺，下闊一丈二尺，內外濠深二丈，闊三丈。後子城倒塌，今城即羅城也。城內向有馬道，以通援兵馳驟之便。明季為人所占，火牆俱□基壘砌坍毀無常。萬曆甲戌，知州李維祐易之以磚。萬曆壬辰，知州賈一敬於外濠創修牆垣繚之。崇禎壬申，秋雨，城頹，知州楊殿元為補築堅固。（31）本朝數十年來，亦以時修築，得常完好，雉共□□□□堞，門六，大東曰迎陽門、小東曰□□、大西曰賓登門、小西曰□□□、南曰延熏門、北曰拱斗門，敵樓俱築於各門之上，檐牙高敞亦均合度，箭臺、瞭舍、炮垛，周城共設□□□□□所，可云有備無患矣。前後修城各碑記，悉載"藝文集"。

光緒《乾州志稿》

光緒《乾州志稿》，成文出版社有限公司，1969年。

乾州

（卷五"土地志·建置"，209）州城，唐建中初，德宗用桑道茂言詔京兆尹嚴郢發衆數千及神策兵城之，子城周五里，羅城周十里有奇，高三丈二尺，池深二丈，闊三丈。後子城圮，今城即羅城。歷代補築多失考。五代漢乾祐中修。明太祖吳元年重建。洪武間，知州王師尹繼之。萬（210）曆甲戌，知州李維祐易之以磚。壬辰，知州賈一敬築城外繚垣。崇貞壬申，雨圮，知州楊殿元補築，本朝知州楊允昌、張務訥皆重修。咸豐初，知州謝質卿築城浚隍，增修城上炮墩，頗稱完固，舊門六，各建樓其上，東迎陽門、西寶登門、南延熏門、北拱斗門，小東、西門前志未詳何名，無考。今門亦六，東曰紫陽、西曰躍清、南曰新泰、北曰儲胥、小東門曰好時、小西門曰率西。

按《乾徵遺稿》，唐六門，舊說城爲龜形，六門者象龜首尾及足也。《前志》，明初郡人王楨《修城記》作四門，《方輿紀要》亦曰四門，豈六門不始於唐，而小東、西門爲近代增置歟？

乾隆《三水縣志》

乾隆《三水縣志》，成文出版社有限公司，1970年。

三水縣

（卷三"城署關橋坊古址六"，59）明《邠州志》，三水縣城，圍五里三分。成化十四年知縣楊豫，成化二十一年知縣馬宗仁，正德七年知縣趙璽，嘉靖二十六年知縣蔣廷佩俱增修，闊一丈三尺，高三丈五尺，池闊二丈五尺，深一丈。

縣《舊志》，城周五里五分有奇，西北枕山谷，東南臨溪河，門四，知縣秦渠名其東曰賓陽、南曰凝熏、西曰志岐、北曰拱辰。歲久崩湮。庚戌，知縣林重葺城樓曰舟翠樓。

光緒《三原縣新志》

光緒《三原縣新志》，成文出版社有限公司，1976年。

三原縣

（卷二"建置"，67）縣城，《通志》本舊龍橋鎮。元至元二十四年，縣治徙此，築土城，高三丈三尺，周九里一百八十步，東西南三面有池，池深三丈，闊（68）五丈，北臨清河，深十丈餘，白渠流繞城中，東北隅有月城，門四，東曰賓陽、西曰西達甘涼、南曰高山遠翠、北曰凝瑞。北門河下西坡重起一門，以爲外障。明崇正七年，知縣張縉彥以北面瀕河，雨頹岸圮，添築磚垛，東西長四百五十四丈四尺，邑諫議劉日俊修馬墻一匝，高八尺。國朝乾隆十一年，城東隅坍二百一丈四尺，邑人李道生、胡瑛捐資重修。二十六年，城東西南又坍，邑人王楠、李郁、崔世祥、張懿等三十人捐修。嘉慶二十年，知縣崔鳳翱議捐重修。咸豐四年，知縣余庚陽議捐重修。

西關城，《通志》，明初築，周一里六分，城高池深與縣城等，門二（西曰"三邊要路"，《李志》西曰"翠挹仲山"；西南曰"遙近太白"），碑記湮沒無考。咸豐十年，關人生員張來鳳捐資重修。按重修時，獨闕女墻。壬戌回逆外攻，雖人無固守，抑以火器（69）衝激，苦無遮蔽，勢不能支，卒至陷沒，豈不亦自貽之戚乎？亂後，始補砌，而兩城門樓猶未營建，是亦不可不急圖也。

北關城，《舊志》，周四里四分，高三丈，池深如之。《通志》，明嘉靖二十六年，巡撫謝蘭築，有馬光祿理《創修新城記》。萬曆間，少保溫純重加修葺，建石梁南與縣城相連，有尚書李維楨記。門四：東曰永泰、西曰永安、南曰永清、北曰永寧，南臨河岸，外門向西，坡上亦建重門與南城同式，兩闉對峙，樓閣相映，中亘石梁，如連飛虹。東門內舊有謝公祠，築城碑記。（71）國朝嘉慶二十年，關人知府李大霑捐資重修。同治五年，大霑曾孫懋功又重修。北城坍損久，咸豐中，關人謀議修有日，而中爲人沮。回亂始欲興工補築，顧卒無。及城破，焚掠備極慘毒，如溫恭毅能爲思患預防之計，何至此哉！過時補牢，亦已晚矣。君子未嘗（72）不追咎於愚夫之誤事也。

東關城，《通志》，周三里三分奇，高三丈五尺，池深如之，門二，東曰朝陽、東南曰迎巽，朝陽門以形家言，自明末即固封不開。《李志》，創自明崇正八年，因流寇蹂躪，邑貢生趙希獻首倡，生員王一棟等十三人，義民常維賢等數十人，以義輸金，不擾里民，二年功竣。自建城後，邑人兢趨卜築，烟火鱗集，爲一邑勝，王霂有《東關修城始末記》。國朝嘉慶二十年，關人郎中胡肇基之母夏氏捐資重修（據記，高二丈，袤亘五百四十餘丈，下闊一丈六尺，上闊七尺，池深一丈五尺）。光緒三年，生員胡垍又補修。

（73）南關，無城，東西通衢，舊市廛店舍相連百餘家，亦邑南面之屏障。回亂焚毀殆盡，今商賈漸集不异昔時，屢謀建築，而未能圖始，固不易哉。

民國《商南縣志》

民國《商南縣志》，成文出版社有限公司，1976年。

商南縣

（卷三"建置志·城池"，147）明成化十三年，分商州地置商南於層峰驛，尋徙治沐水西，邑令鄭瑛築城鑿池。至成化十七年，工竣，有教諭黄儆《創建縣治碑》，載"藝文"。明末清初，寇焚，城內居民一空，邑令皆僑治永安寨，今永安鋪，一名早角鋪，古層峰驛也，於山之南，壘石建寨。康熙（148）年間，始移入城，或疑富水爲層峰驛，又謂層峰驛在商州地。按《通志》，魏景明元年，置南商縣，在今商南西，則非東之富水明甚。舊《輿圖志》，魏廢商南爲層峰驛。明以層峰驛爲商南。唐初陽城驛繼改富水驛，由富水馳層峰一驛，由層峰馳武關一驛，則層峰驛非在商州又明甚。

明嘉靖二年，邑令郝宗儒拓其西幾二里，高二丈。池深六尺，闊一丈。嘉靖三十九年，邑令王舜民改建四門，東曰通知、南曰育流、西曰安仁、北曰鎮遠。萬曆七年，邑令方本清甃以磚石。（149）清康熙三十四年，邑令宋廣業復拓之，共周二里，建城樓。康熙五十六年，邑令程讚改修城門，督部院鄂改東曰富水、南曰商洛、西曰清油，廢北門，止設城樓。乾隆十三年，捐葺女墻、奎星樓，城樓東層起較高以鎮虎山。（增）民國六年，知事羅傳銘因四城逼近山麓，敵人登山用炮射擊，守城人無藏身地，乃議修內墻，劃四方爲四十四段，由四十四保派送民夫，酌給口糧，各修各段。於十一月一日，一律完竣，立有碑記，在東門外（載"藝文志"）。是年冬，因城壕淤塞，又調各保民夫分段挑浚。民國八年夏秋，蛟水暴發，南北兩城倒塌三十餘丈，羅知事之（150）太翁竟堂公監修南城，工竣。次年冬，北城亦修完備。時烽烟四起，竟堂公冒風雪，親督率，極力經營，不辭勞瘁，共費錢二千餘串，除財政廳撥大洋五百元外，其餘由各保分攤。

道光《神木縣志》

道光《神木縣志》，成文出版社有限公司，1970年。

神木縣

（卷一"建置·城池"，34）神木，初設土城，高二丈五尺，周圍五里，乃明正統八年築也。成化四年，余公肅敏遼以邐城、增修門樓，堪稱保障。隆慶六年，觀察使大石張公又幫築之，高三丈七尺，仍添角樓四座，窩鋪十六處，視昔倍加崇竣。萬曆六年，（35）雲中覃公以磚甃之，百堞稱雄，足爲塞上巨鎮。又西充袁公石砌邐城，南關充實成市，亦可當一捍衛也。按元碑，至元十八年，主簿王瑄徙雲州城於東山，後改神木縣，因巽山有神樹二株，蓋據險故也。正統間，復徙川口。

《神木縣鄉土志》

《神木縣鄉土志》，成文出版社有限公司，1970年。

神木縣

（卷一"營造·城池"，17）神木縣城，始自前明正統八年，初爲土城，高二丈五尺，周圍五里零七十步。成化四年，巡撫余子俊增修邐城門樓。隆慶間，神木道張守中又增高爲三丈七尺，設角樓四座，窩鋪十六處。萬曆六年，神木道覃應元以磚甃之，倍加完固，城周四里三分，頂寬一丈五尺，底寬一丈七尺。康熙二十四年，知縣劉萬策重修。乾隆十一年，知縣陳天秩請帑重修。是歲，雨損土城一十七段，捐資補葺，立碑北城門樓，並（18）修建西城泄水洞。乾隆二十六年，知縣吳棐龍捐修。嘉慶五年，西南城墻圮，知縣王文奎捐修。光緒二十一年，知縣方福葆復爲補修，並未展拓移置。城之東南北無池，惟西以屈野河爲池。

城內有樓洞三，南北大街一，偏東二街一，偏西二街一，東西大街一。南城外有直街里許，北城外原亦有直街里許，經同治七年回匪焚毀後，所存者惟民屋數座而已，其餘小巷不及備載。

道光《石泉縣志》

道光《石泉縣志》，成文出版社有限公司，1969年。

石泉縣

（卷一"建置志·城池"，35）《通志》云，石泉依山阻水，舊無城池。明成化十七年，知縣張翔築，東北城覆以磚石。正德四年，副使來天球令四面築城，周三里，以禦蜀寇。十三年，知縣盧綉復加完繕，此石泉建城之始也。然城臨漢濱，漲發之時，四圍皆水，以故尋築尋圮。萬曆時，知縣杜玨重修，乃以石爲基，以磚爲墉堞，門四，建樓各三層。國朝定鼎，崇仡依然。乾隆三十七年，知縣李照遠始改修北門爲炮臺，而城於是止有東西南三門矣。嘉慶初，川楚之亂，石設糧臺，朱適然、李樞煥各領公項補修，其後漸次（36）頹廢。道光二年，邑大水，城垣傾圮崩塌。二十四年，知縣慕維城勸捐重修。二十八年，知縣舒鈞完工，城圍二里二百五十二步（南門迤東水衝舊址二丈有餘，故今城不足三里），高一丈五尺，門三，皆如舊，新設小南門一，東門上建魁星樓三層，南北西各建樓一層，城通身皆石，石上以灰土合築，外加磚堞。江邊石堤二道，挖掘至實際下石丈餘，高復丈餘，計共長二百一十二丈。

按城建於高阜之上，堤在南城下，俱以石修，女墻以磚修，工縻累萬，爲民商所捐辦。始於甲辰，成於戊申，月日皆吉，其紳士有貢生陳亮采、任鼎、舉人彭齡、職員邱啓（87）文、朱啓圓、鄢英鈺、劉國璽、余天肇、邱本孝皆始終其事者，故附錄之。

乾隆《同官縣志》

乾隆《同官縣志》，成文出版社有限公司，1969年。

同官縣

（卷二"建置志·城池"，70）西魏置銅官縣，在今縣東南十里。後周去金爲同，改同官縣於今縣東北一里，頻山下，舊皆有城，其故迹無復存者。明景泰元年，檄縣築城鑿池，知縣樊榮始爲築浚，會漆水齧崩，榮亦遷去，知縣傅鼐繼修。成化十九年，知縣顔順始續成之。弘治元年夏，城崩，知縣王恭重修，作石堤以障漆水。嘉靖三十二年，虜報甚急，知縣亢慶鴻增修，周四里，高一丈，池深一丈，四門皆有覆屋。萬曆元年，修麗醮，甃雉堞以磚，門四，名其東曰望函、西曰拱羌、南曰文明、北曰迎恩，又東鑿二水門。十八年，水崩迎恩門，知縣屠以欽改置正北，題曰鎮遠門。二十一（71）年，知縣馬鐸以北門直突，築北甕城，建宣威門。東門圮於水，久塞。四十一年，知縣梁善士復闢之，題曰啓元門，建覆屋三楹。崇禎年間，知縣劉澤遠扁其四門，曰"北樓靈朔"、曰"東來紫氣"、曰"日近長安"、曰"西鎮戎羌"。末年，移居山寨，城圮。先是，縣城包濟陽、印臺、虎踞諸山。清康熙二十四年，三山土窰因霪雨傾塌，壓死四十餘人，居民震怖，籲請修城，時知縣雷之采以舊城遼廓，人不足守，且工大恐費不資，乃截西城之半，隔印臺等三山於外，建築新城，周二里三分有奇，凡四百七十丈，頂寬五尺，底厚一丈。二十八年，知縣黃錦心繼修，題其東曰迎紫、西曰永寧、北曰鎮平、南曰成化。乾隆十八年，知縣曹世（72）鑒復增修之，改南門曰西偏。

按城制，舊高二丈，延袤四里三百五十步，南北半附虎山、嶂山之麓，隍深一丈，後頻被水患，城址漸促。自康熙年間改修截築，視昔規模僅半，城與山寨不相附矣。故城雖不可考，然《寰宇記》謂，銅官故城在縣東南十里，則其先非無城也。喬三石《耀州志》謂旁以龍虎諸山爲城，以漆水爲池，蓋指形言耳。《前志》謂同官舊無城，果何據歟？《陝西通志》以爲後周武帝建德四年建，明景泰元年始爲築浚，則又即以後周之城爲今城矣，皆承前志之誤耳！今城築於明景泰初，無疑也，則其自頻山而徙今治也，其即始於此時歟。

光緒《武功縣續志》

光緒《武功縣續志》，成文出版社有限公司，1970年。

武功縣

（卷一"建置"，13）城郭詳見《前志》。嘉慶間，知縣張樹勳以傾圮重修，榜顏五門，東外曰"思文古治"，內曰"麟閣勳名"；西外曰"雍原秋寶"，內曰"許國文章"；南外曰"綠野春雲"，內曰"龍圖經濟"；北外曰"鳳崗晚翠"，內曰"虎觀淹該"；小北門外曰"二水朝霞"，內曰"璇璣錦綉"。咸豐十一年，知縣張宗浚補修。同治六年知縣鄭慶崧，七年陳子楷補修。光緒元年，知縣陳爾（14）茀補修。十三年，知縣張世英修復張樹勳之舊。

西門外民廬更盛迭衰，見前《沈志》。乾隆間，孫景烈講學原麓，遠方學者竞廬其旁，時頗繁櫛，今則僅餘居民一二家，其他廢址傷鑿略盡矣。

北門外民廬，髮回之變，居民壞郭為守備。同治五年，髮賊陷郭肆略時，西藏貢使被梗在武，於城上擊以火箭中其酋，兵民併力夾擊，賊憚而去，以此尚無恙。

乾隆《西安府志》

乾隆《西安府志》，成文出版社有限公司，1970年。

西安府

（卷九"建置志上·城池"，437）府城，《通志》，即隋唐京城，隋文帝厭長安制小，納蘇威諫，召高□等創建新都，其地在漢故城東南，南直終南子（438）午谷，北抵龍首山，據渭水，東臨灞滻。唐永徽五年，築羅城。天祐元年，匡國軍節度使韓建改築，約其制，謂之新城。宋金元皆因之。明洪武初，都督沐英增修，門四，東曰長樂、西曰安定、南曰永寧、北曰安遠，四隅角樓四，敵樓九十八座。嘉靖五年，巡撫王藎重修城樓。隆慶二年，巡撫張祉甃以磚。崇禎末，巡撫孫傳庭築四郭城。闖寇入關，焚東門樓及南月城樓。本朝順治十三年，巡撫陳極新修葺如制。康熙元年，雨圮，總督白如梅、巡撫賈漢復重修。長安、咸寧二縣附郭。按：西安省城，《通志》云，周四十里，高三丈，以今尺度之，周遭計長四千三百二丈，實二十三里九分，外磚內土，均（439）高三丈四尺，底厚六丈，頂厚三丈八尺。於乾隆二十八年，中丞鄂公奏修，計動帑費一萬八千九十四兩有奇，至今完固。至周城河共長四千五百丈，舊深二丈，廣八尺。今中丞畢公以此濠與龍首、永濟二渠實相資輔，於三十九年議加開浚，加深四尺，面寬六丈，底寬三丈，逾年畢工，計動工費銀八千兩有奇。

鐘鼓二樓，《通志》在城內，東西相距半里許，明洪武十七年建，正統五年修。本朝康熙三十八年復修。

（440）滿城，《通志》，在府城東，西界鐘樓。本朝順治六年，即故明秦府基改築，以居八旗官軍，門五，東仍長樂，西南因鐘樓，西北曰新城、南曰端禮、西曰西華。《一統志》，周九里。

咸陽縣

（450）咸陽縣城池。縣城，《通志》，舊在杜郵西。明洪武四年，縣丞孔文鬱遷今治，築城浚濠。以南臨渭水衝崩爲患，景泰三年，知縣王瑾修。正德十三年，知縣底蘊復修河岸，製樁板沿堤覆翼。嘉靖九年，巡撫劉天和復修。二十六年，巡撫謝蘭拓東西北三隅。門九，東曰朝陽、西曰望賢、南曰渭陽、北曰五陵，學道門曰文明，上各建樓，又有西北、小北、小南及新城門。萬曆丁亥，堤圮，水浸及城，知縣樊熔修築。崇禎中，知縣張名世重築。（451）按：咸陽縣城土築，周遭共長一千四百二十二丈三尺，計七里九分，城身均高二丈四尺，頂厚一丈一尺，底厚二丈。乾隆十四年，知縣臧應桐修葺，動項一萬九千三百二十八兩有奇。池深一丈五尺。又城南渭河每虞汕刷，乾隆七年，知縣姚世道請於南門外東築護城石堤一道，長一百三十丈，高九尺五寸，寬三尺五寸，又南門外西築石堤一道，長五十丈，高九尺，迄今完固，每值河水漲溢，不爲城患。

興平縣

（452）興平縣城池。縣城，《通志》，隋大業九年建。明成化十三年，知縣王琮修築。嘉靖三十一年，知縣劉賢引泉水溉土築之，完固倍昔。三十五年，知縣朱文環堞築臺起舍，建四門樓。三十八年，知縣章評改建譙樓於東南城上。四門，東曰喜雨、西曰喜豐、南曰喜晴、北曰喜雪。本朝順治中，知縣徐開熙重修。（453）按：興平縣城土築，共長一千六十五丈七尺，計五里九分有奇，城身均高三丈三尺，頂厚一丈八尺，底厚三丈。乾隆十七年，知縣劉琪詳修，動項一萬五千四百七十五兩有奇，池深一丈。

臨潼縣

（454）臨潼縣城池。縣城，《通志》，在驪山之陰，湯泉回繞西北，唐天寶六載建。明洪武初增築。門四，東北曰集鳳、西曰永豐、南曰華清、北曰臨渭。萬曆十一年，改建北門於西北隅，城樓五。本朝順治十年，塞北門。康熙中，知縣趙於京建臨渭亭於城上子方。按：臨潼縣城土築，周圍共長七百八十丈，計四里三分有奇，城身均高二丈七尺，頂厚一丈六尺，底厚二丈八尺。乾隆八年，知縣劉士夫詳修，動項三千五百二十一兩有奇，池深一丈五尺。

高陵縣

（455）高陵縣城池。縣城，《通志》，隋大業七年建，周二里百二十步。今曰土城，爲儒學射圃北垣。明景泰元年，知縣張錦增築。門四，東曰距河、西曰迎翠、南曰接蜀、北曰通遠。東南二門，知縣楊清甃以磚。天順中，僉事張紳築敵臺。嘉靖中，知縣鄧興仁（456）闢水門一，甃以磚石。按：高陵縣城土築，周遭共長八百三十丈，計四里六分有奇，城身均高三丈，頂厚七尺，底厚一丈七尺。乾隆十八年，知縣蕭大中詳修，動項二千七百七十三兩有奇，池深二丈五尺。

鄠縣

（457）鄠縣城池。縣城，《通志》，舊在縣南二里，陳大業十年，徙置城中。金大定二十三年，縣令劉某修。門四，東曰宜春、西曰通濟、南曰仁智、北曰望威，舊俱有樓。明崇禎九年，知縣張宗孟重修，建樓兩層，豎四隅敵樓、懸樓四十二座。本朝康熙二十年，知縣康如璉繼修。按：鄠縣城土築，周遭計長七百七十四丈，計四里三分，（458）城身均高三丈，頂厚八尺，底厚一丈五尺。乾隆十一年，知縣李文漢率邑人捐修，計用銀四百三十七兩有奇，池深一丈五尺。

藍田縣

（459）藍田縣城池。縣城，《通志》，本名嶢柳城，亦名青泥城，舊城門二。明嘉靖二年，知縣玉科拓修，門四，東曰"綉嶺回春"、西曰"白鹿呈祥"、南曰"灞水環清"、北曰"玉山映翠"。二十年，知縣呂好古闢水門於西南隅。三十二年，知縣楊紹先易女墻以磚。萬曆中，知縣王邦才增築北門甕城，建門樓西向，甃以磚。崇禎中，知縣雷鳴時甃北城以磚。本朝順治七年知縣楊行健，十六年知縣郭顯賢繼修。按：藍田縣城土築，周遭共長八百六十五丈一尺，計四里八分有奇，城身均高二丈五尺，頂厚一丈二尺，底厚（460）二丈。乾隆十七年，知縣鄭琦詳修，動項八千五百九十八兩有奇，池深二丈，闊一丈。

涇陽縣

（461）涇陽縣城池。縣城，《通志》，秦苻堅創建，元至正二十七年，張思道令右丞魏文佐守禦修築。明景泰元年，知縣曾玉重建，東西二門，東曰宣文、西曰寧武。成化間，巡撫余子俊增闢南北二門，南曰臨川、北曰拱辰。嘉靖二十六年，增置東西郭。崇禎四年，城圮，知縣梁士淳重修。八年，知縣王珵增修北門甕城。本朝順治九年，知縣王際有繼修。按：涇陽縣城土築，周遭計長九百七十三丈三尺，計五（462）里四分有奇，城身均高二丈八尺，頂厚一丈一尺，底厚一丈九尺五寸。乾隆二十八年，知縣羅崇德詳修，動項九千五十兩有奇。池深七尺。

三原縣

（463）三原縣城池。縣城，《縣志》，本舊龍橋鎮，元至元二十四年，徙縣治於此，門四，東曰賓陽、西曰西達甘涼、南曰高山遠翠、北曰凝瑞，東北隅有月城，白渠流繞，城中水門二，其北臨清河，深十丈，岸易崩圮。明崇禎七年，知縣張縉彥添築磚垜，邑人劉日俊修馬墻，高八尺。本朝乾隆十一年，邑人李道生、胡瑛捐修城東隅。二十六年，邑人王楠等修城東西南三面。其西郭城，《通志》，明初築，周一里六分，為邑右翼，門二，西曰翼挹仲山、西南曰遙迎太（464）白，城池高深與縣城等。又北郭城，明嘉靖三十六年，巡撫謝蘭築，周四里四分，高三丈，池深如之。萬曆間，少保溫純重修，建石梁，南與縣城相連。門四，東曰永泰、西曰永安、南曰永清、北曰永寧。又東郭城，明崇禎八年，貢生趙希獻等捐築，周三里三分，高三丈五尺，池深三丈五尺，門二，東曰朝陽、東南曰迎巽。又南郭城，《縣志》無增建年月，本東西通衢，市廛稠密，西抵縣城，亦邑南面之屏障也。本朝順治初，知縣李溥修。按：三原縣城土築，北臨清河，東西南三面周遭計長六百一丈四尺，計三里三分有奇，城身均高三丈，頂厚一丈，底厚二丈五尺，白渠繞城中，東西南三面有池，深三 (465) 丈，闊五丈餘，四郭並詳《舊志》。乾隆十一年，紳士捐修，用銀一千八百餘兩。

盩厔縣

(467) 盩厔縣城池。縣城，《通志》，本隋唐舊址，東西長，南北狹，象魚形，四面皆重門，東曰迎曦、西曰萃金、南曰迎熏、北曰拱極。明嘉靖中，知縣李春芳於內外東門及西內、南外各建樓，北內樓則知縣黎元續成之。本朝康熙元年，知縣駱鍾麟修。十八年，知縣章泰浚壕，甃瓮城以磚，改建城樓，復新城北女墙。按：盩厔縣城土築，周遭計長九百五十四丈，計五里三分，城身高二丈五、六尺不等，頂厚一丈二、三尺不等，底厚二丈五、六尺不等。舊引廣濟渠由隍西南東西兩面夾流，南深一丈，廣三丈五尺，東西較狹而深。乾隆二十六年，知縣傅治倡率捐修，計費四千二百九兩有奇。

渭南縣

(469) 渭南縣城池。縣城，《通志》，隋大業九年建。元至正二十一年，元帥擴廓將商皓修。明洪武初，縣丞吳雲拓修，門四，東西各有樓。嘉靖中，知縣梁沂建北門樓。乙卯，地震傾圮，知縣李希雒重築東南北三面，又加拓焉。議塞南門，甃埤堄、敵臺，會被徵，中止。隆慶初，知縣崔廷試復闢南門，增飛樓。二年，知縣梁許增角樓四、敵樓十二，並磚甃。萬曆初，知縣褚順起門闍與城顛齊，甃埤堄水道以磚，易門額曰引華、襟渭、帶渭、抱豐。萬曆末，知縣徐吉重修。本朝順治間知縣尚九遷，康熙間知縣孫焙、黃培繼修。雍正 (470) 七年，知縣岳冠華重築北城十二丈，埤堄俱甃以磚，東西門重建吊橋。按：渭南縣城土築，周遭共長一千三百十四丈，計七里三分，城身高一丈九尺至三丈一尺不等，頂厚一丈五尺至七尺不等，底厚二丈五尺至三丈不等。乾隆十四年，知縣柳廷基捐修，計費四百九十六兩有奇。池深一丈五尺。

富平縣

（471）富平縣城池。縣城，《通志》，本名窰橋頭，元末張良弼移縣治於此。明正統初，知縣高應舉始築土爲城，門三。弘治中，知縣陳闊闢西門。嘉靖中，巡撫謝蘭增築城外敵臺，知縣胡志夔易堞以磚。乙卯，地震城圮，知縣趙桐繕之，知縣崔舉葺四門，知縣史燦竟工。門四，東曰華翔、西曰荆踞、南曰石盤、北（472）曰金屏。萬曆間，知縣劉兌始創東郭。本朝康熙元年，知縣鄭昆修。按：富平縣城土築，周遭共長五百五十二丈六尺，計三里一分，城身高三、四尺至二丈不等，頂厚七尺，底厚一丈至一丈三、四尺不等。乾隆十八年，知縣李世垣詳修，動項三千九百四十二兩有奇。繞城濠，爲明萬曆間知縣劉兌引玉帶渠水南入隍中，深一丈。

禮泉縣

（473）禮泉縣城池。縣城，《通志》，即古仲橋城，元樞密院副也先速迭兒增築，土城。明成化四年，知縣撒俊增築東西南三面，外城北則修舊城阻小河之水險。萬曆四年，知縣姚燭建城樓敵臺。五門，東曰陽和；西内曰西城，外曰永安；南内曰南熏，（474）外曰迎恩；北曰永定；西北内曰遠馭，外曰永平。崇禎中，知縣韓景芳重修。按：禮泉縣城土築，周遭計長一千六百七十四丈，計九里三分有奇，城身均高二丈五尺，頂厚一丈二尺，底厚一丈五尺。乾隆十四年，知縣宫耀亮詳修，動項一萬三千一百九十五兩有奇。池深二丈，闊倍之。

同官縣

（475）同官縣城池。縣城，《通志》，周武帝建德四年建。明景泰元年，知縣樊榮始爲築浚，知縣傅鼎、成化十九年知縣顔順始續成之。弘治元年，漆水衝崩，知縣王恭易以石基。嘉靖三十二年，知縣亢慶鴻增修。萬曆元年，知縣吳洸修麗譙，甃堞以磚，門四，東曰望函、西曰控羌、南曰文明、北曰迎恩，又東鑿二水門。十八年，水崩北門，知縣屠以欽改置正北，題曰鎮遠。二十一年，知縣馬鐸以北門直突，築北瓮城，建宣威門。東門圮於水，久塞，四十一年，知縣梁善士復闢之，題曰啓元。（476）崇禎末，移居山寨，城圮。本朝康熙二十五年，知縣雷之采裁舊城之半，建築新城。按：同官縣城土築，周遭長四百六十四丈三尺，計二里五分八厘，城身均高一丈八尺，頂厚八尺，底厚一丈五尺。乾隆十八年，知縣曹世鑒詳修，動項一千五百兩有奇。池深一丈。

耀州

（477）耀州城池。州城，《通志》，本華原縣，元末兵燹，城圮。明景泰初，重建四門。成化時，漆水嚙東面，頹其半。嘉靖二十五年，知州周廷杰作東城石堤。三十三年，知州李廷寶增修，作南門樓。三十七年，知州江從春增修，高厚倍三之一，創東西北三門，上各建樓，磚甃水溝、女墻，門四，東曰豐門、西曰遠門、南曰雍門、北曰壽門。按：耀州城土築，周遭共長一千九十丈，計六里五分有奇，城身均高三丈二尺，頂厚一丈三尺，底厚二丈五尺。乾隆三十三年，知州楊東臨請修，動項二萬五千五百（478）七十兩有奇。池深八尺，護城有石堤。《州志》，明崇禎三年，關內道翟時雍修築。本朝康熙二十五年，沮水潰其西。乾隆十四年，漆水潰其東。署州事鍾一元議開河以洩水，築壩以護堤。十五年，知州田邦基繼修，工未畢，旋被异漲，先後動捐項四百十兩。十六年夏，霪雨，河淤壩决，堤刷去數丈，議於河水東流，西岸別開引河（計八十五丈，口寬二十丈，中四之一，尾半之，深一丈），直趨南下並疏。十四年，新開之河，動項九百四十餘兩。十八年，工竣。二十六年，河水又溢，知州王灝修築如故堤，通計長二百六十丈，高一丈三尺，寬二尺。乾隆三十一年，補砌十五丈，至今完固。又護城石壩共十四道。

道光《西鄉縣志》

道光《西鄉縣志》，成文出版社有限公司，1970年。

西鄉縣

（卷二"建置·城池"，43）宋建縣署於嵩坪之陽，未有城池。元皇梱公赤及都屯戍西鄉，改遷今址，半甃以磚。明景泰三年，知縣邱俊重修。成化八年，知縣李春復加修。弘治十三年，知縣郭璣增角樓，鑿池深丈許。嘉靖間，知縣李暌悉改磚。門四，東元輝、南亨濟、西利成、北貞定，周三里三分四十步，濠稱之，高二丈，厚四尺，垛口凡三百九十六，門凡四，各門外跨濠□皆有吊橋，磚石砌築。正德八年，寇亂，郧撫藍璋令通判周盛、知（44）縣王廷芳於東關外附接舊城築新城，廣闊同舊，浚濠三丈，深一丈二尺。崇禎二年，知縣程謙復浚濠。十年，知縣杜鍾岳浚濠，深廣倍舊。十三年，知縣朱謀□加磚砌堞牆四尺，引北山渠水入濠。至國朝順治七年，張臺燿於城堞之廢圮者補之，城樓之欹側者修之，濠之淺者加深焉。康熙甲寅歲，遭吳逆之亂，城毀。五十五年，知縣王穆重加修築。乾隆十六年，知縣劉灼詳請補修。嘉慶十四年，署知縣劉國柱捐挖城濠，深二丈，闊二丈餘。歷年城□倒塌。二十四年，知縣張廷槐捐廉勸捐補修。道光六年，大水，濠漸淤塞，知縣張廷槐重加挖修。

光緒《孝義廳志》

光緒《孝義廳志》，成文出版社有限公司，1969年。

孝義廳

（卷四"建置志·城垣"，148）磚城，周圍二里五分，根深一丈，高一丈一尺三寸，頂寬九尺，底寬一丈五尺六寸，垛口□百□十□，炮臺□座，馬道寬九尺，堆房□間，門四，東曰迎春、西曰靜波、南曰寧遠、北曰拱極，南外城門曰靖南，北外城門曰望闕，南臨乾祐河，東枕後寨山，南北平坦，爲省城、興安往來大路。城內南北東三街，以西城逼水，門恒閉，故無也。乾隆四十八年，教匪滋事，僉議南山地界遼闊，易藏奸宄，雖已分立寧陝廳於西，更宜在東於咸寧南境之孝義川分設撫民同知一員，經撫憲畢公沅奏請，奉（149）旨俞允，始建土城於大山岔（廳北五十里，敗垣尚存）。嘉慶二年，教匪陷城，焚掠一空，又兩面逼河，時虞衝淹。嘉慶八年，議移鎮安屬之舊縣關（即今廳治），同知錢廷琛請帑建修，始改磚城。同治九年八月，西城被水衝塌十餘丈，廳署及近西民房幾被淹沒。十一年，署同知趙鎣倡捐廉俸，並捐民錢七千餘串，砌石補修，並於西北砌堤護之。十三年七月，復被水衝塌數十丈，迄今每逢七、八月間，雨潦水漲，城中居民咸虞爲魚之患，今廳丞常公慨意修築，以民力維艱，尚未舉行。

光緒《新續渭南縣志》

光緒《新續渭南縣志》，成文出版社有限公司，1969 年。

渭南縣

（卷三"建置志·城池"，247）縣城，隋大業九年建。元至正二十一年，元帥闊廓將商□東拓二百三十五步。明洪武初，縣丞吳雲攝縣事加拓之，（248）周七里，門四，東曰拱華、西曰望秦、南曰通源、北曰臨渭，東西各有樓。嘉靖中，知縣事梁沂增建花門樓。乙卯，地震，傾圮。明年，李希雒重築東西北三面，又加拓焉，周七里三百二十四步，高二丈七尺，池深一丈五尺零，南門議甃睥睨、敵臺。會被徵，輟。隆慶初，崔廷試仍闢南門，增飛樓。二年，梁許增築磚甃，高三丈，增角樓四，敵臺十二，有副使薛騰蛟記。萬曆初，褚順起門閣與城顛齊，甃睥睨、水道以磚，易門額曰引華、襟渭、帶渭、抱豐，後抱豐樓毀，徐吉重加修緝。本朝順治間尚九遷，康熙間孫燧、黃培相繼補修。雍正三年，朱嘉耀復修東西兩城，未畢，罷去。七年，岳冠華繼修，兼（249）集北城十二丈，城顛睥睨俱甃以磚，東西二門又建吊橋，至八年告竣。

新續：同治元年四月，髮逆陷城，城垣半圮。六年，邑令陶森林籌費補修。十一年，邑令黃傅紳續修，添磚雉堞、炮樓、四城門樓、奎星樓，計長一千三百四十丈，官紳集捐辦理。

民國《興平縣志》

民國《興平縣志》，成文出版社有限公司，1969 年。

興平縣

（卷二"建置"，67）縣城周七里三分，高三丈，隍減一丈，東、西、南、北四門。《長安志》，興平縣城，隋大業九年築。明成化十三年，知縣王琮重修。嘉靖三十五年，知縣朱文增建四城門樓。三十八年，知縣章評因寇（68）氛增築東西關廂。清初，知縣徐開熙、田衷孚重修城門樓。雍正十一年，知縣胡蛟齡重修東門樓、東關廂。光緒二十七年，城垣傾圮，知縣楊宜瀚大爲補築。民國七年，賈復堂據城獨立，城上啓渠以蔽炮火，岳維峻督兵攻擊，以地雷轟破東西兩城樓。賈斃後，楊枝茂督工補築，旋平城渠，以防雨水衝崩。

嘉慶《續潼關縣志》

嘉慶《續潼關縣志》，成文出版社有限公司，1969 年。

潼關縣

（卷二"建置志·城池"，15）潼關城垣，廣袤仍舊。雍正五年，知縣黃憲鯤補修二十七丈七尺。七年，復修一百二丈七尺。乾隆九年，知縣王懷堂重修。三十四年，知縣趙本嶓於東西南北各修城，路設柵欄。五十三年四月，潼商道德明公奉敕修南面土城三千二百九十八丈七尺，北面磚城七百三十三丈三尺，高三丈，頂寬一丈八尺，底寬三丈。城門六：東曰迎恩，正樓五間，箭樓三間；西仍懷遠，正樓七間，箭樓七間；北曰鎮河、小北門曰拱極、南曰鳳翱、上南門曰麟游，城臺各一座。南北關（16）閘樓七間，北水關閘樓九間，馬道十座，更鋪房七十二座。五十六年七月，工竣，准銷銀六十五萬三千七百四十三兩零。嘉慶二十年九月，地震，南城崩壞七十一丈零。

滿城，在關城西三里。雍正二年建，周三里二分，東西二門，守尉一員。乾隆二年，撤滿兵，裁守尉。

民國《續修禮泉縣志》

民國《續修禮泉縣志》，成文出版社有限公司，1969 年。

禮泉縣

（卷四"建置志·城郭"，189）縣城，元末樞密院副也先速迭兒築，初作土城，高二丈五尺，東西二百二十五步，南北二百五步，周一里，東朝陽門，西沐光門，南景化門，北拱宸門，隍深一丈三尺。明洪武二年，自舊縣徙治此。成化四年知縣撒俊，萬曆四年知縣姚燭俱增築，始有城樓、敵臺。清乾隆十四年七月，知縣宮耀亮領帑修築，凡周九里三分，五門；東曰陽和門；西內曰西城門，外曰永安門；南內曰南熏門，外曰迎恩門；北曰永定門；西北內曰遠馭門，外曰永平門。東（190）西南三方外城六里，高二丈八尺，四門，東挹涇門、西接武門、南向平門、北坐乾門。隍深二丈，闊四尺，見《蔣志》。後外城多傾圮。光緒八年，知縣熊含章倡議補修，未竟去任，中經知縣張鳳岐、顧曾烜先後經營，雉堞櫓樓皆備。迨至民國兵燹頻遭，灾荒連年，又傾圮不堪矣。

民國《續修南鄭縣志》

民國《續修南鄭縣志》，成文出版社有限公司，1969年。

南鄭縣

（卷二"建置志·城池"，165）宋嘉定十三年，徙築今城（《王志》，郡城自漢至此凡三變，詳"沿革"）。明洪武三年，知府費震修，周九里八十步，高三丈，闊二丈五尺，門四，東朝陽、西振武、南望江、北拱辰。正德五年，知府周東甕以磚，建層樓於其上。（166）萬曆三十年，知府崔應科禁耕城畔以固城根，鑿池環之。天啓元年，建瑞藩，展北二丈十步。清順治十三年，知府馮達道修四門。康熙二十七年，知府滕天綬創修城門樓，又修復城身、月城、炮臺，周圍二千三百餘丈。乾隆二十年，知縣張其昂補修磚城二百數十丈。五十五年，知縣王行儉修磚城一百丈，土城一百五十七丈。嘉慶十七、八年，知府嚴如熤奉大吏委大加增修，磚砌舊無磚土胎城身，補修剝落土胎城身，裏外共九百七十五丈有奇；又修南北月城，東西大炮臺二座，西面小炮臺十座，城樓四座，月城炮臺四座，東北西三角臺改作碉臺，卡房、馬道四座、吊橋四座；又捐修四面碉樓九座，均樓二層；又添東南西（167）卡房三座；額北門曰"雍梁鎖鑰"，南門曰"山南保障"；東南巽方築丙臺一座，墊厚三尺，寬三丈有奇，長六丈，高三丈，上建三臺閣一座；由東南角臺數至第八炮臺前穿城作二水洞，相去六丈餘，以洩夏秋城中積潦，均高三尺，寬三尺，深三丈，甃以磚石，內外均有鐵柵。宣統三年，陝安道黃誥、知府愛星阿以前霪雨城多就圮，委邑紳黃允中、王文蔚、白欽明、張質彬修築，事竣，旋經改革，防守賴焉。民國三年，南門城樓年久傾圮，漢中道尹孫蔭委邑紳藍培原重建。七年冬，變兵攻城，垛墻崩裂。八年春，知事郭鳳洲呈請攤款，各屬委紳藍培原、靳應元、康耀樞增補城垣一周，兼浚外濠。

光緒《續修平利縣志》

光緒《續修平利縣志》，成文出版社有限公司，1970年。

平利縣

（卷三"建置志·城池"，57）舊治，在龍山之陽，即今舊縣也。雍正六年以後，屢被溪水衝坍。嘉慶七年，經略大臣額勒登保以舊縣褊窄低窪，無險可憑，惟白土關當川楚之衝，且地勢高爽，奏請移治，知縣任奎光依關堡舊基加築，圍長五百四十八丈五尺，東西南爲三門，南面外築套城，東西街道計長二百四十五丈六尺七寸。道光三年，署知縣諸能定重修，將舊址兩面鏟削，加高六尺，倍厚五尺，高一丈六尺，底寬一丈五尺，頂寬一丈，南墻全行折去與套城相連合爲一城，南北街道共二百六十二丈（58）五尺二寸，通計城身共八百零七丈八尺二寸，垛墻共一千三十堞，東西南門城樓三座，北城尖樓一座，外建炮臺十一座，尖樓平臺五座，馬道四座，水箕十六道，水門六個。同治元年，知縣梁際殷開城濠於東南二面，寬深各二丈。同治元年七月，川匪郭逆由四川魚渡河入縣境之龍硐河，擾及八仙河、白沙河、泉河，月之十五日，竄至羅河，庶吉士邢景周偕守備陳鈺等督團勇迎剿小巴山，衆寡不敵，死之。賊遂由松杉河東竄楚境，復由竹山折面西。八月朔六日，圍縣城。初十日，解圍去。是年十月，粵逆由楚入陝。十一月朔，圍城，賊衆數十萬，聯營數百里，東踞楚之竹溪，西破郡城。次年正月，始解圍去，平利以彈丸之地，適當其衝，（59）時守城者爲知縣梁公、訓導史公、典史謝公，率衆登陴固守，卒能力保孤城，屢挫凶鋒，固由設險守國，亦諸公之督率有方也。

光緒《洵陽縣志》

光緒《洵陽縣志》，成文出版社有限公司，1969年。

洵陽縣

（卷四"建置·城池"，91）城垣因山爲城，阻水爲池，周圍三里有奇，長一百四十六丈五尺，東南外面各高二丈二尺五寸，西北外面各高一丈九尺七寸，底厚一丈八尺，垛牆共三百九十八堵，均高（92）三丈，厚二尺，四面共長五百九十四丈，建四門，東曰東作、西曰西成、南曰阜財、北曰拱極，又西北隅水洞門一，今止存東西北三門。前明崇正八年，署知縣史采、知縣姚世雍建。同治二年，知縣劉昌蕃改建縣東門、增修炮臺，臺今圮，址存。

西門炮臺，建縣城西門外，因北關地勢高峻，俯瞰城中。嘉慶六年，知縣嚴如熤於西門外黃枰嶺下修大炮臺一座，甬道數十丈，其險可守。

東關堤，乾隆三十六年以前，居民屢遭水患。三十七年二月內，知縣盧甲午因軍需餘暇，附城倡建石堤，共費銀五（93）千餘兩，長九十九弓，寬六弓，高七弓。至三十九年九月，工竣，至今永無水患，邑人賴之。光緒二十九年，知縣李丙焱修堤路、水道。

乾隆《延長縣志》

乾隆《延長縣志》，成文出版社有限公司，1970 年。

延長縣

（卷二"建置志·城池"，39）延長建邑沿革，首卷已詳，自唐虞至北宋城池址基無可考，或云初建於丘頭原，遷於信潭原，遭大水移建於今地。按：今城池，（40）金世宗大定二十六年，知縣董成務建。明弘治中，知縣王紳重修，周四里二百四十四步，北倚高部山，半築山頂，東西南臨延水及西河溝為池，高丈二尺，廣八尺，土身磚垛，東拱門、西保障門、南水門、北門甕。嘉靖二年，知縣張旭陽增建石城。清順治十六年六月初六日夜，洪水穿城，漂沒居民廬舍，街基彌漫數尺，遺迹猶存。年久日就坍損，前經奉文估修，嗣於乾隆十年，欽差侍郎三會同督撫該計通省衝僻，列入緩修。乾隆三十四年，知縣洪僑新修，計長城長一千四十一尺，東西城樓二座，炮臺十五座，垛堞一千四百七十口，水溝十六條，南北水關三處，東西二圍城外護堤一百八十四丈，而城垣煥然一新。（41）及歷年既久，垣城頹塌，堆房無存。光緒十八年，經知縣余元章補茸，仍未完備。民國二年，張公韜權知斯土，適甘泉臨鎮逆匪倡亂，圍攻延城，時值天雨連朝，守城人民苦況不堪言壯，幾乎城陷。張公有見及此，不能不作亡羊補牢計，遂會商邑拔貢鄭堂肯及諸紳等，妥籌款項，將城垣雉堞倒塌者補之，築並修堆房三十餘間，又增隱牆，鄭君協商人蘇文杰、高振鵬等督工甚嚴，不辭勞怨，不避寒暑，越年餘而鳩工始竣。嗣後，設法籌款，歲歲增修，所以延城雖小，尚堪防守，非徒觀瞻已也。

延長縣，金大定二年，知縣董成務創建。明景泰元年，知縣李居敬重修，經始於景泰紀元仲秋，落成於次年壬寅孟夏，周圍（42）五里許。弘治中，知縣王紳重修，周圍二百四十步。清順治十六年六月六日，洪水穿城，城垣倒塌十之七八，雉堞、城樓蕩然無存。乾隆三十二年，縣令洪僑又重之。乾隆三十二年五月興工，落成於乾隆三十四年十月，計周圍長一千四十一丈，東西城樓兩座，炮臺十五座，垛堞一千四百七十口，水溝十六條，南北水關三處，東西二圍城外護堤一百八十四丈，共需帑銀一萬二千三兩零。光緒二十一年，知縣羅振鷺奉文修補。光緒二十一年七月動工，光緒二十四十年五年落成，計北城土塞城垣一段，長二丈餘，北門城垣七段，長二十餘丈，需錢七百餘千。北依高奴，南爲平城，東爲鳳嶺，西倚龍山，東西臥延水及西河溝爲池，高二（43）丈二尺，廣八尺，土身磚垛，東西南門近延水，北門夾山間。

上城。縣城北面高部山，俗呼高奴山，四面陡險，元脫列伯、參政何遠築土城以屯兵。明末毀於寇。順治二年，官民移居此。十六年，洪水衝城，居民又移居此以避。今四周小缺，同治六年，人民因避回亂，略爲修補。民國元年，強半倒塌，邑拔貢鄭肯堂督工重修，北建炮臺，城內居民各修房舍、土窯約計數十處。上城居然可恃，雖被匪圍攻數次而延城獨安，各家眷藉以避患云。

乾隆《鎮安縣志》

乾隆《鎮安縣志》，成文出版社有限公司，1969 年。

鎮安縣

（卷二"縣治"，74）明景泰三年置，周城四里三分，前向西南，後坐東北，共三門，東南一，西南一，西北後臨山脊無門。

（卷五"建置·城池"，185）在今謝家灣都家山下。明景泰三年，自野珠坪遷，築土爲垣。正德七年，知縣俞鼎鼒以磚，周四里二分，高二丈，北倚山，東南西浚池，深七八尺，建飛樓三座。嘉靖乙酉年，知縣楊永清於東北方修月城一里七分，加高城二尺，增飛樓二座，俱甃以磚，時補完城。明末被流寇殘毀，徙縣寨。國朝康熙年間，知縣耿晋光選城內自北坍日甚，有司官量爲補茸（《舊志》）。（186）按：徙居縣寨或亦偶然避寇耳，許□、任在耿前碑志載其修理學宮及建置必非居縣寨時事也，《舊志》所言諒亦有本要，不可概信。現在共三門，東永慶門，今呼東門；西南永豐門，今呼南門；西北永安門，今呼西門。唯永慶門有飛樓一座，年久坍塌。三門俱有石額，係知縣俞鼎所立，永安門石額在城內生員王炳家。乾隆二年，奉文查修，知縣楊舉佐根需銀一萬一十八兩二分零，聲名地非孔道，應請緩修在案。乾隆十七年，知縣聶燾捐資修建東北永慶門，城甃一座，飛樓三間，士民歡助，塑魁星於上，名奎星閣，（187）又於東北面立"莫如也"三大字額，聯曰："雞犬桑麻入境外，山川城郭畫圖中"。

光緒《鎮安縣鄉土志》

光緒《鎮安縣鄉土志》，成文出版社有限公司，1969年。

鎮安縣

（卷上"建置"，9）本境置於明景泰三年，復乾祐縣廢地，仍爲縣曰鎮安，屬商州。本朝因之屬州，州隸西安府。雍正三年，升商州爲直隸州，先建治於乾祐廢縣北二十里野珠坪，後遷謝家灣，即今縣治城，建城垣一座，周四里三分，置三門，東曰永慶、南曰永豐、西曰永安。

光緒《洋縣志》

光緒《洋縣志》，成文出版社有限公司，1976年。

洋縣

（卷二"土地志"，195）縣城，周七里三分，土身磚面，磚垛高一丈八尺，頂寬一丈一尺，底寬一丈九尺，垛口凡一千零八十八門，炮臺三十九座，棚道八，城門五，東曰朝陽、南曰通津、西曰迎恩、北曰擁翠、西南曰襟江，城門樓四，堆房一，東北、東南魁樓二、文（196）峰塔一，城內東西廣一里二百三十四步，南北長二里四十步，濠深一丈五尺，闊三丈，其橋五，東、西門以木，南、北、小西門以石。

　　按：宋熙寧間，文與可守洋州，始築土為城，高一丈五尺，池深五尺，惟東、西、南、小西四門。明弘治七年，知縣王勉始創建北門，各題以名。隆慶三年，知縣閻邦寧鑿池一丈五尺，闊三丈，修補南、北、小西三門。明末盜起，知縣元孟檜重修。崇禎七年，知縣郭一龍議甃磚，邑紳李遇知疏請，乃甃磚二十丈。十二年，知縣洪一緯又甃磚八十丈，自北門至小西門止。（197）清順治六年，知縣金練之重修東西門樓，自西門迤南城牆坍塌數十丈，俱經補築。康熙二十七年，知縣謝景安浚濠，深一丈，重修東門樓與城內外。嗣後漸次坍塌。嘉慶十一年，樓堞毀於兵火，巡撫方維甸奏准，知縣王鳳坦承修（以上節錄《府志》）。道光間，霖雨坍塌甚多，知縣宮爾錫申請修築，知縣林綬昌承修，工竣，知縣任國楨補修東城魁樓。咸豐十一年，藍逆氛近，知縣劉懋功籌款修葺坍損之處。同治元年，藍逆踞城，髮逆掘地伏炮以攻之，轟壞城身五十餘處。三年，肅清，知縣范榮光籌款補修如舊。六年，霖雨，坍塌數十處，知縣范榮光復籌款動工修（198）築。七年，知縣孫士哲承修，周圍垛口千餘門，女牆一千二百六十餘垛，東南門樓二座。十一年，知縣李承玖承修城面、魁樓二座、西北門樓二座，竣工。光緒十五年，霖雨，坍塌內外一百二十餘丈，知縣陳澤春籌款興築，用磚甃補，自十七年至二十三年甃磚內外城牆一百七十七丈三尺九寸，城面八十九丈，垛口五十七門，知縣張鵬翼重修城西南隅望江古樓一座完善。

乾隆《宜川縣志》

乾隆《宜川縣志》，成文出版社有限公司，1970年。

宜川縣

　　（卷一"方輿志·城池"，79）宜川城池，宋初改建。元至正中，參政朱希哲修。明正統十四年，知縣張繹重修。周四里一百二十八步，高三丈，土身磚垛，門四，東門曰先春、南門曰迎薰、西門曰阜成、北門曰鞏鑰，西南跨七郎山，東西北三面距河，城根鑿品字窨為池，深三丈，今渾。國朝順治四年，知縣陳□銘補築南甕城門，額曰"古丹州"。雍正三年，知縣王志深重修東城門。歷年久遠，城樓、雉堞及城身日就坍塌，而環西一帶，銀川水傍城而流，每當夏秋，上流積雨新漲，奔馳衝突而來，勢如箭筒，歲加（80）汕刷，傾替更甚，沿城舊有護城石臺，亦被水搏擊，多半斷缺，屢經奉文估計，題准急修。嗣於乾隆十年，欽差侍郎三會同督撫核計通省衝僻，列入再次急修。爾時，知縣劉國泰相度西門外河西灘地有淤塞，河形尚存遺迹，建議復行開挖，引水離城，俾城垣、石臺不致重遭衝壞，亦經詳請奏明。惟是議開新河，而未及議塞舊河，恐水勢舍迂就直，復歸舊河，仍與城工有礙，不無遺議。經現任知縣吳炳稟請築壩阻水，引併新河，奉委道府勘議允行，俟屆修之日，次第興工。

光緒《宜川鄉土志》

光緒《宜川鄉土志》，成文出版社有限公司，1970年。

宜川縣

（"城池"，9）宜川城池，宋初改建。元至正中，參政朱希哲修。明正統十四年，知縣張繹重修。周四里一百二十八步，高三丈，土身磚垛，門四，東門曰先春、南門曰迎熏、西門曰阜成、北門曰鞏鑰，西南跨七郎山，東西北三面距河，城根鑿品字窨為池，深三丈，今（10）渾。國朝順治四年，知縣陳□銘補築南甕城門，額曰"古丹州"。雍正三年，知縣王志深重修東城門。歷年久遠，城樓、雉堞及城身日就坍塌；而環西一帶，銀川水傍城而流，每當夏秋，上流積雨新漲，奔馳衝突，而來勢如箭筒，歲加汕刷，傾替更甚，沿城舊有護城石臺，亦被水衝擊，多半斷缺，屢經奉文估計，題准急修。嗣乾隆十年，欽差侍郎三會同督撫核計通省衝僻，列入再次急修。爾時，知縣劉國泰相度西門外河西灘地，有淤塞河形，尚存遺迹，建議復行開挖，引水離城，俾城垣、石臺不致重遭衝壞。亦經詳請奏明，惟是議開新河，而未及議塞舊河，恐水勢舍迂就直，復歸舊河，仍與城工有礙，不無遺議。經現任知縣吳炳稟請築壩阻水，引併新河，奉委道府勘議允行，俟屆修之日，次第興工。

民國《宜川縣志》

民國《宜川縣志》，成文出版社有限公司，1969年。

宜川縣

（卷一"疆域建置志·城池"，55）宜川城池，自唐永徽二年由丹陽川移丹州於赤石川。至宋初改建縣治。（56）元至正中，參政朱希哲修。明正統十四年，知縣張繹倡導重修。周圍共四里一百二十八步，高自二丈五尺起至三丈四五尺不等，土身磚堞。闢城門四：東門曰先春、南門曰迎熏、西門曰阜城、北門曰鞏鑰。西南跨七郎山麓，東西北環臨赤石、銀川二水。清順治四年，知縣陳□銘補築南甕城門，題額曰"古丹州"。雍正三年，知縣王志深重修東門。嗣經風雨剝蝕，城身及城樓、雉堞日就坍塌，環西護城石臺亦被水衝毀。乾隆十年後，知縣吳炳乃增築環城石壩，引併新河，以固城根。（57）訖嘉慶末，知縣趙廷俊以城東西義川、銀川衝刷城圮，鳩資六千餘兩重築。同治八年，邑人張庭元因訟捐制錢八百串，補葺沿七郎山城牆。光緒二十一年，甘肅和州海城回變，陝西巡撫通飭各縣修城鑿池，各鄉修築堡寨，防患未然，經知縣張世恩派捐銀約一千兩重修。民國初，時局混亂，雉堞、女牆之內，飛彈時及，又附築夾牆一層。四年，為防守計，封閉東水門，而北門則不知何時封築。十二年，知事郭殿邦重開之，並督修北城門樓及縣公署大堂。（61）二十四、五年間有匪氛，經駐軍及地方團隊督同民丁補葺牆垛城樓等，近復在環城各山建碉築堡，形勢益趨險要矣。

光緒《永壽縣志》

光緒《永壽縣志》，成文出版社有限公司，1970年。

永壽縣

（卷首"縣治圖"，32）《張志》有康熙八年新造"城池圖"。其說云，明末舊城盡圮，縣治權移南堡，邑令張君焜倡率捐修。維時板築方興，基肩粗就。迄今百餘年來，凡門管建營、館垣氾掃、神寮黝堊、官廨奐輪，與夫列市比閭，日益輻輳。

（卷三"建置·城池"，129）《陝西通志》，永壽縣城，元至元二年，徙建麻亭鎮。明天順二年知縣郭質，嘉靖四十五年知縣崔炳俱重修，周五里。明末被寇盡圮，因築寨於虎頭山居之。本朝順治丁酉，知縣李如瑾築寨下南關，有貢生趙運熙記。康熙八年，知縣張焜創建新城，西南依舊寨，四方崒嵂，中央坦夷，匾曰"金盤城"，周三里，高二丈八尺，土築，闢西門大小各一，曰金盤、曰康阜，建門樓二，角樓四，自爲文記之。

（130）《張志》，西南倚舊堡，東北建築，周三里，共二百一十二丈三尺，高二丈八尺，又三面小墙並北城樓一座，舊濠深一丈，今廢。乾隆十七年，知縣黃義詳請興修，十八年三月二十日鳩工，十九年十月二十日工竣，動帑銀六千四百六十二兩有奇。是年冬，知縣潘偉更集資詳准增開南北兩門，并南城門樓一座。四十九年，知縣許光基又增置北城門樓一座。五十四年，知縣蔣基捐養廉九百零七兩重修。光緒七年，署知縣記佩奉左文襄公命，於七月十一日興工，八年四月知縣劉大炳接修，於十一月初十日工竣，周圍四百六十八丈有奇，共用帑銀五千七百一十三兩有奇。

（131）按：《蔣志》，周五里，高二丈五尺者爲舊城；周三里，共二百一十二丈三尺，高二丈八尺者爲新城。舊城，即元至元十五年徙建，比時武陵山一帶皆在城內。自唐宋以來，永壽列爲上縣。明末，兵燹城圮。今老城根廢址，邑人猶有能指視者。新城，即本朝康熙八年，知縣張焜改造，層岩一角，藐若彈丸，所謂板築雉堞之殷，并幹烽櫓之勤，已蔑復昔時形勢。城之大小殊而縣之繁簡判矣。

光緒《鄠縣鄉土志》

光緒《鄠縣鄉土志》，成文出版社有限公司，1969年。

鄠縣

（卷下"地理"，55）城高二丈五尺，東西一百九十三步，南北五百四十步，周二千二百三十四步，面積一萬零四百二十二方步，隍深一丈五尺，城門，東曰宜春、南曰保康、西曰通濟、北曰望威，四門俱有二層樓，四楹，高三丈餘，四隅亦有敵樓，各二楹，高二丈七尺，城中心建文昌閣，臺基四面各闊六丈，高二丈五尺，其上有樓，高四丈五尺，上下共計高七丈。

民國《重修鄠縣志》

民國《重修鄠縣志》，成文出版社有限公司，1969年。

鄠縣

（卷二"城關"，93）縣城，《元和志》，鄠縣在城北二里。《寰宇記》，漢於故鄠城置縣，其城周四里，頹垣尚在，今泯矣。隋大業始改今治，在府城西南八十里。金大定二十二年，縣令劉君重修，城高計二丈五尺，東西計一百九十有三步，南北計五百有四十步，圍計二千二百三十有四步，隍深減城之高一丈，城四門，東曰宜春、南曰保康、西曰通濟、北曰望威（又宜春之北門長安，隨廢），門上俱有樓，靳康侯有《劉令修城記》，見"金石"。明崇禎九年，知縣張宗孟重修門樓，各建二層，俱四檻，東西兩門樓稍高，各內列兩角；西門及南北門俱有甕城，南北甕城門微東向，西甕城門微南向；四隅各建敵樓，俱二層；城四面共建懸樓四十有二；街中建文昌閣二層，臺基四面各闊六丈五尺，上下共計高七丈；城外四關各建敵樓、築圍墻，日久傾圮；關外東建玉皇閣，西臨澇建三官閣，北呂公河外建北極宮、五鳳樓、奎星閣，俱詳見"祠廟"（清同治二年，俱被回匪焚毀）。康熙二十年，知縣康（94）如璉重修縣城。明年，由儒學門內東邊移文昌閣於城上東南隅。五十年，知縣吳廷芝又創建奎星樓於此。乾隆丙寅，奉旨動帑修城，邑士庶請於知縣李文漢，各願出正賦之餘，協力助役。明年丁卯，文漢遂重修之，長安王進士元常有記，並葺修街中樓，李令自記。嘉慶三年，知縣玉衡□加修繕。十一年，知縣胡晉康重修，集各里人限地分葺，廣狹厚薄修築如制，北闉添設轉道一座，共費萬金。九月杪興事，十一月中澣落成，規模嚴壯，視昔有加，胡令自撰《重修城垣記》，見"金石"。光緒十八年，知縣劉聲琦重修。二十四年，大潦，城四周多圮，知縣李汝鶴集四鄉民各築一面，補修之。至民國五年，南門、西門及門樓俱倒塌，知事瞿伯恒重修，並補葺東門樓與周圍城垣，城上女墻增高二尺，炮臺各建更房，悉以磚砌，至八年始竣，頗稱完固（各更房椽木後為軍隊焚毀）。十四年旅長何夢庚，十七年師長何毓斌俱以防守，城上掘戰坑殆遍，深五、六尺許，後雖略填，尚未槌築，若不修治或遇霖潦，勢必破壞不堪，斯誠守土者之責也。十八年十月二十日，硬匪陷城，焚東南兩門樓。二十年秋（95）後，縣長強君雲程重修東門樓共二層，上爲平房，四圍咸以磚砌，如炮臺式，並補築東城之傾圮者六丈五尺。

道光《陝西志輯要》

道光《陝西志輯要》，成文出版社有限公司，1970年。

西安府

（卷一，45）西安府。城池，城周四十里，高三丈，底厚六丈，頂厚三丈八尺，門四，東曰長樂、西曰安定、南曰永寧、北曰安遠，池廣三丈。滿城，在城內東北隅，西界鐘樓，東即長樂、南曰端禮、北曰新城。

咸陽縣

（90）咸陽縣。城池，周七里九分，高二丈四尺，門九，東曰朝陽、西曰望賢、南曰渭陽、北曰五陵、學道、文明，又有西北、小北、小南三門，池深一丈五尺。

興平縣

（100）興平縣。城池，周五里九分，高三丈三尺，門四，東曰喜雨、西曰喜豐、南曰喜晴、北曰喜雪，池深一丈。

臨潼縣

（112）臨潼縣。城池，周四里三分，高二丈七尺，門四，東北曰集鳳、西曰永豐、南曰華清、北曰臨渭，池深一丈五尺。

高陵縣

（124）高陵縣。城池，周四里六分，高三丈，門四，東曰距河、西曰迎翠、南曰接蜀、北曰通遠，池深二丈五尺。

鄠縣

（卷二，136）鄠縣。城池，周四里三分，高三丈，門四，東曰宜春、西曰通濟、南曰仁智、北曰望威，池深一丈五尺。

藍田縣

（146）藍田縣。城池，周四里八分，高二丈五尺，門四，東曰綉嶺回春、西曰白鹿呈祥、南曰灞水環清、北曰玉山環翠，池深二丈。

涇陽縣

（156）涇陽縣。城池，周五里四分，高二丈八尺，門四，東曰宣文、西曰寧武、南曰臨川、北曰拱辰，池深七尺。

三原縣

（168）三原縣。城池，周三里三分，高三丈，門四，東曰賓陽、西曰西達甘涼、南曰高山遠翠、北曰凝瑞，東北隅有月城，白渠流繞城中，水門二，其北臨清河，深十丈。西郭城周一里六分，門二，西曰翼挹仲山、南曰遙臨太白。北郭城周四里四分，門四，東曰永泰、西曰永安、南曰永清、北曰永寧。東郭城周三里三分，門二，東曰朝陽、東南曰迎巽，池深二丈。

盩厔縣

（182）盩厔縣。城池，周五里三分，高二丈五六尺不等，門四，東曰迎曦、西曰萃金、南曰迎熏、北曰拱極，池深一丈，廣三丈五尺，廣濟渠由隍西南東西兩面夾流。

渭南縣

（194）渭南縣。城池，周七里三分，高一丈九尺至三丈一尺不等，門四，東曰引華、西曰襟酒、北曰帶渭、南曰抱豐，池深一丈五尺。

富平縣

（208）富平縣。城池，周三里一分，依原爲城，高三四尺至二丈不等，門四，東曰華翔、西曰荊踞、南曰石盤、北曰金屏，池深一丈。

禮泉縣

（220）禮泉縣。城池，周九里三分，高二丈五尺，有內外城，外門五，東曰陽和、西曰永安、南曰迎恩、北曰永定、西北曰永平；內門三，西曰西城、南曰南熏、西北曰遠馭，池深二丈。

同官縣

（228）同官縣。城池，周二里五分，高一丈八尺，門四，東曰望函、西曰控羌、南曰文明、北曰迎恩，池深一丈。

耀州

（234）耀州。城池，周六里五分，高三丈二尺，門四，東曰豐門、西曰遠門、南曰雍門、北曰壽門，池深八尺。

同州府

（卷三，247）同州府。城池，城周九里有奇，高三丈，門五，東南曰挹秀、西南曰延祥、東北曰長寧、西曰永定，又小西門，池深丈餘，闊倍之。

潼關廳

（252）潼關廳。城池，城周十一里，高二丈八尺，門六，東曰迎恩、西曰懷遠、上南曰麟游、下南曰鳳翔、大北曰鎮河、小北曰拱極。

朝邑縣

（270）朝邑縣。城池，城周四里，高二丈五尺，門五，東曰臨河、西曰鎮羌、曰金湯、南曰望岳、北曰迎恩，池深一丈。

郃陽縣

（282）郃陽縣。城池，城周八里二百二十步，高三丈，門四，東曰雨粟、西曰崇墉、南曰阜財、北曰歸極，池深二丈。

澄城縣

（292）澄城縣。城池，周三里有奇，高二丈五尺，門四，池深一丈三尺。

韓城縣

（300）韓城縣。城池，城周四里八分，高二丈五尺，門四，東曰迎旴、西曰梁奕、南曰據浡、北曰拱辰，池深二丈。

白水縣

（310）白水縣。城池，周五里，高二丈，門五，東曰迎祥、西曰險寧、南曰聚奎、北曰星拱、東南曰汲井，池深三丈。

華州

（316）華州。城池，城周七里有奇，高二丈五尺，門四，東曰鎮潼、西曰望安、南曰見山、北曰帶渭，池深一丈五尺。

華陰縣

（330）華陰縣。城池，城周二里九分，高二丈二尺，東西南三門，池深八尺。

蒲城縣

（342）蒲城縣。城池，城周八里有奇，高二丈九尺，門四，池深一丈五尺。

鳳翔府

（卷四，350）鳳翔府。城池，城周十二里三分，高三丈，門四，東曰迎恩、西曰金鞏、南曰景明、北曰寧遠，池深二丈五尺，（355）闊三丈。

岐山縣

（364）岐山縣。城池，城周五里三分，高三丈，門三，東曰鳴鳳、西曰懷邠、南曰阜民，池深二丈，闊三丈。

寶鷄縣
（372）寶鷄縣。城池，城周五里二分，高二丈，門三，東曰迎恩、西曰來遠、南曰解阜，池深一丈七尺。

扶風縣
（380）扶風縣。城池，城周四里三分，因地勢或二丈或三丈不等，門七，曰正東、正西、正南、正北及小東、小西、小南，池亦深淺、廣狹不一。

郿縣
（392）郿縣。城池，城周三里，高二丈五尺，門三，東曰迎恩、西曰景賢、南曰文明，池深一丈二尺，闊三丈二尺。

麟游縣
（400）麟游縣。城池，城周二里三分，高三丈三尺，門三，東曰武川、西曰獲麟、北曰邠風，池闊一丈。

汧陽縣
（406）汧陽縣。城池，城周三里四分，高二丈六尺，門二，東曰迎恩、西曰鎮遠，池深一丈。

隴州
（412）隴州。城池，城周五里三分，高三丈，門四，東曰迎恩、西曰攬翠、南曰挹熏、北曰拱極，池深二丈。

乾州
（418）乾州。城池，城周十里，高二丈二尺，門六，東曰迎陽、西曰寶登、南曰延熏、北曰拱斗，又小東門、小西門，池深二丈。

武功縣

（426）武功縣。城池，城周三里二百二十步，高二丈八，門五，東曰觀瀾、南曰望月、集賢、北曰迎仙、來鳳，無西門，池深八尺。

永壽縣

（438）永壽縣。城池，城周三里，高二丈八尺，門四，曰大西門、小西門、南熏門、北門，池深一丈。

邠州

（444）邠州。城池，城周九里三分，高三丈，門四，東曰太平遺澤、西曰公劉啟化、南曰後稷開基、北曰姜嫄祖武，池深二丈。

三水縣

（452）三水縣。城池，城周五里五分，高三丈五尺，門四，東曰賓陽、西曰志岐、南曰凝熏、北曰拱辰，池深一丈。

淳化縣

（458）淳化縣。城池，城周四里一分，高三丈五尺，門三，東曰迎和、南曰阜民、北曰拱極，池深一丈。

長武縣

（464）長武縣。城池，城周五里，高三丈，西南各一門，北門二，以溝爲池。

鄜州

（470）鄜州。城池，內城，周二里一百三十步，外城周十里，高四丈，門四，東曰鎮洛、西曰迎山、南曰保鄜、北曰威朔，又東北、東南、正東水門各一，池深二丈。

洛川縣

（478）洛川縣。城池，城周三里一百六十步，高三丈五尺，門三，東曰緝寧、西曰阜成、南曰開泰，池深二丈。

中部縣
（484）中部縣。城池，城周四里一百三十六步，高三丈，門五。

宜君縣
（492）宜君縣。城池，城周五里三分，高二丈五尺，門二，南曰保障、北曰金闕，池深一丈。

漢中府
（卷五，499）漢中府。城池，城周九百八十步，門四，東曰朝陽、西曰振武、南曰望江、北曰拱辰，池深八丈。

留壩廳
（503）留壩廳。城池，城周三百三十丈，高二丈二尺，東西二門，東曰陽德、西曰壽安。

定遠廳
（507）定遠廳。城池，城周三百丈，新城周一百七十丈，高一丈二尺，南西北三門。

褒城縣
（520）褒城縣。城池，城周四里三分，高二丈，門四，東曰龍江、西曰蜀道、南曰大通、北曰連雲，池深七尺。

城固縣
（526）城固縣。城池，城周七里二十步，高三丈六尺，門四，東曰永和、西曰安遠、南曰通濟、北曰新寧，又開東西二小門，池深一丈。

洋縣
（534）洋縣。城池，城周七里三分，高一丈八尺，門五，東曰朝陽、西曰迎恩、南曰通津、西南曰襟江、北曰擁翠，池深一丈。

西鄉縣

（542）西鄉縣。城池，城周三里三分四十步，高二丈，門四，東曰元輝、南曰亨濟、西曰利城、北曰貞定，池深二丈二尺。

鳳縣

（548）鳳縣。城池，城周四里三分，高二丈五尺，東西北三門。

寧羌州

（554）寧羌州。城池，城周四里三分，高二丈，門四，東曰陽和、西曰永惠、南曰南熏、北曰通濟。

沔縣

（560）沔縣。城池，城周三里三分，高二丈五尺，門三，東曰鎮江、西曰拱漢、南曰定軍。

略陽縣

（566）略陽縣。城池，城周五里，高一丈七尺，門五，東曰永濟、西曰鎮江、南曰定羌、北曰拱極、西南曰通濟。

興安府

（573）興安府。城池，舊城周六里二十八步，高一丈七尺，門五，東曰朝陽、西曰寧遠、南曰安康、北曰通津、曰臨川，池深九尺。萬曆十一年，築新城於趙臺山下，周三里一百十六步，高一丈八尺，門四，東曰喬遷、西曰安堵、南曰阜民、北曰拱辰，四面鑿池，各有橋梁。

漢陰廳

（578）漢陰廳。城池，城周五百九十五丈五尺，高一丈五尺，門三，東曰日升、南曰文明、西曰肇慶。

平利縣

（590）平利縣。城池，城周六里，高一丈二尺，東西南三門。

洵陽縣

（594）洵陽縣。城池，城周三里有奇，門四，東曰東作、西曰西成、南曰阜財、北曰拱極，今止存東西北三門。

白河縣

（600）白河縣。城池，城周半里，高一丈，東南北三門。乾隆三年，增築外城一千二百九十七丈。

紫陽縣

（604）紫陽縣。城池，城周六百四十丈，高二丈八尺，東西北三門。

石泉縣

（610）石泉縣。城池，城周三里，高一丈五尺，門四，池深一丈。

商州

（614）商州。城池，城周五里，高二丈五尺，門三，東曰覲陽、西曰靖羌、南曰鎮遠，又西南水門一曰靖順，池深二丈。

鎮安縣

（622）鎮安縣。城池，城周四里三分，高二丈，北倚山，東西南三門，池深八尺。

雒南縣

（626）雒南縣。城池，城周三里三分，高一丈七尺，門三，東曰長春、西曰永靖、南曰朝陽，池深五尺。

山陽縣

（632）山陽縣。城池，城周二里二分，高三丈，門三，東曰體仁、西曰尚義、南曰崇禮，池深三丈。

商南縣

（638）商南縣。城池，城周三里，高二丈，門四，東曰通和、西曰安仁、南曰育流、北曰鎮遠，池深六尺。

延安府

（卷六，642）延安府。城池，城周九里，高三丈，門三，東曰東勝、南曰順陽、北曰安定，又有小東門曰津陽，池深二丈。

安塞縣

（656）安塞縣。城池，城周三里七分，高一丈七尺，有南西北三門，池深一丈。乾隆三十五年，又築新城，周一里六分，高二丈。

甘泉縣

（662）甘泉縣。城池，城周三里三分，高二丈六尺，門三，南曰永安、北曰永定、西曰應昌，池深一丈。

保安縣

（668）保安縣。城池，城周九里三分，高二丈，門四，池深一丈。

安定縣

（674）安定縣。城池，城周五里三分，連東關城共九里三分，高二丈八尺，門五，西曰義中、南曰翊文、東內門曰迎旭、外門曰仁和、北曰拱極。

宜川縣

（680）宜川縣。城池，城周四里一百二十八步，高三丈，門四，東曰先春、南曰迎熏、西曰阜成、北曰鞏鑰，池深三丈。

延長縣

（686）延長縣。城池，城周四里二百四十四步，高二丈二尺，門四，東曰拱極、西曰保障，南爲水門，北曰雍嘉，以延水及西河溝爲池。

延川縣
（692）延川縣。城池，城周五里，高五丈，東南北三門。

定邊縣
（698）定邊縣。城池，城周四里一百七十五步，門三。

靖邊縣
（702）靖邊縣。城池，城周八里，東南西三門。

榆林府
（706）榆林府。城池，城周十三里三百步，門七，東二、西四、南一，高三丈六尺，池深一丈五尺。

神木縣
（720）神木縣。城池，城周五里，門四，高三丈七尺，池深一丈。

府谷縣
（726）府谷縣。城池，城周五里八分，門六，高二丈五尺，因河爲池。

葭州
（734）葭州。城池，城周三里五分，高三丈，內城南北二門，南曰德安、北曰揚武；北郭一門曰鎮遠；南郭二門，東曰天險、西曰通泰，又南北水門各一。

懷遠縣
（740）懷遠縣。城池，城周二里十七步，東南北三門，高三丈六尺。

綏德州
（744）綏德州。城池，城周八里二百八十步，高三丈，門四，東曰鎮定、西曰銀川、南曰安遠、北曰永樂。南關城接（745）連大城，周六里三十步，門四，東曰賓陽、西上曰上水、西下曰挹秀、南曰來遠，池深一丈五尺。

米脂縣

（752）米脂縣。城池，城周五里三分，高二丈九尺，門三，東曰拱極、南曰化中、北曰柔遠，池深一丈。

清澗縣

（758）清澗縣。城池，城周三里五步，門三，東曰朝陽、西曰迎熏、北曰拱極，池深二丈。

吳堡縣

（764）吳堡縣。城池，城周二里五十步，高二丈五尺，門四，東曰觀瀾、西曰熙皞、南曰景陽、北曰迎恩，以黃河爲池。

光緒《綏德州志》

光緒《綏德州志》，成文出版社有限公司，1970年。

綏德州

（卷二"建置志·城堡"，164）《舊志》，綏德在昔曰陽周、曰上郡、曰雕陰、曰綏州、曰綏德、曰上州、曰龍泉，忽郡、忽州、忽城、忽軍，其城之舊址皆荒□無稽。以今城考之，據《通志》云，州城宋郭逵建，而舊《州志》以爲建自金大定二十年。前明州衛同城，洪武中，知州仇敬、指揮嚴永重修。二說不同，今以《宋史·地理志》州城所在道里考之，今城爲宋城無疑。自宋以後改城爲軍，又改軍爲州，城頹廢已甚。金大定中，建州治，大加增修，《舊志》故云金大定二十年建也。宋明（165）州城跨山環水，宋鄜延宣撫使郭逵所築，嗣經西夏侵擾，地方荒廢，城池傾圮。南渡後，爲金所有，至大定二十年，重加修築。明洪武年間，知州仇敬同指揮嚴永（通志作"淵"）重修，東西二里一百五十步，南北二里三百十五步，方八里二百八十步，南由平地砌石建築，高二丈五尺，厚一丈餘，東西北跨山增築，高三四丈及八九丈不等，惟巽地樓跨嵯峨之上爲最高。重門四，南曰安遠、東曰鎮定、西曰銀川、北曰永樂，跨門爲樓各二。南門外羅城接連大城，周圍六里三十步，南（166）連文屏，門四，東曰賓陽、西上曰上水、西下曰挹秀、南曰來遠，明建文中建。國朝順治十六年，知縣王元士重修。道光二十一年，知州江士松勸捐修理，功未竟而升遷以去。至同治六年十月，逆回陷城，迭經署知州成定康於八年春間、知州湯敏於十年秋間，先後督勇補修，並將城外侵占城壕之房屋一律闢除，修浚壕塹，水路兩□皆督勇捐廉補修，未動公款。光緒二十一年，知州喻兆奎督勸紳民集款增修。時（167）甘回蠢動，海城危陷，警報時聞，知州喻兆奎勸辦紳民捐資已有成數，因工程緊急，捐款一時未收，先借別款興工，將巽地樓以下及西北、東北倒塌處、平坦者砌之使峻，參差者削之使齊，一年之内已多整飭。至二十二年春交卸，未竣各工，又經署任知州焦雲龍認真接辦，續捐未捐之戶，尤見踴躍，次第於魚頭山迤南添砌重城一道，西角城、東南城上下增築炮臺四座，四城共築守陴、石窰六十四孔，守陴房數間，城頭雉堞繼長增高改砌一千垛，共費工料錢一萬（168）餘緡，一律完善。光緒二十四年，北門外羅城復因雨水浸灌，坍塌二十餘丈，需款六百緡。二十八年，東南巽地樓下奔塌十二丈零、高九丈零，需款一千四百緡。先後經知州孔繁樸隨時諭令原辦紳士補築，共費工錢二千緡，補修完竣。

乾隆《鳳翔府志》

乾隆《鳳翔府志》，成文出版社有限公司，1970年。

鳳翔府

（卷二"建置·城池"，53）土城，周一十二里三分，唐李茂貞築。明景泰、正德、萬曆間凡三修，高三丈，厚稱之，女墙磚砌。國朝乾隆十七年，縣令史曾奉檄重修，高厚仍舊，垛計四千二百有六，門四，東曰迎恩、南曰景明、西曰金鞏、北曰寧遠，門各有樓，南門迤東舊有小南門，今塞。又其東有文筆塔一座，西北□上有鳳凰樓，內懸大鐘一，周城窩鋪八處，城外壕□二丈五尺，闊三丈。壕水起自城西北隅鳳凰泉，分東南二流繞城四圍，至三岔河合流入渭。

岐山縣

土城，周五里三分，唐武德四年移建。元時重修。明嘉靖間，知縣趙進增築東西郭城，各周圍二里許。三十四年，地震城圮，知縣令狐一豸重修。萬曆至崇正間，縣令楊以漸、於邦棟、張名錄先後三修。國朝乾隆十八年，縣令劉度昭奉文重修，高三丈，基厚如之，頂厚二丈，女墻磚砌，高五尺，垛口一千三百有奇，門三，東曰鳴鳳、西曰懷邠、南曰阜民。城外壕深二丈，闊三丈。

寶雞縣

土城，周五里二分，唐至德二載建，高二丈。明萬曆三年，知縣師嘉言增築東西月城二重。崇正十三年，知縣嚴夢鶯於南門外建築水城，後廢。國朝乾隆七年，知縣喬光烈建奎星樓於城東南隅。城歲久傾頹。二十八年，知縣許起鳳請帑重修，高如舊，基厚一丈五尺，頂厚一丈，城上更房四處，門三，東曰（54）迎恩、西曰來遠、南曰解阜。城北隅又附築風匣城一重，從邑人請補風水說。城外壕闊一丈七尺，深淺不等。

扶風縣

（54）土城，周四里三分，明景泰元年建。嘉靖至萬曆間，縣令孫昌、孫科、王世康、徐三畏先後四修。崇禎八年，墮於寇，知縣宋之杰重築，城上創建敵臺五座。國朝乾隆十七年，縣令張於耕請帑重修，高因地勢或二丈餘或三丈餘不等，基厚二丈七尺，頂厚二丈一尺，增置敵臺二座。門七，正東、正西、正南、正北，及小東、小西、小南。城上東南隅舊有文昌閣，年久傾圮。乾隆三十年，知縣陳朝棟新修，較舊更加高敞。城外壕，因溝澗及漆漳二水，深淺廣狹不一。壕堤舊植柳萬株，順治三年，賀逆之變，剪伐無餘。

郿縣

土城，周三里，元武宗元年築。明景泰、正德、隆慶、萬曆間，凡四修。門三，東曰迎恩、西曰景賢、南曰文明，南門後塞。國朝乾隆二十七年，署縣陳朝棟奉文重修，高二丈五尺，基厚二丈，頂厚九尺，垛計二千九十一，復闢南門。城外壕深一丈二尺，闊三丈二尺。

麟游縣

土城，周二里三分，《邑志》云，仍隋唐所築。明景泰元年，知縣張翀重修，高三丈三尺，基厚三丈，頂厚一丈二尺，垛計一千二百四十。門三，東曰武川、西曰獲麟、北曰邠風。國朝乾隆二十二年，因大雨淋衝，共崩塌三百七十一丈。乾隆三十一年，邑令區充詳請動公帑築修。城外壕闊一丈，深淺不等。

汧陽縣

舊城，明嘉靖年間，水衝沒，移建今治。土城磚垛，周三里四分，高二丈六尺，基厚一丈五尺，頂厚一丈二尺，城惟開東西二門，東曰迎恩、西曰鎮遠，南北門塞。城外壕深一丈，闊一丈五尺。

隴州

土城，周五里三分。明景泰元年，知州錢日新增築，後（55）陸續增修，高三丈，基厚二丈六尺，頂厚一丈，女牆磚砌，高五尺。國朝順治十七年，知州黃雲蒸重修。康熙五十二年，知縣羅彰彝又修。城介兩河，每水衝輒壞。乾隆二十年，知州韓成基捐費補修，高厚仍舊，門四，東曰迎恩、西曰攬翠、南曰挹薰、北曰拱極。城外壕深二丈，闊一丈五尺。

道光《清澗縣志》

道光《清澗縣志》，成文出版社有限公司，1970年。

清澗縣

（卷二"建置志·城郭"，95）縣城，本唐寬州城舊壘。宋康定元年，陝西招討副使范仲淹因鄜州將种世衡建言修復，命世衡董其役，緣崗阜高下之勢，分寬州古城之半。城成，賜名青澗，蓋土城也。金元因之。（96）明初增築，北據山，東西南三面瀕於水，東西二百九十步，南北二百七十步，周圍三百五步，高連女牆三丈，厚一丈五尺，女牆四百六十四，敵臺六，門三，東曰朝陽（上重樓三楹，乾隆戊午建）、南曰迎熏（上樓三楹，名曰解阜，日久圮廢。道光乙酉，重建。又萬曆乙卯，知縣陳汝元因解阜樓久圮，且謂朱雀斜飛有忤青鳥之說，別建於樓正中巽位，名曰景庚。乾隆庚午，改曰慶成。旋又傾廢。道光丁亥，重建，仍名景庚）、北曰拱極（上樓三楹，久圮。乾隆庚午，重建。嘉慶丙子，重修），北關附焉。西城屢被水患。正德辛未，知縣趙輅築外羅城以禦之，自南迤北二百七十步，高二丈。嘉靖乙巳，河西副使方遠宜於西南二面易以石，增敵臺四（有碑在城隍廟）。癸丑，延安同知何尚賢增築南甕城並門一座（上建觀音閣）。丁巳，延安同知郝璽增築南敵臺一，北門門一（上樓三楹，雍正丙午【97】建，今圮）。隆慶戊辰，知縣阮孝奉檄修東北後山城，築大敵臺一，上建重樓（即今大關王廟）。北關增敵臺二，水門一（上建觀音閣）。壬申，知縣方可增築草場山重城（遺址尚在）。兵後，大城並外城就圮。國朝順治年，知縣廖元發修。嗣以山水衝塌二十五處，乾隆乙巳，知縣吳請帑重修。

南郭，俗呼南坪，離城數十武，中隔東河，冬用浮梁，夏則徒涉，爲(98)行旅往來大路，旅店、民廬可數十家。坪北瀕河處墾爲町畦，挽東河水而灌注之，歲獲蔬圃之利。北郭，附麗正城，圍以垣堞，民廬數十家，蓋甕城之大者，門鑰隸於官，旦晚啓閉，商旅恒繞城而行，罕有稅駕於此者。東郭民廬數家，南濱東河，北傍城墻，地面多無，僅通道路。

道光《安定縣志》

道光《安定縣志》，成文出版社有限公司，1970年。

安定縣

（卷二"建置志·城池"，62）安定縣，因山爲城，周圍五里三分，縣東關城共九里七分，高一丈八尺，池深一丈五尺，西門曰義成、東門曰迎旭（朱公尚義改爲翊文）、東關東門曰仁和、北門曰拱極，今改西門曰永清、東門曰聯璧、東關東門曰朝陽，北門仍舊，城樓三座。

按各志並碑記，縣舊土城，築自宋時。明洪武二年，千戶曹忠重修，東西二門，直街一道，歷永樂抵天順，居民殷繁，乃分析城外。成化中，邊烽告警，縣令郭演、徐彬相繼城東關，抱錦屏、文筆兩山，與內城連。西門橋之西亦築堡，今號新(63)城者是也。久傾圮。《府志》獨載徐令，稱其保障民人，遺郭名，殘碑亦止有徐令字迹，附記之以俟考正。嘉靖一十二年，知縣和滑因山城坍圮，盜竊間發，且聞邊警，重加修葺，並建禦侮樓。二十四年，分巡河西道副使方公遠宜巡視安定，以逼近塞垣，土城不可恃，令縣令伐石砌城基，以小石包女牆，知縣曹銘司其事，載"列傳"。白氏記略謂，曹公璉修砌石城者，誤（按《府志》，曹璉，彬陽進士，以大理寺少卿參贊延綏軍務，有守有爲，軍民賴之，巡視安定，輿情愛戴）。四十三年，知縣孫黃修葺城垣，懷遠樓、治安樓俱加修整。（64）萬曆十七年，知縣王光祖因外賊渝盟，城上下皆砌以石，又砌闌馬牆一道。二十三年，知縣□鍾岩亦有事修築。四十三年，知縣魏天命建議東關城薄且卑，應用磚石幫砌如內城東門，亦應築瓮城上臺，如其議，功垂成而去。四十七年，知縣陳應龍踵其事，功告竣。按陳應龍開南門於主山右脚下，門曰來熏，又將署右草場官地開一道路，名曰二街。南門作，灾害迭見，官民俱不利，議者歸咎焉，後門塞。（65）天啓初年，知縣玉慶遠增門三處。崇正四年，城陷。七年，城又陷。榆撫劉公閱城圖，以民稀城廓難爲守，硃筆截山城半於外，發圖式並銀千兩，命修東關城與內城連，以專守望，事不果行。國朝康熙七年，知縣朱尚義作翊文門。八年，知縣楊蘊重修關城。十九年，知縣王友德築義成門。五十二年，知縣廖均大修城關內外。乾隆三十年，知縣邱佐奉文重修，於三十二年四月興工，次年八月工竣。（66）嘉慶年間，知縣楊松渠又加補葺。此安定城池修築之大□也。

　　按《白氏志略》載，陳公繼魏公修築東關城，並建瓮城。有怨公者曰：東門而北向，乖於制。時有武官獲罪公，公故爲此。爲公解者曰：向北□當水口，公爲聚風氣計也。顧解者且不敵怨者多，事雖無關體要，而傳聞異詞，亦令人疑信不能決，志之，不可以已也如是夫。

光緒《靖邊縣志稿》

光緒《靖邊縣志稿》，成文出版社有限公司，1970年。

靖邊縣

（卷一"建置志·城池"，80）新治鎮靖堡即白塔澗，舊號白攤兒。明初始守塞門。成化五年，（81）巡撫王銳進守筆架城。八年，余子俊移兵守之，城設山畔，係極衝中地，周圍凡四里三分，計四百九十一丈，高二丈二尺，東南北城門三，樓鋪一十九座。隆慶六年，加高。萬曆六年，磚砌牌墻、垛口。邊垣長四十七里，墩臺四十三座。乾隆二十四年，知縣關邦幹奉文補修，准實銷銀三千七百三十六兩零。嘉慶十四年，被水衝塌東城角、西北城角、西南城垛口各一段，南瓮城門洞錯陷一段，奉文緩修。同治六年，回匪陷城，全壞未修。

舊治靖邊營城，古夏州兀喇城也，在今治南八十里。明景泰四年，巡撫陸矩改築新城，俗呼新城堡，本靖邊衛所，城跨半山，周圍凡八里，計七百六十三丈二尺，高二丈一尺，樓鋪二十座。隆慶（82）六年，增修。萬曆九年，磚砌牌墻、垛口。邊垣長四十五里，墩臺三十二座。國朝雍正九年，改爲縣城，土人今呼新城縣，東西南三門。乾隆三十年，知縣何廷璋補修，奉部核准，實銷銀一萬五千九百六十一兩零。嗣東門樓座城身塌陷數處，嘉慶四年，知縣郭士類捐修。年久失修，同治六年，回匪攻陷破壞。同治十二年，鎮靖都司李志剛督勇興修，知縣孔廣晉幫修，現尚完整。

嘉慶《續興安府志》

嘉慶《續興安府志》，成文出版社有限公司，1970 年。

興安府

（卷一"建置志・城堡"，28）新城，乾隆三十一年，知州舒世泰領項重修，惟北門并樓仍舊。至嘉慶初，歷年既多，傾圮更甚。知府葉世倬於十三年飭安康令王森文估計，合舊城一併詳請領項重修，至十六年八月告竣。新城周圍共湊長六百九十三丈四尺，排垛墻一千零九堵，高二丈一尺，底寬二丈，頂寬一丈一尺，排垛墻高五尺五寸，四門，城臺四座，正樓四座，每座三間，三面安炮眼二層，四門月城臺四座，城（29）頂周圍炮臺八座，添建炮臺六座，內四城角圓炮臺四座，上各添蓋炮樓出水溝二十八道，海墁城磚二層，四城馬道四座，城根添築散水，裏五尺，外一丈。

舊城，嘉慶二年冬，巡撫秦諱承恩捐銀五千兩，從舊寧遠門楦洞甃門，就舊基幫補，知府周光裕捐資勸輸，相繼接築，北藉堤面，南依舊根至東關，即南托白龍，東就長春，北因惠壑，於三堤加頂增埤，廓爲一城。東以朝陽閣爲門，西即寧遠南面爲門三，北面爲門四，西門、南門建樓二，惟北通津門仍堤上眞武閣未楦洞鼇門也。嘉慶十三年重修，至十六年八月告竣，計周圍共湊長一千二百九十三丈六尺，排垛墻一千七百六十五堵，高二（30）丈二尺至三丈，均高二丈六尺，頂寬二丈五尺至一丈二尺，均寬一丈八尺五寸。原作依堤築城，高低寬窄不一，今城頂添墁城磚二層，添築灰土二步；正樓四座，內大北門本無城臺，今改砌城臺一座，改建正樓一座，餘俱無城樓；城臺一律加高五尺，城上西北、東南二處各添建敵樓一座，炮臺一座；南北月城二道，加高五尺；四城角添築炮臺四座，又南面二座。東南城根有施、棟二溝水漲之患，今隨城根幫築旱臺，計素土寬一丈，高五尺。又城之東面地勢較低，城東舊城牆一道，長一百七十七丈八尺五寸，歲久殘缺，今仍估修墻高二丈六尺，頂寬八尺，底寬一丈四尺，以防水患。舊東門左右開小（81）門二處，以便民往來。

平利縣

（81）平利縣城，舊在龍川之陽。嘉慶七年，經略大臣諱額勒登保相度形勢，以褊窄低漥，無險可憑，惟白土關當川楚之衝，最爲扼要，且地勢高爽，奏請移治。縣令任奎光依關堡舊基加築，外砌石片，內築臥牛，頂以石灰海墁，計高一丈三尺，底寬一丈四尺，頂寬一丈，圍長五百四十八丈五尺，女墻八百四十有八，高四尺五寸，東西南爲門三，門建一樓，南面外築套城，東（82）西各一門，門建敵樓一，城用土墼砌，頂寬八尺，用石板海墁、油灰塗縫三，而共計長二百一十二丈六尺，女墻二百二十三，連城高一丈七尺，內外搪以油灰，亦署令任奎光估報領項修。

白河縣

（82）白河縣城，乾隆二十三年，縣令謝奉璋詳請重修，臨水傍山，未扼地險。嘉慶二年，知縣嚴一青因教匪迭竄屢經，因於城外天池嶺、土地嶺、太山嶺、北嶺等處隨山勢高下，增築外城一千二百九十七丈。舊日城垣外高內下，今則內高外下，地利形勝之得失，相去遠矣，蓋其自記如此。但郭將十里，戶僅百餘，一旦風鶴，守陴實難，觀其於稟將軍書內亦自言窘於措置也。

嘉慶《重修延安府志》

嘉慶《重修延安府志》，成文出版社有限公司，1970 年。

延安府

（卷十二"建置考"，301）《舊志》，府城，唐天寶初建，一云赫連勃勃築，宋范仲淹繼修之。明弘治初，知府崔升復葺之，周九里，高三丈，池深二丈，門三，東曰東勝、南曰順陽、北曰安定，上建重樓，又有小東門曰津陽。西面依山，上建鎮西樓，內祀文昌，范仲淹所創。兵毀。國朝順治乙未，知府陳培基同進士趙廷錫重建。順治十六年，大水衝沒東城門垣，知府牛天宿修葺。康熙十四年，朱（302）逆叛亂，樓闕盡毀，知府陳天植捐資重修。五十五年，被水，知府楊宗澤復修建。乾隆二十八年，遵旨修城，知縣陳德星督理經營，大加修築，垣堞、女墻，巍然聿新，城外沿堤悉種楊柳。三十九年，署知府楊衍嗣以樓及神像剝落，捐資補修，城垣亦重新。乾隆五十二年，大水衝塌城身一十九丈八尺五寸，石堤一百四丈八尺，知府洪蕙率同膚施縣知縣章廷楓請帑補修。嘉慶元年，大水衝塌東門北面城身一十七丈，知府洪蕙捐廉三百餘金補修。

膚施縣

（303）《膚施縣志》，縣附郭，舊以東關為城，水衝圮，衙舍、倉庫俱移府城內。

安塞縣

（303）《縣志》，城，元初改建。明景泰中，重修，周三里七分，高一丈七尺，池深一丈，有南西北三門。弘治、嘉靖中，城北屢被水患，知縣韓震、韓弼相繼移北就南，規模悉仿舊制，民獲安堵。崇正壬申，譚寇陷城據守，總督洪承疇率總兵官王承恩等屯攻月餘，用火炮衝擊，掘開南門一面。崇正丁丑，知縣彭堯升督工修補。嗣後兵荒洊至，城北又屢被水患，石壩數十丈漸經奔塌。（304）國朝十六年，大水從北門衝入，淹沒民舍，城北蕩為水區。乾隆十年，知縣倪嘉謙築堤擁水，經數年功未成，遂移公署、倉廒於南關，即今新城也。三十五年，知縣狄啓冬依舊城外南關築新城，周一里六分，高二丈。

甘泉縣

（304）《縣志》，城，天寶初建，倚伏陸山，西阻洛水，周三里三分，高二丈六尺，土築，池深一丈，炮臺八座，南北二門，南曰永安、北曰永定，北有瓮城。明景泰中重修。萬曆元年，知縣邵寵修南門。十二年初，闢西門，額曰應昌，嗣經兵火，城上雉堞無一存。（305）國朝康熙四十八年，知縣姜朝勳捐俸修城上女墻，不久復壞。乾隆十年，奉文估計工料銀三千五百七十三兩零，造冊賫部，列入再次急工。二十八年，巡撫鄂奏准以工代賑，知縣汪永聰承修，共發帑金二千九百四十二兩零，四月興工，二十九年五月告竣，又捐修守城門軍房二座。《縣志》又云，俗言西門切山不利，開則地方有事，故門常閉，惟開三門。

保安縣

（305）《縣册》，城即古栲栳城，明洪武二年，縣丞洪道修葺。嘉靖四十年，署篆吏目郭邦靖重修。萬曆三十三年，知縣陳柱芳（306）相繼增修，周九里三分，高二丈，池深一丈。崇正中，截西南角爲城。國朝順治中，知縣張嗣賢建城南樓。

安定縣

（306）《縣志》，縣舊土城，築自宋時。明洪武二年，千戶曹忠重修築。歷永樂抵天順，居民殷繁，乃分徙城外。成化中，邊烽告警，知縣郭演、徐彬相繼城東關，抱錦屏、文筆、西山與內城連，而西門橋之西亦築堡，今廢堡號新城者是也。嘉靖二十二年，知縣和清因山城坍圮，盜竊間發，重加修葺，並建禦侮樓。二十四年，分巡河西道方遠巡視安定，以逼近塞垣，（307）土城不可恃，爰建議伐石，砌城基以小石，知縣曹銘司其事。四十三年，知縣孫黃復修。萬曆十七年，知縣王光祖因外賊渝盟，城上下皆砌以石，又砌闌馬墻一道。四十七年，知縣陳應龍踵成其事。天啓初，知縣王慶遠增門三處。崇正四年城陷，七年城又陷。國朝康熙七年，知縣朱尚義作翊文門。八年，知縣楊蘊之重修關城。十九年，知縣王友德築義城門。承平日久，城漸傾圮。五十二年，知縣廖均大修城關內外。乾隆三十年，知縣邱佐奉文重修，於三十二年四月興工，三十三年八月工竣。(308)《縣冊》：安定，因山爲城，內城周圍五里三分，聯東關城共成九里七分，高二丈八尺，池深一丈五尺，西門曰義中，城門曰翊文；東內門曰迎旭，外門曰仁和；北門曰拱極，城樓三座。

宜川縣

(卷十三"建置考"，309)《縣志》，宜川城池，宋初改建，元至正中，參政朱希哲修。明正統十四年，知縣張繹重修，周四里一百二十八步，高三丈，土身磚垛，門四，東曰先春、南曰迎熏、西曰阜成、北曰鞏鑰，西南跨七郎山，東西北三面距河，城根鑿品字窨爲池，深三丈，今湮。國朝順治四年，知縣陳宸銘補築南甕城門，額曰"古丹州"。雍正三年，知縣王志深重修東城門。歷年久遠，城樓、雉堞日 (310) 就坍塌，而環西一帶，銀川水傍城而流，每當夏秋，上流積雨，新漲奔馳，衝突而來，勢如激矢，歲加汕刷，傾替更甚。舊沿城有護城石臺，亦被水搏擊，多半斷缺。乾隆十年，奉文估計，列入再次急修。知縣劉國泰相度西門外河西灘地，有淤塞河形尚存遺迹，建議復行開浚，引水離城，議准，續任知縣吳炳因築壩阻水，引併新河。

延長縣

(310)《縣志》，城或云初建於丘頭原，遷於信潭原，遭大水，移建於今地。按今城池，金世宗大定二十六年，知縣董成務建。明弘治中，知縣王紳重修，周四里二百四十四步，北倚高部 (311) 山，半築山頂，東西南臨延水及西河溝爲池，高二丈二尺，廣八尺，土身磚垛，東拱極門、西保障門，南水門，北門甕。嘉靖二年，知縣張旭陽增建石城。國朝順治十六年六月初六日夜，洪水穿城，漂沒民居，閭舍街基彌漫數尺，遺迹猶存。年久，日就坍損。乾隆三十一年奉文估修，三十二年七月興工，三十四年五月工竣，知縣洪僑司其事，凡動帑銀一萬二十四兩零。

延川縣

(311)《縣志》，縣城，本元故址，周圍五里，高五丈，建東南北三門，東有引水門，旋塞之。明正統中，知縣王坦築垣於西山，南北 (312) 聯絡，知縣陳文復石砌甕城，嗣後知縣金棟、王行仁、武之、毛儲元相繼增修。國朝順治中，北門圮，知縣劉轂捐俸重修。復遭水，塌一百五十丈。乾隆二十三年，知縣朱熙請帑增修。

定邊縣

（312）《縣册》，定邊營城池，明正統二年建。嘉靖中，遊擊梁震設關城，周圍凡四里一百七十五步，樓鋪二十八座。萬曆元年，展西關。三年、四年，增修。六年，磚砌陣墻、垛口。邊垣長二十里，墩臺三十六座。（313）國朝雍正十年，升爲縣城。乾隆十二年，知縣石崇先增修。

靖邊縣

（313）《縣册》，靖邊營城池，明景泰四年，巡撫陸矩改築新城，周圍凡八里，樓鋪二十九座。隆慶六年增修。萬曆六年，磚砌牌樓、垛口。邊垣長四十五里，墩臺三十二座。國朝雍正十年，升爲縣城，凡東南西城門三處。乾隆三十年，知縣何廷璋承辦補修。嘉慶四年，知縣郭士類捐修。

光緒《同州府續志》

光緒《同州府續志》，成文出版社有限公司，1970年。

同州府

（卷八"建置志"，287）同州府城，自道光二十一年，知府吉年督同大荔知縣常瀚重修。後同治元年，遭回匪亂，不無損壞。五年，知府延愷勸捐浚濠，深廣各二丈，外築羊馬墻，高八尺，周圍一千三百五十六丈。

朝邑縣

（288）朝邑城垣，同治六年，知縣邢澍田補修。

郃陽縣

（289）郃陽縣城，舊枕北岡，岡之半麓有泰山廟。同治八年，知縣陸坤環築外城，包廟入城內。後賊過城下，果以無可窺伺，皆速去。

澄城縣

澄城城，同治二年、六年，知縣錢筠、馬式金先後補修。

韓城縣

韓城城，咸豐三年，知縣興綏籌款增修北城門一座。同治九年，回匪竄韓，知縣侯鳴珂籌款浚隍，深廣各丈五尺，外築郭牆。

華州

（290）華州，舊城久圮。同治六年，知州王贊襄於城內東南高阜築新城，周四里許。

華陰縣

華陰城，同治七年，知縣王兆慶補修、浚濠，增西城炮樓二茸，元年，焚毀之，南門樓三楹。

蒲城縣

（291）蒲城城，咸豐十一年，知縣周相焯飭紳民捐建更房八十九座於上。同治間，回捻交攻，守埤者頗賴樓止。光緒四、五年，城防局補茸南門樓並東門樓。

白水縣

（292）白水城垣，同治元年，知縣陳作樞補修。六年，城傾西南隅，署知縣唐正恩補修暗門。同治八年，署知縣李廷鈺重修。

道光《吳堡縣志》

道光《吳堡縣志》，成文出版社有限公司，1970 年。

吳堡縣

（卷二"建置部·城郭"，82）宋金為寨，元始為縣建城，周一里七十步，高二丈五尺，深八尺（延安府《陳志》），城建於山，依地勢高下，圍一千八十丈，高三丈，闊一丈三尺（《李稿》周二里五十七步，高二丈五尺），東南以黃河爲池，西北以石塹爲塹。明嘉靖十五年知縣劉鉞，十七年知縣張弛，三十三年知縣李輅均重修。門四，東曰觀瀾、西曰熙皞、南曰景陽、北曰迎恩。明嘉靖二十二年，知縣李錦築北門月城，建門曰拱辰。崇正中，知縣簡國寧建南外門，曰帶礪。本朝雍正八年，知縣（83）詹紹德開北門，改向黃河。□二，南曰南薰、北曰北固。明萬曆三十五年，知縣杜邦泰建東城樓曰生聚。四十二年，知縣盧文鴻建西城樓，曰威遠（已上參《舊志》及《李稿》）。

瑀按紀、李兩稿所志，廣狹與今迥不相侔，惟《延安府志》差爲近之。溯查乾隆三十一年，知縣倪祥麟詳請實丈周四百三丈有奇，外城牆高三丈至一丈二、三尺，內城牆高一丈至七、八尺各不等，隨請帑重修，底寬一丈二尺，頂一丈，內外俱砌石塊，中實以土。南（84）門二，曰石城、曰重巽，東西北門各一，曰聞濤、曰明溪、曰望澤，樓各一，經始於是年，落成於三十四年，雖規模頗隘，而亦足稱金湯之固，惟城內無井，官民均仰給於溝泉，而往返數里，跋涉維艱，是則可慮也。

雍正《宜君縣志》

雍正《宜君縣志》，成文出版社有限公司，1970 年。

宜君縣

（"城池"，15）明景泰中，主簿季仲和始築，緣石□難成。及成化中，縣丞楊安依龜山之勢，築削爲上下城，周圍五里三分，高二丈（16）五尺，池深一丈，上城門一，南向，失其名，下城門二，南向曰保障、北向曰金闕。至國朝康熙十七年間，知縣賈有福增修，後復頹圮，止存門基牆址，今請重築。

民國《磚坪縣志》

民國《磚坪縣志》，成文出版社有限公司，1970 年。

磚坪縣

（卷一"建置"，31）磚坪舊無城池，縣丞署故址在今治東關。嘉慶二年，教匪竄擾，衙署被毀。七（32）年，縣丞呂見頤移駐水□城。十九年，因土堡狹隘，且有塌卸，維時軍務，甫已經欽差大臣長陝西巡撫朱會奏移駐營汛，建堡城。是年八月，飭安康縣知縣鄭謙興修今城。二十一年工竣，城垣周四百三十九丈四尺，高一丈八尺，基闊一丈八尺，頂闊一丈，女墻一千二百七十五垛，城東西北三門，門上譙樓各一，炮臺八座，水關四座，馬道三處，浚水溝十六，城身悉藉土石，門洞甃以磚，需款三萬六千有奇。同治元、二年，賊匪陷城，頗多拆毀。十三年，通判馬綸篤復籌款九千餘緡補修。

康熙《延綏鎮志》

康熙《延綏鎮志》，成文出版社有限公司，1970年。

延綏鎮

（卷一"地理志"，10）延綏鎮城，□倚駝山爲固，西臨榆溪、芹河諸水，係極衝中地。成化九年，都御史余子俊於舊城北增築城垣，置榆林衛指揮使司，隸陝西都司。二十二年，巡撫黃黻□北城。弘治五年，巡撫熊綉展南城，周圍一十三里五百一十四步。隆慶元年，巡撫王（11）□又自水西門起至□地樓止，築羅城七里。萬曆元年，巡撫張守中修築高厚，頂闊三丈，底闊五丈，高三丈六尺。嘉靖時巡撫張珩，隆慶時巡撫邵光先，萬歷時巡撫宋約、王汝梅、憲副洪忻、趙雲翔、總兵傅津、賈國忠，周圍漸用磚甃，共大樓一十五座，腰鋪四十七座，東門二，西門四，南門一。萬曆三十五年，巡撫塗宗浚於城北十里築鎮北臺於款貢城，高七丈，層臺峻堞，稱天險焉。邊垣長三十一里零三百五十八步，敵臺七十四座。

嘉慶《續修中部縣志》

嘉慶《續修中部縣志》，成文出版社有限公司，1970年。

中部縣

（卷一"建置志·城池"，79）城，周圍四里一百三十六步，爲門七，明初猶在坊州城，成化始移於今治，顧北面高曠空闊，東西臨水善嚙，屢葺屢圮。隆慶六年，知縣衛汝霖奉檄築城三百一十丈，高增七尺，寬厚加一丈有奇，外環磚堵，分布敵臺，構五門，樓高三丈，巍然壯麗，周隍覆（80）以垣墻，樹柳萬株。崇禎四年，賊陷城，據七旬，焚毀廬舍殆盡，知縣姚一麟重爲修葺，多所營建，始築上城。後又以地高多風，仍復舊城，而新其門樓、敵臺、雉堞。崇禎癸未春，城復陷。冬，闖賊入關，邑侯朱公新□據孤城抗自成十萬兵，力竭死之，城再陷，自是城空無復居人幾十二年。本朝順治十二年，邑侯彭公聖培撫集里民，復舊城制。後五年，邑侯金公九鼎稍遷衙署。乾隆三十年，邑侯鞏公敬緒詳請重修，其勢依山，參差不整，城垣周圍八百六十四丈七尺，城身高三丈，頂厚二丈，底厚三丈，磚垛高五尺，東門曰固守、西門曰保障、北門曰拱辰、南門曰迎熏、小南門曰橋山覽勝、小西門曰金明雄據，並築護城石堤二道。

《舊志》劉徵君曰：中部城枕橋山，池環沮水，爲延州名區。崇禎辛未，寇（81）陷，竊據七十日，巡撫練公國事以兵三千壁城西二郎山，延綏總兵王承恩以兵萬人壁橋山，甘肅總兵楊以兵扼險城南印臺山，宿師數萬，且攻且戰七十餘日，不得下，既而賊糧盡，走西山，城始開，中部可謂堅城矣。但山城孤懸，東北高，乏水泉，居民不便，以故空闊遼遠，數陷於寇，輒自上城入。議者謂，當守下城，自隆慶寺前橫截塹築爲城，前臨沮水而以上城爲郭，顧當時失於抉擇。今幸時和國熙，千里之內，夜戶不扃，豈徒恃高深之城池也哉。

民國《中部縣志》

民國《中部縣志》，成文出版社有限公司，1976年。

中部縣

（卷一"疆域建置志·城池"，44）明初，縣治猶在坊州城。成化，始移今治。北面高曠空闊，東西臨水善嚙，屢葺屢圮。隆慶六年，知縣衛汝霖奉檄築城三百一十丈，高增七尺，寬厚加一丈有奇；外環磚堵，分布敵臺，□五門，樓高三丈，巍然壯麗；周隍覆以垣墻，樹柳萬株。崇禎四年，賊陷城，據七旬，毀焚廬舍殆盡。知縣姚一麟重爲修葺，多所營建，始築土城。後又以地高多風，仍復舊城，而新其門樓、敵臺、雉堞。崇禎癸未春，城復陷。冬，闖賊入關，知縣朱新□據孤城抗自成十萬兵，力竭，城再陷。明末，城空，無復居人幾十二年。清順治十二年，知縣彭聖培撫集里民，復舊城制。後五年，知縣金（《通志稿》作韓）九鼎稍遷衙署，捐俸增修縣城（王相業有記）。（45）乾隆三十年，知縣鞏敬緒詳請重修。其勢依山，參差不整。城垣周圍八百六十四丈七尺；城身高三丈，頂厚二丈，底厚三丈，磚垛高五尺、東門曰固守、西門曰保障、北門曰拱辰、南門曰迎薰、小南門曰橋山覽勝、小西門曰金明雄據，並築護城石堤二道。《丁志》：城周圍四里一百三十六步，爲門七。又引《舊志》劉徵君曰：中部城枕橋山，池環沮水，爲延州名區。崇禎辛未寇陷，竊據七十日，巡撫練公國事以兵三千壁城西二郎山；延綏總兵王承恩以兵萬人壁橋山；甘肅總兵楊以兵扼險城南印臺山，宿師數萬，且攻且戰，七十日不得下。既而賊糧盡，走西山，城始開，中部可謂堅城矣。但山城孤懸，東北高，乏水泉，居民不便，以故空闊遼遠，數陷於寇，輒自上城入。議者謂當守下城，自隆慶寺前橫截塹築爲城，前臨沮水而以上城爲郭。顧當時失於抉擇。今幸時和國熙，千里之內，夜戶不扃，豈徒恃高深之城池也哉？嗣光緒廿四年知縣楊克燾，宣統二年知縣李光祖均事葺修。民國二十三年，縣長瓮墨山復有修補，又築城上女墻一周。三十年，駐軍陸軍第一〇九師師長陳金城，爲便利交通，新開西門一座，名曰追遠門。

民國《岐山縣志》

民國《岐山縣志》，成文出版社有限公司，1976年。

岐山縣

（卷一"建置志"，63）唐貞觀中建，元以前修築無考。至元二十五年，重修，周五里一百二十步，高二丈五尺，厚如之。城形，東北隅突出四十步，西南隅縮入二百餘步，女墻高五尺，垛口一千三百有奇。池深二丈，闊三丈。東西門相距二里一百五十步，門各有樓。明景泰時，知

(64）縣王澤增修。弘治四年，知縣榮節創開南北二門，尋閉。正德時，知縣王之鄰增關外東西二門。嘉靖初，知縣趙進增修東西郭，周各二里。嘉靖三十四年，地震，城圮，知縣令狐一豸重修。三十九年，知縣韓廷芳增築敵臺。萬曆二年，分巡僉事梁許檄知縣楊以漸增高九尺，厚一丈五尺。五年、八年，知縣李敦信、劉正言相繼增修，易垜以磚。十八年，知縣於邦棟增修北城，高五尺、厚六尺。三十七年，知縣韓僉可開南門，尋又閉。崇正十一年，知縣張名錄重修，匾東門曰鳴鳳、西門曰懷邠。清朝順治五年，知縣趙鏡修敵樓。十四年，知縣王穀因城內居民鮮少，難於守禦，詳允築圍墙一所，以衛倉庫、監獄。康熙四十一年，知縣李經文復開南門，匾曰阜民。乾隆十八年，知縣劉度昭重修。四十四年，知縣郭履恒改東門匾曰朝陽，復開北門，匾曰鳴鳳（北門，舊在關帝廟後稍東，門向天柱山。廟東爲北門巷，與南門巷接□。後改建今門在舊門西，相距數十步，不知何意，或曰舊門閉時，岐山文風甚好，今門不利，未知是否）。迄咸豐初，城垣傾頹過半，知縣王澤春詳請修葺，倡捐廉銀，會同紳民修築堅固，碑載"藝文"。同治二、三等年，白便叠擾，保全功偉。六年，知縣黃兆熊於四門左右砌連三大垜，以便（65）防守。是年秋，淋雨衝圮，即時督修。七年，霖雨，城圮數丈，知縣郭昌時補修。光緒二十四年秋，霖雨兩月，城圮過半，南城門亦圮，知縣記佩重修，今稱完善焉。

民國《盩厔縣志》

民國《盩厔縣志》，成文出版社有限公司，1969年。

盩厔縣

（卷二"建置·城池"，133）孟子言：地利首在城池，則建置宜莫先於此矣。縣城，創自何年失考。（《通志》）本隋唐舊址，東西長，南北狹，象魚形，周五里三分，高三丈二尺，四面皆重門，東曰迓曦、西曰萃金、南曰迎熏、北曰拱極。明嘉靖中，知縣李春芳於內外東門及西內、南外各建樓，北內樓則知縣黎元續成之，又引廣濟渠由隍（音黃，城下池也。有水曰池，無水曰隍）西南來，東西夾流，南深一丈，廣三丈五尺，東西較狹而深。清康熙元年，知縣駱鍾麟修築，有教諭齊國俍記。（134）

十八年，知縣章泰浚壕，甃瓮城以磚，改建城樓並新城北女墻，自爲文記之。（136）乾隆十四年，知縣鄒儒奉文修築，有記。（137）（《府志》）
蓋屋縣城，土築，周遭計長九百五十四丈，城身高二丈五、六尺不等。乾隆二十六年，傅貽創率捐修。同治四年，知縣李維城重修。光緒二十三年，知縣易瑞芝於城上四面建更房二十三座，又依南城外築砲臺，建懸樓三楹，試之不適用，工遂止。今圮，臺址存。民國七年歲己未，西城闉（音因，城門外之副城）城門敵樓被變軍由西關堡鑿隧道，實以火藥，轟圮，東城內外敵樓亦被（138）砲擊裂。於民國十二年癸亥秋，奉檄忝守茲土，下車伊始，即以爲藩籬頽敝，甚非所以重嚴邑而輯戎心。惟兵燹之後，民力尚待休養，未敢遽興土木，乃經營籌度，迨將期年。爰於甲子歲夏曆七月初一日，經始板築，越四月而竣工。夫而後樓櫓依舊，雉堞環峙，蓋非僅以壯觀瞻，實所以嚴守備也。至於材木、瓴甓之數，金石、匠役之用，則爲文記之，茲不載。縣北城上女墻，內有觀稼亭，知縣章泰復修，附見《修城記》。雍正二年，知縣董沽鼎新之。光緒十六年，知縣李嘉績重修。年遠傾圮，民國十二年，知事熊飛重建。

嘉靖《耀州志》

嘉靖《耀州志》，成文出版社有限公司，1976年。

耀州

（卷一"地理志"，38）城周六里七十步，元末兵火，城盡壞。今城，蓋正統己巳後築者，四門皆覆屋，無樓，東西門隘不行車，城又低薄。成化時，漆水齧東城，崩其半。嘉靖二十五年，知州周廷杰作東城石堤，又稍修北西南三城。三十三年，知州李廷實毀城中廢寺塔增修南門，作南門樓。三十七年，知州江從春始大修，城增高厚三之一。城今高三丈，闊二丈五尺，上闊一丈三尺，用磚砌水溝，覆女墻，又創作東西北三門，各建樓其上，門舊無名，自是始名東門曰豐門、南曰雍門、西曰遠門、北（39）曰壽門，城視昔始加壯固，門始改觀矣。州有步壽原控其北，寶鑒諸山翼其左，星原環其右，漆沮左右會流，乳山合抱其前，亦稱四塞形勝之區，顧二水終爲城患，城又三隅空，守備寡弱。

同官縣

（39）城周四里，高二丈餘，隍深一丈餘，城四門，上皆有覆屋，東又有二水門，築自景泰初知縣樊榮。會漆水崩至，知縣傅霈與顏順築始完。弘治初，城崩益甚，知縣王恭作石基修之，然崩未能（40）已。會嘉靖三十二年，虜報又急，知縣亢鴻慶以二患故益增修之，又大修濟陽故寨與永寧新寨，二寨蓋縣西南城所附者也。濟陽，在元末爲僞官虎林□、吳進賢所據，聞開平王兵來，皆遁去。開平王令典史高護撫定其地云。今縣北控神木峽，旁以龍虎諸山爲城，以漆水爲池，倚濟陽、永寧，足備緩急，其厄阻加於他處，顧漆水迫東城下，爲患重又無已時。

富平縣

（40）城周三里一十步，地名古窑橋頭。元末，張良弼徙（41）縣於此。景泰初，始築城，城四門，門各有樓。嘉靖乙卯十二月，地大震，城與門盡壞，今縣官復漸修之。人言富平不據河山之險，然城地特高，四面俱下。城蓋倚岩阪，斬削爲之，自其門入，即高仰如登山者；又城小人衆，於法爲實，若有積貯，固無慮防禦事云。

乾隆《續耀州志》

乾隆《續耀州志》，成文出版社有限公司，1976年。

耀州

（卷一"地理志·城池"，24）州城，周一千二百十六丈，高二丈五尺，年久剝落，又漆沮歲漲，屢齧城根。崇正初，關內道翟時雍捐俸修東城。十年春，藩司經歷劉文濟署耀州，踵修之，門與樓悉宏敞踰昔制。順治八年，知州劉漢卿築東城三十餘丈。康熙二十五年，沮水衝西城，舊鎮鐵牛漂沒無迹，民居多圮，知州補築新城，退入十數丈。三十四年，又衝，復補土門，甚庳。五十年，東北（25）城角被漆衝潰，知州吳賓彥改易河道，水遂安流，城得不圮。近自乾隆五年，估修需銀二千五百六十餘金。至二十二年，續估，即需銀五千八百三十餘金，統入緩工，俟輪修之年，確估修理。

南熏樓，嘉靖間，知州李廷寶建在南城上。萬曆辛巳，知州李一經重修，自爲記，今廢。

河北省

乾隆《武安縣志》

乾隆《武安縣志》，成文出版社有限公司，1976年。

武安縣

（卷五"城池"，167）內城：一舊係土城，周圍三里二百七十□□（168）□丈八尺，西北二門，東西北三□□□二□□□□爲隍。明嘉靖二十三年，知縣□□易□□□高三丈，闊二丈五尺，築磚城門二座，□□□□北城上重建□□□一座□□□□□□□□年間，知縣張九功修，李□□□□□又於□□□隅建聚星臺一座。天啓中，知縣□曰□□□□金臺名曰奎樓。（殘缺）（169）明崇貞□□□□□□□□□□□□□□□□三門築墩臺四十餘座□□□□□□□□□□□□□□城垣頹圮，僅存遺址。皇朝康熙四十七年，知縣黃之孝倡捐修築，高二丈七尺，闊八尺，舊設十三門，壘塞者六，司□□□七，正南曰迎熏門、正北曰拱極門、正東曰□□□、東南曰菜園門、東北曰沙溝門、西南曰□□門、西北曰小井門，建閘二座，一在小□□（170）東，爲入水道；一在禮聖觀，爲出水□。□正十三年，知縣王之衛詳請開城北湖順□□西小西門，後又續開金山門、小東門□北門，以便出入，凡十二門。

乾隆《唐縣志》

乾隆《唐縣志》，成文出版社有限公司，1976年。

唐縣

（卷二"建置志·城池"，115）城周圍九里十三步，高二丈五尺，廣一丈一尺，壕塹深一丈六尺，闊二丈，垛口三千七百五十，每遇修葺，例分軍三民七，勒有界段，門四，東曰迎輝、南曰拱文、西曰澄源、北曰飛鳳，上各有樓，四隅各有角樓。明洪武三年，右所千戶程飛即元時舊基建，有碑記。崇禎十四年，闖賊陷唐，墮城幾爲平地。崇禎十五年，署縣事王深澤修築，尋多傾圮。至國朝順治九年，知縣李芝英重爲補葺。康熙四年，知縣田（116）介復修。久而傾圮，雍正八年，知縣安鳳彩重修。屢經陰雨傾頹，乾隆七年奉文估計，未修。二十二年，知縣宋梅捐俸，將可通人行出先爲修補。至二十八年，復奉文捐俸爲倡，紳士謝廷琦等踴躍樂輸，修葺完固。乾隆五十年春，多雨，北城樓圮，雉堞亦多損壞，是冬，署知縣黃文蓮重修。

光緒《唐縣志》

光緒《唐縣志》，成文出版社有限公司，1969 年。

唐縣

（卷一"輿地志·疆域·城池"，68）縣城在平地，北面近山，周四里，高二丈，闊一丈，四角有弩臺，三門，東曰環東、南曰衛南、西曰鎮西，各有敵樓，池淺狹而無水，夏爲潦所集。元至正時，莊敬重建城門樓。明弘治七年，知縣茹鑾重修。隆慶時，知縣洪濟遠增築三門甕城。崇正七年，知縣宋祖乙增厚於內數尺，建垛口九百有奇。十六年，知縣胡夢泰議修磚城，物料具備，功未就。國朝順治九年，知縣吳日宣重修東甕城門。康熙初，改移南向。乾隆十七年，廣平知府富明重修。嘉慶十五年，知縣張日玠修東、西、南三面磚門、磚臺、城樓及北面元武閣、四角樓。同治二年，知縣陳兆麟重修。

民國《鹽山縣志》

民國《鹽山縣志》卷四"建置篇·城郭表"，成文出版社有限公司，

1976 年。

鹽山縣

紀年	城郭	高廣
（146）明洪武九年	知縣吳文靖自大留里移縣治於香魚館，即今治	
成化二年	知縣武震始增築土城	周圍九里，高三丈有奇，廣二丈有奇，設東西南三門，門額自舊城移石，東曰阜物、西曰敷德、南曰厚俗，敷德本舊城北門之額。池深一丈，闊三丈。基址以外，計內廣七丈，外廣八丈
弘治六年	知縣徐有建三城門樓、三角樓、敵臺二十四，臺設一巡鋪。知縣喻岳、張暘增修之	
正德十四年	知縣甄仲䄂三城門始衣以鐵	
（147）隆慶二年	主簿王胤重繕城池，又於北城正中建共辰臺，作亭其上	臺趾，東西廣六丈，頂闊四丈，南北廣四丈五尺，頂闊三丈，高四丈五尺
萬曆三十五年	知縣陳準以堪輿家言，東南為文明所關，乃增建小南門，額曰瞻雲，並建奎星樓其上	
四十一年	知縣劉子誠浚池，小南門外南達劉公渠以洩水，令民緣堤種柳，蓄魚、種蓮	
崇禎	知縣李雲程始包敵臺以磚，損土臺之四，復浚重壕在池之外	濠深廣各四丈
清康熙九年	知縣朱鷟鸞重修、浚池，薛柱斗奉檄查工，號稱廉平	深闊一丈五尺
乾隆十年	知縣王元燨修城，賠累數千金，鬻家產以償	

续表

紀年	城郭	高廣
同治七年	知縣江毓秀以捻匪頻警，議派畝捐以修城，邑紳（148）張熙具呈止之	
光緒十二年	瞻雲門久圮，邑紳王之襄等倡議派捐修復之，並重修奎星樓	
二十四年	知縣夏聲喬於南門外浚溝洩水，南屬之大王鋪，以入劉公渠	
二十六年	知縣孫清華以拳匪之變，以積穀息錢修城	
三十四年	知縣王光鸞栽沿城及大道柳	

民國《新樂縣志》

民國《新樂縣志》，成文出版社有限公司，1968年。

新樂縣

（卷一"城池"，65）唐至德元年，始建土城。明景泰元年，知縣崔獻重葺。天順八年，知縣韓文修築，周三里，高三丈，厚二丈，東南二門，池深八尺，闊一丈，又於兩關外置臺爲樓，門於其下。弘治十七年，知縣楊浚增築圍墻高一丈者五百餘堵。嘉靖二十五年，知縣侯仁、典史李鳳易土垛以磚。三十五年，知縣王言大續修，匾其門，東曰望堯、南曰景義。隆慶三年，知縣劉鳳朝增築城垣四面高厚各四尺許，水溝二十四道。萬曆十七年，知縣李克恭兩門外更建崇垣、柵欄。二十五年，知縣趙璇重修。崇正九年，知縣劉湣創建磚城樓、瓮城，南曰來熏、東曰迎旭。國朝康熙十年重修。按《舊志》，城周圍三里零五十二步。

嘉靖《藁城縣志》

嘉靖《藁城縣志》，成文出版社有限公司，1968年。

藁城縣

（卷一"地理志·城池"，24）藁之舊城，周回僅三里，闢東西二門，未有樓。正德九年，縣令陳素念卑狹難爲守禦，乃内外堅築，越舊制而拓之，高三丈，厚二丈，復益以甕城，門皆磚石，東西建重樓各三楹，左曰東作門、右曰西成門。正德十五年，西關居民因繁庶數倍於城内，恐寇發無以爲衛，請於朝，得立新城。時都御使安成、伍符奉命唯謹，遂屬真定同知劉本淳、元氏令王鼎、寧晋令張經、欒城令馮尚文、無極令郭允（25）禮及藁城令陳素周遭營度，役民以時，越月而城成。其制高與舊城稱，而厚半之，廣袤計四里許，城下鑿池，新舊俱闊三丈，深一丈五尺，繼立四門，東曰岱瞻、西曰太寧、南曰嵩壽、北曰恒鎮，其巨榜皆提學御史莆田周宣書也，門上各設層樓，樓之楹亦如東作西成之數，而高廣過之，簷牙相望，掩映雲霞，藁邑至是改觀焉。

民國《藁城縣鄉土地理》

民國《藁城縣鄉土地理》，成文出版社有限公司，1968年。

藁城縣

（"縣城前"，30）縣城北瀕滹沱，南面大野，爲全境之中樞，隋廉州之故城也。城分新舊，以土成之，周圍六里，高三丈，厚二丈，爲門有五，東曰東祚、西曰太寧、北曰恒鎮，而南門有二，西南曰嵩壽、東南曰重光。因重修已久，雉堞圮毁，城垣坍塌，不足以言防禦。明代以前，祇有舊城，周僅三里，東西二門，形勢殊陋，市民寂寥，惟西關居民繁庶數倍城内。爲保衛關民起見，遂於正德十五年修（31）築新城，與舊城合而爲一，又於新城增闢嵩壽、恒鎮南北二門，形勢於是大變。崇禎六年，邑人以舊城蔽塞，風氣不通，於舊城之南復闢一門，名曰重光，即東南門也。

（"城濠"，32）城下之池稱曰城濠，然城濠亦爲戰爭上防禦之具。孟子不云乎，城非不高也，池非不深也，足見城濠之用與城垣並重。我邑新舊城下，昔日俱有城濠，闊三丈，深一丈五尺，濠內植蓮，當花開盛時，游覽者相望，風景之美，名稱當時。及滿清之初，猶然也。後日疏浚廢弛，大半淤（33）平，形勢變遷，大非舊觀，今登城一望，惟沙土彌漫，老柳慘槎而已。

光緒《故城縣志》

光緒《故城縣志》，成文出版社有限公司，1976年。

故城縣

（卷二"城池"，253）隋時，東武城既入武城，貝州歷亭始厝入今境。唐貞元改名故城縣。故城者，故歷亭城也。宋迄金，仍名歷亭。元初復改爲故城。其城池所在方向，均無確考。今城，自明成化二年始建，特詳今城。（254）《前志》云，邑治舊臨河，原無城塹。明成化二年，郡守賈公忠奉詔督知縣唐高度地建城於今處，以土築之。至隆慶元年，知縣李紹先以前令戚孕秀失印，故移治城內。舊本四門，萬曆戊子，知縣李承露塞北門而重修焉。迄今城門三座，東曰安華（《蔡志》更賓陽）、南門曰朝宗（更環衛）、西門曰廣川（更延禧），雉堞俱以磚，三門各築甕城，東西二門補建二橋。崇禎十三年，知縣苟永興以土城難守，乃令里甲均輸，欲易（255）以磚，值奇荒未獲訖工。國朝康熙六年，知縣吳友聞捐俸重修。五十八年，知縣蔡維義補修東門，甕城上建城樓一座。乾隆九年，知縣向德華請帑興修。

今卷載：城周圍六百四十餘丈，計三里六分零，城身內高一丈六尺，外高一丈八尺，頂寬一丈，底寬二丈，城門三座並無甕城，城樓三座並無角樓，炮臺十三座，每座高一丈八尺，底寬三丈，頂寬二丈三尺，垛口六百四十，每垛（256）高二尺五寸，寬六尺，水溝四十四道，每道高一丈六尺，寬二尺四寸。咸豐四年，知縣汪桂動用義倉息錢，並自捐廉修防。同治初年，知縣王文田、張學權任內先後勸捐修整。今雖漸有塌壞，尚不至盡復於隍。

乾隆《滄州志》

乾隆《滄州志》，成文出版社有限公司，1975 年。

滄州

（卷二"建置·城池"，144）滄州舊城，在今城東四十里，明永樂初（《紀事》作洪武二年。據《實錄》及《明史》也。此云永樂初，仍《舊志》也），遷於長蘆，是爲今城。天順五年，知縣賈忠奏允，創建磚城。嘉靖四十年，巡撫都御使李遷、運司督運陳□□之□□、太守張九功、天津兵憲黄中、知州賈希周督理重修。萬曆二十四年，知州盧庭選重修。崇禎間，知州吳襄重修。百年以來，頹廢已極。乾隆七年九月，前發往臺站效力之原巡撫元展成奏請修理滄州城垣。奉旨允行，現今估計工價，辦理材料，於來歲春和興工。（145）城周八里，計一千三百五十五丈，高二丈五尺，闊一丈六尺，垛口二千一百六十六，而崇禎中知州□襄併垛一半，加高三尺，今盡圮。

城門五座，各建歇山轉角重樓於上，南曰阜民、北曰拱極、東曰鎮海、西曰望瀛、小南門曰迎熏，又艮巽二隅角樓二座，今城樓、角樓俱圮。城濠：城四周皆壕，闊四丈五尺，深一丈五尺，門外各有吊橋，今壕身已平，橋盡圮。馬道：城内有馬道，闊五步，環於城跟，周圍相通，以備不虞。（146）炮臺：明崇禎中知州羅爌於城外艮巽二方各建炮臺一座，今頹。

雍正《館陶縣志》

雍正《館陶縣志》，成文出版社有限公司，1968 年。

館陶縣

（卷三"建置志·城池"，132）縣城雖創始於隋，莫得其詳。據碑記，自明成化三年丁亥，知縣唐禎築，周圍五里，高二丈五尺，池深二丈，闊如之，爲門四，東曰豐樂、南曰明遠、西曰臨津、北曰通都。弘治十三年，知縣翟鋆繼修。正德乙亥，知縣孟正增高三丈五尺，池深二丈，閣三丈，歲久傾圮。萬曆二年，知縣李衝奎復修之。崇禎己卯，知縣李根深甃城三角墻，以甓西南缺，內四面築土臺各一，建戍鋪於上。康熙九年，知縣鄭先民於城（133）濠周圍栽柳八百餘株，巍然金湯矣。

又學門一，在城東南隅，先曰文運，正德間給事中傅良弼改曰文明，規制尚隘。嘉靖間，陰秉陽增修，與四門同，門外砌石橋，橋外建坊，曰萬仞宮墻。崇禎戊寅，大兵南下，橋斷門塞，今仍止四門。

（卷三"建置志·續建置"，143）學門，康熙二十五年知縣郎國楨復開，鎖鑰啓閉與四門同。康熙三十三年，教諭呂心佐糾邑人王昌明等募修五路於門外，高七尺，闊一丈，屹然孔道，居民稱便。

民國《續修館陶縣志》

民國《續修館陶縣志》，成文出版社有限公司，1976年。

館陶縣

（卷一"地理志·城池"，81）舊城在縣西南，今縣治由隋徙此，莫得其詳。據碑記，自明成化三年丁亥知縣唐禎重築，周圍五里，高二丈五尺，厚二丈，池深二丈，闊如之。門四，東曰豐樂、南曰明遠、西曰臨津、北曰通都。弘治十三年，知縣瞿鑒繼修。正德乙亥，知縣孟正增高三丈五尺，池深二丈，闊三丈。歲久傾圮。萬曆二年，知縣李衝奎重修。崇禎己卯，知縣李根深甃城三角墻，以甓西南缺，內四面築土臺各一，建戍鋪於上。清康熙九年，知□鄭先民於城濠周圍栽柳八（82）百餘株。乾隆五十七年，知縣陳承徵復修之。

學門，在城東南隅，先曰文運，明正德間，給事中傅良弼改曰文明，規制尚隘。嘉靖間，陰秉陽增修，與四門同，門外砌石橋，橋外建坊，曰萬仞宮墻。崇禎十一年，清兵南下，橋斷門塞。清康熙二十五年，知縣郎國楨復開，鎖鑰啓閉與四門同。迨三十三年，教諭呂心佐糾邑人王昌明等，募修五路於門外，高七尺，闊一丈，屹然孔道，甚便居民。

乾隆《東安縣志》

乾隆《東安縣志》，成文出版社有限公司，1968年。

東安縣

（卷二"建置志·城池"，35）城池爲一邑之保障，必高墉深塹，規模閎整，非徒壯觀瞻，實以資藩衛，備不虞也。顧在明以前者，遷徙不常，具載"沿革"。今自洪武遷邑之始以迄本朝，凡踵舊增新者備書於後。城周圍七里二百四十步，東闊七百六十四步，南闊七百一十八步，西闊五百六十步，北闊八百步，高二丈七尺，廣一丈五尺，池深八尺，闊一丈二尺。自前明洪武二年從常道城之耿就橋行市南遷治於常伯鄉張李店，即今縣治是也（《舊志》遷縣治於洪武三年，今照《通志》"二年"，存考）。其時城池未建，凡官廨、民居俱屬草創。天順（36）間知縣於璧、成化間主簿何瑛始節創，濠塹略具規模。弘治十一年，知縣蔣升重修基址，磚券城東門一座，爲鎮東門。正德六年，流賊爲寇，知縣周義築垣浚濠，建三城門，曰安西、曰平南、曰拱北，而四門乃具。十二年，知縣武魁又於垣內累土加厚，增立女墻，環城之外浚以深溝，而城之規制始備。嘉靖十六年，知縣劉繼先略加修治，改北門曰迎恩、東門曰曙海、南門曰通津、西門曰宗山。嘉靖二十八年，知縣成印增修城基，廣一丈四尺，頂闊一丈，高二丈七尺，堞五尺，浚池深八尺，廣一丈二尺，釘樁排岸，貫以橫木。二十九年春，磚包城之四隅各四十丈，建角樓於其上，北門外復築月城一座，上建兩檐重樓。八月間，賊勢寖急，添掘壕塹，深廣加倍，城中設望臺六座，以資防守，又壋磚包，修西門，更券南門重樓一座。隆慶二年，知縣劉祐奉文飭修磚城，因派闔邑富民，計磚七百餘萬塊，灰四（37）千萬斤，繕修堅固，堪資守禦。天啓五年，知縣鄭之城又復重修，凡欹裂處皆撤故易新，而內垣之卑薄者益加增堅厚，以垂久遠。崇禎元年，知縣歐陽保重修四門城樓，改題其額曰東昇、西爽、南明、北拱。國朝順治五、六年間，渾河爲患，四圍衝沒，城樓垜堞悉行頹圮。康熙十一年，差員勘估，詳諮工部，未及修築。十五年九月，知縣李大章首捐俸金，設法修葺，四面完固。乾隆二年，縣令張拔遵照乾隆元年部頒營造尺，勘估磚城，四面共長一千五百六十四丈六尺，計銀二十二萬兩零。乾隆九年，清河道王照張令原估長丈改估土城，計銀三萬二千七百兩零。乾隆十三年，原任四川布政司李如蘭之子州同李雲鵬，遵旨修築，於乾隆十四年三月興工。

民國《安次縣志》

民國《安次縣志》，成文出版社有限公司，1969年。

安次縣

（卷一"地理志·城池"，47）城周圍七里二百四十步，東闊七百六十四步，南闊七百一十八步，西闊五百六十步，北闊八百步，高二丈七尺，廣一丈五尺，池深八尺，闊一丈二尺。自明洪武二（48）年從常道城之耿就橋行市南遷治於常伯鄉張李家店，即今縣治是也（《舊志》遷縣治於洪武三年，今照《通志》"二年"，存考）。其時城池未建，凡官廨民居俱屬草創，天順間知縣於璧、成化間主簿何瑛始節創濠塹，略具規模。弘治十一年，知縣蔣升重修基址，磚券城東門一座，爲鎮東門。正德六年，流賊爲寇，知縣周義築垣浚濠，建三城門，曰安西、曰平南、曰拱北，而四門乃具。十二年，知縣武魁又於垣內累土加厚，增立女牆，環城之外，浚以深溝，而城之規制始備。嘉靖十六年，知縣劉繼先略加修治，改北門曰迎恩、東門曰曙海、南門曰通津、西門曰宗山。二十八年，知縣成印增修城基，廣一丈四尺，頂闊一丈，高二丈七尺，堞五尺，浚池深八尺，廣一丈二尺，釘椿排岸，貫以橫木。二十九年春，磚包城之四隅各四十丈，建角樓於其上，北門外復築月城一座，上建兩檐重樓。八月，聞賊勢寖急，添掘濠塹深廣加倍，城中設望臺六座，以資防守，又填磚包修西門，更券南門重樓一座。隆慶二年，知縣劉祐奉文飭修磚城，因派闔邑富民計磚七百餘萬塊，灰四千萬斤，繕修堅固，堪資守禦。天啓五年，知縣鄭之城又復重修，凡欹裂處皆撤故易新，而內垣之卑薄者，益加增堅厚，以垂永遠。（49）崇禎元年，知縣歐陽保重修四門城樓，改題其額曰東升、西爽、南明、北拱。清順治五、六年間，渾河爲患，四圍衝沒，城樓垛堞悉行頹圮。康熙十一年，差員勘估，詳諮工部，未及修築。十五年九月，知縣李大章首捐俸金，設法修葺四面完固。乾隆二年，縣令張拔遵照乾隆元年部頒營造尺勘估磚城四面共長一千五百六十四丈六尺，計銀二十二萬兩零。九年，清河道王照張令原估長丈改估土城，計銀三萬二千七百兩零。十三年，原任四川布政司李如蘭之子州同李雲鵬遵旨修築，於乾隆十四年三月興工，十九年工竣。同治六年，署知縣張鵬雲興修，計城身一千五百六十四丈六尺，高一丈五尺，頂寬八尺，底寬一丈二尺，又修甕城四座，每座高二丈四尺，寬三丈，長二丈，又建四門看門兵房八間。七年知縣李璋、八年署知縣姚熔接修竣工，今皆失修。

光緒《安國縣新志稿》

光緒《安國縣新志稿》，成文出版社有限公司，1969年。

安國縣（祁州）

（"輿圖·城池圖說"，36）隋移安國城於鄭德堡，是爲今州之始，歷唐、五代皆縣治，宋移祁州來治，而始以州稱，置蒲陰郡軍，今日之城蓋即義豐之舊址也。金又別築西城。元又移治於東城。《大清一統志》言，即一城中分爲東西，非更築新城。然今城外東西北三面皆有古城舊迹，或者疑之。竊以爲，宋太平興國中，河水漲溢入城，壞軍民營舍，城必墜，於是曰南面無古城舊迹者，滹沱、滱水之患故也。今（37）之城池，必小於宋初，此謝德權、盧琰、王能、韓通之所經營而劃置者也。明因前代之舊。成化中，始加修築。嘉靖二十九年，始重建敵樓於東門之外。隆慶中，始建敵臺並修重樓。天啓六年，始建西門敵樓，甃南門甕城。崇禎中，東西南內外六門，始易以磚。清朝因之。同治三年，州牧姜公瀚文重修城之內外六門，而又於各甕城內增建役室兩櫺，置門者以司晨昏之啓閉，而規模益形宏壯矣。今依舊圖繪之如左。

（40）祁州城，周六里有奇，門三，濠廣三丈，明成化中因舊修築，隆慶中增築外城（《大清一統志》）。

祁州城，周四里三百三十九步，高三丈，廣一丈五尺，東南西三門，池深一丈五尺，闊三丈，舊土城，高二丈五尺，廣七尺（《畿輔通志》）。

縣城方里者六，爲步者二千三百四十有奇，高五丈，下廣二丈，上廣一丈，池深一丈五尺，闊四丈，周圍與城稱。門三，南曰拱辰（鐫石曰"拱護神京"）、東曰迎曦，西曰德星，上建敵樓三，角樓四。城門，崇禎間易以磚，高三丈，頂寬一丈，基寬一丈五尺（以上《祁州舊志》）。又按，縣城西面北首一段，寬二丈許，自爲一工，不與他處合縫。相傳義民姬（41）家莊某自備修成，至今堅完如故，特表之，以爲好義者勸（同上）。

（"建置録·城池"，127）漢高帝六年，置安國縣（十月，令縣城）。隋開皇（文帝）六年，改置義豐縣（因鄭德堡城）。唐貞元（德宗）二年，韓游環築義豐城。五代周顯德（世宗）二年，葺祁州城。（128）宋端拱中，徙置祁州。咸平（真宗）二年，城祁州。（129）咸平六年，葺蒲陰城。景德初，城祁州（真宗改元初）。（130）金天會初，築祁州之西城，移州治焉。元復移於東城。明成化二十年，知州童潮重修祁州城。（131）正德十二年，知州韓士奇廣城制。（132）嘉靖二十九年，知州任淮創建東門外重樓。隆慶二年，知州周濟用增置敵臺。天啓六年，知州郭應響重建西門樓，磚甃南門甕城（《雍正志》）。姬家莊義民自備築城一段，特表之，以爲好義者勸（《舊志》，城西面北首寬二丈許，自爲一工，極堅固）。清康熙中，知州張祖訓修葺城垣（《畿輔通志》）。同治三年，知州姜瀚文重修内外六門（各甕城並建室兩楹，置役以司啓閉。是年，隍池亦疏浚深闊）。

民國《霸縣新志》

民國《霸縣新志》，成文出版社有限公司，1968年。

霸縣

（卷一"區域·城池"，35）縣城居縣境西部第一區之中央，略爲長方梯形，東寬西狹，環周營造尺度六里又八十丈，高三丈有五尺，址廣二丈，頂廣狹不等，土裹磚表，垛口一千七百二十七，炮臺十有七，四面有門，而虚其西。設於城之中心作一經緯綫，東門偏中綫以南六十五步，西門偏中綫以北十步，南門偏中綫以東十一步，北門偏中綫以西一百一十三步。門隨街道而异，其方向，四門皆左偏四十五度。門各有樓，樓皆重檐。東北南三門有甕城，甕城之門以時啓閉，閽人司之。登城馬道，皆設於門右。門之額，東曰臨津，甕城門曰旭升；南曰文明，甕城門曰向陽；北曰拱極，甕城門曰迎恩；西不設門，亦無（36）甕城，而樓臺具焉，相傳避西來之水故也，其額曰"堞屏房岫"，勒於樓之西面。城之東北、西南兩角開水門二，舊與護城河通。城之四隅，皆有臺，東北、西北爲圓形，東南爲鈍角形，西南爲正角形，東南隅建朱衣閣，體如八棱幢，頂如金字塔，西北隅建四明樓，象如覆釜於方椎，而穴其四面。隍池周八里一百五十二步，舊深一丈二尺，廣七尺，今皆淤平。東南北三門外吊橋皆本石合築，南曰文明、北曰迎恩、東曰普濟，亦南向。

按《舊志》，城周環六千三百二十步，原高一丈七尺（舊公尺，下仿此），繼增築高三丈，後復增五尺，址廣二丈，頂廣一丈，計垛一千五百一十二口。池周環八里一百五十二步，深一丈二尺，廣七尺，城門三，東曰臨津、南曰文明、北曰瞻極，北瓮城門曰迎恩，後更築東瓮城門曰旭升，南瓮城門曰向陽。西不設門，而樓臺具焉，舊匾曰"箕尾神爽"，副使許公守恩改爲"堞屏房岫"，蓋從土從山，俾水不得浸城云。舊傳城爲土墉。明弘治辛亥，知州徐公以貞建東北城樓二座。己未，知州劉公珩以甓包城北面，（37）建南樓。正德癸酉，知州王公汝翼請內帑，陶甓總東西南三面包之，後創建各角樓鋪舍焉。嘉靖庚子，兵備副使王公鳳靈募工浚池，環堤樹柳，屹爲巨防。後樓舍寖敝，知州唐公交重修。隆慶庚午，知州田公可徹增築高三尺。萬曆癸巳，知州錢公達道重葺，時有倭警，督同知王公寵增築炮臺八座，每座各建樓櫓，稱偉觀焉。城下築馬道，廣八尺，浚重塹，引水入池，上重築周垣，計一千四百七十五丈，增種柳樹二千四百餘株。崇禎乙亥，知州朱公朝藩增築之。自明末兵燹之後，樓櫓敵臺多不復存。清雍正末年重修，乾隆初工竣。咸豐癸丑，復被水災，浸城數月，坍塌者共三十九處。同治二年，署知州毛公慶麟重修外垣，墻垛整齊，樓臺聳峙，屹然成峻堞焉。同治十年七八月間，霖雨七晝夜，南門以東淋坍一段，迤西淋坍一段，北門以東淋坍一段，待修。關厢三，東關厢面積最大，北關厢次之，南關厢又次之。

民國《柏鄉縣志》

民國《柏鄉縣志》，成文出版社有限公司，1976年。

柏鄉縣

（卷一"疆域·城池"，56）按柏邑有舊城二，其在今治西南者，相傳堯時所築，已蕩然無存。柏邑縣南（57）小里村猶存上世舊城門，堯時建築，石□□。漢代侯封迹已陳，處處平原生黍稷，年年古道走燕雲，迄今歷史差堪數，屆指四千三百春。一在今治北，春秋晉鄗地，即今固城店。現在之縣城，爲隋開皇十六年所設立，自是以後歷代修葺，莫可考者。惟中明以後，嘉靖時，縣令李承節易堞以磚，楊恒於四門各建敵樓二。其築臺三十二，更四門名，東曰瞻岱、西曰仰華、南曰迎熏、北曰拱極者，隆慶時縣令劉儲也。增築磚臺十六，以固藩籬者，崇正時縣令丁茂桂也。惟向係土城，易於崩壞，濠亦常涸，令斯土者即有志保障，而資力不厚，不過飾補而已。至前清乾隆三十一年，令直隸省城工次第估修。柏鄉地當要衝，例先興工，時發（58）帑金四萬七千餘兩。於是仲春相土勘修，統甃以磚，周圍計一千一十七丈，底寬二丈九尺，頂寬一丈五尺，計臺角四，炮臺二十有七，門臺四，南北瓮城城樓四，悉擴舊觀，翼以重檐。是役也，一年又數月始告成功，爲柏鄉縣令鍾賡華承修。蓋鍾令爲當時幹員，一面稽文考獻，修《縣志》；一面鳩工庀材，修縣城。觀於《舊志》原序所云，從"縮版築堵之餘亟亟爲此者"數語可知也。從乾隆三十年後，百年間無事可紀。又咸豐三年，秋雨滂沱，南北城墻各陷一缺口，時知縣費懋德因循怠惰，不急修補。適粤匪林鳳翔率衆至城下，不須攻打，一擁而進，任意殺戮，裹脅尤多，費懋德弃城早逃。髮賊過去，臨近流氓莠民接踵而至，將城厢富（59）商、大賈以及各住民搶掠一空，如此大劫十餘年不能恢復原狀，謂非城池失修遺之禍哉？迨後莊施全接任柏鄉，鑒於以前慘狀，亡羊補牢，急急修築，而埠垣又稱完善。自此以至同治六、七年，其間捻匪、馬賊往來如織，四外被蹂躪者不知凡幾，而柏城屹立無恙，城內農商及避難來城之民俱慶安全，足見城池真堪恃爲保障也。同治末年，城北門西邊從上年修補處崩壞一段，時柏鄉縣知縣吳光鼎性喜營造，邑中文廟、城隍廟等大工，皆吳公所承修。城垣傾圮尤關緊要，趕修自不必問，並將四門城樓修理煥然一新，頗壯觀瞻。自海禁大開，中外偶爾失和，醉歐風者鑒於炮戰之劇烈，又見天津、上海因交通不便，偶有（60）拆城之舉，遂唱高調，謂："堅城不足恃，反爲敵人所利用，不必保存"，曰："此真不通之論，知其一不知其二也。蓋近海口之城郭及通都大邑，時有國際戰爭，有城或不如無城。若吾柏爲偏僻小縣，所有驚耗，無非跳梁小丑，或潰兵逃卒及本處愚民暴動。以完善之城，四門緊閉，安見不足抵禦乎？況有縣政府之長官坐鎮城中，電綫不斷，電話可通，可以請外兵，可以調團丁。即有賊匪壓境，城外之鄉莊，亦不至久受糜爛。蓋居中足以制外，勢使然也。視試觀近來明智之士，經歐戰結果及此次湖南長沙爲共黨連陷兩次之易，深知城池關係之重要，故此次五中全會通過保存現有城垣議案"。此民國二十年五月事也，牛縣長知其

(61) 然，嘗將縣城查閱一周，見城墻裏面東門迤北塌落一段，於是籌有的款，命公安局長即日開工，□陾陾、度薨薨、築登登、削馮馮，庶民攻之，不日成之。是時《縣志》正在續修，遂秉筆記之曰："民國二十年七月下旬，知柏鄉縣事牛寶善補修"。是則與前縣令鍾公虞華從縮版築堵之餘兼修邑乘者，後先輝映，傳爲佳話，豈不懿歟！豈不懿歟！

民國《昌黎縣志》

民國《昌黎縣志》，成文出版社有限公司，1968年。

昌黎縣

（卷一"城池圖"，57）古者王公設險以守國，周官掌固以保民，城郭之制尚矣遠矣。乃自二十世紀以來，時勢變易，愈以兵事之利器日新，數堵墻垣既無以資捍衛，塹基不去，反足以害交通。新闢市埠，不設城池，蓋以此也。然我昌黎縣城歷經修築，至今垣堵鑿然。明清之際，幾經兵燹，終能保守，人民得以安全，是皆城池之力，於歷史上實增一邑光，詎可不重視耶。城爲正方形，面各一里，周四里，高三丈五尺，面正中門各一，四角樓各一，城外有池，深一丈，闊三丈，城內之衙署、局所，城外壇庵、寺宇亦皆繪入焉。吾知縣之人，披覽斯圖，念拽梯郎諸忠義守城事，當感而興起矣。

（卷三"地理志下·城池"，201）羅城周四里，高二丈，舊惟土垣。明弘治中，知縣殷玘甃以磚，知縣陳綱城門裏以鐵，知縣秦志仁建四城樓，知縣李希洛毀近城房（202）舍浚城壕，知縣胡溪厚築城堞。隆慶元年，寇薄城，有司奏請，知縣張存智重築，依舊城爲限，高三尺奇，增敵臺二十，浚壕廣四丈，深三丈五尺，建四城鋪二十四；知縣孟秋築重墻添重門，建南北橋；知縣吳應選修四城垛口，重築女墻；知縣胡科建四城護門；知縣石之峰重修數處約十餘丈，四角樓各一座，又建東南城樓各一座，東西南三城護門棧板；知縣馮恩新添北門月城一座，周圍磚包，鐵門、鐵護門棧，棧房一間，東西城門外橋立碑記。知縣王漢杰、洪霖陸續修葺。知縣吳望岱各濠溝植柳樹，惟東南二濠之柳十僅二三，知縣楊於陛復督栽完備。清順治八年，北城券門傾塌，知縣劉彥明重修。康熙十一年，城垣多圮，南城敵樓一座，計高三丈五尺，闊五丈五尺，北城一處，各計高三丈五尺，闊十六丈，知縣王日翼捐廉倡修，屹然堅固。康熙十八年，地震搖倒城垣並先年傾（203）頹共計七十餘丈，知縣陳邦齊修葺。乾隆三十九年，知縣蔡廷斗重修。道光二十二年，四城樓並城垣坍塌，知縣王應奎勸捐重修城垣，圍長七百九十八丈，四門，東曰熙春、南曰迎薰、西曰寶成、北曰拱辰，池深一丈，上闊三丈，下闊一丈五尺，圍長八百一十五丈。咸豐十年，知縣薩炳阿奉憲諭捐廉重挖，今城高深視昔固已什佰矣（《舊縣志》）。按縣城內多傾頹，外尚完整，四門惟西門外無石橋，以當急流之衝。光緒末年，邑紳張炳麟等董其事，植樹甚多，現已蔚然。咸豐十年，僧親王率兵駐城外東山，飭薩知縣監工令兵民修。四廂土郭多年失修，現已坍塌，惟西南關外僅有基址數丈。迄民國十年後，東南二面城根經居民報認蓋房居住，爲數不少焉。

民國《磁縣縣志》

民國《磁縣縣志》，成文出版社有限公司，1968年。

磁縣

（第三章"營建"第一節"城池"，43）縣城，築於趙簡子，改築於隋開皇十年，修於宋宗澤，重修於洪武二十年，知州包達馨土爲之。至萬曆二十四年，知州劉安仁改造，外用磚甃，內實以土。城周圍八里二十六步，高二丈五尺，廣一丈，陴堞五尺，垛三千有奇，原止南北二門，更闢東西二門，兼造四門樓。正德二年，知州顧正增南北二重門。嘉靖二十六年，知州李用中增南北二月城。崇禎十一年，巡道祝萬齡增東西二月城。清康熙四十四年，知州蔣擢重修。城自蔣擢重修之後，百數十年來，雖尚完固，亦間有殘缺。道光十年，地震，則傾圮過甚，屢經奉文飭修，因工費浩繁，暫行停緩。同治二年，知州高錫康以城郭亟應修築，勸捐興工，甫將城之東西兩面，（44）修理過半，而高牧以去停修。同治十年，知州程光瑩見城工中止，乃勸諭捐輸，設局重修，選士紳之公正者董其事，閱十月而蔵事。光緒十一年，大雨爲灾，城牆東西兩外壁落地五六段，次年興工補修，歷五、六月而竣。嗣擇公正士紳組織城工局籌定之款，發商生息，年用息金，擇要修補，數十年來尚稱完好。民國以來，駐軍往往拆城用磚，城工局取消，修城工作由建設局執行，城遂逐漸損壞。二十三年，縣長孫振邦注意建設，籌款重修，惜未竣工，而孫牧又去。事變以後，傾圮尤甚，急待修整云。城濠廣深各二丈，明正德六年，知州顧正復浚，深一丈，闊倍之。嘉靖四十二年，知州栗永爵增堤，高一丈五尺，廣一丈。崇正九年，知州李爲珩增高一丈八尺。清康熙二十四年，知州任塾重浚，導滏水入濠，沿濠兩岸種柳二千餘株，以固堤身。康熙三十九年，知州蔣擢捐俸重浚，並勸同城文武，沿濠種蓮，以壯觀瞻，夏月荷花盛開，柳蔭濃密，歷來久矣。道光年間，連遭饑饉，貧民拖藕充食，斧柳爲薪。此後郭外蕭條，殊非昔比。同治十年，知州程光瑩捐資重浚，仍蒔藕植柳，逾年荷香柳茂，漸復舊觀。民國以來，軍事頻仍，邑令不暇及此，以致荷柳漸形殘缺，濠壅堤壞，不堪寓目。偶游郭外，不勝今昔之感。

（第三章"營建"第四節"樓閣·四門及魁樓"，47）南門樓曰景嵩樓，又題曰"南天星斗"；北門樓曰拱極樓，又題曰"北門鎖鑰"；東門樓曰迎旭樓，又題曰"東關紫氣"；西門樓曰慶成樓，又題曰"西嶺雲霞"。以上四樓，清康熙二十四年知州任塾修。二十八年，知州蔣擢重修。同治十年，知州程光瑩重修。

奎樓，在城上東南隅。明萬曆四十六年，知州牛維赤建。清康熙三十一年，知州陳以遠捐俸改建。民國十年，毀於火，今廢。

（第三章"營建"第四節"樓閣·文昌閣及慈雲閣"，48）文昌閣有四，一在滏陽坊，即滏陽驛門樓改建，清康熙三十七年知州將擢重修；一在東門外石橋西，即聚星樓改造；一在南關之南，康熙三十六年知州蔣擢建；一在北關外，康熙二十六年知州陳以遠建。

民國《大名縣志》

民國《大名縣志》，成文出版社有限公司，1968年。

大名縣

（卷六"建置志·城池"，209）大名縣城，即前大名府城也，東距舊城八里。明洪武三十四年（即建文三年），舊城圮於水，都指揮使吳成始於御河北岸艾家口徙築今城。周九里，高三丈五尺，廣二丈五尺，池深四丈五尺，闊倍之，凡四門，東體仁、西樂義、南崇禮、北端智，門有甕城，外各置橋。成化八年，知府熊祥建城樓於四門。弘治中，御史韓福、石祿守郡相繼修築。嘉靖三十九年，副使陳大賓於崇禮門東，學宮前開小南門，並建文峰塔於南城之東。四十四年，知府姚汝循申動國帑，砌以磚石，同知劉贄董其事，城始完固。隆慶二年，知府鄭昱浚濠築堤。四年，知府王叔杲以門在巽方，泄氣，塞小南門。萬曆二十年，漳衛溢，南城圮，知府塗時相重加修葺。清康熙十二年，積雨坍塌，自西而南，迤邐里許，元城知縣陳偉修治如初。四十年，知府鮑復昌再葺。四十九年，知府俞品增修女牆。乾隆二十二年，（210）漳衛漫溢，浸城丈許，知府朱煐隨時補葺。三十二年，大名知縣勞敦樟請帑重修，外長一千二百六十九丈八尺七寸，裏長一千二百四十丈四尺九寸，高三丈，連垛口三丈六尺，女牆高三尺，水溜四十八道，炮臺三十六座。後漸圮損，道光十年，知府辛文沚勸捐修補。咸豐三年，大名道何耿繩、知府武蔚文率大名知縣黃賜履、元城知縣楊子儀倡捐浚濠，修葺城垣外面，知府毛文柏倡捐修築內垣。後有坍塌，光緒中，大名鎮徐道奎捐廉派兵修補。宣統二年，元城知縣馬毓藻倡率農會於濠邊植楊數百株，自東門石橋迤北至西門石橋北而止。民國十二年，鎮守使孫岳改築城樓，形式一新，尤壯觀瞻，惟濠邊楊樹，屢為軍人斫伐，不無濯濯之憾云。

　　（214）《大名縣志》舊城在今治南稍東八里，《舊志》所謂徙治南樂鎮者也（《舊志》謂紹聖二年，《方輿紀要》謂政和六年），自金屯營始，元時徙縣居焉，明因之。景泰間，典史部瑢重築土城，周圍五里，高二丈六尺，廣二丈五尺，東西二門，池深一丈，寬一丈二尺，知縣陸彝復加繕治。弘治十六年，知縣徐士彬重修門樓、角樓。嘉靖二十七年，知縣華舜欽增設南門。四十五年，知縣朱湘葺補，改東瓮城稍南向。隆慶三年，大水坍城，知縣李本意重築三門，建重樓於巔。萬曆三十八年，知縣趙一鶴大加修葺。清康熙（215）十一年，知縣顧咸泰重修。乾隆二十二年，水圮為患，二十三年，移治今城，遂廢為村，惟縣丞、把總仍駐舊治。

　　（218）元城縣，自唐開元間附郭，無廢城。元縣舊城，在治西四十里，本五姓店，明洪武三年，縣丞蔣德宏所創建也。環治設防土堤，僅三里餘。正統十四年，知縣譚理因邊警，築土為城，高二丈一尺，周五里，闢四門，又開東北一小門，以便薪水。天順五年，知縣楊春、主簿章玘重修。弘治四年，知縣鮑琦肇造門樓，立瓮城，環城列垛，復闢西北一小門，統為六門，其形如龜，故俗名龜背城，又環城築堤，以備漳水。正德六年，知縣高夔就鮑堤築為外城。八年，知縣張漢卿於外城東北、西北開二小門，以便莊農。嘉靖中，知縣連登、童漢臣、馮惟訥、董威、陸柬相繼修飭。萬曆三年，知縣李幼淑增修外城，制與內同，而高復過之。天啓三年，知縣陳序浚濠增壘。崇正九年，知縣王廷諫（219）始用磚石鋪甃。清乾隆二十一年，縣丞楊琪以城中多水，於小東門外開涵洞以洩之，而城外被漳水淤高，於城內水不能出，次年河決朱河下口，遂自涵洞灌入，城垣坍損，廬舍漂沒，遂裁魏併大名，縣廢而城亦圮。同治七年，土匪拘亂，四關紳民公議避賊之地，遂復補修，周九里，高二丈有奇，築土垣，建四門。民國九年，修大邯車路，穿城而過，東門、西門均拆去矣。

民國《高邑縣志》

民國《高邑縣志》，成文出版社有限公司，1968 年。

高邑縣

（卷一"疆域"，33）縣城，在河北省治（天津）西南六百里，居平漢路綫，北至北平六百五十四里，南至漢口一千七百六十二里。城不詳所自起，規制無可復考。明洪武初，因舊址修築。嘉靖十四年，知縣周至德又增築之。周圍四里五十六步，高二丈三尺，廣一丈五尺，池深一丈，闊三丈（引沛水環城），門四，南曰承熏、北曰拱宸、東曰迎旭、西曰留輝，上爲譙樓，四角如之。萬曆三十九年，知縣晉承命於南門外增設重關，上建關帝廟。崇禎間，知縣薛向陽於四門敵樓外均加築一重。清康熙二十一年，知縣劉瑜築雉堞、增宿鋪、新譙樓。雍正十三年，邑人曹有亮等復於北門外倡立重關。同治二年，知縣李振林稟請修理城垣，未及舉辦，繼任盧天澤始終其事。按：縣城，自明清以來，代有修繕。近則城垣日就頹圮，池水時致壅涸，亦以攻守之備，今昔不同，其所以固吾圉而衛斯民者，既不徒恃乎高壘深溝，而鑿池築城遂爲不急之務矣。

民國《廣平縣志》

民國《廣平縣志》，成文出版社有限公司，1968 年。

廣平縣

（卷七"建置志·城池"，177）縣城，周三里六十八步，高二丈，廣一丈，門三，東曰啓陽、西曰美利、南曰保障，北無門，有樓曰兆元。池深一丈五尺，闊三丈（《舊府志》參《舊志》）。

城在金元時遷徙無常，規制未備。洪武二年，始治今地。天順中，創建土城。成化三年，知縣何琮增築城門，建樓鑿池。嘉靖間知縣寇陽、萬曆間知縣陳磐、王一龍各有增修。崇禎十二年，知縣張弘治改建磚城。清順治間，增築護城堤。康熙四十（178）二年，漳水溢，城盡圮，移治於城西北，建修新堡（即今之新城堡）。五十年，復移舊治，仍築土城（《畿輔通志》）。同治三年，知縣楊汝爲因舊基修築（《舊府志》參《縣志》）。光緒十九年癸巳，知縣秦煥堯補修（見靳澤普、楊纂基碑）。民國九年，華洋義賑會以工代賑補修（任碑）。十二年十月，縣知事任傅藻重修，易東門曰迎紫、南門曰來熏、西門曰挹秋（見修城碑記）。民國二十五年夏，縣令張漢全重修，東門曰長春、南門曰時熏、西門仍舊曰美利（見修城碑記）。城及城樓，因事變於二十七年冬盡行拆毀。二十八年四月，知事韓作舟由省款補助費項下請撥大洋二千一百元，作爲監工飯費，督率縣民重築新城，計高一丈五尺，廣一丈二尺，池深一丈，寬如故，周七百丈有奇，三門及四角並北城敵樓一律增新，一月工竣，三門仍沿舊名，計費人工二十六萬，共需款一萬八千餘元，皆民力也。記事乏石，特志其始末於此。

民國《完縣志》

民國《完縣志》，成文出版社有限公司，1968年。

完縣

（卷一"疆域·建置·縣城"，55）縣城，居縣境之東南，築土爲之，肇建年代不詳。《方輿紀要》云：北平廢縣，在縣東南二十里（今之大王子城）。五代時，縣移今治。宋元均無可紀。舊止二門，東曰迎輝、南曰迎熏。明成化間，始開北門，名曰拱極。正德七年，杜知縣珝增修城樓。嘉靖二十四年，知縣閻文貴增築敵臺。萬曆十三年，趙知縣建樓角。天啓三年，南城倒塌，杜知縣嘉慶置房三間。崇禎十二年，高知縣允茲增加高厚，三門五角易之以磚，增置砲臺十三座，窩鋪二十四間，又築護城牆一道，浚護城濠一道，引堯城河水注之，周圍環繞，一時地利稱雄。清康熙七年，土城頹塌。九年，城樓傾壞。十一年，窩鋪圮漏者，劉知縣安國修築。二十七年，在東南城隅角臺上建奎星樓。其後修築無文可考。光緒二十二年，董知縣丕豐重修奎星樓，今尚巍然獨存，餘如城樓、窩鋪久無遺迹可尋，城垣頹敗，無復曩昔之完好矣。近年，以地方多故，迭經動工修築，但以土甓補其缺敗，而今更於四城建更房九間，祗便防衛，不取美觀也。城周九里十三步，高三丈有奇，護城濠久失疏浚，西北兩面河道且已淤平，現在闢為田地。承種者在官產局繳款領照，所有權即歸之私人矣。東南兩面雖有河道遺迹，僅夏季霪雨積水（56）成渠，若復數十年，將與西北兩面同歸烏有矣。

光緒《豐潤縣志》

光緒《豐潤縣志》，成文出版社有限公司，1968 年。

豐潤縣

（卷一"城池"，93）縣城，金大定六年，始築土為城，周圍四里，高二丈有奇，為門四。明正統十四年，巡撫鄒來學檄令甃以磚石，未半而止。天順六年總兵馬榮、成化間巡撫閻本相繼訖工，為門樓四。嘉靖二十八年，東北二樓圮，知縣時鳳修。隆慶二年，巡撫劉應節檄知縣馮如圭增修，城益高。崇禎十三年，知縣李重鎮復增築城。本朝因之，歷經修補。至乾隆十七年，知縣陳文言、真定府通判張人鑒領帑三萬六千八百四十餘兩撤舊增築，城身連排牆垛口共高二丈四尺五寸，周圍長七百七十八丈三尺五寸，底寬二丈四尺五（94）寸，頂寬一丈三尺五寸，女牆垛口一千零四十個，甕城內外門四座，雙層門樓四座，頂寬一丈七尺，檐高八尺，面寬一丈一尺，進深一丈二尺。自乾隆十七年二月起工，訖八月完工。先是，隆慶二年增建城角樓四，東南曰羌伏、西南曰海潤、東北曰定邊、西北曰保極，今廢。正統十四年，城門額，東來遠、西拱宸、南觀海、北鎮朔，今東易迎旭、西易瞻天、南易朝宗、北易望化，城門樓額，東曰"龍山春色"、西曰"浭水朝宗"、南曰"平臺堆玉"、北曰"古冶流金"。

匾額久廢，乾隆十九年，知縣吳愼復大書榜之。

光緒《撫寧縣志》

光緒《撫寧縣志》，成文出版社有限公司，1968年。

撫寧縣

（卷四"城池"，206）城高二丈九尺，厚丈餘，周千一百六十四丈。舊土城一座，在陽河東二里。明洪武十三年，遷河西兔兒山東。永樂三年，於舊縣址置撫寧衛。成化三年，復縣於舊治，乃於衛東立縣，合爲一城，門四、月城四、水門一、敵臺一、橋四、樓八，本府同知劉遂、指揮陳愷建。弘治間知縣李海、指揮陳勳、嘉靖間通判李世相、知縣段廷宴、指揮凌雲漢、知縣姜密、隆慶間張彝訓、萬曆間管縣事通判雷應時、指揮張耀先、崇禎間指揮廬以岑、（207）國朝康熙間知縣王文衡、譚琳、劉馨、趙端皆經修葺。乾隆十八年，指揮單烺請帑重修。嘉慶二十二年知縣沈惇厚、道光九年知縣喜祿均修東西城。二十三年，知縣許夢蘭修內外城八百八十丈有奇，垛口五百八十七。同治元、二、三年知縣孫康壽修城樓並內外城二百丈。十三年，知縣福曜修東月城。池廣二丈，深一丈五尺。

雍正《阜城縣志》

雍正《阜城縣志》，成文出版社有限公司，1968年。

阜城縣

（卷四"城池"，65）阜城縣，土城，周回五里，徑直二重，女牆內闊二步，東西南北正街，沿街爲四門，城外爲池以衛城也，池外有堤以防（66）水也。明成化己丑，知縣林恭、申允廣其基築之，增設二門，遂爲六門。正德丙子，流寇陷城後，知縣梁愷重修，築樓櫓、增戍鋪，高深加於其舊。嘉靖庚戌，兵變後，詔畿輔增城池，知縣姜密鼓舞義民改修。隆慶元年，知縣王臣修葺。六年，知縣鞏邦固易以磚陴。（67）崇正乙亥，知縣姚鳳增修磚陴。國朝自崇正壬午，兵燹，城池傾圮，越者如履平地，土寇入城屠官眷、殺士庶、掠印篆、劫倉庫、毀卷案，蕩然一空。順治乙酉，知縣蕭應聘稍葺。戊子，知縣張昌祚重葺，割去林恭所增東城新垣，截堵重建，東門曰產聖、西曰守義、北曰中藏、南曰長仁（凡浚築城池，必面形勢，辨龍砂，審經營而後定址興工，傳之久遠，有益無害，未可取便一時，輕議改作也。阜城自己丑擴築後，居民富庶，縣境內科第蟬聯，宦迹炳耀。自戊子截築以來，雖城狹易守，不爲無說，而街坊荒落，雖復舊觀，科第仕宦亦復稀如晨星，是豈民不務本業，士不勤修之過與？抑或地形受傷有以致之而然也？且東門外商民夥聚，較多於城，又何得弃諸獸環魚鑰之外哉！）康熙庚戌，知縣曹邦重修。（68）嗣知縣錢式莊，素悉堪輿，亦以割城肩爲青龍失纏，主文風不振，遂重修文廟，更於學宫東南建文昌閣，巍峨數丈，少爲補救之法。於丁卯，多時珍發解，而接踵者復有數人，文風稍振，究不及未割之前也。雍正癸丑，知縣陸福宜捐修城門、更鋪四座。

民國《高陽縣志》

民國《高陽縣志》，成文出版社有限公司，1968年。

高陽縣

（卷一"區域"，68）本縣舊有城垣，依然存在，周約四里，間有傾圮之處。縣政府位於城之中央，官產局、建設局均在縣政府內。保衛團第一區區公所，則在縣政府後之義倉。教育局、財政局在城西北隅。公安局在南街舊城隍廟內。縣黨部、兩級女子學校、民衆教育館在東大街。商會在南大街。高級小學、職業中學均在南關外。城廂商業繁盛、店肆櫛比，第務農之戶，則寥寥無幾。

民國《廣宗縣志》

民國《廣宗縣志》，成文出版社有限公司，1969年。

廣宗縣

（卷五"建置略·城堡"，139）縣城周四里九十八步，崇二丈三尺，闊二丈七尺，上闊一丈二尺。隍深丈餘，闊二丈。明正統四年，知縣王義築。成化元年，知縣劉俊建四門，各置樓。正德十五年，知縣游伸重修。隆慶四年，知縣張民范增高門樓，易土堞以磚。萬曆二十二年，知縣馬協培其傾圮，益堞浚隍，闢復馬道，增四門甕城，甃以磚石，捍以鐵門，而層樓其上，有副使（140）關西王學謨記。崇禎十二年，知縣韓文芮重修，順德府同知范志懋董其事。清順治十一年，漳水潦沒，坍塌頹壞，十存二三，厥後漸次修補如初，獨裏門重樓盡頹。同治二年，知縣王賓補修。四年，知縣陳渭川挑浚城壕，修築土城，城上兼修女牆，各門建置門樓，煥然改觀，工竣並詳請奏獎有差。民國以來，城垣殘破，門樓傾圮，雖迫於匪患，屢加修補，然小有葺治，不及曩時之鞏固矣。

關廂，惟西關有居民數十戶，其南、北、東則無居民，四關均無郛郭。

板臺堡，在城北二十五里，圍二里一百一十步，高二丈一尺，廣一丈二尺，濠深七尺，闊倍之，四門墩臺各高三仞。孝路堡，在城南二十里，圍二里，高廣與墩臺皆視板臺，濠深闊俱一丈，東西二門。以上二堡，俱明嘉靖十一年，中丞吳公檄建。今孝路堡已頹廢，僅存遺址，板臺堡尚完好。油堡，在城南四十里，周三里餘，清同治十一年建，今存。

民國《邯鄲縣志》

民國《邯鄲縣志》，成文出版社有限公司，1969年。

邯鄲縣

（卷首"城池圖說"，78）邯鄲縣城，非列國時趙都之故城也。蓋在秦二世時，秦將章邯破邯鄲，遂徙其民於河內，夷其城郭，因此而知現在之邯城，絕不是當年之趙都。況既為都城，其宮殿、官廨自必林立衡望，規模宏敞，且據《水經注》《北轅錄》等書之記載，亦非狹小可知。明成化以前，南不過斜街口，北不出觀音閣，長不及二里，寬僅半里，以如此隘窄之小城，何能作偉大之國都，謂非趙氏京城，當可斷定。迨後，雖於城南北兩端拓半里有餘，究仍簡陋。然城池縱小而平時之啟閉，臨時之巡防，亦頗具保障之勢。城凡四門，東曰瞻岱、西曰環沁、南曰帶河、北曰迎祥。《舊志》載北門本曰拱極，清光緒中葉，重修城垣，（78）特塞東北向之拱極門，改為西北向之迎祥門。城東南角有奎星樓，所以昭文明也。西南角有火藥樓，所以儲武備也。當平漢路未修以前，邯城爲九省通衢，係疲衝煩難之地，知縣事者非具大有爲之才不能勝任，故明清以來良吏輩出，人以地靈，良非虛言。

（卷二"疆域志·建置"，163）明洪武初，南不過斜街口，北不過觀音閣，遠不及二里，東西僅半里許，何其隘耶。迨成化間，始於城南北各拓半里，即於拓處開東西四門。正德六年，薊盜起，城甚陋，知縣張煒亟修之，不逾月告成。是時尚未有池，嘉靖十年知縣趙時吉始爲之，且塞東西四門，更酌南北之中東西各開一門。兵備副使楊彝循城，見城東有（164）叢臺與城相逼，乃築甬道，闊丈許，使與臺連，築亭其上，而以據勝名之。至二十五年，城大壞，知縣董威改築，即今城也。周八里，高三丈，基如高顚半之，築敵臺二十有五，女墻千五百八十有九，四門各起層樓，東曰瞻岱、西曰環沁、南曰帶河、北曰拱極，詳袁修撰煒修城記。且於築城時，夾叢臺甬道興版鍤，向之闊丈許者，遂與臺等。後之建講院者，其地也。隆慶六年，知縣張第復修，樓舍俱飭。清康熙七年秋，霪雨淋漓，女墻多壞，知縣張愼發捐俸修理，約用五百八十金。竣事，雖廣厚不及初制，而雉堞具備，蓋亦因時撙節云。乾隆十五年，高宗南巡，道經茲邑，知縣懷蔭布大加修整。後經道光十年地震，堞垣復壞。同治二年，東匪竄擾，知縣英榮、侯國鈞（165）相繼重修，復明董威所建舊制，築炮臺三十，垛口二千一百有奇。光緒十四年，知縣闞綱補修，北門本東向改向西北，名曰迎祥。民國二十六年夏，霪雨四旬，城垣坍塌數十處，女墻毀壞尤甚。二十七年秋，故城楊公秩平宰邯，以大亂之後，萑苻遍地，爲保境安民計，遂請發省款兼撥公益捐，督工修補，計東城十二處、南城一處、西城六處、北城一處、叢臺南水閘一處，共計二十一處，約長凡八十餘丈，皆修復舊觀，城防賴以鞏固而成爲冀南之保障，此項工程計需款五千二百餘元云。

乾隆《鷄澤縣志》

乾隆《鷄澤縣志》，成文出版社有限公司，1969年。

鷄澤縣

（卷三"建置"，37）縣城，隋唐徙置不一。金泰定元年，始築今城。

元至正十五（38）年，知縣霍安道重修。明成化十八年，沒於水。二十年，知縣譚肅創增甕城四座，城樓四座。弘治十八年，知縣邵錦重修。正德五年，知縣銀鏡再修。嘉靖十一年，知縣周文定重建南北二樓，南扁曰"迎熏"、北扁曰"拱辰"。十五年，知縣於慧重建東西二樓，東扁曰"襟縈漳淦"、西扁曰"帶縮沙洺"。三十六年，知縣張廷槐增砌磚垜口、敵鋪。四十二年，大水，東西門圮。四十三年，知縣常世勳重建二門，東曰望魯、西曰通晋，修葺城垣。萬曆八年，知縣張受道重修垜口、敵鋪。二十年，知縣曹孔榮修城垣。崇禎十三年，知縣賈益謙建磚城，（39）如今制。城周四里一百七十步，高二丈八尺，廣一丈四尺。按縣城自明季改建易磚，百餘年來，未有增修，日就頹壞。乾隆十三年，奉文查估。乾隆二十九年，又奉文估計，約費八萬兩，因地非衝要，列爲緩工，未即繕完。然雖處荒僻，亦必有以備不虞。求所以上不耗國帑，下不累民生，總俟後之善爲經理者。

隍，周城廣三丈至五丈，深二丈。元至正間，知縣霍安道浚池納水。明嘉靖二十年，知縣曹希魯廣浚隍池。本朝乾隆十六年，知縣王光燮重浚，自邢家堤引滏水入焉。余蒞任之次年，相厥形勝，因邢家堤偏開開溝，引水西入，乃將城濠疏浚，培築護城堤爲蓄水之地。又於東關水口建青龍橋閘，以時啓開，內外兩堤植柳三千餘株，庶幾可垂永久云。

（卷三"建置·附堡城"，52）浮圖店堡，城周圍三里，高一丈，厚五尺，池廣二丈，深五尺許。小寨堡，城周圍四里，高一丈二尺，厚七尺，池廣三丈，深五尺。

民國《冀縣志》

民國《冀縣志》，成文出版社有限公司，1968年。

冀縣

（卷四"建置·城池"，246）蓋冀城之興廢、遷移，唐時已不可考矣。宋太祖建隆二年，增修冀城二十四里，池深闊俱七尺。（247）案宋時信都爲大郡，故其城闊如此。《方輿紀要》云，州城，漢時遺址皆築土爲墉，宋太宗紀太平興國四年二月詔繕治河北諸州軍城隍，蓋備契丹也。（254）考明《真定府志》"冀州城池圖"，舊城東北二面實較今展闊三里餘。（255）元世祖中統三年修冀州城。《元史·世祖紀》中統三年，詔修深、冀、南宮、棗強四城。（256）明成祖永樂十三年，漳滏水溢，壞城，越四載，始復故治。《范志》云：永樂十三年，淫雨河溢，大水壞城而入，官民廬舍蕩盡。知州柳義徙治於城南十里，茅茨而居。四年水平，乃復舊治。憲宗成化十八年，河水壞城一千二百丈，知州李德美修復之。《范志》云：成化十八年六月，滹沱河溢，大水入城，西門尤急。知州李德美督民力捍，水退修城，民賴以安，大學士李西崖東陽、刑部林鳳山俊有碑記。（258）孝宗弘治二年，始成內城，建二水門。《范志》云：時舊城傾頹可越，盜劫州庫。署知州羅純正於城南、北、東面復築內城，南北西爲三大門，東面、西南隅爲二水門，天寒工止。至次年，知州黃釗繼成之，汪少詹諧有碑記。（259）案《方輿紀要》云：州城，漢時遺址，宋建隆二年增修，皆築土爲埠，明初因而不改。成化十八年，滹沱河溢，城壞，尋修復之。弘治二年，增築內城，皆土城也。（260）武宗正德六年，塞東水門。《范志》云：知州劉追砌塞東水門，以南水門亦漸圮，以磚砌之。七年，始修女墻、箭門，補內城，遂塞東水門。《范志》云：六年秋，流賊攻圍州城，知州劉追弃城走，民被擄掠。七年四月，賊復至，知州鄒瑾於倉猝集事，以舊城曠大，人寡難守，遂補修內城東南空缺，逾晝夜竣事，下令西南面守舊城，東北面止守內城。其舊城則但多立疑幟，復作女墻、箭門以便矢石，並築土塞東水門，嚴令申紀，與民死守，賊不能入。（261）世宗嘉靖十四年，重修舊城，完西北二方。《范志》云：嘉靖十四年，判官章惟寶承府檄修舊城，但完西北二面，遷任去。十八年，修城門。《范志》云：知州梁濟修南城門題曰嘉會，西門曰和義、北門曰貞幹。二十一年，增築內城，建敵樓，浚隍池，南門少圮，遂廢之。《范志》云：是年山西屢報警，知州趙迎增築內城，與舊城齊高。東南、西北二隅各建敵樓，周城浚池，外起小堤，其內城南門少圮，遂盡毀廢，張璽有碑記。（263）二十二年，復修舊城。《范志》云：嘉靖十四年，修舊城，但完西北二方，東南二面未修，漸成大路，車馬往來。至是，知州張景達始修完之，前改女墻、箭門爲垜口，至是亦復改修。二十八年，始建內城東門。《范志》云：知州王元亨建。三十年，增修敵臺二十六座。《范志》云：知州劉世紳增修敵臺，又改築城堡三十六座。（264）崇禎九年，修瓮城，垜口、敵臺始改用磚。《范志》云：知州李宏禎修。清順治二年，繕城之闕者。十四年，重修四城。十五年，重修四門，立碑以志。

《畿輔通志》云：順治二年知州張恒、十五年知州陳嘉會復修。（265）康熙三年，重修四城門樓。《范志》云：知州楊遇春重修四城門樓。五年，增北門外護城堤。十三年，築四城門外周垣以接馬牆。《李志》云：知州李顯忠修護城堤，堤在北門外，專護老城。乾隆十一年，重修城垣，建四門樓及女牆、垛口、敵臺。《范志》云：知州范清曠重修，桐城方敏恪公有碑記。（266）四十二年，城內外砌用磚。《檔册》：乾隆四十二年，知州蔣國華請帑興修。城周圍九（267）里十三步，計長一千一百四十五丈，頂寬一丈五尺，底寬二丈，高二丈，垛口高五尺六寸，都一千八百五十六，炮臺一十六，今仍其舊。同治二年，浚城濠，建木吊橋四座。十三年，但彌縫補葺，無大工作也。《檔册》：同治二年，知州高維翰以四城門外石橋淤塞，督民夫挑浚之。並浚月濠，各建木吊橋一座。舊城西北、東南二隅向有二閘，一律修浚。時捻匪竄畿南，備防守也。十三年，知州李國相亦有修城之役。考冀城在宋時爲最大，其遺迹之可見者，惟城外東南、西北二隅土阜連（268）亘，繞出北關，俗呼老城角，或曰明舊城之遺址也。《范志》繪有"冀州城池圖"，城中街衢一縱一橫，與今制無異。統全城而言，南北門距離尚近，東與西則稍遠，蓋城之基址西南仍舊，其他方面皆沿後築之內城繼續修葺，形非正方，其所從來者遠矣。

民國《薊縣志》

民國《薊縣志》，成文出版社有限公司，1969年。

薊縣

（卷六"建置·城池"，510）城垣不知創於何代，舊惟土城。明洪武四年，始甃以磚石，周圍九里十三步，連女牆高三丈五尺，垛口二千四十個；南瀕沽水，北倚山原；城門三座，東曰威遠、西曰拱極、南曰平津，各有樓，四角有角樓四座，正北無門，城上有樓，名北極樓，敵樓二座，更鋪三十二間；又東甕城門上石額曰迎旭，明嘉靖年立；南甕城門上石額曰陽谷，崇禎年立，皆修城時所刻以爲記者。崇禎壬午年，清兵入薊州，全城被屠，宮室俱燼，城亦拆毀。清室定鼎以後，未及修葺。歷年雨水淋刷，漸至塌壞。又遭康熙十八年异常地震，以致西門甕城中空倒塌，磚石常墜下傷人。康熙三十三年，州牧張朝琮莅任之初即捐募，先修甕城，共費千餘金，並修葺東南二門，俱煥然一新。更以城下有水溝二道，原係宣洩城內雨水，一在東門之南，一在南門之東，久已淤塞，每遇天雨，水從城門中出，街道成河，因於康熙三十四年疏溶通利，水可暢流，闔城便之。康熙三十九年十月初八日，清仁皇帝謁陵回鑾，州人鍾良輔、李文錦等叩請修城，清室命阿爾法、清格理來薊修理。於康（511）熙四十二年三月初六日興工，九月告竣，三門各建城樓一座，四角各角樓一座，正北城上北極樓一座，雉堞二千百七十，城垣煥然重修矣。康熙四十二年五月，州牧張朝琮製匾懸□三門，東門東面曰"永固"、西面曰"東來紫氣"；西門西面曰"永寧"、東面曰"西拱神京"；南門南面曰"永康"、北面曰"達津"。雍正七年二月，清世宗諭薊州知州遇升轉離任時，城垣亦列入交代。今東門城樓東面匾額爲"震旦長青，雍正壬子春三月立"，可爲當時修補之證。南門城樓毀於火，聞在道光末年。北極樓久廢無存，民國三年，縣長黃國瑄建觀瀾閣於其地。溯自光緒以來城垣日漸坍塌，未言廢亦難言守。民國二十七年，興安步隊於八月間來駐，令商民修葺城垣，彼時以事出急迫，無從庀集磚石，或起用城上海漫，或拆用城外墻垛，剜肉補瘡，實可爲喻。次年又修繕一次，外周完整無缺，內周則圮壞如故，所僅存之東南角樓亦售以彌補費用，雉堞則或斷或續，無復崇墉屹屹之觀。又兼民國二十二年長城戰役，廿九軍駐薊，於城下挖掘多數地洞，藉避飛機。後雖填塞，土質虛松，近已發現傾陷之處，且海漫掀去大半，恐不堪雨水淋刷矣。城內（512）向以舊鼓樓分界，東至東門爲文化街，西至西門爲武定街，南至南門爲太平街，北至種植園爲拱星街，三門各有馬道，東門馬道以東南、東北名，南門馬道以東、西名，西門馬道以西南、西北名。東門外爲東關廂，住民稀少；西門外爲西關廂，街長里許；南門外爲南關廂，街長一里，前三關俱各有集場，今無，現歸南關大編鄉內。池自東門至城東北角，藉洗心泉之水闢爲稻田，南端爲蓮塘，夏季風送荷香，頗宜瀏覽。自東門至東南角，昔爲校軍場，今一道通行之外，已闢爲田圃，中有一渠，以通洗心泉水於南門之前。自南門至東南角，除此渠外，淤墊成爲平地，無壕可言。自南門至西門，僅有溝渠以通白馬之水，而樹木叢蔚、風景尚佳。自西門至東北角，壕深三四丈，闊七八丈，形勢未改於昔日者此段而已。《舊志》載東門至南門深六丈，闊五丈，南門至西門深一丈，闊七丈，西門至東北角深三丈，闊八丈，自東北角至東門深一丈，闊十丈，此段內向有蓮花，歷年墊淤，幾成平地，而蓮藕尚多，後蓮藕亦無，泉源僅存一脉。嘉慶十五年，州牧趙錫蒲捐資挑挖，並於堤岸栽柳以護之，今河雖存，間有淤塞，更當籌劃挑浚矣。今又百有餘年，滄桑之變，在所難免，惟東門以北，於民國十八年經建設局栽植多數楊柳，將來（513）長林茂密，足繼趙公堤柳爲附郭之風景也。

民國《交河縣志》

民國《交河縣志》，成文出版社有限公司，1968 年。

交河縣

（卷首 "交河縣城內外官地·城垣"，125）南面，東西長闊三百八十步，南門洞橫闊七步，門內餘地闊二步，門外餘地闊四步，三闊同。計地二十畝零五分八厘三毫三絲三忽。南關疊道，自城濠至南堤口，長闊二百零六步，橫闊七步，計地六畝零零八毫三絲三忽。北面，東西長闊三百八十步，北門洞橫闊七步，門內餘地闊二（126）步，門外餘地闊十三步，三闊同。計地三十四畝八分三厘三毫三絲三忽。北門外疊道，自城濠至北堤斜口灣，長闊二百四十步，橫闊七步。計地七畝。東面，南北長闊三百八十步，東門洞橫闊七步，門內餘地闊五步，門外餘地闊十步，三闊同。計地三十四畝八分三厘三毫三絲三忽。東關街道，自城濠至東堤口，長闊二百三十八步，橫闊六步。計地五畝九分五厘。（127）西面，南北長闊三百八十步，西門洞橫闊七步，門內餘地闊二步，門外餘地闊七步，三闊同。計地二十五畝三分三厘三毫三絲三忽。西關街道，自城濠至西堤口，長闊二百二十四步，橫闊六步。計地五畝六分。共地一頃四十畝零一分四厘一毫六絲五忽。

城外護堤：東北灣長闊六百四十步，西北灣長闊七百二十步，東南灣長闊六百二十五步，西南灣長闊五百步。共圍長闊二千四百八十五步。（128）橫闊寬處四丈有餘，狹處不足三丈，折中按三丈五尺核算。計地七十二畝四分七厘九毫一絲六忽。按護城堤內一切各地，概無糧租，遇修官工，無論官地、私地，除墳墓、宅基外，均可取土。合併注明。

（卷一 "疆域·城池"，165）交河城高一丈五尺，廣二丈。城外池深一丈二尺，闊三丈，此蓋洪武中創建之始基也（《畿輔通志》）。

金始以石家圈地置交河縣，世宗大定七年也。雖爲縣治，尚無城郭。

明洪武十五年，知縣周以仁始創土城，周六里（今之四里）。正德丙子（十一年），知縣李天叙增修。嘉靖二十九年，知縣崔雲鶴增修，置四城門，門有樓。隆慶三年，知縣龐沱重修垛口，易土以磚。萬曆三年，知縣張文顯重修東南角樓，移縣門外定夜鐘於其上。清康熙辛亥（十年），北門大圮，知縣墻鼎重修，並浚城濠，建橋南門外。乾隆十六年，縣尹侃領庫金重修（《河間府志》）。

按交邑城池由明創建，代有增修。自清乾隆而後無籍可考者百有五十餘年。中經同治七年捻匪竄擾亂及河東，知縣（166）朱紹穀大加修葺，女墻櫛比，煥然一新，嗣後歲修第湏故事。光緒十年後，城樓磚垛相繼倒塌無遺，今更門洞將傾，墻多蹊徑，恐不數載，車馬可通矣。

又按今城雖壞，舊基猶存。城垣四面各長三百八十步，底寬二丈有奇，頂越丈餘，垣外有壕，內有車道，計寬各約丈餘，壕之外一半里不等有護城舊堤，周城亦圍，亦均寬丈餘，堤之外又各有壕，此有關城垣官基，合併注明。

民國《晉縣志料》

民國《晉縣志料》，成文出版社有限公司，1974年。

晉縣

（卷上"疆域志·區域·縣城"，44）縣城未詳創於何時，謹就《舊志》記載，參以近時見聞記述如下：元知州葛天民築城，約四里，共六百八十二丈八尺，基闊二丈八尺，上闊一丈一尺，高約三丈。池深一丈餘，闊一丈餘。明景泰間，知州靳祺重修，匾東西二門曰東作、西成。（45）成化間，知州沈林構東西二城樓。弘治乙卯，知州孫玘重修城樓臺。正德辛未，知州王用賢築護城堤，周圍七里有奇。正德庚辰，知州張士隆創開南門，上建樓一座，北城虛設一樓與南相對，四角各置樓一座，各穿井一眼，重築瓮城，三面各置樓，沿城栽柳萬餘株，以防水患，至今號曰萬柳城。隆慶丁卯，知州業臣重修城池，增女墻砌水道。萬曆癸酉，知州趙翰改易四門樓名。崇禎乙亥，知州顧伯騏建瓮城樓三座。崇禎壬午，知州王皋重修城垛口、四角樓，北城建玄武臺。清順治壬辰，知州李佐聖增修城水道。康熙己酉，知州許嗣華重修西城樓。（46）康熙甲寅，知州郭建章重建東城樓，壯麗偉觀，雅堪登眺，士民鐫碑以紀其盛，且葺修城垣、深浚池隍，城頭置鋪二十座，稱永賴焉。康熙丙寅，知州孟之堯因前兩經地震，又連雨四旬，以致垣堞倒塌，因捐資勸助，於九月間開工，周圍垛口盡行拆修，官紳分督：東城州判唐揚、鄉紳韓鏡，西城訓導侯名世、鄉紳高亢弼，南城之堯、鄉紳張雲程，北城學正鄭惟一、吏目鄭祖儀。又重修北城大樓一座，祖儀、雲程專督。咸豐三年，知州上官懋本改修舊城，工未竣而卸任去。知州楊雲鰲蒞任，甫十餘日，未及從事完成，而太平天國軍至矣。同治二年，知州朱寶林浚池隍，重修東城門暨門樓。同治七年，知州陸邦烜重浚池隍，增女牆。光緒十一年，知州胡振書重修東南隅魁星樓，玲瓏高聳，壯麗可觀（有圖）。中華民國十年，縣知事秦昌濟任內，以地方公款虧空太甚，乃盡賣城濠柳樹，以彌（47）補之，而栽以新柳。惟所栽新柳多枯萎，至十二年春，縣知事孟招章修葺城牆，四隅設置更鋪，並將枯萎樹株拔去，重行栽補，即現在所有之柳也。十六年秋，有自稱國民軍別動隊數百人盤據縣城，以城垣勢多傾斜，未易防守，為速成計，乃迫令各村民於三五日內削之使直，望之似若高聳危峻，不便攀登，而培土太薄，大非昔比，一遭霪雨水潦，坍塌崩潰在在堪虞，議者不勝隱憂矣。

雍正《井陘縣志》

雍正《井陘縣志》，成文出版社有限公司，1976年。

井陘縣

（卷二"建置志·城池"，69）城本唐天長鎮舊基，宋熙寧中，始移縣治於此。金元時為州，孝元時移州治於洺水，以井陘隸廣平路，本縣基址遂廢。明洪武元年，復置縣治於此，設土城，周圍凡三里二十步，高三丈五尺，厚半之。嘉靖九年，南城為河水所壞，知縣劉汝弼葺之。二十二年，南城復壞，奉巡撫命固關管關通判竇仁，督同晉州州判陳爵，石砌南門迤東一面。隆慶三年六月，大雨，雉（70）堞崩毀，知縣鍾遐齡砌為石城，高厚如舊，又於南、西二門外增建甕城各一，弩臺一十九座。甕城之門，東曰東聚、西曰鎮武、南曰會源。天啓元年，知縣羅懋湯以南城地形狹隘，屢被水患，移水門於正門之前，上建覽秀樓（即今廠豁亭是），下築石堤，東另闢一門，名曰寧河，避水患也。西城最低，崇正八年，知縣楊攀桂修之，增高五尺。康熙十一年，東南兩城樓及西南城□，知縣洪之杰並酌工價修補。雍正五年，城上垛口，知縣鍾文英修補，城門鐵衣剝落者，俱重新之。八年，復修東西城樓。城東角有魁星樓，知縣苟文奎建。（71）本朝康熙十八年，邑進士吳廸倡闔邑同志捐資重修。康熙六十年，知縣吳茂陵動文昌書院積穀重建。按，嘉靖間知縣苟文奎視事謂：環陘皆山，而綿河從西折而東北，堪輿家所謂五馬砂，腰帶水也。茅山勢，右高左下，而水湍急有聲，安望地靈人杰。遂於城東角構樓一座，樓成，□諸生告曰：二十年必有文明之兆。至萬曆癸酉三月樓□□光旦□秋□□鵬李邦平同舉於鄉□，二十年之數其驗如此。

光緒《續修井陘縣志》

光緒《續修井陘縣志》，成文出版社有限公司，1976年。

井陘縣

（卷四"城池"，29）井邑城池，綿水從西來，繞南而東、而北，故西南屢被水患。自砌爲石城，而水患可避矣。雍正五年，知縣鍾文英重新修補後，略有損塌，亦隨時修之。南爲會源門，上建覽秀樓（今名爲敞豁亭），綿河繞其前，覽西南一帶秀氣。咸豐四年，重修城，東角建魁星樓爲文明之地。道光年間重修。

民國《井陘縣志料》

民國《井陘縣志料》，成文出版社有限公司，1968年。

井陘縣

（第一篇"區域·城廂概況"，42）井陘今縣治，本唐天長鎮舊基。城雖狹小，而地勢北高南低，形如簸箕倚立。城有東西南三門，無北門。東門之位置，已屬南偏，而西門偏南尤甚，故東門至西門之街道，雖係一綫，却斜曲不正直。街之東端爲東大街，西端爲西大街，由東西大街之交點至南門爲南大街。

光緒《樂亭縣志》

光緒《樂亭縣志》，成文出版社有限公司，1969 年。

樂亭縣

（卷四 "建置志上·城池"，194）城高二丈八尺五寸，厚一丈五尺，周三里，凡九百九十七丈，門四，東曰寅賓、南曰鎮海、西曰望宸、北曰控遠，東西俱南向，南北俱東向，各懸鐵棧，有月城，四門樓俱兩層三間，角樓俱兩層一間，敵臺十，堞一千三百六十。土城之創建年代莫考。明成化元年，巡撫閻本檄知縣元宏甃以磚。十七年，知縣李瀚增修。弘治十二年，知縣田登設堞。正德中縣丞孫鴻、嘉靖中知縣侯庶相、文祥、隆慶中知縣李邦佐、萬曆中知縣於永清、國朝康熙中知縣金（195）星瑞相繼修。迄今已歷多年，屢被水衝，圮壞已甚。

池，周城，廣三丈五尺，深一丈四尺，池外有堤，石橋四，當四門，水關二，一自鎮海門西出，一自控遠門東出，以泄城中積潦。明萬曆十九年知縣潘敦復重浚，久淤。國朝乾隆十六年，知縣陳金駿浚水關二道，仍由故道出。按：樂城自前邑侯陳公詳請修葺，未准後，日就傾圮，迄今南北東三面磚石罕有存者，而土峰錯峙，望之參差如鋸齒，惟西面舊牆猶存十之一二，僅有敗堞十餘，然亦不可保矣。咸豐十年庚申，海口戒嚴，遂有掘壕築圍之事。

光緒《蠡縣志》

光緒《蠡縣志》，成文出版社有限公司，1969 年。

蠡縣

（卷三 "建置志·城池"，133）蠡城，在唐河北三里，周三千一百五十三步，累土爲之，高二丈五尺，上闊一丈，下闊三丈五尺，池闊二（134）丈，深一丈八尺。相傳舊城在博野縣蠡村，遺址猶存，此城漢封蠡吾侯時所築。歲久傾圮。明天順間，知縣毛紀重修。弘治中，知縣吳堂又修。正德六年，流賊寇蠡入城，次年知縣金鏡始大增築。嘉靖十年知縣張鳧、十三年知縣李復初、隆慶二年知縣王元賓相繼修築。崇正戊寅兵變後，兵備道錢天錫建議修築，易土爲磚，蠡邑遂成重鎮云。（140）國朝順治五年，知縣祖建明重修。（142）康熙十四年三月，值新河之變，知縣劉文燦同紳民登陴守望，念賑房湫隘，風雨不蔽，因於南城西偏（143）寬敞處所建立威遠亭三楹，厢房兩間，亭前築砲臺一座。康熙二十六年，知縣趙旭重修城樓。

（144）成城志略：梁公修城之舉，實建邑以來未有之功，迄今百有餘年，案卷無存，父老皆逝，求其庀材鳩工，殫心經營之狀不可得矣。謹摭遺迹以志不忘。邑城自錢觀察修築而後，傾圮有年。前任梁公夢善，文莊公胞弟也，出宰於茲，請帑徹地修之，絲毫不擾民。始乾隆三十九年，越三年告成，周一千二百二十一丈，高二丈五尺，底寬二丈七尺，頂寬一丈（145）九尺，垛口一千五百三十四，四面各出敵臺，共十六座，磚凡五進，皆灰灌漿，南北瓮城、重門，上建譙樓，東西亦建譙樓，以壯觀瞻，以資守禦，巍乎煥乎，儼然金城也。按邑自前明季年，設憲臣爲重鎮，當承平百餘年，久宜思患而預防。梁公於是首倡請城之舉，盡心救陡，以圖久遠，可謂得《大易》設險守國之義矣，偉哉，公之功也。因念同治六年，梟匪擾境，不敢近城；七年春，捻逆大股突犯保陽臨邑，如祁饒皆以城圮失守，而蠡城巋然獨全，可不感公之德歟？抑聞之莒人恃陋而敵來，梁伯溝宮而民（146）潰，地利固重矣，人和何少也？故曰：人自爲守者，守不以城；人自爲戰者，戰不以兵。守土者尚思撫柔其民，和輯其心，使居有以樂，患有以捍，長治久安永爲京畿之拱衛也，庶不負公成城之志云。

重修城樓紀事：城自錢易土爲磚，歷十餘年，而坍塌若干丈。順治初，祖公重修有記載志。追乾隆三十八年，梁公請帑一新，始無社甲之累矣。迄今百有餘年，雉堞整齊，崇垣完固，惟有譙樓半歸剝落。同治十一年，知縣郭公奇中攝篆茲土，慨然欲修之，因河水爲災，暫（147）寢。改歲癸酉，倡修南北二城樓，東南奎樓內外皆磚，工堅料實，直與此城永勿壞矣。親書區聯，懸於其上，南曰迎熏、北曰拱極，髹彤絢日，鈴鐸搖風，復壁重檐，彌增壯麗。邑自國初，不利西科，是年登賢書者五。蓋城酉巳（南門在巳）丑（北門在丑）金局，金數四多一，奎樓則五也。公豁達有器幹，救險護堤，乘叵籥不懼，實心惠民，補平山知縣（碑記）。

培修城根紀事：城樓修自郭公，所有內外城根，歷爲雨水衝刷，多有

(148) 剝蝕之處，未暇補葺。知縣彭美念城垣以根基爲重，基壞垣墮，前功盡弃矣。光緒元年春，乃商紳董亟爲經營，南門遞西長一百二十丈，寬一丈有奇；北門遞東遞西長四十餘丈，寬二丈，深一二丈不等；西北隅長二十餘丈，寬二丈，深一丈有奇，其餘殘毀處所一律興修，實力致功，期不陁陊洫哉，能繼梁公者也。公以名進士，由部曹出宰武邑，調此卓異，任邢臺知縣。

民國《臨榆縣志》

民國《臨榆縣志》，成文出版社有限公司，1968年。

臨榆縣

（卷九"建置編上·城池"，525）縣城，高四丈一尺，厚二丈，周八里百三十七步四尺，土築，磚包其外。門四，東曰鎮東、西曰迎恩、南曰望洋、北曰威遠，俱設重鍵。水門三，居東南、西南、西北三隅，以泄城中積水。明中山王徐達創衛，立渝關，始建此城。其歷年增修者，嘉靖中管關兵部主事呂陰、陳縮、孫應元，萬曆中王邦俊、楊植、員外郎邵可立、副將劉孔尹，清乾隆三年永平府知府梁錫藩、十八年臨榆縣知縣鍾和梅、二十九年知縣袁鯤化。道光二十二年，海氛不靖，城久失修，知府彭玉雯詳委知縣陸爲棣勸捐修整，裹外城墻、城樓、馬道及城河一律完固，外陧磚城見方六百二十餘丈，内陧土城見方三百四十餘丈，各門炮樓四座，築護城堤二段，挖城河一段，共工料銀二萬四千五百五十五兩餘，知府彭捐廉一千兩，知縣陸一千兩，接任知府陳之驥一千兩，勸捐二（526）萬餘兩，不敷一千餘兩知縣陸捐廉補足。

（526）東門建樓高三丈，凡二層，上層廣五丈，下層廣六丈，深各半之，有額曰"天下第一關"。明初建。嘉靖三十五年主事呂蔭、萬曆十三年王邦俊、三十八年員外郎邵可立、清乾隆三年知府梁錫藩、十八年知縣鍾和梅、二十九年袁鯤化、道光二十二年知府彭玉雯、知縣陸爲棣、光緒五年知府游智開、知縣趙允祜重修。額爲明蕭僉事顯書，清光緒五年，因字迹模糊，附生王治鈞摹重刻，原額藏樓内保存。民國九年，知事周嘉琛因此額年久破裂，無復舊觀，附生楊寶清鈞摹另刻，原額存大成殿内保存，並勒石以紀其事。

（529）西門樓與東門樓同制，額曰"祥靄搏桑"。清乾隆九年御書。明初建。嘉靖三十七年主事陳縮、萬曆三十九年員外郎邵可立、副將劉孔尹、清乾隆三年知府梁錫藩、十八年知縣鍾和梅、二十九年袁鯤化、道光二十二年知府彭玉雯、知縣陸爲棣重修。

南門樓制同東西，額曰"吉星普照"。明嘉靖八年建。萬曆三十九年員外郎邵可立、副將劉孔尹、清乾隆三年知府梁錫藩、十八年知縣鍾和梅、二十九年袁鯤化、道光二十二年知府彭玉雯、知縣陸爲棣、光緒二十年知縣王汝霖重修。

北門舊有樓，今廢。明天啓七年建。萬曆三十九年員外郎邵可立、副將劉孔尹重修。以建後城多火災，故廢。

奎光樓在城東南隅。明初建。萬曆十五年主事楊植、三十九年員外郎邵可立、副將劉孔尹修。嘉慶十年重修。舊魁星像南向，此（530）次用堪輿家言改向北，周圍繚以紅牆。或曰，乾隆二十九年，知縣袁鯤化因邑中少科名，改向北，自此科第遂盛。威遠堂在城東北隅。明初，徐中山欲建樓如奎光，旋歸京師，不果。嘉靖四十四年，主事孫應元即故址建堂三楹，顏曰威遠，今廢。臨閭樓接東羅城北隅，牧營樓接東羅城南隅，均在東城上，明萬曆十二年建，爲防關屯兵之所，今廢。新樓在牧營樓南，明天啓六年建，今廢。

環城爲池，深二丈五尺，廣五丈，周千六百二十丈，外爲夾池，深廣半之，瀦水四時不竭，四門各設橋以通往來。

（531）東羅城傅大城之東關，外高二丈三尺，厚丈有四寸，周五百四十七丈四尺，門一，在城東即關門，爲東西孔道，建樓於上，曰服遠。水門二，角樓二，附敵臺七。明萬曆十二年，主事王邦俊、永平兵備副使成遜建。初設三門，清康熙四年，移關時通判陳天植、都司孫枝茂、守備王御春重修，因塞南、北二門，即以東門爲關門。舊設敵樓，今廢。環城爲池，周四百有二丈九尺。

西羅城傅大城之西關外，明崇禎十六年，巡撫朱國棟請建，工未畢，遇改革中止。門一，在城西，曰拱辰。城未（532）建時，即有拱辰樓，不知何年始建。因土築易圮，明萬曆二十四年，副將楊元改用磚石，副將蘭登瀛增置旁房一區於樓下，後即以樓作城西門。舊有南、北二門，今僅存其基，南門俗呼爲小南門。清咸豐十年，僧忠親王派員環城包東西羅城、小西關，挑挖戰濠二十餘里。西羅城原係土城，茲復築土垣六里餘，由西南水門起歷小西關轉北而東折至北水門止，又於各處磚城之坍塌者皆修整。

（532）南關，在城南門外，僻處一隅，人烟稀少。自清光緒十九年，設立車站，居民鋪戶漸次繁興。以後日積月增，遂立集市，刻下造橋廠、電報局均移於此，鋪戶數百家、居民數千家，轂擊肩摩，大有蓬蓬氣象，菁華所萃，洵稱繁盛之區也。

北翼城，又名北新城，在邊城北水關北，高二丈有奇，周三百七十七丈四尺九寸，門二，居南、北二方。南翼城，又名南新城，在邊城南水關南，制同北翼城。俱明巡撫楊嗣昌建，今廢。

寧海城，在南海老龍頭北，周一里有奇，高二丈有奇，門二，居西、北二方。明巡撫楊嗣昌建爲龍武營。清光緒二十六年，英國駐兵於此。

（559）威遠城，俗名嗚咽城，在長城東二里外歡喜嶺上。城高三丈，下甃以石，四隅起臺，垜牆上女墻高五尺，周方七十步；正南爲城門，上鐫"威遠"二字；城內北面起平臺，延袤三丈，臺左、右磴道各一，南面東西隅亦各有磴道；隨其形勢，於四面城墻上下起大小磚洞二十一，大洞廣八尺，小廣五尺，高皆丈。城門外有小月城，高丈餘，面西爲門。其月城之東南隅與西南隅，舊時各有磚洞，以內俱設聘睨。周城百步，外爲壘三重。相傳此城爲吳三桂築，既以瞭遠，且可屯兵，與城中爲犄角之勢，有隧道通其署，即今都統署也。以今考之，地勢有山水相隔，疑是附會。

康熙《靈壽縣志》

康熙《靈壽縣志》，成文出版社有限公司，1976年。

靈壽縣

（卷二"建置志·城池"，60）土城，周三里，高二丈餘，東西南三門，不詳其創始。明正統十四年，知縣茹公用完其圮壞。成化十八年，知縣尚濂始改磚堞，各建小房於門之上。弘治二年，知縣張戭重修。嘉靖五年，知縣李廷璋重修。二十二年，知縣羅章重修。隆慶二年，知縣張宗信修。萬曆三年，知縣張照每門建層樓三間，東曰聚星、南曰解阜、西曰觀成、北曰拱辰。崇禎十二年，知縣曹良直建甕城重門三座。國朝康熙七年，霖雨兼旬，堞垣俱壞，當事者重用民力，久未修治。康熙二十四年，奉詔命天下有司設法修理城垣，見在議修，工大費煩，未能告竣。

環城爲池，明成化十八年，知縣尚濂始深闊之，東西南三面（61）皆種蓮，內生魚或長至五尺者。康熙七年，城壞，下復於隍，迄今泉雍水涸，疏浚頗艱。

乾隆《隆平縣志》

乾隆《隆平縣志》，成文出版社有限公司，1969 年。

隆平縣

（卷二"建置志·城池"，91）隆邑，《縣志》，遷於宋宣和年間。其時迫於水患，張皇措置，大抵粗就耳。歷宋元明以至我朝，官斯土者，次第增治，時加繕葺，今則崇墉屹立，樓櫓煥然。

（93）隆平舊城，在東十二里。宋宣和間，舊城水沒，始改創於此。元末，復毀於兵。至明洪武初，知縣羅敏中重建。正統間知縣黃友、成化間知縣柳紳相繼修拓。城廣袤六里三百一十二步，高三丈，闊三丈三尺，東西南北門上樓櫓三間，門外有橋。築堤護城，闊三丈，深一丈三尺。正德間，知縣黃鍾修葺，始作瓮城，設戍樓，浚池植柳，漸（94）次壯偉。嘉靖二十四年，知縣楊自效起鎮安樓於北城垣之西，今改玉皇閣。嘉靖三十一年，知縣王德盛起文奎樓於城垣之東，今改文昌閣。先城闢三門。隆慶五年，知縣蘇偉創開北門。萬曆三年，知縣李應麟議建重門，城鋪十二座，吊橋三座，垛口二千一百三十二個，敵樓三十五座。萬曆四年，知縣黃榮構成扁額，東門曰近聖、南曰南熏、（95）西曰寶成、北曰拱極。萬曆十三年，知縣林天秩葺。天啓七年，知縣陳所學重修。崇禎六年，知縣關爌倡捐助修，增千餘丈，高厚改觀。

民國《盧龍縣志》

民國《盧龍縣志》，成文出版社有限公司，1968 年。

盧龍縣

（卷一"疆域志·城池"，40）今之治城，即昔之永平府城也。城高三丈有奇，厚二丈，周九里十三步，計一千六百二十六丈五尺，前代修建年月無考。明洪武四年，指揮費愚等拓其東而築之，砌以磚石，門四，東曰鎮東、南曰德勝、西曰望京、北曰拱辰，其西北別有一門，曰小水西，門各有臺、有樓、有重門，曲而盡制。景泰中參將胡鏞、知府張茂、弘治中知府吳杰、嘉靖中兵備副使溫景葵、隆慶中知府劉庠、萬曆中知府張世杰、任鎧、馬崇謙、徐準、推官沈之吟、天啓中兵備副使張春皆經修葺。清康熙十二年，城西北傾塌六丈餘，知府唐敬一公捐補築。三十六年，被水復傾，知府梁世勳、同知彭爾年修築。乾隆十八年知縣勞宗發、二十（41）三年知縣方立經皆請帑修補。乾隆三十一年，奉帑重修，額東門爲迎旭。光緒元年，各門譙樓俱已傾墮，而西北城垣坍毀尤甚，知府游智開捐資重修，一律堅整。光緒二十六年，東城樓爲洋兵轟毀。民國十五年之戰，以灤河爲焦點，城垣被砲轟擊，致多損壞。十九年，城東北上水關城墻被雨灌塌外皮八丈，現經修補齊整，其餘內外城墻及南西北各城樓、各火藥樓，俱已殘破，無歉興修。

池，深二丈，廣五尺，有東西二堤。元大德中，吏部員外同都水監官修。明弘治中知府吳杰、萬曆中副使葉夢熊、清順治中副使宋琬重修。雍正五年，郡人蔡總督珽捐修。乾隆二十六年，知縣顧光重修。三十八年，知府李公奉翰修浚下水關一帶城濠，加築土壩二座。迨清光緒年間，漆灤兩河連年漲水，西門外堤石多被衝倒，湮沒於池濠者甚多。

（42）上水關，在城東北，清雍正間塞此關，遷河於城外。下水關，在城東南奎樓下，舊在看花樓下。

（43）鐘樓，在縣府東，舊在城之東偏城址上，明代費愚拓其東而月牙城之形狀遂改舊觀。今人以此樓，適居中心也，故又名爲中心臺。樓之東額曰重鎮，西額曰通衢，上有玄帝閣。清光緒庚子之役，臺之樓閣，爲洋兵焚毀。嗣後，鐘樓復建，其廟遂廢。

光緒《灤州志》

光緒《灤州志》，成文出版社有限公司，1969年。

灤州

（卷十"建置志·城池"，188）城周五里二百六十步半（《府志》作四里一百步，茲據檔案增之），高三丈五尺五寸。在昔殷時，爲黃洛舊址，周以後，興廢無考。唐哀帝天祐四年，劉守光暴亂，爲遼阿保機所攻陷，遂修築城郭。傳歷金元，前明景泰二年，巡撫鄒來學檄同知楊雄甃以磚，高二丈九尺，基厚二丈，上寬一丈五尺，環四里二百步，垛墻一千一百五十有八，門四，東曰禦灤、南曰安岩、西曰迎恩、北曰靖遠，東西月城門俱北向，南北月城門俱東向。嘉靖六年，知州張國維建重樓於東門，額曰"保釐東郊"。二十五年，知州陳士元修堞浚隍。隆慶二年，署州事府同知賀湊接城六尺餘，增設敵樓四座。三年，知州崔炳建重樓於西門。四年、五年，知州劉欲仁建重樓於南門、北門。萬曆八年，知州郭琰建四城角樓。十二年，知州白應乾建護城垣。十五年，灤水橫溢浸城，城垣頹圮，知州張元慶補葺。三十二年、三十三年，灤水復□□東兩月城頹，知州何士煒重修。四十四年，知州周宇重新角樓，題東門樓曰迎輝、西曰豐城、南曰朝陽、北曰拱辰，補葺頹垣，一律修整。國朝乾隆十七年，知州孫昌鑒修理。道光十九年，知州喜祿補修。同治十一年，知州游智開補修西北隅。光緒十一年知州郭奇中重建四城門樓，十三年補修東月城。十七年，知州吳積□添修東門外禦水石閘。

池深二丈，廣三丈。嘉靖六年，知州張國維環城植柳、浚池、建橋。二十五年，知州陳士元復浚之。萬曆四十四年，知州周宇修橋豎坊，東爲興仁坊、西爲遵義坊、南爲循禮坊、北爲廣智坊，易植新柳，一時煥然改觀。光緒十三年，灤水灌城，東門外衝露橋基，知州郭奇中因材重建石橋。

（189）開平城，在州城西南九十里，明之中屯衛也，原設口北大寧沙嶺。洪武中，調真定府。永樂元年移置於灤之義封里（即唐石城縣、元義豐縣舊地焉），成化二年閻巡撫、焦總兵委永平通判段璣易土城以磚，爲東西南三門，各有樓，環九千二百七十八步，高二丈三尺。嘉靖二十五年，大水壞北城七十丈，知州陳士元重築之。今城圮，遺跡尚存，紳商歲修其城樓焉。

民國《滿城縣志略》

民國《滿城縣志略》，成文出版社有限公司，1969年。

滿城縣

（卷三"建置一·城池"，73）縣城周四里二百五十步，高二丈五尺，廣一丈二尺，池深一丈，闊一丈五尺。舊土城，金大定二十八年，析清苑爲滿城，因白塔院村築置。元張柔嘗徙治於此。明成化十一年，知縣李思明易以磚石，高一丈五尺，南北門上建樓各三間。成化二十年，知縣張浚復於四隅建角樓。正德十一年，知縣張憲增高五尺，爲高二丈，上廣六尺，下廣一丈二尺，門上增修重檐，樓各一區，南門曰朝陽、北曰拱極。嘉靖六年，知縣段錞重加修葺。嘉靖二十九年，知縣袁欽懦復（74）增高五尺，爲高二丈五尺，上廣一丈，下廣二丈，築敵臺二十八，垛口九百。隆慶三年，知縣周思大增修南北二瓮城，建敵樓城鋪二十八，東西中心樓二。清康熙十八年，知縣裴國楨以日久傾圮，捐募重修城樓二，瓮城敵樓二，角樓四，東西中心樓二，城鋪二十六，匾南門樓曰迎恩、北曰拱極，並石額南門曰"玉川古郡"、北曰"金湯重固"。咸豐年間，東城坍裂，知縣黃開泰勸募補修。光緒十年，北城坍裂，知縣張主敬捐募補修，並葺新南北城樓。溯自金大定創築以來，歷六百餘年，明成化、正德、嘉靖、隆慶代有增置。清康熙年間，復加重葺，以故城垣堅固，迄今完整。然自咸豐而後，所稱敵樓、角樓、守鋪、中心樓無一存者，僅南北二城樓、東南一角樓巍然尚在。（75）蓋承平無事，久傾圮矣，黃公、張公之因時補葺，雖未規復舊觀，然崇墉屹屹爲萬民保障，則二公之力也。

按滿城古城有三，一在縣西二里眺山下，一在縣西北魚條山下，一在縣東北十里即土滿城也。土滿城相傳有嫂白晝築城，小姑夜即借土填滿，說本無稽。魚條山下爲後魏永樂之城，後周時廢，今已無遺跡可尋。惟眺山下遺跡宛然，相傳爲連環城，今訛名蓮花池，田極肥沃，爲縣內膏腴。明景泰間，設柴炭廠於此。天順間，遷於易州，城臺遂廢，附近一村今猶名北廠。《舊志》云：縣城相傳爲遼蕭后所築，或即此地。查《金史·地理志》滿城注云：大定二十八年，以清苑縣塔院村置。按塔院村，今縣城內應（76）爲東南半部，舊日大覺寺有金泰和四年碑云："大覺寺初爲塔院村，西北一小庵，僧圓宗養母所築"，此碑之立，僅距大定置縣時十六年，其非年遠無徵可比。大覺寺遺址，今在城內西北隅，改建高小學校。又《保定府志》云：滿城公署爲塔院村故址，按舊署圮廢已久，遺址今在城內西偏，應爲塔院村西，非塔院村故址也。近年舊署西北民居掘土猶時發見古瓦冥器，則亦爲塔院村西之證，據此則今城爲金置縣無疑矣。

民國《南宮縣志》

民國《南宮縣志》，成文出版社有限公司，1976年。

南宮縣

（卷四"法制志·建置篇·城郭"，103）明成化十四年，漳水泛濫，漢城傾圮，城中水深數丈，知府余瓉、知縣李麟始自舊城議遷於飛鳳崗，即今治，築土城，在舊城東三里。城外爲隍，隍外爲堤，堤外爲重堤，周圍八里，高二丈，廣三尺，邑人白鉞有記。十七年，知縣劉鎰始奠民居，創建廟學、壇壝、公署、倉庾、溝渠、街道，百廢具舉，邑紳白鉞爲之記。（104）正德七年，知縣孫承祖以流寇猖獗增修之，繚以甕城，崇爲敵臺。十一、二年，先是大尹李瑭因舊增築東門城樓。十二年，淫霖爲害，樓墻傾覆，判簿王觀等復修，邑人盧鳳爲之記。嘉靖十八年，知縣王用賢以京師戒嚴，磚甃陴堞，較前壯麗。（105）三十六年，秋雨浹旬，重門傾敗，知縣葉恒嵩增修之。隆慶三年，知縣胡嘉謨以城垣卑薄，議增高加厚，會遷任去，不果。四年，知縣周良臣仍胡前議，增城垣及女墻，又以四門直衝街衢，形勢不善，改曲甕門四座，砌以磚、衣以鐵，又增置垜口一千九百一十九，敵臺十六座，腰鋪十六座。高三丈七尺，後減併垜口一千二百二十二，敵臺後亦增。（106）六年，知縣喬岩以城高無堤不能持久，浚築護城堤池。護堤周圍十里，高三丈，廣二丈五尺，上廣一丈，池深三尺，面廣三丈。崇禎十四年，知縣周而淳重修，邑紳王標極有碑記，《舊志》失載。清康熙十一年，知縣胡景銓見城工坍塌，坑沉以百計，陴垣崩卸，水路傾圮，捐俸募民，坍塌坑沉均砌補，崩裂者均爲修整，垜口上施橫木，木上叠磚三四層，城益聳峻。同治四年，知縣陳鳳藻循板築舊制，甕城、門樓及城上水溝皆磚甃整齊。（107）光緒廿六年，以拳匪之亂，又重修。

　　按《道光志》云：舊城，明正統十四年建。《光緒志》亦襲錄是語，檢嘉靖、萬曆、康熙三志，皆無此語。《道光志》所據何書，殊屬□說，且漢縣下迄明成化未嘗另建，正統時重修則可亦非創建也，今刪其語，附辨於此。《道光志》又載，元景定元年春二月，令修南宮城，亦重修漢縣也。

　　按《光緒志》載"光緒二十三年，清理縣城街道"云。先是，道光十年，知縣周栻因街道爲列攤及商戶侵占擁塞，乃於四隅立石碑，定街道爲二丈四尺，外又立木椿，四街共立八（108）椿。碑內椿外准其列攤，不准搭木架棚，椿內不准設攤，違禁懲治。光緒二十三年，舊禁漸弛，知縣戴世文重申周令舊規，清出石碑，四隅悉歸舊制，商民便之。以市政攸關，附志於此。

乾隆《南和縣志》

乾隆《南和縣志》，成文出版社有限公司，1969年。

南和縣

　　（卷二"地理上·城池"，79）舊城不詳其創始，元至正間，縣令尹泰始修築土城，周（80）四里。明正統十四年，知縣王淵重修，四門，東曰東寅、西曰西餞、南曰南薰、北曰北拱。成化二十二年，知縣尹禎重修，周城浚隍塹，創砌石橋。弘治三年，知縣門寧於四門建城樓。正德九年，知縣李希夔重修，城高三丈，添角樓四，隍深闊各二丈有奇，於西北引百泉水注之。嘉靖二十二年，知縣屈作城垜口易以磚，大名道陳某開正明門以對文廟。崇禎十一年，城樓毀於火，止留東門樓。崇正十二年，知縣謝繼遷作爲磚城。國朝順治年，知縣胡以泓、周續祖各加修補。

民國《南皮縣志》

民國《南皮縣志》，成文出版社有限公司，1968年。

南皮縣

（卷一"輿地志上·城池"，83）南皮故城在今南皮城東北十里許，秦置縣後，漢暨晉魏皆爲渤海郡治，北朝東魏時移郡治於東光，始移縣城於今治（《清一統志》闞駰曰：章武有北皮亭，故此曰南皮，晉魏皆爲渤海郡治，東魏移郡治於東光，又移縣於今治）。縣城土築，高二丈一尺，闊二丈，周八百九丈二尺五寸，爲門四，東曰觀海、南曰控齊、西曰臨漕、北曰朝京，各有樓，四隅各有角臺，東西面有腰臺四，各有樓。池深一丈，闊二丈，各門皆跨以橋（肇建年代莫考）。明嘉靖二十五年，知縣李筵重修。萬曆二十五年，以備倭，議磚其城，知縣李正華以財力不足，未果（時上臺檄修，計用磚四百九十五萬餘個，石灰三十一萬餘斤，約費銀八千四百餘兩，人夫照丁地僉派，似非四、五年可完者，遂止之）。萬曆四十二年，知縣徐殷繕築城垣二千三百丈，磚甃東門，建東南城樓二座（《府志》采《河間府志》）。崇禎九年，知縣簡仁瑞（84）增建甕城門，易垛口各臺以磚（《舊志》）。清乾隆九年，知縣侯玨因城垣歲久失修，值八年旱災，發帑賑濟，以興工貸賑之議，詳准重修。自九年九月至十年六月告竣，城高一丈八尺，底闊二丈三尺，頂闊一丈三尺，周八百六十一丈六尺，四隅各有臺，東西腰臺八，爲四門，各跨以樓。池深一丈，闊二丈（有碑記，在西門外路南，文詳"金石"）。同治九年，知縣吳繩曾偕邑紳張悅等重修。城身高三丈一尺，基寬二丈三尺，頂寬一丈三尺，城根入土二尺，並戡定自城根起至濠外岸地面止計地七丈，作爲濠界（有碑記，在西門外路南，文詳"金石"）。按同治年修城用賑銀六千四百兩，並全邑紳民捐款，由同治壬申四月至癸酉五月底，中間冬令停工三月，凡歷九閱（85）月二十餘日工竣。另由邑人捐錢二千緡，發商生息，作爲歲修之用，現歸縣城東街張珠樹堂經理，尚歲時補修。

道光《內邱縣志》

道光《內邱縣志》，成文出版社有限公司，1969年。

內邱縣

（卷一"城池"，43）據《山海經》《史記》，縣之設，蓋久遠矣，莫詳其始。唐文宗大和九年，河□西北隅，乃東遷焉，今城之西垣，即舊城之東垣也，北城古迹猶存。正德六年，知縣王□重修。周圍四里三十步，增副城圍七里，訓導池麟有記。嘉靖二十二年，知縣杜璁重修，高三丈，根闊二丈，頂闊八尺，垜口一千一百七十，弩臺十六，門樓四，自爲記，刻石於北門。崇禎八年，流寇逼擾，知縣王世泰以守垜人寡，□爲六百二十垜。十年，知縣張文昴浚池及白水，門增三層，東曰迎旭、西曰固城、南曰威遠、北曰清（44）嘯，崔然峨然可恃以無恐。十一年，□變後，知縣高翔漢增高浚深，底巔徹七丈。乾隆丙戌，楊令必改建磚城。道光壬辰，施令重修。

（卷一"堡"，44）金堤堡，圍三里，南北二門。宮莊堡，圍三里，□南北西三門。尹村堡，圍一里，東西二門，今廢。清修堡圍。四堡皆嘉清二十年知縣杜世□築，二十一年知縣杜璁增修。

光緒《祁州續志》

光緒《祁州續志》，成文出版社有限公司，1969 年。

祁州

（卷一"建置志·城池"，49）州城之里數，自元及明之沿革並屢次重修，《舊志》已載。自明崇禎間，外甃以磚，始稱壯麗。迄今歷年既久，坍缺實多，門亦剝朽。同治三年，牧伯姜公籌款重修，內外六門，宏敞堅固，並於各月城內添置門房兩間，派人住守，以司啓閉，四面城池亦即於是年挑浚深闊。

民國《清河縣志》

民國《清河縣志》，成文出版社有限公司，1976 年。

清河縣

（卷二"輿地志·建置·城池"，138）清河自漢迄宋歷爲郡國，當日地方繁榮，城池高闊，鄉老猶因襲傳說，但陵谷遷移，舊址莫考，史冊雖略載故城，半多揣測，未能肯定其故址及其高闊度數。例如《清志》載，信成故城在縣西北，漢置，屬清河郡；又載，清陽故城在縣東，漢置縣，屬清河郡治。《括地志》清陽故城在清河縣東北八里。又《寰宇記》古清陽城在清陽縣東南三十五里，後魏孝（139）昌三年葛榮以城內有甘陵高大，據陵爲堡，賊平，遂置清陽縣。唐永昌元年，緣地久積鹹鹵，遂西移於永濟渠之東孔橋，此城遂廢。開元二十二年，又移於今州城東永濟渠之西，即今邑也。《寰宇記》又載清河故城在縣東南，本周之甘泉市地，秦爲厝縣，漢安帝改甘陵，高齊天保七年，又移清河縣於故信城。隋開皇六年，又移於州郭，即今縣也。《寰宇記》故厝城在縣東南三十里，其先出甘草，土人號爲鵲城。

據此清河自漢而來，故城見諸史册者，固斑斑可考也，但舊址湮沒無從證實，且《清一統志》《寰宇記》《地理》《風俗記》等書互相紛異，出入頗多。《水經注》載清河故城又不一地，不得不遵闕文舊例以資信史，且以凡宋以前故址無考，史册略而不詳者，謹略述梗概。宋元祐六年後，信而有徵者詳錄之。據《舊志》載，宋元祐六年監官趙薦之修土城，周九里，高二丈，闊二丈，濠池平淺（140），此即清河俗稱之老城也。今西北老城基舊址依稀猶存，距今城不足一里，因地多斥鹵，修補不堅，每易傾頹。至明正德七年，同知何宋伊、知縣張一鵬，奉命改建於舊城東南隅，重築今城，周三里，高二丈，闊一丈五尺，濠池深闊，水溝六十有二，面積較舊城小三分之二，僅占舊城東南之一偏。濠池，惜《舊志》僅載深闊，不詳記尺數，殊屬太略。水溝六十有二，俾過剩雨水由溝入濠，城內無積潦患，濠池無乾涸慮，制甚善也，奈日久溝淤。查《舊志》，除嘉靖二十年，推官王堯日督民修城浚池，得古印六顆；二十九年，孟令仲選令邑紳輸磚十萬補築水溝外，自是以後，由嘉靖迄清一代，近四百餘年，並無浚池築溝之記載，無怪漸就湮沒。一遇秋霖，城內積水成潭，而池反涸如平地。城垣，萬曆五年，知縣向日紅增設吊橋、瓮城及坊額。十一年，知縣張民綱以土垛易塌，申請兩院道府，改磚垛。十八年，知縣王守禮重修城垣，三門豎牌坊，題東城樓曰望日、西曰美利、南曰迎熏。崇禎十一年，知縣曹亭重修城垛。清康熙十一年，城垣（141）坍塌漸窄，守城人役夜間常有墜下者，知縣夏琮內外重修，寬平堅固。詳繹《舊志》"城坍漸窄"數語，自明末清初四十餘年間城垣頹廢，可想也。十四年，知縣盧士杰重修磚垛，俟後雖有修補，但工作無足述價值。惟光緒二十四、五年間，知縣王德興修南城垣約三丈餘，係較大工程，至於城樓，久頽圮，考上述王令守禮題城樓門額係萬曆十八年，當日城樓固巍然在也，究毀於何時，《舊志》未之載。民國十九年冬，知縣張福謙因清邑匪患猖獗，一面嚴剿，一面防守，念團警徹夜戍守，暴露雪地冰天之城上，甚非宜，築東西南三城門樓，俾團警更番休息，聊避風雨，形中增加兵士防守之精神。雖高不過一丈三尺，寬不過八尺，局勢狹隘，然所裨實多，亦民國二十年間有記述價值之建築也。城門三，今所遺模糊依稀石刻之門額，東門曰帶河、西門曰阜成、南曰迎熏，無北門，因城北即南宮界也。然所疑者，《清河舊志》一係清同治九年王知事鏞修，一係光緒十一年知事黃汝香太史修，當時三門石刻門額固巍然尚存，王、黃二志均未提及，祇載（142）明正德七年，同知何宋伊三門題額，東曰拱極、西曰晚翠、南曰迎熏，豈王、黃二志遺漏歟，抑因門額無關重要，删而不錄歟？檔册散佚，《舊志》無存，均難臆斷也。

　　附城池形勢及池內狀況概說：按王、黃二志繪有城池圖一幀，城圓形非正圓，微帶橢形。城內街衢一縱一橫，宛如十字，據全城言又如龜形，南北距離稍遠，東西稍近。南北街小資本飯館、茶鋪及他小商店列肆櫛比，雜以民居；西街多住戶；東街雖無多富商，而魚次林立，門面整潔，比較的觀察，較他街尚屬繁盛。居民在前清時代，半多執務公署，養成惰佟習俗。入民國後，已自動悟依賴公署之非計，從事於農商工界及警界者逐年增加。家資稍裕，或遣子弟求學於平津各校，謀知識深造者，亦時有所聞。四街住戶，多建築完好，雖茅屋、柴扉而整齊刷新，各有正業，無復前清頹垣敗戶之景象也。惟城四隅，地皆斥鹵，秋來如霜雪平鋪，白色無垠，固地質使然，亦因六十二水溝湮沒後，水無發洩，積久成濠，漸變鹹鹼（143）。且東北一隅藥王廟、察院、馬廠諸故址，多年傾圮，遍地蓬蒿，更形荒凉，倘因廢址而整理之，闢為操練場、球場、學校、體育場等，若洼地則種植柳蒲洋槐等適宜之樹木，荒穢變為清潔，易易也，是在主持建設者之力行耳。或有以地鹵不毛為慮者曰，是不難近，今改良鹹地亦已有完善之方法，且有見諸實行者。倘聘土質專家，一面鑿井，一面用科學方法改良土質，瘠地變為沃土，不難也。當此二十世紀，物質發達之時代，豈可為天然所限，不力求人力之發展歟？

　　謝爐集堡城，在城東南十二里，城周一里有奇，高二丈，闊一丈五尺，外有濠池，居民殷盛，商賈輻輳，今城廢。廉冢堡城，在城東北二十五里，城周一里，高二丈，闊一丈五尺，今城廢（《舊志》）。按二堡城，據同治十一年重修之《王志》、光緒九年之《黃志》均未詳建自何代，廢於何（144）時。舊日案卷及康熙年盧令士杰重修之志書，又因咸豐十年匪陷縣城，散佚殆盡，且王、黃二志，不但詞意過簡且語多含糊，例如謝鎮堡城，僅載"周圍一里有奇，今城廢"云云，俾後人對於當年建廢情狀，苦於文獻之無徵，則縣志幾等贅又疣何貴乎？此敘事模棱之志書耶，抑良可概已。

附城池特別大事記：按清河建城由來已久，前文曾論及之。惟考王、黃二志載，明正德七年建今城後，除嘉靖二十年推官王堯日修城浚濠、二十九年孟令仲遴補築水溝外，以後並無浚濠之記載。除萬曆十一年張令民綱改築磚垛，清康熙十一年知縣夏琮內外重修寬平堅固，康熙十四年知縣盧士杰重修磚垛外，以後並無修城之登錄。當是時，軍火器具尚未精進，金城湯池為設險固防之要，素猶聽其圮湮，況二十世紀槍炮生面別開，空軍天工巧奪，城池雖堅，似無防敵之價值，圮湮又何關輕重耶！抑知城池雖不足以禦（145）大敵，尚可防土匪。清河自民國來，匪禍年年，肆擾鄉村，富戶藉城以保其生命財產者，不可勝述，則城池有益於人民，固昭昭然也，宜乎！民國二十年，行政院二十一會次規定保存各地城垣辦法五條之訓令，有垣濠如有破壞，責成地方政府修理云云也。清河濠已湮矣，垣多圮矣，當此土匪蜂擾，惟此頹垣尚可為人民倉猝避亂之保障，地方人士及職建設者豈可忽乎哉！

民國《清苑縣志》

民國《清苑縣志》，成文出版社有限公司，1968年。

清苑縣

（卷一"建置·城池"，84）縣城，周圍四千八百五十步，計一十二里零三百三十三步，高三丈五尺，闊一丈五尺，下闊三丈五尺，濠闊三丈，深一丈五尺，四門，東曰望瀛、南曰迎熏、西曰瞻岳、北曰拱極，城樓四，角樓四，敵臺八十有一，鋪四十有九，東南西北水門四，城上東南隅有應奎樓一，碑亭一，現僅南城樓重修，應奎樓尚存，餘均傾圮已。

西水門在西門之南，有閘一，引吳家灣水入城，迤邐入蓮花池，復由南街地溝通府學泮池，由南水門出歸於河。北水門在北門之西，通北面城濠，凡城內居中並西北面，夏秋積潦皆由此出。東水門在東門之北，東岳廟前，今廢。(85) 南水門，在南門之東，城南面之水俱由此出，達於城濠，歸大河。

城垣於清咸豐三年經都督訥爾經額修葺，城濠亦於是時挑挖。同治十一年，復經總督李公鴻章重修。

四關，東關長半里，南關長一里，西關長二里，北關長三里。

《舊志》載：按郡城舊土築，郡守張烈文晴湖首倡磚砌，賈淇近皋繼之狀，所修止東北一隅耳。克終厥事，大都章時鸞孟泉力也，堅完雄固，言言屹屹，誠爲千載永圖。但護城河僅可一二丈，淺隘特甚，當事者雖建有閘座，以時蓄泄，肰水性就下，終難以挽其東注之勢，而土性疏散，旋挑旋淤，徒費工力，至來有城無池之嘆。論者謂，宜仿都城護城河之制，於繩兒店東北建潦水灞一道，使涸則環城周流，潦亦可通行無滯，庶河水常蓄，足稱金湯兩固。如此，不獨可爲設險之備，且水勢停蓄，風氣完固，又多魚藕菱茨之利。及查河身不甚深廣，費小利大，乃久未舉行者，豈事固有待耶？有專城之責者，尚其念之。以上《舊志》。

康熙《慶都縣志》

康熙《慶都縣志》，成文出版社有限公司，1969 年。

慶都縣

（卷一"方輿圖志·城池"，42）城一座，土築，高三丈，周四里八十五步，厚二丈，磚垜六百九口，南北甕城二座，女牆一道，高二尺五寸。門三座，北曰拱極、南曰解慍、東曰青陽（承平則開，以便農；有警則閉，以戒嚴）。大炮臺樓十五座。水門一座，在東南隅。

池，（43）護城河一道，闊四丈，深三尺，北面重河一道，寬深如裏河（源出龍泉等九水）。

（卷一"方輿圖志·建置"，47）城環堯母臺外丹朱墓西，唐武德四年築（舊城在伊祁山南五里堯山下，都山北十里，今唐縣之故城是。北齊省入北平，唐復置縣，築此）。歷宋、遼、金、元修築相仍，創制未備。明洪武二年重修。景泰七年，邑令唐復以城連堯母陵，恢而擴之。萬曆十八年，張前光增置東門。崇禎九年，黃承宗增築南北（48）甕城。

國朝順治五年，陳自德周圍徹底重修。康熙四年，錢振龍修築城墻一千三百五十餘步，磚垛二百口，城樓一座，炮房十間。十五年，李天璣徹底重修南門一座，周圍城墻五百餘步，炮臺十五座，更鋪十三座，磚垛五十六口，迄今堅固如初。

（97）按慶邑地勢洼下，南北大路，墻垣每年秋冬修築，春則傾圮，旋築旋傾，誠未便也。設以壕代墻，限以深闊，則壕深而堤必高，可以護行旅、防盜賊，又可以泄水患，兩堤栽植榆柳，以蔭行人，以備材用，一舉四善，不易之良法，一勞永逸，但民力維艱，不易舉也。

乾隆《任邱縣志》

乾隆《任邱縣志》，成文出版社有限公司，1976年。

任邱縣

（卷二"建置志·城池"，253）城始於漢平帝元始二年，中郎將任丘築。元至正間沒於水。明洪武七年，知縣雲霄重建。永樂間，知縣謝魯重修。弘治間，知縣畢璽隨居民以展，象其形，曰襆頭城。正德間，知縣李獻重築，拓而方之，周五里九十五步，高三丈七尺，視舊址益宏。隆慶間知縣胡峻德，萬曆間知縣顧問俱復（254）修。萬曆三十八年，知縣侯提封始修磚城。國朝乾隆辛未，本郡太守今升臬憲王諱檢，督知縣陳文合，徹底重修，堅實峻整，屹然名城矣。門四座，舊東曰先春、南曰南瀛、西曰西梁、北曰北雄，各有樓。今東曰迎曦、南承熏、西登瀛、北拱極。角樓四，東南曰登瀛、西南望瀛、西北來山、東北徵海。正德間，知縣倪璣修並題扁，西南樓今無。池，取土築城，因而城池，闊五丈，深三丈，潦則水，旱則涸。知縣王齊復加深廣，即玉帶河也。護城堤，河內若通衢，河外如崇崗。

（255）橋四座，東曰東阜、西曰西成、北曰拱辰、南曰登瀛。水關四座，西面一，北面一，東面一，南面一，以泄城中聚潦，咸甃以石，防以閘，以時啟閉。知縣王齊創建南水關，今淤。

民國《束鹿縣志》

民國《束鹿縣志》（五志合刊），成文出版社有限公司，1968年。

束鹿縣

（卷二"建置志·城池"，83）按縣治新城，新圈頭市也。明天啓二年，滹沱河潧沒舊城，撫院棠邑張公鳳翔相新圈頭市而城之。四年甲子，知縣華亭張履端創建土城一座，周圍六里零一百四十步，高連垛口不及二丈，底厚二丈餘，頂寬僅數尺，城門四座，角樓四座，垛口共計八百六十，炮臺二十座，窩鋪三十二；池一道，寬二丈餘，深二丈餘。至崇禎九年，知縣濰縣楊琦重修，增高加厚，高連垛口三丈一尺，底厚三丈，頂寬一丈六尺餘；城上女墻一道，高三尺；城外夾墻一道，高七尺，寬三尺；池寬五丈□□□□一道，寬二丈二尺，深一丈五尺；瓮城四座，又樓（84）四座，城上魁星樓一座。東門曰啓明，瓮城曰眺瀛；西門曰成寶，瓮城曰瞻恒；南門曰咸亨，瓮城曰文明；北門曰胥宇，瓮城曰拱辰。國朝康熙七年，大雨坍塌。八年，知縣南昌劉昆捐俸庀材，重修。

（卷二"舊城建置·城池"，110）本縣舊土城，周圍五里，高一丈五尺，闊九尺，濠深七尺，闊一丈，東西南北皆土門。元至正十八年，總兵官八旦修築，後坍塌。明洪武二年，知縣應通重修。景泰癸酉，知縣黃子嘉增修，周圍高二丈五尺，闊一丈八尺，女墻及四門皆磚砌之，門裏以鐵，門上建樓各三間，工起於是歲四月，越明年甲戌三月告竣。董是役者，醫官張彝實之功居多焉。成化甲辰，知縣胡海重建四門，城上樓三間，角樓各一間。弘治十八年，知縣周鏞因四門殘壞，仍用鐵裹，署扁東曰寅賓、南曰時熏、西曰安阜、北曰拱極。正德七年春，知縣薛韶因流寇擄掠，復加修築，高三丈，上闊丈五，濠深廣各二丈，外垣高二丈餘，樓櫓、垛口、冷鋪、角樓、火槍、藥箭、木炮石、四門吊橋、周圍簽木俱備。正德九年秋，知縣閻濟增修倍於前。天啓二年，滹沱河（111）決沒。

民國《任縣志》

民國《任縣志》，成文出版社有限公司，1969年。

任縣

（卷二"建置·城池"，127）邑城，周五里五步，高三丈，基闊四丈，頂闊二丈，外皮基甃以石，上砌以磚，內皮築以三合土，門三，東曰鞏固、西曰金湯、北曰鎖鑰，各建樓其上，城隅建炮臺，內依各門之右鋪馬道，設門欄，而城之制備。周城浚隍，闊三丈，深半之，引達活水注其中，水繞三門，橋跨其上，而隍之制備。雖雄闊壯麗不及郡城，而在順德屬邑，則諸城之冠也。

城舊係土垣，創自元至大間。明景泰五年知縣劉譽，成化中知（128）縣熊宗德，弘治中知縣韓濂俱重修。嘉靖二十一年，知縣曾守成更葺之，高廣倍昔。萬曆元年，知縣袁（失名）闢南門。四十四年，署縣事通判凌子任復塞之。崇禎十三年，知縣盧時升以土垣難資守禦，盡易以磚，建敵樓三，炮臺二十四，邏鋪稱是。國朝順治四年，知縣杜天成重修，計三百八十丈。康熙七年，大水壞西城八十五丈。八年，知縣季芷重修。自是迄同治初元，閱百八十餘年，無修城之役，樓堞傾毀，磚土崩隤，幾復成土垣之舊。二年，知縣張光藻普事重修，工堅料實，後因款絀，惟女牆尚用土坯。光緒二十六年，知縣江南金悉易女牆以磚，復修壞補缺，遂成今日之觀。今惟內皮灰土為霖雨所衝，稍有剝蝕，餘皆（129）堅壯如故也。

（131）隍水上流自西留村南引達活泉水，東流行六里，至西郭外入城濠。分一支入西城水門，東流環學宮而北，從北城水門出，復注城濠。渠始浚不知何年，歲久湮塞。明嘉靖三十九年，知縣孫榮先重浚之，自是無大工役，不過隨時挑挖而已。

（卷二"建置·增補"，187）邑城，民國三年，知事林世英補修，計東城外磚皮五丈七尺，東（188）城、西城以內土皮三十六丈，城檐水口一律更新，並補修三門以外石橋，西北二門以外石閘。

光緒《容城縣志》

光緒《容城縣志》，成文出版社有限公司，1968 年。

容城縣

（卷一 "輿地志·城池"，217）城周圍三里一十五步，高二丈，下闊一丈六尺，上闊八尺，池深六尺，闊一丈二尺，歲久坍塌。明景泰初，大尹王豫重修。成化四年，大尹林景重修，名西門曰迎恩、北曰鎮朔、南曰景陽。正德六年，大尹劉相重修，有記，載 "藝文"。隆慶二年，大尹童思善奉文增高二尺，加厚三尺，壕池闊三丈五尺，深一丈五尺。三年，大尹李蓁春三門外各置木橋一座，上用欄杆，兩頭置八字牆，更城門名北曰拱極、南曰朝陽、西曰餞日。萬曆三十年，（218）大尹蔣如蘋重修三外門橋梁，又建坊於西門外，題曰 "秀擁太行"。萬曆壬子，大尹徐廷松撤舊基重修，增高加厚，創添門樓，有記，載 "藝文"。本朝康熙十二年，大尹趙士麟重修，額南樓曰南熏、北曰近宸、西曰攬秀。乾隆五年，大尹王之麟請帑重修。

民國《文安縣志》

民國《文安縣志》，成文出版社有限公司，1968 年。

文安縣

（卷一 "土地部·方輿志·城池"，77）邑城，周圍一千二百七十五丈五尺，計七里一分，高二丈五尺，城門五，東曰迎恩、西曰永定、南曰來熏、北曰拱辰、小南門曰作新。池深丈五尺，闊三（78）丈，外護以堤，創建何時，無從詳考。《舊縣志》謂，漢邑令趙夔創建。按《一統志》，唐廢豐利縣，移文安縣於其城。《唐書》云，貞觀元年廢豐利縣，移文安於其縣。《後漢書》注，文安故城在縣東北（今柳河故城正當現城東北隅），據此，現邑城乃豐利舊城，唐貞觀初，始省入文安縣。趙夔於漢武帝時爲文安令，所建城池，乃文安舊城（在柳河左近，有趙公祠以祀趙夔），非現時城也。《舊志》謂現城爲趙夔創建，誤。明正德九年，知縣王鼎重修，翰林院侍講李時撰記，見"藝文"李時《重修文安城記》，謂邑城周回九里，較《舊志》多二里。說者遂謂王鼎重修，增其式廓，查文邑人蘭溪令井焊《遷城議》，在王鼎重修後已六十餘年（正德癸酉重修，崇禎庚辰建議），仍照原址，並未擴充，九字蓋筆誤。萬曆丙辰，邑令鄭之僑修（浚池深廣，發土中石有玲瓏嵌空，結山形，高數尺者。自是邑不發甲科者三十年，疑傷地脉云）。崇禎九年乙亥，奉敕以土垣破門，無法守禦，保民四事，首列文安，嚴督修。（79）守知縣張上春，以仲冬奉嚴旨大修之，增高五尺，共計三丈，添磚堞甕城，其倍厚也，不取土於隍，而取土於闉，其增高也，不崇墉於上，而削址於下。越丙子仲秋，城破之日，猶拮据未遑也，是非修城，直毀之而已。清康熙二十八年，知縣張朝琮重修之。南門、東門各城樓極其高聳。作新門，從前久閉，至是始開。

　　按文安現係磚城，創自何時，《舊志》未載。查李時《重修文安城記》云："城周回九里，高若干丈，列雉堞、建樓櫓"，爲磚、爲土，均未記明。至張上春奉旨修城，增高五尺，添磚堞甕城，原因莊烈帝嚴旨督修，謂土垣破門無法守禦，故大修之。味土垣破門添磚堞甕城等語，既云土垣自是土城，既添磚堞，原本土堞。文邑磚城，殆昉自張上春歟？惟添者磚堞，則非全城可知，僅添磚堞甕城，則未修磚城可知。書闕有間，付之闕如可也。同治三年春，知縣曹大俊重修之，四年秋七月工竣，並於城上東南隅建（80）奎星閣，西北隅建玉皇閣，東城門樓有碑，知縣曹大俊叙，見"藝文"。六年，因梟匪擾境，知縣沈賡□浚池深廣，以備盜氛。七年以後，迭遭水患，城久失修，奎星、玉皇兩閣相繼傾頹。至光緒二十六年，拳匪肇禍，聯軍入城，炮轟北城門樓，西北、東北兩城隅亦轟毀。知縣王舒萼浚池，深廣八尺，四面一律挑挖。城以衛民，民保於城，民與城相依爲命也。論衆志成城之義，原不必高其垣堵、資其險要，然未可一概論也。吾邑之建有此城，自漢迄清，是補是修，於焉托命。同治丁卯，梟匪竄擾，民將殆矣，而任輦車牛，收集輜重，日以萬計，老幼婦孺卒免於難。光緒庚子，拳匪爲患，嘯聚南村，勢已危矣。閏八月十六夜，背城借一，戕匪無算，卒保安全，均城之賜也。不但此也，文安受六十六河之灌注，堤防潰決，洪水橫流，屯塞五門，如臨大敵。民國六年，平地水深兩丈許，驚波駭浪，勢如連山，城不沒者三版耳。（81）幸民夫齊集，拼命與爭，具畚鍤以補其漏，移雉堞以當其衝，卒能轉危爲安，不至載胥及溺。今痛定思痛，微城，吾其魚矣！噫敗址穨垣，固非若漆城難上，然以禦盜賊則城也，以捍大水則堤也，當劻寇驚濤之洊至，則城而堤，堤而城也。城之所關重矣哉！居是邑者，可任其穨圮不一爲修整乎？

光緒《無極縣續志》

光緒《無極縣續志》，成文出版社有限公司，1969年。

無極縣

（卷二"建置志·城池"，81）縣城，自知縣黃可潤環植以柳，蔚然可觀，後爲人所乾沒。同治九年，知縣丁文浚復植併修城樓。今則緣楊，（82）城郭儼然圖畫。

民國《無極縣志》

民國《無極縣志》，成文出版社有限公司，1976年。

無極縣

（卷二"建置志·城池"，55）無極縣，見《漢書·地理志》，晋省縣，城廢。北魏復置，改建今城。唐至德間，重築。元末，復廢。洪武二年，知縣張凱重建，周圍五里一百四十步，高三丈五尺，池深一丈五尺，闊一丈，東西南三門。天順七年，知縣石倫重修。正德二年，知縣於訓增北樓一座，以應三門，名曰四望。嘉靖元年，知縣郭允禮重修。嘉靖三十年，知縣張鶴構三門吊橋，築周城敵臺十二座。嘉靖三十八年，知縣張新又有增修。萬曆元年，知縣呂士偉於三門加高數尺，敵臺、垛口易以磚石，廣城一丈二尺，浚池二丈餘，有翰林張書作記。天啓三年五月，知縣王家徵於城東南角增修文峰塔一座，高三丈許，內祀文昌聖像以應觀宮（《縣志》）。清康熙七年，復修（雍正《畿輔通志》）。乾隆十一年，知縣黃可潤環植以柳，蔚然可觀，後爲人所乾沒。同治九年，知縣丁文浚復植，並修城樓，今則緣（56）楊，儼然圖畫（《續縣志》）。自木道溝改道，護城河終年無水。民國十三年，勸業所將城北環城空地，自城東門至西門改爲模範桑園。民國二十年，縣長耿之光以東西南三門城樓行將圮壞，完全拆毀，獨北城樓（舊名天花樓）堅固如常，改名爲革新閣，以示諸事革新之意。民國二十五年，縣長王桂照奉令將城垣損壞處盡行修補，於是城垣復完整如初。

道光《武强縣新志》

道光《武强縣新志》，成文出版社有限公司，1969年。

武强縣

（卷二"建置志·城池"，108）縣治，迄今凡三徙。舊在縣北三十里沙漄村，漢名武遂者是，沒於水。又築在縣南五里舊城村，即郎君淵，晉爲武强，今所謂廢城者是。周顯德二年，冀州刺史張輝始建今治，歷宋、金、元，屢毀於兵。明洪武初無城，英宗時始築，湫溢不足捍衛。（109）成化十八年，大水傾塌，知縣吳鳳鳴增築，周圍四里一百五十六步，高二丈五尺，廣一丈，門四，東曰迎旭、西曰西成、南曰永固、北曰迎恩，池深八尺，闊一丈五尺。正德、嘉靖、隆慶間，知縣韓宥、宋銳、張相、張籍、馬克、姚溓、胡愷、錢博學相繼修葺。崇禎間，知縣傅蒙庥易以磚垛。國朝康熙丁未，知縣李道光重修。甲戌，知縣冼國幹補修。乾隆乙丑，知縣吳龍見領帑重修（參《州總志》《舊縣志》）。

（110）《易》曰：王公設險，以守其國。《過秦論》曰：據億丈之城，臨不測之溪，以爲固。則高城深池，所以慎守戒嚴也。故君子譏渠丘之惡，而善蒲邑之完。武强之城，再圮於成化、嘉靖之間，而隆萬時又經屢徙。惟國朝三修之後，迄今八十餘年，雉堞尚復鞏固，雖東門、南門隅垣間多頹圮，而自道光戊子正月，聞有鄰戒，即與同城文武、紳士督夫修築，補其罅隙，浚其池隍，不數日遂蕆厥功，居民安枕無恐。（111）知金湯之固，誠未可以泄視矣。

同治《武邑縣志》

同治《武邑縣志》，成文出版社有限公司，1969年。

武邑縣

（卷二"營建志·城池"，99）武邑，原係土城。正統十四年，知縣張贇重築。成化三年，知縣楊琇重修。成化十三年，知縣馬昭繼修。弘治十四年，滹（100）沱河漲，城壞。正德元年，知縣成文重修，增建樓櫓。嘉靖二十一年，知縣魏廷重修，邑人徐璉記。（101）萬曆十四年，知縣王學易重修。至國朝順治間，少為補葺。咸豐七年，知縣陸時言重修，邑人李（102）冠群記。

民國《新城縣志》

民國《新城縣志》，成文出版社有限公司，1968年。

新城縣

（卷五"地事篇·建置"，157）縣城，在督亢亭南。先是舊城距亭近，唐文宗太和六年，遷置亭南半里，以土築之，周一千三百六十八步，雉堞一千有奇，高二丈五尺，闊八尺，門二，南曰耀德、北曰拱辰，池闊二丈二尺，深八尺，引紫泉河環注。明景泰三年，知縣劉純修敵樓二座，角樓四座。成化元年，知縣李循修補。正德六年，知縣楊澤修補。嘉靖五年，知縣陳璣增崇加厚。二十五年，知縣張仁修補。二十九年，知縣衛鈿增修牙牆，築重堤。隆慶二年，知縣李志學修理濠堤。萬曆元年，知縣戴蘭重修。三年，知縣曹一豸修南（158）北瓮城，增城頭鋪舍。五年，知縣張極修補。八年，知縣劉宗禹修補。十一年，知縣王好義平治馬道，整飭女牆，堅厚闊大，視前有加。崇禎中，巡撫丁魁楚題請甃城以磚，圍四里，高連垛口二丈二尺五寸，底闊二丈，頂面東闊一丈四尺，垛五百個，南北城樓四座，又建南北重門二座，玲瓏炮臺八座，大炮臺四座，門二，南曰耀德、北曰拱辰，箭簾如垛口數，濠池二道，深一丈五尺，闊三丈。清康熙十四年，知縣高基重修補。自茲以後二百四十餘年，為有司者不復修理，城多坍塌之處，人民出入城上，履如平地，濠亦淤塞不通矣。

謹案《一統志》，新城縣城，周三里有奇，門二，濠廣三丈。明時，因舊址增築。康熙十四年重修。乾隆十九年復修。考明時縣志俱佚失無存，僅據道光《李志》載其大略，而城池丈尺已與統志不符，竊謂《李志》所本當係康、乾舊志也。

民國《新河縣志》

民國《新河縣志》，成文出版社有限公司，1968年。

新河縣
（"經政考·營繕門·城池"，121）今之城垣，非復往昔之古治矣。古城之見諸籍載者凡三，一在武邑縣西六十五里（《畿輔通志·金石門》），一在今南宮縣西南二十里（光緒元年《舊志·建置中》），一在今縣治西三十里，其詳不可得聞已，茲將今城沿革一言之。

舊城，在縣西三十里。元太宗四年建。至元間，廢於水。至元二年，邑尹劉大雷始遷縣城於今治。至元二十七年，縣尹閻思齊繼修之，規模粗定。至正間，王完始築城池，周七里有奇，工廣未就，今城外官堤其遺址也。明洪武初重建。景泰元年（據《古今圖書集成》），縣丞冉通添築垛堞，周二里有奇，門三，濠外有堤（《舊通志》謂周四里）。池深一丈，闊如之。成化三年，知縣蕭智增修，城西街亦在成化間闢於蕭智之手。弘治元年，知縣郝安增修。正德六年，巡撫蕭翀遣正定府通判李志學來修，城基如舊而加崇，四門、四隅皆建層樓（此時蓋有四門），周城爲六鋪，城內爲馬道，外浚濠，深寬加於舊制，更置吊橋，屹然可恃矣。正德九年，知縣趙鑰應巡撫修城之檄，委教諭糜瑄任其事，募民勸義從事修建，門之樓增以四楹，覆霤重檐，城隅之樓易以磚石，基址鞏固，城之上列（122）八鋪以資戒備，門之外設三橋以備緩急，橋之下浚深池，城之下置簽木，城之北起中心臺、建鐘樓，縣之東修圈門、作樵樓，保障捍禦之具至是大備。其後嘉靖五年，知縣穆形增修。二十一年，知縣周寶更增設敵臺十二座。三十二年，知縣裴六德又將垛堞悉砌以磚，制堅而規亦拓矣。四十二年，知縣蔡懋昭加築城外舊堤（護城堤）。萬曆十一年，知縣王文煒因城垣圮壞，捐俸修築，改建磚樓四座，各三間，女牆內盡砌以磚。二十一年，知縣徐治民於三門外復建磚門三座，東曰迎旭、西曰養晦、南曰熏蒸，城牆周圍三里三十八步，根闊二丈，頂闊一丈，連垛口高三丈二尺，磚垛口一千二百四十有二，角樓四座，東南角樓改建魁星樓，即鐘樓舊基也（據"藝文"則初建於林士芳時），敵臺八座、腰樓八座，上覆以四明瓦房各一間，城門俱鐵葉包裹，吊橋三，城樓四，巍然改觀矣。城舊無北門，城外濠一道，深一丈二尺，寬二丈，濠外有土堤一道，根闊一丈，頂闊五尺，高七尺，遂益臻完備矣。清順治間，知縣李世連、程度增修。康熙七年，知縣張從元重修。十四年，土寇劉可達之亂，樓堞焚毀，知縣王汝翰捐俸修葺。道光間，知縣衛緒渙捐俸於城周植柳，景致幽雅。六十年，知縣張從元又修（見《雍正通志》）。至咸豐間，知縣石光榮又修。同治二年，知縣鄧明善勸民重修，改東門曰望瀛、西門曰瞻岳、南門曰迎熏，垛口、橋樓欲修，未果。三年，知縣褚繒修垛口並三樓，建文昌祠於北城上（後移縣立高等小學校內），三門外皆修吊橋。七年，（123）知縣陳子端浚濠堤。九年，知縣趙泓鈞重浚濠築城，典史胡逢春又栽蓮於濠，每逢蓮開時，清香滿郭，氣象一新，其後廢圮不治。民國十七年夏，縣長宋立鰲以縣款數千元重修，更改南門曰中山、西門曰自由、東門曰平等。

光緒《邢臺縣志》

光緒《邢臺縣志》，成文出版社有限公司，1969 年。

邢臺縣

（卷二"建置·城池"，169）邑自後周置襄國郡，始爲郡治，縣遂倚郭。隋《圖經》謂此城爲石勒所築，號建平城。沈存中又謂郭進守西山時所築，厚六丈，上可臥牛，俗呼臥牛城，則當日之壯麗鞏固可知也。明萬曆以前，土城圍九里三十步，厚二丈，似非舊制，然無可考。隍深丈餘，闊五丈，引達活泉水入城，周流街市，有板石橋二，今水久不通，橋亦湮廢。城門舊止二重，天順四年，郡守楊浩各增瓮城二重，上起層樓，東曰朝陽、西曰阜安、南曰通達、北曰拱辰。成化二十二年，郡守林恭築堞，四隅起箭樓，建邏鋪，東、南、北門外復建三石橋，改題東門曰宏濟、南曰來熏、西曰挹秀、北曰承恩。萬曆十年，（170）郡守王守誠始易以磚石，圍十三里二十丈，石基高一丈，磚三復入七進，高三丈五尺，厚五丈有奇，又於四隅、四門增馬道五，改題東門曰望齊、西曰歸安、南曰率賓、北曰國士，浚隍視昔加深闊。（173）嗣後，連年亢旱，隍水枯涸。萬曆十八年，知府張延廷、知縣朱誥復加浚治，水復盈隍，沿河樹柳数千株，堤墙亦加修築，旋爲霖雨衝蝕。至雍正十一年，知府陳法、知縣郭美申請修葺，動用庫帑千二百兩有奇，一律完固。乾隆三年，知府朱鴻緒、知縣徐時作盈河種蓮，今已無存。斯時周城磚石、雉堞海漫如故，惟内皮灰土多剝蝕，門樓有傾壞處及時修補，費少功多，但歲屢不登，未敢動用民力也（《舊志》）。至同治六年，知府任道熔、知縣趙映春、陶雲錦始集金二萬有奇，重修如舊制。

（174）南郭，咸豐年間舊有土墙，低隘不足資守禦。同治二年，前郡守王榕吉捐金三百，倡議築寨。知府李朝儀、知縣榮誥、夏獻烈各捐金數百爲紳民率，於時樂輸之數都二萬緡，乃於五月興工，次年三月工竣。周七里，堞高二丈二尺，基厚（175）二丈二尺，頂寬一丈二尺。六年，知府任道熔以修城餘款增建二石橋於寨外。

（176）隍水，源自沙底河，舊有蹬槽，年久湮塞。同治十年，知府任道熔、知縣陳金式重修，故道復通，河流始暢。光緒二十六年，知縣周世銘、王錫光先後督率典史孫德基及紳董等以工代賑，用倉穀千石有奇，挑浚城濠並修築橋堤。嗣以匪亂工停。二十八年，知府寶以（177）筠以工未就，復加修治，並發環城租錢一百三十三緡及義倉存款，交知縣戚朝卿督紳重修蹬槽，疏浚引河，而隍水之流復通（《檔册》）。

光緒《雄縣鄉土志》

光緒《雄縣鄉土志》，成文出版社有限公司，1968年。

雄縣

（卷十"地理"，104）城在瓦濟河之陽，周九里三十步，即初唐之歸義縣城。宋景德間，知雄州李允則展城至北岳祠，故南北長，東西狹。東門曰永定，南向；南門曰瓦濟，南向；西門曰易易，西向。東門外吊橋曰東作，西門外吊橋曰西成，今並圮。有鋭角炮臺十座，崇禎間，知縣張秉禮、曹良直聘馬維城用西法修築。舊有外羅城，宋李允則築，周十八里，今圮無存。永定門外有東西街，曰東關；瓦濟門外爲南關；易易門（105）外爲西關；以無北門故無北關。今圓通閣北即古雄州之北關也。

民國《雄縣新志》

民國《雄縣新志》，成文出版社有限公司，1969年。

雄縣

（"法制略·建置篇·城池"，88）周顯德六年，取瓦橋關置雄州，移歸義縣於州城。宋景德初年，李允則展築北城，故南北長，東西狹。又爲防備水患，築外羅城，浚濠引水，謂之雄河，其寬廣皆倍舊制。周圍九里三十步，高三丈五尺，廣一丈五尺，東南西三門，東曰永定、南曰瓦濟、西曰易易，門上皆有樓櫓，南樓有鐘以節晨昏。池深一丈，闊三丈，東西吊橋二，東曰東作、西曰西成。仁宗康定年，北城上建真武閣，閣即允則所建之東岳祠，時北人胡知遠來侵，夜半見真武現形，尋敗遁，乃令祠真武。明洪武初年，知縣程九鼎重修城浚池。弘治元年，知縣王夢賢修城垣，開四街，券三門，浚池深闊，植柳三行以固堤岸。正德末年，知縣馬紀重建二吊橋。嘉靖元年，知縣王子麒重修城池。（89）嘉靖三十年，知縣胡政磚甃垜口二千九百八十四，建敵臺二十四，吊橋二。嘉靖末年，知縣劉羽國同縣丞劉天健建文樓於東城。嘉靖中，城濠水各於城東、城西分流，南入瓦濟河，故南門無吊橋。其後城濠上不通河，下亦不入河，蓋絕其源流，而另開濠以抱南城，故南有吊橋。馬之騆云以東西之名例之，當曰南訛。隆慶中年，知縣王述築堤捍水。萬曆二年，縣丞房選建西城龍門樓、東城文明樓。龍門樓下爲西水門，又名龍門，賓興士子皆從此出，今名官溝，久淤。崇禎十四年，知縣曹良直用馬維城議，補建八臺，連前二臺，俱以磚灰甃固，令認懇荒地之戶，計畝輸磚灰，隨給印票，俾爲永業。又浚深池。馬之騆四修志云，張、曹先後建臺，禮聘馬維城，彌日坐守，指示規模，眉目鼻頤一如西制，且極（90）堅實，迄今六十年，凝峙如故，又每臺之上建將廳一間，火藥庫房一間。順治中，盡拆去他用，馬之騆西洋臺詩："明季增城壘，西洋銳角臺。神威曾震叠，物望益崔嵬。創自先君子，貽諸久後來。將無忘締造，特與記胚胎"。崇禎十五年，知縣張京浚重池。清康熙七年，知縣戚崇進重修城東南隅鐘樓。康熙八年，知縣姚文燮修南門、西門二城樓，補周城傾頹。康熙十五年，知縣謝檀齡修城池、三門。□□□年，知縣來淑洙修城池。□□□年，知縣王輔修城池，增垛口，翻蓋三門樓。康熙二十七年，知縣張重啓買磚添補垛口五十六處。民國二年，縣知事王瑚收回城濠地一頃三十二畝三分四厘九毫，環城栽柳。清代康熙年，雄縣設駐防營，防守尉負守城責任。城濠淤地悉爲披甲旗兵屯種。入民國來，縣議會議歸縣有，收城濠租京錢四十吊。民國（91）十一年，旗兵將城濠地升科，遂爲私有矣。民國十年，縣知事高茂樅以南門傾圮，拆磚修二鋪堤壩，並於南門兩側修建官房各六間，招租津貼勸業所。又經縣人某議決，拆西門磚及十臺磚修築西關六鋪磚壩。

光緒《永年縣志》

光緒《永年縣志》，成文出版社有限公司，1969年。

永年縣

（卷五"建置志·城池"，102）永年附郭廣平府，舊城始唐以前，周六里二百四十步。元侍郎王偉守郡增築爲九里十三步。明成化間，知府熊懷重修。嘉靖二十一年，知府陳俎甃以磚石，高三丈五尺，廣二丈五尺；上建城樓四座，角樓四座，鋪舍二十六座，以便戍守；內置甬道二十九，繚以門垣。四十三年，知府崔大德加重垣於郛，以防水患。崇禎十二年，知府歐陽主生改舊垛一千七百五十二爲八百七十六，增鋪舍五十七座，高垛墻三尺，各甕城外設重門樓櫓。國朝康熙七年，大水浸城，傾頹數處，知府劉光榮重修。歷（103）百餘年，至乾隆五十九年，洺水決堤，壞城垣七十餘丈。嘉慶初，知縣莊允治詳請興修，因費絀中止。道光二年、十四年，大水壞城，至二十三年，又續坍三十餘段。咸豐二年，知縣陳政典修外垣磚工，五年修南城樓。六年，知府長啓修東西城樓。九年，知府王啓曾修北門城樓。同治三年，知府楊毓枬修城內土垣（官紳共捐京錢三萬餘串，用石灰和土徹底興修，工堅料實，一律完固）。四年，知府李朝儀、知縣王德炳修西北隅外垣。其南關閣門，道光五年，知縣沈惇厚重修。同治七年，禦東捻有效，乃增建垛口，並建東西北關閣門。

池，舊深一丈，闊十二丈。金正隆中，盜起，洺州防禦使伯（104）德特離補引水注城濠以爲固。明成化十二年，知府李進建閘引水，蓋師其遺制也。嘉靖間知府陳俎，崇禎十一年推官余忠宸、知縣宋祖乙益浚治，闊三丈，深一丈。年久淤塾。國朝咸豐九年，知府王啓曾浚之，改啓安民閘引水注濠，廣者或數十丈。東捻入境，郡城獲全，濠有力焉。

同治《元城縣志》

同治《元城縣志》，成文出版社有限公司，1969 年。

元城縣

（卷二"建置志·城池"，210）縣城，原在城東十里，唐魏博節度使樂彥禎所築，周八十里，號河北雄鎮。宋慶曆間，復建爲北京，百官有司，略如東、西京故事，詔輸內府緡錢十萬，築行宮，城愈壯麗。金元以來不可復問。明洪武三十四年，水汜爲患，都指揮吳成始徙築今城，視原基什九之一，高三丈有奇，設四門，東曰體仁、（211）西曰樂義、南曰崇禮、北曰端智，外皆有橋。成化八年間，知府熊祥建層閣於四門之顛。弘治中，御史沈浩、石祿相繼守郡，復增築焉。嘉靖以來，漳流併衛，頗有囓城之勢。隆慶四年加葺。萬曆二十二年秋七月，雨霖連注，水高尺許，城隅幾成巨浸，南城及社學陡然崩盡，所壞官舍民居十之五六，士民震恐，知府塗時相瞿然謀諸縣曰："城之圯也，基不固矣"。取榆木堅質者，定丈尺之制，周遭椿釘密比如櫛，計入地五尺許，幫砌功倍，更於南門下陰建溝陘，俾通注入河，四門（212）城樓及角樓、垛口、鋪舍、攔馬墻咸飭新之。迨國朝康熙十二年，積雨崩塌，自西而南迤邐數里，知縣陳偉歷稽修葺，舊例夫役出二十九里，上地三名，中地減之，下地又減之，工價悉科田畝，未免困疲，乃慨然曰："行則病民，不行則病國，計將安施乎？"竭蹶捐木石、灰磚之費，並給俸錢以贍工，民樂從事。二十年，知府鮑復昌再葺。四十九年，知府俞品增修女墻。乾隆二十二年，大名縣知縣勞敦樟請帑重修，後圮損。道光十年，知府辛文沚勸捐修補，一律完整。咸豐三（213）年，大名道何耿繩、前知府蔚文率大名知縣黃賜履、元城縣知縣楊子儀，倡捐浚濠，修葺城垣外面，署知府毛永柏倡率修築內垣並炮臺十二座，一律完固。

光緒《趙州屬邑志》

光緒《趙州屬邑志》，成文出版社有限公司，1969年。

柏鄉縣

（卷一"建置"，69）柏鄉縣城池，四城樓，同治十三年知縣吳光鼎重修。

隆平縣

（71）隆平縣城池，同治二年，知縣鄭沂重修城垣，建城樓，池亦浚深，至今賴之。

高邑縣

（75）高邑縣城池，查《縣志》，周圍四里五弓，除已載《縣志》不叙外，同治二年九月，知縣李振林稟請修理城垣，未及舉辦卸事。後任盧天澤，始終其事。查《册》載，城垣高二丈，周圍六里五十二丈，舊設磚角墩四座，磚腰墩二十七座，共方五十四丈。土城四百九十三丈，磚城一百四丈九尺二寸，俱已坍塌殆盡。除城門四座，共計八丈仍用磚脚外，其餘城身以及角墩、腰墩一律改爲土城。自同治二年九月二十六日開工，至同治三年四月十八日告竣，共用制（76）錢一萬五百七十四千四百八十文，係官紳、士民捐輸修理，現在大半坍塌。

寧晉縣

（79）寧晉縣城池，城墻倒塌，僅存基址。咸豐元年，知縣丁學易修築東、南二面。咸豐五年，知縣鍾秀接修西、北二面，周圍計六里餘，南、北、東城樓三座。咸豐元年，知縣丁學易一律鼎新，較舊規益宏壯。舊無垛口，咸豐六年，知縣過錦雲於守城戒嚴時，倉猝修建，卑不蔽身。同治八年，署典史徐紀堂加高五尺餘，並添修水口一百二十道，以免雨水衝刷，迄今三十餘年，風雨摧淋，垛口、水道俱廢。舊無炮樓，同治七年，知縣胡岳初建五座，紳士孫漢桂等捐修三座，共八座，今廢。舊濠久成平地，同治二年，知縣（80）過錦雲於守城戒嚴時，撥附城二十里內民夫挑挖，較舊加寬加深，其工甚鉅。北門外，增設三關，又名通趙坊寨，南面附城牆，東、西、北三面三門，土牆周三里餘。同治七年，知縣胡岳監修，三關商民自行捐辦。

民國《寧晉縣志》

民國《寧晉縣志》，成文出版社有限公司，1969年。

寧晉縣

（卷二"建置志·城池"，249）城土築，周圍陸里，計壹千九百九十步。春秋本楊國故墟。魏名曰楊城，舊址周回十有餘里，今半為縣城。唐天寶元年，始改今治。（250）明成化九年，知縣陸愉增建，城高二丈，闊壹丈，池深壹丈，闊二丈。成化二十年，知縣徐以貞再重修。弘治十八年，知縣吳儀增築，城高三丈，闊二丈五尺，池深二丈五尺，垛口九百六十六，環城窩鋪十座，門三，無西門，北門曰通趙、南門曰寧昌、東門曰環秀。嘉靖三年，知縣阿其麟增築三子城以翼三門，北曰迎恩、南曰迎薰、東曰迎輝。嘉靖二十六年，知縣王寶創建東門外月城，高二丈五尺，垛口四百四十一個，窩鋪三座，門曰永壯，橋曰接瀛，北門橋舊曰安澤，南門橋舊曰澄浟，月城樓並舊城四樓及垛（251）口皆重新增修，高厚倍昔，有大學士郭樸碑記。天啟四年，知縣曹拴衡重修築。崇禎十一年，知縣胡應瑞再築。城樓瓮城：清咸豐元年，城牆倒塌，僅存基址。知縣丁學易修築東南二面，南、北、東城樓三座，並瓮城仍就故址，亦一律鼎新，較舊規益宏壯。咸豐五年，知縣鍾秀接修西北二面，兩次修葺，周圍計六里餘，計費三萬金。垛口：舊城無垛口，咸豐六年，知縣過錦雲於守城戒嚴時倉猝修建，卑不蔽身。同治八年，署典史徐紀堂加高五（252）尺餘，並添修水口一百二十道，以免雨水衝刷。炮樓：舊城無炮樓，同治七年，知縣胡岳初建五座，紳士孫漢桂等捐修三座，共八座，今廢。池：舊濠久成平地。同治二年，知縣過錦雲於守城戒嚴時，撥附城二十里內民夫挑挖，較舊加寬、加深，其工甚鉅。北門外三關寨，又名通趙坊寨。同治七年，北門外增設三關，修築寨堡，東、北、西三面三門，南附城牆土垣，周三里餘，知縣胡岳建修，三關商民自行捐資創建。民國十五年，三關商民自行重修。東瓮城，民國六年，坍塌南北二面，知事鍾剛中修葺

（253）垛口。民國十六年，垛口、水道久已俱廢，知事吳寶善於冬防戒嚴時，就墻上平垣處倉猝修築，大小遠近不等。

光緒《定興縣志》

光緒《定興縣志》，成文出版社有限公司，1969年。

定興縣

（卷二"建設志·城池"，77）經始金大定九年，土城，基圍五里八十步，高二丈，闊一丈五尺，隍深八尺（樓鑰《北行日記》，縣本黃村，近以爲邑。今歲九月方築城，四旬畢工。按是書以宋乾道五年，當金大定九年，使金目睹，必可據依。《舊志》作大定七年，似誤）。明成化四年，知縣郭賢（78）增高五尺，添女墻千堞，門四，東迎陽（今曰康衢）、西天慶、南景化、北廣華（今曰拱辰）。嘉靖五年，知縣宗鉞建北門城樓。十三年，知縣張文琇創敵臺十六。四十五年，知縣呂文南重修，建議導馬村河繞城未果。隆慶二年，知縣王三聘補城臺而恢廣之，改景化門爲迎熏。五年，知縣任鎧重修，始甃以磚（《陳藻任侯去思碑》云：舊皆以土，隨修隨壞，歲費市民銀數百兩。侯通計工費，申當道，易以磚，不數月而三門鼎立，女墻完美，望者改觀）。萬曆中，知縣李瑾、宋繼登以次修築隅臺。天啓六年，大水城圮，知縣王永吉重修。崇正九年，知縣鍾四達奉檄繕治。國朝順治九、十兩年，霖雨城圮，知縣王德新重修。（79）乾隆三十一年。知縣蔡廷斗請帑改建，外磚内土，□准，舊基高二丈四尺，底寬三丈五尺，砲臺二十，角臺四，女墻一千二百五十八，四門各設門樓，每座三間，規模稱備（《乾隆志》）。咸豐三年知縣沈純，同治七年知縣趙秉恒，光緒元年知縣朱乃恭，九年知縣嚴祖望相繼重修。

民國《定縣志》

民國《定縣志》，成文出版社有限公司，1969年。

定縣

（卷三"政典志·建置篇上·城郭表"，165）明洪武初，都督平安展築舊城，四門各建月城、城上樓，門各有重門，四面异其制。城外圍二十六里餘一十三步，高三丈，月城周遭盤折，可容數千人。景泰二年，鎮守都指揮吳玉修葺之。成化十九年，知州裴泰、守備胡英、張永忠、胡永昌重修城上冷鋪百六十所，定州、騰驤、武功三衛屯軍分守。嘉靖元年，州牧倪璣扁四門，東曰博陵、西曰平鎮、南曰永安、北曰定武。（166）萬曆四十四年，州牧宋子質修東南北三面城及四城樓。故事，州民應修者止南一面，餘三面衛應分任之。後定州衛以納糧折操之故，不肯受役，惟騰驤衛指揮胡進忠以折操爲非城守如故，至是獨奉西城之役，餘三面皆宋牧任之。四十七年，知州沈廷英隨處修補雉堞完整，樓櫓煥然，復扁其門，北曰瞻宸、南曰迎泰、西曰望恒、東曰觀海，時以東防告警之故。清康熙甲子，知州秦生鏡修城垛一千五百餘丈，補葺城樓三座，補建北城樓一座，環城爲河，闊十丈，深二丈。時有設法捐修，毋擾民力之旨。因公議，依萬曆年例，自南門西至西南角樓忠順營主之，餘皆州官任之。雍正七年，知州王大年訪求泉源，捐發三百餘金，環城挑浚，溉田八十餘頃。嘉慶十五年，知州薛學詩重修南北二門。時以駕幸五臺回鑾出定州之故。道光初，知州袁俊復修東西二門。光緒十年，知州陳慶滋重修東南二門城樓，受罰之人民捐修。

（167）按《前志》云：州城爲漢舊基，北魏拓拔珪修建完固。至宋爲重鎮，此殆肊度之詞，酈道元爲北魏人，《水經注》所稱不及拓拔珪可證也。至酈道氏云，城爲管仲所築，疑似之言，姑存其說，已見"沿革篇"。而所云，中山王故宮，處在盧奴水東北，其制甚詳。元魏時，悉加以土，爲利刹靈圖。石趙建武七年，遣北中郎將始築小城。後燕因其故宮建都小城之南，更築隔城興復宮觀。以今形度之，中山故宮似在今城之東北隅，而小城更在其南，隔城又在小城之南，大約今城偏東一帶，南北之地皆在其中矣。此時定城之沿革，不免漏略，爲附記於此。

民國《涿縣志》

民國《涿縣志》，成文出版社有限公司，1968年。

涿縣

（第二編"建置"第一卷，73）城，周九里五十九步，延袤一千六百四十九丈有奇，垣高三丈，基廣二十四尺，上較基殺三分之一，雉堞二千一百九十有九。志稱舊爲土城，至明景泰初，知州事黃衡始甃以磚石，有門、有樓。清康熙六年，知州李勳重修。厥後，以時加葺，金湯之固於萬斯年矣。顧其形，東北缺，自西以南則環而突出焉，里人因名爲臥牛云。門樓四，北曰拱極、南曰迎恩、東曰進德、西曰積慶，東、西、北闉闍各三重，南二重，現在東、西、南三門樓均經民國十六年炮火擊毀，惟一北門樓僅存，然亦破壞不堪矣。（74）池，深七尺，廣三倍之，現已淤平，惟南、北吊橋各一僅存。水門一，在西門南偏，康熙年，州判馬星階、郡人劉元士鑄鐵爲柱四，界流以杜不軌之潛出入者。

康熙《重修阜志》

康熙《重修阜志》，成文出版社有限公司，1969年。

阜城縣

（卷一"城池"，17）阜城縣，土城，周回五里，徑直二里，女墙內闊二步，東、西、南、北正街爲沿街四門，城外爲池以衛城也。池外有堤，以防水也。（18）明成化乙丑，知縣林恭申允廣其基築之，增設二門，遂爲六門。正德丙子，流寇陷城，知縣梁愷重修。嘉靖庚戌兵變後，詔畿輔增城池，知縣姜密鼓舞義民改修。隆慶元年，知縣王經修葺。六年，知縣鞏邦（19）固易以磚陴。崇正乙亥，知縣姚鳳增修。國朝自崇正壬午兵燹，城池傾圮，越者如履平地。順治乙酉，知縣蕭應聘稍葺。戊子，知縣張昌祚重葺，割去林恭所增東城新垣，截（20）堵重修，東門曰產聖、西曰守義、北曰中藏、南曰長仁。康熙庚戌，知縣曹邦重修。

順治《元氏縣續志》

順治《元氏縣續志》，成文出版社有限公司，1969年。

元氏縣

（卷一"城池"，19）城上更鋪，原修瓦鋪一十六間，添修土鋪一百八十一間，僅能停歇城兵，暫蔽風雨，遇變，紳衿守城無止宿處。順治六年春，知縣祖永烝添修瓦鋪四十八間，門外向，窻南向，紳衿不至露寢，太平可作書舍。城外女牆，順治五年，陰雨連綿，倒塌既盡。六年春，知縣祖永烝周圍復築牆一千餘堵，高六尺許，近門處各添設柵欄，以禁止往來。三門吊橋，久廢。順治六年春，知縣祖永烝各添設（20）吊橋一座。城上魁星樓，年久風雨侵壞。順治五年秋，知縣祖永烝往祭，憫其不可登拜，矢志重修，捐俸五十金，化紳衿助資，改規制欲如文昌閣，取其堅固可多歷年，所因是歲九梁星占廟，不敢輕動。六年夏，興工，陰陽官呂進有監督序文，載後。池岸，陰雨崩頽幾塞。順治六年春，知縣祖永烝浚築如初。三關頭，舊設柵欄，壞。順治四年冬，知縣宮廷珍各（21）建門房一座，以仿古八重關設險之意。三門石橋柵欄壞，順治六年春，知縣祖永烝復設柵欄，堅固倍昔。

咸豐《固安縣志》

咸豐《固安縣志》，成文出版社有限公司，1969年。

固安縣

（卷二"建置志·城池"，120）城池之□□以前不可考已。明正德六年，盜起山東，轉掠河朔，邑常被戕，民始知懼，時以廷臣議增築郡縣之無城郭者。正德十四年，御史盧與、知縣王宇請助鄰封，得霸州及永清等縣，各以其衆來助，乃築土城，周方五里二百六十九步，東西徑三百八十步，南北徑七百零八步，高連女牆共二丈三尺，下闊與高同，上闊七尺五寸。鑿池圍城，深廣各若干尺，又闢四門，東曰寧遠、西曰豐樂、南曰迎熏、北曰拱極，各建層樓三間，有記。嘉靖六年，知縣李玦鑿池，深一丈五尺，闊三丈。嘉靖二十九年，知縣蘇繼因土城傾圮，請於當道，始修磚城，其周方、上下、高闊丈尺與土城同。嘉（121）靖四十四年，知縣何永慶因舊城卑隘且有圮者，復增土加甓，仍舊制而重修之，高連女牆共二丈九尺，下闊三丈三尺，上闊九尺，垛口一千二百一十一個。崇禎二年，知縣秦士奇以城垛被毀，一一補修，重浚池深三丈許，闊四丈餘，門設吊橋，兩岸築堤高七尺，闊五尺。崇禎四年，知縣申請塞砌六百餘口，中留炮眼，三月而工竣。國朝順治間，累遭河衝。康熙十八年，地震坍塌。康熙三十四年六月，大雨，洪水橫流，盡行溢潰。乾隆四十九年，知縣李光理請帑銀十二萬七千餘兩，重造磚城，上厚一尺八寸，下厚三尺，城頂高一丈九尺，寬一丈二尺，下寬一丈六（122）尺，通計下長九百五十八丈八尺，上長九百五十九丈九尺。咸豐二年，知縣吳燾捐修。三年，河決，城東北月墻衝塌。四年，署知縣陳崇砥倡捐，並召邑民捐資補修。

光緒《鉅鹿縣志》

光緒《鉅鹿縣志》，成文出版社有限公司，1976年。

鉅鹿縣

（卷二"建置志·城池"，116）舊城，在今縣北十有一里。唐垂拱元年，因漳水爲患，遂徙於東南隅，周圍七里十三步，高三丈，基闊三丈五尺，上闊一丈二尺。池附於城，深一丈五尺，闊二丈。初闢四門，南迎熏、北拱辰、東通陽、西安德。嘉靖七年，知縣張光祖於東南增修一門，曰聚奎（俗呼爲小東門），通舊爲五城，上復建一樓曰桂籍（後廢）。三十年，知縣王宮增（117）修陴堞，砌以磚，知縣孔學易又增修戍樓（後廢）。萬曆五年，知縣張東曉重修城垣。十二年，知縣何文極於西門內創建磚屏一座，周圍復修戍樓、瞭墩、巡鋪十三座（後俱廢），去城里許又營外郭以禦漳水。崇禎十二年，知縣孫接武重修城垣，通砌以磚。順治六年，知縣劉□進增修城門樓四座，城上窩鋪百餘所（後廢）。十七年，知縣王彌於西門外創修照壁一座，以固風氣（後廢）。自是以後，歷年久遠，城垣、門樓俱已坍塌。咸豐九年，知縣石元善重修四門，各具其名，南曰來熏、東曰迎旭、（118）西來挹爽，惟北門仍舊，復修譙樓四座。同治六年，知縣方汝翊重修城垣，復修聚奎門樓一座，城四周增修炮臺十二座。

民國《威縣志》

民國《威縣志》，成文出版社有限公司，1976年。

威縣

（卷二"輿地志上·建置"，136）城周六里六十四步，高三丈二尺，闊三丈，上闊一丈五尺，門四，東曰迎和、西曰岳秀（《舊志》作迎成，不詳何時所改）、南曰向治（《舊志》作迎熏）、北曰迎恩。舊城高一丈三尺，厚九尺。明成化中知縣李圓、王政，弘治中知縣劉鎰相繼增修，高厚稍加。正德間，知縣姜文魁、崔節奉兵備副使檄修，高厚如今制，建城樓、角樓、瓮城各四，敵臺二十四所，每臺上蓋腰鋪三間，垛口一千四百一十一個。嘉靖四年，知縣錢術增修外郭，高一丈，闊稱之，繞栽樹木以爲阻固。二十六年，知縣胡容修城浚池。隆慶三年，知縣焦冕易垛以磚。萬曆二十一年知縣史學遷，清順治三年知縣袁天秩，康熙十一年知縣李之棟各有修葺。咸豐間沈溶，同治間知縣方蔭樾、張延緒、溥福相繼大加修治，此後遂無大役。宣統三年，西牆及北牆坍塌，知縣居賢舉補修。民國九年，知縣蔡濟襄因防匪亂，（137）垛口之不完者補之以坯，又於四角樓各起更鋪一間。民國十三年冬，知縣周輝遠補修北城東面一段，西城南面一段。環城爲池，其里數視城有加。明隆慶間知縣胡容，清咸豐十一年知縣沈溶，同治間知縣溥福各有浚治。光緒間，知縣張聯恩於東北二面皆種蓮蒲，並繞池樹楊柳兩行，未幾水涸蓮蒲不生，而所栽之樹以經紀無人，盜伐殆盡。近年來農會爲提倡林業計，復於池畔徧栽楊柳，培植保護倍極周至。池因日久失浚，積淤漸平。民國十四年，知事崔正春懲治烟賭各犯，罰作苦工，浚掘池隍，看將竣工也。

按縣城，自正德間重修而後，迄今僅數百年。陵谷變遷，城上之角樓、敵臺、腰鋪以及嘉靖間增修之外郭，均已傾圮無存，而城垣、門樓亦多坍塌穿透之處，見在工大費煩，民生凋敝，尚未敢遽議修治也。又按《舊志》，垛口之數爲一千四百一十一個，今則爲一千六百六十二個，意者隆慶間易磚時將垛口面積縮小，故增多耳。

咸豐《深澤縣志》

咸豐《深澤縣志》，成文出版社有限公司，1976年。

深澤縣

（卷三"建置志·城池"，59）縣城未詳創建何年，周四里一百六十七步，高二丈五尺，上闊一丈，下闊二丈一尺。池闊一十二步，深一丈，角樓四，門三，東曰廣陽、南曰懷德、西曰安遠。明正統中，知縣高文修築，未久傾圮。景泰中知縣陸通，成化中知縣梁驥，正德中知縣李文綉，嘉靖中知縣李承式，隆慶中知縣宋之范各增修。萬曆間，知縣陳來朝增置甕城，改東門曰受生，外曰崇仁；南門曰暢明，外曰順化；西門曰悅物，外曰尚義。國朝康熙十三年，東門樓坍塌，知縣許來晉重修。又以城濠淤塞，於十四年募工開疏，一如舊制。三十年，知縣陳奕禧重修。四十五年，知縣蔣洪澍大加修築。先是修築，率（60）多簡略，甚或鏟厚就薄，以□平直名曰增修，實捐其舊。是役，因濠取土，且浚且築，下增厚五尺，上增厚二尺，築成，雉堞煥然改觀，而皆按社撥夫，官捐日食，故工成而民不擾。及工竣後，濠內忽遍生蒲草，彌望青葱，衆咸異之。按，邑有城池，民之保障所係綦重。縣城在康熙二十年以前，制度仍爲完備，城上有門樓，有埤墻，有更鋪，有守具，城外堤上有更鋪，城內大小巷口皆有栅欄。修城，則本縣十五社民春月分界補葺。其後漸不如舊，遂至睥睨一空。蔣令一修之後，竟難其繼。近者坍塌日甚，畚插無聞，雨水衝嚙，如懸崖斷岸，至不可往來。總緣怵於勞民，不敢擅動人夫，雖羽檄飛催，令設法捐修，亦僅抱空言，誠守土者之深憂也。

民國《成安縣志》

民國《成安縣志》，成文出版社有限公司，1969年。

成安縣

（卷一"疆域·位置·城池"，69）吾邑城池，元以前不可考。明正統中，知縣張雲重築，周圍三里有奇，高二丈一尺，池深一丈五尺，東、西、南三門，東曰善政、西曰輔政、南曰迎熏。成化四年，知縣劉堯闢小東門於東門左，曰廣居，以便薪水，門各建樓。嘉靖二十二年，知縣鄭寅築城浚池，城高二丈三尺，根闊一丈八尺，寬八尺，易垜以磚，計一千七百三十，池深一丈五尺，底闊一丈，面闊三丈，建角樓四，窩鋪十二。二（70）十五年，知縣萬文彩重修門樓，區其東曰迎輝、西曰拱極，池兩岸植柳千餘株，民號萬公柳。四十二年，漳河溢堤决，善政、廣居門俱壞，知縣劉希尹重修，更善政門曰大東。萬曆十二年，知縣李瑁區大東門曰"陽谷生春"、西門曰"太行西望"、南門曰"清漳環抱"、小東門曰"挹輝"。三十二年，知縣劉永脉重修。崇貞六年，知縣李宗昉於北城建德勝樓三楹。八年，知縣曹養鯤建東西門吊橋，門樓各一座，磚築鋪臺共十座。九年，建北城人和樓三楹。十二年，修磚城，高二丈九尺，垛厚一尺五寸，敵樓四座，長治門樓一座。清康熙十一年，知縣王公楷重修東城迎輝樓。郭門，明嘉靖元年，知縣桂萼建東關，東南北各一。二十一年，知縣杜聰於（71）四門外建郭門各一。明嘉靖二十一年，知縣杜聰於城外築土堤，高丈餘，後為水所壞。清康熙十年、十一年、十二年，知縣王公楷節次增修，周圍一千七百七十八步，高二丈有奇，寬如之，又於東南增築外堤，長七百六十步，高一丈五尺，寬一丈，兩堤相望，環抱蛇蜒，疊遭水患，足恃無恐（見《舊縣志》）。

縣城，向有官修。自清咸豐年間，世道荒亂，四鄉居民多逃城避難。爾時，正值洪楊崛起，清室不遑兼顧，各村分段修築，功成甚速。厥後，詳明上峰，特加獎許，廣賜學額一名。至今鄉老傳言，成安小縣，大學有由來焉。迨清光緒二十一年，知事戚朝卿蒞任成安，見城垣殘缺，倡議重修，匾西門曰安定、南曰南門、東曰大（72）東門，小東門仍曰廣居。時戚公政聲甚佳，人民樂從，號令一出，各村鳩工庀材，踴躍爭先，不數月，而觀厥成，直有庶民攻之不日成之之象云。

民國《望都縣志》

民國《望都縣志》，成文出版社有限公司，1968年。

望都縣

（卷三"建置志·城池"，87）邑城環堯母臺外，據丹朱墓西。唐武德四年，築舊城在伊祁山南五里堯山下，都山北十里，今唐縣之故城是。北齊省入北平，唐復置縣，築此，縣名定武，殆取武德時所定歟？歷宋、遼、金、元，修築相仍，創制未備。明洪武二年，重修，周圍四里有奇，高三丈，廣二丈，南北二門。池深闊俱七尺。景泰七年，邑令唐復以城連堯母陵，恢而擴之。天順三年主簿成斌，成化中知縣譚論，嘉靖中知縣胡諧、楊廷美、陳鯤，隆慶中知縣馬卿增修。萬曆十八年，邑令張前光增置東門。崇禎九年，黃承宗增築南北瓮城。（88）清順治五年，邑令陳自德周圍徹底重修。康熙四年，邑令錢振龍修築城墻一千三百五十餘步，磚垛二百口，城樓一座，炮房十間。十五年，邑令李天璣徹底重修南門一座，周圍城牆五百餘步，炮臺十五座，更鋪十三座，磚垛五十六口。因前者修築，俱不能持久，乾隆三十一年正月二十九日，經邑令衛公學詩勷帑起工，及典史曹文英督役，外面盡易以磚，且時值饑饉，窮黎又得藉工以活，衛公治工未竟，又經邑令陳公洪書接任承辦，多方籌劃，於乾隆三十二年七月竣工。計周圍長七百二十六丈八尺，合四里十三步零，南北瓮城二，東南角奎星樓一座，角臺五座，炮臺十一座，頂寬一丈四尺，底寬二丈六尺，高二丈，共需工料銀三萬二千九百餘兩，以千餘年土築之城，而易爲磚築之城，不費民間一錢，不役民間一工，真當時之盛舉也。嗣於（89）民國十七年，晉奉之戰，城面磚石損壞無餘。十八年，復經城紳劉廷珍等倡議補修，稍見完整。

　　按《乾隆志》載，城河一道，闊四丈，深三尺，北面重河一道，寬深如裏河。今寬則不及，而深則倍之。《光緒志》載，城之隍池，即北龍堂堅功泉等八水周圍旋繞而成，其闊二丈，深六、七尺，活流湯湯，四時不息，勝甲他邑，可以種蓮載菱，以收自然之利，建響水石閘一座於東北隅。今則闊仍其舊，深則不及三四尺矣。

山 西 省

乾隆《解州安邑縣志》

乾隆《解州安邑縣志》，成文出版社有限公司，1976年。

安邑縣

（卷三"城池"，67）安邑縣城，自後魏始，高四尋，闊半之，圍六里十三步，池深丈餘，爲門四，東曰迎慶、西曰永寧、南曰南熏、北曰拱極，四門重樓，各有角樓凡四，戌鋪凡九，南城三。明景泰初，縣令稽岩重修。隆慶間，縣令袁宏德築東西二月城。四面猶然土障，年久圮剝。國朝乾隆二十一年，邑令李本榯詳請民修，未及舉行。二十三年，邑令楊過翰踵事修築，民情踴躍，輸金成工，繚垣加厚五尺，腹裏不完者補之，上築女墻，東月城、戌鋪、角樓（68）皆甃以甓，城面悉用磚，屹爲重鎮，有記勒石。

運城，在縣西一十五里，磚城，周圍九里十三步，詳載《運城志》。

民國《安澤縣志》

民國《安澤縣志》，成文出版社有限公司，1968年。

安澤縣

（卷三"建置志·城郭"，185）城者，衛也，所以衛人民也。安澤小邑，僻處深山，城垣之設，由來舊矣。其間創建增修不一，其人要皆大有神於斯邑者。城周圍二里一十二步，高三丈，上闊一丈二尺，下闊二丈，池深五尺，開東、南、西、北四門。

考邑城自隋大業二年改岳陽縣爲城。元至正二十八年，守禦斷事宋恭肅、縣尹段文質修築城垣，開南西北三門。明成化二年，溫家溝水漲，衝壞南城一半，而城非復舊制，知縣岳讓鳩工重修。弘治間，知縣姚顯繼修。嘉靖十年，知縣周冕築兩關土城。萬曆四十四年，知縣羅日瑞磚甓北門。崇禎六年，知縣喬王翰（186）石砌東城一角。崇禎九年，知縣戢邦禮石包東域一面。清順治十二年，知縣郭奇勳土築北城一面。康熙元年以後，知縣李丕先、趙時可、朱亮采、王勖陛相繼修理。康熙三十年，知縣盧振先創開東門。康熙五十五年，知縣方邃創建東門樓。雍正元年，知縣鄒汝謙創建北城樓二座，東南角樓一座，重修南城樓二座、鐘樓一座，補葺東南北三面城墻垛口二百二十八堵。道光五年，知縣宣麟創建護城河堤百餘丈，以防水患，當時董其役者邑人宋時瑗、宋繼曾、張鳳志、李在嶠也。十一年，知縣徐文翰修西南隅城垛。二十九年，知縣王爟修補河堤六十餘丈。咸豐三年，署知縣蕭大成石砌南城十丈五，改東南角樓爲文昌祠，以（187）縣治係癸山丁向，不宜開東門，塞之。十年，澗水泛漲，衝毀河堤五十餘丈並南城一角。十一年，知縣銀沆葺新之。同治七年，知縣勞文慶以東門既塞，城樓不宜獨存，乃撤其木瓦，添修南北二樓，凡城垣之破損者，補修之，並改東南角文昌祠爲奎光樓，增其崇，肖魁星像於其中焉。光緒十四年，邑令舒清阿同邑紳李名標、王之浚、張清佐創建南關、新南門，工未竟，邑人以出入不便中止。查現在南關甕城門，濱臨大河如脫囊，風水之說雖不必信，而一洩無餘，殊少含蓄，不如靠西山修路至大覺寺坡底而止，由新南門出入往來，避過去水，較爲兜裹完密，後之君子庶留意焉。

（188）按邑東門於咸豐三年，因兵燹杜塞，非關風水之說也。光緒二十一年，邑令張維彬同邑紳李名標、王之浚、張清佐、王之哲創建東門月城，並石砌東城墻九丈，南北兩角迤東城墻二十餘丈，西北城墻六丈，補葺四面城垛口，重修城東北角鐘樓一座、鼓樓一座（即岳陽樓）、關帝廟一處，凡城垣之傾圮者，咸補修之，遂開東門。宣統三年，因匪亂復塞東門。民國二年，縣知事李鍾珩同縣議會議長、議員喬逢源、劉致中、趙維鼎、李鍾英、趙重文、孫林生、王祖培、張善運、李篤生、田在心、劉寶瑢、王光裕、張慶瀚、王麟元、邢天祺、宋煥章、馮興魯、王恩培、劉肇基、白守貞、李德福、何杰、賈文光、張敬書、黨之璜並邑紳王之哲、李聯科、王捷三重築西（189）門外安民堡圍墙二十丈，城之周圍損壞者一律修葺，復東開門，從此岳陽完全四門矣。地靈人杰，吾邑其寖昌乎！

康熙《保德州志》

康熙《保德州志》，成文出版社有限公司，1976 年。

保德州

（卷一"因革·城垣"，94）保德城，係宋淳化間因林濤寨舊垣拓而南者，隨山削險，頗堅固，獨西南臨溝，隨修隨圮。金大定二十一年，知州李晏退西南城，築木瓜崖，廣五步，袤一百七十步。因宋熙寧間鑿井皆淤塞，創開西門（在孫家溝稍北，今西門之南五十步），以便民汲（有碑記）。元至正間，署州學正劉章甫重修。明永樂十一年，州同尹惟志重修。宣德八年，知州任泰重修，周圍七里二百五十步，高一丈八尺，南大北小，形如葫蘆，西、南各一門，東北、西北各一角門，各建樓於其上，窩鋪六十四座。後西南漸爲水嚙，弘治十五年，奉文調苛嵐縣、靜樂、嵐縣等夫修之。明年秋爲雨所壞，又明年知州周山改築三溝城於堰口下，用石甃之，分城中水爲四渠：一在金溝，水出城西溝；一在□溝，一在新美街，水俱出火石溝；一在學門東，水出屬（95）壇下溝。懸扁城樓，東曰望東、西曰安西、南曰治內、北曰來遠，城制視舊遂不同。嘉靖三十年，東北潰決百丈餘，知州藍雲鳩工伐石，東北角作一渠，長三十丈，闊二丈，深一丈，水東流（即今草□溝）；西北角作一渠，長二十餘丈，闊深如前水，正北流（即今屬壇下溝）；正西作二渠，各長十餘丈，闊深如前水，山西溝曲流（即今苦水、孫家二溝）。門垣、女墻無不完葺（有碑記）。嘉靖四十二年，知州李春芳磚包南門，移遷西門（有碑記）。萬曆二十年，巡撫呂閱邊至州，勘得本州土城不足恃，撥軍壯五千餘名磚包。適遇寧夏兵變，不果。萬曆二十九年，兵憲趙至州，慨議磚包，委知州韓朝貢估議應用匠役四千七百二十名，俱於四路原額修工軍壯內派撥，應支廩給食米、鹽菜、木植、鐵料銀八千六十六兩二錢，俱支用在官雜項銀兩，不費民間一錢一力，轉詳巡撫白允撥太汾平潞等州縣軍壯包完，高三丈五尺，長一千九十三丈六尺，四門各建一樓，東曰迎恩、西曰阜成、南曰南熏、北曰鎮朔（有碑記）。城外遺土崗四處，勢甚淩逼，萬曆四十年，（96）知州胡楠削平之。又四十一、二年，雨潰水道兩處，城圮四十餘丈，申允本州軍壯修理，於孫家溝、草場溝各開一水道，建小樓於上，以憑高禦敵且補風氣。國朝順治六年，牛逆竊據，大兵致討，炮擊壞西南城八十餘丈。越歲，知州安世鼎修理（有碑記）。後歷年，東北西三面塌毀六處，城樓俱圮，狼夜入城。康熙六年，知州張光岳修完三處城約數十丈，南樓一座，窩鋪四座，門房二座，餘三處未修去任。二十四年，知州高起鳳奉文修城，改甃東北角，退故城基數武，修完前壞處各十餘丈，塞故水道，於草廠溝、州治衙各鑿池貯水，每雨甚，水溢輒從閭閻橫流。二十八、九年，東北城基各壞數十丈，修築未完，升去。三十七年六月，大雨，城圮六、七十丈，東門外衝成溪壑，行人阻絕，知州唐文德設處修築，而城尚未修，日久益壞。四十六年，今知州王克昌鳩工修築北城，自四月起工，至九月止，約長三十六丈，高三丈六尺。又四十九年五月內，修築東城一丈五尺，重建東城門樓，補修南城門樓，俱煥然一新。

（97）護城樓，一在東門坡下（今存），一在南門外演武場（兵毀），一在西門外和尚圍（兵毀），一在北城下（今廢）。

南關土城，周圍里許。崇禎間，鄉官王邵請上創築，今壞。城中井舊有四，一在西門內，一在大寺內，一在所衙前，一在西營後。西營井廢，復鑿孫家溝一井。草廠溝四井，水俱苦，不可飲（今俱廢）。

胡洵陽曰：城南北故長四里有奇，後裁去南城里許。今文昌閣前尚存故址，演武場即昔之儒學也（見《通志》）。舊城雖土築，然沿險臨深，形如壺字，殊不受敵，自改三溝城於□口下，舍高就卑，遂失古人據險意矣。磚包，非不巍然金湯，乃分理苟且塞責，西北兩面潦草尤甚，而城下地鄰日肆蠶食，致城基漸頹，蠹城之禁（98）在寄專城者特加之意耳。

楊永芳曰：設險守國，城垣甚重。況保德為太原北屏，全晉安危係之，尤當加意者。奈年久壞多在，國家既無動支正項之例，而瘠土貧民又無力可輸。今雖多方設處修完數丈，然尚多頹垣，無米難炊。憂時每廑長慮，且城中苦涸，武備盡弛，不知何日得享完固之樂也。

雍正《定襄縣志》

雍正《定襄縣志》，成文出版社有限公司，1976年。

定襄縣

（卷二"建置志·城池"，102）古城，周遭二十五里，頹廢，僅存遺址。縣城在古城內北隅，北齊武成、河清二季，周將楊忠築，周遭四里七十三步，卑薄不堪固守。天順間，屢中虜患。嘉靖初，知縣張榮增修。隆慶元年，知縣常世勳郭外（103）東西北三面築圍牆，□廣一丈五尺，高如其數，時□□侳□，南面未築。明年，知縣李廷儒大修城池。萬□元年，知縣王濯徵重修西南門樓，皆張九□記。十三年，知縣白璧修東西瓮門，各題石刻，東曰保障、曰輯寧，西曰慶成、曰靖邊，南曰保泰、曰宣平，小南門曰永康，廢塞北門。萬□三十二年，知縣王興包修磚城，各城樓題扁，自記。西北兩處屢多傾圮，三十六季，一百三丈五尺，知縣魏從周補修。四（104）十二年，九十六丈七尺，知縣王立愛補修，增飾各城樓，加以扁聯，東內仍"股肱畿輔"，外易"賓陽"；西內易"保障天門"，外易"寶成"為"慶成府諱"；南內易"天中覽秀"，外仍"迎熏"；小南門內易"塞北雄觀"，外仍"映輝"；北南向，仍襟帶山河題聯："鎖鑰壯金湯形勝南來誇第一，山河雄帶礪輿圖北拱可無雙"；內扁"覽勝樓"，樓下扁"晉陽鎖鑰"，北向易"四塞金湯"。四十四年，北面東傾圮一十四丈三尺，知縣董一經補修。國朝康熙四十二年，傾圮南門磚城一十三丈有奇，恭值皇恩蠲免全省租糧，知縣王時炯補修。六十一年，南面傾圮磚城一十五丈四尺，知縣杜瑛倡捐修葺。雍正三年秋七月，霖雨彌月，南面傾圮一十五丈（106）四尺，北面傾圮一十七丈，知縣王會隆詳請捐修，又修久圮東門樓與小南門樓二座，東門樓內扁易"天衝興旺"，雉堞聯延，樓櫓矗峙，屹然壯觀焉。又以護城坍毀，池堰衝嚙，躬督畚锸，培薄增卑，陂者以平，缺者以補，蜿蜒盤折，周匝靡遺，襄雖逼邇雁雲，何煩鰓鰓過慮哉！

《續志》曰：古定襄城在今縣治城外。舊傳夏後氏所築，漢為縣，後廢。今縣乃其內城耳。城周遭三里二（107）百三十四步，高二丈五尺，此載在郡志者，歷歲彌久，而規制完整，且崇高巍煥，鬱為巨觀，實較勝於曩時云。

民國《浮山縣志》

民國《浮山縣志》，成文出版社有限公司，1976年。

浮山縣

（卷五"城池"，175）縣治，舊在郭城（即今故縣）。五代唐同光中，徙置於此，周圍四里一百二十步，高一丈五尺，池深一丈（《府志》作四里一百五十步，高二丈五尺，池深一丈五尺），南臨深塹數百尺，蓋天險也，堪輿家僉謂鶴形。門四，明景泰間，知縣衛靖增修，東曰朝陽、南曰阜民、西曰大有、北曰平寧，各建城樓。正德八年，知縣徐環重修。嘉靖二十三（176）年，知縣毛述古重建城門。按南門舊在大什字街，與北門正對，即今觀音廟處，其橋爲山水所圮，修築維艱。清康熙十八年，知縣潘廷侯移建於舊門之東約百步，門外築橋，邑民便之，名曰潘公橋，有碑記。三十四年，地大震，城垣傾圮，西南隅幾成溝壑。五十六年，邑宦張堯、張天經、張大綸等首倡捐資，重修完固。西門舊係直出，知縣陸張烈善風水，每云此門若曲大利居民，且發科甲，因改向西北，建魁星樓於以上，改西門額曰凝秀、南曰文明、北曰拱極、東門仍舊。是科丁酉，席豐、張大統，果登賢書，而居民從此繁庶，漸有起色。雍正九年，邑宦張堯、張大統、張嗣昌、張鷺舉等捐資創建四門城樓，復（177）增扁額，東曰"堯山毓秀"、南曰"文明氣象"、西曰"爽氣西來"、北曰"雲山北向"，署事知縣錢標記。後百餘年，至同光朝，環垣殘缺，迄未重修。光緒二十九年，邑紳張再錫僅提議將西門魁星神相樓移東門城樓，未言修城。後經陳逆倡亂，城遂不守。民國三年，知事張作霖與縣紳陝大緒等分工十段重修。七年，知事任祖蔭以潘公橋塌，近城門，派邑紳張桂書督工在橋東加寬丈餘，上築土墻，始免危險。十三年，閻督通飭各縣一律修城，知事李廷英集紳會議，劃分工程爲四十餘段，由各主村撥工分築，垣墻加厚，寬可並肩。十四年，張再錫以迷信非是，復改西門爲直出，迎面建一大影壁，以復古（178）制焉。

乾隆《廣靈縣志》

乾隆《廣靈縣志》，成文出版社有限公司，1976年。

廣靈縣

（卷二"營建·城池"，56）廣靈城，舊爲土築，肇於唐莊宗同光二年。中間記載缺如，莫得其本末。明洪武十六年，知縣葉公時茂重修。天順間，御史馬公以廣邑城卑薄，奏請增修，報可，命蔚州知州史家魁增築，後知縣程公觀、孟公繼先、孫公武臣、馬公應明、馬公志誠相繼增修。萬曆□□年，兵部侍郎吳公兌奏請發内帑命知縣□公□□□甃以磚石，周圍三里一百八十步，高三丈六尺，堞六尺，脚闊三丈，頂闊一丈五尺，垛口四百七個，城有二門，南曰景陽、北曰永安，門上建樓二座，各三間二層，四隅建角樓四座（今廢，止存東南隅一座，名魁星閣），鋪樓八座（今廢），壕（57）深三丈，廣如之。崇禎十三年，戴公君恩於兩門外各築護門磚臺二座。

光緒《廣靈縣補志》

光緒《廣靈縣補志》，成文出版社有限公司，1976年。

廣靈縣

（卷二"營建·城池"，23）志書載，明崇禎十三年，知縣戴君恩於兩門外各築護門磚臺一座，今止存南門外一座（北門外磚臺廢，土址存）。又《補志》，本朝同治十一年，西城磚面連垛口塌四丈餘，知縣劉務純勸捐里民重修。

民國《和順縣志》

民國《和順縣志》，成文出版社有限公司，1976年。

和順縣

（卷二"建置志·城池"，68）按和邑，土城一座，周圍二里二百五十步，高連磚垛三丈七尺，根寬二丈五尺，收頂一丈五尺，門三座，南曰康阜、西曰寶凝、北曰拱辰，角樓、敵臺共十一座，磚垛口八百一十六，更房三座。正統十四年，知縣王衡補修（疑在永樂年）。萬曆二年，知縣蘇性愚益（69）磚砌。十三年，知縣李繼元益土坯泥砌，外浚深壕。順治十六年，知縣李順昌重修南北西三城樓。康熙八年，知縣鄧憲璋補修。雍正十三年，雉堞盡廢，知縣趙懋本重修，全補磚垛。乾隆十年，知縣蔣祖培磚砌西門。二十一年，知縣朱汝璣重修奎光三層樓。乾隆二十八年，知縣侯日曦補修角樓四，東城樓一，西城樓一。迄今失修，又百數十年，地瘠民貧，大祲之後，無所設施，但循年例造報完固，而俟年歲順成，尚有待於後之蒞事者。

民國《洪洞縣志》

民國《洪洞縣志》，成文出版社有限公司，1968年。

洪洞縣

（卷八"建置志·城池"，405）城垣，高三丈三尺，周五里二百五十步奇，垛口二千二百九十（406）有五，門六，東曰賓陽、西曰拱汾、南曰迎熏、北曰望霍、東南曰安流、東北曰玉峰，上建層樓，四維角樓各一，門左右為敵臺，前為重門，又前為吊橋；城上東北隅增築一層高丈餘，長五丈餘，下為洞二十，名曰重城；城外為池，舊深一丈，寬三丈，流水環抱，栽種芙蕖，每當盛夏，翠蓋紅衣，望如雲錦，兼以錦鱗游泳，蜻蜓、水鳥點綴其間，往來行人詫為美觀。考縣治，自隋改名洪洞，徙治今地。相傳舊無城垣，至明正統十四年，創築土城，周圍五里奇，高一丈六尺，厚八尺，池深八尺，為門六，東曰朝陽、西曰射秀、南曰時和、東南曰安流、北曰光化、東北曰玉峰，門上各建小樓。景泰、弘治間，知縣趙翔、邢昭相繼重修。池上周圍開馬路、植柳株。弘治十七年，澗水衝塌東南城數堵，知縣鄭選修補之。正德六年，詔天下修築城池，知縣皮正偕邑紳韓文、李杲增築四隅角樓，並建女墻，甃以磚，改門之朝陽為賓陽、射秀爲拱汾、時和爲迎熏、光化爲望霍，餘二門如故。隆慶元（407）年，邑紳晉朝臣以土垣易摧，難資保衛，慨然仗義輸財，糾集邑紳韓廷偉等協謀興修，土易以磚，基砌以石，高三丈五尺，基寬二丈五尺，頂寬二丈三尺，周圍較舊增長二百五十步奇，工甫竣，會知縣王詔至，六門改建層樓，並角樓重新之；池增寬三丈，深半之，馬路宕爲二丈七尺，周以欄墻，視舊堅且大焉。三邊總督侍郎西蜀高文薦記其事，輸金、督工姓氏俱載金城祠碑，暨六門臥碑。崇禎初，知縣楊天精勸令邑紳楊義捐資三百兩，於六門左右增建敵臺。辛未，流寇薄城，乘東北高阜以瞰城內，知縣李喬昆督令千總李養模、庠生晉承寶、耆壽李元楷、晉承蕙、鄉約郭應禎於東北隅城上更建重城，以防窺伺，高丈餘，長五丈餘，下爲洞二十以便宿卒。知縣楊廷掄於六門加置重門，尤爲嚴密。清康熙間，知縣杜連登、陳兆業相繼重建南北二門城樓。五十四年，知縣薛壇重修垛口。雍正七年，知縣余世堂移建題名樓於西門城樓。先是，題名樓在邑西南汾澗交流處，年久毀圮。至是，邑紳劉周頌、段湣、葛師亮、李丕承、商凝乾、晉參兩呈請改建，督工者劉周頌、商凝乾、貢生晉參兩、生員宋天眷、禮部儒士胡澄、吏員考授從九品景美壽、官何繢、鄧景亮、駐防管隊李虎，本門總理劉居仁修理瓮門，督工則劉周頌、晉參兩、宋天眷、生員商秉轂。復浚城濠周圍七百六十五丈五尺。乾隆七年，知縣梁（408）瑞正令邑紳劉藩長、於履壇等捐資重修東門城樓並東南角樓。三十四年，邑紳晉嵩元等重修東北角樓。道光二十四年，知縣陳景曾邀集邑紳王樹梓、韓人杰、劉元鶴、張培、李國柱、左宜之、左寶論、盧鳳、喬清麟、岳耀、胡倫、王清元、鄭向榮、柳若枋、楊萬世修葺城樓。同治八年，知縣李國瀛同邑紳商劉同申、李安邦、劉序、辛光耀、韓銘、高瑚、侯愷、鄭德元、郭景青、劉炬、□鵬鶱、申永禮、楊拱、蔡天相、翟耀邦重修全城垛口，至今永賴焉。

光緒《吉州全志》

光緒《吉州全志》，成文出版社有限公司，1976年。

吉州

（卷一"城池"，37）周，晉公子夷吾築。明景泰初，知州王亨修，因山爲城，周一里二百九十步，高三丈五尺，無池。嘉靖初，判官包鍾以廊賊猖獗，創建外城，東築土城二百五十丈，西築石城二百二十丈，民賴以安。後知州蔣賜再增外城，計周四里，南臨山澗，皆壘以大石，門四，東曰太和、西曰永康、北曰淇北，南水門曰定遠，內城門樓曰崇安，東西各建層樓，北建小樓，東門外城前築建瓦（38）城樓，曰長寧。署知州事鄉寧縣知縣李節廉於西城建□臺五座。國朝順治間，知州葛全忠修。康熙間，知州南鯤修城牆堅固如初，惟垛口、女牆多半零落。雍正間，知州甘士瑛修。乾隆三十二年，直隸吉州知州謝自□承修，鄉寧縣知縣福祿協修，新建東石城三十四丈，加高並補修南石城長一百二十六丈，西石城長三十四丈，補修土城自新建西石城接連起，由北自新建東石城連接止共長二百一十二丈，新修移建城樓四座，補修西關坍塌一十九丈。

（39）新增：嘉慶初，知州蔡國臣以城甚湫隘，拆西城，以西關城爲西門。自此以後，地方漸衰，文風不振，科甲遂絕。堪輿家皆曰：城爲龜蛇形，西城門折則洩龜之氣，焉得不敗。下迨道光、咸豐、同治以至光緒二十六年，署吉州知州李鑄下車，閱見城內外城牆頹塌，雉堞毀圮，有志重修，苦於無資。適是年，天旱成災，因報災請賑。上憲發銀一萬一千兩，以人多銀少，恐有不敷。遂與州之紳士謀議稟請上憲以五千兩並州之倉穀，按戶口人數次第賑濟，撥銀四千兩以工代賑。起工於光緒二十七年春二月，正值青黃不接之時，斯民賴以全活者甚衆。仍移修西城於舊址已（40）圮之舊東門，營建新南門，計修新城門樓二座，補修舊城門樓二座以及城內之水洞、衙署之大門、大堂。不數月，而皆煥然一新，並補周圍石城與城上女牆，落成之日，匾東門曰太和、西門曰阜城、南門曰叠錦，規模較昔爲宏。

同治《稷山縣志》

同治《稷山縣志》，成文出版社有限公司，1976年。

稷山縣

（卷二"城池"，148）城北枕崑侖崗，南距汾水二里。隋開皇間，改高涼爲稷山縣，徙治汾水之北，城始創焉，周五里十三步。明景泰初，知縣胡士寧重修。正德五年，知縣來亨（149）增修。嘉靖二十三年知縣於薨，二十九年知縣楊文卿相繼修葺。嘉靖乙卯，以地震城垣盡頹。隆慶元年，以虜警，知縣孫佋奉檄修浚城池。經始於戊辰三月，迄九月告成，計城厚丈有八尺，崇視厚增爲丈者二，池深爲丈者三，闊如之，闢門五，東曰望堯、西曰思禹、南曰帶汾、北曰屛射、東北曰引泉。門各有樓，樓皆二層，觀甚偉。角樓四，魁樓一，敵臺二十有五，臺各有亭，雉堞千四百有奇，各以甓，規制巍然，方伯亢思謙記。崇正四年，流寇薄城，知縣李（150）燧庭浚池，增築內外重垣，邑人賴以無□。崇正十一年，流寇峰起，知縣薛一印奉檄增設敵臺，俱甃以磚。國朝順治間，知縣姚延啓重修，自記。康熙元年秋，霪雨四旬，城垣崩潰一百九十二丈、樓臺九座、窩鋪一十二所，知縣孟孔脉重葺，城郭爲之壯觀。四十六年，知縣謝兆龍復加修焉。

嘉慶《介休縣志》

嘉慶《介休縣志》，成文出版社有限公司，1976年。

介休縣

（卷一"疆域·城池"，91）城外磚內土，周圍八里，高三丈五尺，基闊三丈二尺。女牆高五尺，門四，東曰捧輝、西曰臨津、南曰迎翠、北曰潤濟，門外石橋各一。

《通志》云：魏孝靜帝時始建，遷翔州軍，備禦外患，築土爲垣。按《魏書·地形志》，西河郡介休，有介休城，是北魏介休不復治漢故城，其所置者在今縣東南二十五（92）里。《元和郡縣圖志》云，後魏明帝時爲賊所破。至孝靜帝更修築，遷翔州軍人鎮之，因立爲南翔州，但領軍人，不領郡縣。然則即魏之介休縣城，宜建自太和中，至孝靜但修之耳，非始建也。其城在今縣東南，而非今之縣治。以《水經注》考之，今縣治實漢故城，當晋惠帝永興即爲劉淵將喬晞攻破矣。明正統十四年、景泰元年，知縣王儉、彭鏞相繼修葺，四門建譙樓。正德二年，知縣郝槃於城四隅增設小樓。隆慶元年，知縣劉旁重修築，高一丈二尺，幫厚八尺，增敵臺一百十餘座，闊二丈，作窩鋪於其上。萬曆二（93）十六年，知縣史記事增築西門、南門，藩城竪懸樓二十有六，增窩鋪一十有四。崇正四年，秋霖，城崩數十丈，知縣李雲鴻設法修固。六年，南城崩數十丈。七年，又崩，知縣張諭聖重修，由御使張煊奏請也。國朝康熙十四年，東城崩三十餘丈，知縣趙端重修。二十五年，知縣李應龍修四門譙樓、四隅角樓。三十年秋，淫雨，東城崩三十餘丈，知縣王塤修築。三十四年四月初六日，地震，塌垛口二百五十四處。嗣內外城亦多毀損，知縣王塤均修復之。乾隆二十年，署知縣康勳修繕南門。二十七年，知縣葉楷茸垛口二處，補（94）修一百十四丈。三十一年，知縣吳步青修西城二十丈。三十四年，知縣王謀文修垛口二十一處，重建角樓四座，歲久復多傾圮。嘉慶二年，知縣祝德全捐俸首創，在城紳士張煐等共捐銀一萬三千兩有奇，繕治樓垛，並茸四門，順城關加以鐵葉包裹（詳碑記）。

關城，包城東北二面，內外皆土築，長一千一百餘丈。明嘉靖元年，邑民黃裳等磚甃北關門，樹鐵柵以洩水。萬曆三年，知縣康又民磚甃東北關門，增築圈城。崇正十三年，邑人御史張煊奏准，外面易土爲磚，知縣徐擢、李若星董成之，門五、水門二（編修劉正宗撰記）。（95）國朝乾隆三十四年，知縣王謀文增建角樓三座，高二丈四尺，深廣各一丈二尺。

池，環城東西南三面，深廣各二丈。明隆慶二年，知縣劉旁重浚之。國朝乾隆三十四年，知縣王謀文因河道久淤，自城南村疏至西濠，達韓屯村，長二千七百二十二丈，由南濠繞城而北，計長一千三百五十一丈；又從沙河橋鑿北河一道，入梁家堡，長三百五十八丈，合流注汾。五十八年，知縣徐大緯復浚濠二千餘丈。嘉慶二十四年，知縣陸元鑨督率典史陳聖鏞，暨紳士（96）李城等繕治北城之塌毀者五丈餘，西城垣土內削，增築之，並修各堵水溜，重甃北關出水門，南門外炭渣積，起移以浚城濠，疏通城內東大街溝道，掘水洞深六尺，長五十丈，上下周圍各砌以石，又買比連董族之地十三畝，開挖池塘，備霖雨，積水歸焉。工成，城關捐銀姓氏並經營巔末當勒石以記。

民國《介休縣志》

民國《介休縣志》卷十五"營建考·城池"，成文出版社有限公司，1976年。

介休縣

（409）考《舊志》云：今之縣治，實漢故城，當晉惠帝永興時爲劉淵將喬晞攻破。《通志》稱，魏孝靜時所建者，乃在今縣東南二十五里，其城但築土爲垣，今已不可復考矣。明正統十四年、景泰元年、正德二年、隆慶元年，知縣王儉、彭鏞、郝榮、劉旁相繼修葺，築高倍厚（410），增建敵臺百一十餘，底闊二丈，作窩鋪於其上，可考者有隆慶四年繕城記。（411）萬曆二十六年，知縣史記事增築西門、南門，藩城竪懸樓一十有六，增窩鋪一十有四。崇禎四年秋霖，城崩數十丈，知縣李雲鴻設法修固。六年，南城崩數十丈。七年，又崩，知縣張諭聖重修之。清康熙間知縣趙端、李應龍、王植，乾隆間知縣康勳、葉楷、吳步青、王謀文踵事修理。嘉慶三年，知縣祝德全有繕修城碑記。（412）洎後歷次修補，城郭完固，外磚内土，周圍八里，高三丈五尺，基闊三丈二尺，女牆高五尺，門四，東曰捧囗、西曰囗囗、南曰迎翠、北曰潤濟，門外石橋各一。

關城，包城東北二面，計長一千一百餘丈，初内外皆土。明嘉靖元年，邑民董裳等磚甓北關門，樹鐵柵以洩水。萬曆三年，知縣囗又民磚甓東北關門，增築圈城，修北關水門。崇禎十三年，邑人（413）御史張煊奏准外面易土爲磚，知縣徐擢、李若星董成之，編修劉正宗撰《繕關厢記》。（414）計關門五，曰文家莊門、曰東關門、曰侯家門、曰師家門、曰西關門。水門二，在南者曰南水門，在北者曰北水門。清乾隆三十年，知縣吳步清修葺。三十四年，知縣王謀文增建角樓三座，高二丈四尺，深廣各一丈二尺。嘉慶二十四年，知縣陸元囗繕治北城之外塌者五丈餘，西城内垣土崩者數丈，而贏垣内築流水堵數道，重甓北關出水門，起移南門外灰渣，浚鑿城濠，疏通城内東大街囗道，掘水洞深六尺，長五十丈，上下周囗各以石，復價買毗連董族之地十三畝，開挖池囗囗囗囗囗囗，工未畢而公去，繼任恒杰踵成之，有壬午城工記囗囗囗囗西廊。（415）道光十四年，知縣囗囗修葺城垣内外雉堞、女牆之傾圮者，使復舊囗。民國七年，知縣（416）陳賡虞因西關城門垣年久傾塌，阻礙交通，勸令關紳梁杰捐資偕同郭紳成基督修之。十年，知事張賡麟委邑紳郭成基經修城西北兩門首道路各數丈。

池，濠環城東西南三面，深廣各二丈。明隆慶二年，知縣劉旁重浚之。清乾隆三十四年，知縣王謀文因河道久淤，自城南囗囗至西濠達韓屯村，長二千七百二十二丈，由南濠統城而北計長一千三百五十一丈，又從沙河橋囗北河一道入梁家囗囗三百五十八丈，合流注汾，有浚城囗囗記。

（418）五十八年，知縣徐大緯復浚（419）濠二十餘丈以淪水道。嘉慶二十四年，知縣陸元鏸續疏通之，於迎翠門城濠東增架石橋一孔，名奎星橋。道光四年，知縣恒□重修北關水門，城關免受泛溢之害，因立碑以記之。同治十三年，知縣李辛奉准□疏城（420）河，役畢，勒石以記之。光緒十三年，知縣吳匡濠城西南濠塹，升建拐角橋，引水由故道洩汾。（421）二十三年，復浚城東南濠四百零六丈，開鑿北河自升平橋至韓屯村界八百四十九丈，由韓屯村達汾九百二十五丈，以除洪水泛濫之患。撰有《浚疏城河碑記》，樹升平橋北廊。

雍正《遼州志》

雍正《遼州志》，成文出版社有限公司，1976年。

遼州

（卷二"城池"，133）古遼陽城，在今城之北，相傳爲帝顓頊之子祝融所建。唐武德三年，因淇河逼近，移建於茲，元院判賀宗直重築。明景泰中知州黃鉞、成化中知州王鉞、胡源、同知李（134）朝、正德中知州楊惠代有修葺，周圍四里三十步，高三丈，厚約一丈八尺，濠深八尺，闊三丈，門有三，東曰永清、南曰陽和、西曰長樂，門樓三座。嘉靖甲子，知州康清因望氣者言城以北爲主，北無門，因無樓主勢弱，乃幫築敵臺，創建城樓一座。隆慶元年，知州趙雲程增築，高計三丈七尺，厚二丈，敵臺二十五座，濠設內外重牆，四面城樓各扁其上，東曰"東接大行""青陽發育"，南曰"南帶漳水""昭德文明"，西曰"西鎖晉疆""金德歸城"，北曰"北拱神京""元功斂肅"。崇正癸未，冀寧道畢拱辰浚濠池，設女牆，規（135）模視昔稱雄矣。國朝康熙二十三年，漳水漂沒城垣西南約半里許，知州宋德芳、楊天錫、王景亮屢加補葺，隨築隨衝，卒無成功。知州沈紹祖築城六十餘丈，雉堞二百垛，雖舊址未復，聊爲完城。若浚漳河以防漂衝，誠今日之急務也。雍正十年，知州徐三俊據合郡呈詞詳請陸續捐修，以備不虞。

續編：道光二十九年，知州祥麟補修城垣、城門，並修四城樓。（136）歷久爲風雨剝損，坍塌大缺口二處，小缺口十數處，出入可不由門。光緒五年，知州陳棟藉工代賑，補築東南城垣十餘丈，西南城垣十餘丈，又於周圍之缺者咸加補葺，比前較爲完密。嗣後隨加修補，深有厚望焉。

鎮河塔，在南城上，距樓數武。因漳水逼近城基，建塔以鎮之。後遂無害，塔據三層六面，高丈餘。

民國《臨汾縣志》

民國《臨汾縣志》，成文出版社有限公司，1976年。

臨汾縣

（卷一"城郭考"，93）臨汾舊爲平陽郡附治，仡仡崇墉，廣厚甲他邑。外則磚砌雉堞，內則土壅臥牛，爲晋南之重鎮。附郭四，曰南關、曰北關、曰東關、曰西關。南北兩關，自咸同兵燹以後，變爲廢墟。西關盡闢蔬圃，亦非舊規。惟東關巍然獨存。今詳考城郭建設之始末，並將所在地各學校、各機關及局所之麗於內者，一併列入，星羅棋布，具覘內實外固之規模焉。

城垣，周十一里二百八十八步，高四丈五尺，環城爲池，深二丈五尺，凡四門，東曰武定、西曰和義、南曰明德、北曰鎮朔，外建（94）月城，上各建樓，計角樓四座，敵臺八座，窩鋪九十七座，魏刑白馬而築之者。明洪武初，因舊城重築。景泰初重修。康熙三十四年，地震，堞垣俱壞，發帑重築。民國十五年，知事湯文煥奉令添修城上掩蔽堡及東城之坍塌者，又奉令挖城濠，深二丈餘，寬二丈八尺許。

（95）東關城，明正德七年，同知李滄築，周一千三百六十四丈，高二丈五尺，上廣九尺，下基二丈，敵臺八座。嘉靖二十一年，知府聶豹稍緝之，邑人王瑞董其事。隆慶二年，知府毛自道重修，邑舉人王嘉禮董其事，增高爲三丈二尺，上廣一丈八尺，下基三丈，門樓俱增高，添設角樓四座，敵臺十七座。正門四，北曰望關、南曰望熏、東曰望曉、西曰盤射。東南角門二：一曰我公太守，我山毛公建，故名；二曰遇公邑宰，遇泉陳公建，故名。（96）東北角門一：曰蓋公郡司馬，蓋公趙君建，故名。歷年既久，角樓、敵臺盡廢。民國十二年，城東壕內修東西隔牆南北各一道，與關城接連。十四年，省修汽路，經過東關，拆東關盤射門，將關之西一部開南北二門，北門外建磚橋一座。又關之東門外重修橋洞一座，長七丈餘，由東關紳民募修。十五年，知事湯文煥添城上掩蔽堡，並修城北及城東塌坍處二十餘丈。

乾隆《臨晉縣志》

乾隆《臨晉縣志》，成文出版社有限公司，1976年。

臨晉縣

（卷一"城池篇"，69）邑枕峨嵋崗，周三里二百三步，高二丈八尺，址丈，壕深丈，門四（東曰泰和、西曰慶豐、南曰中條、北曰峨嵋，孫宗元增修時改門額，東邇陽、西福潤、南拱條、北迎恩）。唐天寶二年築也。隆慶時，黃茂易堞以磚。厥後，史邦直、高惟岡、閔自寅、孫宗元相繼繕修，土厚而基寬，故能久自堅柱。然予重有感者，邑，古戰場也，城爲墟矣。惟明之世，民戶稍殷，縉紳接踵，豪家甲宅巷陌雲連，市衢耀綽楔之觀，池館發喬鶯之韵，斯邑之盛，蓋有可言！迄乎闖氛駘蕩，燒掇焚杅。我邑人用弗（70）能保聚，郭内外戶不及千餘，介次旗亭，半爲跐犁之所，蕪城之賦，豈不傷哉！於是有爲形家之言者曰：邑之衰旺，地脉之轉也，當開新南門而塞其舊。不數十年，塞新。又數十年，仍塞舊（高惟岡廢南門瓮城，開新塞舊。閔自寅重築南城樓。徐煜塞新，徐炘塞舊）。予於邑之薦紳耆老問故，皆不知。環而問於予，予曰：吾何知哉，謹封守，時啓閉，予之事也；戒□絲，勤保障，予之責也。予不敏矣，後之君子有裕以民寧者乎，成城已。

民國《臨晉縣志》

民國《臨晉縣志》，成文出版社有限公司，1976年。

臨晉縣

（卷二"城邑考"，67）凡一邑政事之所出，風化之所趨，恒覘之於邑城。蓋一邑之有城，如斗有杓，四方受其轉移焉。而繭絲保障之寄，又其顯然者也。臨之築城，始於唐天寶二年，枕峨嵋崗，周三里二百三步，高二丈八尺，址丈，壕深丈，門四。自明以來，迭加修繕，規制漸備。然居民生聚未蕃衍，郭內外戶不及千，有為形家言者，謂地運之盛衰，當以門之向背斡旋之，於是議開新南門而塞其舊。自後或新舊並啓，或塞新，或仍（68）塞舊，變更分錯，而戶口之寥落如故，則風水之說固未可盡信乎？惟垣墉之固，為邑屏蔽。當共和六紀，秦匪郭堅東渡，勢頗猖獗。若榮河、鄉寧等縣，多遭殘破，而臨則登陴守禦，環攻弗能克。近歲加以繕葺，守具益完，百雉之城，固一方之障已。

按臨邑之城，唐天寶時所築，規模卑狹，其門東曰泰和、西曰慶豐、南曰中條、北曰峨嵋。明隆慶二年，知縣黃茂乃易堞以磚。三年，知縣史邦直擴岸浚濠，於其南築甕城。萬曆中，知縣高惟岡以風水家言，塞南門，於其東五（69）十餘步別開新門，甕城亦廢。崇禎十四年，知縣閔自寅重建南城樓、兩角樓，煥然改觀。清順治十三年，知縣孫宗元增葺之，更定四門之名，東曰邇陽、西曰福潤、南曰拱條、北曰迎恩。康熙二十四年，知縣齊以治謂西南乃縣治答陽之位，門不宜塞，遂並啓新舊二南門。二十七年，知縣徐煜又塞其新者。四十六年，知縣徐炘仍開新南門，而舊者復塞焉。至同治二年，知縣黃宜之大興工修葺，城周圍加厚五尺，雉堞均葺以磚，添築西南、東北二角樓，仍並啓新舊二南門。未幾，仍塞小南門，惟城巔（70）平地尚為土質，水道亦然，久雨輒滲漏。光緒十五年，東門因之崩塌，阻礙交通，知縣鄭景福亟籌劃修築東門，既復西北二門，亦踵而新之，垣頂暨四周水道，均易以新磚，規制於是完善。民國六年，陝匪郭堅渡河東犯，圍攻一晝夜，未得志，乃舍去。然守城者多被彈傷，知事戴樹升痛定思痛，愀然曰："是城堞太卑之所致也"。乃增高尺許，並實其垣堵之缺。城樓及城中諸祠宇，以風雨斑駁，圮毀者泰半，戴有志重修，以力不逮而止。知事俞家驥蒞縣，毅然以為己任，鳩工庀材，克日興作，或因陋（71）就簡，或踵事增華。又為鞏固城垣起見，去小南門舊塞之土而填以磚灰。四民不擾，百廢俱興，則民國十年也。

民國《陵川縣志》

民國《陵川縣志》，成文出版社有限公司，1976年。

陵川縣

（卷七"營建考·城池"，269）隋大業間築，周二里二百三十二步，高二丈，池深五尺，建東南北三門。明嘉靖十二年，知縣李麒重修，甃以磚石，增高至三丈五尺。嘉靖二十二年，縣丞馬臣忠增修，知縣劉廷儀建城門樓三座，東曰聯輝、南曰迎澤、北曰望晉。隆慶二年，知縣馬宗孝增修。（270）萬曆四年，知縣劉汝江磚甃南城內面。萬曆十二年，知縣宋承規磚包環城四面。萬曆十七年，知縣完束氣重建東門曰啓秀、北門曰拱辰。萬曆四十二年，知縣段實重建南門曰晉明。清康熙五十六年，知縣蔣景楷補修。雍正二年，知縣胡方騰重修。乾隆四年，知縣雷正重修。二十二年，知縣劉碻修葺，又補修門樓三座，東門樓內匾曰"潞澤屛翰"，外匾曰"太行鎖鑰"；南門樓內匾曰"雄峙冀南"，外匾曰"俯視中州"；北門樓內匾曰"晉陽保障"，外匾曰"河北咽喉"。道光三年，城垣坍塌，邑令趙詳請補修。至五年，邑令強率紳劉紹先、秦還宇監理捐修六十餘丈，工始竣。

民國《馬邑縣志》

民國《馬邑縣志》，成文出版社有限公司，1968年。

馬邑縣

（卷一"輿圖志·城池"，52）秦始皇時建，土城，周圍九里有餘。相傳初建時，屢築不就，因馬蹄迹築之，此古馬邑城，詳見"沿革"中。金，今縣城，太宗初築，周圍三百七十五丈。明洪武甲辰，守朔指揮孫昭奉命更築。宣德九年，展築北城之半，以居所官屯丁，自櫓臺與縣治後牆而北。正統二年，武安候鄭亨展拓其基。隆慶六年，巡撫大同都御史劉公應箕、巡按宣大御史劉公良弼會疏，以築邊城上請，報可。乃命知縣岳公汴、守備時公爾直分督厥工，經始於隆慶六年三月，落成於萬曆元年八月。四（53）面皆以石爲基，高五尺，上用磚砌，高三丈四尺，女牆高六尺，周圍共七百四十丈，角樓四座，四面鋪舍各三座，東西二門，各有重樓，月城二座，瓮城二座，壕牆、敵臺以捍其外，詳見修城碑記中。清康熙二十二年癸亥冬十月，地震非常，東城半面與四圍女牆一概搖倒，當民窮財盡之秋，修復甚難，邑紳中書霍公之珀慨然念之，走字商於侍郎田公喜□各捐己資數百金，邑人稍有力者，亦各黽勉輸助，霍公乃約戚友中之老成練達者數輩，日於城頭親督工匠，始乙丑夏，終丙寅春，補修城牆垜口完好如故，不擾鄉間貧民一夫一錢，而大工以集，惟樓櫓、鋪舍以力絀而止。（54）康熙四十一年壬午春，西甕城頹，知縣秦公擴捐俸倡修，故紳中書霍公妻盧孺人復脫簪珥助之，命第三子監生霍焯董其役焉。

道光《偏關志》

道光《偏關志》，成文出版社有限公司，1968年。

偏關縣

（"地理志·城池"，45）關地舊址，前代遠不可考。北漢天會間，於韓光嶺隨其地勢始築巖寨，控制西北關塞，是爲城守之權輿。元以其地形東仰西伏，更名偏頭關，置武（46）節將軍樞密院判以守禦之，於是偏關之名著，而城守之規模亦略具矣。然非所論於今之關城也。迨明洪武二十三年，鎮西衛指揮張賢改築於西原河坪，是爲今之關城，蓋去舊址里許矣。爾後，布置日就完密。宣德四年，都督李謙展拓城南面。正德十四年，都督杜忠增築城堞。天順二年，都指揮袁勝展拓城東面。成化六年，都御史李侃展拓城西南面。弘治元年，兵使王璇復展拓城東面，自是寬廣，周五里一十八步，高三丈五尺，東西南三面爲門，上置麗譙。正德十三年秋，武宗西巡，由老營保至關南門入城，嘆曰："此偏頭關也，創之不易，守之爲難"。嘉靖十六年，總兵周尚文、祝雄先後修築。二十九年，守備劉隆於城東面建大將臺一，即今文昌閣（47）望臺。三十五年，參將杜承勛於城東南添築望臺三。四十年，參將田世成又於城西北添築望臺三，環圍又添築護城一道。四十二年，兵使王遴於城東南隅磚甃城垣四百餘丈。四十五年，兵使王學謨調取各州縣歇班民壯，於城東西南三面各加高厚。隆慶三年，兵使范大儒創議，新舊城俱增高三丈，下廣三丈，上廣二丈，堞高五尺，以磚甃之。萬曆七年，兵使蕭天恒於城周圍建重樓一十又三。二十六年，兵使趙彥大修邊政，於城南關廟沿河築石堤，東置重閣洞門一，南置水門二，其西亦如之，由是規模大備，始稱"九塞屏藩"云。清雍正三年，改所爲縣，即以其城爲縣治而偏關營在焉。

乾隆《平陸縣志》

乾隆《平陸縣志》，成文出版社有限公司，1976年。

平陸縣

（卷三"城池"，95）平陸縣城，創自金興定間，距古虞城六十里。明景泰初，知縣李榮增築，周二里五十步，高二丈有奇，厚如之，池浚一丈有奇，闊如之，爲門三，上各建樓櫓，東曰"傳說故里"、南曰"虞芮質成"、北曰"太伯至德"，西無門，惟北有重門。弘治八年，知縣侯尚文另開南城爲大成門，東去南門數十丈，南城遂有二門。嘉靖癸丑，御史尚維持檄有司塞故南門，而往來大道咸由大成。乙卯（96），東城樓毀，知縣趙重器葺之。癸丑，知縣王發蒙新其三門並雉堞。外郭門五，東曰砥柱、南曰通津、北曰分雲、西南曰讓田、東北曰會川，則嘉靖甲午知縣李東生所建也。嗣是，或圮或葺，《舊志》未詳。□□丙子□□徐曷修葺，視昔增高。池久湮，爲民占，以公廨、學□□地易民居，復浚池如初，邑人李宏又輸金千餘，築外郭，補塹截崖，環繞五里，以兵荒未竟厥功。國朝康熙三年丙午，知縣李德論建樓於東郭門上，凡五楹，高兩層，額曰"龍崗聳秀"，南北尚缺。十七年，北城雨圮，（97）四面雉堞俱壞，知縣柴應辰修築。二十四年，知縣馮遵祖重修。四十三年，知縣董之燧增設窩鋪。五十三年，知縣潘鉞增崇東北城二樓，並增修東郭門樓，改額曰大觀。雍正七年，知縣郭一裕重修。乾隆二十年，知縣侯維藩因合邑士民樂輸，遂詳請徹底築修，並南東北三樓，迄今屹然崇堵，爲一方保障。

民國《平陸縣續志》

民國《平陸縣續志》，成文出版社有限公司，1976年。

平陸縣

（卷上"營建類·城池"，46）縣城創於金興定丁丑，歷代續葺俱詳《前志》。咸豐初，知縣余正西重修，垣以土，雉堞以磚，工興於元年三月，竣於二年八月。同治六年冬，知縣□瑛補葺北城二十丈，角樓二，砲臺十一，垛口三百六十。池，四周三里，深一丈，闊如之，今漸淤狹。

乾隆《蒲縣志》

乾隆《蒲縣志》，成文出版社有限公司，1976 年。

蒲縣

（卷二"建置志·城池"，166）縣土城，唐武德元年築，北倚土山，東西南三面河流環焉。明景泰初，知縣孟順重修，周圍一里七分，高一丈五尺，濠深一丈，開東、西兩門。正德知縣高郁加築（有翰林馬汝驥碑記）。隆慶初，知縣韓超然創開南門，浚池深一丈，闊八尺。崇（167）止末，以土城難守，知縣張啓謨申請備磚包砌，建城樓於東西二門，門各有額，曰"東拱平陽""西連隰郡"。康熙二十年，知縣朱元裕重建東門城樓。雍正十年，知縣趙正勖重建西門城樓，城北據高阜，自爲一寨，周繚以垣，上有天衢閣，知縣張嵋重建，有碑記。

按邑，舊係土城，明季砌以磚石。修築較□第壕身爲亂石填塞，承平日久，竟成坦途，殊失鑿深之義。且居民鱗附郭外，城中不滿百家，保障勢孤，干城力薄。甲申、己丑間，七陷於賊。職此故與竊謂城北土寨與百家原爲犄（168）角之□□山城一險也，乃擊柝之警，昔設險而今廢。巫侯城隍聯有云"城屹三方寄君北門管鑰"，蓋其寄意深遠矣。後之官斯土者，可或□北門管鑰哉！

民國《沁源縣志》

民國《沁源縣志》，成文出版社有限公司，1976 年。

沁源縣

（卷六"營建考·城池"，657）城西據紫金山之半，元時修築，周圍四百四十三丈，高一丈二尺，東南北三門。明正統十四年，知縣徐戩重修。嘉靖元年，知縣馮（658）繼祖增修，加高八尺，厚五尺。萬曆五年，署縣事潞州衛經歷趙蛟重修，又加高一丈，券三門，建三門樓，題其東曰"沁水環清"、北曰"綿山擁翠"、南曰"堯封遺化"。七年，知縣靳賢因陰雨塌毀，不時勞民，申請院道用磚包砌，連垛口高三丈九尺，基厚三丈五尺，頂闊一丈六尺，鋪樓、敵臺具備，並鑿濠塹深一丈五尺，闊二丈（久廢）。二十一年，知縣侯體乾周城栽楊柳樹五百餘株（今樹已無，惟城北有民國初年栽數十株）。崇禎四年，知縣范廷輔創增重門。六年，知縣王久蟠創修圍墻。清康熙二十八年，知縣王容德重修北城垣二十二丈，用磚包砌，又修北城樓一座。三十八年，知縣陳正樂重修南城垣三十六丈。雍正十年，知縣王廷掄重修東城垣，高二丈（659）四尺，長六丈三尺，南城垣高三丈四尺，長十丈二尺，俱用磚包砌。道光二十三年，邑紳張鴻衢、李華庭捐資首倡，將近奎星樓西之城垣補修七丈。咸豐七年，生員郭昌明經理，代賣靈空山樹木，改修北門城樓，並女墻皆補修完竣。民國十五年，知事傅汝綬重修城垣、垛口及南城門樓（改爲磚砌新式），邑紳陰國楷、任步廷、任掄元、王道美、張照南、胡榮華、蕭鳳翮、宋繼庠、孫士標、宋象賢、胡炳、王景通、郭孔昭、李錦、董天恩、崔步升、郭玉潔等經理（東城門起，至西北隅鐘樓止，新建橫垛二十，並將鐘樓補修）。

光緒《榮河縣志》

光緒《榮河縣志》，成文出版社有限公司，1976年。

榮河縣

（卷二"城池"，79）城，隋文帝開皇初築。元至正十四，主簿邢天杰修，周九里八步，池深一丈五尺，東倚峨坡，西逼黃流，城勢東高西低，池爲坡水積年浸漫，泥沙壅塞，平坦可越。明景泰初，知縣於繻修。成化中，知縣馬懋加修。正德二年，河水至城下，圮西北隅，知縣宋緯築補，止開東南北三門。城內東西空闊無居民，嘉靖二十七年，知縣楊灝起築東西二面短墻，遺空地於外。三十四年，地震城圮，知縣侯祁重築，雉堞俱易以磚，增三門樓（80），南北各建重門，編修張四維記。萬曆七年，知縣郝朝臣開西門，建小亭於門上。八年，知縣沈名實以土塞之。二十九年，知縣梅焕復開。西城近河，鹵隰易崩，崇禎十二年，知縣王心正別築西城於西門內，弃舊城於外，周圍實八里。國朝康熙元年秋，淫雨四十餘日，雉堞盡圮，知縣張錫文修葺，三月乃成。四六年，知縣梅夢紱重修。

雍正《朔州志》

雍正《朔州志》，成文出版社有限公司，1976年。

朔州

（卷四"建置志·城池"，233）州城，即古馬邑城址，建置詳"沿革志"。古城舊基九里十三步，元至正末右丞相孛羅貼木耳駐兵大同，使其將姚樞副守朔州，以兵少城闊，省去西北，築東南一隅，以便備守。未完，孛羅貼木耳入朝，姚樞副弃城從之。明洪武三年，鄖陽侯指揮鄭遇春奉敕開設朔州衛，依姚樞副所築舊址修完，磚券四門。二十年，指揮薛壽磚包，城高三丈六尺，堞高六尺，共四丈二尺，頂闊四丈，脚闊八丈，周圍一千二百丈，堞口三千一百三十五；池深三丈五尺，闊一十二丈，周圍一千六百八十丈；瓮城四座，各周圍一百三十八丈；敵樓一十二座，門樓四座，角樓四座，鋪樓二十四座，烟墩四座；門四，東曰文德、西曰武定、南曰承恩、北曰鎮塞，外連吊橋，各樹危樓。萬曆十三年，守道李采菲、知州張守訓重修。三十四年，守道徐準、通判郭如松浚池，池以內築護城墻，以外築馬鬃墻，屹然稱金湯焉。崇禎二年，南樓圮。五年，西城崩十餘丈，守道竇可進、通判（234）萬代新、知州翁應祥、守備許應詔、李國祚重修。國初順治六年，姜瓖逆黨嬰城而守，大兵攻破後，雖修補非前規矣，駐劄知州、吏目、都司等官。

乾隆《太谷縣志》

乾隆《太谷縣志》，成文出版社有限公司，1976年。

太谷縣

（卷二"城池"，149）舊城，在今治之東二十里，北周建德四年西遷，即今縣治也。始築土爲之，周圍一十里，高一丈八尺，池（150）闊一丈，後南面淤塞，惟三面存焉。明景泰元年，知縣劉鐸重修。正德六年，流寇入城，後太原府同知張冕署邑事，增高二丈五尺，門各甃以磚，建重樓於上，樓額東曰長春、南曰鳳儀、西曰望汾、北曰眺燕，門額東曰長樂、西曰登豐、南曰永康、北曰拱辰，而制漸宏矣。其四隅角樓，則知縣陳繼昌所創。迨嘉靖二十六年，亂兵入境，城垣頹壞，縣丞王章、主簿安恩復修築之，於東北二門創瓮城，西南各設重門，知縣趙紳增築敵臺六座，構樓其上，浚其隍而（151）深之。二十六年，署印主簿趙鶚復增四面敵臺。隆慶元年，兵破石州，餘騎薄其下。次年，知縣初旦增修南門，加瓮城，改門額東曰賓陽、南曰麗正、西仍曰登豐、北曰眺燕。萬曆四年，冀寧道劉漢儒詣縣，相度請於中丞鄭洛，奏諸朝，命知縣賈西土董其役，甃以磚石，城基壘石高五尺許，自基至堞高三丈六尺七寸，基闊四丈二尺餘，瓮城門上各建樓三楹，角樓、門樓重加修飾，周圍警鋪五十六座，磚砌堞，道內益以回垣，池畔列垣為蔽，而規模乃大（152）備焉。國朝甲申、乙丑間，兩遭兵燹，壞北城東半壁，毀敵臺三座。七年，知縣戴可進重修，嗣後積雨水漲，民屋多圮，城復頹壞。十一年，知縣郝應第於城西北隅開水門一座，城垣內外樓櫓、邏室、陴堞、女墻遍加葺治。南瓮城門舊向巽，萬曆間，知縣楊呈秀改向離，至是仍改向巽。乾隆二十六年，夏潦，南城傾圮，知縣高繼允捐修完固。二十八年，於四門城隍重加疏浚，自是城中無陰雨積潦之患，民多便之。乾（153）隆五十八年，知縣郭晉以北城垣稍平，形家者言於邑中風水有礙，乃於城上建樓三座，榱棟窗楹鉅麗弘敞，又於其前築回墻一道，長五十二丈，高二尺二寸，凡捐資三百餘金。先是，邑中多家庭之訟，至是頓減，果如風水所言，殆亦不可信而可信者歟？縣城外，鄉有堡寨，皆明嘉靖二十年，布政使徐嵩委官修築者，或存或廢，名尚可紀。

民國《太谷縣志》

民國《太谷縣志》，成文出版社有限公司，1976年。

太谷縣

（卷七"營建考·城堤"，993）舊城，在今治之東二十里陽邑鎮，北周建德六年西遷，即今縣治（994）也，始築土為之，周圍一十里，高一丈八尺，池闊一丈，深五尺，後南面淤塞，惟三面存焉。明景泰元年，知縣劉鐸重修。正德六年，流賊楊虎寇縣境。九年，署縣太原府同知張冕增高二丈五尺，門各甃以磚，建重樓於其上，樓額東曰長春、南曰鳳儀、西曰望汾、北曰眺燕，門額東曰長樂、西曰登豐、南曰永康、北曰拱辰，而制漸宏矣。其四隅角樓，則知縣陳繼昌所創。迨嘉靖二十四年，俺答寇縣境，城垣頹壞，縣丞王章、主簿安恩復修築之，於東北二門創瓮城，西南各設重門，知縣趙紳增築敵臺六座，構樓其上，浚其隍而深之。三十六年，署主簿趙鸚又增四面敵臺。隆慶元（995）年，俺答陷石州，轉掠而東，餘騎薄城下。次年，知縣初旦增修南門，加瓮城，改門額，東曰賓暘、南曰麗正、西仍登豐、北曰眺燕。萬曆四年，冀寧道劉漢儒以土城易圮，請於巡撫鄭洛，奏諸朝，命知縣賈西土董其役，改甃以磚，城基累石高五尺許，自基至堞高三丈七尺六寸，基闊四丈二尺餘，瓮城門上各建樓三楹，角樓、門樓重加修飾，周圍警鋪五十六座，磚砌堞道，內益以回垣，池畔列垣爲蔽，而規模乃大備焉。（997）崇禎十五年，知縣何景雲於四門外各增建敵臺一座。清順治甲申、己丑間，兩遭兵燹，壞北城東半壁，毀敵臺三座。七年，知縣戴可進重修。嗣後積雨水漲，民屋多圮，城復頹壞。十一年，知縣郝應第於城西北隅開水門一座，城垣內外樓櫓、邏室、陴堞、女墻遍加葺治。南瓮城門舊向巽，明萬曆間，知縣楊呈秀改向離，至是仍改向巽。乾隆二十六年，夏潦，南城傾圮，知縣高繼允修復之。二十八年，復浚四門城隍，自是城中無陰雨積潦之患。五十八年，知縣郭晋於北城上建樓三座，榱棟窗櫺，鉅麗宏敞，又於其前築圍墻一道，長五十二丈，高二尺二寸。先是，邑（998）多家庭之訟，晋據形家者言，謂北隅城垣稍卑所致，議增高以厭之，建樓後訟果減。嘉慶二年，東南隅城垣圮，縣民修復之。道光十年，知縣劉宗秀修南城樓。十一年，知縣孫銜修北城樓。十五年，趙城亂民曹順滋事，縣紳孫錫齡、孫晋昌捐資復葺城垣。咸豐三年，粵賊林鳳翔等陷平陽，知縣應學□集紳士白大酉等立防堵局，四城內外陴堞概加修補。咸豐八年，知縣沈長材捐修西門城樓，浚西城隍。（999）九年，知縣孫培金復修東門城樓。

　　（1000）護城土堤，堤長五里，厚二丈，高一丈五尺。起自孟家莊，蜿蜒至東關地界止。民國四年，縣長蔡光輝令孟家莊、東關、北關暨城內九坊民商各戶，出鍬夫合築。堤成後，每年由孟家莊社、三合社，按地畝派鍬夫修築。積十餘年，益增高厚。東關村長來文業於堤之兩旁植樹千株，嗣楊毓貴被舉爲村長，又連年補栽，今已有六千餘株。樹根盤結，堤身穩固，屹然爲縣城之保障。先是，民國三年夏，烏馬河水暴發，近河諸村被淹。水由縣北門衝入（1001）西北維，街衢間積水至四五尺深，竟成澤國。自土堤成後十餘年來，幸免漂溺之患，縣人表其興築之功，故咸呼爲蔡公堤云。

道光《太原縣志》

道光《太原縣志》，成文出版社有限公司，1976 年。

太原縣

（卷二"城垣"，81）太原縣城，即古晉陽之南關基也。明洪武八年，改爲太原縣。景泰元年，知縣劉敏因舊基始築，城周圍七里，高三丈，濠深一丈，門四，東曰觀瀾、西曰望翠、南曰進賢、北曰（82）奉宣，外城門額，東曰"東汾聚秀"、西曰"西兑金湯"、南曰"桐蔭晋陽"、北曰"古原屏翰"。正德七年，邑人少師王恭襄公倡議重修，建城樓、角樓，經知縣白晟暨梅寧相繼落成。十四年，公復倡縣令吳方作垺以磚，其崇六尺，廣五丈。嘉靖二十有一年，患寇入境，邑人高汝行、王朝立等勸衆輸財鳩工，更加補茸，外增敵臺三十二座。隆慶二年，知縣王世業增城一丈。萬曆十八年，知縣陳增美舊濠外築女墻，墻外浚濠，闊十丈，深三丈，植柳環岸，西北涌水注東南，城賴以固。崇禎間，知縣朱萬欽與鄉紳李中馥等勸率士庶，捐金甃城以磚，功未竟。（87）國朝順治五年，知縣郜煥元始克成之。康熙十七年，北城毀，知縣孫閱達重修。二十年，西城毀，孫令又復修築。四十七年，知縣胡鳳翯浚濠植柳，又修城一十五丈。乾隆十五年，知縣梁卿雲修北城數十丈。廿九年，知縣李鳳集修西南城一十八丈五尺，東城六丈五尺，重修魁星閣而銳其上。三十三年七月初三日夜，大雨如注，風峪水暴發，浪高數丈，怒吼如雷，西郊尹公祠、戲樓逐波傾圮，居民廬舍爲之一空，壞西城四十餘丈。越明年，知縣江二儀始爲補茸。七閱月，而工乃竣。

道光《陽曲縣志》

道光《陽曲縣志》，成文出版社有限公司，1976 年。

陽曲縣

（卷三"建置圖"，224）《舊志》宋太平興國七年建，偏於西南。明洪武九年，永平侯謝成展東南北三面，周圍二十四里，高三丈五尺，外包以磚。池深三丈。門八，東曰宜春、迎輝，南曰迎澤、承恩，西曰阜城、振武，北曰鎮遠、拱極，外各建月城。由迎澤門至承恩門二里，由承恩門至宜春門四里有奇，由宜春門至迎輝門二里，由迎輝門至拱極門四里有奇，由拱極門至鎮遠門二里，由鎮遠門至阜成門五里有奇，由阜成門至振武門一里半，由振武門至迎澤門三里有奇。八門、四隅建大樓十二；周垣小樓九十，東面二十三座，南面二十二座，西面二十四座，北面二十一座，按木火金水之生樓，敵臺、邏室稱之，重鋪雉堞，壯麗甲天下，昔人有錦繡太原（225）之稱。後漸傾圮。明嘉靖四十四年，巡撫萬恭重修大城城樓及敵臺。萬曆三十五年，巡撫李景元又修。崇禎間，日以頹壞，而規模猶存。甲申，闖賊焚毀東南角樓，議者謂巽地有關文運，急宜補葺。國朝順治七年，巡撫劉宏遇補建磚樓，較舊狹小。十七年，巡撫白如梅重修大小樓，嗣巡撫噶禮念樓多，修葺維艱，所費不資，祇存城門大樓八座，南月城大樓一座，四面小樓各一座，角樓四座，滿兵四鋪，綠營兵二十鋪，敵臺二十六座。雍正八年，巡撫覺羅石麟加築漢兵十二鋪。今計：東面滿兵三鋪，（226）綠營兵五鋪，敵臺六座，自東南角至東北角共袤八百四丈有奇；北面滿兵三鋪，綠營兵五鋪，敵臺六座，自東北角至西北角共袤八百丈；西面滿兵三鋪，綠營兵五鋪，敵臺七座，自西北角至西南角共袤八百七十六丈有奇；南面滿兵三鋪，綠營兵五鋪，敵臺七座，自西南角至東南角共袤八百四丈。垛口四千三百二十。

南關城，明景泰初巡撫朱鑒築，周圍五里七十二步，高二丈五尺，女牆高五尺，垛口一千七百三十六，大樓五座，角樓四座，敵臺三十八座，塹深一丈五尺，闊二尺，門五，東二。嘉靖十九年，布政司吳瀚重修。四十四年，巡撫萬恭磚包，兼築連城，後為闖賊偽總兵陳永福拆毀。國朝順治十七年，巡撫白如梅修築，東西牆與大城連接，今存木（227）橋，城門樓一座。按《舊志》，南關在故明時，闤闠殷阜，人文蔚起，大坊綽楔，充斥街衢，有蔽天光、發地脉之謠。自闖逆亂後，市井寥落，加以滇黔肆逆，大兵屯駐，搔擾益甚。城垣室廬，蕩然無存。康熙十五年，知縣戴夢熊加意撫輯，始有起色。

北關土城，又名上關堡。周圍二里，高二丈四尺，門二，垛口六百五十，角樓四座。明季亦經賊毀。國朝巡撫白如梅補葺。

　　新堡，明嘉靖四十四年，巡撫萬恭築，居新營士卒。

　　滿洲城，在城西南隅，南至城，北至西米市，東至大街，西至城根，南北二百六十丈，東西一百六十一丈七尺，周圍共八百四十三丈四尺。東門二，北門一。北正藍旗、南鑲藍旗。順治六年，巡撫祝世昌、巡按趙班璽、布政司孫茂蘭、按察司張儒秀、知府曹時舉、知縣劉光漢奉旨建。

　　（228）精營土城，在城東北，即明晉藩內城。東西三百二十步，南北四百二十二步。自順治丙戌四月，遭回祿焚毀，宮殿僅存磚洞二十餘間。雍正、乾隆間，添建房屋，給標太三營官兵居住。

光緒《天鎮縣志》

光緒《天鎮縣志》，成文出版社有限公司，1968 年。

天鎮縣

　　（卷二"土地志"，161）城池，本遼金元天成縣故治。明洪武三十一年，置衛，因舊址修築，周九里十三步，高三丈五尺。萬曆十三年，重修，增高一尺，基厚四丈八尺，頂厚二丈八尺，女墻高七尺，濠深二丈，垛（162）口七百二十，門四，東曰文安、西曰武寧、南曰迎恩、北曰鎮遠，外各建月城，城東南別建角樓，四周共窩鋪二十五間。皇朝乾隆十年，發帑重修。

民國《萬泉縣志》

民國《萬泉縣志》，成文出版社有限公司，1976 年。

萬泉縣

　　（卷一"輿地志·城池"，45）按《通志》，後魏道武天賜元年，赫連勃勃東侵河外，里人薛通率族千餘人築堡自固，周圍五里十三步，因名薛通城。唐武德三年，因之，創為縣治，歷代沿而無改。明景泰元年縣丞常英、成化二年知縣崔明、弘治十一年主簿龐俊相繼修葺。舊有城門四，正德初，知縣張席珍各建門樓，後廢。隆慶三年，知縣李廷陳於北門建重城，舊城上建玄帝廟，匾曰"鞏秀"，復重建四門城樓，東曰挹翠、西曰承輝、南曰向明、北曰拱極，邑人賈仁元有碑記，見（46）"藝文"。崇禎間，流寇焚毀西門樓，城外牌坊、角樓、窩鋪歲久俱各圮壞。清順治十八年，知縣鄭章次第修葺。康熙四十四年，知縣瞿亮邦重修。至今二百餘年，雉堞頹崩，斷甓覆隍，屢議修葺而輒限於力屈，地方之貧寒可知也。民國六年六月，西匪陷城。八月，知事程瑤階派合縣民夫興築。

康熙《文水縣志》

康熙《文水縣志》成文出版社有限公司，1976 年。

文水縣

（卷二"地利志·城池"，113）磚城。按土城，肇自宋元符間，縣令薛昌始建，築城，周圍九里一十八步，高僅三丈二尺，厚亦如之，門壕、馬路粗備。明朝景泰初，守道魏琳修城，高增（114）四尺。天順二年，知縣范瑄建門樓四、角樓四。嘉靖二十年，巡道郭春震檄祁縣丞李爵復修之，倍□四尺，建堞臺一十有六。二十一年，知縣王一民□東西二門，城外周回列垣爲蔽。二十三年，知縣張源澄增修堞臺四十有八。二十九年，知縣樊從簡幫築西面，高加三尺，闊一丈二尺。萬曆五年，知縣郭宗賢暨縣丞韓登始砌磚石，圍廣如舊，高厚增之，計城高四丈五尺，基闊四丈，頂闊二丈五尺。□門四，東扁曰瞻太、表曰朝陽；南曰□熏、表□□□；（115）西曰靖陸、表曰環岫；北曰望恒、表曰拱辰，四門四隅爲重檐高樓八，堞樓六十有四。濠深三丈，闊四丈，城外垣墻爲蔽，高七尺，兀□雄固矣。天啓四年，知縣米世發重修城門、樓堞，又修復舊斷四隅城路各一道，以便登埤。城內墻下拓馬道，闊丈餘，四圍各爲垣七尺，以捍之。國朝順治十二年，知縣劉乃桂補修北面雉堞十餘丈，各門樓懸扁，東曰"汾水環流"、南曰"南風薰阜"、西曰"商峰叠翠"、北曰"北拱紫垣"。歷年大雨圮壞。十八（116）年，知縣王家柱補修東南角樓一座，南面雉堞十餘丈，凡大小樓俱爲整飭。康熙十一年，南門外浮橋水衝，知縣傅星修之，較舊加固。

南關土城，周圍三里七分，高三丈，基闊三丈，頂闊一丈，四門題額，東曰迎輝、西曰拱翠、南曰太□、北曰連城保障，中央建大樓一座，曰觀音閣。城濠深一丈，廣如之。嘉靖二十年，署縣檢較鄭航建。

乾隆《聞喜縣志》

乾隆《聞喜縣志》，成文出版社有限公司，1976年。

聞喜縣

（卷二"城池"，85）邑城，周圍五里三十二步，高二丈七尺，厚一丈五尺，池深二丈，闊三丈，門四，東曰迎輝、南曰仰熏、西曰阜成、北曰仰薇。正德間，知縣李時、王琳建城樓，築月城。嘉靖間，知縣李朝綱、□倬增修敵臺三十六座，開水西門以便民汲，題曰挹涑，知縣沈維藩磚砌垜口。萬曆元年，知縣王象乾加建護城石堤，以防水漲，計長一百六十丈有奇，高二丈餘，闊一丈餘，邑人李汝寬記。二十六年，知縣徐明於廣濟橋西增建石堤，長五十丈有奇，高一丈餘，邑人翟綉裳記。崇正間，知縣楊偉續築東西城各厚五尺，（86）高三尺，建東北、西北二角樓，知縣賈之驥磚包東南二門各數丈。國朝順治六年，遭土寇，城樓、女墻半毀。七年，知縣鍾萬齡修垜口及五城門。十六年，知縣李如蘭修城浚池，並葺城樓，扁東樓曰浮香、南曰環涑、西曰映輝、北曰清嵋，邑人翟鳳嘉記。康熙四十年，知縣佟國琪重修。歲久，譙樓、雉堞多圮。乾隆二十年，知縣言如泗勸諭紳士趙萬里等捐修，周圍土築，磚砌城樓、城門並城堞，五樓各懸扁二，東曰"晉國舊都""環條帶涑"，南曰"香山浮翠""涑水繞清"，西曰"紫金輝映""紅鶴遙瞻"，水西門曰"西達秦關""地控平（87）蒲"，北曰"鳳原在望""峨嵋拱秀"，有記。

南關城、西關城，明崇正年間築。

康熙《隰州志》

康熙《隰州志》，成文出版社有限公司，1976年。

隰州

（卷七"城池"，102）州城，唐武德元年築，周圍七里十三步，高二丈三尺，南北西三門，南曰崇禮、北曰歸仁、西曰建義，壕深一丈。明景泰二年，同知李亨修。嘉靖十五年，知州黃杰、同知曹鳳修，高二丈五尺，址闊三丈，頂三之一，創建城樓三，角樓四，更鋪十，垛頭二千一百。嘉靖四十五年，□□魏宗□易垛□以磚。隆慶四年，知州李遐□（103）加高增厚，南北二門補建月城，東城外築墩臺四。隆慶六年，知州劉寅重修西北二門。萬曆三年，知州王之輔修南門並城樓。萬曆四十四年，水嚙城西北隅一十三丈餘，知州儲至俊重修，又開東門，建樓門曰迎恩，嗣以東門出入者少，且於城中居民不利，門塞不開。國朝順治六年，知州王添貴修。康熙三年，知州張灼鼎修建戍樓四、更鋪八。康熙六年，南北二面俱圮，知州胡文煥修。三十四年，地震，四圍傾塌甚多，西北隅尤（109）甚，知州鄭恂修南門月城。四十七年，知州錢以塏周圍重修，又重建南門樓、北門外樓、更鋪十。

光緒《續修隰州志》

光緒《續修隰州志》，成文出版社有限公司，1976 年。

隰州

（卷一"城池"，63）乾隆三年、四年，知州車敏來修理城垣、垛牆、城樓、窩鋪各坍塌處，報銷銀三千六百六十一兩八分四厘五系。十六年，知州陳詩新建東城樓。

知州陳詩建東城樓並修城隍廟、大觀樓記：戊辰之冬，余奉命來守是邦，下車之後，偏觀城中，居民鮮少，廟舍傾頹，蕭瑟之狀倍於他處。夫隰居萬山之中，層巒叠嶂，環繞周匝，而城南大溪一道，直達黃河。蓋河東之（64）鎖鑰，亦三晉之名區也。衹以界連秦晉，值明季兵燹之後，雖國家培養百有餘年，而元氣未復，民力未舒。居其地者，每欲振興而無由，實非其志之不協也。越明年，余捐俸修葺書院諸處，為苟完計。紳士己卯拔貢王道等，亦遂觀感興起，創議修飾城隍廟、大觀樓，並建造東城樓，凡有力者，靡不踴躍樂輸，衆擎易舉，不數月即積資千數百金，環鑰而請於余，余弗能阻，於是鳩工花材，黝之堊之。未幾，（65）而城隍廟修竣矣，葺舊為新，就其榱桷而重整之。神明式憑之地，不徒事乎金碧為象，矯飾觀瞻而規模嚴肅，見者無敢褻越。未幾，而大觀樓整理矣。高舉屹峙，烏革翬飛，四達之衢，驟覺改觀。未幾，而城樓又告竣矣。豈惑於風水之說，而規制宜備，氣象爲之一振。惟是廢壞不治者尚有關帝廟，北郊大河亦猶未開浚。且余志切振興文教，東城更須建蓋文昌閣一座，以應吉星。方擬省節廉俸，次第舉行，茲（66）以恭膺簡命，移守彭城，竟乃有志未逮，余心殊耿耿焉。今值余治裝南行，道等以事集，請勒石。余既恨未能百廢俱興，而竊喜已竣之工，皆衆樂善所致也，爰書其事，以志不朽云。

乾隆二十一年，知州博文修理城垣，垛墙、城樓、窩鋪、城坡、馬道各坍塌丈尺，所需一切匠工物料價值共報銷銀一千五百六十九兩五錢二分七厘五系。二十二年，補修城垣坍塌丈尺，共報銷銀一千五百五（67）（原稿缺）十兩四錢七分六厘一毫。二十七年，又補修城垣水衝坍塌之處，共報銷銀一千五百八十四兩一分六厘五系。五十八年，北門城垣左壁裂，照墙、通濟橋俱傾圮，知州謝宜發修。

（76）同治七年，知州傅廷琦因城垣年久失修，一律從新改築，周圍炮臺十座，並開東門，新建月城。

民國《襄垣縣志》

民國《襄垣縣志》，成文出版社有限公司，1976 年。

襄垣縣

（卷六"營建考·城郭"，551）按《文獻通考·輿地注》襄垣，趙襄子所築，舊址在甘水之北。唐武德初，漳水北侵，復築韓州新城於甘水之南。金天會間，知縣韓俊增築水南外城，即今城也，周六里三十步，高二丈，厚八尺，池深二仞，置東西南北四門，上各建樓。明洪武三年，重修。正統間，知縣寧智復建樓。成化間，知縣柳豸更加修理。正德間，流賊大擾臨近，知縣劉明、趙永淳因城傾頹，相繼修築，高厚且堅。嘉靖間，知縣賈樞以四門樓壞，不足威遠，於是各築城樓，事未竣而擢去，知縣葛縉終其事。隆慶間，知縣李貴和增築城巓，周圍各五丈許，浚塹二尋，砌磚堞一千五百有奇，敵臺八座，四門樓亦加崇焉。又知縣党馨繼修，增東西南三門甕城，建重樓三座，角樓四座，敵臺八座，周圍濠塹倍於昔。崇正間，知縣王懻甃磚城三面，高三丈，女墙八百九十有一。清順治九年，知縣李永彪復加修理。雍正九年，西北城圮，知事劉德潤修築。乾隆二十七年，北門東坍塌，知縣安恆奉文修補，闔邑士人等捐修北面，護城土堤改建石工，高三丈九尺，長二十一丈五尺。二十九年，西（552）北門坍塌八丈餘，知縣高秉矩奉文修補。三十六年，東城坍塌二十一丈餘，知縣賈慎行勸鄉官趙振朝等捐輸修補。

縣城，高三丈，基闊二丈，頂闊丈二，周回六里三十步。女牆，高八尺，周回俱全。垛口，周圍八百九十一。敵臺，四面一十六座，今存八座。濠牆，高九尺，周回俱全。城門四座，東曰東作、西曰西成、南曰陽澤、北曰拱辰。門上城樓四座，各三間，嘉靖十四年建，高三丈。東西南甕城上重樓三座，各三間，隆慶五年建，高三丈。角樓四座，各三間，隆慶五年建，高三丈。巡鋪門四座，南郭門一座。（553）北郭門一座。甕城內炮樓八座。城上鋪舍四十餘間，今廢。

民國《新絳縣志》

民國《新絳縣志》，成文出版社有限公司，1976年。

新絳縣

（卷八"營建考·城池"，821）縣城，即舊州城。自隋開皇三年，由玉壁徙此，始建（《通志·府州廳縣考》云，後魏孝文帝太和十一年，復置臨汾縣，即今州治）。明洪武元年，指揮鄭遇春重修，周圍九里（822）一十三步，西高四丈，東北角高三丈五尺，東南俱高三丈，門二，南曰朝宗、北曰武靖。正統間知州王汝績，正德間知州韓輒（《舊志》作□），嘉靖二十一年知州彭燦先後修葺。三十七年，知州貴儒於兩門各建樓五間，磚甃女牆。隆慶元年，知州宋應昌加高城墻，浚南城池深一丈五尺，闊倍之，砌石堤以防汾水衝嚙，計長三百餘丈。萬曆二十四年，石堤圮，知州王大棟捐修。三十四年，知州張繼東重修。崇禎末，知州孫順增築炮臺。清順治六年，州同知徐祚煥建北門月城，磚甃數十丈，中設炮眼，以便守禦。十年，知州單惺修石堤。康熙二年，知州劉顯第修南門樓，補葺雉堞、石堤。三十九年，知州胡一俊重修。舊例四鄉百姓農隙時分段（823）補葺，其磚灰匠工，州收捐俸采辦，故歷任遇有塌坍，不能及時修理。乾隆二十一年七月間，大雨壞城磚垛百餘丈，石堤亦圮，知州張成德捐俸補修磚垜，堤用木椿堅築，高與岸平。後磚垜俱圮，城有傾頹。同治元年，知州李廷樟動工修築，知州裕彰、沈鍾繼之。至光緒元年，告竣。後有頹壞之處，光緒三十三年，知州慶廉重修。宣統三年，民軍破城，焚南門樓。民國三年重建。

（847）邑城周圍向係土築，因年久失修，諸多傾圮。近年時局不靖，防務吃緊，奉令籌款修理，以備不虞。民國十四年秋，前知事周振聲邀紳會商所需工料等費，呈准由自治存款項下動支，一面招匠估工，派員分段監修。自是年八月開工，至十五年四月完竣。計磚砌土築等工程分十一段，每段應修者少則兩三處，多則七八處，或十一二處不等，並因南北城門四合木質均朽壞不（848）堪，外包鐵葉帽頂多半脫落，一併飭匠修整完備，共支用大洋四千二百八十九元零五分六厘，呈報有案。

民國《續修昔陽縣志》

民國《續修昔陽縣志》，成文出版社有限公司，1968年。

昔陽縣

（卷二"建置志·城池"，69）本北齊霑化城，隋開皇十六年增築，周六千一百四十步，高二丈，舊無池，門三，東曰寅賓、南曰東山、西曰寅墅。明正德十年，知縣鄭麟增修，於西門外建護井小城，周圍一百五十三步，高一丈七尺。按西門外古名魚麟坡，西城底古名翠柳莊。明嘉靖五年，平定州同知崔冕建三城樓，俱圮。嘉靖二十年，知州張武幾加修，建南門樓三間，增浚濠墅廣深，立敵樓，設吊橋以資守險，邑人賴之。隆慶年間知縣竇思林、侯維藩，萬曆十八年知縣余成舉均事修葺，成舉復改立門向。崇禎四年，邑人進士趙士吉倡義捐修。十一年，知縣呂維祜增修。清順治二年知縣霍際昌，四年知縣閻鶴升相繼增修。雍正四年，知縣趙尚友重修南門，建鳴鳳樓，翬飛鳥革，頗壯觀瞻。乾（70）隆四年，知縣蒲倉璧、把總劉國治於西門上建火藥樓一座。今濠墅俱塞，吊橋亦廢。乾隆十三、十四、十七等年，因陰雨連綿，垜墻、更房半屬傾圮，知縣李榕倡修，貢生趙執桓、增生趙菜、武生趙慶來、王廷賢相繼捐築。壬申五月，鳴鳳樓脚城牆圮塌數丈，知縣李榕捐修。自乾隆二十二年至二十七年，四面城牆屢塌十丈、十餘丈，俱知縣陶鏞捐修。四十年秋，大雨，四面塌八十餘丈，知縣李早榮補修。

民國《翼城縣志》

民國《翼城縣志》，成文出版社有限公司，1976 年。

翼城縣

（卷三"城邑"，118）考翼城縣治，舊在翔翱山下，以山形如鳥翼故名。後唐長興元年，徙置今地（即王遼寨）。元至正十九年，統軍元帥葉企顏補葺，周六里有奇，高六丈，四面懸崖，中間地勢泰半與女墻平，東南二方雖無池而均繞以澮水，入城自下而上各係一道長石坡，北西二方均臨溝壑，池深數丈，各有人力修築之高大石橋與土腰相接，均係由橋入城，門四，東曰升車、西曰樂清、南曰麗澮、北曰永定。明景泰間縣令徐禎，正德間縣令宋汝澄相繼修治，復建敵樓四、角樓四，邑人又於南建奎光樓，縣令靳顯以磚石砌其四城門。嘉靖四十五年，縣令陳錡標其四（119）樓曰"東聯澤潞""西帶河汾""南瀠澮水""北枕丹岩"。萬曆九年，縣令周詩補葺。崇禎五年，縣令李士淳重修，易其舊額，改東曰迎陽、西曰觀成、南曰受熏、北曰瞻天。八年，縣令趙堪繕垣浚壕，更設子門。清康熙三十四年，地震，門樓、女墻盡圮。四十九年，縣令林世炳募捐重建門樓各四，女墻未設，以丁艱去。乾隆二年，縣令李居頤補修土垣。二十六年，縣令陳廷科奉文興修，累磚合土，砌築堅完，計借動藩庫銀二千零一十三兩，由歷任知縣攤還，每年扣銀一百五十兩繳司，歸款期至三十九年方清。自乾隆至光緒，百有餘年，城堞、城樓、土垣被風雨衝擊，塌毀者泰半，官紳因籌款維艱，祇擇其要者略事小（120）修，並不敢大興土木完全補葺。民國十四年秋，閻兼省長因時局不靖，按軍事計劃，電飭趕修城垣之缺，限兩月完工。知事馬繼楨邀紳開會，公推吉紳廷彥為總督工，郭紳綉城、趙紳蒲璧、吉紳兆蓉、張紳叢桂為分督工，其餘馬紳毓琛、安紳國棟監修北門工程，李紳春源、楊紳沅菖監修東門工程，李紳壽□、丁紳對揚監修南門工程，胡紳文煥、王紳錦雯、李紳學易監修西門工程。此外，張君翔、李君鈞、高君壬林等或置備工料，或經管款項，皆各司其事，有條不紊，土工則日覓匠百餘名，分段築垣，磚工覓匠二百餘名，亦分段砌墻，按日計工，按工給價，所需經費亦按間攤派，計共收洋三千九百餘（121）圓。越月，而城牆泥土、磚石各工一律告竣，僅剩東西南北四城門樓，因天寒停修。值民國十五年春，由前經手紳衿複繼續補葺，除東城門樓因省款簡修外，其南西北三城門樓，係仍照舊式修理，又以剩款於十六年補修衙道街鐘樓，此從來修補未有之鉅工也。茲將四城門樓暨四郭各工程分列於後。

四城門樓：東城門樓，在後土廟西邊。明正德年間創建。原係四面兩層城樓，與南西北城樓一律，因塌毀不堪，照舊興修，工程浩大。民國十五年春，公議爲省款計，去二層樓改修高大廈三間，不（122）似舊式矣。南城門樓，明正德年間創建，歷久失修，塌毀不堪，幸其樓式小，費料無多。民國十五年夏，由縣紳公估覓匠包修，仍照舊式辦理。西城門樓，明正德年間創建。民國十五年秋，由公家覓匠照舊式補修，幸工程不大，易於竣事。北城門樓，明正德年間創建。民國十五年夏，由縣地方籌款覓匠照舊式補修，月餘竣工。按以上四城門樓，《舊志》不另載，茲編所以分列者，因四城門樓補修式樣不一律，且工程浩大，費款洋千有餘圓始克成功也。

（卷三"四郭"，123）東關，在城東郭外，附城臨澮，人烟稠密，河旁水田多種菜蔬，惟少生意。近年，栽植楊柳，各樹較盛。由東關進城有大石坡一條，寬二丈餘，長六百步有奇。民國二年，縣紳李春潮、柴國棟、王汝翼、霍兆麟、喬捷三等募捐倡修，於是年七月開工，至十（124）月工竣，行人便之，李紳春溥爲文以記。其北有金仙寺，後爲澮水所衝，居民遷徙，今僅存數十家。西關，在城西門外數武，其外郭與城相對。從前街市多生意，自遭清光緒三年大祲後，街面市房泰半空閑，异常蕭條。近二、三年，始少有起色。南關，在城南門外，澮水之北，三面附城，一面有石砌之圍墻，俗名小城，高丈餘，長約五六十丈。明崇禎五年，邑令李士淳創設，里人李訥等捐資築之，有碑記可考。民國三年，由縣籌款重修，近年椿楊柳桑沿河兩岸培植成林，頗獲厚利，其河邊水田，亦多種菜蔬，與東關出產相同，惟無生意耳。由南關進（125）城，自下而上，亦係一條大石坡，寬約二丈，長約半里許，已擬募款重修矣。北關，在城外東北隅，約二里許，其外郭因崖勢爲之。明里人陳策之父陳瀚捐資獨成，歲久圮。崇禎四年，縣令李士淳改築。清康熙三十四年，地大震，門樓俱塌，本關居民復行募修。近年生意异常發達，爲全縣冠。民國九年，東門石坡與南門外飲馬溝坡被水衝斷，經袁厚培、李人杰等募捐修補，行旅稱便。十五年，圍牆塌陷，由原厚懌、高壬林等復募款修理。按城東門與南門二道石坡，均爲城內居民擔水必經之要道。東門坡底之水，取自河邊，南門坡底之水，汲自井內。惟此二處之水，味淡而甘，最適飲食，他處不及也。

光緒《交城縣志》

光緒《交城縣志》，成文出版社有限公司，1976 年。

交城縣

（卷三"建置門·沿革·城關"，166）交邑城池，自唐天授二年，長史王及善始由故交徙治於此，築土城，周圍五里餘九十步，高一丈五尺，爲門三，上建櫓堞。至元末，院判王浩重修。明洪武三年增修。景泰元年，典史邵琮重修。嘉靖二十一年，北兵南下，都司檢校前御史舒鵬翼督同署縣事姬宗岐增高五尺，補築坍塌者約十餘丈，引禮覃世家仗義獨修城北一樓。二十六年，知縣鄭鎬增厚五尺，加高一丈，益□敵樓三十四，各冠以警鋪。池闊與高等，深強半，沿堤植柳護之，開創西門，爲月城，爲重門，上各建樓櫓。三十八年，知縣宋墙撤去土陴，悉易以磚，共千有五百，城連高四丈，根厚（167）二丈五尺，頂闊丈尺不一，增修樓櫓，東南尤爲壯麗，門顔石額，東曰據晉、南曰帶汾、西曰搤秦、北曰枕山。隆慶四年，知縣韓廷用周圍增厚，各樓廢壞，仍修飾之，東榜曰永康樓、南榜曰人和樓，北城復高其基而易之以廳，西則仍舊焉。四角各冠以樓，樓各十二楹。女墻一道，石壘三尺。鑿池深廣各三丈，外復列垣爲蔽，補柳周匝，知縣張文璧重修。至萬曆二十一年，知縣周壁又重修。迨崇正十三年，知縣薛國柱周圍包以磚石，增高丈餘，門樓、角樓、敵樓規制較前俱闊，足爲一方保障云。國朝康熙九年，知縣趙吉士重修四門城樓，各懸以額，東（168）曰飲光、南曰麗景、西曰來爽、北曰擷翠，城東南各有關，惟東關延袤二里許，居民稠密。明嘉靖二十年，知縣鄭鎬創築墻垣，高二丈一尺，根厚二丈，頂闊九尺，塹深一丈，廣如之。隆慶四年，知縣韓廷用重修，增高一丈，其厚得高之強半，外爲馳道、爲隍，深廣各與高等，其堤列垣爲蔽，植柳護之，四面鐵門，內外甃以磚石，各冠以樓櫓，設爲警鋪，陴口九百四十有六。迨同治七年，經在籍紳士胡聯奎等公稟縣令吳誥綸，督孝廉方正王鑒、舉人解希宓等創捐重修，周圍內外一律完整，崇墉屹立，宛若金湯。惟地基低窪，斥鹵松浮，東南北一帶城根近水，（169）衝刷堪虞，而立土不堅，勢難經久，是在地方官紳隨時留心，勤加保固，以期久安磐石焉。

光緒《長治縣志》

光緒《長治縣志》，成文出版社有限公司，1976年。

長治縣

（卷三"建置志·城池"，481）府城，漢壺關縣故址也。東漢之末，爲上黨郡治，其後郡徙不一，而縣如故。後魏時郡縣並徙。隋開皇初，修復之，即今子城也，又展而南爲大城，歷代因之。（《潞志拾遺》明洪武六年正月甲午，延安侯唐勝宗奏築潞州城，周五千七百七十四丈，一夫築城二寸，合用二十八萬八千七百人，許之。注云，見潘定王學鳩篇。《潞志》盛稱州守周公昊之功，昊乃包砌州城，非創始州城者也。《志》言，郡城創始《舊志》莫考，又懸斷以爲隋築，豈知秦漢以來治無定所。潞州築城，實自洪武始。平定王學富《古今本州故事》尤所留意，【482】幸而此著猶在，足破千古之惑也）。門四，上各有樓，東曰潞陽、南曰德化、西曰威遠、北曰保寧，西北隅樓二曰看花、曰梳洗，而看花尤高，相傳唐明皇爲別駕時，常游覽焉。西南有長子樓，舊有門通長子縣，稍東有八義樓，舊有門通八義鎮。明洪武間，指揮張懷甃磚，四門各建小月城，築敵臺八。（484）嘉靖七年，知州周昊請發公帑甃以磚石，四面興役，三時告成，計周二十四里，高三丈五尺，厚二丈，增修城樓，置敵樓三十七，窩鋪一百二十一。隆慶時，知縣熊鏓修浚城隍，四周俱疏掘及泉，深四丈，闊如之。（485）國朝順治九年，西門樓毀於火（《吳志》西城西樓貯火藥爲雷火劈去），知縣王功成重修。康熙九年，霪雨垣圮，知縣姜愃加修（《吳志》康熙三十三年，北城樓毀於雷火。三十五年，知縣趙昶重修）。乾隆三十一年，因牆垣垛口傾頹，知府張淑渠詳請動帑重修，於乾隆三十二年工竣。城濠歲久淤壅，丁亥八月長治知縣馮埏鳩工浚濠，周三千一百九十七丈，挑闊二丈，深如之，次年二月工竣，至今西南城濠經年有水，壯麗完固，屹然保障矣。

（487）《舊志》城東居山麓，雨集，澗水奔流東關外，由□□□繞西出，土性亦疏緩善崩，漱嚙城渠。先年浚□□□石閘，未幾閘崩□及官道，郡守蜀渝李公重修。乾隆九年，李公復自問水橋迤邐而東一帶砌石岸，疏浚水泉，栽植楊柳，景象煥然一新，迄今漸圮。

西城於地最下，郡水奔赴於隍爲彙歸之處，潦則善溢，太守陳公儒建石閘，內外有級，備蓄潦之□□曰問水，後郡守淮陽公重修。

（488）沈藩廢城，在郡城中稍西。明初爲衛治，實唐宋以來節度署也。永樂中建藩。嘉靖初，憲王用磚石包砌，前爲端禮門，後爲廣智門，左右及四隅皆有樓，樓各飛以碧琉璃。城圍三里，高二丈五尺，今樓門及磚石俱廢，止存土垣（《吳志》）。

光緒《長子縣志》

光緒《長子縣志》，成文出版社有限公司，1976年。

長子縣

（卷四"建置志·城池"，251）縣城，舊周二十里，相傳即慕容永故都也。金天會九年，昭儀節度楊天吉就東偏縮建小城，縣令趙惠成之。大定中，縣令賀允中繼修之，即今城也。周五里一百八十步，高二丈二尺，厚一丈，門四。明景泰初，知縣徐充創開小西門，門上各建樓櫓三楹。成化十二年，知縣易鸚重修。正德七年，流寇之亂，知縣史紀增高三丈五尺，厚二丈，（252）池深一丈五尺，樓櫓鋪舍二十九間，題其門，東曰賓陽、南曰挹薰、西曰望山、小西門曰觀瀾、北曰拱辰，尚書劉龍有記。（254）嘉靖七年，知縣王密重修，翰林趙時春爲之記。（255）隆慶、萬曆間，知縣劉復禮、何出圖先後修葺，改題小西門曰上章。三十年秋，大雨，城圮，知縣崔爾進修之。崇禎五年，流寇爲亂，知縣陳可薦復築重濠，闊二丈，深一丈五尺。姜瓖之亂，知縣張獻素磚甃城門，並修樓櫓鋪舍。康熙二十三年，秋雨，城圮，知縣郭守邦重修。乾隆二十七年，知縣高藹重修，城垛用磚，垣仍土，樓櫓、鋪舍咸備，更題四門，東曰朝陽、西曰來爽、南曰炳曜、北曰望京，小西門（256）仍舊。

雍正《猗氏縣志》

雍正《猗氏縣志》，成文出版社有限公司，1976年。

猗氏縣

（卷一"城池"，73）縣城，周九里十三步，高三丈，廣一丈五尺。門樓，四處。敵臺，一十六座。角樓，四座。警鋪，六十四處。垛口，共一千九百三十個。池，濠深二丈，闊三丈，內穿城道闊六尺有餘。

考猗邑，憑峨麓為土城。唐興元元年，節度使馬燧所築。（74）時李懷光叛據河東，燧破之，以猗居雍洛之間，當三晉之衝，因留屯築壘焉。今相傳城內東北隅古縣，疑即其地也。形家言，邑城取龜形為勝，概頭在東北，宜設二圈城為龜眼，如建倉司於古縣，則居民大有利云。城門四，舊名東曰崇仁、西曰尚義、南曰招薰、北曰拱極。明隆慶二年，知縣江瀾始修磚堞，改門名，東曰朝京、西曰通秦、南曰迎薰、北仍曰拱極。萬曆十四年，知縣陳經濟創起門樓四座，甃之。十八年，知□□□□□□植樹木。二十四年，知縣郭九有增植□□□□□□缺月城。崇禎五年，邑紳荊可棟倡縣民增築□□□□（75）涑、西曰帶河、南曰賓旭、北曰蟠蛾，更於巽地建文昌閣樓，城下設鐵倒門，外置圍欄，築重城，知縣李昌齡為之記。國朝康熙二年，知縣楊乾晉重修角樓，並城東西門樓加以匾額，東曰"神州右臂"、西曰"秦蜀咽喉"。

光緒《壽陽縣志》

光緒《壽陽縣志》，成文出版社有限公司，1976年。

壽陽縣

（卷二"建置志·城池"，121）晉置縣，始建城。《舊志》云在壽水之陽，故名。元末，縣尹袁士廉、主簿崔可儀因故城修築之，周四里，高二丈九尺，壕深一丈一尺，門三，東曰賓陽、南曰恒陽、西曰回陽。明嘉靖間，蒙古犯境，分守參政王儀檄縣丞徐廷增高益厚，葺飭三門，修建樓櫓，平定州知州李愈有記。嘉靖二十八年，知縣白檀撤土陴以磚甃之。隆慶元年，知縣石繼節增置瓮城三所，角樓四座，敵臺十有一。萬曆五年，（122）雨毀過半，知縣王養賢大加修築，基厚三丈，垣高四丈，壕深二丈五尺，廣三丈。國朝因之。乾隆四十八年，知縣瞿應咸詳請借項修理。道光二十一年，知縣黃承祐倡議捐修，工未竟。二十四年，知縣王晉介踵成之，自撰碑記（見"藝文"）。

民國《襄陵縣志》

民國《襄陵縣志》，成文出版社有限公司，1976年。

襄陵縣

（卷十九"營建考"，743）縣城，宋天聖元年，自宿水店徙治今址，始築土城，周五里一百六十步。元至正二年，縣尹岳貞重築。明（744）正統十四年，知縣趙聰恢拓，爲門者三。弘治十四年，知縣李高豎東南城樓。嘉靖二十一年，知縣劉希召增修，高三丈，下闊二丈，上闊一丈，門扁東曰帶汾、南曰迎熏、北曰屏霍，各有郭門。嘉靖四十三年，知縣張國彥闢城，開東南門爲學宮肇啓文明，扁曰大成。隆慶元年，知縣宋之韓始下甃以石，上包以磚，大學士張四維記其事。康熙三十四年四月初六日戌時，地震，東北傾塌數（745）十丈，城樓雉堞無存，知縣諸來晟修築，知縣惲東生繼修。四十六年，知縣宋繼均築東南墻數十丈。雍正三年，知縣俞之琰建東南奎樓。雍正六年，知縣吳世雍完其雉堞。七年，知縣閻鈉修四門樓、浚池隍、修吊橋。十年，知縣趙懋本設鼓樓於東門樓上，改東門樓爲譙樓。同治七年，知縣陳紀升修築南城墻數百丈。

同治《陽城縣志》

同治《陽城縣志》，成文出版社有限公司，1976年。

陽城縣

（卷四"方輿·城池"，139）縣城，北魏興安二年築，自獲澤移縣於此，因營城郭爲治所。明景泰初，知縣劉以文磚甃之，於東西門建樓，南建房，置敵臺九座，浚濠加深。嘉靖中，知縣楊登磚其堞。萬曆五年，邑人王尚書國光謀於當事，復加繕葺，當事及有司各捐贖鍰以襄事，知州於達真佐之，知縣張應詔董其役，築石基，城垣以磚甃，視舊增高五尺，厚半之，袤五百五十有九丈，增設敵樓十，東北建城樓，規（140）模始大備，達真、國光各有記。崇禎間，知縣楊鎮原復建樓於西北，東西各增瓮城，亦甃以磚，後知縣李定策又建樓於城之正北。國朝順治十六年知縣陳國珍，雍正二年知縣彭景曾，七年知縣吳紹祚並相繼修。乾隆九年，知縣謝廷瑜奉文復修，凡城東西南三面剝者補之。咸豐三年，城樓頹甚，知縣孫培金方議重築，丁艱去。四年，知縣黃傅紳協同邑紳重新修建，凡城周圍二里三百一十二步，高三丈五尺，雉堞五百四十五，東西南三門，門各有樓，外拱極閣一座、望遠樓一座、小敵樓六座。

《舊志》云，城西北隆起，形勢天然。東西長，而南北狹，東南狹逾甚，（141）俗稱鳳凰城，以形似也。自下望之，居人樓閣高出聘睨上，蓋下下高高，因山營構矣。《舊志》在明景泰中，城已甃，乃萬曆初王尚書築城記則云舊係土城，後先相抵。若是，豈甃於劉以文者，至是已久剝；抑劉當時議欲甃，而事未舉乎？不然尚書之記何不少一及之耶。王尚書之謀修縣城也，時朝廷出官庫金，命有司即所居里爲治第宅，尚書謝不敢當，既而曰："君賜不敢辭"，竟以其金甃縣郭。然此事王公不自言，即於達真記亦勿之言。至國朝，澤州陳丞相作《陽城白巷里免城役記》始著其事，時康熙初議修縣城，集衆計役，尚書所居白巷里人言於邑令都甫，述（142）公甃城之功，令乃優公之子孫，而免其役。自城之甃也，不二十年，當崇禎壬申、癸酉，寇盜叠至，卒恃以安。及順治初，李自成部賊劉忠衆數萬來圍城，攻連晝夜，然卒不得破者，城甃甚固。人於是益思尚書之功。

光緒《榆社縣志》

光緒《榆社縣志》，成文出版社有限公司，1976年。

榆社縣

（卷一"輿地志·城池"，57）土城，二座，迎艮爲龍，壘石成壁，居於高阜。明嘉靖五年，流寇大掠西關，苦無城。鄉官常應文上其議於兩臺，創建關城，合抱如環，民樂安止。東爲上城，地形高二丈。宣德年改建，因高爲城，又加築一丈，厚一丈，周圍二里許，城門三，東曰望京、南曰宣化、西曰永熙，城樓七。西爲下城，隆慶五年，知縣吳從政築，高二丈五尺，厚一丈（58），周圍三里，城門三，北曰柔遠、西曰通晋、南曰帶漳，城樓五，鋪所六，門各一。每十垜設窩鋪一，爲巡更擊柝者休息之所。城土疏散，每歲五里分任修補。

山 東 省

民國《定陶縣志》

民國《定陶縣志》，成文出版社有限公司，1968年。

定陶縣

（卷首"圖考·縣城圖"，92）本縣城高三丈五尺，趾厚三丈，頂厚一丈八尺，垛口二千七百有奇，周圍長七里零三十步，東門至西門長一里零三百步，南門至北門長一里零六十步；濠深二丈，廣三丈；該城堤高三丈，趾厚二丈五尺，頂厚五尺，周圍長七里零二百一十步；障水堤高二丈，趾厚二丈，頂厚八尺，離城遠二百五十步，周長十二里。

（卷二"建置志·城池"，143）縣城，舊在賓乘塔西北緣，黃河衝頹，成化元年會有（144）邊警，朝廷命天下有司皆築城，知縣沈紹祖因築土城於此地，圍九里許，四門各建戌房，有吏部尚書李秉撰記，見"藝文志"。正德六年，流寇劉六、齊彥明等逆党數萬殘破山東郡縣，知縣紀洪亟加浚築，八日城完，城下有馬道，內外俱有壕塹，增築甕城並護城堤，民始可守。既而賊至，悉衆攻城者三晝夜，卒保無虞，教諭侯仁有《全城碑》，見"藝文志"。正德五年，知縣劉溉修南門，額曰迎熏。嘉靖元年，署印曹州州判秦錡修西門，額曰環曹。六年，知縣段祥修北門，額曰拱極。十年，（145）知縣劉倫修東門，額曰宗魯，其門皆飾以鐵葉，甃以磚石，戌房俱易以樓。十二年，知縣芮京增築敵臺十六座。四十三年，有劇盜陳良謀者欲據青州作亂，巡撫四川張檄各府州縣修城郭以備警，知縣唐桐重修。萬曆二年，知縣梁礦重建城門樓四座。六年，知縣黎邦琰重甃四門及甕城，益以粉垛二千七百有奇。十年，知縣李四勿城上益以角樓八座。二十二年，知縣陳以見因雉堞為霆雨所壞，復加增修。二十四年，知縣楊克順砌水溝四十四道。天啓二年，因妖蓮徐（146）鴻儒倡亂，攻陷鄰邑，知縣朱萬年益加修築，城守卒賴以安。崇禎十一年，因北警甚亟，知縣張汝賢創甕月城門四座，俱與城門相連，合併雉堞一千三百有奇，以便守禦。順治十二年，知縣趙國琳因城久壞，大加修築，較前完固，四門吊橋下深浚壕塹，環匝蓄水，城始險阻可守。自康熙年來，升平日久，雖時修補，不無殘缺。雍正四、五年，知縣葉亮重修東南北三門，各建門樓。乾隆二年，知縣薄而堅重修西門，建門樓並四角樓。自乾隆十三、四、五年，知縣雷宏宇凡遇風雨（147）損壞坍塌各有修補。二十三年，知縣李建岐額各甕城門，東曰迎旭、南曰朝陽、西曰迎輝、北曰迎麻。嗣後，海宇承平，少盜賊警，百餘年雖間有修補，至道咸時傾圮已甚。咸豐十年，南匪驟來，城不能守，賊遂入城肆焚掠。匪退，知縣武燮督飭紳民修城浚池，工未竟賊奄至，以木板代女牆，嚴爲守備，賊即去。十一年，本地捻匪起，數圍城，迄未得志。流寇往來滋擾，城守卒以無虞，四鄉集鎮亦多建圩堡以自衛。光緒十三年，知縣毛澄稟准由民捐資改建磚城，周一千二百四（148）十四丈，雉堞三千三百堵，甕城四座，門樓四所，樓凡兩重，上題以額，東曰仰岱、南曰臨楚、西曰景崧、北曰望京，復於東南隅城上建一奎星閣，環城植柳株儲其利爲修葺費資，此歲有修補，城大改觀，邑人頌其德，撰爲記。邇來變亂時起，四鄉無寨者屢被害，邑以城固可恃，人心貼然。

民國《德縣志》

民國《德縣志》，成文出版社有限公司，1968年。

德縣

（卷四"輿地志·城郭"，79）縣城，魏泰和間築（見本省《通志》），土城，歲久而圮。明洪武三十年，都督張文杰、指揮徐福等改建磚城。城門有五：南門曰朝陽，南出通恩縣路，東南通平原路。東門曰長樂，長樂，郡名，晋改廣川爲長樂，《水經注》長樂，故信都也，取以名門，亦存古之意，東出通陵縣路，東北通德平路。北門曰拱極，北出通桑園路，西北通景縣路，現堵閉不啓。小西門曰廣川，廣川者，漢縣也，出廣川門，渡運河，通景縣路。景縣南有廣川臺，又有董子祠，凡董子古迹在景縣南則在德縣西北，廣川之地兩邑有之，廣川之門爲古。西門曰定邊，定邊者，古名也。五代時石晉以燕雲賂遼凡十六州之地，幽、瀛、莫、涿、檀、順，謂之山前七州，宋人承其後，遂以白溝河爲界，統兵要害在近邊，未嘗遠戍，境外瀛莫諸州悉是邊地，故有定邊之名。元明建都於燕，檀、順諸州悉是畿內之地，明萬曆中修城，改定邊爲聚秀，西出逾衛河通衡水路，西南通故城路。城之外周十里零一百八十步，內周九里零十三步，闔城內估地三十七頃二十畝九分五厘七毫五絲，城墻壓地九頃六十三畝三分五厘五毫。

《舊志》本《元史·崔敬傳》"陵州無城郭"一言，謂德州向無城垣，且謂洪武三十年改建之州城爲衛城，李東圃先生《州志考異》力辨其非。按《通志》云，金都於燕，通山東河北之粟，凡諸路瀕河之城則置倉儲之，若恩州之臨清歷亭，景州之將陵、東光皆置倉之地，是金之將陵有城也。元延祐間，臺德璋《儒學碑記》云，夫子之宮舊在城東南隅，是元時陵州有城也。再按明洪武《五行志》，洪武二十八年，德州大水壞城垣，是洪武時已有城，非至三十年始有城也。可知德邑本有城，《崔敬傳》以爲無城郭，蓋土城歲久而圮。洪武三十年是易土城爲磚城，改築，非創築也。且移德州治在洪武七年，立德州衛在洪武九年，又可知爲州城非衛城也。

明正統八年，知州韋景元修城建譙樓。正德五年，知州寧河預防劉六等之亂，外築羅城。嘉靖七年，知州何洪增修羅城，廣袤二十餘里，久已傾圮無存。萬曆四十年，知州孫森重修德州城，鍜需五萬，期以三年，隨宜擘劃，增陴浚隍，並建雁塔、振河閣、敵樓、戍舍。清乾隆八年，以工代賑，發帑金十四萬有奇，重修州城，周回十里一百八十步，高三丈七尺，厚三丈，池深二丈，闊五丈，門樓、譙樓各四，瓮城四，敵樓二，惟廣川門無門樓、無瓮城，興工於乾隆九年，告竣於乾隆十四年。光緒元年，山東布政使李元華護理巡撫時，籌發三萬餘金，委派專員會同知州張錫綸祇修東面墻垣，故今東面稍完整，其（80）南西北三面則皆破敗不堪。民國十七年，南北統一，當局意將城垣拆毀，藉資其他建設。惟城址地勢窪下，近瀕運河，東南兩面有陳公堤，北有北支河堤，西有運河堤，四面皆堤，縣城宛居釜底，一□河決，四周盡成澤國。民國六年，運河自耿李莊決口，水勢洶湧，猶高屋建瓴而下，城垣淹沒過半，岌岌可危，幸免於難者尚賴有城之保障也。邦人士利害關切，公請保留用禦水患，故拆去城堞而中止。厥後於十八年，修葺各門，改南門之朝陽爲中山，東門之長樂爲民生，西門之聚秀爲民族，小西門之廣川爲民權矣。

道光《博興縣志》

道光《博興縣志》，成文出版社有限公司，1976年。

博興縣

（卷三"建置志·城池"，163）舊城在縣南，唐時移就樂安故城。本土築城，元末始甃以磚，周回三里二百九十步，高二丈三尺，下闊一丈五尺，上闊八尺，城用磚，計堞一千七百五十三，今傾過半，城內馬道闊一丈，外馬道闊八丈。其門，東曰朝宗、西曰通濟、南曰來熏、北曰拱極，東南曰迎秀，以此門與學宮通，迎大河奎山之秀，故名，門各有樓。濠深七尺，闊倍之。明正德五年，知縣王光增築墩臺二十，引小清河水入濠。嘉靖六年，知縣張集闢迎秀門，浚濠，插柳栽蓮焉。萬曆五年，知縣桑東陽修城垣。崇禎八年，知縣翁兆雲築城樓，增置敵臺。國朝康熙二十四年，知縣劉名譽重修門樓。康熙五十二年，知縣周嘉禎修城堞。康熙五十五年知縣李元偉，乾隆五十八年知縣黃瑄並重修。

乾隆《昌邑縣志》

乾隆《昌邑縣志》，成文出版社有限公司，1976年。

昌邑縣

（卷二"城池"，97）縣城在漢都昌古城之東南。宋建隆三年，築土城，周五里有奇，高一丈八尺，厚一丈五尺，門三，東（98）曰東興、西曰西成、南曰迎恩。池深九尺半，廣倍之。元至元十一年重修，增角樓四，門樓各三楹，東曰奎聚、南曰陽鳴、西曰瞻宸。明正德六年，值流賊之變，府同知劉文寵重修。嘉靖四十五年，知縣李天倫重修，增東南角樓曰文筆峰，供文昌於上，顏曰奎光。萬曆五年，雨頹城垣，知縣侯鶴齡修補，增甕城，建三外門，城池益高其制。萬曆三十八年，濰決，壞城垣。其明年，知縣卜有徵重修，更名三門，東曰映瑞、西曰迎禧、南曰延爽。

萬曆（99）四十□年，小修城池，移文昌於東山巔，城之角樓遂廢。崇禎十三年，知縣白壯易土爲磚城，益高二尺，厚五尺。大清順治七年，濰決，頹東門，知縣劉士偉改東門南向，題曰永順，西門曰重慶。康熙十六年，知縣沈一龍重修三城門樓，增至三級。雍正五年，知縣袁□復東門舊制，東向。雍正八年，濰決，頹東門。其明年，知縣劉書復改東門南向。

嘉慶《長山縣志》

嘉慶《長山縣志》，成文出版社有限公司，1976年。

長山縣

（卷二"建置志·城池"，111）城一座，土築，周四里，高三丈，厚二丈二尺，闊二丈七尺，雉（112）堞一千四百餘，四隅各有敵臺，每門架樓三，闢門四，東曰望遠、又曰望海；西曰迎恩，又曰觀津；南曰懷范，又曰迎熏；北曰傳命，又曰拱辰。又有奎光樓，舊在西門上，明萬曆中知縣薛倫建，國朝乾隆五年，邑紳張永瑗等修。文筆峰，在城西南隅，亦萬曆中薛令建。池闊二丈七尺，深八尺，周圍與城稱。

按縣城，即廣川郡，後齊改東平原郡。隋，郡廢，改名長山縣。宋宣和末至元初，疊遭兵燹，城垣鏟毀殆盡。至正十二年，縣尹苗居岩等修築，詳邑人牛志學記。明洪武初，知縣徐奇修。成化三年，知縣薛方委陰陽官許杲修。二（113）十年，知縣趙澐修。正德六年，流賊入城，毀官民、廬舍，知縣喬遷岐因而修築，拓七丈餘，內闢馳道。嘉靖四年，知縣張鐸修，改立望海、觀津、迎熏、拱辰四門額。二十七年，知縣邵苾委驛丞劉尚信修。三十六年，秋雨城圮，知縣邢彥修，增築高厚，尚書李士翱撰記。隆慶元年，知縣馮三接塞迎熏門，開東南門，曰景文，上架樓三間，後復閉塞，仍開南門。國朝康熙二十六年，知縣錢士炎增修，復塞南門，開景文門。五十二年，知縣孫衍增修（訂正《舊志》）。乾隆壬戌，邑紳張永璜等重修景文門，請並開迎熏門，至今二門並開（《續志》）。（114）乾隆三十四年，葉令任內士民呈請捐修，周圍六百九十三丈，頂寬一丈二尺，底寬二丈一尺，海墁灰土一尺，磚二寸，共高一丈八尺，四門各架樓三間，俱重樓復檐，惟景文門有月城券臺，無樓。南東西，闔邑捐修，其北面，則袁紳一姓成之。

民國《朝城縣續志》

民國《朝城縣續志》，成文出版社有限公司，1968年。

朝城縣

（卷一"建革·城池"，34）城池，詳《舊志》。光緒十七年重修，墙濠一新。

有官府而後有城池。城池者，所以固民守，聚民居也。我朝隋唐而後，卜邑於茲，正名定義以縣名之，修城鑿池由來舊矣。或云舊城在韓張，或云韓張店，或云韓張猶有城隍廟，即當日縣治在時所修也，後人誤以韓張店爲韓張。洪武五（35）年，因水圮而徙於今地。以是考之，則韓張之爲韓張店無疑矣。韓張店村，西爲西馬頭村，東爲東馬頭。河決城圮，是以徙焉。又《黃河通考》云，宋天聖六年，河決澶州，即今開州，水泛東北百餘里，徙大明之朝城於社婆村，以避水患。今城西二里許，有舊縣波，是也。詳不可考，姑闕疑以待後之君子。

康熙《茌平縣志》

康熙《茌平縣志》，成文出版社有限公司，1976年。

茌平縣

（卷一"建置·城池"，121）茌城，周圍三里，高二丈四尺，闊一丈，門樓四，東曰近聖、南曰通會、西曰首化、北曰拱極，後改東□、西成、南熏、北極，角樓四。池深一丈，闊二丈，堤高一丈，闊一丈。元至正間，傾壞。明正德九年，知縣顧永築。至隆慶元年，知縣傅澤重築。萬曆四年，知縣韓訥相繼重修，覆女牆以磚。萬曆十年，知縣（122）王國弼復於門下浚隍通水，深其溝，作橋梁。

續云：茌城周圍不過三里，一遇天雨，水由四門而出，兼之池渠四塞不通，堪輿家以爲此有大不利者。浚隍通水，鑿□□□不無急望於嗣修之人焉。

光緒《德平縣志》

光緒《德平縣志》，成文出版社有限公司，1976年。

德平縣

（卷二"建置志·城池"，97）內城，建於宋熙寧三年，土垣，狀若襆頭（《前志》，縣城舊在今治東北一里許）。周三里，高一丈八尺，厚一丈餘，設東西南三門，池深一丈，廣（98）四丈。明弘治十一年，知縣李恕闊其規制。正德十年，知縣申惠修，署東門曰長魁、西曰宜豐、南曰懷仁。十一年知縣王卿、嘉靖五年知縣唐臣相繼繕修，署南門樓曰文明。三十一年，知縣趙鏄改曰聚奎。隆慶七年，知縣程沂復修，更東門曰應陽、西曰體乾、南曰仰泰。萬曆四年，知縣何倬易以磚垛。二十三年，知縣成文選重浚濠池。四十四年，知縣王霖重修南門，改曰映奎，以門拱儒學之東也，後俱圮。國朝康熙四十五年知縣朱謨、乾隆二十六年知縣文治光歷加修葺。同治七年，捻逆告警，知縣周士瀚率民增築，高二丈，闊一丈二尺，底厚二丈四尺，濠深一丈，闊八尺，以軍務殷急，僅竣周垣，門樓（99）未及營置。東門至南門六百四十二步，南門至西門五百五十七步二尺，西門至北樓三百二十九步，北樓至東門六百三十三步。

外城，本內城護堤。明正德七年，流氛驟起，知縣朱冕因其土增壘爲城，高一丈五尺，周六里，設四門，東曰迎旭、西曰留輝、南曰來薰、北曰拱極，池深一丈，廣二丈。嘉靖三十一年，知縣趙鏄修。萬曆二十三年，知縣成文選浚濠池。崇禎四年，知縣扈邦直復加修浚。十年，知縣蘇翹楚增置兩敵樓，東曰多助、西曰禦侮。屢經兵亂，外城之保障爲多。國朝康熙十一年，知縣戴王縉營築堅厚。五十八年，知縣李纍珠重葺四門。後稍圮。同治七年，知縣周士瀚補修完固，時逆氛肆擾，四民奔附（100）云集，登埤巡守，城賴以安。

光岳樓，在內城北垣上。明隆慶七年，知縣程沂建。萬曆間，知縣王霖修，額曰"海岱一覽"。國朝康熙間，知縣戴王縉重修，改曰"海岱文峰"。光緒十五年，知縣凌錫祺復修。奎星樓，舊名聚五，在城南垣上。明隆慶間，知縣袁宏德建。國朝道光十九年，知縣德楞額移建城東南隅，改今名。光緒十七年，知縣凌錫祺葺修。

民國《德平縣續志》

民國《德平縣續志》，成文出版社有限公司，1968 年。

德平縣

（卷二 "建置志·城池"，84）本縣城防，分爲內外兩城。內城，建於宋代熙寧年。外城，本內城護堤，明邑侯朱冕因防流氛，培土增壘，挑池浚濠。厥後風雨摧殘，代有修補，迄今內城破壞不堪，外城較爲可恃。考諸近年文卷，民國十年，邑侯樊祖燮籌款興修。十四年，邑侯阮忠模繼之。十六年，縣知事張積勛重加修理，工程較大。十九、二十兩年，略有修整。二十四年，縣長呂學元預籌夏防，查照前案，督飭第四科長張駿標繪具圖說，劃分工段，責成各鄉鎮出夫，一月完成，皆於外城實施工作也。

康熙《鄒縣志》

康熙《鄒縣志》，成文出版社有限公司，1976 年。

鄒縣

（卷一 "土地部·城池志"，123）形勝：北負崗山，東接唐口，南亘沙河，西襟白馬。磚砌，周圍四里零八十步，高一丈六尺五寸，垛高（124）四尺五寸，共高二丈一尺，基廣二丈二尺，上廣一丈六尺，計城垛一千五百二十八。城開四門，東曰瞻岳、南曰崇教、西曰襟濟、北曰近魯，城上四正樓、四角樓、窩鋪九座（北城三座，東西南各兩座）。

按鄒城，舊在嶧山之陽，至宋元嘉十三年徙今治。明正德初，增築高厚，沙土不堅，歲加修補，邑人病之。萬曆五年，知縣馮中州改砌以磚，有記。（128）明天啓二年，鄆寇徐洪儒等襲據鄒城，總兵楊肇基、都閫楊國棟帥官兵攻擊，城陣、樓櫓多所損壞。崇禎二年，知縣黃應祥重修。明末，土寇抄掠，數被侵犯，垛陣傷裂。至國朝順治五年，知縣於進忠改修大垛三百七十五。康熙七年，地震，垛口多壞，知縣張文錦修之。康熙四十年六月，天雨連綿，城西南隅倒坍城牆七丈二尺，自根臺至頂俱傾。

四十二年夏，又遇陰雨連月，城之東北隅自根至頂倒塌城墻六丈二尺，知縣婁一均於四十八年八月內到任，見有豺狼從城（129）隍入城，傷殘□□，竊賊夜行無忌，即捐銀五百三十二兩一分，庀材鳩工，刻期修築，工成造冊，申報各憲諮部存案。康熙五十三年八月，知縣婁一均又捐修東門城樓一座。濠，環城四面，深丈許，廣七步，與城南小沙河相通。

民國《增訂武城縣志續編》

民國《增訂武城縣志續編》，成文出版社有限公司，1976年。

武城縣

（卷二"疆域城池"，100）按原建土城一座，乾隆二十九年民修一次，乾隆五十五年粘補一次，皆未動帑。至嘉慶十九年，報坍，歷今又三十餘年，坍塌益甚，必得重建方資保障。年年詳請業成具文，或者藉資民力尚有濟乎。

乾隆《諸城縣志》

乾隆《諸城縣志》，成文出版社有限公司，1976年。

諸城縣

（卷四"建置考"，256）縣以諸城名自隋，歷唐、宋、金、元、明，至今不改。城分南城、北城。《齊乘》密州理有中、外二城也。南城者，《齊乘》以為漢東武縣城，見"古迹考"。隋開皇十八年，始改東武為諸城，立縣治為密州倚郭。逮明洪武四年，立守禦千戶所於西南大街，故南城為軍城。北城者，《齊乘》以為後魏永安二年築，以置膠州，隋開皇五年改密州者也。明初，省密州，即州治為諸城縣治，而南城之縣治遂廢，故北（257）城為民城。南北城之交有門，曰雙門，故東武北門址也。其左、右城垣，《前志》以為後魏置膠州時撤之，合南北為一城。按于欽，元人也，其曰中城、曰外城，必其時猶有城垣，如今京師之內城、外城耳。《府志》云，洪武四年，守禦千戶伏彪修城，始合為一，足以正前志之誤矣。是後，正德八年知縣申良、千戶張武，嘉靖十七年府同知王鍾靈，二十八年知縣祝天保，三十二年知縣梁淮，萬曆二年知縣趙揖，八年知縣李觀光相繼重修，其工費，民出十之七，而軍出其三。國朝康熙二十九年，知縣馬翀重修。乾隆二十六年，知（258）縣張師赤、宮懋讓相繼增修，落成於二十八年，用銀萬五百兩，皆民力矣。城周九里有三十步，高二丈有七尺，闊三丈有六尺，南城視北城廣增十之二，袤增十之五。城門五，南曰永安、東南曰鎮海、西南曰政清、東北曰東武、西北曰西寧，皆有月城，有重門，有樓。池深一丈有五尺，闊三丈。雙門上舊建神祠，元大德二年州達魯花赤木溫赤重修，明弘治元年知縣馮杰撤祠建層樓，正德末知縣韓肇以樓高不利縣治，毀之。逮乾隆十六年，知縣牛思凝重修，南仍舊額曰迎輝，明成化間知縣閻肅刻石也，顏其北曰"冠蓋里"，蓋取襄陽里名，擬縣人文之（259）盛也。門上作新臺，懸古銅鐘，見"金石考"。

民國《齊東縣志》

民國《齊東縣志》，成文出版社有限公司，1976年。

齊東縣

（卷二"建置·城池"，110）齊東縣，在金爲鄒平之齊東鎮。自金宣宗興定年間（即南宋寧宗時），元兵築城於鎮，是爲立城之始。元憲宗二年，升鎮爲縣，即以鎮城爲縣城，地臨黄河南岸，歲患漂没。迨清光緒十八年，因黄水灌城，衙署爲墟。經知縣王儒章具呈省署，有遷城之請。十九年冬，知縣康鴻逵奏准遷城於九扈鎮，城垣就該鎮原有圩墻迤邐而北，接連拓地建修。於二十年四月十五日，呈報新城（111）竣工，占用地段俱係購自民間，計城墻底寬一丈五尺，墻外包岸五尺，包岸外濠岸一丈，濠寬二丈五尺，城内沿城根巡道一丈五尺，共寬七丈，内外圈牽算周圍長六百二十一丈一尺八寸，合地七十二畝四分七厘一毫。城高一丈，排墻垜口高五尺，共高一丈五尺。城頂封面一丈二尺，周圍共長六百一十丈，全係用土築成。城門四，東曰迎旭、西曰觀成、南曰會仙、北曰淪清。城垣工程因監修委員馮德華苟簡從事，工料未堅，嗣後屢壞屢補，未及十年，即已頽廢不堪。光緒二十九年，經知縣孫紹曾重加修葺。迨民國十七、八年間，兩次被匪占據，損壞太甚。二十二年，經縣長陳子元，召集士紳倡議重修，並呈准帶徵附捐，以資建築，未及興工，去職。二十三（112）年春，縣長丁德基，組織修城委員會，繼續辦理招工投標興修，城廣較舊基增加五尺，城高連雉堞一丈四尺，周圍共長六千二百三十五尺，城門仍舊，其餘牆外包岸、濠岸、城濠等寬度俱同前，雉堞八百三十二垛，城之四隅各築崗屋一間。

道光《長清縣志》

道光《長清縣志》，成文出版社有限公司，1976年。

長清縣

（卷二"地輿志下·城池"，277）縣城，自漢、唐、宋以來，未有城池。逮元至正十四年，始城之，土築。明成化四年，重築四門。至十一年，邑侯解公瑛始爲石城。正德間，邑侯劉儒、縣丞呂俊再築長堰。城高一丈五尺，闊一丈，周圍四里，環甃以石，女牆以磚，雉堞一千四百一十有奇，城門樓額四，東爲迎恩門，景陽樓；南爲距魯門，向離樓；西爲挹清門，懷庚樓；北爲拱極門，安（278）貞樓。其角樓有四，曰乾角樓、坤角樓、艮角樓、巽角樓。城外爲池，深一丈五尺，闊二丈五尺，堤外有馬道三尺。日久堤圮道湮，隆慶間，邑侯柴宗義鳩工修築，植樹浚堤，止完東南一帶，升任去。崇禎間，邑侯劉公之蛟於四門各增月城，爲重門四，東曰青陽、南曰南熏、西曰西成、北曰拱宸。邑侯王公心學，復增高女牆三尺，□雉堞爲八百六十有奇。國朝順治六年，夏雨連綿，四垣崩頹過半，邑侯呂朝輔大興工作，親督堅築，二十餘年，無大傾圮。康熙六年，地大震，四城樓盡壞，北月城大半不存。至十年，邑侯岳公之嶺（279）次第重修，今皆復舊。而元帝神像之在北城樓者，莊嚴整理，視前煥然矣。

（280）長清縣城，本長清鎮，宋至道二年置縣於此。土城，元至正十四年所築。明成化十一年，知縣解瑛甃以石，周四里三十步，高一丈五尺，厚一丈。池闊二丈五尺，深一丈，四門，東曰迎恩、西曰挹清、南曰通魯、北曰拱極，角樓四座。正德六年，知縣劉儒修築長堰。崇禎間，知縣劉之蛟增置月城，爲重門四，後爲雨所圮。國朝順治六年，知縣呂朝輔重修。

乾隆《平原縣志》

乾隆《平原縣志》，成文出版社有限公司，1976年。

平原縣

（卷二"建置志·城池"，73）舊城，在縣西南三十里（《一統志》引《唐書·地理志》作二十五里）。北齊徙今治，初爲土城，莫考築自何年。周五里七十九步，高一丈七尺，厚一丈五尺，外塹爲池環之，廣三丈二尺，深一丈二尺。隙四門，東曰控（74）岱、西曰朝京、南曰迎熏、北曰拱極。元至正十三年，本縣達魯花赤也先不花□修，始建門樓（有□邑人□文禧撰記，見"藝文"。城樓題額曰："東瞻泰岱""西聯燕趙""南望中原""北拱神京"，見《舊志》城□）。年久傾圮，明成化初，知縣周密修築之。弘治十四年，知縣朱良重修，每百步設一鋪使巡視。正德六年，爲流賊所破。明年，知縣陶成增浚埤堅，女牆內爲巡警舍二十有四。嘉靖三十八年，知縣胡子重修北門敵樓。萬曆三年，知縣王遵義重修，城垣堅厚有加。十年，知縣喬起鳳始甃以磚，四門各修月城，復建敵樓並四隅角樓，修設腰鋪，浚池深廣，外築堤堰以護城。十一年，知縣方可畏增新樓櫓。三十七年，知縣黃景章重浚（75）。國朝順治十三年，知縣崔掄奇捐俸重修。康熙二十七年，秋雨頹壞，知縣李璐捐俸倡修，重建四門城樓。閱年既久，雨蝕風摧，城垣處處皆瑕，雉堞盡圮，樓櫓僅存者亦傾敧已甚。乾隆九年，知縣黃懷祖勘估工料，通詳在案，大工興舉，尚有待云。

光緒《日照縣志》

光緒《日照縣志》，成文出版社有限公司，1976年。

日照縣

（卷二"營建志·城池"，91）城池，金改日照鎮爲縣治，始築土城。元至元十七年，縣人相士安倡衆增修，周二里，高二丈有奇。明正德七年，署縣事王伯安重修，門二，東曰永安、西曰太平。萬曆二十一年，知縣杜一岸砌以磚，高二丈六尺，上闊八尺，增築甕城重門，敵臺四座，穿濠深廣皆丈。先是，嘉靖三十六年，知縣張執中附城西築土城三面，南門曰朝陽、北曰拱極、西曰振武。至崇禎三年，知縣鄭麟喻砌以石，與舊城爲一，周四里，共敵臺十二，垛口一千四百八十有三。國朝順治九年，知縣呂補袞於新城外浚濠，深丈二尺，廣如之，圍以馬墻，維地（92）脉入城處不鑿濠。康熙七年，地震城圮。十三年，知縣楊士雄修之。五十一年，知縣成永健重修，於西門側鑿濠。乾隆二十五年知縣李綬、嘉慶五年知縣賀孟逵皆因舊修補。咸豐十一年，知縣張書升、縣紳丁守存等重修。光緒十一年，知縣陳懋復修焉。

安東衛

安東衛城，明洪武時，信國湯和築，周五百三十丈，高二丈一尺，門樓四座。嘉靖間，經歷司何亨修補。國朝康熙七年，圮。咸豐十一年，都司桂斌同衛紳士重修。

石臼所城

石臼所城，周三里有奇，高丈四尺，南、北、西三門，千總缺裁後遂廢。同治六年，避寇復修。光緒十一年，重修。

夾倉鎮巡檢司城

夾倉鎮巡檢司城，周六十丈，久圮。咸豐十一年，鎮人修以避寇。

安家口城

安家口城（即龍汪口），雍正五年，知縣書翰奉文修築，有外委駐守。

道光《東阿縣志》

道光《東阿縣志》，成文出版社有限公司，1976年。

東阿縣

（卷五"建置志·城池"，197）東阿、穀城二邑並建，亦各據一城。

東阿城，在今陽穀境內之阿城鎮；穀城，在黃石山下，即今治也。自北齊省穀城入東阿，穀城遂不復置，城已爲墟矣。宋開寶二年，河水爲患，(198) 遷南穀鎮（即今舊縣）。太平興國二年，遷利仁鎮（即今□縣）。紹聖三年，山水壞城，縣令耿居正遷於新橋鎮（即今舊城）。明洪武八年，知縣朱真避黃河之患，復遷今治，築土城，周回四里一百三十步有奇，高一丈八尺，池闊一丈五尺，深□丈，城樓五座。草昧之初，規制簡略。弘治十二年，知縣秦昂增修樓堞，更甃磚石，開拓關廂，深鑿隍塹，由是漸次壯麗。五門，東曰少岱、西曰安平、南曰聚寶、北曰清溪、東南曰天池。萬曆間，知縣田樂、白棟以城垣卑薄，不任保障，相繼增修，城垣並女墻高二丈五尺，厚二丈，磚石垛口一千二百五十三，角樓十，更鋪五。城內有狼溪河，貫流其中，橋跨河上，東西建門樓各一，以司啓閉。國朝康熙五十一年，知縣張楷重修，南北二門（小東南門上建魁星樓）。康熙五十四年，知縣鄭廷瑾重修東門。乾隆五十七年，知縣張晉奉文興修，至五十九年工竣，城垣樓堞煥然一新，並於橋之西頭汲水處建柵欄門一座。嘉慶八年，黃水漫溢，狼溪河水不能宣洩，衝刷河東崖城墻四十餘丈，知縣楊希賢重修完固。

民國《東阿縣志》

民國《東阿縣志》，成文出版社有限公司，1976年。

東阿縣

（卷三"輿地志·建置·城池"，99）《舊志》載，東阿、穀城，古分二邑，東阿城在今之阿城，穀城即今治也。自北齊穀城併入東阿，遂無穀城。宋開寶二年，河水爲患，因遷南穀鎮，即今舊縣也。太平興國二年，遷利仁鎮，即今棘城也。紹聖三年，山水壞城，又遷新橋鎮，即今舊城也。明洪武八年，因黃河水患，復遷今治，周圍土城，規制簡略。弘治十二年，知縣秦昂增修樓堞，更甃磚石，垛口一千二百五十三，角樓二十，更鋪五。兩城之間，有狼溪河直貫其中，橋跨河上，東西各建門樓，以司啓閉。清康熙五十一年，知縣張楷重修南北二城門，又於小東南門上建奎星樓。五十四年，知縣鄭廷瑾重修東門。五十七年，知縣張晉奉文興修，五十九年工竣，城垣、樓堞煥然一新，並於橋之西頭建汲水柵欄門一座。嘉慶八年，黃水漫溢，狼溪河水（100）不能宣洩，衝刷東岸城墻四十餘丈，知縣楊希賢重修始固。道光、同治、光緒年間，屢有傾圮，樓堞尤甚，雖隨時增修，難免坍塌。迄民國十六年，知縣趙樹青大加修築，城門各建新樓，狼溪河深抉數尺，委蘇景林、殷景儀、馬子□、張玉華、劉□□、閻逢壯等督工，東南山水庶無衝刷之患也。

光緒《文登縣志》

光緒《文登縣志》，成文出版社有限公司，1976年。

文登縣

（卷二上"城池"，135）縣城，北齊天保七年，置舊土城。明洪武元年，萊州衛鎮撫韓登督修，周七里，高二丈五尺，厚一丈，池闊三丈，深八尺。門三，東曰望海、南曰新建、西曰昆侖，樓鋪十五座。嘉靖間，知縣胡景華、張先相繼重修。萬曆八年，知府劉自化始定石城，議同知韓屏主其事，知縣郭包田同本邑丞簿督工。二年落成，周六百七十七丈，高二丈。國朝康熙四十一年知縣佟國瓏，咸豐四年知縣趙敏功相繼重修。

光緒《霑化縣志》

光緒《霑化縣志》，成文出版社有限公司，1968年。

霑化縣

（卷二"城池"，65）霑化土城，周圍五里十步，金置縣時始築。明成化二年，知縣陳謨重輯。正德六年，流賊突入，屠戮慘甚，知縣李紳繕修不果。至十年，知縣馬福始克成之，延袤二里三百步，高三丈，上廣六尺，下一仞有半，池稱之，堞（66）一千二百五十，門四，東曰布德、南曰迎薰、西曰涵輝、北曰朝京。嘉靖十七年，知縣石璽重修，後漸傾圮。逮國朝乾隆十九年，知縣呂錦奉文重修，發帑銀一萬七千三百八十一兩三錢四分六厘五毫一絲，周圍除四門，城圈共長六百二十二丈九尺，高二丈，頂寬八尺，底寬一丈四尺，俱仍照舊制，惟改迎薰門曰來薰門。三十二年，知縣童均復啓小南門，從生員范峻請也。至三十七年，署知縣程華補修。同治七年，署知縣張道南因捻匪入境，督民重修，賊雖屢至城下，而賴以固守，凡逃難城中者得無恙。光緒十六年，今邑尊聯（67）公又復重修。

民國《霑化縣志》

民國《霑化縣志》，成文出版社有限公司，1976年。

霑化縣

（卷六"建設志·建築"，828）城池，本縣係土城，周圍五里十步，金置縣時始築，明成化二年知縣陳謨重葺。正德六年，流賊突入，屠戮慘甚，知縣李紳繕修不果。至十年，知縣馬福始克成之，延袤二里三百步，高三丈，上廣六尺，下一仞有半，池稱之，堞一千二百五十，門四，東曰布德、南曰迎熏、西曰涵輝、北曰朝京。嘉靖十七年，知縣石璽重修，後漸圮。逮清乾隆十九年，知縣呂錦奉文重修，發帑銀一萬七千三百八十一兩三錢四分六厘（829）五毫一絲，周圍除四門，城圈共長六百二十二丈九尺，高二丈，頂寬八尺，底寬一丈四尺，俱仍舊制，惟改迎熏門曰來熏門。三十二年，知縣童均復啓小南門，從生員范峻請也。至三十七年署知縣程華補修。同知七年，署知縣張道南因捻匪入境，督民重修，賊雖屢至城下，而賴以固守無恙。光緒十六年，知縣聯印奉文重修，廢小南門。民國二十年，縣長莊守撥地方款，調民夫繕修，改東門曰崇禮、西門曰礪廉、南門曰由義、北門曰明恥。

康熙《利津縣新志》

康熙《利津縣新志》，成文出版社有限公司，1976年。

利津縣

（卷二"建置志·城池"，63）城周七里十八步，築土爲之，有門樓各四，東曰（64）觀瀾、西曰朝京、南曰迎熏、北曰鎮海。城垣墻初甚卑薄，明正德間，流賊劉七等搶掠近邑，縣丞魏彥昭度其必至，增修，高至一丈五尺，厚九尺有奇。嘉隆間，河水泛溢，城屢壞，知縣楊啓芳、賈光大相繼重修，高至二丈，池深一丈二尺，闊一丈五尺。萬曆壬申，寇警，知縣周大年修瓮城四，各有樓，角樓四，敵樓二十座。年久屢修屢頹，今見議修理。

乾隆《利津縣志補》

乾隆《利津縣志補》，成文出版社有限公司，1976年。

利津縣

（卷一"營建志·城池"，18）津邑，舊係土城，於乾隆三十三年知縣程領帑興修，易土以磚，並建城樓四座，又於城東南隅作護城石泊岸一座，長四十丈。三十五年五月，報竣，有碑記。

民國《利津縣續志》

民國《利津縣續志》，成文出版社有限公司，1968年。

利津縣

（卷一"建置圖第二"，119）城垣，周圍里數，俱詳《盛志》。按其圖，東南隅城基內縮，已非舊址。實因清咸豐六年，黃水陡至，東南適當其衝，坍塌入水，用土補築，故全城皆磚，而此隅獨异。光緒間，修堤委員施補華順河修堤，東南一隅緊靠大堤，由地方另加修建。光緒二十四年，知縣朱慶元重修東、南、西三面。三十一年，知縣吳士釗將全城重修。宣統三年，知縣寧繼光重修。民國八年、十五年，知事潘晋、李光宇皆有修葺。附城護堤，光緒三十年，知縣吳士釗因防水患，派董修培。又城墻內面護堤，係民國初年，城區董事會張令聞等修築。

城外圈堤，係因民國十年宮壩決口，黃水入城，淹沒南街。民國十一年春，災，民代表紀鶚、元任道遠赴省請求堵口，並赴華洋義賑（120）會請求賑款一萬七千元，又山東各縣資助七千元，共得款兩萬四千元，由華洋義賑會派員督修。自城南豆腐巷起，至城北安家莊止，與東面舊堤結合，所修工段皆以英尺為標準，共長一千一十丈，高九尺，底寬六丈，頂寬二丈，彌月之間，大工告成。是年夏間，黃水大漲，縣城得保無虞者，全恃該堤捍衛之力。二十三年，山東第一路民團指揮趙明遠、縣長葉雲表重修，以資鞏固。

乾隆《樂陵縣志》

乾隆《樂陵縣志》，成文出版社有限公司，1976年。

樂陵縣

（卷一"輿地志上·城池"，117）縣城，舊在咸平鎮，周三里，高二丈三尺，闢東、西、北三門。元末，平章余潛據棣州所築，去今縣治西南五十里。明洪武二年，縣丞何恒遷今治，即漢之富平鎮，城池草創，周圍三里許。成化二十三年，知縣孫賓重築土城，闢四門。正德六年，知縣許逵重加修築，塞西門，城增高二丈八尺，闊二丈，建磚垛一千一百一十四（118），窩鋪一十七，敵樓一十七，又額三門，東曰朝海、南曰宣和、北曰迎恩，城外周圍浚池，冬夏不涸，深一丈五尺，闊一丈，池外築堤植榆柳，成巖邑焉。逵去後，復啟西門，名寅餞，又改宣和爲通濟。萬曆五年，知縣劉旁重修，周圍培廣三尺。萬曆十九年，知縣王登庸重修，增建甕城。國朝順治十六年，知縣郝獻明重修四門，高培雉堞。（119）康熙九年，知縣李時謙修建東城門樓，有記。康熙二十一年知縣錢爲青，二十七年知縣姜植相繼重修。乾隆九年，知縣趙釗詳請動帑一萬三千六百一十九兩二錢七分六厘，修城高二丈八尺，闊□丈一尺，磚垛口九百九十四，城根周回添設水臺，高八尺，闊六尺，以禦衝齧，改西門名曰大有。

康熙《新城縣志》

康熙《新城縣志》，成文出版社有限公司，1976年。

新城縣

（卷二"建置志·城池"，112）縣置自元，末年城圮。明成化中，知縣白瑛始闢舊址，增土浚隍，爲門四，東曰厚生、西曰正德、南曰永寧、北曰利用。弘治中，知縣胡璉重修。正德中，流賊之亂，知縣□□築外城□□捍禦。十三年，大水城壞，知縣張（113）民表重修。嘉靖中，知縣胡應鳴重修。萬曆七年，鄉官戶部尚書王之垣填楚遺書巡撫都御史趙賢屬分守濟南道參議嚴用和檄知縣牛希濡，撤土而磚，東圓西方，周千五百步，上闊二丈，趾緣以石，闊加丈有五，堞一千四百，門仍四，各覆以樓，列鋪十二，池寬二丈，深半之，池外繚以短墉，樹以榆柳。嗣是，知縣趙文炳、錢汝梁皆重修四門。□□二年，鄉紳增建西門瓮城，餘未訖工而罷，西門□□圮。崇禎中，爲叛兵所毀，縣令孫胤奇修葺，重造四門樓。明季之亂，復就傾圮，又爲土賊謝遷所陷，益加廢壞。（114）國朝康熙二十三年，知縣崔懋督率群民，視城垣坍塌處所略加補葺，挑浚城濠，緣河植柳，茅因荒歉頻仍，不勝力役，修築之功，有志未逮。整墉垣以固封守，當視民力而圖興舉矣。

順治《招遠縣志》

順治《招遠縣志》，成文出版社有限公司，1968 年。

招遠縣

（卷二"城池"，87）城，金初始置土城，元末毀於兵。明洪武十年，知縣王明善建。正德六年，知縣申良築，周二里有奇，高二丈四尺，闊一丈二尺，樓四座，鋪四座，門三，東曰盥泉、南曰通仙、北曰望海。嘉靖二年，知縣羅錦增修，東南開門，曰雲路。萬曆丁丑，知縣田九丘重修，始琢石四平，布之墻端，加以聘睍，聘睍之顛冠以瓴甋之方而劍脊者。秋閏八月經始，冬十一月告成，縣丞任道一、主簿劉、典史王鐣分董其役，孝廉閻公朝撰記。崇禎十（88）一年，通判王一龍、知縣屈允元重修石城。

城門樓，舊治卑陋，明崇禎十一年，通判王一龍、知縣屈允元增修，規模始壯。

城濠，明正德六年，知縣申良鑿，闊二丈二尺，深一丈。萬曆丁丑，知縣田九丘重修，開鑿城西北濠橫石，引東南泉水，環城流注，深廣加倍，作石閘於濠四隅，以制蓄洩，建南北兩門石橋。

按縣龍左轉兌庚八首，堪輿家以脉急帶煞，宜闢，故城始建，不置西門。城之西，舊無居人，地名西觀，巨石（89）□岩累累相望。父老相傳，以龍氣過剛，則民俗獷悍難制。邑侯田公，鳩工鏟削，後遂風俗淳樸，獄訟衰息。又引逢家灣巽水注濠，濠堤植柳，池中芙蕖紅白相間，邑一時人文頓盛，若友龍李公百芝、楊公仁宇□馨兩李先生，皆彬彬蔚起。侯去時，邑紳士贈言有"鑿斷虎山民俗善，引來龍水甲科多"之句，誠招邑良吏也。嗣是踵事者，膠柱鼓瑟，剖鑿過甚，邇來龍氣遂傷，生民彫敝，里巷蕭然，當事者憂之。邑宮詹旭侖、楊公倡議培補，數年以來坤維一綫想當稍復，然欲繼盛（90）昔年，恐亦非一朝一夕力也。

（93）論曰：登於山左僻處極東，三面阻海，非若秦有潼關，蜀有劍嶺，爲一方門戶也。況招介在屬邑，不啻彈丸黑子，兼以十室九空，無慢藏可以誨盜。王公設險，宜不爲招邑言之。讀《左氏傳》，莒恃其陋，不修城郭，浃辰之間，而楚克其三都，則擊柝重門以待暴客，又豈小邑所可忽乎？今城已易土而石矣，築斯鑿斯堪無虞。若夫在德不在險，而衆志成城，是又在良有司輯民和衆矣。

康熙《益都縣志》

康熙《益都縣志》，成文出版社有限公司，1968年。

益都縣

（卷四"城池"，151）古城，在臨淄縣。晉曹嶷移置堯山南二里爲廣固城，後爲南燕都。宋劉裕攻破之，平其城，以羊□之治青州建城於陽水北，名東陽城。北齊廢東陽，遷築於陽水南，爲南陽城，即今府治也。南枕山麓，北距河流，□（152）然爲東方巨鎮。唐、宋、金、元因之。明洪武辛亥，始加甓甃，周一十三里有奇，高三丈五尺，壕闊如之，深一丈五尺，爲門四，東曰海晏、南曰阜財、西曰岱宗、北曰□辰。天順間，都指揮高源、知府徐郁、趙偉修城樓□□。正德七年僉事牛鷟、知府朱鑒，嘉靖八年知□□□相繼修。西門舊無月城，嘉靖十三年兵備（殘缺不全）。

乾隆《掖縣志》

乾隆《掖縣志》，成文出版社有限公司，1976年。

掖縣

（卷一"城池"，167）掖北際海，南抵長廣，據東西之要衝，陴隍高下，依古是營，至堳堞壯麗，壕減深廣，鞏金城而陷戎馬之足，則吉水龍公實有成勞。迨孔李倒戈，事起倉卒，百計圍攻，歷三時之久，終獲全濟。雖衆志成城，亦巍雉可恃無恐焉。踵是以後，繕完增葺，易復其舊。茌斯土者，誠綢繆於無事之日，以備不虞，信東方之保障云。

掖城南址，魏光州之北郭，北枕唐曲臺。元太宗壬寅（168）年，王公繕治萊城（按《府志》有"明以前，修廢不可考，及洪武三年，徐中山王移光州城建今地"之文。據元至元二十七年神山萬壽宮碑刻載，"金季失鹿，大元□□□金紫光祿大夫王公繕治萊城"，則城建自元，而前志失考矣）。迨明洪武四年，萊州衛指揮使茆貴復修之。後圮壞日甚。萬曆二十六年，有倭警，分守副使於仕廉、郡守王一言、知縣衛三省同議大修，尋皆遷去。副使盛稔、郡守龍文明、知縣劉蔚相繼董其事，三年功竣，規制倍於創建。凡周九里有奇，圍一千四百七十六丈九尺，高三丈五尺，城頭闊二丈，堞垛高五尺，厚尺，內布瓴磚（169）。門四，東曰□□□□□□西曰武定、北曰□□，上麗譙，皆飛檐重觀，東朝曦、西拱辰、南迎熏、□□波，四隅角樓埒門樓而差亞，東南貌文昌、西南貌武安、西北貌長生、東北貌生生，門隅鋪舍二十四所，樓外各置戍樓，其重門皆被以鐵，門外又別有周廬，備警巡。池隍深二丈，闊倍之，繚以周垣，四門橋下設石閘，便宣洩。崇正五年，孔有德圍城，攻破東北隅，巡撫徐從治、防院謝璉、郡守朱萬年率民兵築守，城（170）卒以全。國朝康熙二十年，郡守柴望增埤浚隍，種岸柳，池蓮相望。三十一年，郡守楊聲遠復加修葺。四十九年，景陽樓圮，知縣李密重修。雍正□年，朝曦樓圮，知縣謝名洪重修。八年，南城圮樓壞，署守於斐重修。乾隆二年，東北角樓圮，十三年，郡守嚴有禧重修。二十一年，知縣張思勉坤固內垣，鑿池廣深復舊制，又築南陽埂以抵汛水，繞池植桃柳三匝。

民國《陽信縣志》

民國《陽信縣志》，成文出版社有限公司，1968年。

陽信縣

（卷一"輿地志·城池"，51）城郭溝池，爲一邑根本之地，無事則以壯觀瞻，有事則以衛民，庶幾自古迄今未有不急急於此者。陽信今城，創始元初，嗣後屢有修築，今已殘缺頹敗，不復如曩昔之完好。循是以往，官不過問，民無能爲，終恐夷爲丘墟而已。

城周六里十三步，高二丈四尺，闊一丈八尺。元平章於保保創建，知縣張位、李深、陶儼、吳琦、龍池、徐九皋相繼重修。乾隆三年，邱天民重修。十七年，王允深重修。以後屢次動工，但以土補其缺敗，未能煥然也。

按《王氏縣志》云：《舊志》稱地近海濱，土多鹼鹵，城不宜磚，非止民力爲艱也。明萬曆十年，撫臺行文至縣，將修磚城，且帑布政司銀二千兩，立催興役，百姓驚惶莫措。邑侯朱大紀初下車，見而憫之。會巡按吳公按臨至武定州，令邑諸生劉子魯呈訴城不可磚狀。吳公允之，朱公即以原銀繳還。萬曆三十五年，爲防倭，復檄陽信修磚城。邑侯武世舉親詣省院，懇請大略，以年不順成，民不聊生，又備倭軍餉催徵孔急，矧城費不貲，此工若興，民皆逃竄矣。上臺是之，獲免。

門樓四，明嘉靖十年，知縣徐九皋創建。四門，東曰永和、南曰迎薰、西曰長阜、北曰拱極。又四隅各設敵樓，崇禎間知縣毛鳳來建。清乾隆三年，知縣邱天民重修南北二門。光緒三十年，知縣繆潤紱以城樓破敗，縮小舊制重修。

池闊一丈八尺，深如之，久失挑浚，今已淤淺。東、南、北三門皆有木橋。西門橋，光緒年間重修，改爲磚橋。

光緒《陽穀縣志》

光緒《陽穀縣志》，成文出版社有限公司，1968年。

陽穀縣

（卷一"建置·城池"，57）《周官》掌固、司險各分其職，山林川澤之阻曰險，爲野言之也；城郭溝池之利曰固，爲國言之也。古者建國必恃金湯以爲固，內安百姓，外禦寇敵，功豈微哉。穀城近百雉，池如之，草昧之初，曾爲狐鼠所窺，幾復於隍矣。昭代鼎興，百廢待舉，使修之而令瑕者堅，浚之而令淤者深，誠不拔之基也，作"城池志"。

按城舊址，周匝廣八里，不知始於何代，後各方式增一里，因拓爲一十二里。明成化五年，知縣孟純修，墻高五丈，厚三丈，池深二丈，廣如之。其四門，東曰迎恩、南曰會盟、西曰柔遠、北曰拱極，上各建瓦樓，寬可肆筵，而四隅角樓，亦容布席。正德六年，知縣盧鑒復築外垣，但草創之時，雉堞皆築土爲之。萬曆五年，知縣吳之問乘歲稔，令畝輸一磚，不旬月而功竣，是城所由維新也。其附門四橋，東曰惠民、南曰廣濟、西曰通利、北曰大順，俱構木爲之，歲久圯敝（58）。萬曆二十五年，北橋爲水湮沒，知縣傅道重令民以土實之，又於沿城四圍植柳千餘，外築土堤二重，高丈餘，渠深尋許，夾岸植柳護之。歲久木喬官司有耗采而無增植，萬曆三十三年，知縣范宗文命延袤補植千株，頓覺改觀。崇禎九年，知縣黃卷因城垣漸頹，鳩夫繕修。九年，知縣閻禧修隍浚池，建角樓、炮臺、樓櫓巍然，庶幾金湯永固矣。迨明季羆兵燹之變，國初又遭土寇之亂，墻埔塌壞，樹木無存，角樓、炮臺亦悉傾圯矣。康熙二十三年，知縣吳國棟大起民夫，繕修一新。二十九年，知縣王章重修。四十四年，知縣蘇名杰修附門四橋，復於北橋去土通流，夾堤植柳千株，環城頗爲生色，而垣埔則頹然如故也。康熙五十年，知縣王時來莅茲邑，首議修城，估工費得金錢萬餘，恐以此勞民傷財，未敢驟舉。爰於四門，先後繕治，雉堞煥然，譙櫓相望，因改額，東門曰豫順、南門曰亨嘉、西門曰豐樂、北門曰泰定，蓋取《大易》豐亨豫泰之義也。曾閱《舊志》云，城內閑曠，居民不足實城之十一，脫（59）有不虞，誰與爲守，慨然欲於舊城之內，另建小城，而艱於工費，存其志以有待。比年鄉民稍稍僦居城內，屋舍廓增，已足實城之半，由是招徠生聚，以庶幾於富庶之風，則又無事於另建矣。

（60）此下孔仙洲先生采訪：自是以來，政和民安，遐邇一體，天下晏然無一事百餘年。民不仗築鑿之險，官不議土木之興。草澤間縱有跳梁，旬月內迅即夷殄，故俗狃治安備兵寇。道光二十二年，廣東花縣始亂，後占據南京。此間宦紳猶曰："遙遙千里"，無肯作城守計者。至同治四年二月，南京股匪突如其來，知縣文穎莅任甫五日，茫不及措，矢死而已，城遂陷。賊去後，時事愈艱。十一年，莘縣教匪煽亂，城又失。同治三年，知縣王亮采募民間畝出京錢拾文興修，至八年，工竣，周圍十二里，高二丈，頂寬一丈五尺，底寬二丈二尺，坑高五尺，垛口三千八百八十八個，城身並裏外皆土，上頂有條磚兩層，門樓、瓮城既各煥然。又於四街之尾，各建柵欄門一座，晨啓夜閉，如小城然。光緒初年，知縣曾公啓勛繞池植柳，旋被斧斯，以至於今，城池猶是也。

民國《續修歷城縣志》

民國《續修歷城縣志》，成文出版社有限公司，1968年。

歷城縣

（卷十三"建置考一·城池"，700）府城，見《前志》。道光十六年，濟南府知府王鎮浚護城河（《府志》）。按《府志》載《挑挖護城河各工奏案略》云：道光十六年三月二十日開工，至六月二十日各工一律報完，核計挑挖護城河一道，東西濼河二道，共計長四千二百十六丈；趵突泉河一道，計長一百六十三丈；南門迤西山水溝一道，計長八十六丈；補修東西北三門內外石橋三座；拆修東西南三門外吊橋三座，壇橋衛鋪石橋二座；修補齊川門牌坊一座；添立濼源、歷山、彙波三門牌坊三座；新建北門迤東石鋪一座，南門（701）迤西滾水壩一座；挑浚趵突泉池一座；修砌壽康等泉石池八座；新修東門迤北南門橋垛並迤東、迤西，西門迤北石泊岸共五段，三皇廟石泊岸臺階一段，共計長六十七丈四尺，壇橋衛鋪兩橋石雁翅共八段，計長二十一丈五尺；新築南門迤東、迤西、馬跑泉迤北壇橋、迤西椿埽共四段，計長六十六丈五尺；起除南門東西土渣二堆，計長二十四丈；鋪換西門內外石路一道，計長四十七丈五尺；挖砌城內溝渠五道，共計長七百一十八丈。從此省城內外泉脉深通，河流舒暢，即大雨時行，山泉湖水同時漲發，可以順軌而下，不至漫溢。沿河一帶，田園亦可無乏水之虞，而橋梁、鋪座、泊岸、牌坊以（702）及道路溝渠，無不整齊堅固，煥然一新，蓋百餘年未經興舉之工也（據《府志》）。

城東、西、南三門，皆重關，東門則於重關外獨多一門，不知始自（703）何年，規制窄狹，一經車馬輻輳，輒行梗阻。道光十一年，巡撫訥爾經額命去其門，並將門券擴而大之，行人便焉。

府城舊止四門，光緒季年，人民殷繁，車馬時病塞塗，乃復增闢四門，在西南曰坤順、在西北曰乾健、在東北曰艮吉、在東南曰巽利，惟艮吉以出入人少，常閉不啓（胡際元采訪）。

城西垣外向多隙地，居民或治爲畦圃，闢爲糞場。光緒年間，浚小清河，商船自羊角溝來者，可以直達灤源門，於是附城隍左近隙地，悉成廬舍。光緒三十三年，籌款局自灤源門以北抵小北門跨城隍架木橋三，曰第一虹橋、第二虹橋、第三虹橋，及乾健門開直，其外另建一橋，遂將原第二虹橋撤去。

民國《續修博山縣志》

民國《續修博山縣志》，成文出版社有限公司，1968年。

博山縣

（卷三"建置志一·城池"，237）石城，明嘉靖三十六年，分巡青州兵備道王世貞據本鎮舉人趙敬簡等議，請於巡撫傅頤、巡按段顧言創築。三十八年三月經始，（238）越五月，告竣，副使李攀龍記之，世貞復自爲銘，載"藝文志"。城周圍三里，雉堞七百三十，高二丈三尺，廣五百一十八丈五尺，門四，南曰龍泉、北曰范河、東曰荊山、西曰禹石。崇禎十二年，通判董重捷倡議增建瞭臺八座，今存六，其餘廢址尚存。清乾隆二年，給帑重葺。水門三：一偏龍泉而西，一偏禹石而北，一偏范河而東。小水門一，當荊山門下。以二女泉、范水爲池。

（一）二女泉水南來，沿城外水隍西流北折，與范河水合入瀧水，其入城者分爲二：一沿城角而西入文廟泮池，出徑石橋，又北徑縣治（即"雜記"府館），折而西出西水門，與城外水合。一北流至於隅首，沿前（239）街之左而西至石橋，與泮水合（"雜記"尚有分流水，北徑東隅出北水門者，今塞）。（一）范泉水，北流西折至城外東北隅，沿水隍徑范河門，與二女泉水合入瀧水，其支從平地引過後樂橋上南折而西流入小水門，徑東隅井畔出北水門入范河（見"志略"，今如故，"雜記"不載）。

（"公共建築"，299）城垣，道光甲辰，知縣邱文藻倡議重修，乙巳竣工。咸豐辛酉，捻匪亂後，知縣樊文達重修牆垣，雉堞加高二尺，增築炮樓二座，北城樓之東旁曰"永清樓"，東城樓之北曰"定遠樓"。

民國《無棣縣志》

民國《無棣縣志》，成文出版社有限公司，1968年。

無棣縣

（卷二"建置志·城池"，71）城周九百九十九步，高二丈，闊五尺有奇，門四。元至正十七年，平章於保保重修。明洪武、正統間重修。嘉靖三年，知縣王訓增築，高八尺，闊五尺餘，置更廬十二，署門額，東曰宜春、南曰迎恩、西曰通衢、北曰鎮海。四十四年，知縣喻曉修四城樓，各署一匾，曰"東望蓬萊""南宗岱岳""西拱神京""北鎮滄溟"。萬曆二十五年，知縣郭應登重修城堞。天啓三年，知縣王楨重修。崇禎十一年，知縣雷之渤增建敵樓四座。十二年，北城樓毀，雉堞半圮，知縣李桂芳修補如舊。清乾隆九年，知縣方琢重修。道光七年，知縣孔繼尹重修，更署門額，東仍曰宜春，南曰迎熏、西曰慶豐、北曰承恩。同治七年，署知縣事（72）周濤修葺。光緒十七年，侍御吳峋建議，知縣楚材申請發帑重修。民國十二年，縣知事侯蔭昌重修城堞。

池深七尺，闊五尺，有四橋，後廢。明嘉靖二年，知縣王訓重浚。崇禎九年，知縣王杰浚及泉，十三年重浚。

外郭，清順治五年知縣杜良祚鑿外濠，環繞四關，闊一丈五尺，深半之，內築女牆，後廢。同治元年，邑人吳重周捐募增築，周十五里二百一十步，高一丈四尺，濠闊一丈六尺，深一丈，後亦廢。

乾隆《濰縣志》

乾隆《濰縣志》，成文出版社有限公司，1976年。

濰縣

（卷二"建置志·城池"，159）夫子作《春秋》，凡門、觀、臺、榭必書，重民力也。雖然金城湯池，王公設險以固圉，城池又安可忽哉。濰邑土城，創於漢，石城易於明，爲東萊之屏翰，申畫郊圻，慎固封守，保障之責，故備列雉堞、樓櫓、壁壘、濠塹，俾得因時浚築焉。然而城郭爲

有形之捍衛，禮義爲無形之城郭，是在司土者。其堤堰墩鋪，所以
(160) 輔翼疆圉，因類而備載焉。

濰土城，創於漢，周圍九里三十步，高二丈八尺，闊一丈五尺，門
四，東曰朝陽、西曰迎恩、南曰安定、北曰望海，各有譙樓，四隅有角
樓。池闊一丈，深五尺，環繞四圍。明正德七年，萊州府推官劉信重修。
崇禎十二年，邑令邢國璽以石甃之，紳民各認丈尺，不用衙役督催，聽從
民便，不數月而告竣。石城，高四丈有奇，厚二丈五尺，周圍一千三百四
十九丈有奇，垛口凡一千六百有奇，正樓五，角樓二，敵臺二 (161) 十
八，堡屋、炮房間之，甕城三，北門舊無甕城，起空心樓一座。池闊二
丈，深五尺，衛以崇墻（東門外借白狼河爲池）。厥後屢次小修。國朝乾
隆十三年，知縣鄭燮捐資倡衆大修，不假胥役，修城一千八百餘尺，垛
齒、城樓表裹完整，固於金湯，合邑紳士州同郭峨等二百四十五人，共計
捐銀八千七百八十六兩，又各烟店公捐制錢一百二十千文，細册存案。

康熙《威海衛志》

康熙《威海衛志》，成文出版社有限公司，1968年。

威海衛

（卷二"建置志·城池"，64）威海衛城，明洪武三十一年立衛，永
樂元年建城，磚石相間，高三丈，闊二丈，周六里一十八步，動寧海、文
登夫役，軍三民七修之。門四，樓鋪二十，池闊一丈五尺，深八尺。弘治
二年，巡海道副使趙鶴齡疏動太山香錢數百金重修。崇禎九年，防院楊文
岳同監視軍門下把牌太監楊欽、周從善請帑金二千餘兩，並起附近文登縣
匠役人夫，軍三民七，專委文登知縣韓士俊協同本衛指揮陶運化重修。國
朝康熙中，奉文隨便補葺頹城，守備李標撥丁夫修之。雍正九年，守備張
懋昭重修四城門。

百尺崖後所城

百尺崖後所城，磚城，周三百三十步，高三丈，闊二丈五尺，南北二
門樓，鋪六，池闊一丈五尺，深九尺，俱湮圮。

營城

營城，在衛東北祭祀臺，周二十一丈，高一丈七尺五寸，闊五尺五寸，門一，樓房三間，營房（65）七間。雍正五年，登鎮總兵黃元驤題請，六年守備張懋昭從寧海州支銀三百五十七兩建造，現汛兵防守。

宣統《滕縣續志稿》

宣統《滕縣續志稿》，成文出版社有限公司，1968年。

滕縣

（卷一"通紀"，84）（明太祖高皇帝洪武二年）十月，初甃城垣（《御批歷代通鑒輯覽》《山東通志》《舊志》）。（93）（乾隆）三十二年，新築城垣（按《舊志》，地震，城圮，邑令陳詔新築）。（97）（咸豐）四年，滕人重修城垣（邑人黃來陳有記）。（106）（光緒）十九年，滕人重修城垣。

光緒《壽張縣志》

光緒《壽張縣志》，成文出版社有限公司，1976年。

壽張縣

（卷二"建置志·城池"，146）故土城，周圍僅五里，卑薄無磚，門無，遂池（按《山東考古錄》載，《明志》，洪武十三年復置壽張縣，又稱洪武十二年徙王陵店。蓋十二年築城，十三年復縣也。《舊志》注不詳其始）。明成化三年，知縣魏崇修築四門，東曰迎恩、西曰來賓、南曰永寧、北曰安賢。甲辰，知縣張玉林始卷東西門。弘治丁巳，知縣趙希魁建東西門樓。辛酉，知縣錢俊民創興築甃，城高三丈，廣二丈，上廣七尺，下有馬道，並卷北門。甲戌，知縣彭球卷南門，新作東樓，並置城上小鋪。庚辰，知縣吳珂始爲外濠，深二丈，廣三丈，築堤植樹。嘉靖壬寅，知縣馬天倫修甕城、門樓、窩鋪，石扁東曰"扶桑朝敦"（今改朝陽）、西曰"□□□照"（今改阜安）、南曰"熏風鼓治"（今改奎聯）、北曰

"元墟鈐鍵"（今改拱辰）。嘉靖己未，知縣況澄門外甃石爲渠（147），上置吊橋，並新南樓，築護城堤，高二丈，廣一丈（舊址已□，非今堤也）。萬曆壬午，知縣趙汝仁磚砌城垛口。丁未，知縣唐三□重修，植樹。國朝順治七年、九年荆隆口水決，城□□□修理，隨修隨圮。十七年，守道張公（名失考）、知縣陳廣修築，全城加厚，四門外建八字墻十六座，影墻四座（今無考），兗州府知府王公（名失考）、陽穀、東阿、鄆城、朝城、堂邑、壽張、壽標兩營，各有捐砌。康熙二十年，知縣黃肇新捐修。乾隆二十六年，知縣孫洪瑞重修，闔邑踴躍樂輸，數月工竣。乾隆五十五年，知縣孫立方興修，周圍計九百五十四丈一尺三寸，高一丈八尺，頂寬一丈二尺，底寬一丈八尺，城樓四座，馬道、門（148）樓四座，東南魁星樓一座，水簸箕四十四道，出水涵洞四道（今廢）。咸豐三年，知縣彭廣□大加修整，越年工竣。光緒十三年，黃水壞城垣，知縣□□□重修，未竟。次年戊子，知縣吳鴻章繼修（北門□有碑記）。二十三年，知縣莊洪烈重修（東門內有碑記）。

民國《東平縣志》

民國《東平縣志》，成文出版社有限公司，1968 年。

東平縣

（卷一"方域志·疆圉·治城·城池之建置"，28）故城，在今城西北十五里，即隋所置須昌縣地。唐徙鄆州治之，宋初仍爲鄆州（其故城基址淪沒，即今之埠子坡）。真宗時，河決鄆州，東南注巨野，入淮泗，城中積水，壞廬舍。州守姚鉉奉旨移建州城於汶陽之高原，即今城也。其城本土築，爲之形如方勝，南北各一門，東西各二門。元季毀於兵火。明洪熙時，知州李湘因舊址重加修葺。嘉靖己酉，知州李升疏浚濠隍，沿堤植柳，引蘆泉水注之，環城二十餘里，堤濠益覺深固。萬曆五年，知州邱如嵩以城垣損壞，稍加整理，規模爲之一新。明季因寇變、水災，城復敝壞，知州（29）常維翰、王奠民等復相繼督率補葺，故雖時有寇警，而城賴以全。歷年既久，至清乾隆二十一年，城堤、城門復多傾圮，伏秋水漲，民居咸有其魚之患。知州李時乘詳請重修，三十三年，經山東巡撫崔應階、藩司梁鴻翥先後親勘，以城內西面地曠民稀，兼多漥坎，奏請將西面城墙基址縮進二里三分餘，並於城之表易土爲磚，以期堅久，當時承修者爲知州沈維基。三十四年起工，至三十六年告竣，計全城周圍一十三里六分有奇，東南北三面俱因舊址，惟西面另築新基，新舊城基俱用大石一層以上，累磚，下六進，中五進，上四進，上中下各二十九層，共八十七層，一律如式。城成，丈量計長二千三百四十七丈，高二丈，頂寬一丈二尺，底寬□丈一尺，陴墙垛墙高四尺八寸，外皮用磚，裏皮堅築，沿頭寬□尺，背後築打素土，東門□，大東門曰龍虎、小東門曰瞻岱、南門一曰望魯、西門一曰秋成、北門一曰拱極，券臺十，角臺六，炮臺（30）一，馬道五，月城五，添建城樓五座。自經此次重修，工料堅實，規模壯闊，迄今二百餘年，崇墉雉堞，屹立依然，一勞永逸，益嘆沈公之遺澤遠矣。

（卷一"方域志·疆圉·治城·城内之概况"，30）城內地勢漥下，較城外平地低至四五尺或六七尺不等，城之中部頗高，人烟輻輳，四隅低漥，恒多積水。縣政府居城之中央，由府迤東至東栅門爲縣府東街，迤西至西栅門爲縣府西街，迤南至南栅門爲縣府前街，是爲全城之中心，亦即商業最繁盛之區。自治區域由縣府起點分爲東南西北四鎮，第一鎮轄城之東部，所屬街道十八；第二鎮轄城之南部，所屬街道十一；第三鎮轄城之西部，所屬街道十三；第四鎮轄城之北部，所屬街道八。每鎮設鎮長一人，統理自治行政事務。城內住戶共計一千八百餘家，除中心三街多係商業店鋪，縣府附近住戶少數服務公門外，餘雖（31）城居，仍多業農，故風土人情無异鄉村，尚少城市浮華習染。城內積水之區，在東南隅者曰南馬廠（南門之東，小東門之南），在東北隅者曰北小漥（大東門之北，北門之東），以上二處面積最大。其次西南隅（西門里，西菜園之南，南門之西）、西北隅（西北城角之南，西門之北），亦皆積水汪洋，春冬不涸。又次靠東城墻東大寺左右（奎星閣之北，大東門之南），雖間種田禾，秋潦亦爲澤國。餘若城之中部附近居民之水澤、水塘，大者積數十畝，小者亦數畝不等，終年積水，所占區域亦復甚夥。總計全城水區，伏秋水大時約占城內面積十分之五，退消時亦不下十分之四。水內産物，先是南馬廠一帶，蘆、蒲、蓮、茨及各種魚族産額頗豐，夏秋之交，荷花半城，漁舟唱晚，風景清幽，不亞江南。說者謂頗有金陵莫愁、歷下明湖之概，非虛譽也。近水小段莊左右居民，類多以捕魚、采蓮、爬藕爲業，水國生涯，足資糊口。自清光緒二十四年，大水圍城，外水侵入，此後水性、土質陡爲之變，今則中央深處寸草不生，魚（32）蝦亦因之絕迹，僅水邊少數蘆、蒲□疏點綴，臨水居民生計日艱，徒興望洋之嘆而已。其他水區，亦無魚産，現在祇餘蘆、蒲兩項産物，間有産蓮藕者，然亦無幾。

宣統《重修恩縣志》

宣統《重修恩縣志》，成文出版社有限公司，1968年。

恩縣

（卷三"營建志·城池"，40）縣城方五里，高三尋有奇，闊半之。池深一丈五尺，闊三丈，門五，東東作、西西成、南迎熏、北拱辰、北之西廣順。成化三年，都御史原杰建，邑治偏東，故北有二門。成化二十三年知縣李希哲，嘉靖八年知縣呂應祥，十六年知縣杜永昌，二十二年知縣趙可旦，隆慶二年知縣金宙，萬曆二年知縣韓屏，十七年知縣吳永裕重修。三十四年，知縣孫居相重建南北門樓，櫓垛口一千三百五十九，鋪七。崇禎間，知縣劉含輝建樓二，敵臺並樓一十八。同治二年，知縣陳恩壽重修，闔境紳民共捐銀五萬零七百五十五兩二錢三分八厘，除用，淨存銀一千九百七十六兩四錢二分，發交惠遠當（昔名廣積當）按月一分生息，作爲歲修經費。

民國《福山縣志稿》

民國《福山縣志稿》，成文出版社有限公司，1968年。

福山縣

（"疆域志第一"卷一之一"城池"，61）城池，舊垣創自金時。明洪武四年，備禦千戶劉能稍爲修築。九年，千戶吳貴增修。永樂九年，千戶周玘加以磚石，並建城樓，其門三，東曰鎮靜、西曰義勇、南曰平定，其圍五百一十七丈，高三丈，闊八尺，歲久樓弊。弘治十五年，兵憲王和命知縣應珊、千戶王麟重建。萬曆六年，兵憲蔡叔逵按部，以城墻窄隘，命知縣華岱、千戶盧汝弼加築。十九年，倭警，知縣張所修奉檄置垛堞，添設敵臺。四十二年秋，暴雨三晝夜，城崩十之七，南門半塌，城樓遂已蕩然，知縣傅春聞於上，發銀重修。崇禎五年，知縣朱國梓城守，查垛七百二十餘座，門夫僅三百六十名有奇，遂堵塞其半，止存三百六十餘垛。其池東面臨河，西北南三面鑿濠，舊深一丈五尺，闊八尺，知縣朱國梓城守造車，引河水環繞，後兩次城守，俱加挑浚，較昔倍為深闊。十年，知縣周翼龍奉上檄，建炮臺八座，後兩次城守均有賴焉。嗣後，歷年久遠，城樓雕敝，三門殘損，四圍表裏俱壞。雍正十三年，知縣程大模捐俸督築，親臨查勘，自二月至六月，工遂告竣，本縣太常卿王浚捐銀千兩，教習王樂捐銀百兩，楚雄府同知陳百香捐銀三百兩助之，紳士商民無不踴躍樂輸，監工者庠生初茂文、郭之邢、謝光冕、徐志杰、王鏞、王泰、監生郭之郁、於士懋、陳默皆不辭勤勞，克終其事。乾隆二十七年，秋潦，城多虧損，知縣何樂善即加修整，躬親督理，月餘告成，董功者監生王元寧、謝建謨、徐立志、隋光第、遲怡昌。同治四年，知縣朱恩榮重加修葺，益固焉。

光緒《高唐州鄉土志》

光緒《高唐州鄉土志》，成文出版社有限公司，1968年。

高唐州

（"地理·古迹"，86）州境平均三百四十方里，城居其中，周圍九里三十步，城垣高二丈，闊一丈，窩鋪三十二，垛口二千六百四十有奇，池深三丈，闊二丈，舊有門四。康熙四十二年，霖雨坍塌，城北面曠無居民，且多瀦水，遂塞其一，出入惟東西南三門焉。光緒三十一年，知州周家齊以城濠淤塞，集夫重浚，環城植柳五六千株，夏日濃蔭掩映，蔚然改觀矣。

同治《即墨縣志》

同治《即墨縣志》，成文出版社有限公司，1976年。

即墨縣

（卷二"建置志·城池"，163）即墨縣城，隋開皇十六年建，歷唐、宋、五季，《舊志》無考。元至正十一年，知縣呂俊土築，周四里，高一丈六尺五寸，厚一丈二尺，門三，東曰望海、南曰景岱、西曰臨川，池深七尺，廣二丈，郭四，東曰寅東、北曰拱辰，西、南石刻無考。明正德二年，流賊逼境，知縣高允中重修，邑御史藍田有修城銘。萬曆六年，知縣許鋌、縣丞楊元果重修，磚砌三門，城堞塸墻皆極整固。二十八年，倭寇屢警，知府龍文明檄委知縣劉應旗易土以磚，三門改題舊額，東潮海、南環秀、西通濟，大理寺丞董基有修城記。崇正十五年，邑紳藍再茂捐修東城，長九十尺。（164）國朝康熙二十六年，知縣高上達重修。四十三年，知縣鄒琯重修。六十一年，知縣段昌總重修。乾隆二十五年，知縣尤淑孝重修，詳修城記。乾隆五十一年，知縣葉棲鳳重修。咸豐三年，知縣鄭鳴岡倡修，至九年，署知縣李雲鐶繼之，工始竣，詳城垣碑記。

鰲山衛

鰲山衛城，縣東四十里。明洪武二十一年，魏國公徐輝祖檄指揮僉事廉高築磚城以備倭，周五里，高三丈五尺，厚半之，門四，東曰鎮海、南曰安遠、西曰迎恩、北曰維山，池深一丈五尺，廣二丈五尺。國朝雍正十二年，裁併即墨縣。

雄崖所

雄崖所城，縣東北九十里，明洪武三十五年設，（165）國朝雍正十二年裁併即墨縣。

浮山所

浮山所城，縣南七十里，明洪武三十五年設，國朝雍正十二年裁併即墨縣。

即墨營

即墨營城，縣北十里，明宣德八年建，周四里，詳"藝文"，今廢。

民國《濟寧縣志》

民國《濟寧縣志》，成文出版社有限公司，1968年。

濟寧縣

（卷二"法制略・建置篇・城池"，59）縣城始於後魏，今城南二里之小南門，即故城南門，若秦漢之故城，則（60）在今仲家淺，久圮。今城周九里三十步，共長一千六百三十五丈，高三丈八尺，基闊四丈，頂闊二丈，城門四，上各有樓，門外各有月城，四月城門左右各開小門，東南北三月城門上亦有樓，四城樓亦皆有樓，東門迤南有水門。環城隍池周一千六百七十七丈，闊一丈六尺至三丈三尺不等，深一丈五尺。環城外郭，始於明熹宗天啓二年。清文宗咸豐九年，知州盧朝安復建，周三十二里，爲門十有八，曰濟安門、曰忠信門、曰王母閣門、曰興隆門、曰順河門、曰關帝廟門、曰文昌閣門、曰觀音閣門、曰演武門、曰太平街門、曰通濟門、曰望魯門、曰碧霞門、曰常清門、曰都順門、曰永安門、曰阜安門、曰永通門。初建時，垣高八尺，底寬一丈六尺至二丈五尺，頂高六（61）尺一寸不等，寨門頂廣不過丈，以府河、月河及支津爲濠，惟碧霞、常清、通濟、太平街、演武諸門不當河流，皆添挖支濠，深八尺，寬三丈，底半之，今則垣墻漸塌，濠亦常涸矣。

乾隆《濟陽縣志》

乾隆《濟陽縣志》，成文出版社有限公司，1976年。

濟陽縣

（卷二"建置志・城池"，251）金置縣，天會七年建土城，周圍四里，高二丈□（252）尺，址闊二丈，上廣一丈，池闊一丈餘，深八尺，爲門三，東曰仁風、西曰泰和、南曰清陽，上皆有樓，□□鐘於南樓之上焉。明成化十八年，知縣張鐙以舊城日低，未及二丈□□復爲捐修，增而高之。二十一年，知縣張端以□□□□□□□水道引城中水入池，以達於河，□□□柳樹千株，以固其基，居民稱便。萬曆四年，知縣秘自謙易土以磚。十九年，知縣□□□環城建敵臺十五座，因臺起堡，亦如之。三十□（253）年，知縣（以下漫漶不清）

道光《重修膠州志》

道光《重修膠州志》，成文出版社有限公司，1976年。

膠州

（卷十三"建置·城池"，576）州城，《舊志》"沿革"云，故城在今治西北里許，俗名土城口。元順帝至正十七年，毛貴陷膠州，城廢，移治今所，乃元置兵馬分司也。張謙宜據《高密志》謂，蒙古憲宗蒙哥七年建，詳見"辨訛"。《舊志》本土城，明洪武二年，千戶袁貞重築。八年，千戶申義甃以磚石，周四里，高二丈五尺，厚一丈二尺，池闊二丈五尺，深一丈五尺。三門，東曰迎陽、南曰鎮海、西曰用成，門各有樓，角樓、鋪舍十七所。正德六年，值流賊之變，千戶匡允中嬰城守禦，繕其傾圮。萬曆元年，知州王炎重修。二十五年，知州楊位令巡檢申萬金展東北隅基址，修理完固。國朝順治十六年，久雨浸淫，東隅崩塌數十丈，知州趙民善補修。（577）康熙七年，地震傾頹。十二年，知州孫蘊韜補修。五十一年，知州龔大良重修。五十八年，大雨，傾圮過半。乾隆三十二年，知州藍應桂修，署州事濰縣知縣李奉翰繼修。歲久頹敗。道光二十八年，知州張同聲重修。

靈山衛

靈山衛城，《衛志》在膠州南九十七里，明洪武五年（《府志》、《舊志》皆作三十五年，誤），魏國公徐達（《府志》作徐輝祖）調指揮僉事朱興築土城以備倭，周圍三里，高二丈五尺，厚半之，門四，池深二丈五尺，廣二丈。永樂二年，指揮僉事郭崇（《舊志》作郭景）重修，外包以磚，周方加二里，四門加樓，增鋪舍十餘所。後漸圮。弘治元年，分巡副使趙鶴齡檄指揮使張某重修，名其四門，東曰朝陽、西曰閱武、南曰鎮海、北曰承恩。今傾圮過半。

咸豐《金鄉縣志》

咸豐《金鄉縣志》，成文出版社有限公司，1976年。

金鄉縣

（卷一"建置·城池"，43）縣城創始失考（按《學校志》，文廟初建於唐開元，在縣治西，則唐時即此城）。明弘治十六年，知縣高魁、主簿唐鵬重修，土城也，門四（東東作、西西成、南南熏、北北拱），周七里三十步，城外為隍，闊四丈六尺，深一丈一尺。萬曆六年，知縣楊榯增修（城根原闊一丈七尺，增闊一丈，頂闊五尺，增至一丈二尺）。（44）八年知縣杜縻、九年知縣李鳴世相繼增包磚城。（45）天啓二年，知縣楊於國議增甕城於四門外（渾用大石，高與城等），尋以遷去，後令張著銘繼成之。（46）國朝康熙十二年，知縣傅廷俊補修。四十九年，知縣沈淵重修，自為記。（48）乾隆三十八年，知縣王天秀奉文發帑修築，四十三年工竣（重修磚城一座，城基寬一丈七尺，頂寬一丈一尺，周圍凡一千三十六丈，官修二段，四百五十丈六尺二寸，民修四段，五百八十五丈三尺八寸。又四門大券臺四座，月城券臺各四座，城樓四座，馬道四座，寫橋四座。按此次大修，五年告成，基改寬丈尺仍減去萬曆間楊修所增之數。【49】其經費紬□□舊基之類，有為廬舍侵占而不可復者，與夫勢陡則易阤，而守陴者亦登陟弗利也。自是迄今且百年，剝落崩圮，向之所謂寬一丈一尺者，甚或不能容趾，寇氛一過，城門半毀，復隍之懼，其可以恃陋而弗圖乎？定議重修固其宜也）。咸豐九年，知縣王朝翼重修（咸豐八年八月、十一月，南匪兩入邑境，蹂躪殆遍，加以水旱遍□，得蒙撫恤賑銀九千兩有奇，合一邑計之，恐按戶均給，未免勞擾，而城之宜修久矣。因定議以賑為工，即以工代賑，不足則五十四方量捐助之。計工分段，按方領修，高闊一如舊制，內起覆土，雜以草築，令堅實，外塗以石灰，女牆垛口有缺必補，四城樓新門額，東曰長春、西曰集慶、南曰凝輝、北曰迎恩，亦皆修葺，加丹赭焉。子城門裏以鐵葉，而更為外出，門與城齊，以絕隱匿。濠則約其廣，浚使及泉，橋下故有大石為橋基，亦鑿□令一律通流，改橋如閘制，以便啓閉。興役於九年四月，約用制錢五萬餘貫，九月工成）。城外一里許，為大堤。

清《靖海衛志》

清《靖海衛志》，成文出版社有限公司，1968年。

靖海衛

（卷一"形勝"，7）靖海衛，古名普庵郡。明魏國公徐達平定東牟，草創衛治。洪武三十一年，始築石城，周九百七十一丈，高二丈四尺。門四，後倭乘西門入寇，始塞，今止三門。樓鋪二十九座，池深一丈，闊二丈五尺，爲東咽喉極衝專城。自明季天啓年間，湮廢至今，漸坍塌五十五處，久戒通衢，於康熙十一年，守備葉植勸諭軍丁輸工葺補，捐俸重理三門，晨昏啓閉。城上尚少資費修理圍墻垛口，雖未得成東海巨觀，亦足爲□苻之備。城内有普庵寺、城隍廟、玄帝廟、關帝廟、三官廟。龍勢來自東北，形如鳳凰展翅，槎山拱翠於東，西有文筆數峰獨立海面，南有蘇山鎮其水口，龜山俯其北門，山水之秀，有足多云。

寧津所

（8）寧津所磚城，周二里，高二丈，闊二丈，門四，樓鋪十六座，池深一丈，闊二丈，今圮。

嘉慶《莒州志》

嘉慶《莒州志》，成文出版社有限公司，1976年。

莒州

（卷二"城池"，75）《舊志》□□以今城即古城陽城，而於"古迹"下復另列（76）城陽城，謂在高密縣南，固已自相乖异。按莒自秦爲縣，漢因之，屬城陽國。迨文帝立章爲城陽王，設都於莒，是莒城特爲城陽王所都之城，非即城陽城也。舊傳城周九里，元至正間參政馬睦火者鎮莒州，以城大難守，截去西南北三隅，止修東北一隅，約爲小城，周五里八十步，即今城也。爲門者三，東曰望海、南曰壯倉、北曰沙浦。明正德六年，知州劉仲□重修，高二丈二尺，池闊二丈七尺，深半之。萬曆二十五年，知州谷文魁重修，始易以磚。（77）國朝順治三年，知州崔封重修。十年，知州陳崇哲重修。康熙七年，地震城圮，知州魯龍翔重修。十三年，知州□逸乘重修。二十四年，知州劉德芳重修，東門本東向，改爲北向，南門本南向，改爲西向，又南門易名景泰，北門易名拱宸。相傳知州陳全國重修時所改，已□□考矣。乾隆二十五年，紳士陳有蓄等□請捐修，知州趙晉□□准，按照十九牌分段派工，定以三年□□。又據紳士莊慶豫、於楷等以東南兩門改向之後，文（78）風不振，□請仍舊改從正向，奉府批允照辦。東門仍改東向，南門仍改南向，易名曰文明，至三十二年完工。乾隆五十五年，巡撫長麟奏請借帑生息，分修各處城工。莒州估需銀三萬八百餘兩，署知州武定府同知顧振承修，於五十五年九月興工，至五十六年十一月完工，統高二丈五尺，□□雉堞一律煥新，惟城濠多有淤淺之處，尚待挑浚。

嘉慶《平陰縣志》

嘉慶《平陰縣志》，成文出版社有限公司，1976年。

平陰縣

（卷二"城池志"，67）平陰城，遷今地，莫詳其始。考之碑記，宋元符間，文廟舊在城西北隅，知縣虞芹因地潳水，改遷城東南隅，則城在今地久矣。舊城，周三里許，高一丈八尺，闊一丈，門四，東曰會仙、南曰錦川、西曰澄清、北曰拱極，池深一丈，闊二丈。明成化間知縣傅大用、潘容，正德間知縣薛鳳鳴、崔冕相繼修築。嘉靖三十一年，知縣唐韶復修之。萬曆間，知縣牛犉始易以石，工未竣，知縣張性誠（68）接修，建立敵臺，磚砌垛口，石板鋪頂，欄馬、水道、四門、崗擦，俱用石壘砌，重修城門樓四座，新建腰鋪八座，角樓四座，巡更鋪四座。工肇於癸未之三月，期年而落成，易東門曰望岱、西門曰澄源、南門曰迎薰，北門仍舊名。甲寅年，又開東南門，曰興文明。崇禎癸未，城陷，墜其聊聹，城樓、城門燒毀。國朝順治三年丁亥，知縣劉升祚重修城樓四座，頂皆平敞，以便瞭望，角樓四座，城外環築土垣，池浚至一丈五尺。順治八年壬辰，黃河水溢至城下，加以（69）霖雨四十晝夜，城半傾，知縣陳秉直倡率修築，凡三閱月完固如昔。乾隆二十四年，知縣陳瑜募民重修，邑紳張嗣宗、張嶠監修。乾隆三十五年，知縣唐煥募民重修，改東門曰瞻泰、西門曰撫榆、南門曰仰聖、北門曰拱宸，邑紳士尹鏡、張梧喈、朱續音、孫曾邁、張國榛、趙懷璋、司荷遠、王鍾岳等監修。

民國《青城續修縣志》

民國《青城續修縣志》，成文出版社有限公司，1968年。

青城縣

（卷一"建置志·城池"，101）縣城，相傳元元始元年，華總管、小郭元帥所築，周圍三里許，高（102）二丈有奇，池深一丈有奇，門六，東曰望海、西曰通濟、南曰仰岱、北曰拱辰，又闢南、北二小門，便居民也。雉堞以土為之。正德甲戌，邑令謝源建鐘樓，造吊橋。嘉靖甲辰，邑令許志重修四門。萬曆六年，邑令李繼美以城薄易圮，加築四尺，雉堞更以磚。萬曆二十三年，邑令王建中設瓮城，環城築臺十二。清康熙四十一年，邑令邵觀重修東門（《舊志》）。王者禦暴，必先設險，城郭之堅瑕，民之安危繫焉。正德中，流賊之亂，城破民殘，邑令張濂竟譎戍，向使如陽丘之石，梁鄒之磚，未始不可支持也，一勞永逸，守者誰無此心。乾隆十八年，周圍間用坯茸，雖不甚堅，而殘缺者非復舊日矣（《舊志》）。

（103）按邑城，本非磚石，係用□包築（以土為胎，用石灰、黏土、砂三種加水攪拌，包築其外，俗稱三合土，雖不如磚石之堅，尚不易壞）。清光緒乙未，河決馬扎子，全境淹沒，城被水圍者三月，浸淫衝刷，城壞池平，水退淤墊，城勢益低，隨處皆可上下。民國十九年，因譙樓傾圮，盡行拆除。是年，以地方多故，稍加補茸，復於城上植椿，鉗以鐵蒺藜（用鋼條扭絞，間尺餘，作四角，成刺狀，刺長七八分，以防人物之出入），僅可防禦一時，而樵童、牧豎仍抓掘其下作蛇行，設險之義亦難言矣。

民國《續修曲阜縣志》

民國《續修曲阜縣志》，成文出版社有限公司，1968年。

曲阜縣

（"輿地志·建設二·城池"，197）縣城，成於嘉靖元年，周八里三十步，高二丈，厚半之，外甃以甓，池深一丈，廣稱之。《舊志》所載於今正同。惟歷年既久，時有損毀，亦時加修築。咸豐三年、民國六年兩次修城。民國十九年，晉軍來攻，轟毀東西北三城樓，東北角女牆同時被毀，惟東南及正南兩城樓幸存。因於是年九月，聊事修補，未復舊觀。二十年八月，修築山壩。

（卷三"勝概·古迹·舊縣"，204）城東舊縣村，自大中祥符五年徙治於此，至明正德間以流寇褻瀆聖靈，遂移城以衛之（即今之縣城），迄今四百餘年。城雖移，而土隍猶存。舊時東、西、南三門，已無遺迹可考，而北門則巍然在焉。相傳北門於移城後為村人復修者，門上前後有橫石匾各一，向南者題"瞻嶧"二字，向北者題"望岳門"三字。門內即當日縣署舊址，有曲阜歷代沿革志碑，碑陰為曲阜縣治遷徙略，迆東有端本堂碑記，迆西約五十步有石人，高五六尺，背有字迹，惜經風雨摧殘，已剝落不能辨識。

道光《榮城縣志》

道光《榮城縣志》，成文出版社有限公司，1976年。

榮城縣

（卷二"建置志·城池"，117）縣城，即衛舊城，古名天水郡。明洪武三十一年，創（118）建石城，周六里一百六十八步，高一丈八尺，厚二丈，設四門，東曰永泰、西曰天順、南曰文興、北曰武寧。崇禎十二年，文登知縣韓士俊、衛指揮使姬肇年、唐文燁重修。國朝雍正十三年，改衛為縣，知縣羅克昌奉旨頒帑重修，池闊一丈五尺，深一丈，雉堞、樓鋪煥然更新。乾隆五十八年，知縣李遜春重修城垣。道光二十年，知縣李天驚勸捐修補城池。

尋山所

尋山所城，城南五十里，明洪武十三年築，今圮。

寧津所

（119）寧津所城，城南一百三十里，靖海衛分入，明洪武十三年築，今圮。

民國《壽光縣志》

民國《壽光縣志》，成文出版社有限公司，1968年。

壽光縣

（卷四"營建志·城池"，422）邑城建設，莫詳其所始。舊闢五門，南曰來熏、東曰迎旭、西曰宗岱、東小門曰青陽、西小門曰瞻辰，二門皆北偏，以不施北門故也。明正德六年，知縣張良弼重築，周三里半，高二丈，厚稱之，池闊一丈六尺，深八尺，並增置敵樓、月城。七年，知縣劉瀾增築護城堤。九年，知縣李階繼葺其門。嘉靖二十年，知縣許元祥又增築之。崇禎五年，通判李維憲又增築二小門之甕城。昔爲土墉，十四年，知縣劉升祚始甃以磚石，邑人馮治運捐千金倡其事，門樓、角樓皆五，雉堞、垜口一千六百七十八，規模宏壯矣。清康熙三十五年，知縣劉有成又詳請發帑重修，七閱月而工竣，費銀一千餘兩。雍正八年，（423）大水圮毀者十之二三。乾隆三十六年，邑民捐修，厥工未竟，又越三十餘年而傾頹更甚。五十五年，撫憲奏准重修，估需工料銀三萬五千有奇，時知縣范晉以丁憂去職，繼任者謝蓮鄂視事未久。五十九年，知縣劉翰周始於是年八月興工，次年五月告成，悉仍舊制。咸同間，捻匪肆擾，知縣吳樹聲修補。民國元年至十五年，未經變亂，擇要修葺者四次，二年縣知事徐德潤、五年尹志皋會同輜重第五營營長吳可章、八年縣知事高鈞、十四年鄒允中皆重修。十七年，匪軍黃鳳岐入城，垣墉鑿透，數十武一孔，爲向外鳴槍計，摧敗不堪。十八年春，縣長丁維樑設城工局，集夫修繕。突有四（424）月三日之變，修城者攜畚鍤以去，功未竟。十九年夏，縣長於信忱復修。二十一年，縣長張賀元督同紳士修五城門，並浚治城濠。二十三年，城南門外東段圮，縣長宋憲章修。

咸豐《濱州志》

咸豐《濱州志》，成文出版社有限公司，1976年。

滨州

（卷二"建置·城池"，74）州城，土築，周圍九里，元平章於保保建。明正德七年，都事呂佩奉檄重修，高二丈五尺，闊一丈，四門，東曰望海、南曰迎熏、西曰臨川、北曰拱辰。嘉靖二十七年，知州李德甫改轉拱辰門向東，更名曰永福。嘉靖四十年，東昌同知攝州篆萬鵬程改轉臨川門向南，更名曰呈秀。萬曆八年，知州秦可久奉檄修治，增厚一丈五尺，女牆壘砌，堊以陶灰，判官王采督工，悉中法則。十一年，知州艾梅修築，雉堞悉易以磚。城外長堤，金明昌中築。萬曆十年，知州（75）艾梅鳩工深浚，兩岸植柳，今池已汔塞。國朝乾隆三十六年，知州宋文型重修城垣，下土上磚，高厚丈尺悉如舊。

民國《莘縣志》

民國《莘縣志》，成文出版社有限公司，1976 年。

莘縣

（卷二"建設志·城池"，91）本縣城池，前代興築無考。明成化十九年，知縣賈克中築城鑿池，並修南北二門。弘治元年，知縣顧岩環岸植柳千株。十三年，本府知府李舉委通判吉志學，督同知縣侯良、陰陽官毛鷺重修，周圍一千六百三十三丈，高二丈五尺，下闊一丈五尺，上闊一丈，女牆三千二百餘堞。十四年，知縣朱錦磚砌東西門樓，命名於門，東曰永清、南曰□里、西曰大有、北曰伊田，如南北門之制，復修池闊三丈，深一丈，池外周圍植柳，柵護其城。正德八年，知縣王垛於城上修瓦樓十四座。至崇禎五年，崩（92）塌幾盡，知縣孫愈賢築城，加高厚，浚池加深闊，建城樓四座，又設角樓四座、墩樓二十九座以便巡守，至此城池完固，誠一邑之捍衛也。年久損壞，僅存四門樓。清康熙二十五年知縣曹煜，五十三年知縣劉蕭，乾隆五十七年知縣陳才邁，咸豐十一年知縣鄭景福、鄭溥相繼修之，今之四門樓，東曰旭升、南曰阜財、西仍大有、北曰拱辰。

附外城池始末：明正德七年，知縣王琛委官王鷺、王鏞於舊城外復築一城，外城之下復鑿一池，城牆高一丈五尺，下闊一丈，上闊七尺，垛牆高三尺，池闊一丈五尺，深一丈八尺，磚砌四門，上各創樓三間，東曰定海、南曰阜民、西曰通津、北曰迎恩，至此新舊兩城內外八門。崇禎五年，知縣孫愈賢重修，誠一邑外屏也，今全廢，惟內城西門之北望見土岡里餘，是其舊址。

民國《鄒平縣志》

民國《鄒平縣志》，成文出版社有限公司，1976年。

鄒平縣

（卷四"建置考上·城池"，238）城池之建於今理也，未詳所始。考漢、□、隋、唐、梁鄒，鄒平故治並在今理之北境，城郭創立於此，其在宋金之間乎？夫國家承平百餘年矣，無須增陴爲守也，然修鑿大事，史冊必書，殆不以太平翔洽，而忘金湯之鞏固焉。鄒平城，周圍四里，高三丈八尺，上闊一丈二尺，下闊三丈，舊以土爲垣，磚爲堞，今垣以石，堞以磚，門四，東曰通齊、南曰興賢、西曰迎恩、北曰仁義，甕城二（東、西門）、戍樓四、砲臺十、柵門四、堞一千二百八十、懸溜一百五十九。池匝城下，濠深闊皆尋丈，通水橋一（南門外），倚（239）黃山、環長白、腋黛水、引白條、帶小清、襟湖瀁，北眺川原，東通海道，西挹溪山之烟雨，南瞻嵐壑之雲霞，洵勝地也。元至正十二年，縣尹陳野修縣城。（240）明萬曆八年，知縣李瑞重修縣城，易置磚堞石墉。（245）明崇禎九年，增置子城炮臺。（246）國朝乾隆三十四年，知縣裘鵬重修縣城。

民國《昌樂縣續志》

民國《昌樂縣續志》，成文出版社有限公司，1968年。

昌樂縣

（卷五"營繕志·城池"，151）縣城，舊係土城。明萬曆間，邑令張美、宋名世砌之以石，後人相繼增修，至今完好。自清乾隆三十九年，知縣舒元豐、曹宅安增修以（152）來，迄今一百四十餘年矣，其間修補之人，率多失考，茲就近所知者備録於左。咸豐六年，知縣周寅清重修城西門。咸豐八年，知縣左德溥修補城垣及南關土堡，永安、恒太兩門，並東閣、西閣門。同治十年，知縣黃咸寶重修城東南角樓，浚登瀛泉。光緒元年，知縣尚之蘭重修南關、東閣。光緒十四年，知縣何粹然重修城西門。光緒二十五年，知縣程豐厚補修城垣東北隅。民國十二年，縣長於之昌修補城垣數處。民國二十二年，縣長王金岳補修城東門。

民國《長清縣志》

民國《長清縣志》，成文出版社有限公司，1968 年。

長清縣

（卷二"輿地志下·城池"，255）縣城，自清康熙十年重修，至道光二十五年城垣坍塌，可通行人。一百七十餘年，未曾修葺。知縣周任福，召集紳商、富戶勸捐修築，共計官民捐銀五萬八千一百餘兩，內有已故附貢生陳錫文遺命獨力捐修工段，自城東門樓起至南門止，費銀一萬三千兩，其餘三段，集合衆資修築，核計費銀五萬八千四百餘兩，不敷之二百餘兩，由周邑侯捐廉開支，又按捐銀百兩以上（256）之人員，遵照海疆捐輸成案，奏請議叙，以昭激勵。已故陳錫文，奏請"樂善好施"字樣，並照雍正元年詔例，奏請附祠，以闡幽光。光緒二十一年，甲午戰興，東省吃緊，知縣孫紹曾因長清密邇省垣，議修城池，先由里董商議，按各里距縣之遠近，分捐輸之多寡，按十里內、三十里內、三十里外，以次捐輸，又捐城關商家各里富戶共捐京錢一萬三千餘吊，重加修築。光緒二十六年，張邑侯任內又重修一次。至民國八年，土匪猖獗，城垣坍塌，難資保守，吳縣長任內，又重修一次，並補修四角樓。民國十二年夏秋之間，大雨連綿，城內外東西南三面塌損多處。至十三年，項縣長葆楨遵照舊案，勸捐修補，委派士紳分段監修。

康熙《泰安州志》

康熙《泰安州志》，成文出版社有限公司，1968 年。

泰安州

（卷一"城池"，22）州舊爲土城，築於金大定二年，久多崩圮，如丘可徑，池堙可塗。嘉靖癸未，臺省鑒正德辛未之患，議設守國，乃檄濟南通判王雲興版鍤爲石城七里六十步，堞高而池深，椎據岳麓，襟帶汶漆。門四，南曰乾封、北曰登封、東曰靜封、西曰望封（郡人馬經有記，刻石登封門裏）。近連年霪雨，城多崩壞。嘉靖三十二年，沂州兵備任希祖檄知州鄭聚東重修，頗爲完固。崇禎十二年，郡守道蔡懋德糾衆增修，四隅各出（23）稜角，周圍三丈許，創建四樓，去地五丈許，壁內治石洞，順城可施火器，登高可備瞭望。後雖爲寇亂、地震傾圮，而遺址俱在。郡城以岱麓爲基，垣外北一面暨東門迤北面，一望無迹，盡屬曠野，寇至可直抵城下。皇清順治十一年，知州傅振邦鑒甲申、庚寅兩寇之陷城皆由此地，是用多方招徠，創作房舍。繼任知州張錫懌益殫力營繕，迄今遂成閭巷，市肆鱗集，藩籬賴之。

民國《續修廣饒縣志》

民國《續修廣饒縣志》，成文出版社有限公司，1968年。

廣饒縣

（卷三"輿地志·建置三·城池"，150）邑舊係土城，明成化間知縣馬亮築，周城七里（《舊志》作五里），門四，東曰東作、南曰阜財、西曰西成、北曰通濟。正德六年，爲流賊所破，次年兵備僉事牛鸞補築之。嘉靖間，知縣郭中重修，更名其門，東曰鎮海、南曰通齊、西曰瞻岳、北曰望京。萬曆二十三年，知縣王國翼改築磚城，高二丈四尺，堞一千六百八十有九，四門名稱依舊，上各建樓，下築馬道，外築護垣，池深一丈，闊倍之。清康熙二十一年，知縣邵秉忠重修城樓。乾隆六十年，知縣吳坦安重修周城。道光十八年知縣黃良楷、咸豐十一年知縣彭嘉寅均經擇要重修。光緒二十年，知縣曾啓塤重建城樓。三十四年，西門迤南圮。宣統三年，西北角坍，知縣董大年先後修補。民國七（151）年，東北面圮三丈餘，縣知事陳同善修補。十一年，西門南塌數丈餘，縣長韓樹言修補。十五年，東門北圮二段，縣長李星垣修補。二十年，堞毀壞甚多，城上磚砌拆毀，縣長何鎮中修補。現各城墙尚完整，惟四門城樓俱廢。

乾隆《東明縣志》

乾隆《東明縣志》，成文出版社有限公司，1976年。

東明縣

（卷二"建置志·城池"，129）縣城自初置至今，凡數遷矣，□□置東昏縣城，坐戶牖□在□封境內，蔡中郎所謂"實惟陽武之戶牖鄉者"，是也。宋復置東明縣，城坐潘崗，在蘭陽境內，楊侃所謂"南瞻潘里，北指蘭崗"，是也。後徙東明鎮，又徙雲臺集。明弘治間，始置今縣城，坐大單集。弘治四年，知縣宫顯、典史王珣相地拘立，城垣周七里四十步，高二丈五尺，東門扁曰東作、南門扁曰南訛、西門扁曰西成、北門扁曰迎□，池深一丈五尺餘，闊六丈。草昧之初，頹陋殊甚，□□□□西漆景黎熙明，當有開其運者。弘治十年，知縣鄧鉞重修，規制宏大可觀。（130）正德□年，知縣劉鷟增築城垣。時經薊寇之變，故增築之。嘉靖十二年，知縣王碓立城樓四座，亦高二丈五尺。嘉靖三十六年，知縣王嘉言增修垛口，仍起四角樓，高二丈許。先是城垛俱土墻，每秋雨淋漓，頹圮過半，召集夫役，補緝所費不資。至是，將土墻通易以磚，始堅完無壞，民甚便之。嘉靖四十年，知縣高文卿改修南門，東明河形自西而南，改建南門而西之，名外門曰朝宗，名內曰迎熏（邑人尚書石星記略，載"藝文志"）。按侯留心民瘼，以迓休釋咎為己任。從堪輿家言，各移外門右向，自是鄉會試入穀甚繁，累官司馬、司空、中丞、御史，尊顯未易枚舉。人才蔚起，迄今誦侯德不衰云。（131）隆慶四年，知縣張正道重修。萬曆十三年，知縣沈榜重修時，□欲將城盡用磚石修砌，以役重未果。萬曆十六年，知縣朱誥重修。先是，十五年河決荊隆口，東門崩塌，其餘亦多頹圮者，故修。萬曆二十年，知縣區大倫復修，歲久城漸壞，侯初蒞即矍然曰：設險之地，可盡壞至此哉！遂新四樓，周遭增築女墻，頹者整，缺者補，金湯屹屹，視昔日大稱偉觀。萬曆二十七年，知縣邱雲肇重修城東門。萬曆三十二年，知縣常澄重修。先是，三十一年自六月後，淫（132）雨連旬不絕，城壞故修。又護城外沿濠一帶，增以墻垣，規制煥然（先是，巡撫汪移檄本縣，城垣用磚包。知縣常條陳宜每年包一面，四年包完。後值水灾，未果）。萬曆三十七年，知縣裴棟重修。舊時，城門下雨水衝陷，崎嶇不平，往來多梗。公四門下各鋪石板，人甚便之。崇禎十二年，知縣崔育梗重修。按崇禎十一年，詔天下郡縣俱增修城池。侯聚議工料諸費，邑進士袁葵、張力、舉人張五友、梁仁杰等力贊之。工始於崇禎十二年四月二十八日，至七月初八日工竣，周圍七里零三十三步六寸，高三丈三尺。全城分爲一百零五工，每工分一十二丈一尺五寸，每工用泥水匠五名，共用（133）泥水匠五百二十五名。日給工食，共支官宦□民捐助銀四千九百七十一兩一錢五分，共用磚一千三百一十一萬一千八百四十六個，共用石灰四百三十七萬零三百八十二斤，計本縣地五千二百五十六頃九十四畝三分二厘九□□□，一畝出磚二十個，共出磚一千五十一萬三千八百八十六個，灰如例。凡八進砌磚二十層，七進砌二十層，六進、五進各砌三十層，四進砌二十層，共用磚九百二十七萬七百三十七個，餘磚墁頂累垜。建城門八座、門樓四座，角樓、門外望樓各四座，巍然金城，頗稱天塹，有險足恃云。（134）國朝順治五年戊子夏，霪雨，城圮二工。秋初，猝有寇警，知縣曹良輔守東城，副使陳其猷、子延祚守南城，而紳士辛廣恩、董三晋、穆元駿、崔拱乾等各司汛地，令嚴肅率勇壯縋城奪敵炮數十，威靈大振。賊擁衆數十萬，薄城下重圍十五、六日，而晏然無恙者，城池之力也。順治十三年，知縣楊素蘊修城。按順治七年，河決荆隆口，邑遭水患六七載，城傾圮無遺。水平後，侯始補葺土壘。順治十七年，知縣陸嶠齡重修，鳩夫掘磚砌修，不灰而泥，建西城頭瓦房一座。工成，三面無磚，遂已。（135）康熙九年，知縣楊日升重修，復建東成樓，檐閣秀起，規制渾堅，池浚如故。康熙十一年，知縣楊日升重建北門城樓一座。康熙十三年，知縣楊日升修城，重新西南城樓二座。按明邑城垣，自黃水侵頹後，前任楊、陸二公□補十之三四，而南面暨東西二隅，迄今二十五載，猶一土壁也。余初視事茲土，見其崩潰可虞，旋援修城恤灾事例，具牒上請當事，謂非震塌，立案未行。甲寅春，滇黔多事，邑紳士校論防守，因援舊例，請照土輪磚葺之。余曰："工大費重，好惡恐殊"。衆拱手而答，"按地出備，有若太倉一粟，魯何損焉！"不謂議成而（136）供辦，欣欣紳士捐其前，兆庶踴其後，不兩月，百十萬之磚若神輸鬼運，雲屯而鳥集也。余曰："信哉！吾民之好義乎！"於是鳩工均夫，次第修葺。計其廣四百六十丈有奇，需其磚則費百三十萬之多，盡地輪將尚少二十餘萬，因浚濠池，復得傾陷舊磚以足其數。工始於仲春之二十四，而落成於夏末之間。屹屹巍巍，煥然一新矣。爰述其由，以表東民急公之一端。康熙十四年，知縣楊日升修池，兼修護城堤，周圍植柳千餘株，期樹根蟠固，可耐久遠。於是，南關石橋亦復重建。康熙六十年，河決釘舡幫，由長垣抵東明。城四面受水，崩塌（137）十有餘處，而北面尤甚。奉旨發帑銀一千兩遣廣平胡通判督修，各壘七尺不等，而崩塌者如故，不復睹金湯之固矣。是有望於留心保障者（知縣承濂識）。

宣統《東明縣續志》

宣統《東明縣續志》，成文出版社有限公司，1976 年。

東明縣

（卷一"建置志·城池"，39）乾隆五十一年，歲歉，以工代賑，重修四門樓。嘉慶十八年，土匪滋事，知縣朱煇飭紳民培修城牆。道光二十四年，知縣鄒培經修補四門。咸豐三年，皖匪北竄，知縣丁學易以城磚損壞，兼用土修補。咸豐十一年，知縣易煥書以土匪四起，城於五年時經黃河決口直趨，東門城牆塌壞，西、南、北三面亦被衝圮，未遑修築，至是飭城內牌戶分修，然以河水逼近，祗暫為補葺。同治二年，黃水漲溢，陡入東門，繼陷南門，城牆周圍俱壞，淤（40）沒丈五六七深不等，河遂西移。至四、五兩年，就舊址築土為城，雖間有磚塊，而新舊不一，時有坍塌，即壞即修。同治四年知縣張連瑞，五年知縣葉希濂以捻匪未靖，增修四面炮樓。同治十年，知縣王昆崖飭紳民將城缺處並女牆一律完補。光緒十年，知縣張宗沂分派各村修補城牆。光緒十七年，知縣孫國培分派城內修補城牆。同治八年，知縣楊沛澤鑿池濠。光緒十八年，知縣石昆山重浚池濠，周圍樹柳。光緒二十四年，知縣余昌壽復浚池濠。（41）按城自被水後，土性沙松，屢有修補，因民力不給，未敢輕動巨工，不過暫為一時計。故數十年來，仍為抵於堅固，起而新之是在後人。

民國《東明縣新志》

民國《東明縣新志》，成文出版社有限公司，1968 年。

東明縣

（卷五"經制志・建置・城郭"，147）東明縣城於荒遠邈哉，不可考矣。自漢武置東昏縣，坐戶牖鄉，在儀封境內。蔡中郎所謂"實惟陽武之戶牖鄉者"，是也。宋復置東明縣城，坐潘岡，在蘭陽境內，楊侃所謂"南瞻潘里，北指蘭岡"，是也。後徙東明鎮，又徙雲臺集。明弘治間，復徙縣城坐大單集（按東昏舊城，即今之東明集，在今縣治東南三十里；雲臺集，在今縣治西十五里）。

明弘治四年，知縣宮顯、典史王珣相地拘立城垣，周七里四十步，高二丈五尺，東門扁曰東作、南門扁曰南訛、西門扁曰西成、北門扁曰迎恩。池深一丈五尺餘，闊六丈餘，草昧之初，頹陋殊甚，識者謂："東縉西漆，景象熙明，當有開其運者"。弘治十年，知縣鄧越重修，規模宏大可觀。正德□年，知縣劉鸞增築城垣，時經薊寇之變，故增築之。嘉靖十二年，知縣王確立城樓四座，亦高二丈五尺。嘉靖三十六年，知縣王嘉言增修垛口，仍起四角樓，高二丈許。先是，城垛俱土墻，每（148）秋雨淋漓，頹圮過半，招集夫役補緝，所費不貲。至是，將土墻通易以磚，始堅完無壞，民甚便之。嘉靖四十年，知縣高文卿改修南門，東明河形自西而南，改建南門而西之，名外門曰朝宗，名內門曰迎熏。按高公留心民瘼，以迓休釋咎爲己任，從堪輿家言，各移外門右向，自是鄉會試入彀甚繁，累官司馬、司空、中丞、御史，尊顯未易枚舉，人才蔚起，迄今誦侯德不衰云。隆慶四年，知縣張正道重修。萬曆十三年，知縣沈榜重修時，議欲將城盡用磚石修砌，以役重未果。萬曆十六年，知縣朱誥重修。先是，十五年河決荊隆口，東門崩塌，其餘亦多頹圮者，故修。萬曆二十年，知縣區大倫復修。歲久，城漸壞，侯初蒞，即矍然曰："設險之地，可盡壞至（149）此耶！"隨新四樓，周遭增築女墻，頹者整、缺者補，金湯屹屹，視昔日大稱偉觀。萬曆二十七年，知縣邱雲肇重修城東門。萬曆三十二年，知縣常澄重修。先是，三十一年，自六月後霪雨連旬，城壞，故修。又護城外沿濠一帶，增以墻垣，規制煥然（先是，巡撫汪移檄本縣，城垣用磚包，知縣常條陳宜每年包一面，四年包完。後值水災，未果）。萬曆三十七年，知縣裴棟重修。舊時，城門下雨水衝陷，崎嶇不平，往來多梗，公於四門下各鋪石板，人甚便之。崇禎十二年，知縣崔育梗重修。按崇禎十一年，詔天下郡縣俱增修城池。侯聚議工料諸費，邑進士袁葵、張力、舉人張五友、梁仁杰等力贊之，工始於崇禎十二年四月二十八日，至七月初八日工竣。周圍七里零三十三步六寸，高三丈三尺。全城分爲一百零五工，每工一十二丈一尺五寸，每工用泥水匠五名，共用泥水匠五百二十五名。日給工食，共支官宦衿民捐助銀四千九百七十一兩一錢五分。共用磚一千三百一十一萬（150）一千八百四十六個，共用石灰四百三十七萬零三百八十二斤。計本縣地五千二百五十六頃九十四畝三分二厘九毫，每地一畝出磚二十個，共出磚一千五十一萬三千八百八十六個，灰如例。凡八進砌磚二十層，七進砌二十層，六進、五進各砌三十層，四進砌二十層，共用磚九百二十七萬七百三十七個，餘磚墁頂壘垛。建城門八座，門樓四座，角樓、門外望樓各四座。巍然金城，頗稱天塹有險足恃云。清順治五年戊子夏，霪雨，城圮二工。秋初，猝有寇警，知縣曹良輔守東城，副使陳其猷、子延祚守南城，而紳士辛廣恩、董三晋、穆元駿、崔拱乾等各司汛地。令嚴肅率勇壯縋城奪賊砲數十，威靈大震。賊擁數十萬薄城下，重圍十五六日，而晏然無恙者，城郭之力也。順治十三年，知縣楊素蘊修城。按順治七年，河決荆隆口，邑遭水患六七載，城傾圮無遺。水平後，侯始補葺土（151）壘。順治十七年，知縣陸喬齡重修，鳩夫掘磚砌修，不灰而泥，建西城頭瓦房一座，工成，三面無磚，遂已。康熙九年，知縣楊日升重修，復建東城樓，檐閣秀起，規制渾堅，池浚如故。康熙十一年，知縣楊日升重建北門城樓一座。康熙十三年，知縣楊日升重新西、南城樓二座。按語云：明邑城垣，自黃水浸頹後，前任楊陸二公稍補十之三四，而南面暨東西二隅，迄今二十五載，猶一土壁也。余初視事茲土，見其崩潰可虞，旋援修城恤災事例，具牒上請。當事謂，非震塌，立案未行。甲寅春，滇黔多事，邑紳士校論防守，因援舊例，請照土輸磚葺之。余曰："工大費重，好惡恐殊"。拱手而搭，"按地出備，有若太倉一粟，魯何損焉"。不謂議成而供辦，欣欣紳士倡其前，兆庶踴其後。不兩月，百十萬之磚若神輸鬼運，雲屯而鳥集也。余曰："信哉！吾民之好義乎！"於是鳩工均夫，次第修葺，計其廣則百六十丈有奇，需其磚則費（152）百三十萬之多，盡地輸將尚少二十餘萬。因浚濠池，復得傾陷舊磚，以足其數。工始於仲春之二十四，而落成於夏末之間。屹屹巍巍，煥然一新矣。爰述其由，以表東民急公之一端。康熙十四年，知縣楊日升修池，兼修護城堤，周圍植柳千餘株，樹根蟠固，可耐久遠，於是南關石橋亦復重建。康熙六十年，河決釘舡幫，由長垣抵東明，城四面受水，崩塌十有餘處，而北面尤甚。奉旨發帑銀一千兩，遣廣平胡通判督修各壘七尺不等，而崩塌者如故，不復睹金湯之固矣。是有望於留心保障者。乾隆五十一年，歲歉，以工代賑，重修四門樓。嘉慶十八年，土匪滋事，知縣朱煒飭紳民培修城牆。道光二十四年，知縣鄒培經修補四門。咸豐三年，皖匪北竄，知縣丁學易以城磚多損壞，兼用土修補。（153）咸豐十一年，知縣易煥書以土匪四起，城於五年時經黃河決口，直趨東門，城牆塌壞，西南北三面亦被衝圮，未遑修築。至是，飭城內派戶分修，然以河水逼近，祇暫爲補葺。同治二年，黃水漲溢，陡入東門，繼陷南門，城牆周圍俱壞，淤沒一丈五六尺深不等，河遂西移。至四、五兩年，就舊址築土爲城，雖間有磚塊而新舊不一，時有坍塌，即壞即修。同治四年知縣張連瑞、五年知縣葉希濂以捻匪未靖，增修四面砲樓。同治八年，知縣楊沛澤鑿池濠。同治十年，知縣王昆崖飭紳民將城缺處並女牆一律完補。光緒十年，知縣張宗沂分派各村修補城牆。光緒十七年，知縣孫國培分派城內修補城牆。光緒十八年，知縣石琨山重浚池濠，周圍樹柳。（154）光緒二十四年，知縣余昌壽復浚池濠。按城自被水後，土性沙松，屢有修補。因民力不給，未敢輕動巨工，不過暫爲一時計。故數十年來，仍未抵於堅固，起而新之，是在後人。民國九年，知事高欽以盜氛未靖，特設立城工處，派正、副董事補修城垣。民國十年，知事高欽因城南北兩門皆將頹壞，特委商務會長同四街首事，剋日興工，月餘工竣。民國十三年，知事孫秉鈞協同警察所長張銘勛並商會修補城堞坍塌及城上被雨衝刷處。民國十五年，駐防陸軍旅部函稱，城垣破敗，且多便道，任人蹬踏，宜急補修，以固防守。縣長張天祐協同商會，當即動工急補。

咸豐《慶雲縣志》

咸豐《慶雲縣志》，成文出版社有限公司，1969年。

慶雲縣

（卷一"建置志·城池"，103）縣城，方四里，高一丈五尺，池闊二丈，深一丈。考舊城再帚津河南者，元至元間齊珪重築，後毀於兵。洎明洪武六年，知縣楊思義始移治帚津北岸，城凡四門，東西孔道皆有關，旋以南北二門地僻閉之。繼築於成化二年，知縣張彪表其門，東曰瞻岱、西曰拱辰、南曰觀瀾、北曰望海，四角樓，南北門閉如初。後之任者，知縣孫輔設警鋪柝鈴，知縣蔡維藩建樓櫓四，知縣解汶在東西二（104）門刻石爲額，東改曰歸德。嘉靖元年，知縣馬馴始開南門，改觀瀾爲永定。三十五年，知縣杜爵築將臺。萬曆元年，知縣馬任仁改東門曰迎春、西門曰迎恩、南門曰迎薰。五年，知縣柯一泉仍塞南門，建化龍樓於東南城上。九年，知縣王三益復開南門。崇禎七年，知縣李扶修角樓、將臺、敵樓。十三年，知縣宣廷式重修南門樓。明末圮。國朝順治十一年，知縣張碩抱修西城門。康熙十年，知縣李居一補葺樓堞，修浚城濠，在北城上建真武廟。天津道薛柱斗重建南門樓，曰臨津樓。二十七年，知縣黃（105）鎮修理女墻，其坍塌者葺之，復設警鋪柝鈴。三十五年及五十八年，生員劉元宰、知縣蔣錫震先後修葺臨津樓。乾隆九年，知縣金士仁重築今城，規制如舊，凡東西二門，各有樓。三十年，舉人劉煥倡修臨津樓，今圮。道光二十八年，知縣於志瀛重修奎樓。咸豐三年秋，粵賊攻陷滄州，知縣曾貫之集衆力修築城垣，煥然一新。

天津市

乾隆《寶坻縣志》

乾隆《寶坻縣志》，成文出版社有限公司，1969年。

寶坻縣

（卷三"建置志·城池"，223）寶邑，去順天不二百里，比於漢之三輔，必於城資保障焉。顧明（224）初，止爲土城。永樂定都後，猶沿之。及弘治庚申，知縣莊襗乃議易之以磚，請於巡撫洪公，報可。一時巨室富民，踴躍樂輸，度地鳩工，甫期而竣，高二丈六尺，厚亦如之，廣四尺，長一千二十八丈，四圍壁峭，女堞相承，屹然壯觀矣。至嘉靖末，城漸就圮，知縣唐錬設法增修，復還舊觀。萬曆中，知縣管應鳳復築月城，複塢重闉，城益完固。入國朝如舊，後因連歲雨霖，傾頹數處，雖間爲補葺，終難久支。其有同昔時之好義者乎，則莊公之績可再舉也。

城之四門，東曰海濱、西曰望都、南曰廣川、北曰渠陽，其城之總（225）名曰拱都。門之上有樓，海濱門之樓曰觀瀾、望都門之樓曰拱恩、廣川門之樓曰迎熏、渠陽門之樓曰威遠。城之四隅又有角樓焉，左之前曰環碧，後曰挹青，右之前曰慶豐，後曰樂治（皆弘治時舊制，今仍之，有記二，見"藝文志"）。

池，城之周圍可七里，池繞之而貫乎其中。莊公襗既築城，遂浚池，池深二丈，廣倍之又加一焉。因作石堰於水者二，北曰開源，南曰節流，脉絡縈回，曲曲貫注，而城外之河，四面環繞如玉帶然。此邑中風水所由聚，而物以之繁，民以之阜也。迨後，日就淤塞，（226）幾失舊迹。乾隆七年，知縣洪肇楙允士民之請，捐俸倡浚，萬畚雲興，數月乃集，勒石以記之。因念《舊志》之志城池也，但云城而不及池，恐來者且視爲可有可無之數矣。安知所繫若斯之重乎？特補之而詳晰內外城河之形勢，備觀覽焉。

民國《靜海縣志》

民國《靜海縣志》，成文出版社有限公司，1968 年。

靜海縣

（"土地部·建置志·城池"，236）城池，西臨運河成半月形，舊城周圍六里，以土爲之，高二丈五尺，池闊三丈，建廢年月均無稽考。新城，土圍三里有奇，高一丈五尺，基闊三丈八尺至二丈五六尺不等，池闊二丈零八寸，深七尺，有門四，南曰聚奎、北曰拱辰、西曰觀瀾、東曰彙泉，俱磚甃（237）門，炮臺三座，營房四間。修築年月如下，同治七年知事陳錫祺創修，光緒四年知事韓耀光重修，光緒二十一年知事史善詒重修。民國九年，縣長蘇毓琦補修，又令圍工局董牛光斗等在南關外建築涵洞，以通護城池。民國十五年，縣長李樞補修。

康熙《天津衛志》

康熙《天津衛志》，成文出版社有限公司，1968 年。

天津衛

（"土地部·建置志·城池"，54）城垣，九里十三步，高三丈五尺，開設四門，門上建樓，東去潞河二百二十步，北抵衛河二百步。明永樂二年，文皇命工部尚書黃福、平江伯陳瑄、都指揮僉事凌雲、指揮同知黃綱築城浚池，民有賽淮安城之說。都指揮陳迹在鎮，用磚包砌，逾年始完。萬曆十四年，寢壞，天津道副使王來賢重修，詳見碑記。順治十年，大水淹城，坍塌二面，總兵甘應祥、副使梁應元重修。康熙十三年，總鎮趙良棟因民居靠近城牆，有礙馬道，且城樓內藏火藥深爲不便，令盡行拆毀，離城三丈，不許民間起蓋房屋，以後永爲遵行。又於十三年，浚周圍城壕，使之寬深如式，不許民間填塞，永著爲令。

寧夏自治區

宣統《固原州志》

宣統《固原州志》，成文出版社有限公司，1970年。

固原州

（"輿地志·城池"，142）固原州城，北周始築之。明景泰時重修，成化時增設堞樓。弘治時，挑成壕塹。萬曆三年，總督石公茂華以土築不能垂遠，乃甃以磚。洎乎國朝嘉慶十六年，陝甘總督那文毅公，因年歲荒旱，人民饑困，而城垣傾圮，難資防禦，奏請以工代賑，奉旨允行，遂發帑五萬餘兩，役工二萬餘人，閱一載始蕆厥事，益稱完善。迨後，提督雷公正綰、鄧公增、知州張公元漈在任（143）時，遇有坍塌者，均隨時修葺之。光緒丙午，東門南隅圮三十餘丈，外城垛口殘缺者計四百餘座，工程浩繁，知州王學伊商請提督張公行志飭金協戎恒林興築垛口，亦賴嚴整，惟堞樓尚待補葺耳。

內城，周圍九里三分，高三丈五尺，垛口壹千四十六座，炮臺一十八座。外城，周圍一十三里七分，高三丈六尺，垛口一千五百七十三座，炮臺三十一座，壕深、闊各二丈。東城三道，萬曆時建，有名者二，曰安邊、曰保寧。南城四道，萬曆時建，有名者二，曰鎮秦、曰興德。（144）西城二道，萬曆時建，有名者一，曰威遠。北城一道，萬曆時建，曰靖朔（同治兵亂後封閉）。

弘治《寧夏新志》

弘治《寧夏新志》，成文出版社有限公司，1968年。

寧夏鎮

（卷一"地理·城池"，33）寧夏鎮城，漢朔方地，宋景德間，趙德明內附，假以本道節制，始遷改興州。今城寔其故址，圍一十八里，東西袤於南北，相傳以爲人形。元末寇亂難守，弃其西半，以生齒繁庶，後築其所弃，即今之新城，統（34）甃磚石，四角皆刓削，以示不滿之意。歲久失其制，止闕其艮方。環城引水爲池，城高三丈六尺，基闊二丈，池深二丈，闊十丈，門六，東曰清和、南曰南熏、南熏之西曰光化、西曰鎮遠、北曰德勝、德勝之西曰振武，重門各三，內城大樓六、角樓四，壯麗雄偉，上可容千人，懸樓八十有五，鋪樓七十，外建月城，城咸有樓，南北有關，以至炮銃具列，閘板飛懸、火器神臂之屬制備極其工巧。

靈州

（35）靈州城並南關，周回共七里八分，高三丈，池深一丈，闊五丈。洪武十七年，城湮於河，移築於城北七里云。

平虜城

平虜城，周回四里五分，高三丈五尺，池深一丈，闊倍之。永樂初築，門有二，南北皆曰平虜。

靈州守禦千戶所所屬屯堡

（39）大沙井，城周回三百步，門一，有驛遞。

石清，城周回一百步，里門一，置指守、驛遞。

鹽池，舊城周回一里，弘治間，巡撫王珣拓爲二里，門二，置操守、驛遞。南十里許，平地產鹽，慶、平、臨、鞏四郡轉輸，絡繹不絕，其課俾益邊儲。

隰寧，城周回一里，弘治間巡撫王珣拓爲二里，有驛遞所。

萌城，城周回一里餘，門二，有驛遞。

瓷窯寨，城周回二百一十丈，門一。產渣灰，其土可掏，築堡置官。

（40）清水營，城周回一里。弘治間，巡撫王珣拓爲二里，置操守，繼設守備。

橫城，城周回一里，置操守，繼設守備，甃以磚石。

紅山，城周回一里，置操守。

　　紅寺，城周回一里，置操守。

　　韋州群牧所，漢屬北地郡，唐屬靈武郡，宋趙元昊爲常州，元仍之，城周三里餘，居蠡山之東，舊不知其名，據張舜民請青銅峽裏韋州路，故相傳以爲韋州。洪武間，慶靖王獵於此，見蠡山秀麗，遂宮室居之。凡九年，移寧夏，以其宜於畜牧，故設群牧所。歷世藩王陵寢在夏山之陽。弘治間，巡撫王珣奏築東關門二。

後衛領屯堡四

　　安定，城周二里，設守備。

　　柳楊，在舊城之南，合隔於溝壘之外，遂爲廢城，虜每潛伏於此，反茲其患，實花馬池之一累也。

　　鐵柱泉，弘治間總制秦（41）紘嘗城其地，他非形勢所宜，今成巨防，兵農商旅咸稱其便，有碑記，後又甃以磚石。

興武營守禦千戶所領堡

　　毛卜剌，城周一里七分，置操守。

中衛領屯堡

　　鳴沙州，漢置靈州縣鳴沙鎮地，舊隸靈州，地有沙，踐之有聲，故曰鳴沙。後周移置會州於此，尋廢。隋置鳴沙縣，屬環州。大業初，州廢。唐貞觀初，以縣再屬靈州。神龍初，爲黑啜據。咸亨中收復，置安樂州，處吐谷渾（42）部。後沒於吐蕃，大中間收復，改置威州，徙治於方渠，以鳴沙爲屬縣。元初，立鳴沙州。國初，徙其民於長安，惟空城耳。其東南據沙山，西北阻大河，城周三里七分，高二丈二尺，南北二門，上皆有樓，塹深一丈，闊二丈，置操守。

民國《朔方道志》

　　民國《朔方道志》，成文出版社有限公司，1968年。

朔方道

（卷四"建置志上·城池"，196）朔方道城，宋興州城故址。景德間，趙德明所築，舊制周圍一十八里，東西袤於南北，相傳以爲人形。元末，因寇亂難守，弃其西半。明正統間，生齒繁庶，復築所弃，統甃磚石，四角刓削，以示不滿之意。歲久失制，猶闕艮方。環城引水爲池，南北門有關。萬曆三年，巡撫羅鳳翔增建。三十二年，兵變，涌水灌城，間有傾圮。事平，巡撫周光鎬修葺，後巡撫楊時寧、黃嘉善、崔景榮相繼重修。清順治十三年，巡撫黃圖安重修。康熙元年，巡撫劉秉政繼修。乾隆三年，地震，城盡毀。乾隆五年，發帑重建，周圍二千七百五十四丈，東西徑四里五分，南北徑三里一分，高二丈四尺，址厚二丈五尺，頂厚一丈五尺，並磚石包砌，外垜口牆高五尺三寸，內女牆高三尺，城門六，東曰清和、西曰鎮遠、東南曰南熏、西南曰光化、東北曰德勝、西北曰振武，城樓六座，甕城門六，樓六座，角樓四座，炮臺鋪樓二（197）十四座，水溝六十二道，六門馬道六座，水關四座。南熏門外關厢土城一座，周圍共長五百九十八丈，計三里三分二厘，高二丈，址厚二丈，頂厚一丈，外磚砌，垜口牆高五尺二寸，內女牆高一尺八寸，關門一座，曰朝陽，門樓一座，馬道一座，便門一座，東西梢門二座，水溝二十三道，水關六道。德勝門外關厢土城一座，周圍長四百三十丈六尺，計二里四分，高厚制與南關同，關門一座，舊曰平虜，今改曰永安，門樓一座，馬道一座，東西梢門二座，水溝一十三道，水關二道，城河一道，寬三丈，深一丈。乾隆五年五月興工，六年六月告竣，共費帑三十一萬四千五百二十九兩零。同治二年十月，匪亂，自西北振武門入，陷其城，因將是門封閉焉。宣統間，西門外城磚坍圮三十餘丈。民國二年，寧夏道尹陳必淮、護理總兵馬忠孝籌款修補。又宣統三年，匪亂城陷，焚毀南熏門城樓，北門城樓年久亦圮。民國六年，寧夏護軍使馬福祥捐廉自修北門城（198）樓，旋又與寧夏道尹陳必淮各捐廉集款，飭寧夏縣知事余鼎銘監修南門城樓四、鼓樓、財神樓。初名寧夏府城，民國二年，政府爲道，名朔方道。

寧朔縣

（199）寧朔縣城，係滿城改置。清雍正元年，旗兵駐防寧夏，於寧夏郡城外東北五里築城，曰滿城。乾隆三年，地震坍圮。五年，移建郡城西十五里平湖橋東南。城東西三里七分半，南北亦如之，共延長七里五分，高二丈四尺，址厚二丈五尺，頂厚一丈五尺，垛墻高五尺三寸，俱甃以磚。城門四，東曰奉訓、西曰嚴武、南曰永靖、北曰鎮朔。城樓四座，馬道四座，瓮城門四，門樓四座，角樓四座，鋪房八座，炮臺二十四座，水溝二十四道。城河一道，寬三丈，深一丈。乾隆五年五月興工，六年六月告竣，共費帑銀一十五萬六千五百二十三兩零，寧夏道阿炳安承修。民國五年，取銷旗制，移置寧朔縣治於此。

寧朔縣屬城池

玉泉營城，係土城，距縣城九十里，周圍三里。萬曆十五年築，清駐遊擊、（200）守備，今裁，城圮。

平羌堡城，係土城，距縣城三十里，明置操守，清乾隆三年，震圮，五年重修，駐把總，今裁，城圮。

鎮北堡城，係土城，距縣城四十里，明置操守，清乾隆三年，震圮，五年重修，駐把總，今裁，城圮。

大壩堡城，係土城，距縣城一百二十里，明置操守，清乾隆三年，震圮，五年重修，駐把總，今裁，城圮。

中衛縣

（202）中衛縣城，元應理州故址。明正統二年，都指揮仇廉增拓之，周圍五里八分。天順四年，參將朱榮增修。萬曆三年，參將張夢登奏請甃磚。舊城東西二門，嘉靖時，參將周尚文始開南門。清康熙四十八年，震圮，官吏捐修未及完備。乾隆三年，寧夏地震，城垣俱毀，督撫會奏中衛縣城一併修建，其舊基東西長，南北縮，周圍五里七分，高二丈四尺，址厚二丈五尺，頂厚一丈五尺，垛墻五尺九寸，女墻三尺，城門三，東曰振威、西曰振遠、南曰永安，上皆有樓，外有月城，角樓三座，敵樓八座，門臺六座，砲臺十四座。環城河一道，深一丈，寬三丈。東門外有關，萬曆初，巡撫羅鳳翔奏建，周圍二百四十八丈。萬曆十一年，巡撫張一元甃以磚。清康熙己丑地震後多圮。光緒十八年，知事潘炳辰領帑補修外城磚工。十九年，知縣楊增新補修內城土工。三十二年，知縣王秉章又籌款補修炮（203）臺、垛口、子墻、女墻，共用銀五千餘兩。清駐副將，今裁。

中衛縣屬城池

石空堡城，明萬曆十三年，巡撫張一元題建。清乾隆四年，重修南門一，外有瓮城，甃以磚石，城樓三，角樓四，炮臺二。同治年，重修。八年，回亂破毀。光緒二十年，堡民大爲補修。明設守備防守，清仍駐守備，今裁。

鎮羅堡城，明弘治元年建。清乾隆四年，重修南門一，外有瓮城，甃以磚石，城樓三，角樓四，炮臺二，年久傾圮，僅存門樓三座。同治四年，被回逆焚毀。明設把總防守，清仍駐把總，今裁。

棗園堡城，明弘治元年建。清乾隆四年重修，周圍四百二十四丈六尺，南門一，有月城，甃以磚石，上皆有樓。同治元年補修，後被回逆攻（204）破，門樓、角樓均爲焚毀，墻垣、雉堞多半坍圮。清駐把總，今裁。

廣武城，夏興州地。明正統九年，巡撫金廉奏築，周圍二里。成化元年，遊擊陳連展築爲三里。弘治十三年，巡撫王珣又拓之，高二丈五尺，池深一丈五尺，南門一，上有樓。清乾隆四年重修，周圍五百七十丈，門樓、墻堞較舊制有加。同治元年，堡紳白尚忠捐資補修。光緒十七年，復修城門洞三，甃以磚石。明駐都指揮，領官軍防守，後改遊擊，清仍駐遊擊，今裁。

古水城，明萬曆四十三年，巡撫崔景榮題請，孟應熊劃山築城。明設兵防守守備，清仍駐守備，今裁。

平羅縣

（206）平羅縣城，明永樂初建。萬曆三年，巡撫羅鳳翔甃以磚石。清乾隆三年，震圮，四年，發帑重修，周圍四里三分，高二丈四尺，址厚二丈四尺，頂厚一丈五尺，南北二門，南曰永安、北曰鎮遠，門樓二座，馬道二座，角樓四座，敵樓八座，東西堆房二座，南北堆房二座。城河一道，寬五丈，深八尺。鳳翔府鹽捕廳耿覲業、知平羅縣何世寵監修，共費帑銀七萬餘兩。

平羅縣屬城池

洪廣營城，係土城，距縣城六十里，舊城周圍二里一百六步。明萬曆三十三年，巡撫黃嘉善拓其西北，共一百六十四丈，池深一丈，闊倍之。清乾隆三年，震塌，四年，重修，周圍二里六分，高二丈四尺，址厚二丈四尺，頂厚一丈五尺，南門一座，門樓一座，角樓四座，敵樓三座。駐遊擊、守備，今裁。

（207）寶豐城，距城五十里，清雍正三年設縣。乾隆三年震圮，乾隆十二年改設縣丞司渠務，今裁，城存遺址。

新渠縣城，距城三十里，在田州塔，今通福堡，雍正三年築。乾隆三年地震，城圮縣裁，遺址尚存。

靈武縣

（208）靈武縣城（舊名靈州），舊在黃河南，明洪武十七年，城為河水所嚙，移築河北七里。宣德三年，河又崩塌，移築於東北隅五里。景泰三年，展築之，並南關周圍七里八分。萬曆五年，巡撫羅鳳翔甃以磚石，高三丈一尺，址厚二丈五尺，頂厚一丈五尺，城門四道，東曰澄清、西曰孕秀、南曰宏化、北曰定朔，上皆有樓，外有月城，角樓四座，敵樓四座，門臺四座，炮臺四座。環城河一道，深一丈，寬三丈。清乾隆三年，震圮，五年重修，知府朱佐湯、千總索雲飛、把總邸德倫、孫洗監修，共費帑銀六萬七千一百餘兩。清設知州，駐參將，均裁，今改縣治。

靈武縣屬城池

清水營城，距縣城七十里，周圍一里，明弘治間，巡撫王珣拓以二里。清乾隆六年，重修，高二丈，址厚二丈五尺，頂厚一丈五尺，城門一道，（209）門樓一座，周圍磚包，駐把總，今裁。

橫城，距縣城七十里，周圍二里，明正德時總制楊一清築，後巡撫楊時寧甃以磚石。清乾隆六年，重修，高三丈，址厚二丈五尺，頂厚一丈五尺，城門一道，門樓一座。乾隆二十五年，河水泛漲衝塌。靈州知州西岷峨詳請修築，委江南銅沛營守備李永吉、外河營千總劉德監督，共費帑銀三千三百三十五兩零，駐都司，今裁。

金積縣

（211）金積縣城，舊金積堡址。清同治初，馬化漋叛據於此。九年，勘定後就遺址築土城，周圍一千一百三十丈，高二丈二尺八寸，女牆高五尺，垛口一千二百一十一道，東西址寬一丈五尺，頂寬七尺，南北址寬一丈，頂寬四尺三寸，東西二門。光緒九年，總督譚鍾麟奏建新城，款絀未果。二十六年，紳商捐修東西瓮城、月城。環城壕溝一道，寬二丈五尺，深五尺，引水暢流，東西城外各建官橋一。清設寧靈廳，駐同知、參將，均裁，今改縣治。

鹽池縣

（213）鹽池縣城，即花馬池城。明爲後衛所舊城，築於正統八年，在塞外花馬鹽池北。天順間，改築今地，城門二，東曰永寧、北曰威勝。萬曆三年，開南門曰廣惠。八年，巡撫蕭大亨甃以磚石。清乾隆六年，重修。周圍七里三分，址厚二丈五尺，頂厚一丈五尺，門樓三座，池深一丈，寬二丈。清駐州同、參將，均裁，今改縣治。

鹽池縣屬城池

興武營城，距縣城一百二十里，周圍三里八分。明正統間，巡撫金廉築。萬曆十三年，巡撫晉應槐甃以磚石。清乾隆六年，重修，高二丈五尺，址厚二丈七尺，頂厚一丈五尺，東南二門，門樓二座，池深一丈，寬二丈。清駐都司，今裁。

惠安堡城，距縣城一百八十里，周圍二里四分，明巡撫黃嘉善甃以（214）磚石，巡撫崔景榮題設鹽捕通判，高三丈，址厚二丈五尺，頂厚一丈五尺，門二道，門樓二座，南北敵樓三座。清仍駐通判，今裁。

鐵柱泉城，距縣城一百二十六里。明嘉靖十五年，總制劉天和築，周圍四里，高四尋，厚亦如之，置兵五千，兼募土人守之，以絕套虜水草，今盡爲沙掩矣。

安定堡城，係土城，距縣城六十里，明設守備，清仍之，今裁。

毛卜喇城，係土城，距縣城一百三十里，清駐把總，今裁。

鎮戎縣

（216）鎮戎縣城（舊名平遠），即明下馬關，初名長城關，後以總制防秋必先下馬於此，故易名下馬。嘉靖五年築，外磚內土，周圍五里七分，高厚均三丈五尺。西城沒於溪，清光緒二年，平凉道魏光燾飭部將吳禧德等新築西面土城一道，周圍四里五分。炮臺八座，雉堞七百有二，南北樓俱備。明先設守備，萬曆二十二年題改參將，每秋防，總制移師駐焉。清由固原提標派守備一員、把總二員、外委二員分駐，均裁，今改縣治。

鎮戎縣屬城池

韋州堡城，距縣城四十里，周圍二里。明弘治間，巡撫王珣築東關門二道。清駐把總，今裁。

同心城，舊名半角城，距縣城一百二十里，明弘治年間重修，周圍二里五分，內外皆土，清駐巡檢、守備，今裁。

（217）豫王城，距縣城七十里，因元豫王所城，故名，今俗名預旺城，周圍五里三分，高厚各三丈二尺，明設守禦千戶所，嘉靖中改築西北關，周圍三里二分，高闊各三丈。清駐把總，今裁。

細腰城，又名細腰葫蘆峽城，即宋之鎮戎所，今之李旺東堡也，距縣城一百五十里，宋仁宗慶曆五年，西夏宣撫使范仲淹築，今圮，遺址尚存。

白馬堡城，距縣城一百九十里，土城，周圍五里三分，高闊各三丈。明嘉靖四年，總制楊一清築，今圮。白馬城東二十里有圓兒城，三十里又有磚兒城，均圮，尚存遺址。

光緒《平遠縣志》

光緒《平遠縣志》，成文出版社有限公司，1968年。

平遠縣

（卷三"建置·城池"，32）縣治古之下馬關也，前明萬曆五年築，外磚內土，周五里（33）七分，高厚均三丈五尺，代遠年湮，西城悉沒於溪。國朝光緒二年，觀察使魏公飭其部將吳提督禧德等，新築西面土城一道，周四里五分，砲臺八座，雉堞七百有二，南北櫓樓備，經營三載，蕆事於光緒五年夏。

民國《豫旺縣志》

民國《豫旺縣志》，成文出版社有限公司，1968年。

豫旺縣

（卷二"建置志·城池"，55）豫旺縣城，即明下馬關，初名長城關，後以總制防秋，必先下馬於此，故易名下馬關。嘉靖五年築，外磚內土，周圍五里七分，高厚均三丈五尺。西城沒於溪，清光緒二年，平涼道魏光燾飭部將吳禧德等新築西面土城一道，周圍四里五分，炮臺八座，雉堞七百有二，南北櫓樓俱備。明先設守備，萬曆二十二年題改（56）參將，每秋防總制移師駐焉。清由固原提標派守備一員、把總二員、外委二員分駐，均裁，今改縣治。

豫旺縣屬城池

韋州堡城，距縣城四十里，周圍二里。明弘治間，巡撫王珣築東關門二道。清駐把總，今裁。

同心城，舊名半角城，距縣城一百二十里，明弘治年間重修，周圍二里五分，內外皆土。清駐巡檢、守備，今裁。

豫王城，距縣城七拾里，因元豫王所城，故名，今俗名（57）豫旺城，周圍五里三分，高厚各三丈二尺，明設守備禦千戶所，嘉靖中改築西北關，周圍三里二分，高闊各三丈。清駐把總，今裁。

細腰城，又名細腰葫蘆峽城，即宋之鎮戎所，今之李旺東堡也，距縣城一百五十里，宋仁宗慶曆五年，西夏宣撫使范仲淹築，今圮，遺址尚存。

白馬堡城，距縣城一百九十里。土城，周圍五里三分，高闊各三丈。明嘉靖四年，總制楊一清築，今圮。白馬城東二十里有圓兒城，三十里又有磚兒城，均圮，尚存（58）遺址。

乾隆《寧夏府志》

乾隆《寧夏府志》，成文出版社有限公司，1968年。

寧夏府

（卷五"建置·城池"，86）寧夏府城，宋興州城故址。景德間，趙德明所築，舊制周圍一十八里，東西袤於南北，相傳以為人形。元末，因寇亂難守，弃其西半。明正統間，生齒繁庶，復築所弃，統甃磚石，四角刓削，以示不滿之意。歲久失其制，猶□長方。環城引水爲池，南北門有關。萬曆三年，巡撫羅鳳翔增繕。三十二年，兵變，涌水灌城，間有傾圮。事平，巡撫周光鎬修葺。其後巡撫楊時寧、黃嘉善、崔景榮相繼重修，號稱壯麗。國朝順治十三年，巡撫黃圖安修繕。康熙元年，巡撫劉秉政繼修。乾隆三年，地震，城盡毀。乾隆五年，發帑重建，周圍長二千七百五十四丈，東西徑四里五分，南北徑三里一分，高二丈四尺，址厚二丈五尺，頂厚一丈五尺，並磚石包砌，外垜口墻高五尺三寸，內安墻高三尺。城門六，東曰清和、西曰鎮遠、東南曰南熏、西南曰光化、東北曰德勝、西北曰振武，城樓六座，甕城門六，樓六座，角樓四座，炮臺鋪樓二十四座，水溝六十二道，六門馬道六座，水關四座。南熏門外關廂土城一座，周圍共長五百九十八丈，計三里三分二厘，高二丈，址厚二丈，頂厚一丈，外磚砌垜口墻高五尺二寸，內女墻高一尺八寸，關門一座，曰朝陽，門樓一座，馬道一座，便門一座，東西稍門二座，水溝二十三道，水關六道。德勝門外關廂土城一座，周圍長四百三十丈六尺，計二里四分，高厚制與南關同，關門一座，舊曰平虜，（87）今改曰永安，門樓一座，馬道一座，東西稍門二座，水溝一十三道，水關二道，城河一道，寬三丈，深一丈。乾隆五年五月興工，乾隆六年六月告竣，共費帑銀三十一萬四千五百二十九兩零。

滿城

（87）滿城，舊在府城外東北，雍正元年築，乾隆三年震廢。五年，移建府城西十五里平湖橋東南。城東西三里七分半，南北亦如之，共延長七里五分，高二丈四尺，址厚二丈五尺，頂厚一丈五尺，垜墻五尺三寸，俱甃以磚。城門（原文缺字）永靖、北曰鎮翔。城樓四座，馬道四座，甕城門四，門樓四座，角樓四座，鋪房八座，炮臺二十四座，水溝二十四道。城河一道，寬三丈，深一丈。乾隆五年五月興工，乾隆六年六月告竣，共費帑銀一十五萬六千五百二十三兩零，皆寧夏道阿炳安承修。

所屬州縣城堡

玉泉營土城一座，屬寧翔縣，距縣九十里，城周圍三里，萬曆十五年築，國朝因其舊，駐遊擊守備。

平羌堡土城一座，屬寧翔縣，距縣三十里。乾隆三年，地震傾塌。乾隆五年重修，共費帑銀八千四百一十八兩零。前明置操守，今駐把總。

鎮北堡土城一座，屬寧翔縣，距縣四十里。乾隆三年，地震傾塌，乾隆五年重修，共費帑銀八千二百一十三兩零。前明置操守，今駐把總。

平羅城，明永樂初建。萬曆三年，巡撫羅鳳翔甃以磚石。國朝乾隆三年，地震傾塌。四年，發帑重修，周圍長四里三分，高二丈四尺，址厚二丈四尺，頂厚一丈五尺。南北二門，南曰永安、北曰鎮遠，門樓二座，馬道二座，角樓四座，敵樓八座，東西堆房二座，南北堆房二座。城河一道，寬五丈，深八尺。鳳翔府鹽捕廳耿觀業、知平羅縣何世寵監修，費帑銀七萬餘兩。

洪廣營土城一座，屬平羅縣，距縣六十里。舊城周圍二里一百六步。明萬曆三十三年，巡撫黃嘉善拓其西北，共一百六十四丈，池深一丈，闊倍之。(88) 國朝乾隆三年，被震塌，四年修建，周圍二里六分，高二丈四尺，址厚二丈四尺，頂厚一丈五尺，南門一座，門樓一座，角樓四座，敵樓二座。駐遊擊、守備。

寶豐城一座，距平羅五十里。雍正三年，設縣治。乾隆三年，地震廢城，舊址尚存。乾隆十三年，改設縣丞，駐城內，司渠務。

新渠縣城一座，雍正三年築，地震後廢。

靈州城，舊在黃河南。洪武十七年，城為河水所嚙，移築於河北七里。宣德三年，河又崩塌，移築於東北隅五里。景泰三年，展築之，並南關周圍七里八分。萬曆五年，巡撫羅鳳翔甃以磚石，高三丈一尺，址厚二丈五尺，頂厚一丈五尺。城門四道，東曰澄清、西曰孕秀、南曰宏化、北曰定朔，上皆存樓，外有月城，角樓四座，敵樓四座，門臺四座，砲臺四座。環城河一道，深一丈，寬三丈。國朝乾隆三年，地震損塌。五年，重修，知府朱佐湯、千總索雲飛、把總邱得倫、孫洗監修，費帑銀六萬七千一百餘兩。

花馬池城，明為後衛所，今屬靈州。舊城，築於正統八年，在塞外花馬鹽池北。天順間，改築今地，城門二，東曰永寧、北曰威勝。萬曆三年，開南門曰廣惠。八年，巡撫蕭大亨甃以磚石。國朝乾隆六年重修，周圍七里三分，址厚二丈五尺，頂厚一丈五尺，門樓三座，角樓四座，池深一丈，寬二丈。駐州同、參將。

清水營城，周圍一里，弘治間，巡撫王珣拓以二里。國朝乾隆六年重修,高三丈,址厚二丈五尺,頂厚一丈五尺,城門一道,門樓一座,駐把總。

興武營城,周圍三里八分。明正統間,巡撫金濂築。萬曆十三年,巡撫晉應槐甃以磚石。國朝乾隆六年重修,高二丈五尺,址厚二丈七尺,頂厚一丈五尺,東門一,南門一,門樓二座,池深一丈,寬二丈,駐都司。

橫城,周圍二里,明正德時總制楊一清築,後巡撫楊時寧甃以磚石。國朝乾隆六年重修,高三丈,址厚二丈五尺,頂厚一(89)丈五尺,城門一道,門樓一座。乾隆二十五年,河水泛漲衝塌。靈州知州西岷峨詳請修築,委江南銅沛營守備李永吉、外河營千總劉德監督,於乾隆二十五年十一月興工,二十六年三月工竣,費帑銀三千三百三十五兩零,駐都司。

惠安堡城,周圍二里四分,明巡撫黃嘉善甃以磚石,巡撫崔景榮題設鹽捕通判,高二丈,址厚二丈五尺,頂厚一丈五尺,門二道,門樓二座,南北敵臺三座。駐通判。

韋州堡城,周圍二里。明弘治間,巡撫王珣築東關門二道。駐把總。

中衛縣城,元應理州城舊址。明正統二年,都指揮仇廉增拓之,周圍五里八分。天順四年,參將朱榮增修。萬曆三年,參將張夢登奏請甃磚。舊城,東西門二。嘉靖時,參將周尚文始開南門。國朝康熙四十八年,地震城圮,官吏捐修,未盡完備。乾隆三年,寧夏地震,城垣並毀,督撫會奏並中衛縣城一併修建,其舊基東西長,南北縮,周圍五里七分,高二丈四尺,址厚二丈五尺,頂厚一丈五尺,垛墻五尺九寸,女墻三尺;城門三,東曰振威、西曰鎮遠、南曰永安,上皆有樓,外有月城;角樓三座,敵樓八座,門臺六座,砲臺十四座;環城河一道,深一丈,寬三丈。東門外有關,萬曆初巡撫羅鳳翔奏建,周圍二百四十八丈。萬曆十一年,巡撫張一元甃以磚。國朝康熙己丑地震後,多圮,駐副將。

廣武城,夏興州地,今屬中衛縣。明正統九年,巡撫金濂奏築城,駐都指揮領官軍防守,後改遊擊。城周圍二里。成化元年,遊擊陳連展築為三里。弘治十三年,巡撫王珣又拓之,高一丈五尺,池深一丈五尺,南門一,上有樓。國朝乾隆四年重修,周圍五百七十丈,門樓、墻堞增築,較舊制有加,駐遊擊。

棗園堡城,明弘治元年建。國朝乾隆四年重修,周圍四百二十四丈六尺,南門一,外有月城,甃以磚石,上皆有樓。駐把總。

(90)石空城,明萬曆十三年,巡撫張一元題建,設守備防守。國朝乾隆四年重修，南門一，外有甕城，甃以磚石，城樓三，角樓四，砲臺二，仍設守備。

鎮羅堡城，明弘治元年建，設把總防守。國朝乾隆四年重修，南門一，外有甕城，甃以磚石，城樓三，角樓四，砲臺二，仍設把總。

古水城，明萬曆四十三年，巡撫崔景榮題請設兵防守，守備孟應熊劃山築城，今多頹廢，駐守備。

嘉慶《靈州志》

嘉慶《靈州志》，成文出版社有限公司，1968年。

靈州

（卷一"城池堡寨第四"，43）靈州城，舊在黃河南。洪武十七年，城為河水所囓，移（44）築於河北七里。宣德三年，河又崩塌，移築於東北隅五里。景泰三年，展築之，並南關周圍七里八分。萬曆五年，巡撫羅鳳翔甃以磚石，高三丈一尺，址厚二丈五尺，頂厚一丈五尺。城門四道，東曰澄清、西曰孕秀、南曰洪化、北曰定朔，上皆有樓，外有月城，角樓四座，敵樓四座，門臺四座，炮臺四座。環城河一道，深一丈，寬三丈。國朝乾隆三年，地震損塌。五年，重修，知府朱佐湯、千總索雲飛、把總邸得倫、孫洗監修，費（45）帑銀六萬七千一百餘兩。

所屬城堡

花馬池城。明為後衛所，今屬靈州。舊城，築於正統八年，在塞外花馬鹽池北。天順間，改築今地，城門二，東曰永寧、北曰威勝。萬曆三年，開南門曰廣惠。八年，巡撫蕭大亨甃以磚石。國朝乾隆六年重修，周圍七里三分，址厚二丈五尺，頂厚一丈五尺，門樓三座，角樓四座，池深一丈，寬二丈。駐州同、參將。

清水營城，周圍一里，弘治間，巡撫王珣拓以二里。（46）國朝乾隆六年重修，高三丈，址厚二丈五尺，頂厚一丈五尺，城門一道，門樓一座，駐把總。

興武營城，周圍三里八分。明正統間，巡撫金濂築。萬曆十三年，巡撫晉應槐甃以磚石。國朝乾隆六年重修，高二丈五尺，址厚二丈七尺，頂厚一丈五尺，東門一，南門一，門樓二座，池深一丈，寬二丈，駐都司。

横城，周圍二里，明正德時總制楊一清築，後巡撫楊時寧甃以磚石。（47）國朝乾隆六年重修，高三丈，址厚二丈五尺，頂厚一丈五尺，城門一道，門樓一座。乾隆二十五年，河水泛漲衝塌。靈州知州西岷峨詳請修築，委江南銅沛營守備李永吉、外河營千總劉德監督，於乾隆二十五年十一月興工，二十六年三月工竣，費帑銀三千三百三十五兩零，駐都司。

惠安堡城，周圍二里四分，明巡撫黃嘉善甃以磚石，巡撫崔景榮題設鹽捕通判，高三丈，址厚二丈五尺，頂厚一丈五尺，門二道，門樓二座，南北敵臺三（48）座。駐通判。

韋州堡城，周圍二里。明弘治間，巡撫王珣築東關門二道。駐把總。

乾隆《中衛縣志》

乾隆《中衛縣志》，成文出版社有限公司，1968年。

中衛縣

（卷二"建置考·城池"，95）中衛，爲應理舊治，元以前創建無可考。舊址狹隘，明正統二年，都指揮仇廉奏增爲五里八分。天順四年，參將朱榮復請增修，高三丈五尺，浚池深一丈，闊七丈八尺。城門二，東曰振威、西曰鎮遠。嘉靖二年，參將周尚文始開南門一，爲永安門，門皆有樓。萬曆二年，參將張夢登始奏請磚甃，遂爲西路堅城，完固甲於諸塞。殆本朝康熙四十八年九月十二日，地大震，崩塌十之七八，樓垣盡傾，雖司事者力捐金修復，僅完葺東西二門。迄乾（96）隆三年十二月二十三日，地復大震，寧郡城垣、公廨、民房傾頹殆盡，中邑幸稍安，而城垣已不復固，較前之崩塌愈甚矣。前陝督部堂鄂撫都院元因灾會疏，奏請建中衛縣城，其城仍故城舊址，東西長，南北促，若舟形，周圍五里七分，高二丈四尺，女墻五尺九寸，浚濠環城六里三分，城門三，上建樓，外護月城，增角樓三，敵樓八，門臺六，炮臺十四。東西街立二市，鄉民以曉集，交易粟帛。今道肆豐盈，人煙湊集，居然富庶之風矣。城東關，萬曆初巡撫羅鳳翔奏建，周圍二百四十八丈。十一年（97），巡撫張一元題請磚甃，爲東西二門，中多店舍，往來行旅棲托焉。迄經康熙己丑地震後，門垣大半傾圮矣。西南向無關厢，近亦夾道市肆修列，逆旅比連，殆因邊路，爲歷年軍需往來之衝云。

所屬城堡

廣武城，本夏興州地。明正統九年，巡撫金濂以其地當西路之衝，負山河之阻，奏請築城，摘中右衛官軍居之，移都指揮防守，後改遊擊。城周圍二里。成化元年，遊擊陳連展築爲三里。弘治十三年，巡撫王珣又拓之，高二丈五尺，池深一丈五尺，南門一，上有樓，北建玉皇閣。今城（98）近在河岸，乾隆四年重修，周圍五百七十丈，門樓、墻堞皆加築整齊，與棗園、石空、鎮羅爲西路完城矣。苐河勢日徙西北，夏秋水漲，聲撼城郭，舊堤單薄，固護修防，廣武切近，急務也。在縣東二百里。

石空城，萬曆十三年，巡撫張一元題建，設守備駐防，今仍之，周圍五百八丈二尺，乾隆四年重修，向南門一，上建樓，瓮城甃以磚石，土垣、女墻皆完茸，城樓三座，角樓（99）四，炮臺二，其北城臺建有玉皇閣。在縣城東九十里。

江蘇省

民國《重修金壇縣志》

民國《重修金壇縣志》，成文出版社有限公司，1970年。

金壇縣

（卷三"建置志·城池"，93）金壇縣城，築於唐武后長壽元年。萬歲通天中，甃以甓，周七百步，高一丈五尺。歲久傾圮。明武宗正德壬申，流賊至江上，知縣董相率衆修築土城，周一千二百四十二丈，高二丈，下闊三丈，上半之。霖潦間至，往往摧頹。世宗嘉靖甲寅，倭夷煽亂，兵燹及鄰邑，知縣趙圭甃以磚石，高二丈六尺，周一千二百三十四丈（94）四尺，爲門六，舊東曰通吳、南曰平湖、西南曰迎蹕、西曰望山、西北曰丹陽、北曰望潮，甃城後改東曰景陽、南曰宏化、西南曰興元、西曰望華、西北曰拱辰、北曰揚武。水關二，南曰會龍、北曰會潮，上各有樓，環城爲壕，門外有橋，翰林學士張袞有記。（95）神宗萬曆庚辰，知縣劉美易興元曰文明、拱辰曰拱極、揚武曰朝天，至今仍之。熹宗天啓四年，大水，東城圮，知縣楊錫璜修之。國朝順治三年，北城圮，知縣吳延年修之。康熙初，知縣康萬寧、李璘復修之。乾隆三十二年、道光二十三年，屢經修葺。咸豐六年，粵匪圍城，轟毀西城左側，知縣周沐潤修之。十年，南城西側炮毀，嗣經霖雨衝坍數丈。同治四年，知縣王其淦修之。光緒四年，東城圮。二十二年，南城圮，知縣孫家澄、鄭鍾祥先後修復。三十二年，東南復圮，千總汪綬祖令工堆砌，至今未修。

民國《吳縣志》

民國《吳縣志》，成文出版社有限公司，1970年。

吳縣

（卷十八"輿地考·城池"，244）吳縣、長洲縣、元和縣，爲蘇州府附郭，分轄府城。府城，本闔閭故都，自泰伯城梅里平墟諸樊徙都於此。迨闔閭時，伍子胥謀國，始相土嘗水，象天法地，以築大城，周回四十七里，陸門八，以象天之八風；水門八，以象地之八卦，門之名皆子胥所制，時周敬王六年也。其西曰閶門、曰胥門，南曰盤門、曰蛇門，東曰婁門、曰匠門，北曰齊門、曰平門。自秦漢以來，皆仍其舊。至隋開皇九年，平陳之後，江左遭亂。十一年，楊素帥師平之，乃徙城於城西橫山下，黃山之東。唐武德九年，知地勢不可遷，復還舊城，分城之東置長洲縣，以臥龍街爲界。自闔閭始造，至此歷一千二百餘年，附郭止吳縣，析置長洲，則長吳分隸焉。（245）乾符二年，王郢之亂，刺史張搏重築羅城，八門悉啓。梁龍德二年，錢氏復以磚甃，高二丈四尺，厚二丈五尺，裏外有濠。宋初，門已塞二，惟閶、胥、盤、葑、婁、齊六門，後胥門亦廢。政和中，復修治之，其故門廢塞者，皆刻石以志之。宣和五年，詔重甃，經建炎兵燹，淳熙中知府謝師稷以郡中羨餘錢四十萬緡繕完之。至開禧間，隳圮殆半，而池隍亦多爲菱蕩稻畦侵嚙。時史彌遠提舉常平，圖復之。嘉定十六年，彌遠作相，遂奏請得賜錢三萬緡，米三萬石，知府趙汝述、沈□相繼修治，爲一路城池之最。寶祐二年，知府趙汝歷增置女牆，補建葑、婁、齊三門樓。開慶元年，詔復增築。景定末，風壞婁、齊二門樓。咸淳初重建。元既定江南，凡城池悉命夷堙，故民雜居遺堞之上，雖設五門，蕩無關防。至正十一年兵起，詔天下繕完城郭，平江路廉訪使李帖木兒謀於監郡六十公、太守高履，城之，築壘開濠，倍加深廣，重闢胥門，凡爲門有六，鄭元祐有記。至張士誠入據，增置月城。明初，平吳，更加修築，高廣堅緻度越疇昔。城爲亞字形，周三十四里五十三步九分，高二丈三尺，女牆高六尺，基廣三丈五尺，南北一十二里，東西九里，城內大河三橫四直，各門上爲□樓，周循雉堞，每十步爲鋪舍，內外夾以長濠，廣至數丈，門皆有釣橋，以通出入，遂爲蘇州府城。每門置官軍，晝夜守衛啓閉，衛指揮使司其鎖鑰。嘉靖末，汪直勾引東寇，掠擾江浙，同知任□治城堡以嚴防禦。崇禎十四五年，知府陳洪謐、推官倪長圩、署長洲縣牛若麟又修之。清順治初，巡按御史秦世楨修葺各門樓櫓。康熙元年，巡撫都御史韓世琦改築城垣，拓女墻。今城周四十五里，長五千六百五丈，高二丈八尺，廣一丈八尺，女墻高六尺，門仍舊制爲六，葑、婁、齊、閶、盤各有水陸門，惟胥無水門，每門有樓，建官廳軍器庫，凡窩鋪一百五十七，敵臺五十七，雉堞三千五十一，門有守門官公館及營房，而鎖鑰則歸總捕同知焉。初，秦置吳縣於郡城，唐析置長洲縣。清雍正二年，又析長洲地置元和縣，自是蘇州府附郭有三縣。吳得其西南境，閶門、胥門、盤門屬焉；元和得其東南境，葑門、婁門屬焉；長洲得其北境，惟齊門屬焉。咸豐十年，粤軍入城，六門俱改築。及粤軍退，以次修復，惟閶門月城尚未復舊制云。

正德《常州府志續集》

正德《常州府志續集》，成文出版社有限公司，1983 年。

常州府

（卷一"地理·城郭"，17）本府城，修於成化十八年知府孫仁。至是圮壞殆甚。正德七年，知府李嵩協諸僚佐請於巡撫都御史（18）□縝緝而新之，高因於舊，厚則倍之，又益走馬街丈有二尺，設巡警鋪五十二所，樓櫓關柵皆仍舊制，而參以新式，堅緻壯麗，加於舊規。時適北寇渡江，恃以無恐，遂收狼山之功。先是，城址逼窄於□，故築雖堅而易圮，濠雖深而易淤，於是又委以□農通判溫應壁址之外餘地五丈，積土數尺，以衛址地。之外浚濠深二丈，闊十有五丈，以環城。復於通吳、朝京、廣□、德安、和政、懷德、青山□門之外各掘地通濠，以利舟楫。濠之上名因門之所在，壘石（19）爲橋，以便輿馬，於是爲經久之計矣。少師長沙李東陽爲之記，郡邑大夫士咸有記述（詳見"詞翰"）。

無錫縣

無錫縣城，國初繕治，歲久頹圮殆盡。弘治初，知縣榮華伐石修建南北西三面水關。

宜興縣

宜興縣城，弘治辛亥，知縣陳策重修。歲久復圮。正德壬申，知縣劉一中募民修築外城一百六十四丈，增修裏城走馬街廣一丈二尺，周回九百七十一丈，五門樓堞皆新緝之，其三水關增築三閘。

江陰縣

江陰縣城，歲久頹廢。正德元年，知縣劉紘修緝朝宗(20)、天慶二門。六年，知縣王□請於巡撫都御史張鳳，募民畚土築之，周回一千六百六十丈有奇，高一丈五尺，基厚如之，上刻雉堞而覆之以瓦甓，甃四門，各高一丈三尺，門上有樓，東曰春輝、西曰天慶、南曰朝宗、北曰愛日，皆仍舊名。南北東各為水關，悉甃以石。明年，北寇渡江，直抵城下，賴以保障。

靖江縣

靖江縣城，成化十七年重修。正德元年，巡撫都御史艾璞委通判劉昂、知縣周奇健增築，女牆覆之以瓦，修葺四門，創置水關。

成化《重修毗陵志》

成化《重修毗陵志》，成文出版社有限公司，1983年。

常州府

（卷二"地理·城郭"，243）內子城，周回二里三百一十八步，高二丈一尺，中外甓之。唐景福元年，淮南節度使楊行密遣節度押衙檢校兵部尚書唐彥隨權領州事重修，立城隍祠、天王祠、鼓角樓、白露屋。今為府治，城廢，周繚以垣。

（244）外子城，周回七里三十步，高二丈八尺，厚二丈，中外甓之，上有禦敵樓、白露屋，偽吳順義中刺史張伯悰增築，方直雄固，號金斗城。門有四，東行春、西迎秋、南金斗、北北極，外皆有池。宋建炎中毀。紹興二年，郡守俞俟復興繕。國朝洪武初，改築新城，迎秋、北極門遂廢，惟行春、金斗門尚存遺跡。

羅城，周回二十七里三十七步，高一丈，厚稱之。僞吳天祚二年，刺史徐景邁築，門有九，東通吳、次東□□□安、次南廣化、西南南水、西朝京、北青山、次北和政、東北東欽，外皆有池。宋太平興國初，詔撤禦敵樓、白露屋，惟留城隍、天王二祠、鼓角樓，後移城隍廟於金斗門內西偏（通吳門，宋改爲朝天門，以行都在焉）。國朝洪武己酉，改築新城，故址猶存。

新城，在羅城內，周回十里二百八十四步，高二丈五尺，甃以磚石，濠闊十六丈，深二丈。洪武二年，守禦官中山侯湯和築，置七門，東、西、南、北、次北名仍其（246）舊，次東曰中箭、次南曰石幢，門各有樓，外有甕城，水關四，曰東水、西水、西小水、行春橋水關。近歲樓堞廢毀，城壁間存。成化十八年，巡撫兵部尚書兼都察院左副都御史王恕奉朝命，以成筭授知府孫仁重甃，易以巨石，新甃增高三尺，其門名中箭、石幢者復名懷德、廣化云，凡池隍、樓櫓雖復舊觀而雄偉壯麗實侈於前，南京吏部右侍郎郡人王□爲之記。

無錫縣

（247）城在運河西，梁溪東。《越絕書》云，無錫城周回二里十九步，高一丈七尺。四郭周回十一里二十八步，高一丈七尺。《南徐記》云，縣舊城基也，宋乾興元年，令李晉卿重修，門有四，東熙春、南朝京、西梁溪、北蓮蓉。元至正乙未重修。後僞吳據其地，甃以磚石。國朝洪武初，復加繕治，周回一千六百二十丈，高二丈，濠深二丈，闊七尺，四門皆有重屋。

宜興縣

（248）城舊在荊溪北，今之縣治即其故址。吳孫權嘗爲陽羨長，赤烏六年改築，周回一里九十步，高一丈二尺，厚稱之，濠闊三丈五尺。隋大業初，路道德《重修陽羨志》云，晉宋置郡，爲太守治所，而縣治在君山後，縣如故，門有二，南南興、北源慶。元末重築。國朝丙申年增修，周回九里三十步，高二丈五尺，濠闊三丈，深一丈五尺，五門各有樓。戊戌年重修。

江陰縣

城北瀕大江，《祥符圖經》云，周回十三里。唐天祐（249）十年築門四，延慶、欽明、通津、朝宗。內有子城，宋慶元五年修，門亦有四，東新津、南觀風、西望京、北澄江；外城門五，東春輝、西天慶、南朝宗、北愛日、東北建寅。元初皆毀。丁酉兵興，鄉民相率築土城爲保障。國朝丙午年，增修，甃磚石，加女墻，周回九里三十步，高一丈五尺，濠闊四丈一尺，深七尺，闢四門，仍舊名曰春輝、天慶、朝宗、愛日，門皆有樓。

靖江縣

（249）城舊有土城，在馬馱東沙，周回七里四十步，外有池，（250）內廣五頃一十一畝二分，未詳所始。成化十三年，知縣張汝華修築廢圮，遂成完固。

光緒《丹徒縣志》

光緒《丹徒縣志》，成文出版社有限公司，1970年。

丹徒縣

（卷三"輿地·城"，66）郡城。《嘉慶志》云即吳京城，古丹徒西鄉之京口里。晉僑治徐兗二州於此，後爲南東海郡城，寄治郯、朐、利城三縣。宋因之，屬南徐州，以郯縣爲附郭，邑有實土。齊仍宋舊，梁爲蘭陵郡城。陳復爲東海郡城，郯縣附郭不改。隋時，州郡並廢，以故郡城爲延陵縣，屬江都，遂廢丹徒入延陵。唐復改隋延陵縣爲丹徒縣，（67）屬潤州丹陽郡，是爲丹陽郡治，丹徒附郭自唐始。

《吳志·宗室傳》孫河屯京城，河被殺，孫韶收餘衆繕京城起樓櫓。《晉書·郗鑒傳》，劉徵聚衆抄東南諸縣，鑒城丹徒，討平之。《齊志》京城因山爲壘，望海臨江。《建康實錄》孫權於朱方築城，因京峴山謂之京鎮，又因門謂之京口。《正德志》城周九里有十三步（按今測定爲十二里四十八步），高二丈六尺。元至正十六年，明太祖以元帥耿再成守鎮江，依舊址重築。洪武元年，指揮宋禮請於朝，甃以磚石（按《山水志》引

《至順鎮江志》云，元初凡郡之有城郭者皆撤而去之，以示天下爲公之義）。《府志》萬曆十二年，知府吳撝謙於府後附城築垣與城齊，以衛府治。二十一年，周圍城垣復加高三尺，迤北附垣增建虛臺一，與北固山相對（按虛臺即十三門，見後）。我大清康熙元年，鎮海將軍劉之源修。雍正元年，鎮海將軍王釴重修。

《康熙府志》城東門二重，曰朝陽；南門二重，曰虎踞；西門三重，曰金銀；夾城向北增設一小門；北門二重，曰定波；水關二，曰南水關、北水關。各起麗譙於上（以上除增錄二條外，餘俱見《嘉慶志》）。道光二十一年，海疆不靖，紳民請修郡城，高其樓櫓。明年六月，英舶突至，毀女墻、焚麗譙而去。越一年，邑令王德茂率邑紳捐金重修。咸豐三年，粵寇據郡城，洞穿府治後垣，沿龍埂築垛，上至山頂，又自山西沿江築城，西至運河口沿河轉南（68）至西城外門，爲負嵎之計。大帥和春、總統張國梁、提督余萬青築長壕困之，由石公山東起，迤邐而南而西，至高資港止，彎環數十里，圍而攻之。七年冬，寇退城復，常鎮道喬松年督辦善後，以新城足資西北藩蔽，請仍之。督臣入奏，如所議。乃併新舊城修之。同治八年，權郡守蒯德模請修新舊城垣，並通江關河，經常鎮道沈秉成詳定，檄邑令汪坤厚會邑紳士鳩資重修，立石甘露寺（以上新增）。

子城，一名鐵甕城，在郡城內。《嘉慶志》，《方輿勝覽》鐵甕城，吳孫權所築。杜牧詩自注，潤州城，孫權築，號鐵甕。《永樂府志》，唐《圖經》，古謂之鐵甕者，謂堅固若金城湯池之類。劉禹錫詩云"鐵甕郡城牢"，注云，潤州城如鐵甕，見韓滉《南征記》，其說與《圖經》小異。《讀史方輿紀要》郡有子城，周六百三十步（《康熙志》云高三丈一尺），即三國吳所築，內外皆甃以甓，號鐵甕城。晉郗鑒、王恭鎮此，皆更爲營繕。南唐末，刺史林仁肇復修之（按繕修各役，應兼郡城言之）。程大昌《演繁露》：潤州城，古號鐵甕，人但知其所喻以堅而已，然甕形深狹，取以喻城，似爲非類。乾道辛卯，予過潤，蔡子平置宴於江亭，亭據郡治前山絕頂，而顧子城雉堞緣岡灣環四合，州治諸廨在焉，負深之形，正如卓甕，始知喻以爲甕者，指此城也（據《山水志》增補）。《方輿紀要》子城門四，東曰望春（後名東海）、南曰鼓角、西曰欽賢，北門在府治後，名未詳，今廢（以上除增錄一條外，餘俱見《嘉慶志》）。

東西夾城，《方輿紀要》東西夾城共長十二里有奇（按夾城在郡城內，蓋子城之兩翼也。觀門名及夢溪在朱方門外之文，則兩夾城內爲地亦自無多，不應長十二里，疑有訛誤。"夢溪"見"水條"）。唐太和中，觀察使王璠築。《正德志》高三丈一尺，唐築。東夾城門，南曰建德，後改曰朱方；西曰清風；西夾城門，東曰千秋，後改曰鐵瓮；西曰崇化，後改曰高橋。今廢（《嘉慶志》）。

土城，一曰羅城，郡城之外郭也。《正德志》唐土城，周二十六里十七步，高九尺六寸。乾符中，周寶再加修築（《嘉慶志》）。《嘉定志》：《通鑒》乾符中，周寶爲鎮海節度，權築羅城，周回二十六里十七步，高九尺六寸（《山水志》）。《永樂府志》城門舊十有二，東二門，北曰新開、南曰青陽；南三門，東曰德化、正南曰仁和、西曰鶴林；西二門，南曰奉天、北曰朝京；北三門，西曰來遠、東曰利涉、次東曰定波（按以上僅十門，各志皆同，未詳其說）。後僅存八門，青陽、登雲、還京、鶴林、仁和、通吳、利涉、定波。宋嘉定甲戌（按以下見《至順鎮江志》），郡守史彌堅作新門七，曰通津、甘露、跨鰲、東山、虎蹲、放鶴、馬巷。(69) 咸淳中，已廢其五，今所存者，仍十有二，東曰青陽（去府治二里）、南曰南水、通吳、仁和、中土（並去府治八里）、西曰登雲（去府治八里）、北曰定波（去府治八里）、西南曰鶴林、放鶴（並去府治七里）、西北曰還京（去府治七里）、東北曰利涉（去府治一里）、通津（去府治四里）。惟登雲、通吳、鶴林、還京舊有樓，今皆廢（《嘉慶志》）。

《方輿紀要》唐周寶築城，其東曰青陽門。光啓三年，寶自青陽門出走常州，是也。其西曰登雲、南曰通吳、又東南曰朱方，今烏風嶺上有朱方門舊迹，而南水門曰利涉（《嘉慶志》按此條頗多謬誤，以可見東夾城舊迹存之）。

新城門名。新城初止西正門（即金銀門，門外橋口別有寨門），及濱江橫橋門、得勝門而已。十餘年來，開有多門，緣大江運河往來濟渡，及居民取水，因地制宜，不容已也。今除正西門原附郡城外，爲門凡十有八，曰西角灣門、曰東角灣門、曰京口驛門、曰盛家巷門、曰袁公義渡門、曰錢家馬頭門、曰浮橋門、曰鹽店巷門、曰李家渡口門、曰通津門（以上濱運河）、曰姚一灣門、曰小營盤門、曰道家巷門、曰橫橋門、曰得勝門、曰新城閘水門、曰甘露門（以上濱江）、曰中埂門（龍埂上）。

測量新舊城里步。同治四年，蘇省測繪輿圖較準工部營造尺頒發弓口及方向盤，以一百八十丈爲里，以二十四方一百二十度爲向，城及新城以至城壕、漕河、關河各支河均準此測定分寸無訛，方向密合（詳於下）：城周計二千一百八十四丈（合四千三百六十八步，計十二里有四十八步）。北內城門向艮正（城高三丈二尺，厚二丈零七寸，門深四丈六尺，堞高五尺四寸）。北月城門向艮正（城高二丈零一寸，厚一丈二尺九寸，門深三丈四尺二寸，堞同裏城）。北月城周三十三丈六尺三寸（城上內外樓二）。從內城樓東向巽轉午至東門（計二百四十四丈四尺一寸）。東內城門向卯（一城高二丈八尺九寸，厚二丈零一寸，【70】門深五丈三尺二寸，堞同北城）。東月城門向午（二城高二丈零一寸正，厚一丈三尺三寸，門深四丈二尺，堞同裏城）。東月城周六十六丈九尺（城上內外樓二）。從內城樓南向巳轉午，又轉坤至南水關（計一百七十八丈三尺）。南水關向巽（五關高三丈零一寸，及河底巳一城，厚同東城裏城。門深一丈九尺五寸，堞同前，關上樓一）。從關樓西南向坤轉庚至南門（計一百十一丈九尺七寸）。南內城門向丙（一城高二丈二尺四寸，厚一丈八尺三寸，門深四丈九尺二寸，堞同前）。南月城門向丙正（城高一丈八尺九寸，厚一丈零六寸，門深五丈九尺，堞同前）。南月城周六十八丈三尺二寸（城上內外樓二）。從內城樓西向酉轉辛、轉庚，又轉酉辛至大流水洞（計二百五十八丈四尺五寸）。又向酉辛，轉乾戌，至唐頹山（此山連城頭高四丈五尺），今名五神廟，內奉關帝（計二百六十三丈八尺）。轉壬，又轉子，轉癸至西門（計二百八十九丈五尺三寸，城門之南，城下有小流水洞）。西內城門向酉正（城高二丈一尺一寸，厚二丈一尺，門深二丈三尺，堞同前）。西中月城門向酉正（城高同內城，厚一丈五尺五寸，連外垣門深三丈六尺，堞同前）。西外月城門向酉正（城高二丈三尺，厚同中月城，門深六丈四尺，堞同前）。西小城門向癸一（城高同內城，厚即月城，門深一丈六尺，堞同前）。西月城，周一百零七丈一尺（城上內外樓二，中門無樓）。從內城樓北向癸，轉丑、轉艮，又轉丑癸，又轉丑、轉卯、轉乙、轉甲、轉寅，又轉丁、轉未、又轉辰至北水關（計二百五十丈零一尺五寸）。北水關向癸（關高二丈二尺五寸，下及河底，城厚同西內城門，深二丈七尺五寸，堞同前，關上樓）。從關樓東向辰，轉艮、轉卯、轉乙又轉子，轉癸、轉甲至府治後十三門（計三百六十六丈三尺四寸）。十三門外向壬五，為城最高處，即北固第三峰也。其地勢上及城堞，較他處城頭高出六丈三尺有奇，其垣依城另作小城，凸出城外，方圍十五丈四尺五寸，中空如月城，直下深五丈，三面有門，甃以石，中五，左右各四，分上下兩層。凡門十三，門上甓石，俱露隙瞰外（按此處由城上轉子又轉甲，自卑而高，復向甲轉丙至轉乙，自高而卑，即古之夾城也。古夾城二百十丈，見前李一陽記。又東西各有角樓一座，今夾城與角樓俱廢。自角樓舊址東西步之，上下計長一百五十丈有奇）。(71) 從十三門中央，向甲，轉巳又轉甲，轉丙又轉乙，轉巽又轉乙至北門（計二百二十一丈零五寸）。以上統計城周二千一百八十四丈四尺二寸（一百八十丈爲里，合十二里有二十四丈四尺二寸。城上大小砲臺計十四座，北至東三，東至南二，南至西六，西至北三，外有新增數處，此以木爲之，非舊臺，可不詳載。又城東北隅有望樓一座，俗稱望肅樓，以城外對山有墓，俗謂魯肅墓也）。

　　新城，自城西門橋口起，沿運河至江口，由江口至北固山下，又自北固第一峰沿龍埂接十三門城下止，計三面，共長一千一百七十九丈九尺九寸（合二千三百六十步，計六里有二百步）。從城西門外橋口向癸轉子至京口驛（計八十丈）。又向子至袁公義渡（計八十丈）。轉庚至浮橋河心（計二十六丈四尺）。又向庚轉酉、轉辛、轉戌，又轉庚戌、轉乾至京口土關，俗稱大閘（計一百二十七丈六尺）。又向乾轉子、轉癸又轉乾、轉壬又轉乾至江口運河交處（計一百零七丈六尺）。轉乙、轉寅至浮橋河北口下閘（計一百二十八丈）。又向寅至新河街北（計十丈）。又向寅至盛家巷後得勝門（計一百四十丈）。轉甲至甘露港（計二百七十三丈）。又轉甲至北固第一峰山西腳下（計二十四丈）。從山上東隅向丙轉午又轉丙至北固第二峰前（計九十九丈二尺九寸）。轉巳、轉乙又轉丙，至舊城十三門下（計八十四丈一尺）。以上統計新城周一千一百七十九丈九尺九寸（合計六里有二百步）

　　隍：《唐書·王璠傳》太和中，璠爲浙西觀察使，鑿潤州外隍。徐鉉《稽神錄》曰：璠廉問丹陽，因溝其城，鑿深數尺。《府志》自西門至南水關通漕河，自北水關至拖板橋通舟楫，餘蓄水而已（《嘉慶志》）。西舊濠，從十三門下沿城向庚轉丁、轉午、轉酉、轉坤、轉申又轉庚、轉酉、轉未、轉丁、轉坤、轉未，至拖板橋下，又轉庚入運河，計五百六十三丈四尺（合一千一百二十六步奇，計三里四十六步零）。東舊濠，從十三門下沿城向甲轉乙、轉巽又轉乙至北門橋下（計八十八丈六尺），又轉巽、轉午至東門小橋下（計二百四十四丈四尺一寸，按此處壕最深寬，舊名將軍塘），又轉巳、轉午、轉丁至便益橋下入運河（計一百八十二丈五尺），計五百十五丈五尺一寸（合計一千零三十一步奇，計二里三百十一步零）。以上東西兩壕，統計長一千零七十八丈九尺一（72）寸（合計六里少弱）。

民國《阜寧縣新志》

民國《阜寧縣新志》，成文出版社有限公司，1975年。

阜寧縣

（卷二"地理志·城垣"，122）廟灣一帶，負海依湖，形勢雄壯。明代倭警，萬曆二十三年，漕撫李戴始即原任巡撫唐順之舊畫基址，跨運鹽河築城，周長七百二十五丈五尺，東西徑二百二十丈，南北徑一百十丈，高一丈六尺（草檢高二丈二尺），址厚五尺，頂厚一尺，爲門五，東曰觀海、大南門曰迎熏、小南門曰定海、西門曰靖淮、北門曰拱辰，門各有樓，南北西水門三，敵臺五，雉堞一千八百六十五垛。越五十年而城圮，城樓亦經焚毁。清順治三年，海防同知咸大猷重修。十八年，海防同知張行生與典史陸應祥捐修東門城樓。康熙七年，地震，嗣又屢經大水，樓傾垣圮。雍正十年，立縣，即以鎮城爲治所。乾隆四年，知縣王連璧請帑銀一萬四千八百四十三兩一錢六分七厘二毫二絲，大加修築。明年工竣，城樓估銀二千三百五十四兩八錢九分五厘七毫。乾隆十二年六月，知縣方勵謙領修。明年工竣。道光二十九年，知縣顧思堯取贖鍰重修小南門城樓，其殘缺待補者尚多。同治元年，西捻入城，雖速去而城垣益頹，東西北三門亦傾廢幾盡，知縣崔繩祖勸捐修建，城垣一新，並重建北門城樓，於東西二門上造敵樓，環以雉堞，又於北門外設吊橋，有警則立撤橋板以資扼守。明年告竣。十三年，知縣沈國翰（123）、關樞先後勸捐重建大南門城樓。光緒六年，知縣藍采錦重修北門城樓，東北隅子城上舊有望海樓，明代備倭用以望遠，倭患既平，樓亦遂廢。其迎熏門之中市樓，亦爲麗譙之遺（據《廟灣鎮志》及舊志）。民國十二年，知事吳本鈞與紳民共議拆城，就城址築環城馬路，城磚估價出售，以售磚之款建東西圍門、敵樓，並建西圍門營房三間，惟北面及南門樓尚存。十八年夏，有議復拆南門樓者，邑人力請保存古迹，其事遂寢。

道光《高郵州志》

道光《高郵州志》，成文出版社有限公司，1970 年。

高郵州

（卷一"建置·城池"，281）城（郵有新、舊二城）：舊城（即今城），周圍一十里三百一十六步，高二丈五尺，面闊一丈五尺。宋開寶四年，知軍事高凝祐始築。紹興初，韓世忠命其屬董旼營繕。乾道間，郡守陳敏重修。淳熙乙巳，郡守范嗣蠡建樓於四門上，東武寧門，樓曰捍海；西建義門，樓曰通泗；南望雲門，樓曰藩江；北制勝門（以宋解元破敵得名），樓曰屏淮。又於南北開二水門，通市河。慶元丁巳，郡守趙善義重修（282）水門。開禧丁卯，增重濠。嘉定甲戌，置四面庫城。元末，知府李齊因宋城重修。明洪武丙午，復甓以磚，增櫓堞鋪舍，修南北水關。嘉靖丙辰，倭警，知州趙河補治庫缺，後知州劉峻申請撫按，州修其七，衛修其三，城益固。國朝順治戊戌，知州吳之俊葺治四城樓。雍正甲辰，知州張德盛大修城垣廢缺。乾隆甲子，知州許松佶修理，更四城門樓之名，東曰挹春、西曰寧波、南曰朝陽、北曰迎恩，後知州李洊德重修。州地四圍均下，城基獨高，狀如覆盂，故曰（283）盂城。（城內四面昔日具有水關，南北二水關已見前。其東西二水關，《舊志》云，東水關於城南引水入關，出北關，風氣完固，今廢，故郵多被災。西水關，亦應增設於城外雙人家頭，以宣洩漕水。按西水關，今可不設，至東水關若能復開，則學宮前水可西流，較為曲折完密耳）。新城，在北門外。宋咸淳初，揚州制置使畢侯築，今廢，土城基址尚存。（按郵城在宋以前不能悉考。隋大業中，嘗移縣於樊良溪，即今故縣村也。詳見"古迹"）。

池（城內外諸河附，按《舊志》有城無池，今特增入）：城外壕河，南自琵琶閘涵洞東北行至傅公橋北。自通湖橋引河與北水關市河水合流，向東至（284）傅公橋彙入運鹽河，西臨運河為壕。城內四圍，皆有壕河，其市河以東，水路通行，市河以西淤墊。城內市河，由南水關，出北水關彙通湖橋引河入運鹽河。

道光《續增高郵州志》

道光《續增高郵州志》，成文出版社有限公司，1974年。

高郵州

（"輿地志·城池"，124）國朝道光二十二年，知州左輝春因城垣、水關坍塌，詳准興修，捐廉率紳富公捐修理完固，復立四門舊額，增四城樓，名東曰觀稼樓、西曰小黃樓、南曰歌熏樓、北曰拱辰樓，又東城增亭曰霖汝，北城增亭曰珠光，各周以繚垣，並建城隅窩鋪四所，南北水關亦修整，各增石錮、錮版二重。南關外涵洞失修百餘年，亦督捐修完固，洞外設橋以便牽挽。碑記載"藝文志"。

民國《三續高郵州志》

民國《三續高郵州志》，成文出版社有限公司，1983年。

高郵州

（卷一"輿地志·建置·城池"，97）高郵城工款產祇周王兩姓捐田一百十一畝，歸董事經收，歷年租款，僅敷歲修之用。每逢大修，必需另籌巨款。計光緒年間大修兩次，宣統末一次。十六年五月，知州陳道濟諭城工董事孫永諧、王永壽大修州城，重砌東門外南首城牆二十餘丈，北門外西首城牆二十餘丈，北城根石岸三十丈，北門第三道城頭照牆一堵，北水關兩裏牆，並修傅公橋，砌建釣魚臺，共支足錢一千三百十六千有零，係借撥（98）育嬰堂、六文會捐款，本擬另行籌還，逐歲遷延，遂不果。二十八年八月，知州李孟康照會紳董馬維高、茆彥良會同城工董事修砌城牆、城垜、欄馬牆倒卸之處，並修南北水關、南北東三門吊橋，共支九九錢四百餘千，除用二十七、八兩年田租稻錢二百千零，並周南金捐助二百千，經董實墊四千零九十文。辛亥年，城工董事修理東西南城垣倒缺十餘處，共用錢八百四十餘千，所存租稻錢不敷支銷，均由城工董事自行籌墊。

（99）城內市河及南北澣衣河，河身淺狹，易於淤澱，向無專董經理。光緒中，挑浚兩次。十八年二月，知州錢錫寶諭董事王孫蕙、馬維高挑浚城內河道，計挑市河長二百五十七丈四尺，涵洞外長十一丈，又切灘長七丈七尺，挑南北濯衣河長五百八十四丈二尺，共支七百二十五千零。臨時挪借公款墊用，旋稟准在冬漕平餘內，每年捐錢七十千，逐年攤還借款，俟還清，積有餘錢作爲續挑經費，歸同善堂董事經理。二十四年，知州章邦直稟裁同善堂，並免提捐，續挑費遂無著。（100）二十八年二月，知州李孟康照會紳董馬維高、王金城等挑浚城內市河、南北濯衣河，共挑一千九百四十六丈，支用足錢七百四十五千零，由李牧捐廉，一百千餘係邑人捐款。

乾隆《淮安府志》

乾隆《淮安府志》，成文出版社有限公司，1983年。

淮安府

（卷五"城池"，271）舊城，周十一里，東西徑五百二十五丈，南北徑五百二十五丈，高三十尺，爲門五，東曰觀風、南曰迎遠、西曰望雲、北曰朝宗，西門稍北舊有門曰清風，元兵渡淮時，守臣孫虎臣塞之，今廢。水門三，一在北門稍西（現今通行）；一在西門之南，亦孫虎臣塞之，今廢；一在東南隅，曰巽關，無水通行，今亦閉。四門皆有子城，城上大樓四座，角樓三座，窩鋪五十三座，雉堞二千九百九（272）十六垛。秦漢以來，淮安舊非郡治，東則有射陽縣城，西則有淮陰縣城，中間相距幾百餘里，初無城郭，東晉安帝義熙中，始分廣陵立山陽郡，乃於此地築城（見《宋史·李大性傳》）。《金石錄》有唐上元二年《楚州修城記》；《文苑英華》有唐大中十四年御史中丞李旬《修楚州城南門鄭吉記》，皆今日郡治舊城也。《宋史·李大性傳》言，郡守吳曦與都統劉超欲徹城移他所，李大性謂楚城實晉義熙間所築，最堅，奈何以脆薄易堅厚乎！力持不可，乃止。宋孝宗時，守臣陳敏重加修葺，北使過淮，見雉堞堅（273）新，稱爲銀鑄城。嘉定初，復圮，知楚州趙仲荁之。九年，知楚州應純之填塞窪坎，浚池洩水，乃益堅完。元至正間，江淮兵亂，守臣因土城之舊，稍加補築。明初，增修，然後包以磚甓，周置樓櫓，始成今制。正德十三年，漕撫叢蘭檄知府薛□重修。嘉靖間，知府劉崇文再修。

隆慶間，漕撫王宗沐建樓於西門子城上，額曰舉遠，登以治漕。萬曆三十三年，倭亂，邊海戒嚴，署府事推官曹於汴添設敵樓四座。三十八年，西門城樓災，知府姚鈜重建。四十八年，南門毀於雷火，知府宋統殷重建。崇禎間，漕撫朱大典遍（274）修三城，嗣後城樓日久傾圮。國朝康熙初，漕院林起龍設費鳩工，盡撤而新之，城垣殘缺者悉修補堅固。二十三年，乘輿南幸，漕院邵甘率屬重建西門樓，其東北二樓尚可修整，南門樓毀。二十八年，漕院董訥捐資率屬重建，嗣後漕院興永朝、桑格屢加葺理。歷今年久，復多塌卸。乾隆元年，委員估計，督撫題准，發帑銀四千一百一十六兩零修理。迨五年，知縣沈光曾承修，於六年六月完工。以後隨有損壞，即時修補，永無傾圮之虞矣。乾隆九年，知縣金秉祚於各門添建兵堡營房（275）三間，共動公項銀一百三十兩零，交城守營撥兵防守。

舊設淮安衛守禦城池守門千百戶各一員，門軍二十名（新查淮安衛並無守門千百戶等官，舊城四門、聯城二門，共撥門軍五十八名，又撞鐘樓一名，共五十九名，與舊制少異）。

譙樓，舊城中央，漕院署前四十步，臺高二丈五尺，上建層樓，舊貯銅壺刻漏更籌、十二辰二十四氣牌，界陰陽生居之，原額曰"譙樓"，後改曰"南北樞機"，今皆無。瞰虹樓，城東南隅角樓也，下臨龍王廟閘，漕院蔡士英重建，歷久又圮，乾隆十二年重修。

（276）新城，在舊城北一里許，高二丈八尺，圍七里零二十丈，東西徑三百二十六丈，南北徑三百三十四丈，爲門五，東曰望洋、西曰覽運、南曰迎熏、北曰拱極、小北門曰戴辰，門各有樓，惟小北門無，東西有子城，角樓四，南北水門二，窩鋪四十八座，雉堞一千二百垛。新城，即古北辰鎮地，西瞰運河，東南接馬家蕩，北俯（277）長淮，元末張士誠將史文炳守淮安，始築土城。明洪武十年，指揮時禹增築，磚石則取之寶應。永樂二十一年，用工部言，土城低薄，令軍士增築，門上建樓。正德二年，總兵郭鋐重建。隆慶五年，知府陶文燭重修。萬曆二十三年，倭警，署府事推官曹於汴添設敵臺四座，舊傳南門爲祭酒沈坤讀書處，樓上有狀元樓匾，爲邑人熊斗陽署書，後各樓俱頹壞，無一椽存，城垣亦傾圮殆盡。國朝乾隆十一年，督撫題准發帑銀二萬五千七百一十六兩零，知縣金秉祚承修，照舊制整理，更加鞏固，（278）並裹墻戧土加幫寬厚，可垂永久。

舊設大河衛守禦城池守門千百戶各一員，門軍二十名（新查大河衛並無守門千百戶等官，新城五門，並聯城天衢一門，共撥門軍四十名，與舊制少異）。

聯城，在新舊二城之間，俗呼夾城，東長二百五十六丈三尺，起舊城東北隅，接新城東南隅；西長二百二十五丈五尺，起舊城西北隅，接新城西南隅。爲門四，東南曰天衢（通澗河路）、東北曰阜城（久塞）、西南曰平成（通運河堤路）、西北亦曰天衢（通北關厢各處），東西水門四（今惟三門行舟），初高一丈四五尺有差，後加高六七尺，加厚四五尺，樓（279）大小四座，雉堞六百二十垛。二城之間，舊爲運道所經，如陸家池、馬路池、紙房頭等處，皆糧船屯集之地。明嘉靖三十九年，倭寇犯境，漕運都御史章焕疏請建造聯城，自爲文以紀之。初議築此城時，知府范檟力言不便狀。及工成舉宴，檟不往，曰："非吾意，且他日淮難爲守計矣"。萬曆二十一年，倭警屢聞，鄉官胡效謨等議請加高，巡撫尚書李戴疏請於朝，始加高厚焉。二十三年，署府推官漕於汴添設敵臺四座。嗣後日就傾圮，國朝乾隆九年，督撫題准發帑銀六千八百六十二兩（280）零，知縣金秉祚承修，樓櫓雉堞焕然一新。

舊設每門守禦官軍十名，東城屬大河衛，西城屬淮安衛。

護城岡，起舊城外東南巽方，迤邐而北。明隆慶間，漕撫王宗沐因地勢本高，加築長堤護城，以防黃淮泛溢，後漕撫朱大典建龍光閣於上，以峙文峰，其門西向，與乾方文通塔相應，以迎運河長□，最得形勢。國朝順治中漕院蔡士英，康熙中漕院林起龍皆嘗修葺。年來頹敗已極，瓦礫而已（後改門南向，非）。

（281）敵樓二，一在舊城外東米巷南；一在西湖嘴大堤上，四面皆有垛口，中可藏兵五百人，嘉靖中，賊兵犯境，本府出兵，無犄角之勢，故建此樓，南北遙峙，至隆慶中盡圮。

護城石堤，運河先受黃淮交灌，河身日高，增堤幾埒城堙。伏秋水漲，官民驚惶，阻漕運、渰田廬，山鹽高寶並罹災傷。天啓三年，知府宋祖舜議修石堤，以通漕運，加築城西岸堤，甃石必堅，工作鞏固，城市得安堵無虞。

濠河，（282）三城舊濠年久湮淤。萬曆四十八年，知府宋統殷特請周圍重加挑浚，除舊城北角樓起至南角樓止一帶逼近運河；新城外東壩起至禮字壩止一帶逼近黃河，各原無濠，外自南角樓起，過小吊橋東角樓春亭後，東聯城東仁橋至東壩抵黃河堤止，自禮字壩起由西聯城水關至北角樓止，接連相通，共長二千四百四十二丈五尺，闊四丈，底闊一丈五尺，深一丈二尺，共設吊橋三座。

（283）淮安，在明洪永以前，北枕黃，西憑湖，運河自南而東而北行於二城之間，故黃湖運皆城濠也。自運道改由城西，而城東北無濠。自聯城築，而二城之間無濠。自黃河北徙，而新城以北無濠。故萬曆間，始重開浚。今遺迹俱在，惟淺涸過半，不稱濠名耳。

鹽城縣

（343）周圍七里一百三十四步，東西徑二里二百一十七步，南北徑二里一百八十步，高二丈三尺。初止有東西北三門，萬曆七年，知縣楊瑞雲增開南門，門各有樓，水門二，窩鋪二十八座。鹽之築城，其歲月無可考。然在漢，名此地為鹽瀆。晋安帝義熙中，改名鹽城，城之築當在此時矣，又名瓢城，以其形似瓢也。宋紹興、乾道間，三加修築，山東寇皇甫炳攻之不克。嘉定八年，知縣尤炳修。元至正十五年，知縣曹經重修，皆屬土（344）城。明永樂十六年，備倭指揮楊清、守禦千戶馮善始易土為磚，增築月城，樓櫓雉堞始備。嘉靖三十六年，署縣事府檢校祝雲鶴重修。萬曆七年，知縣楊瑞雲增修，楊又謂鹽之龍脉發自西北，而會結於東南，不可無南門，集士民登覽，鑿垣得南門故址，其門與學宮文廟相值，門上建大樓三楹，題曰"淮揚一覽"。後以城多火災，南門復閉。崇禎十三年，知縣張桓復開一門於舊門之西數十步，至今仍之。國朝康熙七年，地震，城樓、窩鋪、垜口悉壞，叠經詳請，尚未修葺。

（345）濠河，舊深九尺，圍繞四城。今西南湮塞，以南門大河為濠，由南而東，流入濠渠故道，經東門吊橋而北，過北水關西流，與西門登瀛橋大河接。

阜寧縣

（359）東西徑二百二十丈，南北徑一百十丈，周七百一十二丈八尺，計四里，高二十餘尺，門五，東曰觀海、南門曰迎熏、小南門曰定海、西曰靖淮、北曰拱辰，門各有樓，水門二，敵臺五，雉堞一千八百六十五。阜寧，舊為山陽之廟灣鎮，一名廟子灣，在射陽湖濱。舊無城郭，明嘉靖三十六年，倭寇蟠踞，燔毀民居，浙江副總兵盧鐘率兵敗之。三十八年，又據四十八日，漕撫議建城爲守禦計，以乏資而寢。萬曆十九年，倭警益甚，都御史陳於陛題設遊擊駐防。二十一年，又（360）增海防同知。二十二年，官民以無城爲患，請於漕撫李戴，乃議於原任巡撫唐順之所畫舊基址築城，跨運鹽河。於二十三年八月起工，落成於次年二月，日久傾圮，隨時補修。國朝順治十三年，海防同知咸大猷勵志大修，捐俸募工，並取贖鍰，遂致重新。城樓亦屢經焚毀，十八年，海防同知張行生任內，典史陸應祥捐修東門城樓。康熙七年後水潦頻仍，樓傾垣圮，大南門僅存其半，餘俱夷爲陂陀。雍正十年，析山陽、鹽城爲阜寧縣，即以城爲治所。乾隆四年，知縣王連璧請過帑銀一萬（361）四千八百四十三兩一錢六分七厘二毫二絲，修築城垣，於四年三月初六日開工，至五年十一月十五日告竣，其城樓一項，原估工料銀二千三百五十四兩八錢九分五厘七毫。乾隆十二年六月，委知縣方勵謙領帑承修，於十三年二月告竣。

望海樓，在城上東北角，遇倭警可以瞭視。自後，海漸遠徙，樓亦頹廢。

城濠。城跨運鹽河，因以爲濠。外自會龍橋北行，穿南水關（362）進城，繞城隍廟左出北水關。後遭河決，北水關閉。關內有溝，西行旋城角至戴家汪爲內濠；自南水關外往東環，北轉西過吊橋爲外濠；又開舊文渠西出大浦橋入湖，今渠已湮塞。

清河縣

（381）土城三面，周圍六里，東西北三門。清河舊城，在大清口。宋咸淳九年，淮東制置司李庭芝築。元泰定初，河決，遷治所於河南岸甘羅故城。至元十五年，因兵亂復築土城，縣治仍移河北，即今治所。明末，亦再遷甘羅城，不久復歸故治。今僅存土城三面，雉堞、樓櫓俱無。

城濠。舊以小清河爲濠，近南臨黃河，城北別開護城河一道，由中河涵洞進水。

安東縣

（393）高二丈四尺，周三千四十六步，計八里四分零，東西徑一千八十八步，計三里零，南北徑六百四十八步，計一里八分零，門七，東曰濱海，又曰朝陽，又曰賓日；西曰臨淮，又曰迎淮；南曰觀瀾，又曰迎和；北曰鎮淮，又曰拱宸；西南隅曰泰安，今閉；南門稍西曰便益；東門稍南亦曰便益，今閉。水門一，北門稍東。城樓四，雉堞一千六百零四垛。安東，在秦漢間已立爲縣，嗣後或爲州，或爲軍，稱□北重地。其建築城池必久，然歲月實無可考。《舊志》稱（394）漣水有大城、東城二座相連，止隔一濠，又有西城，頗遠百餘步，各有城濠。宋嘉熙四年，知軍蕭均修葺。開□元初，廢爲民居，微存故址。明弘治十五年，知縣郭韶於舊基上增築土圍，建更樓四座，設門啓閉。嘉靖三十八年，倭寇蹂躪，又叠遭水溢，城廢。萬曆八年，知縣史選乘舟繞視，壘土作堤。二十六年，知縣詹道溥□□□城，以工役繁鉅，但因舊堤加築土城，建四門樓。三十六年，知縣黃成章夾樹以柳。泰昌元年，巡鹽御史龍遇奇謂淮鹽分司駐縣，具題請建磚城，巡按御史□安舜具題催築，俱未果。天啓元年，知縣劉君（395）聘以創建爲任，於五年三月興工，東門原在正東，改移巽方，西門原在坤，移酉方，南門原在午，移丙方（文震孟有《修築城垣記》。崇禎十七年，總兵柏永馥與知縣林之平補砌女墻）。國朝康熙七年、九年，大水、地震，城復圮，至今尚未修築。

　　濠河，三城舊濠久無遺迹。天啓中，知縣劉君聘於西澳浚支河通西南門，以爲商便；疏通治河以洩瀦水，鑿渠四繞以爲城固。崇禎中，總兵柏永馥倚運鹽河爲池，壘土爲欄馬墻於其內。今經河決，皆無遺迹。北水關外有民便河，可洩城中積水，然亦非城濠也。

桃源縣

　　（417）高一丈五尺，周圍三里，門五，東曰觀海、西曰延輝、南曰朝陽、北曰拱極，門各有樓，小南門無名，亦無樓。瀉水洞三，在西南北三門，雉堞一千七十垛。桃源立縣，遠在元初，築城在至元間，亦久圮壞。明正德六年，知縣李廷鵬築土城，高一丈五尺（《正德志》云，高三丈。《天啓志》云，高二丈。今據《桃源縣志》及《通志》，皆作一丈五尺），周圍三里（《舊志》皆作八里，今亦依《桃源縣志》及《通志》）。嘉靖二年，知縣周佩建門樓四座。十四年，知縣龍復禮重修，設瀉水洞於三門，年久傾圮。萬曆十九年，知縣許璞重築土城，周圍七百一十八丈，高一（418）丈五尺，底闊五丈，頂闊二丈，上加土垛一千二百五十，磚城門四座，磚垛三十，東西北各置磚水洞。崇禎五年，知縣龔奭增女墻高五尺，砌磚堵口一千七十。國朝順治十二年，知縣鄭牧民復因龔令之舊，添角樓四座於四隅。十六年，開小南門以通生氣。康熙六年，河決烟墩口，水侵城址，四面沙高五尺，城內如井。七年，地震，城圮，雉堞、樓櫓無一存者。十年，就北門城基築爲遙堤，以捍黃流。三十五年，黃河決龍窩口，漫溢，（419）城垣淤塾，濠塹所餘者僅土基尺餘而已。乾隆元年，知縣眭文煥具詳各憲，深挑土濠自八尺至一丈二尺不等，面寬三丈至五六丈不等，底寬一丈五尺，加高城垣自一丈二尺至一丈五六尺不等，頂寬二丈，底寬五丈，重建城門高一丈五尺，寬一丈六尺，深一丈一尺，上蓋城樓三間，高一丈，寬一丈五尺，深九尺，東西南北（420）方位□名，俱仍舊制。

城濠。明正德六年，知縣李延鵬鑿池深一丈。嘉靖十四年，知縣龍復禮設西南北三瀉水洞，洩城中積水於濠。逮後叠遭河決，盡被湮淤，水洞亦塞。乾隆元年，知縣眭文煥乃復掘濠土以培城，開涵洞以洩水，然後城池並復舊制矣。

光緒《淮安府志》

光緒《淮安府志》，成文出版社有限公司，1983 年。

淮安府

（卷三"城池"，117）舊城，周十一里，東西徑五百二十五丈，南北徑五百二十五丈，高三十尺，爲門五，東曰觀風、南曰迎遠、西曰望雲、北曰朝宗，西南稍北舊有門曰清風（此舊署也，今東曰瞻岱、南曰迎熏、西曰慶成、北曰承恩），元兵渡淮時，守臣孫虎臣塞之，今廢。四門皆有子城，城上大樓四座，角樓三座，窩鋪五十三座，雉堞二千九百九十六垛，水門三。秦漢以來，本無城郭，東晉安帝義熙中，設立山陽郡，乃於此地築城（見《宋史·李大性傳》）。《金石錄》有唐上元（118）二年《楚州修城記》，《文苑英華》有唐大中十四年御史中丞李旬《修楚州城南門鄭吉記》，皆今日郡治舊城也。南宋，郡守吳曦欲徹城移他所，通判李大性謂楚城實晉義熙間所築，最堅，奈何以脆薄易堅厚乎？力持不可，乃止。宋孝宗時，守臣陳敏重加修葺，北使過淮，見雉堞堅新，稱爲銀鑄城。嘉定初，復圮，知楚州趙仲茸之。九年，知楚州應純之填塞窪坎，浚池洩水，城益堅完。元至正間，江淮兵亂，守臣因土城之舊，稍加補築。明初，增修，包以磚甓，周置樓櫓，始成今制。正德十三年，漕撫叢蘭檄知府薛□重修。嘉靖間，知府劉崇文再修。隆慶間，漕撫王宗沐建樓於西門子城上，(119) 額曰"舉遠"，登以治漕。萬曆三十三年，倭亂，邊海戒嚴，署府事推官曹於汴添設敵樓四座。三十八年，西門城樓災，知府姚鉉重建。四十八年，南門毀於雷火，知府宋統殷重建。崇禎間，漕撫朱大典遍修三城，嗣後城樓圮。國朝康熙初，漕督林起龍徹而新之，城垣殘缺者修補之。二十三年，漕督邵甘重建西門樓。二十八年，漕督董訥重建南門樓，後漕督興永朝、桑格屢加葺理。年久塌卸，乾隆元年，督撫題准發帑修理，知縣沈光曾承修。九年，金秉祚於各門添建兵堡營房三間。嘉慶二年，復經修補。道光十五年，漕督周天爵建西南二城樓。二十二年，復集資大修，新建炮臺 (120) 二重，建過街樓四，又壙造北城圈及東北二樓。咸豐、同治中，間加修補，又於東城建敵樓一所及四城踐更窩鋪，今圮。同治十二年，漕督文彬重建西門樓。光緒七年，署漕督譚鈞培重修東南北三門樓。

新城，在舊城北一里許，高二丈八尺，圍七里零二十丈，東西徑三百二十六丈，南北徑三百三十四丈，爲門五，東曰望洋、西曰覽運、南曰迎熏、北曰拱極、小北門曰戴辰，門各有樓，惟小北門無，東西有子城，角樓四，南北水門二，窩鋪四十八座，雉堞一千二百垛。按新城，即古北辰鎮地，西瞰運河，東南接馬家蕩，北俯長淮。元末，張士誠將史文炳守 (121) 淮安，始築土城。明洪武十年，指揮時禹取寶應廢城磚石築之。永樂二十一年，用工部言，土城低薄，令軍士增築，門上建樓。正德二年，總兵郭鋐重建。隆慶五年，知府陶文燭重修。萬曆二十三年，倭警，署府事推官漕於汴添設敵臺四座，後俱頹壞，城垣傾圮殆盡。國朝乾隆十一年，督撫題准發帑，飭知縣金秉祚承修，裹墻戧土，加幫寬厚。在明季，城內居民尚有萬家。國朝乾隆中，猶稱蕃盛。今城堞街坊圮廢略盡。咸豐十年後，皖寇疊擾，鄉民頗屯聚其中，並得安全，苟有大力者修而築之，亦舊城輔車之助云。

聯城，在新舊二城之間（俗呼夾城），東長二百五十六丈三尺，起 (122) 舊城東北隅，接新城東南隅；西長二百二十五丈五尺，起舊城西北隅，接新城西南隅。爲門四，東南曰天衢（通澗河路）；東北曰阜城，久塞；西南曰平成（通運河堤路）；西北亦曰天衢（通北關厢各處），東西水門四。初高一丈四五尺有差，後加高六七尺，加厚四五尺，樓大小四座，雉堞六百二十垛。其地本爲運道所經，今陸家池、馬路池、紙房頭等處皆糧船屯集之地。明嘉靖三十九年，倭寇犯境，漕運都御史章煥疏請建造聯城，自爲文以紀之。初議築此城時，知府范檟力言不便狀。及工成舉宴，檟不往，曰："非吾意，且他日淮難爲守計矣"。萬曆二十一年，倭警屢聞，鄉官胡效謨等議請加高，巡撫（123）尚書李戴疏請於朝，始加高厚焉。二十三年，署府推官漕於汴添設敵臺四座。其後，日就傾圮。國朝乾隆九年，督撫題准發帑，飭知縣金秉祚承修，樓櫓雉堞煥然一新。今歲久圮廢與新城等。

譙樓，在漕督署前，南宋都統司酒樓也。臺高二丈五尺，地踞一城之中，舊置銅壺刻漏，久廢。原額曰"譙樓"，後易爲"南北樞機"，今曰"鎮淮樓"。歲久傾圮，光緒七年，知府孫雲錦重修（城東南隅角樓名瞰虹樓）。

護城岡，起舊城東南隅，迤邐而北。明隆慶中，漕撫王宗沐加築長堤護城，以防黃淮泛溢。後漕撫朱大典建龍光（124）閣於上。國初，漕督蔡士英、林起龍修葺。道光中重修。

護城石堤，運河口高，堤增與城埒。伏秋水漲，官民惕息。明天啓初，知府宋祖舜修石堤，加築城西岸，甃石以爲固。城市乃得安堵。

濠河，郡城在明洪武以前，北枕黃河，西憑湖水，運河自南而東而北行於新舊二城之間，故黃湖運三水皆城濠也。自運道改由城西，而城東北無濠。自聯城築，而二城之間無濠。自黃河北徙，而新城以北無濠。逮萬曆間，重加開浚，仍缺新城北面。崇禎四年，士民請於漕撫李待問，一浚舊城東門外濠河，一開新城北門外濠河。時新城以外大（125）堤以內，居民櫛比，無隙地，乃買壙民房，拓地挑浚，自西角樓起至東角止，旁達東壩濠河，三城水勢始得環繞，督役者推官王用予、知縣王正志，先事建策者邑人馮一蛟也。今濠河略存舊迹，惟埋淤淺狹，不符昔制耳。

水關，凡有九處。一爲舊城西水關，在西門之南，舊通舟楫，可達西湖。自運道改由城西始即其處建響水閘，引運水入城，水關減少，不復如舊。一爲舊城北水關，在北門少西，可通小舟，其兩牆舊有石槽五層，可以下版，所以防水患並盜賊也。康熙九年，三城壩決，水入聯城，灌北水關，半城皆水，以閘版久廢，倉卒無以遏水。事定，始議置版，又不（126）果。一爲東南隅巽關（別見"水利"）。在新城者有二，其北水關當未築城時爲石閘，古邗溝由射陽至末口入淮，石閘即古末口地也。自北辰堰築，而末口變爲石閘。自新城築，而石閘變爲北水關矣。在聯城者有四，今惟三門通舟，其東南水關亦曰巽關，今塞。

鹽城縣

（卷四"城池"，157）明以前，本土城。宋紹興、乾道間，屢加修築。嘉定八年知縣尤炳、元至正十五年知縣曹經重修。明永樂十六年，備倭指揮楊清、守禦千戶馮善始陶土爲磚，增築月城，雉堞高二丈三尺，隍闊如之，周七里百三十四步，東西徑二里二百十七步，南北徑二里百八十步，東西北凡三門，東曰朝陽、西曰安泰、北曰拱斗，門各有樓，水門二，窩鋪二十八座。嘉靖三十六年，署縣事府檢校祝雲鶴重修。萬曆七年，知（158）縣楊瑞雲闢南門曰迎熏，開鑿時，適得故址，與學宮正相對，上建大樓三間，顏曰"淮揚一覽"。門外有池，曰"躍龍"，亭曰"迎恩"，今圮。後以城內多火災，南門復閉。崇禎十三年，知縣張桓復建南門於舊門之西數十步，至今仍之。國朝康熙七年，地震，城樓、窩鋪、雉堞多毀敗。久未葺治，乾隆三十九年，知縣朱洛城請帑重修。道光三十年，東北角圮；同治八年，西北角圮，俱修築。

西門月城，舊爲屯兵之所，後貧民結茅棲止。咸豐六年，士民建造房屋，招商貿易，由知縣裘輔查明定案，每年納地租二十二千，爲水關修理啓閉及疏浚城內市河公費。城形（159）橢長，東闊西狹，如瓢，亦名瓢城）。

水關。舊設東西兩水關，明萬曆間，閉東水關，門北水關名道洞口。國朝康熙中，添設南水關，按合城地勢東高西下，水從西入，未免迂緩。若於東水關重行開通，由石埭口入城，自高趨下，其溜較急，庶無停蓄之患云。

濠河，舊深九尺，圍繞四城，今西門外形勢猶存，礙難開浚。以南大河爲濠，由南門而東入濠渠，故道經東北吊橋而北（此濠於同治十年與市河同浚），過北水關由范家溝達大河（范家溝，同治十年浚）。城內市河舊闊二三丈，深八九尺不等，環繞城內如帶，其水自水西門入，至開平橋歧而爲二：一支南繞學宮，一支（160）東繞縣署南，同至東門內迎壽橋合流，折而西北行，繞縣署北過米市橋，出北門道洞口，由范家溝達大河以注於海，居民稱便。年久湮塞，明景泰四年，郡守邱陵、知縣劉諒浚之，未幾復湮，舟楫不通，民多病噎。萬曆七年，知縣楊瑞雲浚之。久之復湮。國朝康熙五十七年知縣高鎬、嘉慶十七年知縣陳蔚挑浚，僅能通流，兩岸居民拋弃糞土，復侵占河壩地，幾成平陸。道光二十五年，邑人金旭昌醵金疏浚三面支河。同治六年，邑人金從先復疏西南支河。十年，知縣潘祖菜捐資復浚，仍未暢行，今又淤塞。

阜寧縣

（167）縣治，舊屬山陽縣，宋爲廟子灣，明爲廟灣鎮，地濱射陽湖，爲海舶湊集之所。舊無城郭，明嘉靖末，倭寇犯府境，屢踞其地，旋敗退。萬曆，倭寇益亟，官民請於總漕李戴，即前巡撫唐順之所畫舊基築城。二十三年興築，次年訖工，是爲廟灣城，置兵屯守。久之城圮。國朝順治十三年，海防同知咸大猷修之。十八年，同知張行生、典史陸應祥修東門城樓。康熙七年，大水傾圮，大南門僅存其半。雍正十年，置縣，以城爲治所。乾隆四年，知縣王連璧請帑修葺。十二年，復修。道光二十九年，知縣顧思堯修小南門樓。同治元年，（168）皖寇至，城久圮不可守。後知縣崔繩祖集資大修城垣，樓櫓一新，凡周七百二十五丈五尺，計四里餘，東西徑二百二十丈，南北徑百十丈，高丈六尺，爲門五，東曰觀海、大南門曰迎熏、小南門曰定海、西曰靖淮、北曰拱辰，門各有樓，南北西水關三（北關久塞），敵臺五，雉堞千八百六十五。十一年，知縣沈國翰、關樞重建大南門樓。光緒六年，知縣藍采錦重建北門樓。

望海樓，在東北子城上，今圮。中市樓，踞城中，直南門。

濠河，城跨運鹽河，因以爲濠（自會龍橋北行，經通濟橋穿南水關入城，繞學宮文渠，由城隍廟左出北水關。後河決，北水關閉塞。關內有溝，西行旋城角，至戴家汪爲內濠。又自南水關外，往東環北【169】轉西過吊橋爲外濠。又開舊文渠，西出大浦橋入湖，後亦湮塞）。同治初，城外築圍，內外濠多淤。今圍濠自鎮海院入口至城東門外會舊濠西轉，過城西北角，會新圍河向南由大教場出口。

清河縣

（181）縣舊城，在大清河口。宋咸淳九年，淮安制置使李庭芝築。元泰定中，河決城圮，縣令耶律不花請遷於河南岸甘羅城，地僻水惡，居人鮮少。天曆元年，達魯花赤哈麻再遷小清河口西北，無城。至元十五年，兵起，築土城三面，周六里有奇，東西北凡三門，無雉堞、樓櫓，因河爲池，制度簡陋。明季之亂，再徙甘羅城，未幾復舊。國朝康熙中，河屢決，欲遷未果。乾隆二十五年，巡撫陳宏謨疏請移治山陽縣之清江浦，未遑築城。咸豐十年，豫寇東犯，縣治毀於火。同治四年，漕督吳棠始築城於運河南岸，憑河爲固，是爲新城，（182）長千二百七十三丈餘，高丈八尺，城門四，東曰安瀾、西曰登稼、南曰迎薰、北曰拱宸，東北小水門一，東西水關二，有水繞城東西南三面者爲護城河，北面阻運河，長圍繞其外，分爲南北二圍。南圍繞城三面，西起二公祠，東至雲曇壩，兩端抱運河堤，圍長千三百十三丈餘，外環玉帶河。北圍繞城北，兩端抱運河堤，外環重濠，運河貫其中，小河縈繞於西北隅，圍長千四百四十七丈餘。二圍爲門有八，砲臺周列於其上。咸豐十一年，知縣萬青選築（時經豫寇，城池未建，特創此圍，以招集流□，保固關廂。同治元年春，寇至，憑圍以守，卒得保全，實新城外衛也）。

安東縣

（201）縣在南宋時有三城，漣水故城在今縣治北（當時升漣水爲州軍，幅員較今爲廣，東北兼有海州地，東南兼有阜寧地），毀於金元之際，其初治不知何時所建。明弘治十五年，知縣郭韶於舊基築土圍，建更樓，以司啓閉。嘉靖中，倭犯、河溢，民逃城廢。萬曆八年，知縣史選築堤城南。二十六年，知縣詹應溥因堤復築土城，時議改建磚城，以工鉅中止。天啓中，知縣劉君聘始籌資創建，制作大備（事詳《文震孟築城記》，載《縣志》）。崇禎十七年，僞將軍董學禮踞宿遷，遣兵四出，副總兵柏永馥、都司吳良翰駐守安東，增修城垣。康熙初，大水、地震，魚游街市，城不傾者一版，及水涸，（202）城亦圮。二十五年，知縣許同文議重修不果（以下《舊志》無考）。今據新《縣志》，城凡五門，東曰海濱、西曰臨淮、南曰觀瀾、北曰鎮漣，其一便益門在西南；水關一，在城北。

濠河，東澳河在治東里許，由水關入，南達章化寺，西北通市河。西澳河在碧霞宮東，由水關入，經天寧橋北折，西過三皇廟前，向南抵舊西門大街。中澳河，由水關入，經太平橋達化龍橋，南抵大街。鹽壩市河，治東百餘步，亦濠河也，自中漣入澳河（以上舊《縣志》，今多淤廢）。

桃源縣

（211）縣治瀕河無城。舊爲土塹，明正德中，知縣李廷鵬始築土城，高一丈五尺，周三里，池深一丈，爲門四。嘉靖二年，知縣周佩改建門樓，東曰觀海、西曰延輝、南曰朝陽、北曰拱極。十四年，知縣龍復禮重修，兼設西南北三水洞。歲久圮廢，萬曆十九年，知縣許璞重築土城，周七百十八丈，高仍舊，上增土垜千三百五十塊，甃城門四座，東西北磚砌水洞各一。崇禎中，知縣龔奭增土垜。國朝順治十二年，知縣鄭牧民增四隅角樓。十六年，開小南門。康熙六年，河決烟墩，水侵沙壅，城內如井。七年，地震，城圮，於北門築遙堤以（212）障黃流。乾隆元年，知縣眭文煥詳請興築，深挑土濠，高築城垣，重建城樓，方位仍舊。咸豐十年，豫寇至，城陷，事定後屢加修葺，如今制。

宣統《續纂山陽縣志》

宣統《續纂山陽縣志》，成文出版社有限公司，1983年。

山陽縣

（卷二"建置·城池"，10）東南北三門樓，光緒七年，署漕督譚鈞培重修。譙樓，光緒七年，知府孫雲錦重修。

圍寨附：光緒二十六年，拳匪變起，人心不靖，署知府許寶書以新聯城垣失修久，難資保障，撥款築土圩一道，綿亘八、九里，藉爲三城外衛，惟土質未能經久，後漸傾圮。

（卷二"原志建置補遺·城池"，12）舊城，康熙三十一年，漕督興永朝重修。有碑記，在西城樓下。

聯城，明嘉靖三十九年，漕運都御史章煥建，有碑記在北門子城茶濟庵。碑本三座，今佚其二，其一雖存，亦漫漶不可讀。略稱八月之吉□□□千尺有奇，爲□四水關稱之，關橋二，城樓大小十四，又述與總戎黃公、參戎馬公共爲之，其題名有管工指揮吳山縣丞王沐。

光緒《江蘇沿海圖說》

光緒《江蘇沿海圖說》，成文出版社有限公司，1974年。

上海

（8）城鎮，上海自通商以來，城北一隅之地，各國於此駐領事、設洋行，南北船貨如水歸壑，地方繁盛，甲於各省。駸駸乎與香港並駕齊驅矣。

寶山

（11）城鎮，寶山爲東南名邑，然富厚之家，世居於鄉，故城中氣象極形衰落。

崇明

（16）城鎮，縣城因海岸逐年崩坍，西南隅距海僅四十餘丈，全城岌岌可危，近經築堤障護，賴以無恙。

川沙

（20）城鎮，僻處浦左，不通商道，城市氣象難期振興。

金山衞

（24）城鎮，衞內外居民寥寥，東面金山嘴爲漁船聚集之所，遂成小市。柘林則茅屋數間而已，原設通判，移駐郡城，惟奉賢稍稱繁盛。

海門

（28）城鎮，廳治無城垣，民廛集處，僅同聚落。西面里許有茅家鎮，市面尚盛，又塘蘆港，西北八里有聚陽鎮，西南十餘里有惠安鎮，地雖濱海，亦頗繁庶。

呂四

（31）城鎮，呂四市面，自道光以來，漸行彫敝。惟民廛尚爲整齊，東面有餘（32）東鎮，較呂四鎮稍盛。

掘港

（34）掘港市肆繁盛，房屋亦整潔。此外如南坎及東北七里之北坎，又三里之長沙灘，皆係小鎮。

新洋港口
（36）城鎮，南洋岸人烟稠密亦成小市。此外並無市集，鹽城縣西門大街市肆頗盛。

射陽湖口
（39）城鎮，阜寧縣城南門外，市肆頗盛，近口無鎮市。

墟溝
（48）城鎮，舊有墟溝城，久頹。

青口
（52）城鎮，口內有青口城，又名和安圩，巡檢駐焉。市肆繁盛，商賈輻輳，爲海榆菁華之區。

朱篷口
（55）城鎮，口內西面有贛榆縣城，內皆茅屋，無市肆。

劉河
（58）劉河鎮，在口內約六里，市肆極盛。

白茆口
（59）城鎮，口內三里有六河鎮，係小市集。

滸浦
（62）城鎮，近口有彭家橋鎮，市肆尚盛。

福山
（63）城鎮，口內三里有福山城。

通州
（66）城鎮，粵匪之劫，州城獨幸無恙，故居民櫛比，惟廈屋則不多見，樓居者尤少。城止東西南三門，自東門至西門，市肆頗盛，南門次之。三門外，亦皆成市，附近無大鎮。蘆涇港，雖爲商輪停泊之所，然行旅寥落，亦止茅店數家，以待息肩而已。

江陰

（70）城鎮，江陰城距江濱僅一里餘，南半城市廛亦尚稠密，北半城頗有壙地。北岸靖江城東南距江濱七八里，西南距八圩港口十餘里，城帶圓形而小，氣象亦遠遜江陰也。

鎮江

（80）城鎮，鎮江城內亦極蕭疏，惟西門外江邊因闢爲租界，輪船皆此於起卸貨物，地方遂臻繁盛。城北沿江，咸豐三年，粵匪曾築外城。十年前，已淪於江，北岸瓜洲城亦淪。

十二圩

（83）城鎮，此間爲淮鹽出江之所，故濱江一帶，市肆頗盛，街道長至二三里。

金陵

（86）城鎮，江寧一城，粵匪盤踞最久。凡官舍、祠廟，舉毀夷之無遺留。克復後，當事者慘淡經營，迄今四十年，始稍稍興舉，而城北一帶，仍荒涼若村落焉。北岸有浦口城（西圖誤爲江浦城），地大而壙，爲往來滁州等處之衝道。

道光《江陰縣志》

道光《江陰縣志》，成文出版社有限公司，1983年。

江陰縣

（卷一"建置·城池"，217）梁，古城，置江陰郡縣時創築也。跨乾明、演教二寺故址。陳、隋、唐因之。南唐，改縣爲軍，曰軍城，徙而稍西約一里許。《祥符圖經》云周十三里，唐天祐十年築，建門四，東延慶、西欽明、北通（218）津、南朝宗（按唐亡於天祐四年，此稱十年者。蓋唐亡，吳王楊行密仍稱天祐之號，然則此城，吳所改築也）。宋增子城門四，東曰新津、南曰觀風、西曰望京、北曰澄江。外城門五，東曰春輝、西曰天慶、南曰朝宗、北曰愛日、東北曰建寅（新津，慶元五年，知軍葉簣修。紹定二年，知軍顏耆仲重修。觀風、望京、澄江三門，並知軍史寓修之）。元定江南，盡廢城郭。至正十一年，兵起，始詔天下復繕治焉。時州人黃傅攝州事，率鄉民畚土築之，制度減舊矣。明龍鳳三年，增築土城，甃磚石，加女牆，周九里三十步，高一丈五尺，四門仍舊名，曰春輝、天慶、朝宗、愛日，門皆有（219）樓。歲久夷如平地。正德元年，知縣劉紘始修西南二門。六年，知縣王鉼復衷民築之，城還其舊，東南北各爲水關，悉甃以石。明年，流賊薄城，居民賴以保障。十年，知縣萬玘修北水關。十四年，推官王鈞架扉木、覆檐瓦，以避霪雨。嘉靖十二年，知縣李元陽增城樓八座，各當空缺，瞭望相屬。二十二年，巡江御史馮璋得贖錢若干，壘石培址，甃磚爲面幾三之一。二十八年，知縣毛鵬始改磚城。三十一年，知縣錢錞聞倭寇浙中，亟甃城，完北隅之缺，義士黃鑾輸銀六千，造城三百餘丈。倭至，民得無患。三十三年，知縣金柱合四城而甃之，高二丈二尺，四周（220）長一千三百九十六丈一尺，計九里十三步。改北門爲澄江門，增子城四，黃鑾任其三，徐洽、許登等各捐資佐役，又設城鋪三座，敵樓、窩鋪二十二座。三十五年，倭至，薄城四十日，堅不可破。嗣是，屢有增修。崇禎八年，知縣馮士仁修城樓、馬道。十一年，復修南北水關。國朝，順治二年，大兵南下，東南北各傾圮數十丈，縣丞卞化龍修之。雍正十三年，知縣蔡澍請發帑重葺，城高二丈五尺，寬五尺，城頂四尺，周九里十三步，計一千六百八十七丈三尺，城樓四座，角樓四座，窩鋪十六座，水關三座，大城門四座，（221）小城門四座。乾隆五十四年，知縣牛兆奎修澄江門城樓。嘉慶五年，知縣單渠通葺。

外城河，自南外陳家橋過永安橋，循城西流，歷天慶門轉而北，至龍鬚河口，曰南轉河。自南外米行橋，循城東流轉而北，歷春輝門，又折而西至澄江門，曰東轉河。兩轉河長二千二百九十二丈七尺，江潮自黃田港進者，由永定壩西分派，一達城濠入北水關，一循北城由鄭涇河西南入南水關。江潮自黃山港進者，由秦涇橋歷土橋入東水關（東南北三門，舊有閘，明嘉靖間置，今皆爲水關），潮水內達爲內城河，長八百四十八丈三尺，分流散繞，貫徹全城。其自南（222）關入者，歷杜康橋至聖母橋，抵周橋之北，與東關之自堰橋來者合流西行。北關水歷倉橋、善政橋右折爲二支，南流入學宮之玉帶河，北流自學埒後度文亨橋。道光元年，學使姚文田相度學宮形勢，命塞學埒後河，其自南流入玉帶河者，歷彙徵橋，屈曲至鴻漸橋，歷龍頭橋東至進賢橋，與東南之合流者彙焉。外河形勢稍闊，雖有停滯，疏洩尚易。惟內城地隘人稠，積投瓦礫，浮沙停淖，動輒填淤無論，舟楫鮮通。重念人民待汲以炊，潮汐饗飧，既艱於取水，尤恐祝融肆虐。當江湖縮涸之日，冬令更爲可慮。故斯邑城河宜浚急於他邑。明崇禎六（223）年，學使甘學闊捐浚，並浚玉帶河。嗣是不治者三十年。國朝康熙二年，知縣何爾彬倡疏。六年署縣鄭重，十三年知縣龔之怡繼浚。然舊制，通邑一十八區，分工應役，在城力役專責西鄉一二三區，西民苦其偏累，往往塗飾卒事。雍正七年，署縣張經始合通邑丁夫，計土分段，合內外河疏之。乾隆四年，知縣蔡澍復以河身淤淺，詳請大浚，民樂趨事，閱七日而工竣。二十五年知縣汪邦憲，三十一年知縣何奏成，四十六年知縣吳璵，五十二年知縣牛兆奎，五十九年知縣楊世綬，嘉慶十六年知縣張南奎，道光六年知縣王湆相繼疏浚。

光緒《江陰縣志》

光緒《江陰縣志》，成文出版社有限公司，1983年。

江陰縣

（卷一"建置·城池"，255）梁，古城，置江陰郡縣時創築也，跨乾明、演教二寺故址，陳、隋、唐因之。南唐，改縣爲軍，曰軍城，徙而稍西約一里許。《祥符圖經》云周十三里，唐天祐十年築，建門四，東延慶、西欽明、北通（256）津、南朝宗（按唐亡於天祐四年，此稱十年者，蓋唐亡，吳王楊行密仍稱天祐之號，然則此城吳所改築也）。宋增子城，門四，東曰新津、南曰觀風、西曰望京、北曰澄江。外城門五，東曰春輝、西曰天慶、南曰朝宗、北曰愛日、東北曰建寅（新津，慶元五年，知軍葉簀修。紹定二年，知軍顏耆仲重修。觀風、望京、澄江三門，並知軍史寯修之）。元定江南，盡廢城郭。至正十一年，兵起，始詔天下復繕治焉。時州人黃傅攝州事，率鄉民畚土築之，制度減舊矣。明龍鳳三年，增築土城，甃磚石，加女墻，周九里三十步，高一丈五尺，四門仍舊名，曰春輝、天慶、朝宗、愛日，門皆有（257）樓。歲久夷如平地。正德元年，知縣劉紘始修西南二門。六年，知縣王鉼復哀民築之，城還其舊，東南北各爲水關，悉甃以石。明年流賊薄城，居民賴以保障。十年，知縣萬玘修北水關。十四年，推官王鈞架扉木、覆檐瓦，以避霪雨。嘉靖十二年，知縣李元陽增城樓八座，各當空缺，瞭望相屬。二十二年，巡江御史馮璋得贖錢若干，壘石培址，甃磚爲面幾三之一。二十八年，知縣毛鵬始改磚城。三十一年，知縣錢錞聞倭寇浙中，亟甃城，完北隅之缺，義士黃鑾輸銀六千，造城三百餘丈。倭至，民得無患。三十三年，知縣金柱合四城而甓之，高二丈二尺，四周（258）長一千三百九十六丈一尺，計九里十三步，改北門爲澄江門，增子城四，黃鑾任其三，徐洽、許登等各捐資佐役，又設城鋪三座，敵樓窩鋪二十二座。三十五年，倭至，薄城四十日，堅不可破。嗣是，屢有增修。崇禎八年，知縣馮士仁修城樓、馬道。十一年，復修南北水關。國朝順治二年，大兵南下，東南北各傾圮數十丈，縣丞卞化龍修之。雍正十三年，知縣蔡澍請發帑重葺，城高二丈五尺，寬五尺，城頂四尺，周九里十三步，計一千六百八十七丈三尺，城樓四座，角樓四座，窩鋪十六座，水關三座，大城門四座，（259）小城門四座。乾隆五十四年，知縣牛兆奎修澄江門城樓。嘉慶五年，知縣單澐通葺。道光二十五年，知縣金咸大修。咸豐十年，粵匪竄踞，至同治二年，淮湘水陸軍克復江陰縣，砲毀東北隅城垣數十丈，署縣事沈方煦繕修，費由善後局籌支。光緒二年，知縣沈偉田修水關、水柵、城門、城樓、堞樓、窩鋪等處，其費每畝隨漕收一文半，其計一千二百六十一千有奇。

　　外城河，自南外陳家橋過永安橋，循城西流，歷天慶門轉而北，至龍鬚河口，曰南轉河。自南外米行橋循城東流轉而北，歷春輝門，又折而西，至澄江門，曰東轉河。兩轉（260）河長二千二百九十二丈七尺。江潮自黃田港進者，由永定壩西分派，一達城濠入北水關，一循北城入鄭涇河，由西南入南水關。江潮自黃山港進者，由秦涇橋歷土橋入東水關（東南北三門，舊有閘，明嘉靖間置，今皆爲水關）。潮水內達爲內城河，長八百四十八丈三尺，分流散繞，貫徹全城。其自南關入者，歷杜康橋至聖母橋，抵周橋之北，與東關之自堰橋來者合流西行。北關水歷倉橋、善政橋右折爲二支，南流入學宮之玉帶河，北流自學埠後度文亨橋。道光元年，學使姚文田相度黌宮形勢，命塞學埠後河，其自南流入玉帶河者，歷彙徵橋屈曲至鴻漸橋，歷龍（261）頭橋東至進賢橋，與東南之合流者彙焉。外河形勢稍闊，雖有停滯，疏洩尚易。惟內城地隘人稠，積投瓦礫，浮沙停淖，動輒填淤無論，舟楫鮮通，重念人民待汲以炊，朝夕饗飧，既艱於取水，尤恐祝融肆虐。當江湖縮涸之日，冬令更爲可慮，故斯邑城河宜浚急於他邑。明崇禎六年，學使甘學闊捐浚並浚玉帶河，嗣是不治者三十年。國朝康熙二年，知縣何爾彬倡疏。六年署縣鄭重，十三年知縣龔之怡繼浚。然舊制通邑一十八區，分工應役，在城力役專責西鄉一二三區，西民苦其偏累，往往塗飾卒（262）事。雍正七年，署縣張經始合通邑丁夫，計土分段，合內外河疏之。乾隆四年，知縣蔡澍復以河身淤淺，詳請大浚，民樂趨事，閱七日而工竣。二十五年知縣汪邦憲，三十一年知縣何奏成，四十六年知縣吳璵，五十二年知縣牛兆奎，五十九年知縣楊世綬，嘉慶十六年知縣張南奎，道光六年知縣王澐相繼疏浚。咸豐八年，知縣何煥組浚。同治五年，邑紳以經兵燹，城河愈加填淤，稟請知縣顏榮階開浚，計分十段，河身長九百七十七丈。十一年，署縣林達泉浚（此次開挑，捐廉倡率，內城河照章分段，其南外高橋河、三門水關外河計三百四十五丈四尺，亦一律通浚）。

楊舍堡城

（263）楊舍堡城，在縣治東七十里，介江海之濱，最爲要害。舊無城，明嘉靖間，累被倭患，且爲鹽盜出沒藪。三十七年，巡按御史尚維持特疏請建，檄知縣杜華趨受事，華以兵燹後，頗難之，里民許蓉出爲規畫，得四府協解銀一萬四千兩，且出家財佐之。不八十日而工竣，周圍凡六百餘丈，高二丈三尺，門四，東曰控海、西曰通江、南曰暨陽、北曰翊京。水關一，引流東注，內外河湟畢具。崇禎十二年，知縣馮士仁增修敵臺、窩鋪九十六座。嗣後，遇有殘缺，均係楊舍、馬嘶、顧山、華墅、章卿、周莊六鎮承修，於城牆上刻明六鎮界段。嘉慶五年，知縣單澐飭修。道光二（264）十二年，知縣金咸飭修。同治二年夏，淮揚各軍收復；城堡仍飭六鎮分葺。

光緒《靖江縣志》

光緒《靖江縣志》，成文出版社有限公司，1983年。

靖江縣

（卷二"營建志·城池"，30）明成化七年，建縣，知縣張汝華始營土城。十三年，培土修之（初知縣張侯汝華建治馬馱沙之東土，因偽吳將朱定、徐泰二結寨舊址作土城，周三里許，環之以濠，計地五百一十畝有奇。至十三年，張侯汝華復培土修之，邑人劉海率子若孫董其役，並出巨資助工。事聞，賜五品冠帶）。十七年，知縣陳崇德修（時海寇劉通竊發，巡按御史王公瓚檄下陳侯再加緝治）。正德元年，常州府通判王昂、知縣周奇健增築城垣，四門皆易陶甓，以樓三楹覆之，始建西水關（時海寇施天泰、鈕東山復大發，巡撫都御史艾公璞命府通判王公昂及周侯築土垣於址上，四門皆易陶甓，覆以樓居而名其門，東曰觀海、西曰障江、南曰濟川、北曰過淵，建西關引水入城）。（31）嘉靖八年，知縣鄭翹重修，設警鋪二十所（時海寇□仲、金鄭二狙獗，鄭侯復葺治之，設警鋪二十所，尋廢）。二十二年，知縣汪玉改甃磚堞，移水關於東（時以寇急，江南北俱繕城堡。汪侯領郡帑，分授富民，環城盡甃以磚石，諸城樓、堞臺、女牆俱如制，移水關於東）。三十四年，知縣應昂增築甕城，廣外濠（時應侯築甕城，加高三尺許，廣城濠，易四門石橋以木）。四十三年，知縣王叔杲重修（王侯周視其有傾塌者修之，又欲廓城包西市，弗果）。萬曆十九年，知縣廖惟俊增女牆，築墻址，建飛樓三十三所（時，倭踐朝鮮，廖侯復增女牆三尺，下築□址高二尺，造飛樓三十三所，浚城濠，視舊廣丈許，邑若增而雄焉）。三十五年，知縣朱勳復開西水關（初，朱侯邦憲議廓城，命丞羅邦佐定址。至是，朱侯勳亦踵其議，終以經費支絀未果。復開西水關，工費皆出自邑民盛恩，邑人朱家楫曰："邑民生聚百五六十年，日以繁阜，亦之市地畝值數十百金，連楹接廈空不寸武，幸平世猶可外逐水草，一旦有變，其誰容之。廓城之議，未必非根本長慮也"）。崇禎十一年，知縣陳函輝重修（時奉修城之檄，復加葺治）。國朝乾隆二年，知縣支本固重修（時領帑修城興築，自二年至五年工竣，計高一丈八尺，厚八尺五寸，周圍雉堞一千三百五十四，每門飛樓各一座，並葺東西水關，勘驗悉如制）。咸豐三年，知縣齊在熔重修（時江南諸郡失守，齊侯以舊存軍需錢八百緡修之）。

萬曆《重修昆山縣志》

萬曆《重修昆山縣志》，成文出版社有限公司，1983 年。

昆山縣

（卷一"城池"，50）昆山城，相傳爲吳子壽夢所築，今無考。宋時列竹木爲柵。元至正十七年，海寇方國珍犯境，始築土城禦之，城有六門。弘治四年，知縣楊子器建樓其上，各以方隅名之，東曰賓曦、西曰留輝、南曰朝陽、北曰拱極（今曰拱辰）、東南曰迎熏、西南曰麗澤。嘉靖十三年，又於東門外築水關一座，上有門樓三間，扁曰"天風海濤"。時顧文康公鼎臣輄念昆山瀕海，土城日就傾圮，脫有驚變，無城可守，乃言於巡按憲臣，疏請沿海諸縣，無城者次第舉事，惟昆山最爲要害，首議興築修葺，舊基甃以磚石（下半用砂石，上半用火磚），經始於嘉靖十八年（51）二月，工完於嘉靖十九年五月，周圍二千三百八十七丈，凡一十二里有畸，高二丈八尺，比之鄰邑諸城特爲堅固，各門扁額俱仍其舊，外池二千三百五十九丈，深五尺，廣六丈有畸，每門各置水關，以便舟楫，朝陽門故無水門，因缺焉。城成後，十有三年，倭夷奄至，城內居民及鄉民遷入者並免屠戮之慘。攻圍兩月，知縣祝乾壽竭力守禦，寇退，增築六門月城及敵臺二十六座，又以東南北三隅相去曠遠，起造敵樓三所，相爲策應，規制益壯麗矣。合縣士民，追念顧文康公先見預防之功，奏立崇功祠，春秋祭之。

（53）賓曦門水關之南，裏外俱有濠，城介兩濠之間，海潮捍激，土疏而善崩，弗克支遠。知縣鮑龍欲爲堅久之計，乃白於巡按御史舒汀，廣其址以達於巔，巔用石弇，旁皆磚灰護之，中實以土，凡三十有二丈，城始完固。

麗澤門樓，舊在麗澤門上。因礙學宮，嘉靖二十七年，巡按御史饒天民命改建於水關之東。

古《圖經》云，縣故有城，然湮廢已久。宋時，婁縣村猶有城基，其田尚有城裏田之稱。墟落間以城名者十二，今可至者（54）七爾。

光緒《昆新兩縣續修合志》

光緒《昆新兩縣續修合志》，成文出版社有限公司，1970年。

昆山縣、新陽縣

（卷一"城池"，28）邑本婁縣地，舊有城，在東南三百步（《元和郡縣志》吳子壽夢所築。《吳郡志》謂之東城，詳見"古迹"）。唐光化元年，吳越將顧全武攻毀其城（《通鑒》光化元年三月，淮南楊行密將秦裴以兵三千人拔昆山鎮，戍之。九月，吳越將顧全武帥萬餘人來攻，引水灌之，城壞，裴乃降。按此，則自宋以前固有城，但土城耳）。宋時，列竹木爲栅（今迎熏門内地名有南栅灣，賓曦門内有北栅灣）。元延祐元年，移治太倉。至正十七年，知州費復初復州治於昆山，始築土城，周一十二里二百七十六步，凡二千二百九十九丈，高一丈八尺，濠周二千三百五十九丈，深五尺，廣六丈，凡六門）。明弘治四年，知縣揚子器建門樓，東曰賓曦、西曰留輝、南曰朝陽、北曰拱極（後改拱辰）、東南曰迎熏、西南曰麗澤（門樓今廢）。嘉靖五年，邑人操江僉都御史周倫疏請築城。八年，知縣郭楠又於東門外置水關，上有門樓，匾曰"天風海濤"（自是，五門皆有水關，惟朝陽門無）。十七年，邑人大學士顧鼎臣疏請於朝，時巡撫歐陽鐸、巡按陳蕙、郡守王儀於沿海州縣次第築城，而獨先昆邑。因舊基甃以磚石，經始於十八年二月，至十九年五月竣工，周一十二里有畸，長二千三百八十七丈，高二丈八尺，爲旱門六，水門五，雉堞四千五百八十七垛。知縣鮑龍以賓曦門水關之南，内外俱有濠，城介兩濠之間，海潮悍激，土疏善崩，白於巡按舒汀，廣其址，築以灰石，中實以土，凡三十有二丈。（29）二十八年，知縣朱伯辰移建麗澤門樓於水關之東，巡按饒天民名曰"潮維"。三十三年，倭寇初退，知縣祝乾壽增築六門月城及敵臺（30）二十六座，窩鋪二十五座，又於東南北三隅增建敵樓三所（以三隅相去曠遠，故增建，今廢）。萬曆十九年，秋霖，城圮，陳□人陸燧捐資繕葺，邑令陸應□特加旌異。崇禎八年，知縣葉培恕以城垣缺壞，屬邑人太學生周公□、葉德仍修葺完固。國朝順治二年，知縣王籠因兵燹後重加修築。康熙中，知縣仇士俊、程大復、李世德相繼修葺。雍正三年，析置新陽，自朝陽門西歷麗澤、留輝，東至拱辰門屬昆山縣；

自朝陽門東歷迎熏、賓曦，北近拱辰門屬新陽縣。十年，昆山知縣丁銓修。乾隆三年，兩縣知縣劉鶱、白日嚴請帑修。十九年，知縣許治、程光瑄請帑修。五十四年，新陽知縣寧貴修。嘉慶四年，新陽知縣錢長清重修。十九年，知縣王青蓮重修（邑人朱大松捐資協修）。同治初年，被兵燹，後克復，城垣略加修葺。七年，昆山知縣王定安、新陽知縣馮渭查看城墻坍壞，捐廉百餘千文修葺。光緒二年，昆山知縣金吳瀾、署新陽知縣鈕承筵因東西水旱城門及迎熏、麗澤二門城垣坍塌，拱辰門水關不通舟楫，賓曦門外上積巨石，橫架木植毀折，出入甚危，同捐廉錢二百六十四千九百九十五文，修葺完整，並拆卸城上危石。

光緒《溧水縣志》

光緒《溧水縣志》，成文出版社有限公司，1970年。

溧水縣

（卷三"建置志·城池"，234）溧邑之有城自固城始（《舊志》云，固城吳所築，其址在今高淳之南），其後遷於陵平（陵平山在今溧陽，見"輿地"）。秦置溧陽縣，漢晉以來因之。隋開皇十一年，析置溧水（《舊志》云，高淳之開化城，乃溧水故城也），改築今所，周回五里七步，有門五，東曰愛景、東南曰尋仙、南曰永安、西曰臨淮、北曰望京。宋紹定中，縣令史彌鞏修之。明初，知州鄧鏊重築（時爲溧水州），周七百三十丈，門凡六，大東門曰寅賓（通溧陽路），迤北小東門曰會景（通句容路），南門曰文明（通高淳路），大西門曰對陽（通當塗路），迤北小西門曰合清（後改名河清，通江寧路），北門曰拱極（通上元路）。洪武間，縣令郭雲重建。正德中，邑宰陳銘甃以磚，尋毀。次年，陳憲令溧水，因址築土城。嘉靖四年，邑令王從善以文廟逼在東北二隅，乃東擴二十八丈，建石橋以泄水。十年，水敗東南隅，縣令張問（235）行復完之。十七年，蛟出東南諸山，大水橫至，城盡圮。三十七年，曾震宰是邑，始建石城（時有倭警）。四十年，邑宰陳文謨嗣成焉（義民丁鏞、章德廣、陳灌、湯昱董工），高三丈，址沿其舊，門仍之，內猶土也。萬曆二十二年，城西隅圮六丈有奇，知縣喻言興請官帑修之。四十三年，知縣董懋中詳請捐俸重修。四十七年，知縣張錫命督修圮壞，築二十餘丈，並繕完固、垜口、樓櫓等處皆葺之。國朝康熙十三年，知縣劉登科重修。乾隆三十七年，知縣崔方韓估修，周回七百二十六丈，計四里一分，高一丈五尺至一丈六尺不等，原設六門仍舊，署知縣孫思庭領帑承修。三十九年春，工竣，共准支銷銀一萬九千六百三十九兩六錢零。道光二十（236）五年，小西門樓櫓圮，知縣周璞、林向榮勸捐重建，易名河清門，並繕城垣（邑紳士顏楷、楊選董其事）。二十七年，城東北圮十餘丈，知縣高德明續修之。

城濠有東西之分，水從廬山來者，濠於東北，上溯東南隅。從南渡橋荆塘山來者，濠於西南，並會北關外之西入秦淮，以達金陵。南無濠，以地脉所趨，岡阜頗高，不得掘而濠也。崇禎辛巳，知縣俞琢成以流賊猖甚，懼有侵軼，令民開城南濠，僅存一二丈地，當時以形家言，地脉自南來，掘之則於縣多不利，故未鑿斷，至今南關外不設橋梁也。

嘉慶《溧陽縣志》

嘉慶《溧陽縣志》，成文出版社有限公司，1983年。

溧陽縣

（卷一"輿地志·城池"，47）固城，東漢溧陽縣治，晋、宋、齊、梁、陳並仍之，在今治西一百三十里高淳縣境。《太平寰宇記》云，城廣二千七百五十步。《至正金陵志》引《乾道志》謂在溧水縣西南九十里，高丈五尺，羅城周七里二百三十步，子城一里九十步。古縣，孫吳永平縣，晋、宋、齊、梁、陳、隋永世縣並治之，在今治南十五里。《建康志》云，周三百步，遺址高一二尺，今俗稱故縣，内有唐隆寺舊基，鄉民猶能言古狴犴之所。平陵城，晋平陵縣治，在今治西三十五里。《金陵志》引《乾道溧陽志》云，周二里，高一丈，四門，濠闊六七尺，居民五、六家。

舊縣，唐武德三年，復置溧陽，初治此，在今治西北四十五里。《金陵志》引《戚志》云，城已毀，惟巡檢寨後小坡上有城隍廟，前有開元十七年碑，國子進士蔣日用文。

（48）今治，唐天復三年，由舊縣徙此，在燕山東北八里。南唐升元二年，始築土城，周四里有奇，高一丈二尺，濠周城，外深五尺，闊十丈，別有一河貫城中。宋建炎間，西拓青安草市，加廣二里，西濠乃在城內焉。時建陸門五，東曰迎春、南曰迎夏、西曰迎秋、北曰迎冬、西北曰青安；水門二，上曰清輝、下曰挹秀。元代因之。至正十五年，明太祖既渡江，命將士修築，界草市於外，而廢青安門，復南唐舊址。越七年，命部使者郭景祥加甃以石，改四門之名，曰東平、西成、南安、北固，四門之外增築瓮城。（49）弘治九年，知縣符觀以南城隘，逼泮宮，乃徙築河堧以廣之。嘉靖三十四年，知縣林命增修女墻，加高五尺，頹者撤而新之，四周爲冷鋪三十餘所，以居守者，又設瞭樓二座於南城之東、西，其四門外民居盡處跨街爲樓，以時啓閉。倭寇薄城，知其有備，遂去之。三十五年，知縣王諍繼茸四門瓮城。四十三年，知縣趙應元、教諭林楚塞下水關，別開躍龍關於學宮左。萬曆三十二年，知縣徐縉芳復增修女墻，易東、南二門額曰"東生"、"南熏"，西、北如故，仍闢舊下水關與上水關對峙。四十六年，教諭金維基建文昌閣於城上。崇禎十五年，知縣金和復開躍龍關，皆風水之說爲之。國朝初，修城經費裁解兵餉，間有頹圮。康熙四年，知縣徐一經因紳士重修文閣，開浚關河之請，力圖修城，於七年捐建四門城櫓各三間。三十九年，知縣張士琬募修南門瓮城、墻堞、西門垜堞。五十年，知縣鄢柳浚城外河。雍正四年，知縣邵錫光浚城內河。乾隆三年，知縣吳學濂詳請動帑修築關城等處。三十年，知縣劉恩訓復詳請修築城垣。三十三年，報竣（以上今治源流，參據《野志》《舊縣志》及《縣册》）。

光緒《溧陽縣續志》

光緒《溧陽縣續志》，成文出版社有限公司，1983年。

溧陽縣

（卷一"建置志·城池"，16）道光中，知縣鄧秉乾曾修葺之。咸豐三年，粵寇窟金陵，密邇溧陽，城有傾圮者，知縣尚那布復加修繕。同治九年，知縣周邦慶重修上水關及太白樓（費出罰款）。光緒十二年，知縣朱緗重修下水關。十三年，知縣李超瓊重修北門城垣。十九年，知縣楊家驥重修城一周。

光緒《清河縣志》

光緒《清河縣志》，成文出版社有限公司，1983年。

清河縣

（卷三"建置·城池"，12）清河舊城，在大清河口。宋咸淳九年，淮東制置使李庭芝築。元泰定中，河決城圮，縣尹耶律不花請遷於河南岸甘羅城，地僻水惡，居民鮮少。天曆元年，達魯花赤哈麻再遷小清口之西北，而無城。至元十五年，兵起，築土城三面，周六里有奇，有東西北三門，無雉堞、樓櫓，因河為池，制度簡陋。明季之亂，再徙甘羅城，不久復舊。國朝康熙中，河屢決，縣益下，壘土為堤，官署、倉庫從上視若阱。歲水大至，公私憂愬，謀遷於漁溝及羅家荒，議皆格，不果行。乾隆二十五年，江蘇巡撫陳宏謀疏請移治山陽之清江浦。又明年，分地界，計田賦、立寺舍、撥驛馬，壹切事宜定著為令，顧久未遑城築。咸豐十年，豫逆東竄，縣毀於火。同治四年，漕運總督吳棠始建城於運河南岸，憑河守險，是為清河新縣城。

嘉慶《如皋縣志》

嘉慶《如皋縣志》，成文出版社有限公司，1970年。

如皋縣

（卷三"建置志·城垣"，121）宋，慶曆初，縣令許元始建譙門。明，洪武初，知縣宗行簡再建。嘉靖九年，知縣吳宗元修。（123）十三年，知縣劉永準始作六門，東曰先春、西曰豐樂、南曰宣化、北曰北極、東南曰集賢、東北曰拱辰。三十三年，縣苦倭患，邑人李鎮等建議築城，巡撫都御史鄭曉奏發帑金二萬八千兩城之。城凡七里，總一千二百九十六丈，高二丈五尺，上闊五丈，下闊七丈，城門樓四座，南曰澄江、北曰拱極、東曰靖海、西曰餞日，垛口一千六百五十五座，箭垛九座，外濠深一丈二尺，廣一十五丈，袤三千三百六十丈，為水關二，知縣陳雍董其成。（125）萬曆二十年，知縣王以蒙築月城。二十七年，知縣張星加築敵臺二十三座。國朝雍正十二年六月初四日，震風淩雨，坍卸城垣十六段，東門月城淋卸城墻五丈六尺，二十鋪淋卸敵臺一丈四尺，南門淋坍月城城根二丈，十二鋪淋坍城墻十三（126）丈，西門淋卸城墻八丈九尺，九鋪淋坍城墻十六丈三尺，月城南淋卸城墻一丈六尺，月城北淋卸城墻三丈五尺，七鋪淋坍敵臺二丈二尺，五鋪西淋坍城墻七丈七尺，北水關上淋卸垛口欄馬處八尺，北水關東淋卸城墻八丈四尺，北門月城西垛淋卸城墻一丈三尺，月城裏圍淋卸城墻一丈三尺，月城東淋卸城墻四丈三尺，二鋪敵臺淋坍三丈九尺。十三年，知縣丁元正請修不果。乾隆三年，知縣鄒廷模請修。六年，復請修，不果。十年，知縣汪亮卿請修，不果。十三年十月，知縣鄭見龍請修，未果。（127）三十三年，奉文飭委知縣崔正音、高郵州知州原任如皋縣知縣何廷模領帑分段承修。三十五年，報竣。（130）五十八年，北門城坍塌三十丈，知縣曹龍樹分俸捐修葺完固。

水關：明嘉靖三十三年建。三十四年，因倭寇，塞東關。萬曆十一年，署知縣馬晨復開東水關。（131）十五年，知縣劉貞一重修東水關。（132）國朝乾隆三十三年，重修。

（134）濠河：明嘉靖三十三年，御史鄭曉建城鑿。按河四面環城，北接運鹽河，繞堞圓流，深一丈二尺，廣一十五丈，袤三千三百六十丈，內穿北水關繞市河出東水關。國朝嘉慶七年，邑人程志紹、孫苞、沈蘊中等倡首捐浚。十三年，知縣左元鎮偕紳士捐浚。

正德《松江府志》

正德《松江府志》，成文出版社有限公司，1983年。

松江府

（卷九"城池"，303）府城，周圍九里一百七十三步，高丈有八尺，池廣十丈，深七尺餘，陸門四，水門四，東曰披雲、西曰谷陽、南曰集仙、北曰通波（谷陽舊名披雲，集仙以橋，通波以塘，並知府陳威題榜），門各有樓，樓外爲月城。元末，張士誠據吳時所築。國朝因而葺之，其地後殿九峰，前襟黃浦，大海環其東南，三江繞乎西北，平疇沃野，四望極目，東南之重地也。城之南，爲吳王獵場，場有五茸，俗因呼爲五茸城云。

金山衛

（304）金山衛城，在府城南七十二里，西連乍浦，東接青村，周一十二里三百步有奇，高二丈八尺，池周於城，深丈有八尺，面廣十二丈，陸門八，水門一，門樓四，南曰鎮海、北曰拱北，角樓四，腰樓八，敵臺八，間以箭樓，凡四十八。其外（305）營堡烽堠，氣勢聯絡，隱若金湯。

青村城

（305）青村城，在金山城東一百里，周圍六里，高二丈五尺，池廣二十有四丈，深七尺餘，城門四，上各有樓，外各有月城，角樓四，敵臺十有一，箭樓二十八。

南彙嘴城

南彙嘴城，在青村北五十里，周圍九里百三十步，高二丈二尺。池周於城，深七尺餘，廣二十有四丈，陸門四，水門四，門樓、角樓各四，敵臺四，箭樓四十。

（306）已上三城，俱洪武十九年安遠侯築。永樂十五年，都指揮谷祥增築金山城池。增築時，指揮侯端等浚治。弘治初，指揮使翁熊重修。

嘉慶《松江府志》

嘉慶《松江府志》，成文出版社有限公司，1970 年。

松江府

（卷十三"建置志·城池"，317）廣袤九里一百七十三步，高丈有八尺，門四，東曰披雲、西曰谷陽、南曰集仙、北曰通波（谷陽舊名披雲，集仙以橋，通波以塘，並知縣陳威題榜），水門各附其旁，門有樓，樓外爲月城。《舊志》云，元末張士誠據吳時築（按宋紹興乙亥歲，酒務鑿土，得唐燕青妻朱氏墓碑，以咸通八年窆於華亭城西一里，鄉名修竹。是唐之置縣，已有城矣。宋時，縣城周回一百六十丈，高一丈二尺，厚九尺五寸，並見《雲間志》。《嘉興府舊志》元至元十三年，詔墮郡縣城，羅城遂平，唯子城存。又引秀水《黄志》，時議墮江淮城壘，嘉興屬江淮行省，故併墮。松江時未升府，隸嘉興，城墮與否，紀載無明文。而明侯方千戶所記，有松江舊無城一語。《郭志》遂以爲張士誠築，壹似元以前無啓閉者。竊疑宋以前縣城，元時已墮，升府後幾七十年城未葺。至正十六年，士誠將史文炳統所部兵，逐苗帥楊完者陷松江，師□焦土之餘，修築此城，以爲聲援耳。至明太祖吳元年，大將軍徐達檄所屬，驗民田徵磚甃城，時以錢鶴皋事不果行。《郭志》未詳，今據各書增訂）。洪武三十年，因而葺之，置松江守禦千戶所，專管守護城池。城上建敵臺二十座，窩鋪三十六座，雉堞三千三百八十九垛，其地後殿九峰，前襟黃浦，大海環其東南，三江繞乎西北，平疇沃野，四望極目，東南之重地也。嘉靖間，島夷入寇，知府方廉捐俸增葺。萬曆二十三年，華亭縣知縣王廷錫葺治，旋圮。二十六年，巡撫趙可懷檄令重繕，高闊並加五尺。三十六年，雨傾數百尺，華亭縣知縣聶紹昌修築。崇禎三年，郡守方岳貢修葺，增高城堞，修建窩鋪、敵臺，各置軍兵防宿，城樓四座，東曰迎生、西曰寶成、南曰阜民、北曰拱宸。國朝康熙二年秋，淫雨，城西南隅當大張涇衝嚙之處，咸圮，提督梁化鳳從城守營遊擊張國俊議，會諮巡撫韓世琦捐俸，檄郡修葺，知府郭廷弼率屬捐資浚築，向來城堞併三爲一，共一千二百有奇，水關城樓煥然重新。雍正中，築金沙灘一帶沿城石岸（舊牘失其年月）。乾隆五年，重修西門外護城石堤。三十一年，修郡濠石堤之在婁境者，裹城窩鋪亦並修治如式焉。

（318）池廣十丈，深七尺，周一千八百十三丈二尺。

華、婁兩縣分管府城池段落：華亭縣（附郭）分管城八百九十八丈有奇，堞五百□十有奇，池六百四十三丈有奇（自城東咸通橋轉北經披雲、通波二門至菜花涇止）。婁縣（附郭）分管城八百九十七丈有奇，堞五百一十二，池一千一百七十丈（自城西菜花涇華亭分界起，迤南經谷陽、集仙二門至咸通橋止）。

奉賢縣

（318）奉賢縣城，在府城東九十里，即青村故城。明洪武十九年，信國公湯和築，周回六里，高二丈五尺，雉堞一千七百六十六，門四，東曰朝陽、西曰阜成、南曰鎮海、北曰拱辰，其上各有麗譙，城中陸地，無水門，外有月城四，窩鋪一百三十座。永樂十五年，都指揮使谷祥修。萬曆二十六年，巡撫趙可懷檄委署海防同知李暹修。國朝康熙十三年修，二十二年華亭知縣南夢班修。雍正二年，分華亭爲今縣，即以此城爲縣治。乾隆元年，署知縣勞啓鏗修西門緊工七號，動帑七百餘兩。六年，檄委原任松江水利通判徐良模承修周回城一百六十號，動帑四千餘兩。十一年，知縣劉暉澤領修。

池廣二十有四丈，深七尺餘。萬曆二十六年，巡撫趙可懷檄委署海防同知李暹重浚，面闊十丈，底闊六丈，深一丈六尺。分縣後，雍正九年，署知縣舒慕芬又浚。乾隆三年，知縣許逢元復浚。

金山縣

金山縣城，在府南七十二里，即金山衛城。洪武十九年，信國公湯和築，周一十二里三百步有奇，高二丈八尺。永樂十四年、十六年，連被倭患，總督谷祥始令磚甃，加（319）高五尺，聊聆六尺，周以樓櫓，陸門四，水門一，吊橋四，門外各築月城一。成化三年，總督董□奏令改甃以石，董代去，指揮使西賢成之。門樓四，東曰瞻陽、西曰迎仙、南曰鎮海、北曰拱北，角樓四，腰樓八，敵樓八，間以箭樓，凡四十六，雉堞三千六百七十有八。弘治中，指揮使翁熊重修。萬曆二十六年，巡撫趙可懷、知府許維新督衛官重修。崇禎三年，知府方岳貢捐俸移會指揮使范必忠修築坍城二百二十六丈。國朝康熙二十二年，婁縣知縣史彬修。舊分隸華婁二邑，雍正二年，分婁縣爲金山縣，建治城中，得舊屬婁縣之西南半壁焉。乾隆二年，華亭知縣陳陛誡重修。

池周一十三里三百步，廣九丈，深一丈，周以子河，今湮。永樂十五年，指揮同知侯端浚，深加四尺，廣二丈，共一十一丈。宣德六年，指揮僉事（闕名）復浚。正德十年，都指揮使張奎令指揮劉艮、翁仁廣加浚四尺，共一丈八尺，廣如舊。萬曆二十六年，巡撫趙可懷委知府許維新督浚，共闊一十丈，深一丈五尺。

上海縣

（319）上海縣城，在府東北九十里，周回凡九里，高二丈四尺，陸門六，東曰朝宗、南曰跨龍、西曰儀鳳、北曰晏海、小東門曰寶帶、小南門曰朝陽，水門三，在東西者跨肇嘉浜，在小東門者跨方浜，在小南門者跨薛家浜，敵樓二，在大、小東門，平臺二，雉堞三千六百有奇。明嘉靖三十二年，知府方廉因倭寇，從邑人顧從禮議奏建。三十六年，同知羅拱宸於城四門益以敵樓三楹，沿城益以箭臺二十，環濠益以土墻（今無），於要害處建高臺層樓三，曰萬軍、曰制勝、曰振武（張之象《邑志》作鎮）。萬曆二十六年，知縣許汝魁奉巡撫趙可懷檄，增築城五尺，開小南門水關，引薛家浜水以通市河，後知縣徐可求、劉一爌相繼增修，城加闊，自大南門迄北門俱甃以巨石，凡十餘年而成。三十六年，久雨，內城傾數十處，知縣李繼周修築。國朝康熙十九年，風雨傾大南門城墻十八丈。二十年，知縣史彩捐俸修。雍正十年，知縣秦士顯請帑重修。乾隆二十六年，雷雨壞大南門城堞二丈，後颶風壞西南城堞十餘丈。三十一、二等年，陸續坍塌東北城墻炮臺及西南城墻數處，有一丈至十丈者，知縣清泰捐俸繕完。（320）池廣六丈，深一丈六尺，周回縈繞以通潮汐。

南彙縣

（320）南彙縣城，在府東一百二十里，本南彙所城，金山衛之分治。明洪武十九年，信國公湯和築，凡周回九里百三十步，高二丈二尺，門四，東曰望海、西曰聽潮、南曰迎熏、北曰拱極，各有樓，水門東西各一，曰靜海、曰通濟，敵臺四，箭樓四十，雉堞一千七百九十。永樂十五年，都指揮使谷祥增修，周六里七十五步，磚甃，加高五尺。弘治中，指揮翁熊重修。萬曆十六年，巡撫趙可懷檄修城垣，高厚如制。國朝康熙十三年重修，二十二年上海縣知縣史彬重葺。五十七年，同知鄭山重修。雍正二年，改為南彙縣治。五年，知縣欽璉重修。乾隆三十九年，知縣成汝舟會同上海縣史尚確請帑分工興築。上邑自通濟水門迤北轉東至靜海北止，共五十七段；自靜海水門迤南轉西至通濟南止，共五十二段，本邑承修，並葺陸門、水門及城樓、炮臺。

池深七尺，廣二丈四尺。永樂十五年，都指揮使谷祥浚深七尺五寸，闊八丈，廣如故。正德十一年，總督張奎、鎮撫胡洪浚深五尺，廣如故。萬曆十六年，巡撫趙可懷檄（321）浚，凡面闊十丈，底闊六丈，深一丈四尺。

青浦縣

青浦縣城，在府西北五十里，高二丈三尺，周回一千（321）三十丈，以里計者六，箭垛一千七百一十五，敵臺七，窩鋪四十八，門樓六，旱門五，東曰望海、南曰觀寧、小西門曰來蘇、大西門曰永保、北曰拱辰；水關三，南曰躍龍、北曰充賦、西門曰通漕；月城三，在南、北、大西門，餘未建。萬曆二年，知縣石繼芳建。嘉靖十九年，以糧稅難徵，議建於郡西北，離城七十餘里舊青龍鎮。歷知縣楊堯、呂調音未定，值郡人徐階入相，有稱不便者。三十二年，縣廢。萬曆元年，郡人蔡汝賢為給事中疏請復之，遂議改建於唐行鎮。三十五年，知縣卓鏴修城建樓。崇禎間，知縣吳之琦、趙元會前後修浚城濠。國朝康熙五十三年，知縣洪亮采以南水關寬敞，水瀉不能聚氣，因量為收小。雍正七年，知縣楊鳳然修築一百七十有九丈二尺。九年，知縣魯宏章復修築八十丈。乾隆三十五年，知縣褚啟宗會同崑山令李景隆領帑重修，並砌磚城上為馬路。（322）池廣三丈，深一丈，周回共八里。

川沙城

在府東北一百二十里，八團。明嘉靖三十六年，巡撫趙忻、巡按尚維持、兵備熊桴從郡人喬鏜、王潭建議興築，內設守堡千戶公署、百戶所、軍器庫、把總司、撫按行臺、演武場、城隍廟、社學、下沙二場、三場鹽課司、南蹌巡司、三林莊巡檢司，又置附堡營田。城周四里，高二丈八尺，闊三丈有奇，門四，樓如之，月城四，雉堞三百七十二垛。萬曆間，淫雨墻圮，潭孫乾昌葺之，有記。國朝特設參將一員，以資守禦，二場鹽課在焉，餘廢。康熙十三年重修。二十二年，上海知縣史彩重葺。五十七年，同知鄭山督修。乾隆三十七年，南彙知縣成汝舟捐修，城本上、南兩縣分轄。嘉慶十年，改川沙同知為撫民同知，析上南地屬廳治，同知高伯揚修整城垣，並浚內外各處河道。池周如城，深一丈四尺。

拓林城

本堡，嘉靖甲寅，倭至，結老巢於此，巡撫御史尚維持建議築城，高一丈八尺，周四里，陸門三，水關二，雉（323）堞一千八百七十垛，以富民衛姓者任其役，城完，徙沿海民竈各戶置之。池原未深□，後巡撫趙可懷檄重浚，面闊十丈，底闊六丈，深一丈五尺。

西倉城

（323）在府城谷陽門外，凡周二里，高一丈八尺，陸門四，濠廣六丈，深三尺餘。自明初建水次西倉，至嘉靖中倭患初息，華亭縣知縣聶廷璧始移得勝港舊堡，以甃之，城內公署、倉厫俱萬曆四十七年知縣章允儒建。崇禎八年，郡守方岳貢以漕艘運軍泊聚水次，恐滋他端，遂築敵樓於倉橋北岸，增置城樓四座，屬諸生夏之旭董其事。國朝因之，今屬婁縣地。每歲徵漕米，華、奉、婁三縣咸莅焉，修浚共之。乾隆五十一年，華亭知縣王夢文、奉賢知縣繆廷玢、婁縣知縣謝庭熏修葺，並浚河道。

甕城

甕城，開門臺二，在雲間第一橋及永豐橋之間，當明之季，郡人謀拓重城於谷陽門外，議久不決。崇禎十二年，知府方岳貢請於大吏，疏聞報允，方營度定址，而郡人大學士錢龍錫貽書力阻之，乃築兩郛門而止，陳子龍、李雯竝爲記，鐫門壁，今尚存。

同治《宿遷縣志》

同治《宿遷縣志》，成文出版社有限公司，1974年。

宿遷縣

（卷十三"營建志·城池"，904）宿遷，於晉義熙中始置城邑，其後移徙多未能詳。及明正德初，流賊蜂起，知縣鄧時中以土築城，南自新溝，北自馬陵，其門有四，南曰臨淮、北曰通泰、東曰鎮海、西曰會洛。萬曆四年，黃河水漲，城與河岸俱圮，知縣喻文偉遷於馬陵山，仍築土城，去舊治北二里，周圍四里，高一丈五尺，門三，東曰迎熙、西曰拱秀、南曰望淮，北據堪輿家言不宜建門（今淮安府城，西北有故磚樓，上書宿遷縣北門在此。《舊志》云，蓋萬曆五年，喻公遷城時所立是也）。後知縣趙敬賓、孫湛、莫應奎、聶熔相繼修葺。二十二年，知縣何東鳳易以甃甓，更門名東曰陽春、西曰鎮黃、東南曰迎熏、西南曰河清，並建樓於（905）迎熏門外。國朝康熙七年，地震城圮，城樓僅存其二，舊垛存三十餘垛，宿虹同知鄧之燦、守備張煥修。乾隆三十二年，知縣沈松齡請帑修建，周三里，門四，東曰朝陽、西曰鎮黃、大南門曰河清、小南門曰迎熏，高二丈一尺，厚三尺六寸，雉堞八百四，水關二。咸豐年間，城樓陞堞，年久圮損，知縣胡容本、王獻琛、教諭徐宗敬、州同張夢元重修，復因皖逆東竄，縣里人葉蘭皋、黃峻業、朱慶唐等於城外挑築土圩，長一千六百餘丈，哨門、吊橋、炮臺、涵洞無不畢具，名曰"保衛圩"，工程堅固，民賴以安焉。

民國《宿遷縣志》

民國《宿遷縣志》，成文出版社有限公司，1983年。

宿遷縣

（卷四"建置志·城池"，38）宿遷有城，《舊志》謂始於晉義熙中，殆本置宿預郡言之，似不足徵。其後移徙多未能詳。明正德初，流賊蜂起，知縣鄧時中始築土城，南自新溝、北自馬陵，門凡四，南曰臨淮、北曰通泰、東曰鎮海、西曰會洛。萬曆四年，黃河嚙堤，城與俱圮。五年，知縣喻文偉遷於馬陵山，去舊治北二里許，仍築土城，周四里，高一丈五尺，門凡三，東曰迎熙、西曰拱秀、南曰望淮，其北據形家言置不設。（39）後知縣趙敬賓、孫湛、莫應奎、聶熔相繼修之。二十二年，知縣何東鳳易以瓴甓，更建四門，東曰陽春、西曰鎮黃、東南曰迎熏、西南曰河清，並建樓於迎熏門外（後圮）。本朝康熙七年，地震，城圮，城樓存二，城堞存三十餘，宿虹同知鄧之燦、守備張煥修之。乾隆三十二年，知縣沈松齡重修，周三里，高二丈一尺，厚三尺六寸，雉堞八百四，易東門曰朝陽，它如舊，並設水關二。咸豐間，知縣胡容本、王獻琛、教諭徐宗敬、州同張夢元三修。光緒十九年，知縣蕭仁輝四修，縣人王□中董其役。自皖捻東竄，縣人皆築圩自衛，糇糧牲畜囤積其中，無事則出耕，有事則入守。捻至，野無所掠，攻之又迫不得下，圩有健者，伺瑕蹈隙狙擊之，或尾其後以擾之。捻由是漸衰，圩之力也。乃附載之，以爲後世法程，彼步趨域外訟言墮城鏟濠因以爲奸利者，其亦可以反矣。

光緒《通州直隸州志》

光緒《通州直隸州志》，成文出版社有限公司，1970年。

通州

（卷三"建置志·城隍"，132）通州。城周六里七十步，延袤一千六十八丈，高一丈九尺，面闊一丈，基廣二丈，門三，西曰來恩（舊名朝京）、東曰寧波（舊名天波）、南曰江山（舊名澄江），西、南甕城各三重，東再重，內立盤詰廳。城上設戍樓，角樓四、敵臺十有六，濠廣二十九丈，深一丈二尺，市河闊六尺，深八尺，釣橋三，水關東二、西一。後周世宗顯德五年，靜海制置巡檢副使王德麟始築土城，立四門。六年，甃以陶甓，北門地僻多盜，立壯健營鎮之。宋太祖建隆三年，始設戍樓（南樓即海山樓也，別在"山川志"）。徽宗政和中，知州郭凝塞北門，廢壯健營。理宗寶祐中，兩淮制置使賈似道築甕城。元順帝至正十九年，都元帥李天祿修城垣。明太祖洪武末，千戶楊清、姜榮相繼修，設釣橋，闢三水關以通市河。孝宗弘治中，知州傅錦浚市河，修水關。武宗正德七年，知州高鵬甓甕城。十二年，知州夏邦謨建南望江樓。世宗嘉靖十九年，同知朱應雲復建望江樓三，東一、西二（其一在鹽倉壩南者，今廢）。三十三年，知州翟澄浚濠河，帀以穹堤（《甲戌志》，州城僅周六里而濠特深廣，望之汪洋，足稱巨觀。始浚之功，殆不可沒）。三十八年，郡人馬坤重建南望江樓。（133）穆宗隆慶二年，知州鄭舜臣修城垣。神宗萬曆三年，知州林雲程修望江樓，榜其南曰"江山一覽"。四年，雲程浚市河。（134）國朝順治十七年，副總兵鮑虎修敵臺、角樓。康熙七年，知州王廷機修城垣。九年，總兵諾邁、知州王宜亨重修。乾隆三十三年，知州沈雯、運判陳淇緒奉檄分修。三十五年，工竣（郡城，自康熙九年修後，缺陷處人習以爲徑。是年，奉文飭知州沈雯領帑承修西南半圍，運判陳淇緒承修東北半圍，厚其甃甓，崇其雉堞，工甚牢固）。道光十九年，知州景壽春修敵臺、戍樓。二十二年，壽春修城垣。同治元年，署知州黃金韶修東甕城。四年，知州梁悅馨修西北城垣。

新城南以望江樓爲門，北連舊城，東西二便門，跨濠作三水關，延袤七百六十丈，擗堄千六百七十堵，亭障九所。明萬曆二十六年，知州王之城築，采軍劍山石代甓。國朝順治十七年，副總兵鮑虎修。康熙元年，總兵柳同春伐軍山松千餘株增修，今圮。

石港城

（136）石港城，以土爲之，跨河爲關，立四門，東曰迎輝、西曰豫豐、南曰來薰、北曰拱極。明洪武十六年，信國公湯和築，日久土崩，惟四門司出入而已。

舊海門縣

城周五里三分，延袤九百六十丈，高二丈，垛高五尺，門四，東曰泰和、西曰安慶、南曰文明（後更名離照）、北曰阜厚，城上設戍樓、更鋪，濠廣六丈，釣橋四，水關三。縣故無城，明嘉靖二十三年，三遷金沙，知縣劉燭創建南門。三十四年，巡撫都御史鄭曉奏城揚州屬邑，知縣趙卿始築。國朝順治八年姚應選、九年知縣莊泰宏相繼修。康熙十一年，潮嚙，遂廢。

鶴城

鶴城，在呂四場，周四百六十三丈，高一丈五尺，門四，水關二。明嘉靖三十六年，巡鹽御史崔棟暨張九功築，今東山前僅存故址半角。

鳳城

（137）鳳城，在餘東場，明嘉靖中築，今已半圮，高不過丈，惟四門譙樓尚完。

便倉城

便倉城，在江場，明嘉靖中，邑人江師周築，後沒於江。

泰興縣

城周七里，延袤一千三百九十丈四尺，高二丈五尺六寸，面闊一丈四尺五寸，基廣二丈九尺，門五，東曰鎮海、西曰阜成、南曰澄江、北曰拱極、小西曰盈寧（舊名通濟），甕城各再重。敵臺十有六，濠廣五丈，深一丈，釣橋五，水關二。宋高宗紹興中，知縣尤袤增築土城（縣故有城，袤以舊城不可守，增築土城於外。金兵至，以城故無害。今城四門內大橋，即其址也）。明孝宗弘治中，知縣原秉忠立四門。世宗嘉靖十三年，知縣朱□增建延熏門於濟川橋西，因故址經度之，計一千二十丈。三十四年，巡撫都御史鄭曉奏城揚州屬邑，知縣姚邦材奉檄築，周一千三百五十三丈，高二丈，堞五尺，濠廣八丈，闢西水關。四十年，署知縣奚世亮闢北水關。四十五年，知縣許希孟建樓其上，榜曰"應魁"，增五瓮城再重。神宗萬曆二十四年，知縣陳繼疇建敵臺四十一座，浚濠河，五門蔽以鐵葉。（138）國朝康熙二十五年，知縣吳朴葺敵臺，建樓其上。乾隆四十年，知縣陳澧修城垣，高廣皆廓於舊，省敵臺爲十六座。道光二十九年，知縣張行澍修南城垣三十丈。

如皋縣

城周七里，延袤一千二百九十六丈，高二丈五尺，面闊五丈，基廣七丈，門四，南曰澄江、北拱極、東曰靖海、西曰餞日，瓮城各再重，城上設戍樓，敵臺二十有二，濠廣十有五丈，深一丈二尺，釣橋四，水關二。明憲宗成化十七年，知縣胡昂浚市河。世宗嘉靖十三年，知縣劉永準始作六門，東曰先春、西曰豐樂、南曰宣化、北曰北極、東南曰集賢、東北曰拱辰。三十三年，邑人李鎮等建議築城，巡撫都御史鄭曉奏發帑金城之。三十四年，知縣陳雍塞東水關。神宗萬曆十一年，署知縣馬晨復開東水關，浚學宮迤（139）東河。十五年，知縣劉貞一修東水關。二十一年，知縣王以蒙甓瓮城。二十七年，知縣張星增敵臺二十三座。國朝乾隆十二年，知縣鄭見龍浚濠河。十三年，見龍浚市河。三十三年，知縣崔正音、前知縣何廷模奉檄修城垣，三十五年工竣。（140）三十六年，正音浚市河。五十八年，知縣曹龍樹修北城垣三十丈。嘉慶七年，邑人程志紹、孫苞、沈蘊中等浚濠河。十一年，知縣左元鎮浚市河。十三年，元鎮浚東南菱池支河。道光四年，知縣托克托布浚市河。十五年，知縣范仕義修城垣。

乾隆《錫金識小錄》

乾隆《錫金識小錄》，成文出版社有限公司，1983 年。

無錫

（卷二"備參下·舊城考"，97）《嚴志》謂，舊城大於今城，顧中翰梁汾則謂：今大於舊。按《元志》舊羅城周四里三十七步。《馮志》，張士誠增廣其制，周九里。《李志》，明洪武初加繕治，周一千六百二十丈。《秦志》，嘉靖間，知縣王其勤築城，周十八里，計一千七百八十三丈六尺。是城以漸加廓，非始大今小甚明。然《元志》南禪寺在城內，今在城外。則《嚴志》所云又似有據。蓋當時有內外二城，外城即郭也，內城小於今遠甚，外郭則包出今城之外，故南禪寺在城內也。中翰以三偏門爲（98）郭門甚是。不然城止四里，既設四門，安用偏門哉。然外城止有東南兩隅，而西北則無之，觀三偏門曰：顧橋門，通南門下塘，此外城之南出者也；曰新塘門，在南市橋西塊，此外城之西出者也；曰董家門，疑近董家巷，故名（董家巷即今東河頭巷），此外城之東出者也。三門，皆近南面，而北無聞焉，則外城止在東南明矣。所以然者，蓋梁溪在西（內城西距梁溪）、蓮蓉湖在北，可憑以爲固，東南則無淇河限隔，故另築外城以衛之。外城在東者，蓋沿羊腰灣河築之，抵蓮蓉湖而止，包出今城之外，在西南者則小於今城，抵梁溪而止，西濠連束帶河，昔皆謂梁溪，外城蓋止於是。新塘門，在南市橋西塊蓋山，此門至演武場耳。今演武場在城內，而地屬茅場一保，不編入城，圖仍入揚名鄉二十六都，可見其地之昔在城（99）外矣。又許文學鄉三言其祖居嚴家池之北，今在城西南，而所藏元末屋貼注坐落城西北，蓋以外城言之，正在西北也，此尤可證。由是思南禪寺、北禪寺之所以名，蓋皆就外城言之也。

內城周四里三十七步，西距梁溪，東接運河。運河即今弦河，梁溪即今西溪。今大市橋北，猶名迎迓亭，蓋昔在東郭外，臨運河，迎接往來賓客者也。今北方諸縣城，周四里上下者甚衆，當時規制約不過如是，不得以大小爲疑。

嘉靖《徐州志》

嘉靖《徐州志》，成文出版社有限公司，1983 年。

徐州

（卷八"人事志·兵防"，643）徐州城，本大彭氏所封，是爲彭城。相傳謂都於大彭山下，則距今城西三十里也。自秦末楚懷王、項羽皆都於此，劉宋刺史王玄謨嘗稱城隍峻整。後（644）魏刺史尉元亦稱郡城險固。宋熙寧間，知州蘇軾增築各門子城。元置武安州於城外東南（今廣運倉地是）。本朝洪武初，因舊城修築，壘石甃甓，周九里有奇，高三丈三尺，趾廣如之，巔僅三之一，三面阻水，即汴泗爲池，獨南可通車馬。濠隍深廣各二丈許，堞凡二千六百三十八，角樓三，鋪五十一，爲門者四，（645）東曰河清、西曰通汴、南曰迎恩、北曰武寧。（646）城之上東有黃樓，宋蘇軾守徐時即城東門建，事詳本傳，俗傳謂即城東角（647）樓，恐誤。蘇轍、秦觀各爲賦，陳師道爲銘。（656）東南隅，舊有快哉亭。宋熙寧末，李邦直持憲節於徐，即唐薛能陽春亭故址構建，郡守蘇軾名，今廢。東北隅舊有彭祖樓，上石刻三字，久毀。

蕭縣

（660）蕭縣城，舊本古蕭國城（在今縣治北半里，城方九里三十步，有四門，東曰安仁、西曰達義、南逸其名、北曰冀門）。（661）宋時，河決水沒，乃築南城，徙縣治，北連舊城，後漸圮。國朝正德十一年，知縣王隆即故址增築土城，外甃以石，周四里許，城外浚濠，爲門四，曰木榮、金英、朝陽、拱極，鄆城於范記。（663）嘉靖乙亥，知縣（664）孫重光建樓於四門上，東曰楚望、西曰秦觀、南曰朝宗、北曰拱辰，自爲記。

沛縣

（664）沛縣城，舊廢（《一統志》云微山下有沛縣故城）。元至正間，孔士亨據（665）其地，築小土城，周二里有奇，歲久圮。本朝嘉靖二十二年，知縣王治創築土城，周五里，高廣各二丈，隍深廣亦如之，郡人馬津記。（666）二十五年，知縣周涇（667）因之，壘石甃甓，高廣視舊稍增，爲門者四，東曰長春、南曰來薰、西曰永清、北曰拱辰，益建雉堞、臺鋪，並詳尚書費采、副使王梃記。

碭山縣

（673）碭山縣城，金遷魚山保安鎮（興定間，避水患，遷其地，猶有石刻"碭山縣"三大字及儒學欞星門石柱並存，今在永城縣境）。至元還舊治，無城。國朝正德八年，知縣李金創築土城，高九尺五寸，（674）周圍一百六十八丈，隍深一丈，爲門五，外護以堤，周九里有奇。近以河患稍圮。嘉靖二十五年，副使王梴行令重修，並植柳其上。比因水侵，幫築未厚，嘉靖二十六年，知縣王紹元復請增築，根寬二丈，上闊一丈五尺，內高一丈，外高八尺，重植柳椿障護。

豐縣

（674）豐縣，舊有土城（在今縣治東南三十里，周圍九里三十步，趾廣四丈，高如之，上顛視【675】趾四之一，城中四際皆池）。嘉靖五年，河決，水溢城陷，知縣高祿遷治華山之陽。九年，知縣趙壽浚溝築堭，環衛縣治。二十一年，知縣李崇信增拓城趾，改築土城，高可丈許，周六百一十二丈，為門四，上各有樓，南曰阜民、北曰拱極、東曰望魯、西曰通沛，郡人馬津記。

乾隆《震澤縣志》

乾隆《震澤縣志》，成文出版社有限公司，1970年。

震澤縣

（卷五"城池"，211）震澤縣之城，即舊吳江縣城之半，而與今吳江縣合者也。舊吳江縣城，後梁乾化元年，吳越王錢鏐築。宋《祥符圖經》云，周三里五十步。嘉祐二年，知吳江縣裴煜建南北二門。元至正十二年，達魯花赤札牙進重建北門。十六年，張士誠據有其地，乃拓而大之，高二丈八尺，厚一丈五尺，周五里二十七步，陸門四，水門五，門各以方名。明成化中，知縣陳堯弼重建城樓，東曰朝陽、西曰望山、南曰望湖、北曰望恩。後大傾圮。正德九年，知（212）縣蕭韶復大築之，大學士王鏊記。嘉靖三十三年，倭夷入寇，知縣楊芷覆議增築，乃勸義士四十人及諸縉紳捐資，而聘寺丞吳淶、耆民丁鵬等督之，高三丈一尺，厚一丈八尺，視舊各增三尺，又為月城凡四座，為牆一千八十四丈五尺，為堞二千二百二十有二，為敵樓二，為敵臺二十有六，為鋪四十，邑人倚以為重。三十六年，知縣曹一麟陶甓覆其面，由是雨水不浸，而城益固。大清順治四年，知縣李承尹修。康熙四年，知縣劉定國增修，為堞二千三百五十一，窩鋪三十六，箭臺三十六，砲臺四。二十四年，知縣郭琇、守備陳桓修。雍正四年，析吳江縣之半置震澤縣，而城亦分割，自小東水門起歷

(213）北門至西水門止，爲震澤縣所轄，計長七百六十七丈九尺。池，環抱城外，闊數丈，深四、五尺，自小東水門至北水門，與吳江合轄，自北水門至西水門震澤獨轄。

道光《重刊續纂宜荆縣志》

道光《重刊續纂宜荆縣志》，成文出版社有限公司，1983年。

宜興縣、荆溪縣
（卷一之一"宜興荆溪營建合志"，41）五門城樓，道光九年，宜令景壽春、荆令鍾庚捐廉重修，延邑紳萬貢璆監理督辦。

嘉慶《新修宜興縣志》

嘉慶《新修宜興縣志》，成文出版社有限公司，1983年。

宜興縣
（卷一"營建志·城垣"，57）國初以來，城垣遞壞遞修，其年月不可深考。自雍正四年，分縣城外之境以東西溪爲界，溪南屬荆溪，溪北屬宜興。城垣則以東西爲界，東半城隸荆溪，西半城隸宜興。自南門起迤邐而西轉北至北水關共五百八十四丈二尺五寸，屬宜興。其西門暨西北兩水關隸宜興。乾隆二十九年，宜令四格詳憲領帑修建，共領帑銀九千四十三兩，修造城垣五百八十四丈零，馬墻五百八十四丈零，至三（58）十一年工竣。

嘉慶《重刊荆溪縣志》

嘉慶《重刊荆溪縣志》，成文出版社有限公司，1983年。

荆溪縣
（卷一"營建志·城垣"，63）自雍正四年分縣後，荆溪城垣自南門起，迤邐而東轉北至北水關，屬荆溪。南門半屬宜興，半屬荆溪。其東門、小東門、北門暨東水關，隸荆溪。北水關亦半屬宜興、半屬荆溪。乾隆二十九年，荆令吳賢詳憲領帑修建，共領帑銀九千二百四十四兩，修造城垣六百六十二丈七尺，馬墻六百六十二丈七尺，至三十一年工竣。

乾隆《江都縣志》

乾隆《江都縣志》，成文出版社有限公司，1983年。

江都縣

（卷三"疆域·城池"，125）江都爲揚州附郭縣，今城即漢吳王濞城舊基。景帝四年，徙汝南王非王江都，治故吳城（顏師古曰：治謂都之劉濞所居也）。《水經注》云，吳城即吳王濞所築，蓋古廣陵。城在蜀崗上，邗（126）溝城東北，濞乃更築於蜀崗下也。江都立國後，武帝更廣陵國，東漢更廣陵郡，江都皆以縣隸之。《水經注》又云，廣陵郡之江都縣，縣城臨江。《寰宇記》云，城在州城西四十六里，後爲江水所浸，無復餘址，疑此城爲改郡國時移建於江濱者。《隋志》謂，江都自梁以後或廢、或置，想未更築城也。隋改廣陵爲江都郡，而縣亦附之。《舊唐書·志》"江陽縣"云，貞觀十八年，分江都縣，置在郭下，與江都分理。《輯要》謂，江都於隋唐時附郭，本此。《陸弼志》云，今城即宋之大城，又云宋揚州大城，即古廣陵舊城。（127）周顯德六年，世宗以揚州城爲吳人所毀，詔發丁壯別築新城，命韓令坤爲修城都部署，此即《舊志》所謂小城者。宋高宗南渡，詔呂頤浩繕修揚州城池。孝宗乾道三年五月，修揚州城。《舊志》載宋大城，周二千二百八十丈，蓋此時所增修也（《城邑考》云，郭棣知揚州，以故城憑高臨下，四面險固。國初，李重進始□之，而改卜。今勢卑溼，敵易襲瞰，請即遺址建築，與舊堞南北對峙，中夾甬道，緩急足以轉餉，是即志所稱大城也。據此，則是宋初即遷改韓令坤小城，而復築今城矣。觀宋末，李全諸傳數言揚州三城，而《嘉靖維揚志》復有宋三城圖，更瞭然可據）。光宗紹熙三年七月，修揚州城。元世修築無考。明興，以元至正十二年令僉院張德林鎮揚州，以舊宋城虛曠，因改築城西南一隅守之，周九里，計七百（128）五十七丈五尺，厚一丈五尺，高倍之，設門五，南曰安江、北曰鎮淮、西曰通泗、東曰寧海（又曰大東、又曰先春）、東南曰小東，各有月城，樓櫓、敵臺、警鋪、雉堞，南北水門二，引官河貫其中，曰市河。新城創於嘉靖丙辰，起舊城東南角樓，至東北角樓，周十里，計一千五百四十一丈九尺，高厚與舊城等，城樓五，門七，南曰挹江（今曰鈔關）、又左爲便門（今曰徐凝）、東南曰通濟（今曰缺口）、東曰利津（今曰東關）、東北又爲便門（今曰便益）、北亦曰鎮淮，後改廣儲、西北曰拱辰（今曰天寧）。時以倭寇，用副使何城舉人楊守誠議，而都御史陳儒、御史吳百明、崔棟用、知府吳桂芳、石茂華先後成之。萬曆二十年，知（129）府吳秀浚北濠爲石堤，增城堞三尺。二十五年，知府郭光復甃石濠先未竟者四百餘丈，增敵臺十六。崇禎十一年，鹽法太監楊顯名累土爲外城，工未及成，又委守備樊明英增修鈔關月城。（132）國朝順治四年，知縣郭知遜重修。十八年，知縣熊明遂再修城墻、臺鋪。雍正四年，知縣王元稚修廣儲門城樓。七年，知縣陸朝璣修鎮淮門城樓。十年，分舊城東半壁、新城北半壁屬之甘泉。十三年，奉旨通行各省查勘城垣坍塌處所，動帑修理，時估報未及興工。乾隆二年，知縣五格逐加覆勘，凡有殘闕，通請繕治，詳准後督工，自缺口門江甘交界起，歷徐凝門、鈔關南門至西北門江甘交界止，凡城樓、敵臺、雉堞，內外周遭之垣墻，俱各修葺完整，計動公費銀一萬三千二百三十六兩有零，於二年七月十九日經始，訖四年三月十（133）一日報竣，鞏固异昔觀矣。

　　附城池舊屬江都，今分隸甘泉者。內城大小東門各半，舊城西門至北門，新城由缺口門左周東關門、便益門、廣儲門、天寧門（又古廣陵城、吳邗溝城、漢興縣城、晋步丘新城、隋合瀆渠城、周小城、宋寶祐城、夾城、平山堂城，其遺址在城外西北者，俱今甘泉縣境內）。

瓜洲城

　　（133）瓜洲城，在縣南四十五里江濱，先爲揚子江沙磧。自唐開元後，遂爲南北襟喉之處。唐宋沙連北岸，漸有城壘。宋乾道四年，始築城，人號之曰"簸箕城"，尋亦廢。明嘉靖間，因備倭復築今城，城東西跨壩，周一千五百四十（134）三丈九尺，高二丈一尺，厚半之，城門四，便門一，警鋪、雉堞、敵臺備具，水門、水竇各三。萬曆時，江防同知邱如嵩於城南女墻創樓五楹，曰"大觀樓"，據形勝焉，後圮。國朝康熙元年，江防同知劉藻重建其城，歷久未修。乾隆元年夏五六月，大雨時行，坍塌處所甚多，通詳估議，以瓜洲爲防江控海要地，前制府尹繼善曾奏准每年留匣費銀五萬兩，貯江蘇藩庫，以備地方緊要公事及城垣、堤岸之用，知縣五格請即於項內動支銀二千五百二十九兩零及時修繕，督率瓜洲司王可達鳩庀工役，自二年四月十九日始，訖三年冬報竣，城復完整如初。

嘉慶《江都縣續志》

嘉慶《江都縣續志》，成文出版社有限公司，1983 年。

江都縣

（卷一"城池"，53）邑與甘泉俱在府城，乾隆二十年，曾公請領帑分修，此後隨時完葺，並由鹽務會同勘辦。

瓜洲城

瓜洲城，築自宋乾道間，其後遂廢。明嘉靖甲寅，以備倭重築者知府吳桂芳、同知唐某也。城門凡四，便門一，今俗所謂便宜門，又名通惠門，有嘉靖壬戌《江防崧喬沈公重修瓜洲鎮城闢通惠門記》尚存。乾隆四十五年，江潮衝激，西南城圮者百丈，南水關、千佛庵俱陷，制府高檄就未圮之處，堆碎石建土城衛民，移邵伯鎮鐵牛於小南門鎮之。四十八年，前令楊恪曾奉文疏河，拆南水關城圈改磚爲木，舟行穿城而南，直渡京口。五十七年，（54）江潮復衝小南門，鐵牛亦沒於水，河督蘭檄復建土城於鹽壩關之右，開聚寶門，今謂之南水關。鹽壩關，舊爲門，在兩南門之中，乾隆二十年，同知王宗培以其不便舟楫，請改門爲關。

民國《江蘇省地志》

民國《江蘇省地志》，成文出版社有限公司，1983 年。

江蘇省

（第三編"人文志"第一章"住民及文化・聚落"，110）日本西山榮久氏謂我國都市之性質：（1）可分爲政治性質者，（2）商業性質者，（3）兩者兼有者三種；（1）爲城，（2）爲鎮，（3）爲城之一種。結果中國都市在職能上分城、鎮二種，試就江蘇之縣城言之，以第三種爲多。但亦有例外，如新設之縣，若揚中、啓東，歷史未長之縣，如海門、高淳，其縣治皆無城可言也。

我國城垣之廣袤，華北大而街路闊，華中、華南小而街道狹。江蘇、淮河以北屬前者，淮河以南屬後者。據日本西田與四郎之說，華北因常有外族侵入，因在大平原中，故不得不有堅固之城垣，又因預備城外住民之避難與兵員、軍器之收容，故不得不擴充其面積。其他理由，據德國修米特海拿氏之說，則謂有交通及氣候之原因。即華北交通以二輪車爲主，故有寬闊街道之必要。華中、華南交通以舟運爲盛，陸上運輸，多用苦力掮運，故街道不廣。由氣候上言之：華中、華南因避暑期之烈日，故街道比華北狹窄，而城垣亦小云。

江蘇之縣城或縣治，普通多呼某某城或某某縣。其構造因淮河以北，與淮河（111）以南而各异。據著者之觀察，淮河以北比以南城垣較大，一部分有內外二城，內城爲磚城，外城爲土圩，街道寬闊，以土路爲多，石鋪路較少。淮河以南之城垣，比較稍小，無外城，街道狹窄皆用石鋪。城多沿河，因城內狹小，市街擴張而至城外。每城內爲政治區，而城外爲商業區（碼頭），其例如蘇州之閶門外、鎮江之西門外，是也。

西田與四郎分我國城市之形態爲三類：（一）中國固有的形態，即如以上所述之形態。（二）歐化都市。（三）中歐混合的都市。就江蘇省而言，當然以第一種爲多，第二種無之，所謂中歐混合都市，以上海爲代表，其他通商埠，如鎮江、南京以及（112）工業都市，如無錫、南通，亦有此種傾向。

南京市

（"第四篇地方志・第一章南京市・三城垣及市街"，216）南京城垣，成於明洪武六年。內城周六十一里，稱我國第一巨城。所關新舊城門共十九門，曰玄武（舊名豐潤）、太平、中山（朝陽）、光化（洪武）、通濟、武定、中華（聚寶）、挹江（海陵）、定淮、草場、清涼、漢西、水西、和平（神策）、中央、鍾阜、金川、小東、興中。而武定門，專爲取水便利而闢，不通城外大道。外郭亦築於同時，周一百八十里，闢爲十六門，曰堯化、仙鶴、麒麟、滄波、高橋、上方、夾崗、雙橋、大安德、小安德、馴象、江東、佛寧、上元、觀音，但城垣久圮，名存實亡矣。

洪武《蘇州府志》

洪武《蘇州府志》，成文出版社有限公司，1983 年。

蘇州府

（卷四"城"，225）吳自太伯城梅里平墟，至王僚二十三君，皆都之，蓋無錫之境也。今平江，乃闔閭之都城，子胥所築，或傳吳之故都在館娃宮，蓋館娃蘇臺乃其離宮別苑耳。自吳亡，歷漢唐（226）以來，城門之名皆仍其舊。隋既滅陳，楊素平江南群盜，徙郡城於橫山東，黃山之下。唐武德末復舊，知地勢之不可遷也。今城中衆流通貫，吐納震澤，支渠別派，旁夾路衢，蓋以泄積潦，而安民居也。故雖號澤國，而郡城未嘗有墊溺蕩析之患，非智者創於前，能者踵於後，安能致此哉。唐季，盜起浙西，周寶以楊茂實為刺史。龍紀初，錢鏐破徐約於此，其後李宥、孫儒及楊行密將臺濛三陷郡城。乾寧五年，鏐既平董昌，遣將顧全武自越杭海師擊之，臺濛遁去。當是之時，民因於兵火，焚掠殆盡。錢氏既王吳越，洎太平興國三年凡七十八年。自宋初，迄於宣政，又二百年，井邑之富，過於唐時，郛郭填溢，樓閣相望，冠蓋人物之盛，為東南最。建炎以來，虜騎南牧，焚毀略盡，公私富庶積累一旦掃地。紹興已後，增輯修飾，漸復其舊。元兵臨城，開門納款。（227）而六七十年之間，生養休息，民庶且富。一旦淮東張士誠入據十載，至丙午年，朝廷命大將徐相國引兵抵城，列置寨柵，晨夕攻擊，城破兵潰，張士誠受擒，縛送京都。大軍進城，禁剽掠，居民按堵如故。

羅城，按《吳地記》周回四十二里三十步。《吳越春秋》云，闔閭元年作。《舊圖經》云，乾符三年，因王郢之亂，刺史張搏重築。梁龍翔二年四月，甃甓，高二丈四尺，厚二丈五尺，裹外有濠。《寰宇記》云，今闔閭城周回三十里，水陸十有二門，政和中修治，於諸故門雖已廢塞，皆刻名於石以識之。宣和五年，又詔重甃。淳熙中，知府謝師稷以郡中羨餘錢四十萬緡繕完，遂為壯觀。開禧中，半已隳圮，而池堙亦多為菱蕩稻田所侵。時史彌遠提舉常平，有意興繕。及為相奏請其事，（228）賜錢三萬，米二萬，知府趙汝述、沈皞相繼經度，以嘉定十六年正月□事，明年二月畢工，為一路城池之最。寶祐二年，趙汝歷仿淮郡女墻之制，再增葺之。開慶元年，有旨增築。元初，既定江南，凡在城池，悉許夷堙，故民雜居遺堞之上，雖設五門，蕩無關防。至正壬辰，他郡盜起，始詔天下繕完城郭。時監郡六十、太守高履實董其事，乃於所隸州縣定役徒，分丈尺，聚磚石築壘，工畢，周遭開濠，深廣有加。因掘土始蘇驛下，得石鐫"胥門"二字，於此又闢爲胥門，凡爲門有六。至張士誠入據，增置月城等項。及歸我本朝，再加修築，高廣堅緻，度越疇昔，至今一切修築，不勞民力。官量見數，自西閶門南至胥門得六百三十九丈五尺，自胥門南至盤門得三百八十八丈七尺，自盤門東至葑門得二千一百二十八丈，自葑門北至婁門得八百六十四（229）丈二尺，自婁門北西至齊門得五百八十丈，自齊門西至閶門得八百九十二丈二尺五寸，總計四千四百八十二丈六尺五寸，而爲一萬二千二百九十三步九分，計三十四里五十三步九分，濠塹深闊不等。

子城，周回一十二里，高二丈五尺五寸，厚二丈三尺。今譙樓西小石橋是子城泄水溝，石上所刻隸書云，有唐乾封二年七月十四日建，並勾當料匠等姓名（據《吳□書》云，吳小城門三，皆有樓，其二增水門，其一增柴路，今呼爲柴巷）。

吳江縣

（245）吳江縣城。《祥符圖經》云，縣城周圍三百五十步，後廢。元朝至正丙申，張氏據而修築，周回計九百丈，計五里二十七步，凡爲門四。今因之。

昆山縣

昆山縣城。在邑治，宋時無城，樹竹木以爲柵。元朝爲土城，周回二千二百九十九丈，計一十二里二百七十八步，有東、西、南、北、東南、西南，凡六門。今因之。

太倉城

太倉城，元朝所築，周回一十四里五十步，高二丈，闊三丈，磚甃爲門八，小東門、大東門、小南門、大南門、小西門、大西門、小北門、大北門。

常熟縣

（246）常熟縣城。城周回二百二十步，高一丈，厚四尺，出《祥符圖經》，門五（247）（秋報、子流、宣化、介福）。元時新築，凡周回一萬四千八百四丈，高二丈三尺，厚一丈四尺，門十（西門水陸二，小西門一，南水陸二，小南水門一，東門水陸二，北門水陸二，北門陸一）。

嘉定縣

（247）嘉定縣城。古無城，元至正十七年，張氏據吳，遣其將呂珍相地築城，以防海，委知州張元良董其役，周回長一千六百九十四丈一尺八寸，基闊四丈，面闊三丈，高一丈五尺，爲門四，雜用磚石甃之。

崇明縣

崇明縣城。縣城，周回三千二百七十步，計九里三十步。

嘉慶《新修江寧府志》

嘉慶《新修江寧府志》，成文出版社有限公司，1974年。

江寧府

（卷十二"建置·城池"，439）江寧府城，明太祖洪武二年九月始建，六年八月成其外城，周九十六里，門十三。宋元舊城，因楊吳所築，跨秦淮南北，周回二十里，南近聚寶山。明建都城，其南門、大西、水西三門，因宋元之舊，更其名曰聚寶、石城、三山。自舊東門處，截濠爲城，開拓八里，增建南門二，曰通濟、曰正陽，城址□東北轉建東門一，曰朝陽，城址極北西（440）轉鍾山之麓，據崗建北門一，曰太平，又西復北轉，緣後湖之右復西轉八里，建北門二，曰神策、曰金川，城址西北曲括獅子山於內，雉堞東南相向，建門二，曰鍾阜、儀鳳，自儀鳳迤邐而南，建定淮、清涼二門，以接舊西門焉。而建宮城於其東隅，其宮端門南當正陽門，北門當鍾山，謂之內城。國朝因明外城爲江寧府城。順治十六年，海寇犯江寧，吳淞總兵梁化鳳開神策門攻賊，殲之，因改神策名得勝門。明季，金川、鍾阜、儀鳳門塞。國初，神策、清涼門亦開，梁化鳳之攻賊也，同時他將開儀鳳門出，故今二門仍開，而金川、鍾阜、清凉仍塞。其駐防城，略因明舊內城，其西一面係順治十七年重造，起太平門，東至通濟門東止，長九百三十丈，連女牆高二丈五尺五寸。其城外之河，自正陽門西因楊吳所鑿淮流繞城爲池，西流北轉抱城至儀鳳門外流入江。城之東北倚山岡無城河（440），而正北則後湖當其曲隈矣。

城內上元縣倚北自內橋與江寧中分，西至鐵窗櫺，東由四象橋至大通街以北皆上元界也。

句容縣

（444）句容縣城，隋、陳以前不詳。《舊志》云，唐天祐八年，縣令邵全邁修築，有東、西、南、北、白羊、上羊六門。宋淳祐六年，張矩重築，後廢。明景泰間，浦洪劉義建門樓。弘治三年，王僖砌以石。嘉慶二十三年，樊垣始築磚城，周七里，有五門。萬曆三年，移建南門於舊南門之左。國朝仍舊。

溧水縣

溧水縣城，隋始築，城周五里有奇。宋紹定中，知縣史彌鞏修之。明初，鄧鑒更築，周七百餘丈，有六門。洪武間，郭雲重建。正德間，陳銘甃以磚，尋毀。陳憲因址築土城。嘉靖初，王從善拓東隅，砌石橋以洩水。十年，水敗東南隅，張問行修之。十七年，水復潰。三十六年，曾震（445）造石城，國朝因之。

江浦縣

（445）江浦縣城，明洪武四年，始築浦子口城，設應天尉於城內。其地即宋時六合縣之宣化鎮也。九年，析六合孝義鄉，和州遵教、懷德、仁豐、白馬四鄉，滁州豐城鄉置江浦縣，屬應天府，治浦子口城內，後遷治曠口山。萬曆元年，始築土墻六百九十餘丈，下甃以石。三年，增築重垣。八年，知縣余乾貞築城。國朝仍舊。其浦子口城，今存，以居遊擊及巡檢司。

六合縣

六合縣城，宋紹興二年，就舊濠築，城在滁水北，有四門。隆興中，於（446）城北又築一城，二城俱砌以磚，後又於滁南築土城，元仍故。明初，滁南城廢。成化時，創四門，後每隅增一門，治滁北。萬曆元年，築土堡圍縣治。崇禎九年，流賊破六合，中書舍人孫國敉上《城六合議》，蘇州巡撫張國維疏請於朝，以蘇松四府節省銀並義助，仍建城於滁北，周一千三百二十三丈二尺，高二丈五尺，北二門，東二門，西一門，南一門，其南街一帶，皆商賈水陸出入處，又開便易小門，爲七門。國朝仍舊。

高淳縣

（446）高淳縣城，在淳溪河上。明嘉靖五年，劉啟東築土城，東北因岡阜，西南藉淳溪爲濠，甃七門。國朝仍舊制。

光緒《續纂句容縣志》

光緒《續纂句容縣志》，成文出版社有限公司，1974年。

句容縣

（卷二"建置·城垣"，145）前明嘉靖三十三年，知縣樊垣始築磚城，備倭患也（周七里，一千三百十一丈有奇，高二丈有六，雉堞二千有奇，警舍二十有四，敵樓四，外浚池蓄水，設關六，門四，小南門一）。一修於國朝康熙十三年，再修於乾隆五年，乾（146）隆六十年修葺一次，城磚猶有存者。自遭粵逆之亂，缺口處多。光緒五年，知縣袁照捐廉重建東門宜春樓、西門朝闕樓，其四圍城垣於十八年經知縣張沆清捐廉修補，今又多損壞，邑令黃公履任後，已諭董興修矣。

康熙《睢寧縣舊志》

康熙《睢寧縣舊志》，成文出版社有限公司，1974年。

睢寧縣

（卷二"建置志·城池"，100）睢舊有土城，約四里許，高僅丈餘。正德年間，知縣王蒼建東南北三門樓。嘉靖二十五年，知縣陳嘉略始甃以石。隆慶三年，圮於大水，時議廢、議遷、議附之邳（101）□，不果。萬曆十三年，知縣申其學移文當道，發粟捐金，多方措置，大工告成，城有四門，東曰崇文、西曰耀武、南曰朝陽、北曰拱辰，建四樓，東樓扁曰"保釐東土"、西樓扁曰"淮西保障"、南樓扁曰"畿南重鎮"、北樓扁曰"北門鎖鑰"，城四角建四鋪房，四門外置吊橋，正南建碑亭一座，東南建文明樓一座，外甃磚石，內實以土，稱完城焉。天啓二年，大水，城頹幾半。六年，知縣楊□桐力請繕之。是後，連年河決。至崇禎二年秋，洪濤洶湧，衝沒城陴，民舍官衙，蕩然無一存者。八年秋，哀（102）鴻甫集，流寇飆至，無城守禦，焚戮遂空，白茅黃蘆之間，燒痕遍野，僵屍數萬，嗟嗟！睢邑寧復至有今日乎？至崇禎十一年，知縣高岐鳳莅任茲土，目擊心傷，申請上臺，設處工料，晝夜董修，匝歲之間，而城池高深，金湯永固，與前此申公之創建維新，後先輝映矣。迨國朝順治十六年，霪雨塌城三分之一。康熙三年，知縣馮應麒改建四門城樓，修補城闕，規模愈爲壯麗。康熙三年，教諭孫大經於學宮之南，跨城作橋，曰"青雲橋"，因城爲亭曰"青雲亭"，石階九級，旁植桃柳，稱勝（103）覽焉。康熙四年，知縣石之玫修護城堤，數年無水潦患。又以城身外甃磚石，內土薄疏，雨霪淋削，幾不及三版，乃躬親管度，培築堅完，俾人騎方軌可馳，則茲城前有申高，後有馮石，並稱不朽哉。

雍正《揚州府志》

雍正《揚州府志》，成文出版社有限公司，1975年。

揚州府

（卷五"城池"，46）揚州城內外二城，皆因宋大城改築。宋大城，即漢吳王濞以來舊城遺址也。揚州，初爲廣陵，有城在蜀崗上。至濞受吳封，始別築城於此。嗣是，爲江都國、爲廣陵國，又爲廣陵郡，皆治此城。三國時，郡治移淮陰，故城猶在。後屬吳，又屬魏，皆議重築，不果。晉初，廣陵還治故城，爲重鎮，桓溫大修築之。宋廣陵王誕時，又增外城子城，城益大。歷齊、梁，爲南兗州。北齊，爲廣陵、江陽二郡。陳復爲南兗州。北周爲吳州，城皆無异。隋爲揚州，又爲江都郡。唐爲揚州，城又加大。有大城、又有牙城，南北十五里一百一十步，東西七里三十步，蓋聯蜀崗上下以爲城矣（宋後爲三城，皆其舊基）。五代吳爲江都府，南唐爲東都，代有增改，俱不離舊址。周顯德六年，韓令坤始別築新城，《舊志》所謂小城者也。宋初，李重進毀之，復葺舊南半爲城。南渡時，詔呂頤浩繕修。乾道二年，又修，舊稱宋大城，周二千二百八十丈，蓋南渡後所增修也。淳熙二年，知州郭棣請即前毀城遺址建築，與今城南北對峙，中夾甬道，□是（47）建夾城，揚州乃有三城。元至正十七年，明人取揚州，令僉院張德林改宋大城築西南隅守之，周九里，爲一千七百五十七丈五尺，厚一丈五尺，高倍之，門五，東曰寧海（今曰大東、又曰先春）、西曰通泗、南曰安江、北曰鎮淮、東南曰小東，各有甕城、樓櫓、敵臺、雉堞，南北水門二，引市河通於壕。嘉靖乙卯，知府吳桂芳以倭寇請於上官，接東郭建外城，即宋大城之東南隅也。工方興，以遷去，後守石茂華繼之，起舊城東南角，循運河而東折而北，復折而西至舊城東北角止，約一十里，爲一千五百四十一丈九尺，高厚與舊城等，今稱曰新城，爲門七，南曰挹江（今曰鈔關）、曰便門（今曰徐寧）、北曰拱宸（今曰天寧）、曰廣儲（初亦曰鎮淮）、曰便門（今曰便益）、東曰通濟（今曰缺口）、曰利津（今曰東關），門各有樓，爲敵臺十有二，南北水門各一，東南即運河爲壕，北鑿壕與舊城壕連，注於運河。萬曆二十年，知府吳秀浚西北城壕，甃以石堤，增城堞三尺。二十五年，知府郭光復甃石壕堤未竟者四百餘丈，增敵臺一十有六。崇禎十一年，鹽法太監楊顯名自柴河口至寶帶河，開壕長十餘里，壘土爲城，工未就而罷。國朝順治四年，江都知縣郭知遜重修。十八年，江都知縣熊明遂修城墻、臺鋪。雍正四年，江都知縣王元稚修廣儲門城樓。七年，江都知縣陸朝璣修鎮淮門城樓。

江都縣

（48）江都爲附郭縣，與府同城。《縣志》云，江都在漢初爲國，既更廣陵，遂爲縣隸之。後又各自有城。《水經注》云，廣陵郡之江都縣城臨江。《寰宇記》云，江都縣城在州城西四十六里，後爲江水所浸，無復遺址。《紀要》云，三國時廢。《隋志》云，江都自梁以後，或廢、或置，《縣志》以爲未更築城。《紀要》云，江都於隋唐時附郭，後皆仍之。國朝雍正十年，分江都置甘泉縣，同在郭下。舊城分西半壁，新城分南半壁屬之江都。城外，則分南北二方屬江都。轄管內瓜洲鎮城，在城南四十里，先爲洋子江沙磧，自唐開元後，遂爲南北襟喉之處。及唐之末，沙連北岸，漸有城壘。宋乾道四年，始築南北城，人號曰"簸箕城"。後亦廢。明嘉靖間，因備倭，復築今城，城東西跨壩，周一千五百四十三丈九尺，高二丈一尺，厚半之，城門四，便門一，各有警鋪、敵臺、雉堞，水門、水竇各三。萬曆辛□，同知邱如嵩於南城創樓曰"大觀樓"。

甘泉縣

甘泉縣，以雍正十年分江都縣置，同在郭下，與府同城。舊城分東半壁，新城分北半壁屬之甘泉。城外，則分西北二方屬甘泉。轄古廣陵縣，城在蜀崗上。吳邗溝城，在古城東南，亦蜀崗上。漢興縣城，在郡西四十五里。晉步丘新城，在郡北二十五里。隋合瀆渠城，在郡西北一十八里。周小城，在平山東。宋寶祐城、夾城、平山堂城在州北，諸城遺址，俱在甘泉縣境內。

儀徵縣

（49）儀徵縣城，自宋乾德二年升迎鑾鎮爲建安軍，始築土城，周五里十三步，爲門四，東曰行春、西曰延豐、南曰寧江、北曰來遠，尋增二門，曰濟川、曰通闤。乾道四年，守張郟修築，始鑿壕，塞通闤門，建五門樓櫓。開禧三年，守林伯成益鑿壕，甓城之半。嘉定三年，守潘友文益增樓櫓及屋。五年，守徐景修城，乃盡甓之。六年，守李道傳以商民居城南十倍城中，請築東西翼城衛之。會遷官，未果。八年，守豐有俊繼請築東城止九十二丈，以朝議而罷。十一年，守袁申儒乃復請築西城一百四十八丈，東城九十四丈，建朝宗門於河之南，時東城未畢者尚十之四。至十三年，運判兼守吳機始盡築東城一百九十餘丈，西城十五丈，爲樓櫓十八，屋二百十九，接城築羊馬墻四百五十餘丈，於城西南築弩臺一，高一丈五尺，又以西翼城距江尚遠，鑿河爲限，因土爲城，約五百丈，於河之左，北接翼城，南抵江，作護水曲臺於江滸。寶慶元年，守兼運判上官渙西復請改築西翼城三百二丈，直距潮河，城門一、炮臺四、馬面三、樓櫓八、屋一百五十一，開壕河三百四丈五尺，爲石壩，限潮河；築羊馬墻三百四丈，接築東翼城九十三丈，亦距潮河，城門一、炮臺一、樓櫓四、屋六十三；跨運河爲水門，建樓其上，浚舊壕，展其南一百一十一丈五尺，又爲木閘，以限運河，而兩翼之形始備。明洪武初，知州榮世寶、同知戈文德因宋城合兩翼增築之，是爲今城，周九里十三步，高二丈四尺，爲門四，各以方名，建樓於上，戍鋪四十有三，東南爲水門二，通外河，浚舊壕，周如城。嘉靖三十五年，知縣師儒建東西南三門月城。四十五年，知縣申嘉瑞每門表樹以扁，東曰見海、西曰望都、南曰澄江、北曰拱辰。崇禎九年，知縣姜埰浚周城壕一千六百餘丈，廣十丈，深二丈。國朝順治十一年，知縣牟文龍重修四門城樓。康熙五年，知縣胡崇倫修城墻三百餘丈。五十三年，知縣袁斯恭重修城墻及四門城樓。

高郵州

（50）高郵州，有新、舊二城。今之城，即宋舊城也，周一十里三百一十六步，高二丈五尺，廣一丈五尺，繞城有壕塹。州地四圍皆下，城基獨高，狀如覆盂，故曰"盂城"。宋開寶四年，知軍事高凝祐始築。紹興初，韓世忠命郡守董收營繕之。乾道間，郡守陳敏重修。淳熙乙巳，郡守范嗣□建樓於四門上，東武寧門，樓曰捍海；西建義門，樓曰通泗；南望雲門，樓曰藩江；北制勝門，樓曰屏淮。又於南北開二水關，通市河。慶元丁巳，郡守趙善義重修。開禧丁卯，增重壕。嘉定甲戌，作四面庫城。元末，知府李齊因宋城（51）重修治之。明洪武丙午，復甓甃以磚，增修樓堞、鋪舍及南北水關。嘉靖時圮。丙辰，倭警，知州趙河補治庫缺，後知州劉峻請州修其七，衛修其三，城益固。國朝順治十五年，知州吳之俊葺治四門城樓。雍正二年，知州張德盛捐俸倡民大修城垣廢缺。

興化縣

（51）興化縣城，宋寶慶元年，知縣陳垓築。初爲土城，周六里一百五十七步。元末圮。明洪武五年，守禦千戶郭德、蔡德、劉人杰更建、甃甓，高一丈八尺，內外環水爲壕。正統間，千戶許翀復修。嘉靖十七年，知縣傅珮作臺於北城，名曰"拱極"。三十六年，城圮，臺亦壞，西北崇不逾丈，壕塹湮塞。其夏，有倭警，知縣胡順華率民捍禦。寇退，乃請於上官，築城壘土，甃以甓，高加舊埔一丈爲二丈八尺，厚四丈，女墻一千八百六十，闢四門，東啓元門，樓曰觀海；（52）西爲威武門，樓曰見山；南文明門，樓曰□□；北□□門，樓曰仰宸。水關四，窩鋪二十，即拱極故址仍建□，浚壕廣二丈五尺，深一丈。萬曆二十六年，知縣翁汝進又因倭警，培上加厚，設石閘於水關，兼防水患。國朝雍正十二年，知縣任登級繕修城樓、雉堞。康熙二十三年，知縣張可立請開市河，使水出入諸水門如舊。五十二年，知縣盛弘遂倡衆重修圮壞。

寶應縣舊城

（52）寶應縣舊城，自宋嘉定間，知縣賈涉始築。淳祐十三年，李庭芝重修，尚爲土城。元至正十年，僉院蕭戊乃甃以甓，規制頗大。明太祖定淮地，淮陰侯華中移之淮安，遂無城。嘉靖三十四年，倭內犯，知縣廖言請重建，不果行。三十五年，始奉詔興築，命同知唐維董其役，工未及竟，倭突至，焚掠居民，巡撫都御史王誥督治，乃成今城。三十七年，知縣蔣遵正請加甓，防倭再犯，都御史李遂以屬副使劉景韶，閱九月工竣，城周一千四十餘丈，高二丈，爲門五，曰賓曦、曰利成、曰向明、曰斗拱、曰小東門，南北涵洞各一，水關一，敵臺八。工甫畢，倭果復至，不敢犯而去。萬曆間，知縣韓介堵小東門，開小南門，名之曰迎秀。崇禎九年，知縣劉逵移水關於東門側，名之曰利涉。國朝康熙七年，地震，城東南毀數處，知縣孫蕙修築。二十七年，北城樓圮，知縣徐璉重建。雍正九年，知縣李松泰繕修城垣。

泰州

泰州城，自南唐昇元初升海陵爲泰州，以褚仁規爲刺史，始築羅城。周顯德五年，團練使荊罕儒營州治，增子城於東北隅，合西南舊城，周十里一十六步，即今城也。（53）宋建炎中，通判馬尚重修，盡甓其外，增垣高三丈二尺，趾二丈，面三之一，廣壕至五丈，深一丈四尺，城之南增重壕。紹興辛巳，金人犯州，城廢。開禧二年丙寅，權守趙逢始修築，守何郯、翁潾繼之，數年未成，朝以委提舉施宿，工竣，視舊增五之一。寶慶丁亥，守陳垓創開東西北外壕，浚南壕，通十四里，廣二十四丈，深一丈五尺。端平初，守趙汝擢增治城壕，未竟，守許堪繼之，四角爲月河，深廣皆倍於舊，又去城五里別創堡城於湖蕩沮洳中，曰新城。淳祐元年，金人突至，以濠深不敢向。三年，守何舜臣復增四門月城、壕池、甬道。元末，州民張士誠爲亂，據堡城，仍葺舊城。明洪武乙巳，徐達自大江口挑河通口岸，直抵州之南門，常遇春領馬步兵從揚州陸路同日至。士誠軍退保新城，大軍入駐舊城。遇春遂東築海安鎮城，屯兵絕其通州糧道。十月，士誠兵敗，遂平新城，復於舊城修築，留兵鎮守，築建州治及守禦千户所，而新城及海安城俱廢。城周一十二里四十七步，高二丈七尺，趾廣四丈，面二丈，城門樓四，東曰海寧、西曰阜通、南曰迎恩、北曰迎淮，月城四，南北水關二，濠深一丈一尺，廣五十二丈，袤二千三百八十丈五尺。萬曆十四年，大水，城垣多圮，知縣譚默請□公帑修葺。國朝康熙十三年，知府金鎮首捐俸，令知州嚴愈率士民協修。

民國《甘泉縣續志》

民國《甘泉縣續志》，成文出版社有限公司，1975年。

甘泉縣

（卷二"建置考第二"，69）甘泉與江都同爲府治附郭，即以府城爲城，其詳已見《江都志》。舊城之東半壁，如小東門、大東門、鎮淮門，新城之北半壁，即拱宸門、廣儲門、便益門、利津門、通濟門，其北段皆屬甘泉治。舊城内縣界約居十之四，新城内縣（70）界約十之七。新舊二城各有南北水門，市河貫之，舊城市河久已淤塞，新城市河夏秋間尚可通小舟。城外有濠，爲蜀崗諸水所彙，惟挹江、徐凝、通濟、利津四門即以運河爲濠，不重鑿也。

堡城，宋理宗寶祐三年，賈似道開府揚州，因堡城廢址更築城，名寶祐城。歷經兵火，夷爲平地，阡陌縱橫，種花爲業者多居於此。有都城隍廟，僅存矮屋數椽，壁間唐杜佑斷碣或云原刻或云重摹，今土人猶稱其地爲堡城。

同治《重修山陽縣志》

同治《重修山陽縣志》，成文出版社有限公司，1983年。

山陽縣

（卷二"建置·城池"，25）舊城周十一里，東西徑五百二十五丈，南北亦如之，高三十尺，爲門五，東曰觀風、南曰迎遠、西曰望雲、北曰朝宗（此舊署也，今東曰瞻岱、南曰迎熏、西曰慶成、北曰承恩），西門稍北舊有門曰清風，元兵渡淮時，守臣孫虎臣塞之，四門皆有子城，城上大樓四座，角樓三座，窩鋪五十三座，雉堞二千九百六十垛，水門三。
（26）當秦漢時本無城郭，東晉安帝義熙中，始立山陽郡於此地，築城。《金石錄》有唐上元二年《修楚州城記》，《文苑英華》有唐大中十四年御史中丞李苟《修楚州城南門記》，皆今日舊城也。南宋，郡守吳曦欲徹城移他所，通判李大性止之。孝宗時，守臣陳敏重加修葺，雉堞堅新。嘉定初，復圮，知楚州趙仲葺之。九年，知楚州應純之填塞漥坎，浚池洩水，城益完固。元至正間，江淮兵亂，守臣因土城之舊，稍加補築。明初，增修，包以磚甓，周填樓櫓，始成今制。正德十三年，漕撫叢蘭檄知府薛鑒重修。嘉靖間，知府劉崇文再修。隆慶間，漕撫王宗沐建樓於西門子城上，額曰"舉遠"。萬曆三十三年，倭亂，邊海戒嚴，署府事推官曹於汴添設敵臺四座。三十八年，西門城樓災，知府姚鉱重建。四十八年，南門毀於雷火，知府宋統殷重建。崇禎間，漕撫朱大典徧修三城。後城樓又圮。國朝康熙初，漕督林起龍徹而新之，城垣殘缺者補治之。二十三年，漕督邵甘重建西門樓。二十八年，漕督董訥重建南門樓，後屢修葺，年久塌卸。乾隆元年，督撫題准發銀四千餘兩，飭知縣沈光增承修。九年，知縣金秉祚於各門添建兵堡、營房。嘉慶二年，復經修補。道光十五年，漕督周天爵捐資建西南二城樓。二十二年，復集資大修，新建砲臺二重，建過街樓四，又增造北城圈及東北二城樓。咸豐、同治中，間加修補，又於東城建敵樓一所，及四城踐更窩鋪，今圮。同治十二年，漕督文公彬重建城西門樓。

新城，在舊城北里許，周七里零二十丈，高二丈八尺，東西徑三百二十六丈，南北三百三十四丈，爲門五，東曰望洋、西曰覽運、南曰迎熏、北曰拱極，門各有樓，小北門曰戴辰，東西有子城，角樓四，南北水門二，窩鋪四十八座，雉堞千二百垛。按新城，即古北辰鎮地，西瞰運河，東南控馬家蕩，北俯長淮。元末，張士誠將史文炳守淮安，始築土城。明洪武十年，指揮時禹取寶應城磚石築之。永樂二十一年，用工部言土城低薄，令軍士增築，門上建樓。正德二年，總兵郭鋐重建。隆慶五年，知府陳文燭重修。萬曆二十三年，倭警，署府事推官曹於汴添設敵臺四座。國朝乾隆十一年，督撫題准發帑銀二萬五千七百餘兩，飭知縣金秉祚承修，裹墻餙土，加幫寬厚。在明季，城內居民尚有萬家。國朝乾隆間，猶稱蕃盛，後漸寥落，樓堞、街市圮廢略盡。咸豐十年後，皖寇叠擾，鄉民頗屯聚其中，竝得安全，荷有大力者修而築之，亦舊城輔車之助也。

聯城，在舊新二城之間（俗曰夾城），東長二百五十六丈三尺，起舊城東北隅，接新城東南隅；西長二百二十五丈五尺，起（27）舊城西北隅，接新城西南隅。爲門四，東南曰天衢；東北曰阜成，久塞；西南曰平成；西北亦曰天衢。東西水門四，城高一丈四五尺不等，後加高六七尺，加厚四五尺，城樓大小四座，雉堞六百二十垛。其地本爲運道所經，今陸家池、馬路池、紙坊頭皆昔糧船屯集之所。明嘉靖三十九年，倭寇犯境，漕運都御史章煥疏請建造聯城，爲文記之。萬曆二十一年，倭警屢聞，鄉人胡效謨等請於漕撫李戴加高厚焉。二十三年，署府事推官曹於汴添設敵臺四座，其後日就傾圮。國朝乾隆九年，督撫題准發銀六千八百餘兩，飭知縣金秉祚承修。今歲久無葺治，圮廢略與新城等。

光緒《丹陽縣志》

光緒《丹陽縣志》，成文出版社有限公司，1983年。

丹陽縣

（卷四"城郭"，165）《舊志》載，漢末有劉繇城，在今縣西南二百四十步。繇自揚州徙治曲阿所築。孫策東略，繇奔豫章。《祥符經》云，雲陽故城，周回五百六十步，高一丈五尺，無濠，即古（166）簡州地也。又《咸淳志》云，周回三里，上多古木，東門在斜橋，西門在縣前，南門在草堰，北門在觀音山，久廢。

內城，明嘉靖三十四年，倭寇內犯，知縣陳奎始築內城，周回九百七十九丈，徑三百三十三丈有奇，高二丈二尺，下闊三丈，甃以甓，設四門，上施樓櫓，東曰通漕、西曰望京、南曰迎熏、北曰鎮湖，又於通漕門之右開水關，建石閘一座，在藉尚書姜寶爲之記。

外城，明嘉靖三十五年，倭船艤孟瀆口，突犯河莊城下，內城既築，市民遺於外者十之七，居人患其隘，巡撫張景賢令於城外壘土城。明年，知縣史永壽請增築（167）焉。於是督縣丞丁德修、司訓李明、楊士聘董其役，共長一千有五丈，高二丈二尺，厚三丈，周回九里十三步，計用金二萬三千兩，西門名望京門，南門名南熏門，仍前制添設麻巷門在麻巷，名朝陽門；東門臨運河，名永和門；草堰門在草堰，名景清門；小南門在新巷，前臨運河；北門在新橋，名臨江門。東、北兩水關跨漕渠，合草堰門之鳴鳳關、西水關爲四，自是內外城合爲一，邑人張寰爲之記。

道光《重修寶應縣志》

道光《重修寶應縣志》，成文出版社有限公司，1983年。

寶應縣

（卷一"城池"，69）宋嘉定間，知縣賈涉請城寶應，役興，以憂去。金人犯光州，起涉竟前役。淳祐十三年，李庭芝復城寶應。元至正十年，僉院蕭成增築之，包以磚，周九里三十步，廣二里（70）二百六十步，袤三里，東南北三城門及三甕城、三水門。二十六年丙午，明太祖定淮地，指揮使華雲龍移之淮安，北水門尚存遺址。嘉靖三十四年，倭內犯，知縣廖言以建城請，不果行。三十五年，詔動支鳳陽倉折糧銀二萬兩，江都縣湖灘租銀一千兩，興工創造，議循舊址，添西城門、小東門，同知唐維董其役，築土城未竟。三十六年五月七日，倭寇突至，民罹刀鋌，死者千餘人，公私廬舍悉毀，巡撫都御史王誥即舊址斂三之一，先建四城門，築土城。三十七年，知縣蔣遵正請包砌城垣防春汛，撫按發鳳陽倉銀一萬五千八百兩，給原派官耆築之。（原稿缺）（73）兵役輪值，以察奸究。四城門樓各塑關聖帝君像，小南門樓塑文昌帝君像，以錢二十緡贖東岳廟田畝，畀廟僧永爲五門朔望香火之資云。

道光《琴川三志補記》

道光《琴川三志補記》，成文出版社有限公司，1974年。

常熟縣

（卷二"城池"，27）宋常熟縣城，周二百四十步。《琴川志》云，今不存。元升縣爲州。至正間，張士誠據平江，始築州城，周九里三十步。明《桑瑜志》云，即今址是也。成化後，僅存遺堞，夷爲民地。嘉靖間，以防倭展築，始環山爲城，而州城故迹，諸志未詳。廷鑒考，洪武中，縣給李阿演開墾印貼有"山地除東岳行宮基外，實算二十六畝三角"之文，則爾時虞山東麓未入城內，其北半巢居，其南天字號九萬圩俱在城外，城與山兩不相屬。援據開墾貼文可證。乃陳祖范《昭文志》云，騰山爲城，殆必始於張氏，今山頂藏軍洞、演武（28）場，皆其遺迹，殊不知州城密邇山麓，其山巔之歷歷藏軍洞，皆重兵屯守，表裏互爲聲援，正合犄角機宜，決不出連雞下策審矣。至明嘉靖間，承平日久，武備廢弛，惟□倭踞山巔反占地利，不得已而展拓，環山權濟一時亟爾。如《陳志》云云，直誤會姚廣孝、沈似潛詩句，具亦未審於當時之形勝矣乎。夫《盧鎮續志》在元末，《張洪新志》在明初，兩人皆及見州城者，惜篇籍久逸，（29）言人人殊，作"州城考"。

河 南 省

嘉慶《濬縣志》

嘉慶《濬縣志》，成文出版社有限公司，1976年。

濬縣

（卷六"建置志·城池"，315）濬縣城。黎陽故城在濬縣東北，漢置黎陽縣，屬魏郡，《前漢·地志》注（316）晉灼曰：黎山在其南，河水經其東，縣取山之名，取水之陽以名。《水經注》河水又東北過黎陽縣南。今黎山之東北故城，蓋黎陽縣之故城也。山在城西，憑山爲基，東阻爲河。《魏地形志》，黎陽郡，孝昌中分汲郡置黎陽城。《宋河渠志》，政和五年，都水監言慮水溢爲患，乞移軍城於大伾山，居山之間，以就高仰。按宋時郡治黎陽，即漢時故城也，政和五年升安利軍爲州。是時，濬州與黎陽各治。蓋濬州別治三山，而黎陽則仍舊治也。明初復徙治於山東北平陂。

《天下郡國利病書》，濬，故稱黎陽，隋唐時城在大伾山北麓；而《一統志》云，廢黎陽縣在今縣西二里，蓋黎陽漢以來□□名監聚六郡校士戍屯於此。入隋唐，□□□□□故址（317）衛水以西也。《水經》酈道元注曰：黎山之北，故城蓋□□□之故城也，今黎山不可考。宋天聖間，濬州治沒爲湖，始徙浮邱山巔。洪武初，復徙山之北陂。弘治十年，知縣劉台城之，周七百三十丈有奇。是時，城西連浮邱，登高內瞰，指顧畢盡，不可戍守。嘉靖二十九年，知縣陸光祖乃截西南隅弃之城外，據山崗險絕處改築焉，於是城小且堅，可恃爲永利云。

《讀史方輿紀要》鄒伸之《使達日錄》云：過濬州，城在小橫山上，復有一山如偃月與城對峙。蓋宋置城於浮邱之西。國初，徙縣治於東北平陂上，去舊治二里有奇。弘治十年，築城環之（按徙縣治在洪武初，顧氏不宜有國初之稱。明曹學佺《名勝志》亦引鄒伸之云云。顧氏蓋全用曹氏【318】語，而不及細檢爾）。

《張志》澢城歷代建置不一。元時在浮邱山巔，洪武初徙於山之北。弘治十年，知縣劉台繕之。周七里一百五十步，高二丈八尺，池深二尺，闊二丈五尺，有劉瑞記略。正德五年，知縣陳□復增築之，城西連浮邱，登高內瞰，指顧畢盡，不可戍守。邑人王侍御璜撰《縣志》草議依錢塘浙江故□，循山列城。嘉靖十一年，知縣邢如默復加拓治，如侍御議。二十九年，知縣陸光祖采群議，相地勢，乃截西南隅弃之城外，據山巔險絕處改築焉。高增一丈，闊五尺，四隅建敵樓，間置戍鋪，城堞悉砌以磚，門外設石橋，有高尚志記。□□十一年，知縣徐廷課仍復西南隅城。萬曆二年，知縣□□（319）重修，包浮邱山之半於城內，踞其巔以東望怀山，兩□□流，形勢最爲壯麗，即今城也。天啓三年，知縣趙建極增修，前□後三池俱浚及泉，夾岸築長堤，高丈餘，堤頭置栅欄，時爲鑰匙，人不得近城下，右面臨河甃東岸以石，長一千九百六十尺。繼之者因其舊而修之，則城可固守，並無河侵之虞矣，有趙□極自記、兵部尚書王在晉《河岸記》。

《劉志》，崇禎年間，知縣李永茂大爲修砌，磚石各半，樓櫓、雉堞極爲壯麗。

《曾志稿》，雍正九年，知縣陳國柱捐俸重修城門樓四座、城門內炮房四座。

城正門四，西便門二，一爲觀瀾門，在縣前西邊，往時上有（320）鐘樓，俗呼爲鐘樓門；一爲水驛門，在北大街倉口西邊。

池深二尺，闊二丈五尺，西門外臨河，即以河爲池。北關池自西河岸起，至東關轉而南關，共三面。明知縣趙建極於河岸建閘引水繞城三面，又樹柳於堤，栽藕於池，今則□湮不通久矣。

民國《安陽縣志》

民國《安陽縣志》，成文出版社有限公司，1968年。

安陽縣

（卷八"建置志·城池"，221）縣城，圍九里一百十三步，高二丈五尺，闊二丈，外磚內土，凡四門，北拱辰、南鎮原、東永和、西大定。

《鄴乘》：安陽縣城，周九里一百十三步，高二丈五尺，闊二丈，外磚內土，四門，北拱辰、南振遠、東永和、西大定。《宋志》云，後魏天興元年築，宋景德三年增築，圍十九里，今裁得其半云。

案《河朔訪古記》，彰德路城中，宋隸安陽縣，清置錄事司以領之。城之外仍屬安陽縣，城郭周十九里。據是，則翟文敏所指景德增築圍十九里，今裁得其半者，蓋據城之圍，非統郭之四周言之。

《陳縣志》，安陽附郭，即郡城為城，始築於後魏天興元年，增築於宋景德三年，周圍十九里。明洪武初改築，圍九里一百一十三步，裁得舊城之半，高二丈五尺，厚二丈，外磚內（222）土，門四，東曰永和、南曰鎮遠、西曰大定、北曰拱辰，各建樓，又建角樓四，敵樓四十，警鋪六十有三。成化十三年，知府曹隆重修。清康熙十六年，知府邱宗文重修。康熙五十二年，北城樓火毀，知縣徐樹敏重建東西二樓。歲久傾頹，雍正七年，知縣李聞楸重修。城垣四面俱於七年補修。

康儀鈞案，《明史·食貨志》，洪武二年，鄧愈、湯和屯兵彰德屯田。又《湯和傳》甓彰德城，蓋城始建於湯和，而知縣蔡誠則其承修者也。又案《魏書·地形志》，天興四年，置相州。又《道武帝紀》，天興元年，帝幸鄴，巡登臺樹，遍覽宮城，將有定都之意，乃置行臺。是天興所置之相州，即曹魏之鄴都，而改名相州耳。且是時安陽縣地併入於鄴，安有創建崇墉而不設州縣，空而置之者乎？則《舊志》所謂縣城之始於天興四年者，妄也。今考《周書·靜帝紀》，大象元年八月，韋孝寬平相州，移相州於安陽，其鄴城及邑居皆毀廢之。《隋書·地理志》鄴縣下云，大象初，縣隋州，徙安陽。而王伯厚《地理釋》引《都城記》云，洹水南岸三里，有安陽城，今城北去洹河三里而遙，則今之縣城即隋唐以來所治之處，未經遷徙，而城垣之建，在天平徙都之時，無可疑者。特以《周書》《北史》不志地理，《隋唐志》又不詳創建，無可徵驗，以理度之，為如是云。

（223）原案《安陽集》《相州新修園池》記，闢牙城而北之三分，蔬圃之地，其一居新城之南，其二居新城之北。蓋魏公所指新城，即《宋志》載景德三年增築者也。又據《河朔訪古記》彰德路城中豐安坊，有寺曰觀音禪院，唐天祐二年建，有八角井，初州城在井北，避洹水泛溢南徙，乃包此井於城中，是宋增築之由，殆以避水患也。今欲尋舊基，當自今觀音閣堙埋廢井，土人傳爲八角琉璃井者，即唐觀音禪院矣。城包此井，而城遂南徙，故魏公目爲新城。又此巷觀音閣臺，傳有冰井臺鐵柱移置其下，故於此又得休逸之迹，而益以見魏公所云新城之北矣。

　　城壕闊十丈。《鄴乘》壕闊十丈，水深者二丈，淺者八九尺。《陳縣志》，壕闊十丈，深二丈，歲久淤平，僅存護河形迹。每西山水發，下流壅塞，民廬田畝，多苦淹沒。乾隆二年，知縣陳錫輅詳請動帑挑浚四城河，面寬五丈，底寬三丈，深五尺，瓮城河寬三丈，又城北疏洩水支河，自是水得順流，無漫溢之患。

　　節錄陳錫輅撰《浚壕碑記》：安陽邑附郡城，巍巍雉堞，周環以壕，而高平村分洹水入渠東流，至城析支者二，南流爲南萬金渠，北流爲北萬金渠。壕居腰腎，實順水要道，用（224）以漑田惠民，袪害就利，則鄴城之壕，又匪特爲護城，壯其形勢矣。自歲久淤澱，壕與岸平，上游壅閼，地勢西聳東漥，時屆夏秋，山水徒發，奔騰澎湃，衝突西郭，民廬沉竈矣。而城東之茶店坡、吳村、八里莊地尤卑下，盡淪澤國，民苦及溺。積有歲年，錫輅自內黃移調，抵任半載，因周覽形勢，酌裁深廣，計工若干，計費若干云云。城闉四周，計長一千八百七丈，城北開洩水河，計長三百三十丈，執役者官給飯食，凡費帑銀一千六百三十五兩有奇。壕視《舊志》所載，闊減半爲丈者五，深減四之三爲尺者五，度其深廣，足以資吐納、護城垣，且事期通變，利在因民。自春杪興作，萬夫雲集，畚鍤齊舉，凡閱兩旬而畢事。

乾隆《登封縣志》

乾隆《登封縣志》，成文出版社有限公司，1976年。

登封縣

　　（卷四"土地記"，98）《河南府志》，登封縣城始築未詳，周圍不滿三里，高一丈五尺，廣如之，池深八尺，闊一丈。明景泰元年，布政使豐慶以南城逼於學宮，拓而大之，凡百餘步。正德九年，知縣李居仁重修。萬曆三十九年，知縣傅梅依（99）故雉易以堅甓，計六百四十九丈，起四門樓，立四角亭，闢四門而高之，東曰春雨、南曰黃離、西曰鴻澤、北曰萬歲。北樓，崇正十四年毀於流寇，知縣鄢廷誨死之，是年知縣劉禋修葺。十六年復毀於寇，知縣劉裡死之。國朝順治三年知縣高岫，五年知縣張朝瑞相繼修葺。乾隆九年，知縣施奕簪重修，復浚池廣一丈五尺，深一丈。乾隆二十七年，知縣邱峨重修。

《舊志》，登封城在嵩山南，不滿三里，明景泰間布政使豐慶廓南城而大之，嗣後歷代增修。國朝康熙中，春雨鴻澤，萬歲門俱圮，乾隆癸亥甲子（100）知縣施奕簪重建。

乾隆《鄧州志》

乾隆《鄧州志》，成文出版社有限公司，1976年。

鄧州

（卷五"建置·城池"，164）城池。鄧州舊有內外二城，元末頹墮無存。明洪武二年，金吾衛鎮撫知鄧州事孔顯始築內城，周四里三十七步，高三丈，基廣三丈五尺，池深一丈五尺，闢四門，東曰迎恩、南曰拱陽、西曰平成，北門以形家言閉不啓。內馬道廣一丈五尺。六年，始甃以磚，建門樓四，角樓四，月城小樓四，甕城小樓三，窩鋪三十三，女墻一千三百九十一，三門外各置吊橋一座。外城自元史天澤（165）築後，久廢。至明弘治十二年，知州吳大有重築，周一十五里七分，高一丈，廣五尺，以軍三民七分修，民當東西南三面，軍當北一面。內馬道廣四尺，因舊為五門，曰大東門、小東門、南門、小西門、大西門，各建樓，內畫五關如其門。為六街，曰泮宮、時雍、咸熙、嘉靖、民夫、永康，其市廛定處，諸關街輪日貿遷。五門外各置石橋一座。正德六年，知州於寬增修外城，高三丈，基廣二丈五尺，重建門樓五，月樓五，浚池深二丈，闊六尺，引刁河水灌之。嘉靖三十二年，知州王道行又增修外城角樓四，窩鋪二十一，垛口一千七十，引靈山水（166）灌池內。三十五年，知州張仙復修外城五樓。萬曆三十八年，知州趙沛又修外城五門樓，扁其南門曰"南控荊襄"、東曰"東連吳越"、西曰"西通巴蜀"、小東門曰"六水環清"、小西門曰"紫金浮翠"。先是王道行於嘉靖間繞外城種樹千株，年久無存，至沛復浚河植樹焉。崇禎七年，知州孫澤盛修外城窩鋪及女墻二重（按以前俱修外城，自後無復從事外城者）。十年，流寇張獻忠陷鄧州，城郭灰燼。瘡痍之餘，知州劉振世見外城不能守，乃集遺黎重修內城而併力焉（舉人丁之棟捐磚葺城共八百萬）。國朝順治三年，闖孽劉二虎攻城二十七日，掘地道七處，（167）城中隨機應之，計窮遁去。知州馬迪吉增修圓城角樓四，敵臺三，女牆一千三百九十一，懸樓三十座，砲臺二十四座（計用磚四百七十萬，灰石稱之）。十五年八月至九月，大雨，磚城墮四處，知州馮九萬修之，凡三十丈五尺。康熙三十年，磚城內面崩削殆盡，有剝及女牆，寬不盈尺者，知州趙德修之，由東而南而西共計三百六十八丈。近數十年，皆隨缺隨補，未嘗動大役，故城實完好而修造無紀。

民國《汜水縣志》

民國《汜水縣志》，成文出版社有限公司，1968年。

汜水縣

（卷二"建置志·城"，61）今治城創自隋開皇年，始命為汜水縣，定其址於錦陽川東畔，後為唐人變置，至宋又復其地，仍其名。金元因之。武宗至大元年，大水漂沒，城郭宮室一空，乃遷置於錦陽川之東十里古制邑之墟。

明洪武六年，邑令劉淵奏請徙復縣治，即舊址築城。景泰元年，知縣劉泰增築。成化十八年，知縣王銘修葺。是城也，因北依臥龍山，西南濱汜河之浹，依山者飛堞其上，隨崗變宛曲之勢，濱河者因其地正其廉隅，半高半下，隨方隨圓，其街道亦隨山城圍轉。城周回五里十一丈，高二丈，女牆高三尺，上闊八尺，基倍之，雉千二百有奇，隍深八尺，闊二丈，城內馬道環繞相通，城門五座，東曰迎恩、東北曰宣威、西曰傅岩（旋改通陝）、西南曰觀瀾、南曰擁秀，各衣以鐵、戴（62）以臺閣，閣額東曰"鴻溝古界"、西曰"虎牢天險"、南曰"龍泉活水、牛口徵雲"。又藩門舊有棹楔，曰"鎖天闖域"，在迎恩門外；曰"控地咽喉"，在傅岩門外；曰"漢楚雄鎮"，在宣威門外；曰"美哉山河"，並廢於正德十四年水漲之秋。是年，山河泛漲，東南城垣瀦頹，邑令黎循紀申請修築，又於東門外推其式廓，築重城一百丈，建其門曰"達汴"，故改傅岩門為"通陝"字以配之，深廣一如舊制。嘉靖中，汜河內浸，邑城西堤潰，城危，市肆成津，學宮大壞，官舍民居日沉竈產蛙矣。有司申聞臺司，欲為遷徙計，巡撫錐公具題請旨，以上街之北，胡固之東，廣武南高平處為城郭基址，後水退患歇，民力不堪，遂就舊城稍加修繕。萬曆中，邑令劉釗、張統相繼修築，益完且堅。崇禎八年，流寇破汜城，邑令劉邦道被逮，繼令李原立以土城傾圮難守，議欲磚砌未果。後令王國楠克任其事，周圍上下，瓾砌整飭，視前加高且厚，汜自此遂為磚城矣。崇禎十六年，邑令周騰蛟因流寇攻亂，移縣治於城西北之大伾山，依成皋舊址為新城，名摩天砦，即玉門之西旁也。後寨為流寇所破，復為荒壘。清順治二年，豫藩奉命略地，委鞏人閻際和署汜事，復令民就錦陽川之舊城以治。後令高永光因之，遂仍定基於此。又乾隆元年，知縣羅光臨以城濱汜水，每苦衝決，議開引河南行，以殺水勢，使無逼城，請帑挑浚，復補築城雉之衝陷太甚者，役未竣。次年六月二十八日，山水漲發，城西南兩面衝毀一百二十餘丈，引河亦淤塞。自是厥後汜城不堪言狀矣。

（63）按汜水，漢曰成皋，城址在今治西南二里。唐曰廣武，在虎牢城側。又曰武牢，城址未詳，今皆久廢。

光緒《扶溝縣志》

光緒《扶溝縣志》，成文出版社有限公司，1976年。

扶溝縣

（卷四"建置志·城池"，247）隋，大業末，移治桐邱城，即今縣治。

明（248）洪武三年，縣丞劉鎰創建，高丈餘，周圍六里三百二十二步。正統七年，知縣韓璟增修，高二丈五尺，池深二丈（按《通志》周圍九里三十步，高一丈九尺，廣二丈，與此小异）。景泰二年，知縣陳紀建敵樓。成化十九年，知縣胡宣修四門，東曰寅賓、南曰迎熏、西曰見嵩、北曰拱宸。正德五年，知縣王廷華創女墻，立敵臺，浚隍，建郭門。嘉靖四年，縣丞康鉞修北門。三十一年，知縣高經築城，隆冬不息，明年有柘寇，卒賴其力。（249）隆慶六年，知縣黃芬作磚城，徐宏繼之，再歲乃成。（252）萬曆三十年，知縣全良范繼修。三十九年，知縣丁可取拓城丈餘。崇禎十三年，知縣蘇顯祐創附城敵樓。十五年，闖賊陷城，賊既去，營頭李奮文令四鄉土人因廢址修之，不及舊城者數版。國朝順治十三年，知縣王佐重修東北二門暨二橋。康熙四年，知縣高錫爵重修。三十六年，知縣趙如桓重修。乾隆二十二年，霪雨連旬，城之崩塌者大半。二十七年，知縣□（253）豐垣重修。嘉慶元年，知縣楊芝年重修。二十一年，知縣胡秉鈞重修西門濠梁官路。咸豐年間，知縣鄒金生飭城鄉紳士創建附城四角砲樓、周圍營房。捻匪擾亂，賴以保全。

民國《鞏縣志》

民國《鞏縣志》，成文出版社有限公司，1968年。

鞏縣

（卷六"民政·建置"，366）《舊志》，鞏縣周圍七里四十八丈，高二丈，壕塹深八尺。明景泰六年，縣丞趙升修築。成化十一年，知縣柯忠重修。正德七年，流賊攻毀，分巡道翟鎬督修之。嘉靖二十二年，水復湮頹，知縣周泗增修。萬曆十三年，分巡道丁惟寧檄加磚石，知縣李再思、汪本英後先修完。周圍角樓三座，窩鋪墩樓三十（367）座，門五座，東曰迎恩、西曰瞻洛、南曰玉川，又曰望嵩、北曰納洛，其一小東門，蓋舊城東門，卑下，一遇黃河水漲，則浸淫入城。四十年，知縣程宇鹿擇城垣高處另開一門，又築土堤五百丈以衛城腳，樹鞏簡公甸坊一座，與新門對峙，城上建磚石高樓一座，沿城加修，迥异前制。至崇禎十年，知縣宋文瑞復增高五尺。越癸未，流寇攻陷，傾圮者無數。清順治六年，知縣徐梁修補。康熙二十年，知縣蔣徵猷復加磚石增修。四十八年六月，大雨連旬，山水陡發，洛水暴漲，城幾傾覆。東門逼近洛河，每遭水患。知縣多時琦於甕城圈門兩邊砌石制閘，水不得（368）入。乾隆九年四月，知縣邱軒昂奉文重修城垣，以工代賑，縣丞陳之焜、典史王釋如、監生李丕昌、劉鴻誠、趙桂蕁、生員姜公溥、張鞏、劉世馨、佾生劉王卿、董鈺同督工。二十七年四月，東城外河水淤墊，城水不能宣洩，知縣高兆煌於東門迤南北開設涵洞二處藉疏疏水，庠生趙德恒等督工。

民國《光山縣志約稿》

民國《光山縣志約稿》，成文出版社有限公司，1968年。

光山縣

（卷一"地理志·縣治志"，51）中國自古建國，城郭、溝池以爲固，通都大邑之有城郭猶民間之守門戶，人民不以守令之賢致夜不閉戶之盛，而自毀其門戶。則通都大邑，自不能以天下太平無寇賊之警，而墜毀其城池。惟寇賊險惡性成，所過爲墟，以便其馳驟蹂躪，故仁人君子之所至，其保護人民之政策，必以修理城池惟先務。光山有城，自弦子建國始，漢以後置縣者若西陽□、樂安、茹山、仙居，俱在今縣域內，其城址所在，別詳"古迹志"，非今治所。今縣城，則劉宋元嘉中所置光城縣地，梁於縣置光城郡。隋始改爲光山縣，迨於唐宋相沿不易。其城址周輪崇廣之數，與其修築之時，舊籍久佚，不復可稽。宋既南渡，縣逼於金。嘉定十年後，屢被攻陷。端平間，金亡，元兵復侵。嘉熙元年，光山失守，城邑殘毀。時吳淵經略邊事，於光黃蘄豐間□立大小寨凡數十處，徙光州治金剛臺，而光山僑治天臺山。元至元十二年乙亥，宋之德祐元年也，是（52）歲宋亡，光山入元版圖，復立舊治。然元有天下，凡所在堅城，俱詔墮毀。光山治城，久頹壞，終元之世不復修治。明洪武元年戊申，知縣齊勉始築土爲城，城周六里，高丈有五尺，厚一丈，池深丈有四尺，廣二丈。正統十四年，知縣郭寧修樓櫓其上。成化十八年壬寅，知縣張寧重修。正德中圮於水。十二年丁丑，知縣李昌始易土城以石爲址，而壘之以甓，拓其舊而大之，周遭廣七里，高二丈五尺，厚丈有五尺，爲堞千四百有一，望樓三十有五，門四，東曰朝陽、南曰迎熏、西曰望月、北曰拱辰，環城浚□，周延八里，廣三丈有奇，深半之，四門跨以石橋，邑人王相記之。嘉靖三十三年甲寅，知縣錢鑄修四門樓櫓。萬曆二十八年庚子，知縣李養正至任，修繕城池。四十年壬子，知縣施堯化重修。崇禎十四年辛巳，城毀於寇。十五年壬子，知縣朱蘊鑲修南北城門，南更名文德、北更名迎恩。旋復兵燼，清順治二年以後，知縣鄭宏圖、饒崇秩相繼修葺。九年壬辰，知縣陳洪柱繼修。十四年丁酉，知縣管豐駿又修之。康熙三年甲辰，王起岱至任，修西門城樓。七年戊申夏，大雨蛟出，水決城，知縣楊先春修葺。九年庚戌，知縣朱鼎振至任，修東北三門城樓。二十七年戊辰，霪雨，城復圮，知縣劉懋藻重修。三十八年己卯，知縣王介於西城門增外牆爲子城，門西南向，題曰"碧恒"。五十一年壬辰，知縣高卿重修。雍正七年己酉，知縣黃曾又修，更西城門名曰"秋成"。乾隆十四年己巳，連雨，城圮五十七段，凡二百三十七丈四尺。十五年庚午，知縣譚龍詳請修葺，估需土料銀九百八十四兩有奇，分五年帶修。十八年癸酉，知縣李源接修。十九年甲戌，知縣柯樟生功始告竣。三十七年壬辰五月，大水壞西門石城五丈餘，知縣汪槐捐修。四十七年壬寅，知縣楊殿梓捐修四城樓櫓。厥後數十年，無兵革之警，有城復於隍之嘆。咸豐五年五月初二日，粵匪易天富由光州入縣境。初三日，城陷，賊遂焚毀衙署，貢院南各街房殆盡，自是鄰匪往來無險可憑，人民不知死所。十年庚申，知縣阮鼎任決計修城，自捐廉俸以為之倡，勒令貧富各盡其力，磚石不足，拆不載祀典之破廟助之，日夜督工，不遑寢食，閱四月餘而城成。工甫竣，捻匪張宗禹驟至，見城完固，驚為神助，撤去。自後捻匪入境，而城內未遭大害者，此城之力。光緒二十年甲午，知縣周應麟補修一次。今又四十一年矣，城郭不修，時方多難，此亦當務之急也。

　　按《舊志》載，正統十四年，知縣郭寧修四門。考舊"官師志"，郭寧為天順二年任，是其修城時，視履任反先十載。又舊"公署志"載，景泰四（53）年，郭寧重修，視其修城樓時僅隔五載，然亦不應在履任數載之先也。既他無可據，始仍其舊，而附識於此以俟考。

乾隆《濟源縣志》

乾隆《濟源縣志》，成文出版社有限公司，1976年。

濟源縣

（卷三"建置·城池"，144）城周圍五里二百五十步，池如之，城高二丈五尺，池深一丈，闊二丈五尺。隋開皇十六年建。明景泰四年，知縣李珩增築。成化十九年重修。崇正十一年，知縣盧時升甃以磚石。國朝以來，時加修葺，今猶完固。城制四門，南北西皆正向，獨東門闢向東北隅。

道光《河內縣志》

道光《河內縣志》，成文出版社有限公司，1976年。

河內縣

（卷十六"營建志·城池",580）河內縣,懷慶府附郭。邑城,即古野王城。元至正二十年重建。明洪武元年重築,設懷慶衛守之。周圍九里一百四十八步,高三丈五尺,廣二丈,池深二丈五尺,闊五丈,角樓四,敵臺六,警鋪三十九。成化、正德間,知府倪公容、周公舉重修。崇禎十四年,知縣王漢重修,增高五尺,外闊三尺,易四門樓以磚,東門樓曰朝曦、西曰萬成、南曰朔南、北曰拱極。國朝順治十二年,知縣孫灝修。康熙十七年,知府劉公繼世重修四門樓,緣濠栽柳數百株,時霪雨傾塌西面城墻十餘丈,知縣李枟重修。雍正七年,知縣戴衛修葺。乾隆六年,知縣（581）胡睿榕增栽楊樹數百株。二十二年秋霖,北城塌,知府薩寧阿公檄縣重修。二十六年秋,沁水決,衝塌四面城墻二百八十二丈五尺,知府沈公榮昌、知縣李如龍重修,次年夏竣工。

顧祖禹《讀史方輿紀要》曰,野王城,今縣治,城周九里有奇,有門四。

民國《淮陽縣志》

民國《淮陽縣志》,成文出版社有限公司,1976年。

淮陽縣

（卷四"建置考·城池",245）城,延袤九里十三步,高二丈四尺,堞二千二百十一,望臺四十九（自乾隆二十七年知縣汪圻重建,今仍之）。四門,東曰明化、西曰平信、南曰孝義、北曰永安,門樓三楹二層,月城頂有平臺。池,深一丈九尺五寸,廣二丈六尺有奇（明嘉靖間,知州郝璋、指揮王三錫復浚,視舊加十之三）。

州城,即古陳國。《九域志》云,陳胡公築。《太平寰宇記》云,楚惠王築。《水經注》云,南郭里有淮陽城,子產置。漢高祖十一年,為淮陽國。杜氏《通典》云,漢淮陽郡故城在陳州宛丘縣西南。《寰宇記》又云,陳州城枕蔡水,周圍三十里。漢後修築莫稽,嗣繇東右（246）徙東堞,即古西閻城中十字街,形勢隆崒,識者指為西銘山之麓。明洪武駐蹕於茲,命指揮賈齊等守焉。辛亥,指揮陳亨易磚垣,延袤七里有奇,高三丈，址廣五丈五尺，頂廣不及址十之三，四門各增瓮城，四隅各爲角樓，敵臺三十九，堞計二千七百，池深一丈五尺，廣二丈有奇，外環護城堤。景泰間，指揮陳紀繕修，增巡警鋪三十七。隆慶丁卯知州崔南陽、指揮賈國楨，癸巳知州胡大成歷修。崇禎十五年三月，闖賊陷陳，城毀。清順治三年，知州趙煒復修。康熙十四年知州李景雲，二十七年知州潘士瑞，二十八年、五十一年知州王清彥、顧琔，雍正七年知州林貽熊相繼修。乾隆十四年，大水，城圮。二十七年，知州汪圻請帑重建，又自爲文記之。光緒十年，知縣焦思浚捐修四門譙樓，補葺城垣。

民國《郟縣志》

民國《郟縣志》，成文出版社有限公司，1975 年。

郟縣

（卷四"建置志·城池"，192）城：《舊志》於後魏改郟爲龍山下注云，故城遺迹在縣南。按後魏酈道元注《水經》言，汝水徑郟縣故城南，則在當時龍山縣城北可知矣。故隋初改龍山爲汝南，不知何時復移縣汝北。土人又言，郟故城在天劉山下，則今城亦不知即《水經》所謂故城否矣。郟，故土城也，周十里有奇，高一丈五尺，廣八尺三寸，基廣一丈二尺，女墻高五尺。歲久傾圮。成化中，知縣王公璽政築，拓其址十二里有奇，闢五門，東曰迎恩、（193）西曰望嵩、南曰臨汝、北曰拱辰、東南曰便耕。歷七十餘年，復就圮。隆慶己巳，知縣趙公應元始創爲磚城。三年築四百四十丈，遷官去。壬申，知縣許公樂善繼之，築九百八丈。越六年，萬曆丁丑，亦遷官去。蓋先後九年，而城僅完十之五六。是年，知縣伍公睿復來繼之，破格通變，一年而築九百六十丈，城遂以成，崇墉屹屹，三公協心之力也。崇禎壬午，流賊李自成圍襄城，怒郟不致，□來攻□平殆盡，汝同知解公所蘊攝縣事，督民仍舊基以泥沙累磚爲墻守之。（194）國朝順治庚寅，知縣張公篤行即其上建官廳三所。壬辰，知縣卜公永升始大發徒入山采木石，燒灰陶磚，並搜在官磚石之廢者重築之，計圍二千三百有八丈，城門樓東西止三，周廬敵臺十有六，廣狹名號一遵舊制，雖曰重修，而功與創俟矣。其臨汝門樓，康熙甲子知縣張公震維建。嘉慶元年知縣毛公師沅補修。咸豐四年，署知縣陳公學淳見城垣多毀廢處，以粵匪方熾，民力甚詘，遂捐廉獨修之。

（195）池：周地十三里有奇，闊三丈三尺，深一丈五尺。明萬曆末，知縣王公策嘗引扈澗水注之。未幾涸，今填閼，漸爲平地矣。嘉慶三年，知縣毛公師沆修理。嘉慶二十二年，知縣孫公珩引扈澗水注池中，今仍涸。

民國《孟縣志》

民國《孟縣志》，成文出版社有限公司，1976年。

孟縣

（卷三"建置·城池"，269）孟縣城，周九里三十步，高二丈五尺，頂寬一丈五尺，底寬三丈三尺，土城，磚堞，堞共三千二百七十，惟東南隅磚城二十六丈五尺，今磚堞漸傾，半易爲土。城門四，南（270）曰河陽、北曰拱極、東曰迎秀、西曰凝翠，城樓四，俱在甕城上。空心砲樓十一座，牆厚三四尺不等，高三丈餘，中分三層。池闊一丈二尺，深八尺，池外攔馬牆高一丈五尺，寬二丈三尺，周圍長一千七百三十步。

《舊志》云，金大定戊申，因孟州故城有河患，徙今治，防禦使么公始築城。明景泰三年，知縣賈珍重築。正德十三年，知縣劉澄增修，易堞以磚，增置四門，南曰歌熏、北曰拱極、東曰寅賓、西曰凝翠。萬曆三十六年，知縣萬時俊重修。崇禎六年，知縣余宗增修。七年，復浚濠闊一丈二尺，深八尺，外築攔馬牆一道。崇禎十三年，知縣張兆羆重建南北東三門樓，又有龍門直縣（271）學前，爲萬曆七年同知張祖良開。今按《舊志》。此外於國朝修築者並未載入。至乾隆三十一年，奉文查取，重修冊籍，申送京中一統志館，祗稱乾隆八年，舊冊被火無存，唯乾隆九年知縣繆集詳請重修，又二十六年，署縣張德履詳請補修而已。然今石刻四城門名題識，河陽門爲崇禎十三年知縣張兆羆立，凝翠門爲正德十五年知縣劉澄立。迎秀門其題識莫辨，唯門內壁上嵌有雍正六年小碑云：知縣朱永慶、管河帥定朝重修東門樓云云。又拱極門，爲順治甲午知縣劉楷立。意入國朝後，劉朱二知縣皆曾重修，而案牘莫考耳。

民國《林縣志》

民國《林縣志》，成文出版社有限公司，1968 年。

林縣

（卷六"建置·城墙"，431）城池表：東魏孝靖帝天平元年，築林慮城，見《太平寰宇記》。唐太宗貞觀十二年，徙今治，築土城，在全境中央偏西與北。《舊志》古治在今治北五里。（432）元世祖至元五年，知州事李漢卿鑿渠導天平水自西南引入城濠。今湮。順帝至元二年，知州事李祐爲防西山水患，於西門外築月堤。城舊四門，南曰宣化、北曰孝感、東曰忠義、西曰社稷。元郭嘉有《林州城西門月堤記》。至正十三年，重修，周圍三里三百二十步，高一丈八尺，上闊五尺，基厚（433）一丈二尺。明孝宗弘治十七年，提學副使王某飭鑿渠，導黃華山水引入城濠，與天平水合。今湮。世宗嘉靖間，避西山水勢，塞西門，門上建樓五座，四隅建翼樓四座。樓久廢。萬曆元年，始改建石城，門外瓮城三，上建官廳一。城高三丈五尺，闊一丈，濠長四里二百八十步，深一丈（434）五尺，闊二丈五尺。明胡汝嘉有《修石城記》。十一年，知縣張榮雅改東北隅翼樓爲奎星樓，懸鐘於上以補風水。樓久廢，惟穴鐘尚在，金泰和年鑄，相傳自磻陽法際院移此。二十一年，北門陰浸坍毀，知縣謝思聰重修。崇禎八年，署縣事趙崇賢於城上西及西南、東南兩隅各建（435）石敵臺一，正西及西南臺上建官廳各一，東南臺上建轉角明樓一，高與城齊，頂闊三丈四尺，闊四丈。存，惟西南臺上官廳久廢。清順治十六年，署縣事洪寅浚桃園水，由南關阜民池引入南門，過縣署注學宮泮池，流出東門城濠。今湮。十七年，知縣王玉麟浚黃華渠，由北關入城濠東北流。

光緒《靈寶縣志》

光緒《靈寶縣志》，成文出版社有限公司，1976 年。

靈寶縣

（卷二"建置志·城池"，148）按縣城始建未詳。明景泰元年，邑令夏永寧重建，城周三里六十步，高二丈五尺，厚一丈七尺，垛口一千，其門三，東曰來紫、西曰拱華、南曰歌薰，至南之東又有門三，中曰"洙泗宮牆"、左曰"禮門"、右曰"義路"，前臨泮池，諸生游泮時始啟。嘉靖八年，教諭李淑洪重修。崇禎年間，邑令谷萬方修城時併垛口一千爲五百，用磚包西城一面，東城十之七，南城四十丈，北城二十五丈，因遭流寇，工未告成。池本寬深一丈有半，（149）國朝順治十三年，前令梁儒重鑿。康熙十五年，大水復淤，前令尚天祿添建城樓三座，東曰"仙令閣"、西曰"觀瀾樓"、北曰"介眉樓"。二十三年，前令江驁又於南城建樓，曰"三巽樓"，復鑿池，沿壕植柳數百株。雍正五年，前令程世綏加築土堤。嘉慶二十四年九月，地震城坍，前令呂子玨請帑重修，共用工料銀二萬三千九百餘兩，較前完固。

民國《靈寶縣志》

民國《靈寶縣志》，成文出版社有限公司，1976 年。

靈寶縣

（卷三"建設·城池"，112）按縣城地址，考之《舊志》，爲隋開皇十六年所創。至城池之規模，明以前不能詳考。其可考者爲明景泰元年邑令夏永寧重建，周三里六十步，高二丈五尺，厚一丈七尺，垛口一千，其門三，東曰來紫、西曰拱華、南曰歌薰，至南之東又有門三，中曰"洙泗宮牆"、左曰"禮門"、右曰"義路"，前臨泮池，諸生游泮時始啟。明嘉靖八年，教諭李淑洪重修。崇禎年間，邑令谷萬方修城時併垛口一千爲五百，用磚包西城一面，東城十之七，南城四十丈，北城二十丈，因遭流寇，工未告成。池本寬深一丈五尺，清順治十三年，前令梁儒重鑿。康熙十五年，大水，復淤。前令尚天祿添建城樓三座，東曰"仙令閣"、西曰"觀瀾樓"、北曰（113）"介眉樓"。二十三年，前令江驁又於南城建樓，曰"三巽樓"，復鑿池，沿壕植柳數百株。雍正五年，前令程世綏加築土堤。嘉靖二十四年九月，地震城塌，前令呂子玨請帑重修，共用工料銀二萬三千九百餘兩，較前完固，由是而後時有補修，無大工程。民國初年，創修四隅角樓，足避槍炮。民國二十二年，經孫縣長將內隉及城垛補修完善，而城樓修理需費甚鉅，現正籌款興修。然城壕久湮，爲商民所侵占，築屋列市，直達城根，欲復故址，頗費經營。

光緒《盧氏縣志》

光緒《盧氏縣志》，成文出版社有限公司，1976年。

盧氏縣

（卷二"地理·城池"，140）盧城，西北闊而長，東南狹而短，南門、北門不□□坎離居乾巽，東門乃東北艮方非震方，西門乃西南坤方非兌方。學門在辰，奎樓在卯，縣治居乾，爲廉山□前丙字放水自城隍廟門檐水下前行二十五步，居中而裁度之，條理分明，昭然可考。

盧氏縣城，西漢始建，歷代修浚未詳。洪武元年，知縣李可民重修，高一丈五尺，周圍四里一百八十步，壕深（141）一丈，廣五尺，四門建樓，下有懸橋，扁額東曰"文華"、西曰"平理"、南曰"望洛"、北曰"迎恩"。既而傾圮，景泰三年，巡撫督御史趙文博檄令修葺。久而復圮，崇禎六年，城陷，邑人鴻臚寺序班王金鉉叩□陳告，按院劉令譽發粟千石，委遊擊周爾敏、防禦流寇署印通判郝正芳晝夜督修，比舊城增高五尺，□又發帑金千兩，知縣劉爾賓建設城樓，敵臺磚砌。國朝康熙十三年，因西南兵變，知縣尚天祿浚壕，建城樓四座。繼任知縣蓋圖重修西南城半面。既又城圮（142）壕淤，康熙四十七年，知縣王玥修浚，雉堞聿新。嗣以歲久坍塌，依舊復隍。至嘉慶二年，陝州牧諸公以謙禦寇到盧，捐俸重修。於舊城遺迹增加倍之，磚甃女墻，四圍浚濠八百九十一丈。風雨剝蝕，加以同治元年叠遭賊陷，殘垣破壘，傾圮無餘。邑令秦公家駒欲爲久遠之計，創修磚城，四隅俱築砲臺，浚濠深廣皆丈餘，分爲十里，各立界牌，每歲補葺，遂成泰山巖巖氣象。

民國《洛寧縣志》

民國《洛寧縣志》，成文出版社有限公司，1969年。

洛寧縣

（卷二"建置·縣城"，229）洛寧土城，周圍四里一百七十步，高二丈五尺，女墻七尺，廣一丈，濠深一丈，廣三丈，門三，東曰迎恩、南曰中和、西曰普安。明洪武二十年，重建，置百戶所守之。正統十年，縣丞於淵重修。嘉靖三十二年，知縣張守愚繼修。隆慶五年，知縣高一登重修，雉堞甃以甓。崇禎（230）十三年，流寇陷，城毀。至順治九年，知縣程萬善重修。康熙二十五年，知縣佟賦偉重修。雍正七年，知縣郭杰修葺。乾隆十年，知縣單履咸重修。二十七年，知縣金兆琦修。

乾隆《洛陽縣志》

乾隆《洛陽縣志》，成文出版社有限公司，1976年。

洛陽縣

（卷二"地理·城池"，137）縣城，即周王城，隋煬帝大業元年建東都大城，周七十三里一百五十步，西距王城，東越瀍澗，北逾谷水。宮城東西五里二百步，南北七里，東西各兩重，南北三重，南臨洛水，四面開中門，移縣治光通坊。唐穆宗長慶二年，增築大城，仍建十門。唐末殘廢。周世宗顯德元年，命留守武行德葺（138）之。宋仁宗景祐元年，王曾判府改築（即今城）方之，周都縮五之四，占隋唐一隅耳。金元俱仍舊制。歷代土垣。明洪武初，置河南衛。六年，衛使陸齡砌以磚石，高四丈，基廣如之，環城鑿壕，計城四圍八里三百四十五步，壕深五丈，闊三丈，減城門為四，東建春、西麗景、南長夏、北安喜，上建重樓，外築月城，又構角樓四，敵臺三十有九。成化、弘治間，指揮張杰、王臣相繼葺治。正德六年，群盜猖獗，中州戒嚴，知府劉鑌督役浚壕，深如舊，闊倍之，又引瀍澗二水入濠，築堰以資防禦。七年三月，寇至，為壕阻，引去。嗣是，增修俱失考。萬曆初，守道楊俊民委縣衛重葺，改四門額，東長春、西瑞光、南（139）熏風、北拱辰。日久傾圮。崇禎四年，知縣楊四重謀於紳士，捐三千金，委庠生張秉厚董役修復。歷二年餘，工竣而流寇至，後先窺城者四，迄不克。繼任劉宏緒於濠邊增築攔馬土墻一匝，高一丈，周一千五百六十八丈五尺，浚疏匣口，復引瀍水入濠，知府王孕長以寇屢薄城關廂，□□與宏緒議於郭外築土城一座，延袤三十三里，居民賴之。闖寇陷洛，屠民平城，土城一時並毀。本朝順治二年，守道趙文蔚草創修築，僅完四面。六年，知府金本重捐俸倡修，輦明福藩廢府磚甓甃砌佐之，三面俱完，四門、四維建八樓，堅聳視昔有加。康熙四十四年，知府趙（140）於京、知縣吳岳重修南門月城，建樓於上，又改東門額曰迎恩。四十六年，署府趙光榮修東門，建城樓。六十一年，知府劉天爵、知縣曾汝爲修西門，建城樓，額曰"萬安"；修北門，建城樓，額曰"長慶"。雍正六年，知府張漢、知縣王箴興修南門，額曰"望塗"。

道光《泌陽縣志》

道光《泌陽縣志》，成文出版社有限公司，1976年。

泌陽縣

（卷四"營建志·城池"，207）唐泌州城（《舊志》云在唐爲沘陽）。明洪武十四年，知縣胡惠因元（208）故址修築，周圍五里十三步，高一丈二尺，廣八尺（《舊志》廣一丈），池深一丈，闊五尺（《舊志》闊一丈五尺），初止東西二門，東曰固本（今改曰延虞）、西曰敷德（今改曰望□）。成化五年，知縣魯常重修，始作南門，名曰宗盤，置警鋪八（警鋪今廢）。正德六年辛未，城始磚，先是猶土城，知縣劉璣始甃以磚。十二年，知縣郭繼祖增甃磚於内。嘉靖間，知縣王世安、龔文魁相繼修葺。崇禎辛巳夏，羅張二賊墮城，拆毀過半，署篆鄧州（209）州同任從仕修葺廢垣。嗣後，屢被流賊土寇蹂躪。國朝順治六年，知縣韓志道重修。康熙二十四年，知縣雷珽奉文重修。二十五年，知縣莫國芳復爲補修，因門制狹隘，始寬大加舊，橋梁木朽，砌以磚石。五十四年，□□修□，知縣程儀千鳩工重修，□邑紳馬之起□申廣董工役、司出納。乾隆二十八年，知縣□桐華修。嘉慶元年，楚匪滋亂，邑紳吳履晋倡義約會吉越（210）□□□李達、石□德、高淑紳、梁吉昆捐資興工，補修城垣，稟明邑宰鄭□謨，按戶之貧富派夫之多寡，孤寡單丁不派，牌戶除□本身差役外，每日給工價錢六十文，閱兩月工竣。二年，楚匪經過縣南，見城池完固，守禦□嚴□，東竄別境。嘉慶八年，知縣□□□修東門吊橋。嘉慶十六年春，知縣張兆安捐募修葺周圍坍塌等處，工未興卸事，知縣李□到任分派邑紳董其事，工始竟。（211）道光二年，南門傾圮，知縣永銘重修。道光七年，西門弔橋坍塌，損及城根，知縣倪明進重修。

康熙《孟津縣志》

康熙《孟津縣志》，成文出版社有限公司，1976年。

孟津縣

（卷一"城池"，16）□城周圍四里，高二丈五尺，廣一丈五尺，池深一丈□之門有四，曰東輝、曰南薰、曰西成、曰北拱，中列東西二大街，小巷五條。舊係土城，雨久即圮，明崇禎□，山陰張公爾葆始砌以磚，庶民趨工，不日成之，有□城□壕碑記。歲壬午，寇陷，城垣損壞太半。明知縣宋公宏道率衆捐資修□，創建四門城樓，後成偉觀。時經霪雨，城垣□傾，□州孟公常裕多方增葺，屹然金湯。

乾隆《南召縣志》

乾隆《南召縣志》，成文出版社有限公司，1976年。

南召縣

（卷一"建置志·城池"，105）明成化十二年，經南陽府同知任義、知縣張琪始築（106）今城，周圍三里十四步，高二丈，廣一丈六尺，池深一丈七尺，闊二丈，共三門，東曰東興門、南曰博望、西曰永豐，上各建樓。正德十三年，知縣彭倫增建窩鋪八，角樓四。嘉靖甲午，知縣馮鮫重修城門，東曰通汴、南曰近宛、西曰連嵩，各增戍樓。隆慶庚午，知縣李龍鰲以磚石，更於北城建樓，題曰"望京"，吏部員外方九功有記。嗣於順治十三年，知縣馬應祥重修。十六年，裁□南陽縣管轄。經今八十餘年，未加修葺。雍正十□（107）年，復設縣治，經南陽縣知縣陳鳳友、南召縣知縣楊嗣清估計銀六百六十兩零，奉撫都院王題准部覆，興修於雍正十三年。南召縣知縣楊嗣清以估修不敷，詳請另估，屢奉駁減，尚未估妥。乾隆十年七月內，經知縣鄧圭估需工料銀三千三十六兩九分三厘五毫，奉准部諮南召縣城垣應請存，俟歉歲以工代賑，興修在案。查《前志》城垣下有湯應科重增高之一語，不詳何年。

民國《確山縣志》

民國《確山縣志》，成文出版社有限公司，1976 年。

確山縣

（卷四"建置志·城池"，107）確山縣，創始於宋祥符間。明洪武初，省入汝陽。十三年十一月，復置。十四年，始建城池（《舊志》城南依盤龍山，周圍三里零三百步，高二丈四尺，廣八尺，池深一丈五尺，闊二丈五尺，樓櫓三，東曰朝陽、西曰回照、北曰拱辰）。成化丙午，知縣丁璉增築，周圍六里三百五十步，高一丈二尺，廣八尺，池深一丈，闊二丈五尺。正德七年，流寇破城。八年，知縣吳照甃以磚石。十二年，知縣宋良臣重修，建三門樓。正德末，知縣李順孫重修門樓，縣丞李儀以磚墁城。嘉靖間，知縣梁瀚建東六角樓一，增警鋪六，李尹耕、王漸俱各重修。清順治十六年，霪雨灌坍南北西三面六十餘丈，知縣吳國杰重甃磚石，立雉堞。康熙二十六年，久雨，城圮長二十三丈，知縣張登第捐俸修築。乾隆三年，知縣王孚見年久坍塌，於以工代賑（108）案內估勘具詳，九年知縣周之瑚將續塌城垣估計具詳，蒙批委勘，仍俟將來以工代賑興工在案。

案此下當有修築之役，惜縣卷被焚，無可稽考。即下云"經知縣金朱楣重修"，亦係據北門城樓上現在碑記而言耳，他無明文也。案《清一統志》云，城周六里有奇，門三，池廣二丈五尺。明成化間修築。正德中甃磚。順治十六年、康熙二十六年重修。乾隆二十八年復修。豈自從周令估計具詳後，直至二十八年始修歟？姑存此以備參考。

乾隆五十二年，城垣頹塌十餘處，約計三十餘丈，知縣金朱楣重修。咸豐六年，因城池失修，墻垣復多傾圮，濠水淤塞，行人牲畜出入者大半取徑於此，塊垣履為平地，知縣姚錕憂之，捐款提倡，諭邑紳劉永昭、金景錄等督工修築。閱十月工竣。次年，逐匪蕭況圍城，賴以固守，俾闔城數萬生靈安堵無恙者，姚公力也。同治七年，知縣戴文海諭紳士張清甫、劉進賢督率重修，並於城東北隅創建砲樓一座，高四丈餘，樓板三層，以資防禦。光緒三十三年夏，大雨，城垛倒塌十餘處，東門樓櫓頹圮過半，知縣張鴻森偕邑紳劉進賢、王士重籌款補修，崇墉屹若，煥然一新。宣統三年，城隍被霪雨衝壞過多，知縣孫希賢諭令附近東、南、西、北、上五保分段按戶出工，由紳首劉進賢、高會庠、張福海、孫紹先等督修，閱四月告竣。民國十二年，縣知事林肇煌以豫省匪氛日熾，城池必須高深，諭告四鄉，除北三至北十保飭令創修駐馬店寨工外，其餘東、南、西三十保及在城北一、北二共三十三保，按上中下分段估工，由紳董劉樹珊、李景堂、魏觀生、孫紹先及四鄉首事等督工，內築城隍，累石爲基，上實以土，計高五尺，寬八尺，外掘濠深一丈五尺，（109）寬二丈四尺，城於是乎有險可守矣。

康熙《汝陽縣志》

康熙《汝陽縣志》，成文出版社有限公司，1976年。

汝陽縣

（卷三"建置志·城池"，132）汝陽，兩漢縣城、晉宋郡城，宋魏汝南郡治懸瓠鎮，邑附郭，舊域二十有四里，門五，四向各一，東北增暗門一，東建倚江亭。元季兵毀。明洪武六年，置守禦千戶所築，五里三十步，高一丈八尺，門三，東曰迎春、西曰見山、南曰阜安。八年，置汝寧衛，拓九里三十步，高二丈五尺，增北門爲四，各（133）建重樓，設警鋪三十有六，水門二。永樂七年，徙衛復千戶所。成化二十年，圮，崇莊王奏請命巡撫趙文博檄知府羅元吉增築高厚，警鋪增四十有八，隅建角樓，繞以子墻，扁曰東作、西成、汝南、拱北。正德九年，流寇薄城，知府畢昭請於巡撫鄧璋，甃以磚石，增高五尺，規制雄壯，度越疇昔。隆慶三年，知府史桂芳重修。崇禎七年，流賊犯汝，知府黃元功、知縣姚士恒嚴陣泛，築炮臺、木樓、箭簾，備飭守具。崇禎十五年，闖寇破城，毀垣爲路，塞隍成橋，平警鋪，焚西門，拆東南北門（134），同知韓煜修補城垣云。

池，建築廣三丈。崇禎七年，知府黃元功、知縣姚士恒義倡士民復浚，計丈任工，通力合舉，深四丈，廣十丈，開南堤石門，引汝入壕，壕外繞植官柳，清陰夾路，映帶川原，允稱金湯。崇禎十七年，涸，士民於蕭公廟堤開渠引汝入濠。國朝順治十五年，涸，知府完自成、知縣紀國珍、參將劉日善仍於蕭公廟堤開渠引汝入壕。計壕自南門至東門，自東門至汝河北岸，共七百二十（135）七丈三尺；自南門至西門，自西門至汝河北岸黃公堤，共八百三十丈五尺。

　　城池續（邱天英）：康熙元年壬寅，知府金鎮建各城門大樓一座，又於月城各建敵樓一座，本年三月工竣（碑見"藝文志"）。

民國《太康縣志》

　　民國《太康縣志》，成文出版社有限公司，1976年。

太康縣

　　（卷二"輿地志·建築"，83）縣城，《史記·項羽本紀》《正義》謂，夏後氏太康所築，自出附會。初為土城，相傳元至正二年建。周九里三十三步，高三丈八尺，闊二丈二尺，池深二丈，闊四丈，城門樓四，東朝陽、西樂城、南南熏（復改名來熏）、北迎恩。明崇禎九年，知縣李皋乃易土以磚，厚五尺，高四丈三尺，四隅建角樓，四面建敵樓，十有三日而成。十五年三月，李自成攻圍兩日，城破被屠，垣堦盡為瓦礫。清順三年，知縣田六善復修。康熙三十一年，大雨壞城，知縣朴懷寶前後捐修四百三十丈三尺。乾隆三年，知縣姚孔針領公項銀修建東南二門樓。二十二年，知縣傅輝文修建西門樓。二十四年，知縣武昌國修東門。二十八年，昌國奉令同紳士捐資通修。咸豐四年，知縣祝墱因捻匪之亂，修城浚池，添築砲樓。民國十年，疏浚保留壕。十五年，城西南隅建築守衛室三間。十八年，城四面建築更房、砲樓、大半棚板，復浚海壕。十九年，砲樓、更房被駐軍拆毀。二十年，東門築守衛室二間。二十一年，縣長周鎮西以水災，申請國民政府救濟水災委員會撥發美麥六十噸，以工代賑，修（84）築西門迤南至中山公園東街口城隍二百四十丈，較原寬度增一丈八尺不等。縣黨部及周縣長念城工破壞太甚，經提交縣政會議通過後，呈准財政廳，將糧秣餘款撥發城工一萬七千六百元，由城工委員會委員郭芝塘等董工，將城四隅露天砲樓分別築室棚板，並於東南、東北、西北三隅添守衛室各三間，添修更房二十五座，連原有共四十五座。南門迤東中砲樓因十九年戰事駐軍所築隧道，加以整理，用利戰守，迤西則分別砌修磚級，以資升降。城垣頹敗，自苦水井起逐段翻修，尚未完竣。挑剔海壕，加寬爲六丈至八丈，深一丈五尺，四門吊橋改建磚橋，橋外各建柵門，門內修築扇墻，工程頗稱鞏固，現城工仍在進行，其詳當有碑碣紀載。

按《道光志》謂，勘丈城壕，止周七里一百二十步，與《舊志》不同，茲經實地丈量，城牆周圍共七里零五步，連城壕合計，無大參差。現有門樓四，砲樓十一（原有砲樓十二，清光緒三十年北門迤西傾圮一座，尚未修補）。

民國《陝縣志》

民國《陝縣志》，成文出版社有限公司，1968年。

陝縣

（卷四"建置·城池"，149）陝城，爲西漢所築，周圍十三里二十步，東南有濠，深五丈，西北近黃河高十餘丈，代有修浚。明洪武初，置瑞王府，千戶劉全截去東城三分之一，屬弘農衛守之，周圍九里一百三十步，高三丈八尺，廣三丈二尺，池深二丈五尺，闊如之，門四，東曰宣威、南曰迎恩、西曰政平、北曰宣化。弘治十年，知州汪浚、指揮呂璽重修，城門各有樓。崇禎八年，毀於寇。清康熙十八年，知州羅錦增修。雍正七年，署知州黃起盛修葺。乾隆二十七年，知州姜本源修葺。嘉慶二十年九月，地震，坍塌，報明修整。至南門石坡爲同治六年知州周仁壽修葺，光緒八年、十五年石坡先後爲澗水衝壞，經知州趙希曾籌款修復。十六年夏，大雨，澗水（150）復漲，石坡崖基全行刷沒，水迫城根，門外成懸崖絕壁，趙希曾回任，由州稟道，籌款興築，分作十三年攤捐彌補。攔河大堤，東西長五十六丈，底寬六丈，頂寬四丈七尺，並築城門坡道，南北長十二丈，底寬五丈一尺，面寬四丈，北靠城門高三丈二尺，南靠大堤高一丈；接連拐坡一道，東西長七丈，底寬三丈二尺，面寬二丈八尺，東高一丈與堤平，西與地平；便門外坡道東西長九丈，底寬二丈，面寬一丈二尺，北靠城根，南靠城壕，共用工料銀六千八百兩有奇。籌款不敷銀三百九兩，知州孔廣聰捐俸補足。民國二十二年秋，歐陽專員改修南城門樓爲民衆茶園。二十四年，澗河橋成，墊南門坡道與橋平。二十五年春，浚修城池四圍並城上衛墻，又於正東、東北、東南三方建築土碉各一座，民利賴之。

民國《商邱縣志》

民國《商邱縣志》，成文出版社有限公司，1976年。

商邱縣

（卷一"城池"，72）府城，春秋宋國城也，其城東門曰揚門，又東北（73）門曰蒙門，南門曰盧門，東南曰塗澤門，西北曰曹門，北門曰桐門；又外城門曰桑林門（74）。漢梁孝王都於此。《北征記》，城方三十七里，南臨濊水（即濉水），凡二十四門。唐建中時，亦爲宣武軍城。城有三（長慶二年，宣武叛將李芥攻宋州，陷南城，刺史高承簡保北二城與賊戰，却之。咸通十年，徐賊龐勛襲攻宋州，陷南城，刺史鄭處衝守北城以拒賊）。宋爲南京城，城周十五里四十步，東二門，南曰延和、北曰昭仁；西二門，南曰順城、北曰會巒；南一門，曰崇禮；北一門，曰靜安。內爲宮城，周二里三百六十步，門曰重熙、頒慶。京城中有隔城，門二，東曰承慶、西曰祥輝。東有關城（東面外城也），周二十（75）五里八十三步，東南北各有一門。金之將亡也，以汴京危急，謀出幸，或言歸德四面皆水，可以自保。既而金主出頓歸德，復走蔡州。《志》曰，舊城周十二里三百六十步，明初少裁四分之一。弘治十五年，圮於水。正德六年，重築，乃徙而北之，今南門即舊北門故址也，知州楊泰修，周冕繼之，始克竣事。圍七里二分五厘，共一千三百四丈二尺五寸，高二丈，頂闊二丈，址闊三丈。八年，知州劉信建四門外樓四座，及東南門內樓二座，其在西北者尚缺。嘉靖三十四年，知府王有（76）爲補足之，增置角樓四，敵臺一十三，警鋪三十二。三十七年，巡撫都御史章煥檄知府陳學夔包以磚，門四，東賓陽、西塗澤、南拱陽、北拱辰，水門二，一在南門東，知州王范建；一在南門西，指揮梅旻建。國朝康熙二十六年，知縣周宗義重修，復建門樓。

池距城丈餘，闊五丈二尺，深二丈。

城堤距城一里許，圍一十六里，闊二丈，址闊六丈一尺，明嘉靖間巡撫都御史魏有本檄知州李應奎築，邑人李嵩有記。

（77）堤河距堤丈餘，深闊不等。

乾隆《偃師縣志》

乾隆《偃師縣志》，成文出版社有限公司，1976 年。

偃師縣

（卷一"地理志"，89）□□□□□□□□□□□□□□□□□□□□□□□□□□□十四步，高三丈，厚一丈三尺，池闊一丈五尺，□□□□門四，東曰懷嵩、西曰瞻洛、南曰迎仙、北曰望□□□□四隅各置敵樓六所，護城堤防周九里，□□西北曰白虎堰、東南□王公堤。

□□偃師城□□□□十□年，知縣汪可行增築，高一丈五尺□□□□十九年知縣李厚重修。正德□年，流□□河□□縣朱璟重修，俱增高於舊。嘉靖三十二年，大水沒城半，知縣王表重修。崇禎間，知縣□士□□砌磚石，以□流賊。十五年，賊攻，城破，知縣（90）□□□死之，賊屠城去。□□□治二年知縣王埏，九年知縣魏惟紫重修。十五年，知縣艾元復以鐵葉裹木門。康熙二十八年，知縣□澤長重修城樓。護城堤，元元統間築以捍邙山二□溝水。明永樂間，主簿劉守義、正德間縣丞楊得春、嘉靖間知縣林萬里、縣丞韋挺秀重修。王公堤，明隆慶間知縣王環築以禦伊洛泛漲，因名，環圍縣城。□□□康熙五十年，知縣蔣如升重修。乾隆七年，知縣□□□□高三尺，厚二尺，底闊三丈，頂闊七尺，高一丈□□□□□□二千二百三十四株。二十六年，伊洛水□（91）入城，雉堞傾圮。二十七年，知縣耀德□修。

民國《通許縣舊志》

民國《通許縣舊志》，成文出版社有限公司，1976 年。

通許縣

（卷二"建置志·城池"，81）城舊崇一丈，廣一丈，周二千四百八步。明洪武五年，知縣江允和因舊址築之。永樂七年，知縣許希道堅築基址，建城於上。成化九年，大水，城復於隍，知縣□寬增築未就，知縣黎□繼修。正德七年，流賊之變，藩司委教諭任儀革修。嘉靖七（82）年，知縣胡節再修，俱以土築□□不□崇正八年，闖□自□□犯□知縣□尚□謀守禦□城北□□□□□□□□□□□知縣□□□□□待□□□□□三十一年署知縣□□□□五十□□□□□□□□□□乾隆二十六年，黃河滿溢平□水□□□□□□□□□□□□修。城門，東曰煦仁，舊名長樂；南曰阜民，舊名永寧；西曰□凝，舊名望嵩；北曰承恩，舊名安遠。城樓，東、南、西、北俱有樓，各二□；東北有角樓，東南有奎樓，□警鋪四座。池深一丈五尺，闊二丈。

民國《通許縣新志》

民國《通許縣新志》，成文出版社有限公司，1976年。

通許縣

（卷二"建置志·城池"，79）許城之高廣周圍度量，及知縣阮龍光以前歷任之補葺繕修，已載《舊志》。光緒十五年，復經知縣謝立本因代遠失修，磚壞土薄，外築堅墻，內培城隍。光緒二十年，知縣魏一德重修西城門樓。光緒三十年，知縣呂耀卿鑒於城垣多不堅固，南面嚴險尤（80）甚，措資修築，頗稱完備。城門，東曰新華東門，舊名煦仁；西曰新華西門，舊名和義；南曰中山南門，舊名阜民；北曰中山北門，舊名承恩。城樓，東、西、南、北，角樓、奎樓、警鋪均見《舊志》。池，深一丈五尺，寬二丈，歷任多有鑿挖，內沿極為平整，深度亦合，惟外□地多低窪，沿岸高下不齊，尚待修理。

道光《武陟縣志》

道光《武陟縣志》，成文出版社有限公司，1976年。

武陟縣

（卷十五"建置志"，642）城池。武陟城，始築於唐武德四年，三門，東曰臨沁、西曰望行、南曰永賴，北枕沁堤，周圍四里七十七步，高二丈五尺，廣一丈，池深一丈，闊如之。明洪武中，知縣蘇輝修建。其後景泰中縣丞熊美，天順三年知縣王璽，正德中知縣牛天麟皆有修城之舉。

嘉靖中，知縣於藻增修三角樓，四小堡。萬曆十三年，知縣郭海器開通秀門，在城東南隅，今堙。三十四年，知縣秦之英增修城東門。崇禎十年，知縣侯君擢修磚城。（643）國朝康熙九年，知縣彭際盛重修，並增修三角樓。十三年，知縣高宮修城東門。二十五年，知縣李春修城西門並角樓。

民國《續武陟縣志》

民國《續武陟縣志》，成文出版社有限公司，1968年。

武陟縣

（卷八"建置志·城寨"，298）縣城創修及補修、增修均見《前志》。清道光八年以後，同治六年，知縣孔廣電重修。光緒二十年，知縣孫叔謙重修，並增建東門、南門兩門樓。

民國《西平縣志》

民國《西平縣志》，成文出版社有限公司，1976年。

西平縣

（卷二"建置·城池"，140）今西平縣治位置在洪河東南岸上，河流環城半周（平安鐵路綫在城東三里），城南狹北寬，狀如樸頭，故城外西南隅名曰"樸頭灣"，猶汝南城號"懸瓠"之義也。縣城創建時代不詳。明景泰四年，知縣陳璉增築。正德六年，為霸寇所陷。越八年，知縣江珙始甃以磚，並建四門樓，南曰迎熏、北曰拱極、東曰平通、西曰成禾，城圍五里六十步，高二丈二尺，堞（俗曰城垛）一千三百五十，池深一丈五尺，闊如之。崇禎十五年二月，闖賊李自成陷城，頗遭殘毀。清雍正二年知縣王礦（141），乾隆二十九年知縣蘇正蒙，三十六年知縣湯顯相，道光七年知縣李德林均修葺之。咸豐九年，知縣高慶頤以城垣殘破（時城垣坍塌四十餘處，牲畜往來□平地），捻匪方熾，督令全縣二十一保紳民挈籤分段，大事修築，並浚城濠深一丈五尺，寬二丈。十年，慶頤去，□姚詩雅繼其任，仍督修不怠（並重修□□□□）。十一年春始竣工（計周城共九百四十二丈九尺）。方城工殷時，磚料弗給，詩雅命拆運東岳廟（城東關）、簪花堂（城西關）磚石繼之。同治元年，知縣宮國勳於城之四隅增建砲樓。七年，知縣金福楸復於城上增築守望室百餘間。光緒十三年知縣淩夢魁，二十二年知縣恩鍾，二十七年知縣左輔，宣統二年知縣朱興潞，三年知縣朱名照均略有補葺。中華民（142）國七年，縣知事洪壽昌增補城垛九百二十七（明正德間，江珙修垛一千三百五十口，屢經毀改，今昔垛數自不相同），並修砌內隍四百二十九丈七尺，加寬一丈或二三尺不等。十三年，縣知事韋聯棟繕缺補罅，則是思患預防，未雨綢繆之意也。

咸豐《淅川廳志》

咸豐《淅川廳志》，成文出版社有限公司，1976年。

淅川廳

（卷一"建置志"，81）元魏置淅川縣，後屢廢屢置。宋太祖建隆初，省（82）臨湍縣入內鄉及穰縣，復置淅川縣。故城在今馬磴保岵山陽。金廢淅川。明成化七年，又自內鄉分置淅川縣，南陽府同知盧信、知縣武文始築土城，圍方四里，高一丈七尺，池深如之，門四，東迎恩、西鎮淅、南楚望、北天樞，城樓、更鋪俱備。正德十三年，知縣熊價因流賊起，改磚城，浚濠加深。嘉靖六年知縣趙廷璋，萬曆五年知縣王道，十年知縣劉承范踵修。崇禎十年，流賊張獻忠攻（83）城，署縣事鄧日崇復新之。至十六年，闖賊李自成屠城，城遂廢。國初，知縣馮爾遲肇修，其木料、磚石，廩生金鉉節等公捐，李尚松等亦督工出力。康熙五十一年，知縣秦應光倡捐修築。迄今百四十餘年，城尚如故，其間必有修整之者，惜歲久無可復考。咸豐六年，楚匪擾及宛界，連陷鄧州、內鄉二城，淅境李官橋鎮亦被蹂躪，署統治李金修城備禦。十（84）年秋，署同知徐光第以東城塌毀太甚，左右隍土崩頹迤南北二百二十四弓，復勸捐培葺，濠亦加深。紳士劉玉書、劉杲、馬晉錫、李全仁、劉南熏督工。查城東北隅舊有石口上下二堰，春夏則上堰引山泉灌溉東郊，秋冬則下堰引水入濠。乾隆二十五年，士民全慎、裴紹度、全耀基陳上言，立碑於署之儀門外，咸豐九年里人因石泐重立。

民國《夏邑縣志》

民國《夏邑縣志》，成文出版社有限公司，1968年。

夏邑縣

（卷二"建置志·城"，319）戰國時所築，周圍五里餘（《方輿紀要》）。元至大己酉，河決，城郭湮毀，有司上聞，徙治於黃冢。凡十年，延祐戊午，水息始還舊址，經營草創。又三年，城始成。明正統己巳，知縣周普循舊加修。成化壬辰，知縣孫澤重修，厚五尺，高丈餘，繚以垣墻。弘治丁巳，鹿邑縣丞鄭舉署縣事，以磚圈門，門上豎樓。池浸久圮，己未，知縣宋杰改圖更理，門制聿新。正德辛未，知（320）縣張銳因流賊之警，恢廓之，復置攔馬、垛口，設窩鋪，建四角樓，築護城堤，闢四門，東曰通濟、西曰迎恩、南曰迎薰、北曰懷遠，仍建樓於上，加橋於外。歲久多壞，嘉靖甲午，知縣華參繼修。萬曆庚申，知縣葛應斗因白蓮教亂重修，增雉堞。天啓壬戌，知縣馬希周以滕寇猝起，築城高五尺，廣七步，累土為之，樹堞千餘。崇禎戊寅，知縣邊大順因流寇紛起，增修磚城。（324）康熙乙丑，黃河決，水衝城陷，知縣李天璣重修。（325）至二十七年，積潦，傾圮殆半，知縣尚崇震重修。自是一百六十餘年，迭經黃水，從未修葺，城垣傾圮，僅存四門。咸豐四年，粵逆陷城。六年，皖匪又陷，焚毀殺掠，連年兵燹，（326）邑民奔避，幾無其所。知縣陳上達傳集城鄉紳庶，於八年十二月十六日開工修築，城成，周圍五里十三步，折成九百二十六丈，基厚八尺，頂寬四尺，身高一丈八尺，攔馬垛口五尺，共高二丈三尺；城隍基厚二丈五尺，頂寬八尺，身高一丈五尺，遮身攔墻高三尺；五路成砌垛口一千八百五十二，高三尺，寬三尺七寸；四面各建城臺四座，長四丈三尺，寬二丈七尺，高一丈五尺；十六路成砌四門，各建樓一座，長三丈二尺，進深一丈，高一丈五尺；五路成砌城門二扇，四合鐵葉一千六百斤，釘一萬六千個；馬路、甬路各四道，吊橋四座。督職官（327）總理局務，分管收查各村捐款，采買物料，登記出入賬務，看守錢文，收發錢糧，四門籌修；內外各工，查催各項工程，收發磚瓦，經管運石、燒灰，收發石灰，修城門吊橋兼管燒灰；四面首事姓名，督率本村（328）民夫運磚石土木，分段修築。光緒十六年夏，水灌，南堤口衝開含洞，城圮殆半，知縣李榮基、葉承祖相繼續修。

（329）關：四關皆有集。南關集久廢，西北二關集亦衰歇，惟東關地勢高敞，商賈叢聚，四民集市，皆會於此。咸豐辛酉，因粵匪之亂，士紳募資，創修土寨。光緒二十四年，渦匪倡亂，重修，尋增建四街柵欄。宣統初，土匪紛起，紳商士民續修土圍，以資包圍。

池：《舊志》池闊八丈，外皆民田，蓋自城根量起八丈，外至堤根，皆民田也。康熙間，又外展三、四十丈不等。嗣因年久漸坍，（330）大堤以內一水汪洋，種蒲網魚，民頗獲利。

城橋：東門通濟橋、西門普濟橋、南門迎熏橋、北門懷遠橋，俱明正德辛未知縣張銳修築。清康熙八年己酉，知縣張所志重修。

（333）城堤：《舊志》，周圍八里，基闊三丈，頂寬一丈五尺，外植柳二千餘株，蔚然成林。兵燹後，蕩然無存。光緒二年，知縣李鐵林奉（334）憲諭栽桑，一為護堤，一為養蠶，附郭村民頗資其利（現僅存三百餘株）。二十七年，知縣韓思浚於堤內栽柳若干株，今無有存者。民國四年，知事黎德芬補栽柳樹二百餘株，存活亦少。

乾隆《襄城縣志》

乾隆《襄城縣志》，成文出版社有限公司，1976年。

襄城縣

（卷二"建置志·城池"，107）（缺）東門風傳東魯 南□□□□□□□□□□ 西門眺嵩，西扼陝川 □□□□□□，北門瞻望京闕，北通燕幽。關廂，東關臨潁縣路，東南關舞陽□□，西南關葉縣路，北關菜市。池：城之東北一帶土壕環焉，深闊丈餘。城之西南一帶汝水環焉，源遠流暢，天然□□□汴南衝邑，扼要之（108）津隘也。

民國《新安縣志》

民國《新安縣志》，成文出版社有限公司，1975年。

新安縣

（卷五"建置·城池"，376）新安，城周六里五丈四尺，高東南西俱二丈五尺，北跨慕容山脊稍遜，堞一千五百六十五，頂闊一丈或六七尺不等，底闊三丈，墙皆用石起，基高四尺，上概用磚，惟東南文峰山一隅，新易石墙一百五十丈餘，門四，東曰迎熙、西曰維新、南曰通濟、北曰望闕，其上各有樓，東西門口各有瓮城，便門二，東南直文廟前爲學道門，顔曰"壁聯"；西北山頂爲寺巷門，顔曰"超雲"，俱封塞。炮臺一，在西北垣。望樓二，在學道門，暨文峰山上。西門外有壕，深四尺，餘無。

《舊志》云，新安土城，漢高帝六年築。明洪武初重建，東文峰，南澗水，北慕容山，皆迫邇城外，門共六，東西各□，南北各（377）二，東西俱有月城。嘉靖三十七年，知縣盧大經創建。四十四年，知縣王訓添修墩臺、鋪舍各十二座，廣袤在四里，而內東西四百九十步，南北一百九十一步，高一丈五尺。其創修磚城始於萬曆四十六年知縣王鉉，繼修則知縣劉懋，崇禎九年知縣傅明遠同邑尚書呂維祺移北城之西半跨慕容山巔，其時名曰新城，於新城之東南隅闢一門，曰北□，東向，又於正北建一樓以爲瞭望之所，周圍皆磚砌，高二丈五尺。十三年，流寇破城。十四年三月，嵩縣土寇於大中復破之。十月，流寇又來攻城，樓堞悉平，磚基傾頹者半。清順治十三年十一月，知縣俞遜修東月城。康熙六（378）年十月，知縣范諟取新舊城傾頹之磚補葺舊城。乾隆二十六年秋，霪雨壞城四十餘段。二十七年八月，署知縣唐鈺奉檄議修，工未及興而去。九月，澠池縣知縣周填兼署新安，始購料鳩工，晝夜率作，修復全城之半，旋卸事回澠，知縣陳宗溥接任，拆取慕容山新城之北斗門磚石續修完工。

乾隆《新蔡縣志》

乾隆《新蔡縣志》，成文出版社有限公司，1976年。

新蔡縣

（卷二"經制·城池"，86）城自昔呂蔡封建之時，即有都城，今四關外古城是也。東西五里有餘，南北四里有餘。自作州縣，城始收縮偏小，四周二里二百七十五步，有東西南北四門。明初，城止土築，高八尺，上闊三尺，覆以陶瓦，蓋典史錢清監築也。正德壬申，兩爲流賊所陷。丙子，知縣劉漢始易以磚，城高一丈五尺，闊如之，工甫半就而劉以憂去，知縣張來儀繼之，竣其工，建有四門樓及四角樓。嘉靖丙戌，縣丞鍾孔錫重修，四門樓各標以名，東曰通淮、西曰望汝、南曰儀鳳、北曰瞻極，然尚未有月城。城下舊有池，深廣各一丈二尺，嘉靖丙寅知（87）縣潘允哲，萬曆丙子知縣曾繼先相繼疏浚。後亦多湮淤矣。國朝初，知縣譚宏憲重修角樓、窩鋪，疏水道以備諸洩。至康熙二十七年，知縣呂民服因雉堞傾圮，池濠淤淺，身先勞瘁，分給飲食，督工築鑿，城益固、池益深，謀較嘉焉。

乾隆《新鄉縣志》

乾隆《新鄉縣志》，成文出版社有限公司，1976年。

新鄉縣

（卷九"城池志"，275）唐武德元年，始築土城，居衛水之陽，中高四下，聳一丈八尺，狀類覆釜，陰陽家稱爲龜背城，爲門四，東曰迎恩、西曰來賓、南曰朝陽、北曰拱辰，周回凡五里四百二十二步。按新中舊爲獲嘉邑，西南一十二里有獲嘉故城，蓋漢所立縣也，唐始改置今處。明景泰間，知縣侯麟重修。天順間，知縣楊清增築之。（276）正德六年十月，府同知張經以流賊劫掠山東、河南，城破，大爲修葺，周五里二百五十二步，高二丈五尺，頂闊九尺，底闊倍之，池深闊各丈餘，建敵樓四座，四隅建角樓四座，周圍建鋪設一十六座，垛口三千七百五十有奇。（277）隆慶四年，知縣張范以土垛每爲秋雨坍塌，年勞修砌，改甃磚垛。萬曆六年，知縣余相繼修。十四年，知縣張赤心浚濠水通衛河。三十三年三月，知縣盧大謨增建北門樓。（280）三十九年八月，知縣方程恩踵修北門。（281）崇正十年，知縣邱時可同鄉紳張都諫問仁、郭憲副滰等增土高（282）闊各三尺餘，衆捐資爲之；周圍砲臺一十三座，則郭滰之施磚創砌也。十二年，知縣米壽圖創建磚城。（286）國朝順治間，知縣王克儉踵事增修，上爲馬道。康熙四年，知縣王克儉四隅修建敵樓以便瞭望，東曰太和、西曰萬說、南曰虞弦、北曰長澤，又於東南巽地置樓，祀文昌，名曰"來雲"。（290）乾隆九年七月，知縣趙開元捐俸增修來雲樓，起以層閣，砌以石臺，上置奎宿，邑人郭武銘專董其役，復更其名曰"重光"。

民國《新鄉縣續志》

民國《新鄉縣續志》，成文出版社有限公司，1976年。

新鄉縣

（卷一"城池志"，83）縣城，相傳爲龜背城，北臨運河，唐武德元年始築土城，計五里二百四十二步。明崇正十二年，知縣米壽圖創建磚城。康熙四年，知縣王克儉四隅修建敵樓，均見《舊志》，今一仍舊制。乾隆二十七年，知縣陳篤捐俸重修城垣。乾隆四十二年，知縣薛祥捐修城外濠梁，增植堤柳。（86）咸豐二年，知縣謝棻重修。（87）同治元年，知縣丁世選重修，邑人郭雲燦、尚坤督工，加築城隍。同治七年，邑人郭祥瑞增修城上小房，每十堞一間，以蔽風雨，今廢。光緒二十六年，知縣張力堂重修城隍，邑人田芳生督工。民國七年，知縣車雲重修城內外垣，邑人田蔭生、李廉泉、李鳳儀、郭錦林督工。

民國《新修閿鄉縣志》

民國《新修閿鄉縣志》，成文出版社有限公司，1968年。

閿鄉縣

（卷三"建置·城池"，115）縣城土築，高一丈九尺，周圍四里，東西南三門，門上重樓，東曰瞻洛、西曰瞻華、南曰望鼎，城上小鋪，周圍八座，堞口一千四百二十七（舊爲土堞，萬曆十年知縣楊養湛磚砌之），濠深一丈，闊倍之。城創築無考，明洪武初，縣丞王珪增修。正德七年，縣丞郭經重修。屢爲風雨侵剝，嘉靖二十年，知縣李應奎增修。三十年，湖水衝崩，知縣邵演、主簿朱孔陽築堤。重修後，屢被湖水衝崩，知縣蕭重望、石允珍俱重修。萬曆十八年，大水復衝西南隅，知縣鄭民悅創築石堤，建禹王廟三楹，富平孫公丕揚有記，百姓豎石曰"鄭公堤"。先（116）是，知縣楊養湛慨城郭湫隘，申請當道拓東南以接龍脉，事將竣而楊以病去，乃不果行，遺址尚存，識者惜之。崇禎乙亥，知縣黃鉉因流寇出沒，通修新、舊城以資防禦，加高益厚，且創築東角門，扁其額曰"錦官鐵瓮"。清順治七年，西北隅爲水衝崩，知縣金鎮重修，築堤護之。十一年夏，大雨，黃河水溢，城崩西北，垛堞傾圮，知縣張三省重修。康熙四十二年，許珽以東角門民出入不便，復闢正南門。雍正元年，知縣王以觀復更東角門。乾隆十一年，知縣梁溥更東角門爲巽門，且以西北隅最下，建麟經閣以補之。乾隆、嘉慶以來，河屢爲患。道光二十二年，河漲溢岸，嚙土崩城北面，祠廟、民居多陷沒。同治初，湖水漲溢，壞城西北隅。四年，知縣陳成志捐修之，浚東西南三面濠，各深廣有加（先是，南門外民居稠密，商賈輻輳，西門外河口估帆雲集，今則津渡已廢，南門外寥寥數家而已）。光緒七年，知縣劉蘭毓請帑修城，移建東門去舊址南數十武。十一年夏，大水漲溢，衝陷縣署後房十數間，迤東及東門外居民數（117）十百間，城垣北面多沒焉。十七年，知縣孫叔謙飭急公局補修，東西南三面頹壞者一併修葺，周圍共六百五十五丈，內分自西門北起向南轉東，至北城王公祠後止，四百一十五丈，俱磚垛；自王公祠後起至西門北止，二百四十丈，俱土垛。自後歷年日久，城雉堞多半傾圮。至民國十九年，縣長吉介委路逢庚、李端明爲督工專員，於八月動工，議由地方款項下撥洋一千五百元，俟工竣後再行實報實銷，業將城壕挖築完竣，深一丈五尺，寬兩丈。城垛尚未完工，而吉縣長因政變去任。二十年冬，縣長黃覺復謀修葺，當經設法勸募集洋六百元，又在地方公益捐籌洋二百八十六元二角，擇定於十一月開工，飭令保安隊分隊長劉子驥監工，由其所管兵士擔任扛抬磚石，二十一年元月工竣。計修築磚垛一百三十餘垛，東門樓一座，南門甕洞各一另行拆修，昔之坍塌不堪者，今皆煥然一新。

（120）新築城池，周圍一百五十五丈，城高一丈三尺，東西城門樓二座，東爲民安物阜樓，額曰"迎紫"；西爲文昌閣，額曰"接華"。城上小鋪一間，署前有《捐築城垣碑記》，見"文徵"。城池，今亦廢，存此以圖將來恢復。

乾隆《新野縣志》

乾隆《新野縣志》，成文出版社有限公司，1976年。

新野縣

（卷二"建置志·城池"，100）新野，自漢置縣，初無城池。東漢劉備屯兵，始築土城，周圍二里。晋置郡治，南齊劉思忌爲太守增築外城，而舊土城因名子城，歷代修浚莫詳。明天順五年，知縣趙□重修，周圍四里，高一丈三尺，厚一丈五尺，城外爲池，深五尺，闊一丈五尺，環爲四門，東曰朝陽、西（101）曰通德、南曰望遠、北曰迎恩，上各建樓。成化十二年，知縣孫詔修築，覆以椽瓦。正德六年，有警，知縣高廷禄增修，外甃以磚，列樓櫓高一丈二尺，凡得二丈五尺。嘉靖四年，知縣江東復内甃磚，浚池深增五尺，凡得一丈，闊增一丈，凡得二丈五尺。四城樓以明季亂毀，今南爲知縣汪永瑞建於順治六年，東西北爲知縣崔誼之建於順治十五年。城垣歲久圮壞，爲知縣顔光是重修於康熙二十五年。城内舊爲中關，外爲東西南北四關。南關外，正德十年增築新城，（112）周圍二里，外亦爲壕，闢東西南三門，歲久悉廢。内城南門樓，乾隆八年知縣張昌蕃重修。

康熙《新鄭縣志》

康熙《新鄭縣志》，成文出版社有限公司，1976年。

新鄭縣

（卷一"建置志·城池"，66）《舊志》失傳，莫知所始。明宣德元年，知縣朱珮珍修築邑城，周圍五里，高一丈五尺。成化四年，知縣鄭賢重修。弘治九年，知縣戴錫展其北百餘武，爲北門二。正德六年，知縣桑佇重修，增高五尺有奇。嘉靖三十三年，知縣邵鶴年仍併北二門爲一。隆慶四年，知縣匡鐸因西南隅城嚙於水，請修之，巡（67）撫李邦珍檄衛輝府推官衛生協董其事，拓東北十餘雉，易土以磚，圍六里，高二丈，廣一丈五尺，四門各建樓，樓俱置額，東曰賓陽、南曰惠濟、西曰鍾嵩、北曰拱辰，各有月城，又於東西建望樓二，東曰煥璧、西曰觀瀾，又角樓二、敵臺八，工垂成而匡升任，知縣燕好爵繼以落成（以上出《舊志》）。萬曆四十年，夏雨暴下，自衛家潭而南嚙城百餘丈，知縣夏敬承開河分流，水勢稍殺，未幾爆發如前，城復傾壞。（68）萬曆四十六年，知縣陳大忠用學博李致道議，取邑東范家莊亂石以三和土煅煉奠基，城始無患（以上出《古志》）。崇禎十四年十二月初八日，流寇李自成攻城三日，城乃陷，賊盡去其垛。至次年二月二十二日復至，殺掠無算，城毀過半。六月攻汴，又寇新鄭，城陷，寇平毀殆盡（出《舊志》）。崇禎十六年春，知縣田世甲因舊補葺，有生員高繼之輸糧一百石，高克允輸銀四十兩，陳登秀輸粟（69）三十石，助夫百五十名，其下或輸磚、輸灰、輸夫各不等，而工始竣。國朝順治六年知縣楊奇烈，十二年知縣張光岳先後重修，四門建門樓、窩鋪各一。順治十五年，知縣馮嗣京重修，招集壯丁以資捍禦（出《舊志》）。康熙元年至今，間有圮損，旋加繕葺，雖無增築，亦鮮傾毀云。濠環城之東南及西北二隅，闊深皆二丈許，其西南（70）即□□河（出《古志》）。傍城地多沙崗，涸潦不常，濠址現在。

民國《許昌縣志》

民國《許昌縣志》，成文出版社有限公司，1968年。

許昌縣

（卷二"建置·城池"，187）周圍九里一百三十九步，高三丈三尺，廣一丈一尺，計垛口一千二百三十個。明嘉靖間，知州於批增高三尺（188）五寸，闊五尺。萬曆丁酉年，知州范錫砌為磚城。崇禎十四年，闖賊陷許，城潰幾為平地。崇禎十五年，署州事徐玠復行砌築。順治十四年，知州汪潛修葺完固。乾隆四年，霪雨連綿，大水衝決，內外傾圮磚城八百餘丈，土城六百五十餘丈，其餘雉堞基址亦多缺壞。乾隆二十九年，知州羅士昂重修。後時久又壞，道光年間，知州汪根敬再修，增建敵樓、更房。咸豐三年，髮匪圍許，攻三日，城未下，雖當時守禦有方，而城堅可知。有門四，門上樓匾額四，"東聯江漢""西瞻嵩洛""南望衡湘""北拱神京"。（189）有外門四，東曰陽和、西曰揚武、南曰來熏、北曰星拱。四角有角樓四，城垣周圍有敵樓三十四座。

池。深一丈二尺，闊二十丈三尺，引溴水注之，其西通西湖。明洪武間，知州趙遜環植楊柳、芙蓉，夏秋之際，紅綠交映。成化中，知州邵賓環濠皆栽荷花，稱中州勝觀焉。明季崇禎十四年，闖賊屠城，磚礫填濠，壅淤成埠。順治十四年，知州汪潛挑浚。乾隆五十六年，知州剛柱重浚。

宣統三年，知州潤芳浚。

（190）堤塘繞郭一百八十里，唐節度使高瑀築以溉田。

關：城外關門四，每關上有樓，制如門樓，今圮。郭：在城關外，周圍四十五里，俗名連環城，今遺址尚存，相傳爲曹操所築。

民國《續滎陽縣志》

民國《續滎陽縣志》，成文出版社有限公司，1968年。

滎陽縣

（卷三"建置志·城池"，185）周圍廣袤、創建、重修，《前志》詳矣。乾隆以後，未經大修，無碑可考。直至咸豐十年，捻匪擾及河南境，省西震動，知縣劉世績倡捐修葺，又於大周山西三李各築碉臺一，小京水築碉樓三。十一年八月，賊大至，城堅可恃，遠近賴之。（187）同治十年六月二十三日夜，大雨，索水暴漲，東門東城盡行衝沒。十一年，知縣王錫楷、邑翰林孫欽昂築磚城，並建月城，榜曰"迎輝"。光緒二十一年，知縣張駿補葺。三十年，索水漲，壞東門石坡，知縣祝鴻元築石壩，改路北行，並改修東門樓。民國九年，知事張向晨重修。

民國《鄆城縣記》

民國《鄆城縣記》，成文出版社有限公司，1976年。

鄆城縣

（卷三"疆域篇中"，51）開元十一年，因大水移治濮水北，則縣城肇始定地之由也。然規模之可見自明成化。嘉靖《通志》載，成化十八年，知縣臧鼐修築，周圍九里三十步，高二丈五尺，廣一丈，池深九尺，闊二丈。即《荊志》引《舊志》所謂城係土垣，周圍九里十三步。《傅志》謂舊土城，建築年月無考者，殆天順時，沙醴逼城之後所修。嗣是，嘉靖二年知縣喬遷重修。三十六年，沙河逼城，知縣武建邦移築近水處。萬曆二十一年，城西門迤南坍塌瓮城，縣民胡綿建議退築西門及城墙，知縣張仕周移西門內退二十步，南北退城墙六十步。《傅志》謂，城現存周圍九里十三步，蓋成化後兩經退城所存之（52）制，要皆土城。至崇禎十一年，知縣李振聲改建磚城，底用鋪根石滾，滾內及面用磚砌，平上加七進、六進磚各二十五層，五進、四進、三進磚各二十層，至垛口高三丈五尺，垛口闊一尺，高二尺二寸，七垛口一敵臺，内池橫二丈一尺，縱一丈三尺，中磚鋪一間，共敵臺十二座，角樓四座，門五，東曰通汝、南曰帶瀁、南偏西曰永安、西曰揖嵩、北曰古鄾，池深一丈二尺，闊二丈五尺。後爲流寇所毀。清順治時，知縣荆其惇取舊磚壘完增修。雍正七年，知縣力廷輝重修。乾隆九年，知縣趙作霖補修。乾隆十二年、十三年、十六年、十八年，帶瀁、永安二門東西及垛口、城路、南北門樓皆知（53）縣傅豫重修。乾隆二十八年，官民捐修一次。咸豐四年，知縣陳瑞琳補修。咸豐九年九月，知縣茅嵩壽修城垛口。十一月，知縣汪守正修城牆、城壕，邑人關桂三修砲樓一座。同治八年秋，大雨，城垣陷入地六尺許，計一百五十步有奇。九年，知縣趙惟珍修與舊齊。光緒十三年五月，大雨，西南隅城墙及古鄾門外八字墙、攔馬墙衝塌，知縣塗景濂修理。宣統三年秋，大雨，知縣陳炳煕修東南隅城牆十八丈。宣統三年，知縣李懋春修永安門迤東城墙十六丈，又買趙恒德堂南花園崗地一段，計八分一厘八毫，永作官基，備修城起土之用。斯則自崇禎後無易者也。

民國《禹縣志》

民國《禹縣志》，成文出版社有限公司，1976年。

禹縣

（卷一"疆域志"，38）幅員形勢既明，宅中圖治，設險守國，城池其要也。禹城，自西漢時築，歷代修浚未詳。自明正統十三年，知州徐明善修。成化二年，知州鄭珪重修。十三年，封徽藩於此。十六年，少監孫振實奉璽書建藩府重修，設千戶所守之。正德三年，甃以磚石，知州李邦彥實經營之，立四門，東曰含春、西（39）曰懷遠、南曰朝陽、北曰拱辰。正德六年，流賊趙風子圍城。賊退，復增重門。北近潁水，正德十六年知州莫鈍開渠引水注濠。後爲暴水衝決二十餘丈，莫能瀦水。萬曆四十五年，巡道曹爾禎築壩於龍池，障潁水使南流，僅至南濠。後壩決，水歸故道。崇禎八年，議引湧水入城濠，流至龍池東，滲入地中，不能達濠。

城周二千二百四十丈，城址厚三丈，上闊一丈五尺，城墻高二丈二尺，雉高三尺，周圍雉二千八百二十，城樓、角樓、月城、吊橋各四，敵臺十六。濠闊五丈，深三丈。濠外土堤高一丈五尺，今其護城堤則在西關、北關，古築以防潁水也。康熙五十二年，知州羅之熊增修城（40）門樓四座，補周圍城垣。雍正十三年，知州梅枚重修四門樓，補城垣三十八丈。乾隆元年，知州章琦重修四角樓，補城垣三十五丈。光緒二十八年，潁水衝東北，城崩數十丈，知州曹廣權修築石堤，城基始固。中華民國二年，土匪白狼陷禹。既退，浚城濠。十七年，又浚於建國軍攻禹之後。東大街曰澄清、西大街曰宣化、南大街曰鳳集、北大街曰迎恩，城中心曰煤市口。

民國《鄢陵縣志》

民國《鄢陵縣志》，成文出版社有限公司，1976年。

鄢陵縣

（卷六"建置志·城池"，599）《施志》，鄢陵自漢置縣，始設城。古城距今城十八里，今城不知何時遷。縣西預備倉迤南有廢城基，志不紀何時展築。《何志》，鄢陵自漢置縣，始城，乃今縣西北之故城也。唐時始移今治。《水經注》云，洧水自鄢陵南經桐邱，則今城蓋唐時為水患遷耳。《文獻志》按：《經志》《吳志》以今城即漢城，固誤。《讀史方輿紀要》以唐初移今治，亦無確據。謹案：唐《崔觀墓志》云，大曆（600）十二年，祔窆於鄢陵縣東北之原，銘曰："鄢陵偏墟古城東隅"。考銘、志所謂古城者，即今西北之古鄢城也。在當時既云古城，蓋以久為廢墟，足徵今之鄢城建置必在隋唐以前。又按：《水經注》云，洧水經鄢陵故城南，所□故城，亦□□縣西北之古城而言。若以此考之，今城建置是又在魏晉以上。蓋今城之設，在漢置縣時即有也。《經志》《吳志》以今城即漢城所言近理。《孫志》，明景泰七年，知州康健增築，高一丈二尺，闊如之，濠廣二丈，深一丈五尺，周計五里一百五十步，東門曰陽和、西榮樂、南長寧、北永安。成化十一年，知縣陳理重繕。今周計六里九十步，蓋陳令時始西展也。正德壬申，盜起河北，鄢城（601）不守。戊寅，知縣龍章因舊重修，徵記於李空同稱述頗侈無何城圮。（604）《孫志》，嘉靖甲申，知縣尹尚賢始大築之，東毀三官廟，西北撤乾明寺山門，基闊四丈，高二丈二尺，濠廣三丈八尺，深二丈有奇，四門皆設重門，舊堞惟土，悉易以磚，十閱月而功告成，望之屹然崇墉，保障之功於是爲大。已甃西北一隅，將（605）次第通甃，作樓櫓懸橋間而謂知蘭溪矣。嘉靖乙未，知縣史文彬撤縣北毀寺磚，先修門橋，將擬燒磚通甃，會以憂去。《文獻志》，隆慶三年，知縣鍾鐸重修，見東門石碣。《經志》，萬曆壬子，知縣張舜典重修。（609）《經志》，崇正六年，向之築者壞，補者傾，樓櫓崩圮，雉堞頹敝，守禦之具一無可恃。流氛壓境，時勢孔亟，邑人大司馬梁廷棟目擊時艱，情切桑梓，毅然以身任之，約閫縣紳士同邑令任中鳳斟酌詳確，輸磚供用，刻期告成，凡三閱月而樓（610）櫓、敵臺及城四圍皆崇墉危堞，巍然山立。後經流寇拆毀，典史李經復，較昔低一尺，餘敵臺、門樓一無存矣。清順治八年，署縣事布政使司經歷司經歷汪某移西城門樓於東門。鄢陵舊傳形家言皆謂，東面宜高，自四城門樓毀於寇，而西門爲僞官所建，巍然獨峙，且上列僞銜，亦不可以示後。汪令毅然撤去，移置東城，人咸稱善。復擬更建三樓，會以交代去，遂不果。《施志》，順治十五年，知縣經起鵬重修。康熙十五年，知縣裴憲度重修。二十八年，知縣許承澎增修。四十四年，知縣李而侗補築內城。雍正七年，知縣童守祿補甃外城。乾隆二年，知縣陳世明鑿池、幫城址。四年，雨暴水漲，東西兩門（611）皆傾，小北門左側傾圮三十餘丈，四面城垣坍塌殆盡，知縣張嵩齡慮奎樓損壞，先行補修東南隅十餘丈。九年，知縣姜綰重修北面衙署後五十餘丈，又修小北門左城基。二十九年，知縣陳子檜通修。子檜捐俸銀四百兩，公費銀八百三十兩有奇，紳士蘇帝輔等公捐銀八千一百七十三兩有奇，於三月興工，至十月完竣，制仍其舊。《吳志》，嘉慶十三年，知縣吳堂於小北門外增築圍墻一周。（613）《文獻志》按，縣城自乾隆二十九年通修後，九十餘年，未曾修築，風雨剝蝕，漸就傾圮，南城尤甚。咸豐八年冬，源生同閤邑紳耆請於邑侯徐公，因舊重修。徐公上其事，大府皆報可。於是歲十二月開工，甃磚城，九年春浚濠，十年春築內城，城固池深，譙櫓堅整。又以舊日所建實敵臺，難以禦辱，仿空心炮臺，四城建虛敵臺八座，其制長出於城之外，而空其中，墻厚三尺，高二丈餘，上覆以瓦，中二層架板爲樓，以梯上下，每層多□炮眼，外狹內闊，以便施□火器。計自修城至建虛敵臺，始終三年，共縻錢一萬餘緡，出於捐輸者十之九，出於變賣樹（614）株者十之一，皆邑紳耆共籌云。謹按同治十三年，知縣張吉梁建修小北門禦水壩。光緒十六年，知縣汪鈞籌資重修內外城。宣統三年，知縣曹蘊鏈補修。民國三年，縣知事王松壽任時，紳士補修內城。十三年，縣知事張依泮任時，紳士補修內城，並創修四門吊橋、外栅欄。十六年三月，奉軍軍團長趙恩臻擊保圍軍師長劉培緒於鄢。初四日，圍攻，以大砲迫城達十晝夜，轟擊□發天□地□每一巨彈崩落，或雉堞頹毀、或黔廬赭壁。至十三日平明，東北隅砲樓陷落，城垣頹毀數十丈，奉軍入城。斯役，外城大半缺毀，內城亦被守兵挖掘多處，縣知事謝桐森蒞任伊始，目睹缺狀，即於斯年五月商（615）之士紳，興工修復，惟東北隅砲樓缺而未修。十七年，縣長李錫光任時，士紳修復城上圍房二十座。十八年，縣長朱紹熙任時，士紳重修四門譙樓，惟西門加闊，餘如舊制。二十三年，縣長余芸澍籌資補修內城數百丈。二十五年，縣長靳蓉鏡奉令測報城池，計城東面高一丈八尺，頂寬一丈，基寬二丈五尺；南面高一丈七尺，頂寬一丈一尺，基寬二丈七尺；西面高一丈八尺，頂寬一丈基，寬二丈七尺；北面高二丈，頂寬一丈，基寬二丈五尺。周圍垛均高五尺，通東面深一丈二尺，寬五丈三尺；西面深一丈二尺，寬五（616）丈二尺；南面深八尺，東寬五丈五尺，西寬四丈五尺；北面深一丈三尺，東寬四丈五尺，西寬三丈四尺。四圍長二千三百八十六步，□□□□□□□□□工修補小北門城牆，徵工挖浚周圍城濠。

民國《陽武縣志》

民國《陽武縣志》，成文出版社有限公司，1976年。

陽武縣

（卷一"城池"，101）按《舊志》，陽武舊無城池，惟築河防環繞周圍。正統十四年，土寇猖獗，典史王平奉檄始築於防上以爲保障。尋遇河決，復致傾圮。景泰四年，知縣陳永宗重建。天順四年，知縣王佐增築四圍，綿延九里十三步，基闊一丈有五尺，高三丈有七尺，池深一丈，闊一丈四尺，積水不涸，居民始安。城門有五，東曰景曦、西曰安阜、南曰陽亨、北曰迎恩、西北曰八寶。正德初，本縣鄉紳王光題請又開一門，曰小南門，與八寶門相對。後知縣杜時階修磚城，塞之。四角有樓，窩鋪二十所。年久圮壞，嘉靖間，知縣德州承林修築。隆慶中，汾州牛宗顏、平原王時泰又加修飾。萬曆間，柏鄉魏純粹起女牆於（102）周城。崇貞十二年，西充杜時階四面甃之以磚，始稱金湯云。清順治七年，知縣姜光印重修八寶門樓。康熙二十四年，知縣劉邦彥修陽亨門樓。康熙二十六年，知縣安如泰重修安阜、景曦、迎恩、八寶等門樓，並女牆、窩鋪。雍正七年，知縣麻居湄重修安阜門樓，四圍補修。乾隆四年六月，霪雨旬餘，平地深數尺，北城一帶女牆盡行傾圮，迎恩門東西頹覆數處。乾隆九年，邑令談諟曾詳憲發帑內外拆修，工始於乾隆九年九月，告竣於乾隆十年三月，按地役夫估給工價，民不勞而事舉，崇隆堅緻，煥乎改觀，各門樓顏以新額，東曰"景曦東望"、西曰"安阜西成"、南曰"陽亨南照"、北曰"迎恩北拱"、西北曰"八寶騰輝"。（103）道光二十八年，知縣柴立本補修城牆。咸豐元年，知縣李佩青補修城牆。十一年，知縣林錦堂重修城垣、女牆，撥沙濠。同治七年，知縣林錦堂撥沙，修陽亨、景曦、八寶等門樓。光緒元年，知縣陳開業撥沙。七年，知縣梁朝瑞修城、撥沙，於城外半里許，按行種柳。民國十年，開小南門。

同治《葉縣志》

同治《葉縣志》，成文出版社有限公司，1976年。

葉縣

（卷二上"建置志·城池"，144）□□□□□在今之舊縣，今縣治乃漢之昆陽縣城也。始建於北齊阜昌七年，劉思忌因舊址修築之。隋唐復治舊縣。宋無考，然蘇文忠《賦昆陽城》云□□□□之如□以昆陽爲孤城，則知宋亦治舊城也。金元又移今治，並有碑刻可稽。明初，因舊址爲土城。天順五年，縣丞魯偉增築，周圍一千六百六步，高二丈七尺，□□□□□□□□□□一丈二尺，闊一丈四尺。正德六年，土寇□尚詔竄葉，城陷。八年，知縣石□改建以磚。十一年，知縣姚文清復加修補，並於城外浚濠。嘉靖六年，知縣李克濁重浚加闊，引昆水入焉。明季，（145）流賊滋擾，城郭爲墟。國朝順治十二年，知縣許鴻翔重修。康熙二十九年、四十五年，暨雍正二年知縣呂柳文、柏之模、崔赫相繼補葺。嘉慶三年，知縣廖寅浚壕。咸豐三年、十年，知縣宋錫慶、秦茂林先後修浚。同治七年，知縣歐陽霖補修。現今城周圍九百五丈五尺，高二丈六尺，厚一丈六尺，女墻一千有八，城樓四座，角樓四座，敵臺五座，南門曰昆陽、西門曰西成、北門曰拱北，西南北各有月城，高與城等，南北城門外各有郭樓一座，濠闊八丈，深一丈四尺，昆水自西南流入。

南北關各有土城一道。明崇禎十四年，副將劉國能所築。（146）歷國朝二百餘年，基址僅存。咸豐十一年，邑人重修以備皖捻。北土城，環長五百九十七丈，女墻五百六十四，東西北門樓三座。南土城，環長三百八十丈，女墻四百四十四，東西南門樓三座，濠闊二丈，深一丈二尺，東西兩面與城濠通。

道光《伊陽縣志》

道光《伊陽縣志》，成文出版社有限公司，1976年。

伊陽縣

（漫漶不清）（卷二"建置志·城池"，138）城垣周圍四里，外磚內土，上覆以磚，頂寬八尺，根一丈二尺，高二丈，上面女墻高二尺，垛口高二尺，共高二丈四尺，城樓四座，東（139）門額曰"□峰森列"、西門額曰"汝水環流"、南門額曰"陸渾舊壤"、北門額曰"伊闕分封"，俱知縣李章坫題。濠闊一丈，深七尺。城墻內四圍馬路廣一丈。四門外俱無關廂，惟東門外有民居。又北門外照墻一座。道光八年，知縣張道超重修，於土城之卑薄者增築之、磚表之，傾圮者補葺之，女墻雉堞百無一存，則全爲建立之，凡八閱月而告成，有碑記，見"藝文"。

民國《儀封縣志》

民國《儀封縣志》，成文出版社有限公司，1968年。

儀封縣

（卷三"建置志·城池"，117）儀封舊城，即漢時東昏城，在沙溝河之南，距今縣治一十五里。魏晉以後縣（118）廢，其地割裂分併，難以悉稽。至宋乾德初，復設縣，曰東明，猶是東昏故壘也。及地入於金，金人增築之，始名儀封。元至元間，達魯花赤木滅刺重築之。明洪武初，圮於水，乃遷於西南一十五里通安鄉之白樓村，即今治也。明洪武二十三年，知縣於敬祖創建土城，城形如襆頭，因名襆頭城。城垣內土外磚，周圍五里，高二丈二尺，闊一丈四尺，門六，東曰仰聖、西曰興賢、南曰崇儒、西南曰重道、北曰適衛、東北曰通齊。自洪武間，知縣於敬祖壘土創築之後，宣德中知縣閻威、成化中知縣胡澄、張鳳騫、弘治中知縣張法、正德中知縣李溱、韓邦彥先後增修。嘉靖中，知縣田西成始易以磚。崇禎八年，知縣王九鼎重砌磚城，有記，載"藝文"。崇禎十三年，署篆馬驟增築以備寇警。崇禎十五年，流賊李自成圍儀，城陷。至國朝康熙二年，知縣陳觀泰捐俸與紳士義民重修，有記，載"藝文"。康熙五十年，（119）重修。嗣後遇有傾圮，小則歷任印官隨時補葺，大則詳請動帑興修。

城濠，袤長五里，寬三丈，深一丈五尺，繞城馬道闊一丈。距城里許，有護城堤，創始於正德初年。嘉靖中，總理河道都御使劉天和憫儀邑獨當河衝，親至邑境督築，爲高一丈五尺，闊三丈，堤外有路，其闊視堤。歷年於農隙時，修殘補缺，遇有水患，資以捍禦。乾隆元年，縣令嵇琰率士商捐六百餘金增築高厚。

光緒《宜陽縣志》

光緒《宜陽縣志》，成文出版社有限公司，1968年。

宜陽縣

（卷五"建置·城池"，354）城垣，周計四里許，東西較長，南北偏狹，西北角削，其形似船，故曰船城。高二丈二尺有奇，厚丈餘，堞一千三百二十有五，東門曰迎輝、西門曰回光（知縣鮑承燾改曰延爽）、南門曰挹秀、北門曰觀瀾，又學宮前爲小南門曰通賢。數武南抵錦屏山麓，北去洛河半里，語云"宜陽城小而固"，謂在山水之間也。舊土城，明正德間知縣司牧始築之以磚。嘉靖二十六年，知縣丁育才重修。崇正六年秋，霖雨，城頹數十處，知縣史洪謨葺之。十三年，闖逆李自成陷宜陽，墮其城。次年，主簿陳吾得修之。國朝定鼎，知縣羅爾重修。順治十六年夏六月，霪雨，墮城數處，（355）知縣王鼎印葺之，俱有碑記，載"藝文"。池闊深一丈五尺，引藻水合焉。咸豐七年，知縣李□改修五門敵樓與四隅更房。同治元年壬戌三月，皖匪陷後，經代理縣事府經歷錢涌率紳民鑿城外舊池加寬並深，又經署知縣彭鳳高、瞿承業相繼整茸，城上女墻亦高增五尺，竟共得垛九百一十有七。六年，知縣恒倫增修隨城炮樓六座，守城隨垛更房數十間。

光緒《虞城縣志》

光緒《虞城縣志》，成文出版社有限公司，1976年。

虞城縣

（卷一"城池"，159）古有金城湯池，蓋王公設險以守其國也，故《書》勤垣埔，《易》戒復隍，而《春秋》之義築城必書，豈細故哉。虞城，地濱黃河，所患又在於衝決。舊城之遷，其明證矣。顧自明嘉靖中，遷新城以來，數警洪波，今護堤外高於內者倍三版，識者抱危卵之憂，亟修築以謀大壯長民者，其念諸志城池。虞邑，舊城在新城之南三里許，明嘉靖九年，河水漸沒，乃遷於今處。築土，周圍四里，高一丈五（160）尺，門四，東曰賓陽、南曰薰風、西曰望汴、北曰拱辰，俱高建層樓，土爲櫓堞。積雨傾圮，嘉靖三十二年，知縣郭文顯增築三尺，易以磚垛，禦侮賴之。年久圮塌，後司寇楊公東明倡義重修。至崇禎乙亥，流寇圍攻一晝夜，猶無恙也。乙亥秋，直指范公良彥始糾工，易土爲磚，僉憲楊公春育等各任甃半面，其餘闔邑照里甲錢糧修之。范公志完，又創修西門甕城。壬午歲，又爲流寇所毀。會亂後，缺官，邑貢生陳遴彥等督率鄉民尚（161）義者草率砌起，已非昔之堅壁。不久傾頹，至康熙三十年，知縣李仲極倡義捐修，士民樂輸助工，不三月而工成。嗣後又復殘缺，雍正八年，知縣張元鑒累捐己俸，次第經理，先修西面，繼修北面，而東、南兩面殘頹如故，將漸次就理焉。

池，周圍環城，廣三丈五尺，深一丈四尺。

護城堤，原築以防水患，舊制低薄。康熙十九年，主簿張允嘉以修築大堤之餘力，加築高厚，堪爲城池保障。歲久衝壞，乾隆二年，知縣張元鑒（162）捐俸百金爲倡，闔邑紳士亦各捐助，親身督工，其監督者則原任縣丞屠禹門也。兩月工成，周圍八里，計長一千四百四十丈，頂寬三丈，高一丈八尺，底寬十二丈，原堤植柳數千株，後無存者，今仍環堤植柳，爰復舊觀，其捐助督工紳士俱見碑文。

乾隆《裕州志》

乾隆《裕州志》，成文出版社有限公司，1976年。

裕州

（卷二"建置志·城池"，99）按州城，宋末始建。明洪武三年，南陽衛指揮使鄧雲修築，周圍九里一十三步，高二丈，厚一丈五尺，池深一丈，闊二丈，四門，東曰賓旭、西曰望□、南曰阜有、北曰建安。明正德十二年，知州郝（100）世宗始爲磚城，高三丈二尺，厚二丈，外建月城四，高厚如之，四門各建重樓，角樓四、敵臺二十□、警鋪四十，備極壯麗，南陽王鴻儒記。自經寇□南門樓火毀，其警鋪亦多傾廢。順治十二年，□□□□可稍爲修治。康熙二十六年，知州□□□□□□城門樓一座，北城門樓一座，然□□□□□□□（101）南陽別駕張宏祚奉文撤舊重新，材木未具而去，遂以不果。四十七年，淫潦，城傾圮四處，共三十六丈，知州董學禮設法捐修。五十四年，重構南門城樓，落成之日，以是樓當陽奠位，取易離卦象辭，重明麗正之義，額曰"麗明"。後北城樓頹敗，雍正十二年，知州金理修復，於是始完備焉。城外河舊深廣，明鄉紳吳阿衡於城東南隅浚濠引潘水內注，可泛小艇，時游宴其內，以石識（102）其處，曰"萬代金湯"。又恐水發囓城，作鎮水臺，今臺存而池則涸已。

民國《長葛縣志》

民國《長葛縣志》，成文出版社有限公司，1976年。

長葛縣

（卷二"營繕志·城池"，65）《舊志》載，葛城爲春秋鄭伯所建，歷代因之，殊欠考據。按鄭伯所築長葛故城，久廢。觀杜預言，潁川長社縣北十二里有長葛故城，即可概見。又按《郡縣志》，長社故城在許州長葛縣西一里，絕非今之縣城也。《方輿紀要》，今城即長箱城。《十六國春秋》，東魏武定五年，清河王岳率衆圍西魏將王思政於潁川，築此，初以車廂爲樓，因名長箱城。彼時止取長形，與今之方形，迥不相同，蓋由明末毀於寇，然後改造方形耳。自東魏以來，隋、唐、宋、金、元修築莫詳。至明正統十三年，知縣黎驛修葺。舊止四門，正德間，因劉六、劉七寇變，築閉四門，開小南門以便樵汲。嘉靖三十二年，知縣李節重修。萬曆間，（66）知縣王用賓添設東門瓮城。崇禎七年，知縣李在公□□□東北隅植柳築堤以防河患。崇禎十三年，知縣張□乾補修城墻，均砌以磚。尋遭寇毀，僅存丈□。清順治三年，知縣高鳳翔改建方城。康熙三十四年，知縣李元讓重修。先是，順治十一年，洎水泛溢，直逼東北隅，城墻缺去一角。康熙五十五年，知縣劉大觀築堤禦河。旋復決，雍正七年，知縣胡文元捐俸修葺東北隅三十丈。乾隆四年，大雨連旬，城垣四圍多有傾圮。至九年，知縣阮景咸重修，復於東北隅濱河築堤七十一丈，一年工竣，力圖永固。百餘年來，河雖屢決，城未傾頹。至同治十年，洎水泛溢，衝陷東北城角十餘丈，知縣鍾耀南重修，又修五門吊橋。光緒二十二年，因夏、秋雨水過多，河水暴漲，上淋下刷，城垣多有坍塌，知縣王錫晉、黃弼臣先後重修，又將東北角砌石數丈以固城基。民國四年，洎水陡漲，城角衝毀，知事何毓琪提倡重修，全縣捐款，五年四月告成。六年又修迎水壩擁護城角，未幾亦衝毀。城門五座，惟小南門無城樓，東門曰迎恩、西曰利用、南曰正德、北曰惠波、小南門曰坤靜，周圍六里一百五十步，高二丈五（67）尺，廣一丈，垛一千六百四十七。城濠，《舊志》濠面寬八尺，底寬四丈。同治元年，知縣董倡捐士紳重修城濠，因前挑挖未能合式，其水亦未引入濠內。今定挖濠面寬六丈，底寬三丈，深二丈，將土就濠內沿周圍築攔馬墻一道，高一丈，厚四尺，中間多設炮眼，遇緊急時，一則保衛城池，一則躲避車馬，一舉兩得。嗣又廢弛，濠內任署役種禾。民國十年，紳商提倡重挖。十一年，經代理鄧知事委商務會長王瑞桐、水利局路榮乙等督工，刻期興工，面寬六丈，底寬三丈五尺，深二丈，堤外種柳，堤內種桃。十二年，五門築墻護桃。十三年，屬溴水築壩，造閘引水溉濠，旋就廢。

民國《正陽縣志》

民國《正陽縣志》，成文出版社有限公司，1968年。

正陽縣

（卷一"建置志·城池"，109）正陽縣城，漢初爲慎陽，在今城北四十里，遺迹無考。宋爲真陽縣城，即今治地。元仍舊，迨至正辛卯，劉福通兵據牛皋，攻陷真陽，兵燹屢經，民物一空，縣存城亡。明洪武四年，以縣民編不足，歸併汝陽縣，仍無城。景泰四年，即真陽縣廢城地置真陽鎮，設巡檢司，仍無城。正德元年，復置真陽縣。二年後，知縣齊淵始因故址築土城，周圍八百丈，高二丈五尺，上廣一丈五尺，下廣二丈，池深一丈，不再月而成，一切（110）建置皆係田官塗希濂、義官阮興分董厥役，推府陳溥、邑幕王璽總其事。正德七年，流寇陷城，圮如平地，縣令郭仲辰殉之。正德八年，知縣張璽重建，甃以磚石，周圍七百八十四丈，高二丈五尺，池深半之，並建四門樓，知府陳溥題名，北曰適蔡、南曰通楚、東曰接潁、西曰達洛，又增置角樓及警鋪，仍係王璽總督厥役，濂興分董其工。嘉靖二十二年知縣李居仁、三十六年知縣徐霓相繼修葺。明季，同知劉附鳳攝縣事，浚池深一丈，廣三丈。清順治六年，知縣遲焞、訓導朱頒祿承兵燹之後，修築完固。順治十五年，大雨，城圮二百餘丈，知縣劉必壽補修。康熙九年，霪雨爲災，城南門圮二百丈，知縣任國標修補。康熙三十五年，夏秋大雨不止，四城堞土基圮壞二百餘丈，知縣安圻重修完整，並重修四門樓。乾隆二十四年，知縣宋世恒浚池，深廣仍舊。乾隆三十五年，知縣劉應侯培補馬路土城。乾隆五十八年，知縣彭良弼通工修整，並培築土城，以資捍固，重建四門樓，改題南曰適楚、北曰朝京、西曰通陝，東仍其舊。光緒二（111）十一年，東門以南牆垛倒壞數十丈，知縣戴榮樞籌措修理，並集全縣民衆浚城濠淤土，補填城牆馬路。民國七年，濠池淤淺，知事林肇煌令民挖濠土，培填外埂，公款局長鮑佩熏遍栽柳樹，濠內遍栽桃李，並修城上角樓、城下水道四，東二，南北各一。民國二十年，夏秋霪雨連月，南門西城倒六丈，北門東亦壞數處，縣長胡名珍同城防局紳張培林、劉德貴、第一區長王振乾等籌推張文軒監工修理，積勞成疾終。民國十七年，籌備自治，事事革新，城門亦改名，東曰自由、西曰平等、南曰中山、北曰博愛。

民國《鄭縣志》

民國《鄭縣志》，成文出版社有限公司，1968年。

鄭縣

（卷三"建置志·城池"，141）唐武德四年建，周圍九里三十步，高三丈五尺，頂闊二丈，趾寬五丈，隍寬四丈，深二丈五尺，城門四，東寅賓、西西成，兩門相對，南阜民、北拱辰，兩門不相對，南門偏西，北門居中，各有樓在月城上，城上郭門四，東"東望奎躔"、西"西維禹甸"、南"南瞻舜日"（今毀，修，易"過化存神"四字）、北"京水朝宗"，今毀。州城東西延長，南北微狹。明宣德八年，知州林厚修築。正德間，州守蕭淵、劉仲和相繼修葺，皆係土城。至崇禎十二年，知州魯世任因流寇猖獗，（142）創砌磚城，被流賊拆毀。宋元祐中，都轉運使吳擇仁重修。清順治二年，知州張肇升重加修整，百雉之觀，偉然金湯。七年，知州王登聯建西城樓一座。十四年，知州劉永清建東城樓一座，堪輿家謂，東城樓宜高大，今漸傾圮，急俟修葺（以上《舊志》）。按城垣自順治二年至康熙年間，從未修理。雍正五年，知州鄒麗中略為修葺，不逾年而墻垣鼓裂、崩壞，雉堞多無。其南門起由西至北門，雍正十三年知州（143）陳廷謨詳請補治。自南門迤東至北門傾頹更甚，乾隆三年夏，知州張鉞詳動閒款千金一例修整。又南門甕城續經坍毀，九年冬，知州張鉞捐資，率紳士協修，今崇墉百雉，巍然完好（記在"藝文"，以上《舊志》）。清同治十年，知州王蓮塘率同紳士趙興周、魏勳鑄、李從化、陳庭俊、胡培元、劉克謙、李國政、毛瑗懔、白鹿鳴、沙亮普等闔州捐資，大加修理，工竣上聞，准廣學額文武各一名。光緒十六年，知州吳榮榮商同闔州紳民重修城垣。（144）民國元年，經縣紳公議，請發昭信股票存款銀五百兩，添築四城炮臺各一，並城東北隅房、西北隅房各三間，炮架數具，置手炮四十杆，火藥四千斤，修理大小舊鐵炮、四城各炮臺。

乾隆《嵩縣志》

乾隆《嵩縣志》，成文出版社有限公司，1976年。

嵩縣

（卷十"城垣"，255）縣城，即韓嵩都城，秦置新城。《舊志》云，故址廣袤二十里，兩漢、晉、魏因秦之舊，並置陸渾，南北朝迄隋唐專治陸渾、伊闕，或其時新城廢圮，然史無明文，（256）不可考信。宋伊陽，□在今舊縣，紹興初，升爲順州，金改嵩州，治今城。元因之。金人王世元、元學正曹秉彝，學宮及東關廟碑可考。明洪武二年，指揮任亮鎮嵩州，始議改築。三年，委守禦所千戶江亨就東北一隅結磚爲城（遺學宮西門外），西北跨山阜，周五里一十三丈，徑二丈，高二丈有八尺，壕塹深一丈有五尺，徑五丈有三尺，馬路廣一丈。弘治間知縣傅汝礪、鄧鎮，崇禎間知縣何復相繼修葺（率軍民併工合作）。十四年，流賊李自成破嵩，平其城。（257）國朝順治三年，知縣劉興漢修築，高深如舊制。十一年，知縣趙景融增修女墻。十七年，知縣楊厥美增修城樓各三楹。康熙五十八年，知縣周忠培因警戒嚴，大加繕治（時宜陽賊亢挺嘯衆騷擾各邑）。雍正十二年，北城坍傾數十丈，知縣戈錦經修。乾隆二十六年，霪雨傾圮十八段，知縣郭鋐俊修理完固，今仰金湯焉。

民國《修武縣志》

民國《修武縣志》，成文出版社有限公司，1976 年。

修武縣

（卷七"民政志·城池"，567）始創詳"沿革"及"故城"，考明洪武初，增築城，土垣，周圍四里，高二丈，廣一丈，城四門，東曰迎輝、西曰歸化、南曰阜民、北曰仰高，各有樓。景泰三年，知縣郭應誠增修，復設角樓四座，敵樓二十四座。正德十三年，知縣冷宗元增修磚堞一千二百八十有奇。嘉靖四十年，知縣賈如愚修。隆慶三年，知縣李可愛改修樓堡。萬曆十年，知縣趙可學修。二十年，知縣邵炯增蓋樓堡。崇禎五年，城爲賊豹五所破。八年，知縣周多才重廣舊城四分之一，高舊城三尺。清康熙二十三年，知縣李啓泰重修。雍正七年，知縣陳綱詳允動帑興修城（568）垣，照舊用土重築，身高一丈三尺九寸，上廣一丈，城門、城樓、角樓、敵臺、攔馬墻、馬道俱照舊用磚。乾隆五十年，署縣朱近曾補修城堞。五十二年，知縣洪運仁補修城垣。嘉慶元年知縣唐宇旺，四年知縣吳有容又修葺之。道光八年，知縣鄒光曾修西門掉橋。九年，知縣邵鳳依修城垣並南北掉橋。十四年，知縣馮繼照重修東西城樓，補修城垣，並東西掉橋。咸豐十一年夏，獲匪滋事，知縣孔繼中恐其蔓延及境，遂捐廉集資，並諭各里分出人力，增築城垣。復以土城不足與守，改築磚城。首先捐築五十丈，城鄉各紳民踴躍輸，將共成義舉。計城垣周八百六十六丈，高一丈八尺，垛一千二百一十七個，高五尺五寸，城脚以條石填砌，出地五層、七層，入地三層、五層不等，城樓、炮臺整齊，四門各造掉橋。同治元年肇造，二年三月竣工，共支出錢九萬九千四百六十九千有奇。事聞，捐資出力人員詔分別給獎，並增廣文武學額各六名。民國十七年，縣長柏有章奉省政府通令，將東西門改為中山門。

濠深一丈，廣二丈。明隆慶三年，知縣李可愛浚，並築護堤高八尺。清康熙二十三年，知縣李啓泰重浚。雍正七年，知縣陳綱重浚，護堤廢。道光五年，知縣鄒光曾浚深五尺，引小丹河注之。八年，復浚。十九年，知縣馮繼照浚隍築堤復舊。咸豐十一年、同治元年，知縣孔繼中重浚，濠周九百八十五丈八尺，深一丈五尺，寬三丈。民國十八年，縣長柏有章重浚。

康熙《內鄉縣志》

康熙《內鄉縣志》，成文出版社有限公司，1976年。

內鄉縣

（卷二"建置志·城池"，130）內鄉舊城，隋時築於內□保三渡河東十里許，漢丹木縣所隸地。歷唐至今，以縣治去鄧州遠，始徙於渚陽鎮，即今城也。初築土城，周三里許，至元已多傾頹。明景泰三年，知縣貊安重修。天順五年，知縣鄭時開拓修築，周九里七分，高廣俱一丈二尺，池深八尺，闊一丈二尺，四門各建層樓。年久漸□。（131）成化間，知縣徐節、沃泮相繼修理。正德元年，□□起知縣張經甃以磚石，□其門東曰仁和、南曰□楚、西曰通秦、北曰安阜。萬曆二十七年，知縣尚從試重修四門大樓並角樓、窩鋪，易其門扁，東賓日、南納熏、西餞景、北拱辰。崇禎末，逆賊李自成焚毀。國朝順治二年，知縣余時發稍爲補砌。四年，知縣陸登甲每門舊樓之址修房三間。十二年，知縣王襄明秀角樓三座、窩鋪三十間。

光緒《光州志》

光緒《光州志》，成文出版社有限公司，1976年。

光州

（卷一"建置志·城池"，59）《地形志》謂，弋陽在定城縣，漢爲弋陽國，後魏置郡，唐改光州。《明一統志》云，古黃國在定城廢縣西一十二里，今光州南城即其地。宋高宗紹興十年，岳飛爲河南北諸路招討使，使牛皋等相度修城。寧宗慶元元年，知州梁季泌分建爲南北兩城，中貫小潢河，湯文正公斌所云城形如呂字者是也，時係土城。明正德六年，經兵燹，城陷。次年，知州李鐩以磚石砌兩城，（60）北城闢門五，南城闢門六，門上各建樓櫓，是時兩城之間造舟爲梁以渡。萬曆壬子，知州陳錫爵修鎮潢石橋。康熙六十年，垜堞頹廢過半，知州劉學禮修葺，完整如初。乾隆四年，知州顧心錯於清晏門西增築護城石岸五十餘丈。乾隆二十三年，知州吳一嵩改建鎮潢橋，徑接南城之凝安門，北城則另闢新門曰大順，南與橋值。乾隆二十九年，知州王秉韜以城有坍損，詳請捐修。乾隆三十三年，潢水漲及城址，城圮二十三段，知州高兆（61）煌復詳請捐修，又請閉北城之清晏門，於城之震方復闢門一，今東之承和是也。

計開北城五門。城垣高一丈五、六尺不等，周圍計長一千一百二十五丈六尺，共垜口一千九百三十六個。北曰迎恩門，上樓三間。西曰來遠門，上樓一間，外有小月城，建岳王廟其上。西正南曰龍門，知州張信建奎星閣其上，雍正十一年知州高士鑰重修。東正南曰大順門，上樓三間，廊廡俱全。（62）東曰承和門，上樓三間。東門外有子城一座，咸豐八年鄭升州創建，周圍垜口二百六十個。同治二年知州何桂芳將土垣更爲磚垣，計開城門三，東曰萬福門、北曰永康門、南曰挽瀾門。

南城六門。城垣高一丈五尺不等，周圍計長八百五十九丈八尺八寸，共垜口一千五百八十四個。東曰東門，上樓三間，廊廡俱全，供三官像，外有小月城，（63）建關帝廟。西曰西門，上樓三間，向南，附火帝廟三間。西正南曰大南門，上樓三間，廊廡俱全，供玉皇像。東正南曰小南門，上樓一間。東正北曰康濟門，上樓一間。西正北曰凝安門，上樓一間。光緒六年，知州姚國慶同紳士設局，按地畝攤捐，修補護城石岸，大順門東岸長一千四百八十三丈八尺六寸，西岸長一千六百九十一丈，高均一丈七尺餘兩丈□不等。

（64）守城經費（北城存制錢貳千三百串，南城存制錢三千九百串），均交當典八厘行息。自同治九年三月爲始，作爲每年歲修城工之用，祗准用利，不准動本。

乾隆《杞縣志》

乾隆《杞縣志》，成文出版社有限公司，1976年。

杞縣

（卷五"建置志·城池"，306）按《水經》雍丘注云，始皇圍築其表爲大城，而以縣焉，此其始也。唐張巡因其城惡，移守睢陽。元張柔鎮之，河水圮其北面，乃徙北二里已復修葺，號爲南杞縣，即今址是也。明洪武三年，知縣曹以崇從而增築之。宣德三年，知縣舒模始擴而大之，周九里十分里之三，高一丈五尺，基闊省高之六，上闊省下之四，闢爲七門，南向者三，西向者二，東、北向者各一，尋塞東南一門。弘治十三年知縣武衛，（307）正德四年知縣楊梣，十二年知縣曹敏各加修葺。嘉靖十三年，知縣王應築四重門，浚池深一丈，闊倍之，樹以棗柳。二十五年知縣蔡時雍，三十一年知縣□□，三十六年知縣姚汝循相繼修葺。萬曆八年，知縣苗朝陽塞其西南一門。二十一年，大雨，水幾復隍矣。知縣馬應龍又修葺之，沿堧樹之以柳，池中聽民種荷芰之類，亦一時美觀也。然猶土堞耳。至崇正八年，流寇圍城孔棘，知縣申佳印禦之，寇退，始改築磚城，周圍計丈一千四百有奇，高計二丈七尺有奇，堞計三千六百有奇，增修小西（308）門瓮城一座，其遼闊處增修堡屋十餘所，屹然遂成重鎮。至十五年，流寇李自成陷杞，引其徒一日夜墮城過半，寇退，縣丞劉天祐率土兵補築之。國朝定鼎以來，初則巡撫鎮杞率猶倚爲保障，中間時加修葺而泥城不如灰城之固，其勢漸就傾圮。康熙三十年，知縣李繼烈慨然發憤，增築之，悉用磚灰，易其坤堄，補其破壞，又於各城門增營門樓二座，俱三楹，畫棟丹壁，翼然改觀。嗣後，知縣謝天楨、寧佑、陳賁懿、李岱生、王履仁、王大樹相繼修葺。至乾隆癸未，屢經大水，在在坍塌，縣令李錫□重（309）修。經兩年後工竣，閉塞小南門，止存城門五座，□城周圍九里十三步，計一千六百二十六丈五尺，除城門五座各寬二十丈，實在城垣計一千五百二十六丈五尺，高二丈五尺，城垛高四尺，外磚內土築砌。

乾隆《獲嘉縣志》

乾隆《獲嘉縣志》，成文出版社有限公司，1976 年。

獲嘉縣

（卷二"城池"，109）縣城始建未詳，明洪武三年，知縣熊邦□重築。天順三年，知縣邢□重修。周三里一十三步，高二丈四尺，廣半之，池深一丈，闊如之。成化十八年，知縣吳裕重修，高垣墉、增女（110）牆、建門牆、新角鋪，表四門之名，東曰東作、西曰西城、南曰南□、北曰朔易。正德六年知縣任守□□□，二十一年，知縣□□繼修。萬曆六年，知縣張一心大興修築，易東門曰承恩、南曰廣輝，後更名廣陽，西曰通武、西北曰揆文。萬曆四十三年，署縣事同知魯廷彥重修，□土垣短薄易致傾頹□□□繕修而風雨剝蝕，未久即□。國朝康熙二十三年，知縣馬大奇始改創磚城，高厚□倍，舊址城形方長，圍六百五十二丈，高二丈五尺，廣半之，垛口高五尺，城上建敵樓三座，四隅各建角樓，崇嚴□□，屹然為河朔雄區矣。雍正三年，知縣□致浦捐俸復修。雍正十一年知縣（111）□□，乾隆九年知縣梁觀我領帑督修。十五年，知縣吳齡復捐□□修之。

民國《獲嘉縣志》

民國《獲嘉縣志》，成文出版社有限公司，1976 年。

獲嘉縣

（卷二"建置·城池"，75）縣城創建未詳。明洪武三年，知縣熊邦基重築。天順三年，知縣邢表重修，周三里一十三步，高二丈四尺，廣半之，池深一丈，闊如之。成化十八年，知縣吳裕重修，高垣墉、增女墻、建門樓、新角鋪，表四門之名，東曰東作、西曰西成、南曰南訛、北曰朔易。（76）正德六年，知縣任守德重修。嘉靖二十一年，知縣張道繼修。萬曆六年，知縣張一心大興修築，易東門曰承恩、南曰廣輝，後更名廣陽，西曰通武、西北曰揆文。民國二十四年春，縣長鄒古愚補修四門，改東門爲中山門，南門爲仁愛門、西門爲信義門、西北門爲和平門。（77）萬曆四十三年，署縣事同知魯廷彥重修，惟土垣短薄，易致傾頹，雖歲煩繕修，而風雨剝蝕，未久即壞。清康熙二十三年，知縣馮大奇始改創磚城，高厚悉倍。舊址城形方長，周圍六百五十二丈，高二丈五尺，廣半之，垛口高五尺，城上建敵樓三座，四隅各建角樓，崇嚴壯麗，屹然爲河朔雄區矣。（79）雍正三年，知縣壽致溥捐俸復修。十一年，知縣蔡嵩年重修。乾隆九年，知縣梁觀我領帑督修。十五年，知縣吳喬齡復捐俸繕修之。道光十三年，知縣夏琳重修。二十五年，知縣羅傳琳、邑紳岳一元捐資重修。咸豐十一年，知縣趙寶仁增擴西北城門。光緒二十三年，知縣邵祖蕙重修。民國十四年，縣長常壽祺重修。（80）十七年，縣長王俊杰補城垣女墻缺口，藉資守禦，易南門曰中山門。

民國《考城縣志》

民國《考城縣志》，成文出版社有限公司，1976年。

考城縣

（卷四"建置志"，192）考城縣城，建自東漢，內城九里十三步，外城十六里有奇，在今縣治東南九十五里。元至元間，沒於河，縣監李茂始徙治於賀丘。明洪武二十三年，復遭河患，知縣楊顯宗徙築江墓店。正統二年，又遭河患，知縣鄭道徙築，即今舊城，惟北關尚存，在今縣治東南七十里。城周回四里九十步有奇。成化十八年，知縣顧景祥繼修。正德十五年，知縣段綉請於巡撫，更增崇之，高二丈五尺，基闊三丈，頂闊一丈，四面置門，名皆仍舊，東曰崇魯、南曰望海、西曰鎮行、北曰拱極，上各建樓，外浚濠深二丈，闊四丈，月城，周回二千九百九十五步有奇，墻高一丈一尺，頂闊二尺有半，南北東西各置棚欄一。至嘉靖三十八年，知縣寧文光以城門俱坯土，通易以磚，四門各建重樓，名大觀樓。萬曆三年，知縣馮尚又爲重門，並上門樓各一，內扁東曰寅賓、南曰迎熏、西曰戢武、北曰拱辰，外扁東曰文明、南曰物阜、西曰武勝、北曰民安，視昔規制□□□□。萬曆十三年，知縣杜志晦重加修葺，各易一新扁，外東曰"東夏咽喉"、南曰"中州雄鎮"、西曰"西京藩衛"、北曰"北門鎖鑰"，內東曰"葵丘旭日"、南曰"葛□曉翠"、西曰"木（193）鐸遐風"、北曰"河帶凝春"，然皆土城也。至明季崇禎間，知縣鄭仰玄申請撫憲率闔邑士民易爲磚城。康熙二十八年，霪雨，城圮，知縣何如淮重修。乾隆四十三年，沒於河，河督阿桂因南岸七里陷於河，奏隸睢州，割儀封河北岸十里隸考城，徙治堌陽。乾隆四十九年，署考城知縣□□建築新城，周圍長三里，計五百四十丈，高一丈四尺二寸，內土外磚，底寬二丈四尺，頂寬一丈六尺，門四，東曰朝陽、南曰迎熏、西曰安瀾、北曰拱辰，上各建樓，四隅置砲臺，池長四里，深五尺，闊一丈。門上有樓，丹楹刻桷，壯麗高伉，年久頽圮，咸豐十年，知縣張延齡悉易以屋，雖較堅固，而觀瞻減色矣。光緒十五年，知縣呂耀輔補修四門，外皆有吊橋，初以木爲之，後甃以磚。

光緒《南陽縣志》

光緒《南陽縣志》，成文出版社有限公司，1976年。

南陽縣

（卷三"建置志·城池"，245）南陽城池，即唐南陽縣舊址。《元和郡縣志》云，鄧州南陽（246）縣西南，至州一百二十里者是也。元始爲府城。明初，甃以磚石。成化中，嘗一修之。崇禎初，嗣唐王聿鍵鐝金重修。明末，毀於寇。國朝順治、康熙中知府王燕翼、辛炳翰、張在澤，乾隆二十七年知縣魏涵輝皆有增葺。道光末，城浸圮。咸豐四年，知府顧嘉蘅始大修之。城周六里二十七步，高二丈，門四，皆用舊名，東曰延曦、西曰永安、南曰淯陽、北曰博望，其上皆有樓，門之外皆有月城，城隅皆爲屋，又起閣東南隅城上，曰"奎章"，凡置砲臺二十，警鋪四十三，堰梅溪爲池，水入自永安門，外環城而左置石壩，時其蓄洩，以城之高爲池之闊，近池起（247）女墻，其高得城三之一。同治二年，始議環城置四圩，狀若梅萼，已改爲郭，周十有八里，附郭建空心砲臺十六。其後，時有修葺。光緒二十三年，梅溪溢，圮城東南隅，壞奎章閣，知縣潘守廉重修之。二十七年，又增修，土郭斷爲四圩，從初議也。

民國《商水縣志》

民國《商水縣志》，成文出版社有限公司，1975年。

商水縣

（卷七"建置志·城池"，405）縣城，按《舊志》，商邑舊屬土埔，無埤堄、戍樓、雉堞，周圍僅四里許。歷代增修無考。明洪武四年，縣丞孫元仁修築，城高二丈餘（《通志》作一丈九尺，廣五尺），置四門，東仁化、南義和、西道泰、北德政，上建戍樓四，窩鋪八，隍深二尺，闊五丈餘（《通志》作池深八尺，闊二丈。成化知縣羅維修葺，《舊志》有羅楫，無羅維）。正德六年，流賊趙燧、邢老虎攻陷，知縣劉漢增築之。萬曆二十一年，頹於雨，知縣劉遷重修，高屹嚴固，樓宇更新。三十五年，知縣俎（《通志》作祖）鼎始以磚甃東門以北二十餘丈而止。崇禎九年，知縣王化行盡易以磚，四門置瓮城，四面設敵樓，蓋屹然金湯云。十四年，流賊李自成攻陷，盡毀之。十五年，鄉民顧養泰（406）率衆修補。清順治三年，知縣原英煌重修。十年，霪雨頹圮，知縣吳道觀重修。康熙三年，知縣張鐸幫築內城，兼補女墻。二十七年，內城薄削，知縣邵瑗偏築之。二十九年七月，大雨，城頹數處，知縣康起梅復修如故。三十年，知縣劉君向捐俸繕葺。五十年，知縣修映辰易曲門爲直門。雍正三年，知縣牟繩祖復改爲曲門。乾隆元年知縣吳升，八年知縣李新猷相繼修補，崇埔鞏固，非復向時之卑薄矣。至二十七年，知縣郭衛、邑紳李郊、李淇、黨五經等捐資督修城垣暨門樓。咸豐九年，知縣汪斌才、邑紳傅成五、王祥五等鑿池築城，倍加寬廣，又增建炮樓五座、四門吊橋及牛馬墻。同治五年，知縣陶森、邑紳王全忠、趙仿續修北門。十一年，知縣袁鑒、邑紳傅振德、王有義等重修東門吊橋。光緒十五年，知縣李煥新補修。二十一年，又委邑紳傅啓瑞、朱華明（407）等督修東門瓮城。二十四年，知縣王衍觀補修。二十六年，知縣延淇率邑紳梁俊、蘇貫一重修南門。宣統三年，武昌起事，知縣斌術、邑紳趙崇光、王炳揚、王芳德等增修城上戍鋪二十餘處，邑人張丙壬捐資重建東西門樓各三間，同時邑紳趙國廉、王國珍等監修北門。

康熙《上蔡縣志》

康熙《上蔡縣志》，成文出版社有限公司，1976年。

上蔡縣

（卷二"建置志·城池"，198）蔡舊城，周圍二十五里，蓋周初建國所築也，故垣門闕及今猶存。西漢置縣，築土城於故址東北隅，環垣僅六里二百步，高二丈，廣八尺，池深五尺，闊一丈。明正統間知縣王雄，成化十九年主簿梁英相繼重修。正德六年，為霸寇所陷。嘉靖二年，知縣傅鳳翔始甃磚石，拓為九里十三步，增高五尺，敵臺二十有二，立四門，各建樓於其上，東曰通□、西曰□□□□□□。萬曆二十四年，□□□□□□□□□□□（199）詢補葺之。嗣後知縣紀經綸、劉伯生、主簿馮□先後增築角樓、警鋪、子墻、甕城。崇禎十五年，流寇陷城，拆毀無餘。國朝順治三年，知縣管起鳳扶頹補舊，城垣粗備，然時當草創，聊以固圍，一遇大雨，淋漓坍塌無常，是以旋修旋倒。康熙二十五年，知縣楊廷望重建門樓、城墻、門闥，頹敗者修復，完固傾圮者，雉堞分明，俱加灰砌，迥異前觀。

民國《中牟縣志》

民國《中牟縣志》，成文出版社有限公司，1968年。

中牟縣

（卷二"城池"，87）縣城，舊在縣東二里許，曹操始築。明天順五年，知縣董敏移建今治，原係土垣，周圍六里三十六步，高一丈五尺，廣二丈，池深一丈，闊一丈二尺。歲久傾圮。成化、正德、萬曆間，知縣戴玉、周紀、李如桂、喬璧星、陳幼學次第修葺。崇禎七年，邑人刑部尚書劉之鳳請於知縣俞士鴻，易土而磚，東西兩門加月城。十五年，寇毀。清順治二年，知縣劉泰來重修，城四角置窩鋪各一，其門東曰朝陽、西曰鎮平、南曰迎薰、北曰拱辰，城外濠廣一丈，深如之。康熙十二年，知縣韓蓋光重修。雍正元年，黃水衝決，四垣頹圮。乾隆十五年，知（88）縣孫和相重建四門，並月城、門樓各增其一，西門易舊額曰覲光，東外門增額曰瞻雲，西外門增額曰就日。十七年春，詳請發帑修築，自二月起工，至十八年四月告竣，城高一丈五六尺不等，頂寬一丈，底寬二丈四五尺不等，浚池寬三丈，深一丈。二十七年，知縣尹重修。嘉慶二十四年，河溢十里店。道光二十三年中，河漫口兩次，衝刷幾經塌盡。咸豐九年，知縣魯奉堯稟請勸捐繕修，增建碉樓。同治五年，署知縣楊九齡添蓋營房。七年，滎工決口，大溜浸注，坍蟄殘缺，知縣何鼎稟請重修，未及開工，交卸去任，署知縣吳若烺修如舊制，今仍之。

民國《重修滑縣志》

民國《重修滑縣志》，成文出版社有限公司，1968年。

滑縣

（卷五"城市志"，329）滑城，本滑氏舊壘，後增爲城，遺迹久湮。自劉宋永初三年，陽瓚爲東郡司馬，魏攻滑臺，城崩衆潰，至西魏大統十五年，於實爲滑州刺史以後應有修葺，年久失考。隋置滑州，猶沿其舊。唐義成軍節度使高承簡曾修築之。自唐迄宋，尚留（330）遺迹。宋天禧中知州事趙世長，嘉祐元年知州事梅摯又加重修。元至正丙申，知州張臨、齊謙繼續重修。惟土性疏，易傾於雨。明洪武初，知縣諸弘道重修，爲磚門者四。嘉靖甲午，知縣高進重修北門城樓。又十三年丁未，知縣彭范復修南門城樓。及歲次乙卯，知縣張佳胤加磚重修城垣，又創作西門城樓，時因歲稔，名曰"嘉禾"。又次年丙辰，知縣孫應魁重修東門城樓，巍峨宏敞，名曰"見山"。萬曆四十四年，知縣趙時晉修理城垣，又加土工。崇禎十一年，知縣羅璧易土以磚，城乃鞏固。清順治年間，知縣陳啓泰繕治城池。康熙二十八年，知縣姚德聞重修，尚屬直隸大名府。雍正三年，改隸河南衛輝府。七年，知縣姚孔□奉旨發帑修築。乾隆十四年，知縣田天錫重修。十六年辛未，知縣郭錦春領帑重修，工未及竣。十七年壬申、十八年癸酉，知縣吳玉麒續修成之。城周圍九里七步，高二丈八尺，闊二丈三尺，池闊二丈，深淺不等，池內築牆以衛之，池外築堤以障之，門有五，東曰長春、西曰嘉禾、南曰南熏、北曰拱極，西門之南有清源門，俗號（331）水門，城上窩鋪五十二座，砲臺二百二十座，垛口二千七百三十有九。二十八年癸未，知縣謝寶樹重修。嘉慶十八年癸酉，教匪之變，官兵圍城環攻，加以地雷轟擊，於西南隅轟裂南門城垣二十餘丈，西門地雷亦同時並發，城之外磚裏土殘毀已甚。道光六年丙戌，知縣胡天培請發國帑十九萬有奇，修復城垣，其五門城樓、門洞、吊橋、城濠，又捐廉獨力重修，需銀萬九千有奇，而我滑城池乃一律完固。至咸豐十一年辛酉，知縣徐振瀛乃有添設重門、浚濠、補磚之舉。同治元年壬戌，知縣姚詩雅重修敵樓。光緒十九年癸巳，知縣呂耀輔修補南門迤東，北門迤西城牆數十丈。至今三十餘年，又有損壞。民國十七年戊辰，會匪亂後，縣長趙鴻澤會同紳士籌款略加繕補，雖未完善亦可衛吾民矣。

民國《重修汝南縣志》

民國《重修汝南縣志》，成文出版社有限公司，1976年。

汝南縣

（卷三"古迹考"，189）古城池。汝南縣城，爲前汝寧府城附郭，即兩漢汝南郡城。秦漢迄今，縣與郡名雖多變更，而汝南郡城則如故。□□立司州於汝南，號其城曰"瓠城"，象形也。元季毀於兵。明洪武六年，重建，置汝寧千戶所守之，周圍五里三十步，高一丈八尺，廣如之，□□一丈二尺，闊二丈，置東西南三門，東曰迎春、西曰見山、南曰阜安。八年，改置汝寧衛，又拓爲九里三十步，高二丈五尺，增闢北門，各建重樓，設□鋪二十六，又闢水門二。永樂二年，廢衛，復爲所。成化二十年，城圮，崇莊王奏請御史趙文博檄知府羅元吉增築高厚，繞以子牆（即甕城），撤舊樓而大之，顏其四門，東曰東作、南曰汝南、西曰西成、北曰拱北，增角樓四，益警鋪四十有八。正德九年，流寇薄城，知府畢昭請於巡撫鄧璋，甃以磚石，增高五尺，因舊隍浚深二丈，闊五丈。隆慶三年，知府史桂芳重修之。崇禎七年，流寇犯□，知府黃元功、知縣姚士恒置炮臺、木樓並守禦之具，復義倡士民浚舊□深四丈，闊十丈，開南堤石門引汝入濠，濠外繞植官柳。崇禎十五年，流寇破城，焚西城樓，毀東南（190）北三門及垣堞鋪，同知□□稍微修葺。清順治十八年，知府金鎮重修。康熙元年，增建城樓。二十年，知縣邱天英重修。雍正七年，知縣程元度修葺。乾隆三十一年，知縣周柄□修。光緒二十一年，北城垣爲大水浸倒二處，約數十丈，知縣汪奎派地丁銀修補之。民國十九年，縣長華維揚督率內十幾店民衆復浚城濠，深一丈，闊三丈。

民國《重修信陽縣志》

民國《重修信陽縣志》，成文出版社有限公司，1968 年。

信陽縣

（卷五"建設志·城池"，193）今信陽縣城，即漢平氏縣之義陽鄉舊址，古申國地，魏名仁順城（一名仁頓），旋置義陽縣治之。其義陽郡，本治安昌城（今之平昌關），後司馬望移義陽郡治義陽縣（郡與縣同城），舊惟土城（元以前信陽州郡縣同城，局面雄闊，必非土城，特年久無可考據耳。《舊志》云爾，姑仍之）。《方輿紀要》據元《羅山志》謂，宋端平後，信陽軍兵亂地荒，凡四十餘年，元至元二十年，以羅山地當驛置要衝（羅山故城在某處，失考），徙信陽州治之，而移羅山縣治於西南（西南疑係東南之訛），號曰羅山新縣。元末，汝穎兵起，焚轢更甚。明洪武元年，信陽復還舊治（羅山新縣治遂不改），設信陽衛守之。十三年，千戶張用拓展舊址，外甃以甓，內實以土，周圍九里三十步，高二丈，廣半之（《舊志》作高三丈，厚一丈），城南面溮，西北東三面浚爲濠，深一丈三尺，闊六丈五尺（見於《圖書集成·職方典》"信陽城池考"），門樓五、警鋪四十有三。成化十四年，守備李槿於各門外增護垣、吊橋，然雉堞頗痺。正德八年，按察司副使寧河首議增築，未強半而去，僉事閻敘繼之，十年冬落成，邑人何景明爲之記。城形如船，東門名望京，後易曰震門；南門名鎮遠，後易曰郢門；西門曰望堅，後易曰溮門；北門曰望淮。溮門去郢門稍遠，增一小南門，向封以土，萬曆二十二年，副使王任、知州朱家法詢謀於衆而啓之，以便樵汲，顏門樓曰"群山拱秀"。崇禎十四年，流賊張獻忠（194）乘夜襲陷城，屠民十之七八，官署、民舍咸付一炬，驅未盡婦稚拆垣堞，存者高不及肩，汝陽主簿吳士紳署州篆，不數月修復如故，樓櫓未暇及也。清順治十五年，副使管起鳳、知州高天爵始建四門樓。十六年，西城圮數十丈，郡守王廷伊督修，堅厚有加。康熙四十五年，西門南偏城傾數丈。雍正七年，郡守郭士英監修。

乾隆四年，郡守朱汝琳重建四門譙樓。二十年，南汝光道曹繩柱移改大小南門偏東二丈餘。咸豐年間，捻氛告警，培築西北城垣，邑紳姚紹唐等監工。光緒十五年，西南城垣倒陷，邑人陳筱雲、陳正甫、李瓣香等監修。民國十年，秋雨爲灾，南門之左、西門之右、北門之東城牆潰坍三十餘丈，公議加地丁每兩銀附收制錢一串文，由邑人蔡和林總其成，周綿瑞副之，劉竹溪掌收入，熊閣丞司支出，鳩工庀材，外垣內隍一律修整，並恢復舊南門、小南門，於奎樓北開水門洞一，以廣宣洩，東西城加造水溝，明暗各一，以防衝刷。九閱月，而工竣。十四年，駐城陝軍被圍，洞穿土隍，拆雉堞，殘破不堪。二十年夏，北門外、小南門外各倒塌十數丈，經委員會募捐修復。其殘缺罅折之處，復經修浚城池委員會以工振款逐段整理，漸還舊觀。城外濠內坡地一律填砌平坦，築成環城馬路，事詳載"民政門"。

民國《重印信陽州志》

民國《重印信陽州志》，成文出版社有限公司，1968年。

信陽州

（卷二"建置志·城池"，55）州舊惟土城，元末汝穎兵起，燹轢更甚。明洪武十三年，千戶張用展拓舊址，外甃以甓，內實以土，高三丈，厚一丈，周圍九里三十步，樓櫓、月城、警鋪甚具。成化十四年，守備李權於各門外增護垣、吊橋，然雉堞頗庳。流賊屠吳房、柏舉，時人情洶懼，正德八年，兵憲寧公河首議增築，未強半而去，閻公欽繼之，又三年落成，則十年冬也，何大復公景明爲記。城形如船，東門名望京，後易曰震門；南門名鎮遠，後易曰（56）郢門；西門名望堅，後易曰澨門；北門名望淮，後易曰淮門。澨門去郢門稍遠，增一小南門，向封以土，萬曆二十二年，兵憲王公任、知州朱家法詢謀而啓之，顏其樓曰"群山拱秀"，且以便樵汲焉。歲久瓴甋善毀，葺或不以時，遂分西北屬州，東南屬衛。城既面澨，西北東浚爲隍，廣深不等，皆丈有尋云。崇禎十四年，獻賊乘夜襲城，城陷，屠民十之七八，官署、民舍咸盡於燼，驅未盡婦稚拆毀垣堞。其時城之短者不及肩，汝陽主簿吳公士伸來視州篆，督率有方，不數月垣堞頓還舊觀，樓櫓未暇及也。至順治之十年，兵憲管公起鳳、郡守高公天爵始建四門樓，輪奐屹然矣。迨今十六年，西城圮數十丈，郡守王公廷伊督修之，堅厚有加云。康熙四十五年，西門南偏城傾數丈，雍正七年，郡守郭公士英監修。乾隆四年，郡守朱公汝琳重建四門譙樓。

光緒《范縣鄉土志》

光緒《范縣鄉土志》，成文出版社有限公司，1968年。

范縣

（"地理"，34）城東西長一里三分，南北長一里二分，高一丈七尺，周圍五里。

民國《續修范縣志》

民國《續修范縣志》，成文出版社有限公司，1968年。

范縣

（卷二"地理志·城池"，83）范舊城，為晉大夫士會食邑，會之先劉累嘗為御龍氏，故城設六門，以肖龍形，東西為首尾，南北為四足，去今治二十里。明洪武庚申，黃河決，城壞，知縣張允徙今治，即唐莊宗新軍栅地也。成化己酉，都御史袁杰命典史尚迪修築，周二千一百四十九步，垣崇一丈七尺，厚七尺，後復為河嚙。弘治辛酉，知縣蒲陽薛鎰重修，加崇五尺，加厚八尺，地闊四丈（84），深半之，六門各建重樓，別啓洞門以洩水，城乃完固。正德辛未，盜起曹濮，兵備吳公患門多力分，將東北、東南二門塞之，賊至四面攻圍，自晨至晡，矢盡力窮而退，城保無虞。嘉靖癸未，鹽徒作亂，兵備沈公將前塞二門盡廢焉。自是，人文凋謝，論者咎之。甲午夏，直隸兵備楊公儀至范，闔學生員以復門請，允之。又請於本道兵備副使周公琅，亦允。知縣胡來聘遂興工作，東北者仍舊，東南者移對儒學，扁曰"文明"，又築臺十二於城周，各建敵樓於四門，大樓相峙。至嘉靖甲子，有識者曰："城，龍象也，足不局蹐，物性自若。今門失舊制，是龍足弗伸，何能闡靈乎！"知縣單承祿仍改東南門於舊址。（85）崇禎辛巳、壬午間，歲屢凶，土寇蜂起。至清順治己丑，榆園賊梁敏敏率衆屠城，盤踞三載，敵臺、門樓、官署、民舍並聖廟、神祠拆毀焚燒一空，復遭黃河荊隆口決，水灌城內，垣垛盡行傾圮。按城舊制，周圍七里七分，垛口三千三百三十九個，城樓、敵樓一十九座。康熙己酉，知縣霍之琯捐俸補修角樓四座、城門四座、門樓窩鋪六座，以資防禦。康熙十三年，知縣霍之琯又捐銀六百兩，補築城四面，凡一千六十一丈二尺，開垛口九百零一個，創修大南門一座，重修北、東、小南門三座，補修西門一座，創修城門樓四座，小窩鋪一十四座（86），城門內外柵欄八座，高深鞏固，士民賴以無恐。康熙三十二年，知縣馬麟圖復開東南、東北二門，仍從六門舊制，外城基接築護崖，寬深各六尺，周城之身，旋繞周密，城河挖深，各門安橋，四面敵樓以及女牆、雉堞皆一一完備。乾隆五十四年，本縣官民議修城垣，而款不易籌，蒙撫臣楊奏明官修。五十六年，署知縣事謝蓮鍔估修土築城垣一座，計長一千零七十九丈七尺，並修六門城樓，共工料銀五萬三千三百兩零，於是年二月開工，至五十七年閏四月工竣。清咸豐五年，河決銅瓦巷，奔流直衝城東南隅。光緒元年，知縣趙允請帑撙修，計東西長一里三分，南北橫一里二分，高一丈七（87）尺，周圍共五里。按范，龍城也，自光緒六年知縣趙允請帑移修，初相地於五里堼迤西坊子鋪附近，後僅拆去東面城門、城樓及雉堞，撙節修理，以致龍無其首，此後不惟科第乏人，城內老成士紳亦相繼凋謝。洎光緒二十九年，教諭牛公蔚堂司鐸是邑，閱邑城形勢，慨然憂之，欲恢復舊址，發起募捐，後因財力不足，賚志以沒，尚望後之君子集資重修，亦地方之幸福也。民國十九年春，縣長王逸民為防匪計，派全縣民夫，分挖城壕，月餘始竣。二十二年，黃水為災，城多傾圮。翌春，縣長張鴻志集災區壯丁（88），以工代賑，分別修補，三閱月告竣。

經度，居北平西一度十二分二十秒，居英京革耳尼天文臺東一百一十五度三十七分四十秒。緯度，居北平南三度五分四十秒，居赤道北三十六度二分二十秒。

同治《增續長垣縣志》

同治《增續長垣縣志》，成文出版社有限公司，1969年。

長垣縣

（卷上"城池"，41）縣城自洪武二年因避水患，縣丞劉彥昭移治古蒲城，即今縣治也。後屢加增拓，至朝乾隆三十三年，知縣吳鋼詳請重修。後雖加修葺，奈年久城垣多殘缺，門樓亦多傾側，城壕有淤平之處。咸豐八年，邑人花翎運同銜傅泰來捐資重修門樓四座。咸豐十一年，知縣劉鎧勸民捐資重修城垣，派夫挑挖城壕。

光緒《南樂縣志》

光緒《南樂縣志》，成文出版社有限公司，1976年。

南樂縣

（卷一"建置志·城池"，121）城垣，唐武德六年創築（見《讀史方輿紀要》）。五代晉天福八年，重築（見《五代史》）。元季，樞密副雕鶚重新之，周六里一百三十步，高二丈五尺。明知縣王安、王德、陳邦器、周昊相繼修築。至嘉靖十三年，知縣葉本重修，始易土而磚。後知縣路王道、鎖青緙，暨國朝順治中知縣蔡瓊枝，以兵荒水災，屢加修治。康熙中，知縣方元啓、潘開基俱捐資重修（本《舊志》）。後漸圮壞，咸豐辛酉之亂，城以不守，知縣孫文煥莅任急（122）築之。是年冬，知縣張保泰告竣。此後常加修補，光緒二十六年，知縣恭寅重修，支用倉穀以工代賑。二十七年秋，遇大雨，間有損壞。二十八年，知縣施有方復加修葺，並籌歲修款爲善後計（考明弘治中，知縣陳邦器創建城上窩鋪。正德中，知縣馬馴創建敵臺及護門月城，今已久廢。又四門樓，東跨濟，知縣陳邦器建，知縣劉弼寬重修；南瞻洛，知縣劉志道建，知縣江澤重修；西帶河，知縣王德建；北拱辰，知縣劉志道建，知縣劉弼寬重修。四敵樓，東來紫、南威寧、西綏遠、北清彝，俱知縣劉仙源建。康熙中，知縣方元啓一律重修，今各樓久已圮毀。門額石刻半非舊名）。

城壕，深闊各一丈。元季樞密副雕鶚開浚。明正統中，知縣王安重浚。正德中，知縣馬馴復加開鑿，築（123）大堤以環之（本《舊志》，考嘉靖中知縣葉本創鑿水溝十六道，今湮）。

按：高城深池，設險守國之道也。樂自建邑以來，迭經築鑿，迄於國朝，規模大備。而承平日久，漸致傾頹。辛酉亂後，暫借附近民力，一爲繕完。然倉猝一試則可，據爲常例則不可。歷年以來，其弊已見。前年庚子，以工代賑，僅得集事，而土質沙鹵，終難持久，則所以善其後者，豈非近日之急務哉。

光緒《開州志》

光緒《開州志》，成文出版社有限公司，1976 年。

開州

（卷二"建置志·城池"，206）州城，《舊志》五代梁時李存審所建，夾河爲柵，南北二城相直。後晉天福三年，自舊澶州移治，夾河。宋熙寧十年，南城圮於水，獨守北城，前方列而後拱，形如臥虎，周二十四里。明弘治十三年，知州李嘉祥增築，高三丈五尺，廣三丈，門四，池深一丈五尺，闊三丈。嘉靖十三年，知州孫巨鯨奉檄重修。二十五年，知州李一元增修城鋪八十四座，城角建敵樓四座，以土壤不固易以陶甓，州人晁瑮有記。隆慶元年秋，大水衝壞城西樓，知州湯希閔重建。萬曆二十年，城北樓壞，知縣張三聘重修，州人（207）朱爵有記。二十二年，知州沈堯中重修，以南門爲開德、東門爲濮陽、西門爲繁陽、北門爲鎮寧，仍前張三聘所定也。三十六年，知州李之藻重修，更西門曰昆吾，崔景榮有記。崇禎五年，知州王直臣重修門樓，增築墻垛。國朝順治七年，大水，城樓傾圮。康熙五年六月，地震。七月，大雨，垛口坍塌，鋪舍、角樓盡圮。七年，知州孫榮捐俸修葺城頭鋪舍八十餘所，雉堞千有餘奇。嘉慶元年，知州楊自強重修，改濮陽門曰得勝，昆吾門曰永安。道光二十七年，知州焦家麟重修，改永安門曰阜安，於東南隅建文峰塔。咸豐十一年，因東匪之亂，知州金秉忠率紳（208）董勸捐添建周圍女墻。同治七年，知州葉增慶飭護城各莊挑挖城濠，以其土修濠裏圍墻，並建橋裏大門與圍墻接。光緒三年，知州陳兆麟建西南隅奎樓。

北 京 市

光緒《昌平州志》

光緒《昌平州志》，北京古籍出版社，1980年。

昌平故城

（卷三"土地記上"，52）《一統志》：在今昌平州東南，漢置縣。三國魏文帝拜牽招使持節護鮮卑校尉，屯昌平，即此。後魏初省。《水經注》，《土地記》曰：薊城東北一百四十里有昌平城。《魏書·地形志》：軍都縣有昌平城。《括地志》：昌平故城在幽州東南六十里。此漢晋至魏初昌平，當在今沙河店迤東，上下東郭二村之西。村名東郭，蓋因城而得名也。

萬年故城

《一統志》：在昌平州西南，後魏置萬年縣，屬平昌郡。隋開皇初省入昌平。

宣中衛故城

（54）《舊志》：由州城內學宮，南至校場，其舊基也。

昌平州城

（55）今州城。州故永安城。明景泰元年築。東、西、南三門，俱重門。甕城內、外各有層樓，周一千四百九十二丈九尺八寸，高二丈一尺。徙長、獻、景三陵衛於內，以護陵寢。三年，并昌平治徙焉。天順三年，天壽山守備廖鏞奏建譙樓於城中。萬曆元年，因陵衛續設益多，於城南復築一城連之，墻減舊城四尺，衹有南門，瓮城、箭樓亦微小。東、西、南三面共八十四丈五尺。後屢經營造，兩城皆甃以磚。至崇禎九年，兵部侍郎張元佐拆舊城南面磚石修補東城門樓，城遂合而爲一，周一十里二十四步，池深廣各二丈許。國朝康熙十四年重築新舊城，均高三丈，池深八尺，闊三丈。

光緒《順天府志》

光緒《順天府志》，北京古籍出版社，1987年。

良鄉縣

（卷二十一"地理志三·城池"，651）良鄉縣，舊係土城，高二丈。明隆慶中，知縣安上達增築之（《良鄉新志》，按：《志》作安守魯，蓋楊守魯之訛也，茲從《日下舊聞》），高三丈二尺（《新志》，按："二尺"字亦據《日下舊聞》補），但西門缺瓮城。垂二十年，知縣王道定補之（《新志》，楊守魯《良鄉縣西門瓮城碑》：良邑舊無城，隆慶初，貴陽安邑侯始城之。城有四門，皆設重關以爲固，故必有瓮城焉。方城之時，東、南、北三門皆完，西門獨缺。垂二十年，濟陽王公至，始完之。公以才能，自香河移治茲邑，務在修廢蠲弊，與民更始。嘗巡城至西方，憑堞顧瞻者久之，乃外指山原而詢父老曰：山水時漲，此門得無患乎？對曰：水至則灌溢而入君侯之床。還顧城中而謂父老曰：是門也，於縣治察院獨不邇乎？匪真虞心庫獄，即賓至而徵關尹，其何說之【652】詞？彼大者且城矣，奚爲獨弗竟此也？父老曰：東南二關，冠蓋必出之途，飾之以爲觀美，而加以將迎脯資之勤，則足以迨譴呵而冀有譽，斯固非所及者。公太息曰：非我誰其完此！吾捐俸以爲資，僚屬效力，庶幾其辦之哉。爰鳩工庀材，授二尹張君以素，而使董其役。畚挶方具，士民爭相謂曰：吾父母獨爲邑完西門，微獨嚴於縣治，而防水衝，吾儕亦可以安枕矣。民競釋耰鋤而赴工，學士大夫咸遣丁壯從事，縣著姓之尚義者，更饒出大至數十百名。公悉勞來之，乃爲戒於衆曰：若獨無私事乎？吾不忍久以吾事勞爾也。戶出役三日即休，無復更事。民笑相語曰：爲吾良完城；而侯自以爲事，可謂無閒形骸於我也，何忍輟此而去！於是至者日益衆。張君戴星出入，勞苦於版幹之間，登登馮馮，甫閱月而工告訖矣。墉厚二丈八尺，高三丈六尺，袤三十餘丈，鍵闉雉堞咸具，煥然甲於他門而爲完城焉。公名道定，號懷田，濟陽人。張君名滾，號蒙泉，亦山東人。）。崇禎庚午，裏面土城修補增寬，周一千三百丈，計六里三分。門四：東曰迎曦，西曰寶成，南曰就日，北曰拱辰。頂寬二丈，底寬四丈，高三丈。本朝以來，迄未修葺，半就傾損。城濠舊引房山縣磁家務漢河水，又引怪陀村龍泉。今則漢水不通，龍泉已涸，以茨尾河爲上流，四面石橋各一，東北面河身，久淤未浚（《新志》）。

固安縣

（652）固安縣城，明以前不可考。正德十四年，山東盜掠河北，御史盧雍與知縣王宇始創土城。周方五里二百六十九步，東西徑三百八十步，南北徑七百零八步，高連女牆共二丈三尺，下闊與高同，上闊七尺五寸。爲門四：東曰寧遠、西曰豐樂、南曰迎熏、北曰拱極，各建層樓三楹。

（固安《陳志》明顧清《創建固安縣城池記》：都城南一百十里，有邑曰固安，本漢廣陽國之方城縣。至隋易今名，歷唐、宋、金、元，常爲州邑，入國朝又百五十年，而城池之守未備，承平恬熙，上下循習，若以爲當然者。正德辛未，盜起山東，轉掠河朔，邑嘗被戕，民始知懼。上亦以廷臣議，詔增築郡縣之無城郭者。而固安猶未有以應命也。乃乙亥六月，御史盧君按歷其地，慨然念之，召知縣王君宇圖所以爲興築計。宇曰：此令之責也，敢不供命！以告民。民曰：此使君生我也，敢不盡力！於是爲之規其方位，劑其土物，籌其工費，以條約上王君，轉於盧君，復言於朝，得霸州及永清等縣各以其衆來助，群心歡趨，一唱百和。起是歲七月，至明年四月，而城成。先闢其四門，而爲樓於其南北，曰迎熏、曰拱極，東曰寧遠、西曰豐樂。城周方三里二百六十九步，高二十有三尺，其上爲女牆。牆四隅鑿池圍城，深廣各若干尺。總役夫三千五十人，食米二千【653】三十有五石，用木以根計者三千七百九十餘，灰鐵泹石灰以斤計者十五萬七千三百六十二，費公帑銀七萬有餘兩。米則民間義助，別無所擾。民居當城，表者遷之，林木之蔓翳者啓之，而以其傍之隙地馬廠中爲通衢，而以其地益遷者。徙豫備倉於城中，而給民以其故址如其數，當遷者皆優於資給，民忘勞焉。御史名雍，字師朗，吳郡人，正德辛未進士，詳慎而敏，遇事優爲，不動聲色，城其一事也。王君字德周，關西鄉貢士，清勤奉職，在蜀之仁壽已有聲，城成，遂入判順天府；其可稱述不止此。縣丞劉浚、張經、主簿王慶、典史張綸等，贊襄左右，與有勞焉。法皆得聯書。速予記者嗣令孫君璁，皆有足嘉者。嗚呼！尚相與勉之，以無廢前人之功哉！明正德十五年六月立）。嘉靖二十九年，知縣蘇繼改甃以磚，其周方上下，高闊丈尺，與土城同。四十有四年，知縣何永慶增土加甏，仍舊制而重修之，高連女牆共二丈九尺，下闊三丈三尺，上闊九尺，垜口一千二百一十一個。崇禎二年，知縣秦士奇補修城垜。四年，申請塞砌六百餘口，中留炮眼。本朝順治間，迭遭河衝。康熙十八年，地震坍塌。三十四年六月，大雨，水流盡隤。乾隆四十九年（《陳志》，按：《日下舊舊聞考》作，十五年修改砌磚。）知縣李光理請帑重造磚城，上厚一尺八寸，下厚三尺，坡頂高一丈九尺，寬一丈二尺，下寬一丈六尺，通計下長九百五十八丈八尺，上長九百五十九丈九尺。咸豐二年，知縣吳燾捐修。三年，河決，城東北月牆衝塌。四年，知縣陳崇砥補修。城濠亦正德十四年知縣王宇所鑿。嘉靖六年，知縣李瑛鑿深一丈五尺，闊三丈。崇禎二年，知縣秦士奇重浚，深三丈許，闊四丈餘，門設吊橋，兩岸築堤高七尺，闊五尺（《陳志》，明曹夢麟《創建四門吊橋記》：邑舊無吊橋。今之吊橋，作於秦明府蒞任之三月也。時爲庚午初夏，公繕城制器之餘，周城浚池，深丈許，創四吊橋。夫池舊有之，而今爲天塹；橋舊無之，而今爲天險。其版之堅，可以通車馬也。其機之括，可以任去存也。橫雲數柱，游者可憑而題也。規制一開，繼者可循而葺也。明府負重之資，應變之器，胥具是矣。余承鄉先生言，爲吊橋記，記吊橋所以記明府也。乃援而歌曰：【654】橫木平平，險以設思。神君既去，有橋杰思。西望太行，榆水環思。白河長久，惠曷竭思）。

永清縣舊城

（654）永清縣舊城，周三里，日久傾頹。正德五年，流賊突犯，毀官舍，劫倉庫，知縣郭名世始拓土城，袤五里餘。隆慶二年，署縣事霸州判官王建議廢寺塔廟觀，甃磚城，後被大水衝塌。萬曆三十七年知縣王嘉績，四十二年知縣楊夢雄重修。崇禎年，知縣余世名重修之（永清《周志》，劉惟蕙《重修城垣碑記略》，時知縣事者余世名，在崇禎七、八年間。其略云：自我國家多故以來，無人不議兵，無地不議守，然議守者輒以修垣爲急。我侯余公來令是邦，乃登坤四顧，竊嘆曰：益昌首善地，斗大一城纔數尺，無寸險足恃，名曰城，實無异壘也，是可足恃乎！即毅然以繕修爲己任。不請帑，不加賦，不殫力以疲民，不愆期以悮國，以永人衛永人，以民情鼓民力，首捐資以爲士民倡，周幕疏於四境，設公宴於明淪堂，凡紳衿父老，各抱赤心，體侯德意，或量力修垛，或計土受工，或掘地而填築，或挈家以供役。自正月始事，三閱月而告成。計垛一千四百有奇，雄偉壁立也。又令籌神器，積穀草、貯硝磺、練鄉勇、創弩臺，不日皆具。神器數百有餘，武庫森嚴也。計穀草數萬有餘，倉盈廩裕也。計硝磺應用不窮，禦武有資也。簡丁壯千有餘名，一面可抵也。建弩臺共八座，矢石可下也。環以女墻，通以機橋，攻有備，守有資，或俯陴而矙，或跨濠而擊，利在我矣。士民擇吉歌舞，答司隍之貺，爲侯祝曰：保障哉！有永邑以來未嘗有也。侯諱世名，江西奉新人）。本朝康熙十五年重修，乾隆十四年改築（《周志》）。城濠周圍三千六百步。乾隆十三年，天津道王師，以事議罰捐修永清城池。知縣張士英承修（永清《李志》）。城周圍五里三分，共東、西、南、北四門，外設護城堤。堤爲明嘉靖四十二年知縣馮鑒建。萬曆三十九年、四十□年重修，並種柳。本朝順治、康熙間補葺。道光二十二年，知縣畢昌緒修之（《李志》，朱舒錦《重修護城堤記略》：永邑當桑幹下流，自蘆溝以南河出故道，遇夏秋漲發，恒被水患。縣治尤爲官署、倉獄重地，《舊志》載有明嘉靖四十二年縣令馮公鑒創建堤堰，周三千六百步以衛城池、居民。至萬曆三十九年，四十餘年間，凡重葺補種柳者再。逮國朝順治十四年、康熙十五年，又二次補葺之。《新志》不載堤堰之原委，豈以河堤既建，束水東下，遂不復致意於城堤耶？聞諸故老，城東北隅舊有街衢、廬舍、韓仙閣、察院署，因河決俱漂沒，今成巨浸。又乾隆三十六年，河自黃家灣決，汹涌直逼西門。適城門陷，障之，遂南下，不爲大患。相傳因此堤重復修者。歲久，堤已圮。嘉慶二十四年，河自支子【655】營決，水自堤之西北隅入，直抵城垣，高於城居者六七尺。居民惶惶，堵築城門，補其罅漏，風雨奔馳，老幼號呼，凡五晝夜，危急之間，水勢頓殺，人心稍安。身臨其事者，至今談之無不驚嘆色變者，咸以向使堤堰完固，足當其衝，水則漫溪南趨，何至爲患如是？嗣自屢有重修之議，而事皆中輟。道光二十一年冬，我畢公來治斯邑，下車之日，問民疾苦，巡視城郭，已隱然有興修之意。逮因時政舉，爰集紳士耆老，勸諭殷實之家，捐資重修之，規模粗具，擬冰泮興工。十二月，公奉調署霸州，莫不嘆興修之輟於垂成也。期年始復任，因決意興工。是役也，不假手胥吏，專委之紳士耆民。相度形勢，指授方略，於二月初十日，告於城隍廟之神而工興，越十二月而堤成。公又以挖河修橋爲善後事，至三月旬而河橋畢舉矣。公名昌緒，山東淄川縣人，癸酉科拔貢生）。同治八年，知縣李秉鈞將堤身加高，徧植柳木（《李志》，李秉鈞《重修護城堤記略》：戊辰夏，余自春明權篆益昌，甫下車，見護城堤一帶，環匝數里，勢漸傾圮。斯城踞永定河下游，一經潰決，勢不可支。洎閏四月二十一日，河由固安潰口水漲，直趨堤所，巨浪拍天，洪波動地，人心張皇，號呼載道。余即督工堤上，與城廂紳民晝夜巡查，風雨奔馳，越數月，水漸平，城內外獲安堵無恙。始知盡其心於數十年之前，收其效於數十年之後，微畢公之力不及此。爰與邑紳賈如城、孟昭盛、劉玉桂等再四圖維，更加修理，捐資助興版築，一切工程費用，余與諸公親率辦理，俱不假手於人。從公之士，亦諒余因保衛地方起見，咸踴躍效命。周二千零三十弓二尺，於己巳二月朔興工重修，二旬之間，即告厥成。根柢堅固，規模崇峻，堤外之河因起土而疏浚之，亦復闊深就埋。邑皆歸功於余。余曰：紳董之力也，閭閻之福也，余何力之有焉？所慮者，沙積則易虧，不培其基何以固？水浸則易潰，不破其浪何以平？用是栽柳成行，沿堤保護，庶經久而不壞。但顧自今以往，芳林庇蔭，水波不興。而後之荏期任者，時修葺而光大之，俾庶姓免其魚之患，斯邑幸甚，余亦樂甚）。十三年，李秉鈞復修之（《采訪冊》）。

東安縣

（655）東安縣城，周圍七里二百四十步，東闊七百六十四步，南闊七百一十八步，西闊五百六十步，北闊八百步。高二丈七尺，廣一丈五尺，池深八尺，闊一丈二尺。明洪武二年，從常道鄉遷今縣治，城池未建。天順間知縣於璧，成化間主簿何瑛，始創濠塹。弘治十一年，知縣蔣升重修基址，磚甃東門一座，爲鎮東門。正德六年，知縣周義築垣浚濠，建三門，曰安西、曰平南、曰拱北，四門乃具。十二年，知縣武魁又累土加厚，增立女牆，環城之外，浚以深溝，規制大備。嘉靖十六年，知縣劉繼先改北門曰迎恩、東（656）曰曙海、南曰通津、西曰宗山。二十八年，知縣成印增修，城基廣一丈四尺，頂闊一丈，高二丈七尺，堞五尺，浚池深八尺，廣一丈二尺。二十九年，以磚包城之四隅各四十丈，建角樓於其上。北門外復築月城一座，上建兩檐重樓。八月間，因流賊警，添掘濠塹，又磚修西門，更甃南門重樓。隆慶二年，知縣劉佑重修磚城。天啓五年，知縣鄭之城又重修（東安《李志》，沈應時《重修縣城記略》：甲子秋【按：爲天啓四年】，鄭公來守是邦，計城圍之廣袤，修築之工費，又計邑之幅員若干里，里之居民若干村，隨村大小，出夫均役。翊歲仲春，諏吉興工，閱四月成城二千四百餘丈，復補城甓之殘者）。崇禎元年，知縣歐陽保重修四門城樓，改題其額曰東升、西爽、南明、北拱。本朝順治五六年間，渾河爲患，半遭衝圮。康熙十五年，知縣李大章修葺。乾隆二年，知縣張拔照部送營造尺，勘估磚城，四面共長一千五百六十四丈。九年，清河道王□照原估勘築土城。十三年，州同李雲鵬承修。十四年興工，十九年工竣。（《李志》。按：十九年工竣字，從《日下舊聞考》補。）同治六年，署知縣張鵬雲興修，計城身一千五百六十四丈六尺，高一丈五尺，頂寬八尺，底寬一丈二尺，又修甕門四座，每座高二丈四尺，寬三丈，長二丈。又建四門看門兵房共八間。七年，知縣李璋，八年，署知縣姚熔接修竣工（《采訪冊》）。

香河縣

（656）香河縣城，舊爲土城，明正德二年，始易以磚。嘉靖四十二年，知縣范經增高五尺，修角樓四座。隆慶二年，知縣萬通修敵臺十四座。萬曆二十年，知縣陳增美增高二尺。三十二年，河漲堤決，城垣半損，知縣李垂□重整之，周圍八百七十六丈，高連垛（657）二丈三尺，垛口一千七百，敵臺每座圍三丈四尺，城濠闊二丈五尺，深一丈五尺。城四門，各建城樓。其門額東曰淑陽、南曰永明、西曰迎恩、北曰拱極（香河《劉志》）。國朝乾隆三十二年重修，改南門額曰永清（《舊聞考》一百十八）。光緒六年，知縣丁符九重修（《采訪冊》）。

通州

（657）通州城，明洪武元年，裨將孫興祖因舊址修築（畿輔《唐志》三）。城在潞河西，即今所稱舊城也。磚甃其外，中實以土，周圍九里十三步，連垛牆高三丈五尺。門四，東曰通運、西曰朝天、南曰迎薰、北曰凝翠，門各有樓。宣德八年，都指揮劉斌重修城樓。正統十四年，糧儲太監李德、鎮守指揮陳信，以大運、西南二倉在城西門外，奏建新城護之，新城實始於此。甃以磚，周圍七里有奇，東連舊城西面。爲門二，一曰南門、一曰西門，各有樓，高止丈餘，不及舊城之半（畿輔《唐志》作：高三丈二尺，周八里，今從《州志》）。正德六年，巡撫李貢奏請增修新城，築高五尺（通州《高志》，明李東陽《重修新城記》：通州在國初爲北平布政司之屬郡，舊有城。自文皇帝定都以來，肇立京府，併置州衛。東南漕運，歲入四百萬，析十之三貯於州城，既久且富，乃於城兩門外闢地爲西、南二倉。景泰間，以外警，復築城七里有奇，環而翼之，爲新城。時屬倉卒，規制未備，高止丈餘，視舊城不及其半。比年磚石剝落，內外出入，可登而越也。正德辛未，流氛爲患，副都御史李貢巡撫其地，深以爲憂。引水而環之三周，已乃詢諸有司，圖所以禦灾捍患者。上疏言：天下之治，與其有事而圖，孰若先事而盧。今番上京軍數千名方留城守，宜以其隙計工修築，工部分司有廢磚數十萬，宜藉以供用。上命戶部左侍郎邵君寶、兵部左侍郎李君浩、工部右侍郎夏君昂，率僚屬往相其宜，悉如所議。君又留罪人所贖金，爲凡百費用。新城舊基，增築五尺，其外爲磚，內實以土，上復爲垛墻，六尺有咫，而長廣皆如其數。又爲敵臺，其西南爲瓮城，重門懸橋，皆舊所未有。其爲役皆分番迭作，人樂趨事，不數月而成焉。於是知州楊浚、州學政洪畢等，謂茲役之重，不可以無述，介吾妻之從子岳序班梁以請於予。余惟天下大計，不外於兵民，兵民所賴以生者，必資乎食。茲役也，皆有賴焉。若所謂先事而備，則李君固言之，即唐李絳所以告其君者也。顧狃於安逸者，恒以爲不足憂，而張皇者，又有所不及謀。比者盜賊芟刈略盡，遠近諸司猶晏安不復致慮，而李君方矻矻不暇，議者或以多事爲疑，亦獨何哉？予感其事，因敘其始末，（658）爲方來者勸，俾以羨財餘力益增而高也，其爲補豈小哉！是役也，巡按御史陳君祥、巡倉御史詹君源實協其謀，董其事者則分守都指揮黃璽等十餘人。繫之詩曰：文皇建都，治必南向。州名曰通，作我東障。高城巍我，有兵有民。漕河北來，餉粟雲屯。儲盈庾增，新城是築。有功弗終，高及其腹。月傾歲頹，寢不及前。窺覦之患，孰防未然？矻矻臺臣，出治斯土。遭時多虞，實備群侮。陳謨在廷，惟皇聖明。乃集群議，乃睹地形。營兵如林，時屬戍守。且練且修，工弗外取。倉有積粟，鍰有贖囚。斯納斯出，財弗外求。因城爲高，幾倍其半。其周七里，還彼三面。望之巖巖，即之巘巘。河流在陽，其水潭潭。前有連城，後有壤。越百餘年，既崇且廣。古亦有言，安不忘危。惟臺有臣，爲藩爲維。金湯高深，同彼帶礪。守在四方，傳於萬世）。萬曆十二年，知州張士奇修舊城。十九年，兵科顧九思奏修舊城。是年密雲兵備道王見賓詳准奏修新城，大加拆修，連垛牆高三丈五尺，厚丈餘，長一千三百四十丈有奇。南門題曰"望帆雲表"，西門題曰"五尺瞻天"（《高志》，唐文獻《重修新城記略》：密雲兵備王公見賓，飭兵密雲行部，相度要害，謂通州乃九重肘腋之上流，六國咽喉之雄鎮，地無若新城重而城久崩陷，衛士日荷杆，糜大官餼無算。通州又無若新城為急，於是請督撫上聞。詔可。乃檄將吏決策之，捐朽剡蠹，植臺築虛，役夫悉取諸營軍，不以煩父老，經費悉取諸帑金贖鍰及屯粟之餘，不以括民廩商橐。城高一丈，厚尺有咫，長一千三百四十丈有奇。首城樓，次角樓，次窩鋪，繚以周垣，浚以溝塹。工中程，材中度，延袤中地勢，磚埴中準繩，楛更而良，老更而壯，蓋癸巳以迄乙未，再浹歲而千里金湯之勢，不啻霞標而星列矣。將自今伊始，謹蓋藏，收保聚，貢道以肅，屯積以固，朝廷張犄角之勢，疆吏息版築之勞。用裁往額，而續偕古人，名雖重修，而事若鼎創，豈特一方一時之保障乎哉！昔書勤垣埔，禮制山澤，詩陳徂齊，易戒復隍，而《春秋》書築城者二十九，獨叔敖城沂，君子以為敏，子囊城郢，君子以為忠，維忠與敏，公實兼之，則通州今日之役是已。公名見賓，號晴江，濟南人，由甲戌進士至今官，時萬曆二十三年乙未）。三十五年，知州梅守極詳修新舊二城，未行。三十七年，知州陳隨修新舊二城。崇禎三年，總兵楊國棟增修新城，較前高厚。本朝康熙九年，知州寧完福修葺新舊二城。舊城周一千六百二十六丈五尺，新城周一千二百六十三丈，城根寬三丈四尺，頂寬二丈三尺，城身外高三丈四尺，內高二丈二三尺至三丈不等。乾隆二年，知州韓亦詩以新舊二城坍塌，請以淤淺護城河道之土，挑挖為修城土方之用，且築且浚。經倉場總督塞爾赫奏准，（659）動項興修。三十年，直隸總督方觀承，奏准動項重修，新舊城合而為一，其舊城拆去西面，共為五門，各建重樓（《高志》。按：三十年云云，改從《日下舊聞考》）。舊城西面，拆去一百八十二丈，周圍實長二千七百七丈五尺，併添建女牆高一丈六尺。舊制城根寬二丈三尺，將城頂減去三尺，淨寬二丈，形勢相稱。所有裏皮城垣，全行改砌磚牆。三十五年，大雨，續有坍塌，知州龍舜琴詳修。三十六年，又被雨，續修。咸豐三年，兼管府尹賈楨奉敕籌款興修。（《高志》。倉場侍郎全慶、順天兼尹賈楨、府尹李鈞，城工完竣奏疏略：竊照通州城垣坍塌，經臣文瑞具奏，於咸豐三年九月二十九日欽奉上諭：著順天府與倉場侍郎迅飭通永道，體察情形，督率地方官紳，實力趕辦。等因，欽此。臣全慶與前任倉場侍郎臣朱嶟，以工程緊要，當即諮會順天府，轉飭欽遵。一面就近在通，先行督同該道，詳細履勘，因原請另立磚牆，徒費無益，議將坍塌處所及城樓海墁垜口等工，暫行緩修外，其外坯坍塌段落，裏外傾圮缺口及城門甕口等工，擇要估修。動用北塘炮臺存磚，西、中二倉舊廠廢磚，以資節省。此外，加料添灰，夫工飯食，需用亦煩，經費無出，請照直省捐賑新例，以制錢一千五百文作銀一兩，由地方官紳捐辦，並由臣全慶、臣朱嶟，率同該道及倉場監督等，首先捐廉以爲之倡，節經奏明。奉旨允准在案。臣等督飭署通永道金肇洛，率同地方官紳，先行購料雇夫，於上午十月中旬開工修理。時值天寒地凍，土作難極，而賊氛逼近天津，又未便稍事停緩。當飭該道等設法搶辦，暫資守衞，並將城門二十四扇修整如式。門鐵葉，一律更新。迨至本年春融，接續開工。臣等飭將修理未能堅實所在，統行拆砌。核計改作十分之四，已責令紳士丁鶴皋賠修。臣全慶於三、四月間，兩次親詣，周歷察看，尚有未能周密，俱飭另行增補，一律完固，不准偷減草率。茲據署通永道金肇洛詳報，城垣外坯坍塌段落及裏外傾圮缺口，原勘及續坍共三十二段，湊長三百四十三丈，按段砌磚，高三丈二尺，底厚五尺，牆垣厚二尺五寸。裏面素土墊廂，層層打夯，頂上另作溝眼出水，與城一律整齊。此外城腳空虛及裂縫處所，尤爲吃重者二十四段，及各門甕口等工，均一一修補如式。共用炮臺整磚四萬七千二百四十四塊，中、西二倉廢廠碎磚合整磚三十六萬六百三十八塊。所有腳價工料等項，共用京錢四萬二千六百四十九串。自奉文勸捐，至完工截止，先後收過京錢六萬三千八百九十八串，除動用京錢四萬二千六百四十九串，尚盈餘京錢二萬一千二百四十九串，即以歸補挑築北寺莊堤引河墊款，其不敷銀，仍一面設法勸捐等情。察此項城土，除垜口城樓裏坯海墁等工，先已奏明緩修，所有現修各工，調取原估作法册式，核對相符，檄對坐糧廳賀壽慈、漕運通判畢昌緒，會同順天府委員候補知府鄒培經，就近察驗。據覆，造作各工，均無草率偷減情弊。理合將辦理情形，恭折謹奏。）今新城南門題曰灌輸、西門題曰神京左輔，未詳始於何年。敵臺肇建於明（660）正德六年（俗名空心炮臺）。崇禎四年，督部范景文以州舊城東北與新城西南皆受敵衝，增建臺一座於舊城東北，形如扇。自左至右長十二丈，高三丈七尺。分中、下、上三層，俱有炮門。今新城西南者，年久傾圮，業已填砌，隨城一律平坦。舊城東北者，堅固如式。城濠，明萬曆二十二年，戶部郎中於士廉周視兩城隍，併可爲池，奏請引通惠河水注之，可通漕舟，省陸挽費。詔如議浚之。長三千三百餘丈，加深二尺許，廣視深四倍。建閘一、橋四。本朝屢經疏浚，其橋座隨時修葺。乾隆二年重浚，今如舊（《高志》）。

張家灣城

（660）張家灣城，明嘉靖四十三年，順天府尹劉畿，以邊警請築張家灣城。周圍九百五丈有奇，厚一丈一尺，高二丈餘，內外皆甃以磚。東南濱潞河，西北環以濠。爲門四，各有樓，又爲便門一，水關三，中建屋若干楹。（通州《高志》，徐階《張家灣城記略》：自都門東南行六十里，有地曰張家灣。凡四方之貢賦，與士大夫之造朝者，舟至於此，則市馬僦車，陸行以達都下，故其地水陸之會，而百物之所聚也。嘉靖癸亥冬，世宗皇帝以有警，詔發營兵戍之。先聲播聞，凜不敢犯。然戍者無所據依，晝夜被甲立，勢實不可以久。甲子春，順天府尹劉君畿因以城請，司空雷公禮上議曰：城於戍，便於守固。世宗報可。敕順天府丞郭汝霖、通判歐陽昱，以二月二十二日始事，財取諸官之贖及士民主助者，木取諸營建之餘，磚取諸內官廠之積，石取諸道路橋梁之廢且圮者，夫取諸通州之衛卒及商若民之饒於資者。工既舉，而財不時集，階具以聞。詔光祿寺出膳饈之餘金三萬兩貸之。於是諸臣咸悅以奮，而巡按御史董君堯封、王君用禎，程督加嚴，越三月遂以成告。周九百五丈有奇，厚一丈一尺，高視厚加一丈，內外加甃以磚。東南濱潞河，阻水爲險，西北環以濠，爲門四，各冠以樓，又爲便門一，水關三，而城之制悉備。中建屋若干楹，遇警則以貯運舟之粟，且以爲避兵者之所舍。設守備一員，督軍五百守之，而灣之人，南北之搢紳，中國四夷朝貢之使，歲漕之將士，下逮商賈販傭胥，恃以無恐。至於京師，亦隱然有犄角之助矣。仰惟國家建都燕薊，百六十年於茲，乃灣之有城，實自世宗遣戍之詔始。蓋世宗雄才大略，出於天縱，而籲謨睿算，又得於夙夜計安天下之心，非偶然者。其功在社稷，廟佩爲世，雖未易以名言，然此固其一也。夫睹河洛而思禹，情也，亦義也。今而後登斯城者，於世宗能無思乎？誠使文武吏士，體保固郊圻之意，而殫謀以殿封疆，兵之守者，懷據依之便，居處之安，而竭力以奮武衛，（661）其在賓旅，溯周防曲護之恩，而各修厥職以供朝廷之事，則庶幾爲能思世宗矣。階不敏，敢因紀成以規焉）。歷三十三年修。四十年，知州楊宗裕修，崇禎四年修。本朝以來，間有修葺，現已半圮，惟城門啓閉如舊（《高志》）。

潞縣舊城

（661）潞縣舊城，明正德初，知縣郭梅築，土城周二里許。嘉靖二十二年，州同陳昶增修，加女牆，四門作樓，高一丈二尺，上闊一丈，下稍倍之，周三里。三十五年，知縣呂哲重修，題其四門，北曰拱闕、南曰迎熏、東曰臨津、西曰通都，歲久傾圮。萬曆四年重修，甃以磚石，建南北門二，南曰迎熏、北曰鞏京，東西開小門二，各設小樓。周圍六百二十三丈，高一丈八尺，頂闊一丈一尺，底闊二丈二尺，女牆高五尺，濠深一丈，闊二丈五尺。三十七年，因雨圮，知縣艾友芝修。崇禎八年，知縣塗應召修，增高五尺，闊五尺。本朝順治十一年，水衝城之西、南、北三面，皆圮。十六年，縣裁，守備徐達略加修葺，嗣後西、北兩門坍塌，城垣亦多傾圮，惟東、南城門規制猶存。同治七年，築土城，周四里（通州《高志》）。

永樂店城

永樂店城，店舊無城，同治七年，州判胡世華捐築土城六里餘，併建四門吊橋（《采訪冊》）。

三河縣舊城

三河縣舊城，在縣東泃河之南，被水衝廢。後唐明宗長興三年，盧龍節度使趙德鈞改置今城（三河《陳志》"城邑考"：舊城在今縣東三泃河之南，建於石趙，廢於後魏。今三河城，即趙德鈞所置城，方六里，濠闊三丈，深半之。《通鑒》二百七十八：後唐長興三年，趙德鈞爲節度使，於幽州東北百餘里城三河縣，以通薊州運道。契丹來爭，德鈞擊却之。九月朔，城三河畢，邊人賴之。《通鑒補》二百七十八作，九月庚辰朔，奏城三河畢）。城方四里，內築土基，外砌磚石，高二丈，（662）闊二丈（《日下舊聞考》引《縣志》，作高二丈五尺）。四面凡九百六十餘丈，垛口凡一千三百餘，門樓四座，水門二，濠闊三丈，深半之。明嘉靖二十九年，知縣張仁增高五尺。四十二年，知縣劉文彬復增五尺。隆慶三年，知縣張綸增置角樓、敵臺。本朝康熙十八年地震，知縣任塾重修。三十年，知縣張鼐續修。雍正五年，贊善彭廷訓奉敕重修。十年，知縣林廷壁詳題門額，東曰就日、南曰來熏、西曰瞻雲、北曰承恩。乾隆三年知縣唐積祖，九年知縣陳基，十七年知縣薛如春，併動項重修。二十二年，知縣陳昶又修葺東面十五丈，西面、南、北面二十九丈（三河《陳志》）。

武清縣舊城

（662）武清縣舊城，在今邱家莊南，明洪武初，遭水患，遷縣於西八里。元衛帥府鎮撫衙，即今治也。正德六年，罹流賊之變，知縣陳希文始築土垣。嘉靖二十二年，霸州兵備副使楊天章，以垣內多曠地，截去東北二面，築土城，樹以女墻。隆慶三年，巡撫都御史劉應節、總督軍務兵部侍郎譚綸，委參將姚龍、知縣段雲鴻、張鵬，相繼甃以磚，周一千五百七十丈，高二丈七尺，下厚二丈一尺五寸，上厚一丈五尺，雉堞一千九百八十八，敵臺一十八座。三門各建城樓，北面無門，建鎮雍樓（武清《吳志》。按：《新志》作鎮朔樓，而《日下舊聞》引《縣志》亦作鎮雍，意取雍奴，舊縣名也）。隍深一丈二尺，東迤南水門一（《吳志》，《修武清縣磚城記》：武清縣故土城，距都僅百里餘，距鈔關僅一舍地。萑苻伏發靡常，庳庳一故土城，詎可遮飄風震雨之盜哉？會總督劉公議，城京南武清諸縣，大加甃圖保障。疏於朝，報可。遂檄諸道趨行之，復推擇參將姚君俾主武清城事，蓋重難之也。先是，令尹段君與姚經始，忽調去，張君來代之，益治具飭工，與姚共。姚亦用心協謀相祇，事無敢逸。初畫城事，聞有為三合土（663）議者，眾曉曉，可否持兩端，幾淆亂矣。姚上言公。公下令當甃。邑士大夫及二三父老俱偁便，遂甃城。城大役也，費甚廣。公念畿輔連大供億，恐重困民，乃典巡撫楊公謀，發庫銀四千兩以助役。城半，費且未已。張察廢寺有木石，議取其材為城用，未決，請於公。公命亟毀之。張乃撤寺凡十數區，得木石等材凡千餘數，敕吏登諸籍，遇城缺，即按籍取用，一不以徵於民。閱三歲，城成。城且堅。邑人至，目之為鐵城云。余往歲在塾時，聞鄉長老言，正德辛未之季，流民劉六、七輩，直走武清闠市中，殺吏民，劫庫獄，焚廬舍，慘不可言。嗟乎！使其時有今城，生民之禍必不至是矣。此其效可昭然睹也。工昉於隆慶之三年六月，訖於五年八月。周一千四百七十丈，高三丈，廣一丈。門各有樓，樓各有署，東遼海揚威、西太行獻秀、南控引畿服，俱出入通往來；北拱翼神京，獨不啟門，基窿窿，勢矗矗，用朝宗於宸居。角樓四，敵臺十有六，以備捍禦。水門一，橋三，以防障塞。蓋設險之義盡矣。總督劉公名應節，原任順天巡撫，歷升總督、兵部左侍郎，山東人。巡撫楊公名兆，都察院右僉都御史，陝西人。姚名龍，順天人。段名雲鴻，雲南人。張名鵬，山西人。兵備副使蔡公名可賢，又調山西按察司，北直隸人。吳公名兌，歷升宣府都御史，浙江人，先督視有功。其縣丞王元麟、艾繇，經歷黃盤，升任典史彭時，歷任典史曾述，儒學教諭孟宗魯，訓導周輝，以嘗有執事在工，因併記）。國朝乾隆三十年，動項重修。城門三，東曰溯澗、西曰景岡、南曰定澄，北面不設門，建北極臺於其上（《舊聞考》一百十二）。嘉慶六年後，歷被水患。道光七年，知縣劉體仁捐修西北面，旋圮。知縣陳述之補修。咸豐三年，知縣胡啓文捐修東北城角，併挑挖城濠，四隅添設小橋，今已淤。同治六年，知縣諶命年增建城東南隅奎星閣。光緒七年，城中商民捐修西北隅城垣（武清《蔡志》）。

寶坻縣

（663）寶坻縣城，明初祇爲土城，弘治庚申，知縣莊襗始易以磚，高二丈有六尺，厚如之，廣四尺，長一千二十八丈。門四，東曰海濱、西曰望都、南曰廣川、北曰渠陽，其城之總名曰拱都（寶坻《洪志》。按：《舊聞考》云，門四，其名仍金之舊）。門之上有樓，海濱門之樓曰觀瀾、望都門之樓曰拱恩、廣川門之樓曰迎熏、渠陽門之樓曰威遠。又角樓四，東南環碧、東北挹青、西南慶豐、西北樂治。（寶坻《洪志》，王鏊《寶坻新城記略》：維寶坻作固京畿，故有城，歲久而惡。弘治戊午，武進莊侯襗以進士來知是邑，始謀重作之。相方視址，程材蒇工，法嚴令一，衆手競勸，經始於庚申之四月，迄辛酉夏【664】而城立矣，何其速也！城之周可七里，池繞之，而貫乎其中。爲門四，東曰海濱、南曰廣川、西曰望都、北曰渠陽。門之上爲樓，四隅爲角樓，作石堰於水者二，作浮梁於河者四。城高而堅，池廣而深，於是邑之老稚，欣欣相告。予謂城之設，以備患也。故城謝城朔方，咏於詩，城邢城楚，丘書於《春秋》，則城之作，豈可少乎！莊侯可謂能用其民矣。吳儼《新修寶坻城記略》：縣故城，其興廢不可考。自入版圖百餘年，四境乂安，守土者不思重門擊柝之戒，不復修築。今則漸復於隍，遺址之存者無幾矣。武進莊君誠之出宰是邑，瞻顧諮嗟，即欲有所爲，而猶恐民以爲屬己，未暇也。既二年，政成民和，乃以白於巡撫都憲洪公。公曰：是在畿內，保障之計不可緩。顧財用安出？爾其無病小民，毋耗公帑，惟其富且義者圖之。誠之承命惟謹，乃募民出粟受冠帶，民皆歡然聽命，而貴戚大族寓於邑者亦皆爲之助焉。甫期而工畢，名之曰拱都城，蓋取其密邇皇都也。書曰：爾身在外，乃心罔不在王室。公實有焉）。城周可七里，池繞之，深二丈，廣倍之。水關二，南曰節流、北曰開源。嘉靖末，城就圮，知縣唐煉增修。萬曆中，知縣管應鳳復築月城，至國朝如舊。乾隆七年，知縣洪肇楙修葺，併浚城濠（《洪志》）。乾隆三十一年，動項重修城門及門樓、水關等，名俱如舊（《舊聞考》一百十三）。同治七年，知縣吳履福修葺（《采訪冊》）。

寧河縣

（664）寧河縣城，雍正九年，分寶坻縣之梁城所，設寧河縣（寧河《丁志》。曹學佺《名勝志》：梁城，五代劉仁恭築）。無城池，四面環水，其西架石爲橋，以通往來。乾隆三十二年，知縣薛端采形家說，塞之，以上遂成大路。四門各立城樓一座（《舊聞考》一百十三。邑人廉芳《西城樓記》：寧邑爲梁城故址，三面距河，其西一面可通往來，建樓於茲，爲一方之門戶也。明季流寇壓境，居民懼不免，謹闔扉匿避，相視駴愕，計無所措。既而賊至城下，輒驚竄，如有所追逐狀。移時劍槊聲寂然，開戶覘之，賊已杳無踪迹矣。時倉皇中，有遙見樓上光怪奪目，久之乃沒。事定，衆驚爲神，登樓禮拜，仰瞻關帝掀髯端坐，從者執刀侍立，皆凜凜有生氣。乃知盜之遠遁以去者，果神之力也。梁城人戶，賴神生全，而斯樓實爲神所降格之地，凡後之生茲土者，過斯樓，念祖若宗得以無恙，而今日子子孫孫勿替，引之者可忘夫所自哉！余故以聞諸父老者而敬志之）。道光二十四年知縣朱以升，光緒二年知縣丁符九重修（《采訪冊》）。

昌平州

（664）昌平州城，故永安城也（昌平《宋志》。《舊志》：州城有門三，其南曰永安）。明景泰元年築。東、西、南三門俱重門，瓮城（665）內外各有層樓，周一千四百九十二丈九尺八寸，高二丈一尺。徙長、獻、景三陵衛於內，以護陵寢。三年，并昌平治徙焉。先是，治在白浮圖城，至是始徙於此。天順三年，天壽山守備廖鏞奏建譙樓於城中。萬曆元年，因陵衛續設益多，於城南復築一城連之，墻減舊城四尺，祇有南門（《宋志》。《舊志》，新城門一，曰小南門）。瓮城、箭樓亦微小。東、西、南三面，共八十四丈五尺。後兩城皆甃以磚。崇禎九年，兵部侍郎張元佐拆舊城南面磚石（《宋志》。按：《舊志》云，二城皆內土外磚。張元佐拆舊城大南門牆，補修東城。《新志》皆石字，誤，且上文本言皆甃以磚也）。修補東門城樓，城遂合而為一，周十里二十四步，池深、廣各二丈許。本朝康熙十四年重築，新、舊城均高三丈，池深八尺，闊三丈（《宋志》）。乾隆三十三年，知州舒口重修。嘉慶二十五年，知州歸景照重修（《采訪冊》）。

鞏華城

（665）鞏華城，在州城南二十里，安濟、朝宗兩水之間，舊名沙河店。明初北征及謁陵駐此，有行宮。正統時，為水所壞。嘉靖十七年，以禮部尚書言，此為謁陵之路，南北適均，居庸、白羊近在西北，邊防尤切，宜修復行宮，築城戍守。因於沙河店之東復建行宮。十九年正月，築城環之，名曰鞏華。南北徑二里，東西徑二里。門四，南曰拱京、北曰展思、東曰鎮遼、西曰威漠。其城外浚池，約離城六丈五尺，闊二丈，深一丈，先以勳臣若都督守之。二十八年，改副總兵，後又改守備。本朝設北路同知駐此（《宋志》）。

順義縣

（666）順義縣城，縱橫四里，南昂北俯，又東北突出一隅，肩臂四折，瀕於河濱，宛若龜背形。周圍一千三十五丈九尺，連堞高二丈五尺，根闊一丈五尺，頂闊八尺。門四，東曰平秩、南曰迎恩、西曰晴嵐、北曰迭翠。城濠四周共長一千五十二丈有奇，深一丈五尺，口闊四尺，底闊二尺餘（順義《黃志》）。明萬曆中磚築。本朝康熙十七年、十八年重修（《一統志》）。同治七年，知縣王爾琨重修（《采訪冊》）。乾隆三十四年，御製過順義縣城詩：行行過縣城，陌柳揚烟輕。白水橋為渡，青郊塵不生。藩宣察吏治，保障厪民情。安樂真安樂（是縣古名安樂），春田雨徧耕。

密雲縣

密雲縣城，舊城，明洪武十一年建，周九里十三步，高三丈五尺，廣二丈八尺。城形西北微狹。置東、西、南凡三門，池深二丈，闊一丈五尺。新城距舊城東五十步，夾道界之。（密雲《丁志》。按：顧炎武《昌平山水記》云，新、舊城兩端相連)。明萬曆四年建。周六里一百八十步，高三丈五尺，廣二丈。城形正方，置東、西、南凡三門，池深闊如舊制。(《丁志》，劉應節《新建重城記略》：昔先王以城郭溝池之備，責諸掌固，惟曰：遏劉捍難，以定王國，以康兆民。易之坎曰：王公設險，以守其國。是故城以資險，險以資守，誰能廢之？在周宣盛時，仲山甫以上卿有築齊之役，詩人爲歌蒸民之章，比獵猶孔棘，則命南仲往城朔方，詩人於是賦出車，而以攘夷歸功焉。要之，自古圻甸要荒皆有城，故春秋有城必書，有築必書。然而以中原視邊陲，則邊陲重，若設鎮畿輔，以屏內翰外，則視邊陲爲尤重。我祖宗神武布昭，廓清沙漠，百數十年。嘉靖中葉，專設大臣一員，督鎮薊門，駐節密雲縣治。夫密雲爲古檀州，今蕞爾邊邑耳。城郭湫隘，不足容畜民庶。予前承乏茲役，將卜地東偏，建一連城，而未果也。乃關中晴川楊公來，謀之鎮撫監司諸君，毅然舉事，叢土命日，計徒庀材，伐石於山，陶甓於野，畚鐘取之軍丁，糇糧請自帑藏，毫髮岡幹於有司。肇工萬曆四年，建五年而訖事。計城高三丈五尺，闊二丈，周圍一千一百七十九丈。甃以磚石，深其隍塹，樓櫓門闌，飛槽堞，巍然偶雄鎮矣。夫密雲西拱京陵，與居庸、紫荆，相爲犄角，北臨古北，東控漁陽，西南則爲潞河，萬艘並下，國計攸關，此要害之地也。今者崇城百雉、層臺數尋，以畜衆則士馬雲屯，以貯餉則芻糧山積，此可謂金城天府之國也。龍盤自艮，水合在坤，雙城並峙，勢若連雲，兩河瀠洄，宛如襟帶，此風雨陰陽【667】之所交會也。由是督府運帷，諸將抱桴，無事則厲兵秣馬以示備，有事則分道出師，勢若建瓴，此誠形勢之便。夫京師，天下之根本也。密雲鎮，其幹也。諸邊邑，其枝葉也。幹强，則枝葉愈茂，而根本益固，是故險其屯集，完其備守，由此以奏於襄之績也，而奠天子之邦，其功豈在山甫、南仲之下哉！) 本朝康熙中，舊城西北隅爲白河泛溢所圮。五十二年，奉旨重修。五十六年工竣，舊城知縣、典史駐之，新城都司駐之 (《丁志》。按：《縣志》載，城西築石子堤一道以護城垣，今詳河堤)。石匣城，在縣東北六十里，亦曰石匣營。城西有石如匣，因以爲名。明弘治十四年建。周四里二百二十四步，城形正方，置四門。(密雲《薛志》，明陸泰《石匣營新建石城記》：石匣隸密雲縣，去縣治六十里許。地形平衍，土脉隆厚。自成祖擴疆以來，民之居是者，卒狎於耕鑿，守在四境，不城不隍，麗無夜吠，以故籲謨樹畫之吏，相與安之而未嘗議城事。至弘治甲子，巡撫洪公忠閱勢度形，以此地東西北距邊不五六十里，去京百八十里，殆烽燧之交，而邊邑之藩籬也。值時方隆熙，刁斗不驚，故民獲保無虞，萬一敵騎奄至，將安所守乎？乃經維揆度，始建爲土城，方四里餘，內設倉場，名曰石匣營，俾民守之。然規模雖具，而爲制卑薄，不堪守禦。嘉靖戊申，孫公巡撫其地，復少增高厚，列以垛口，添設游兵三千人，而統之以遊擊將軍，專領營事。數十年，民獲嘻嘻於樂業者，皆二公成城之功也。至庚戌，敵大舉內侵，自古北口入。癸亥，又自墻子嶺入。皆通經茲城，患至劻勷，民方凜凜，幸而賴有是城以爲屯守，閉門乘墉，備以馬步，捍以矢石，兼之敵無斗志，乃幸收保無恙，然亦阽於危矣。乙丑歲，兵憲大石張公議曰：石匣三面距邊，翳城是庇，而累土爲之，易於圮蠹剝蝕，則非可恃以爲固矣。即如庚戌、癸亥之變，敵或以數千騎頓之四隅，是城庸足捍乎？民之不醢爲魚肉者幾希矣。無石匣，是無密雲也。又推而內地，可得安枕而臥乎？矧飈舉烏集，動以倏忽者，敵之恒勢，既不能挽強執銳以禦其來，計惟增築石城以守耳。於是請於總督帶川劉公，而報者可焉。驅畫兵備張公、遊擊方公，協衷贊議，若太學諸生馬天俸、黃應時、趙梁等，因述而記之）。本朝康熙六十年，奉旨重修。後北城門樓及鐘樓圮。同治十年八月，縣丞何勒石置，縣丞及遊擊、守備等補修，縣丞、遊擊駐之（《丁志》）。

古北口城

（667）古北口城，在縣東北一百里，距正關五里，亦曰北門坡，亦稱營城。跨山爲城，南控大石嶺，西界潮河川，爲古北衝地。明洪武十一年建。周四里三百十步，三角置東、南、北凡三門，原密雲後衛，衛省入縣。理事同知、巡檢、都統駐之（《丁志》。按：石匣城、古北口城皆密雲邊城，因【668】同知、縣丞分治之所，附載於此。此外尚有墻子路城、曹家路城、石塘路城，俱明洪武年建。本朝併設武職戍之。今與柳林練軍等營，併詳兵制營汛）。

懷柔縣

（668）懷柔縣城，舊爲土城，明洪武十四年創建。成化三年，巡撫閻某重修。弘治十五年，兵備道錢承德改築，去其西偏，而城其東偏（懷柔《吳志》。按：《昌平山水記》云，懷柔城大民少，弘治中截其東偏而築之，故縣治在西門也，城周四里六十步，三門）。開三門，東曰咸陽，南曰拱衛，西門最小，以便汲水（《吳志》，謝遷《重修懷柔城記略》：懷柔爲邑，東連密雲、潮河，以抵於山海，西接昌平、居庸，以及於雲中，實古幽燕之域也。我太祖載造區夏，於是割昌平、密雲二縣之地爲懷柔，以屬北平。及太宗定鼎燕京，升北平爲順天，而懷柔仍隸之。經制之初，城郭未備。比歲巡撫都御史錢塘洪鍾，按節是邑，召知縣事祥符劉淮，授以規畫，俾圖新之。於時山東按察副使姑蘇錢承德適領兵備之任，專董其役。畚鍤雲集，板築併興，城以丈計者二千有奇，外悉甃以磚石，樓櫓雉堞畢備。闢二門以通出入，東曰咸陽、南曰拱衛。引渠通水道，俾無淫潦之患。始事於弘治壬戌之春二月，六閱月而告竣功。既畢，邑庠訓導閩人黃璋請記其成。弘治十六年夏五月日立石）。知縣李士元復開大門於西，名曰留照，復易東門曰迎旭，南曰開熏，西小門曰涌泉。隆慶二年，知縣蔡孔泮增設甕城、敵臺。萬曆八年，知縣龐鳳鳴重修，仍易其門，又開一東小門，添設城樓三。其後知縣賈浚復加修葺（按：賈浚碑，志錄其文，未詳年月，且侈述己功，殊無關紀述也，茲不錄）。三十三年，久雨城圮，知縣史國典重修（《吳志》，管朝爵《重修城工記略》：萬曆己巳春，懷柔城以霪雨傾頹。邑侯史君爲保障慮，申請修築，以不佞任分修之責。先分外口磚城，自東北角臺起，至南門東止，凡五段，共長七十丈八尺。裏口西門甕城磚工一段，長七丈二尺。繼分修隨墻上城，自東北角起，南至東南角臺西空止，凡五段，共長七十一丈八尺。大西門迤北土城一段，長二十五丈，西門迤南土城一段，長二十五丈，共土城一百二十一丈八尺，俱用墁頂。女墻磚灰壘砌，裏外口磚土城工，共一十三段，共長一百零八尺。自二月十四日始，至五月初十日報竣。萬曆三十三年五月日立石）。其後，東大門、西小門俱閉，止留三門。本朝康熙五十九年地震，城北面圮。六十年四月，聖祖駐蹕懷柔，特命修築，越明年告成（《吳志》）。同治七年知縣蕭晉榮，九年知縣孫蘭溪，先後重修（《采訪冊》）。

涿州

（669）涿州城，舊爲土城，明景泰初，知州事黃衡，始甃以磚石。垣高四十尺，基之廣倍之。方各有門，門有樓，前曰迎恩，後曰通濟，左曰進德，右曰積慶。鋪舍三十二，女墻一千八百三十，隍深十丈，廣倍之。城之中有夾城，如人之束帶。中有券門，曰通會，上有重樓三楹，左鐘、右鼓，以啓晨而警夜。天順九年，知州石端修（涿州《吳志》，明殷謙《重修通會樓碑略》：天順紀元，都指揮同知石公端分守涿州，以郡無更樓，詢諸耆老，對曰：去州治西北一里，有門曰通會，築土爲臺，上有房三楹，以司更漏，歲久爲風雨所損，十餘年未有復修之者，獨臺兩旁有二小屋，以懸鐘、鼓而已。公曰：茲非缺典歟？且更樓必務崇高，吾構之可也。先是，近城有隙地，可二三百畝，官禁人不得耕耨。公令士卒佃其中，收其藁，以陶瓦甓易其粟以營材木，皆有餘積。公知樓可構也，乃筮日啓工。時郡之官屬耆庶，咸欲捐資以佐厥工，公弗煩衆，悉郤之。至於士卒之在役者，無慮數百人，公皆撫恤給俸廉，以激勵之。而官屬之莅其事者，率以公之心爲心。由是人皆樂於趨赴，群工展藝，併手皆作，士卒效力，晨夕弗懈，不逾月，黝堊丹漆，輪焉奐焉，而工告完。凡構樓三楹，其高廣尋尺，皆合矩度。樓成，飭更漏，戒更卒，晨昏鐘鼓之期，晝夜時刻之節，抱關啓閉之候，咸中法則。公又多方築城池之未固者，治城扉之將破者，修護門之垣，新擊柝之舍，皆人不告勞而事有成效。則更樓之構，蓋公興滯補敝之一事也。涿州《吳志》：樓建未詳所始。元至治二年作層樓於涿州，鹿頂殿西疑即其址也。今祀文昌神於其上）。本朝康熙六年，知州李勳重修。周圍高厚，皆仍其舊，東、西、南三門名亦如舊，惟北門改通濟爲拱極（《舊聞考》一百二十七）。城周九里五十九丈，延袤一千六百四十九丈有奇，垣高三丈，基廣二十四尺，上較基殺三分之一，雉堞二千一百九十有九，東、西、北闉闍各三重，南二重，城形東北缺，自西以南，則環而突出也，土人因名爲臥牛云。城上舊設巡鋪五所，烟墩一。南城上有魁星樓，康熙十一年，知州傅鎮邦移建東南隅，後改建正南。乾隆十二年，知州張志奇復移建東南隅舊址。池深七尺，廣三倍之。南北吊橋各一，水門一，（670）在西門南偏。康熙年間，州判馬星鑄鐵爲柱四，界流以杜出入。嘉慶二十五年，知州盛世琦重修城垣（涿州《吳志》。按：志又云，《前志》謂漢、魏以後，州郡屢更，今之州城，不能確指爲何時所建。元命直脫兒建城郭，以處降人，則元時又有增築矣。《藝文志》載元王惲《涿州移置考》，謂孔子清廟本在南城東南隅，因復悟州城南北若連環然，意置州時，展築南城而廣大之，今市中隔城，本故縣城南門也。謂前後證據甚明，無可疑者。然則今治之爲舊城無疑，特後加展拓爾）。華陽臺，在州城內西北隅（《吳志》。《長安客話》：舊傳燕丹與樊將軍置酒華陽館，即此。《舊聞考》：臺今廢，惟城西北有窪地十餘畝，中有土阜，高數尺，周數十步，土人指爲臺之遺址。又北門之西，有土嶐然，附城而上，高於城丈許，俗呼爲烟墩，或謂即華陽臺，然俱無可取證）。

房山縣

（670）房山縣城，創於金大定間（《舊聞考》。顧祖禹《方輿紀要》：房山本良鄉、宛平、范陽三縣地，金大定二十九年始置萬寧縣。明昌二年，改奉先縣。元至元二十七年，改房山縣。曹學佺《名勝志》：金萬寧縣遺址，在縣治西，餘詳疆域）。垣高丈餘，周圍一千四百四十步。方各有門，東曰朝曦、南曰迎恩、西曰仰止、北曰拱極。明隆慶初，始甃以磚石。又《房山縣志》：房山舊是土城，隆慶己巳，知縣李琮采石甃之，增崇至三丈（房山《王志》，邑人鄭民悅《新建石城記略》：粵考房山，民醇俗樸，居天府之右臂，去居庸諸邊，尤爲密邇，金湯之險，良不可缺。原築土墉，迄今已久，傾頹之患無常，而救度之功不賙，民殆日擾擾焉，用滋勞費而已。我豐崖李公，諱琮，字協中，以皁平廉吏，推調房山，仁厚莅民，廉明守己，聞大司馬霍公具題房、良爲京師首善之地，宜繕城以衛之，肫肫保愛之懷，若有默契然者。乃親與度量，約計八百丈餘，石采於西山，灰取於南皁，厥高三丈，厥厚三尺，而經營修理之宜，高下廣狹之數，罔非公之區畫矣。經始於戊戌之秋，落成於己巳之春）。道光二十九年，知縣李圖重修。咸豐三年，知縣張汝弼承修竣工（高驥雲《養恬齋筆記》）。

霸州

霸州城，舊傳燕昭王所築（《名勝志》）。宋將楊延朗修葺以控遼，當時號爲北方重鎮（《長安客話》）。金元時，築土墉（《日下舊聞》引《城邑志》）。明景泰五年四月修（《舊聞考》引《明景帝實錄》）。明弘治辛亥，知州徐以貞建東、北城樓二座。己未，知州劉珩以包瓮城，北面建南樓（霸州《朱志》，顧清《霸州修河繕城記》：霸州在京師南二百餘里，厥壤卑下，西北諸山水，散行燕趙間，比其合皆彙於是。既彙而盈，然後東流出丁字沽，會白河以入於海，其源衆而委迫，遇【671】潦則溢而上，壞民田廬舍，歲用不登，氓以告病。州之城築以土，無磚石之固，水至則齧之，歲久益壞。弘治戊午，東魯劉君珩來治是邦，是歲築河堤，起涿州東境，接固安楊先務、荊垡等村，至州之趙村務臨津水口，經州南關，過保定、文安、蘇家橋，抵大城縣之辛張口，總三百餘里，廣尋有二尺，址倍之，崇丈有八尺，旁植柳以爲固，其間爲水口一百六十有七。堤既成，水乃無患。己未，甃州城先北面當水衝者，以次及其餘，城舊無南門樓，至是新作之，并爲樓於北城，與故東、西二樓相望，皆飾以丹漆，基以剛石，可久弗壞。其外爲深濠，跨四橋於濠上，當城之門。城之高，丈有七尺，周六里三百二十步。濠之深如城之高，而殺其一尺。其上爲固防，防之上亦樹以柳。凡一十七月而堤與城俱竣。二役所費薪膏、楗瓦、木石之類，爲錢以四十萬計，皆官自經紀，不以煩民。既訖工，又以其餘力作大橋於州東苑家口，以濟往來之人。新州學祭器、師生會食器作，順天府行府、太僕分寺、馬神廟及諸藏庚、廨舍、壇壝、衢路，以次一新，而民不知費，可謂得佚道使民之義矣）。正德癸亥，知州王汝翼總東、西、南三面包之，復創建各角樓、鋪舍。嘉靖庚子，兵備副使王鳳霖增修。城高三丈五尺，周六里餘，堞一千五百一十有二，城下濠深一丈二尺，廣七尺，環堤植柳，屹爲巨防。城門三，東曰臨津、南曰文明、北曰瞻極。北甕城門曰迎恩、東曰旭升、南曰向離。向無西門，相傳避西來之水，不設門而樓臺具焉（《朱志》）。隆慶庚午，知州田可徹增築，高三尺。萬曆癸巳，知州錢達道重葺，增築敵臺八座，每座各建樓櫓，城下築馬道，廣八尺，浚重塹，引水入之池，上重築周垣，計一千四百七十五丈，增植柳樹。崇禎己亥，知州朱朝藩復增築之，明末半圮。本朝雍正二年重修。咸豐癸丑，被水，城垣坍塌三十九段。同治二年，知州毛慶麟重修。同治十年秋，霪雨，復損，待修（霸州《周志》）。

文安縣城

（671）文安縣城，漢令趙夔創建（文安《楊志》。按：《縣志》，古迹柳河，有古城，指爲舊文安城，其上有趙夔祠，然則今之邑城，未必即趙建遺址也，第莫可考矣）。明正德九（672）年，知縣王鼎重修（《楊志》，李時《修城記略》：正德辛未，河北盜起，摽掠諸州縣，已而大衆屯聚文安，視他州縣荼毒獨甚，坐城之廢故也。歲癸酉，齊東王君來尹是邑，顧而嘆曰：民保於城，城關於令，城之廢，民弗能生矣。乃集邑耆舊，諭之攟土城成，因以鑿池，併力交作，興役於甲戌三月，閱明年乙亥秋乃訖工焉。城周圍九里，高若千丈，列雉堞，建樓櫓，題其門額，南曰來熏、北曰拱辰、東曰迎恩、西曰永定。由是文安之民，咸欣欣焉賴以無恐。王君名鼎，字公實。相是役者，縣丞王景沂云）。周一千二百七十五丈五尺，計七里一分高二丈五尺。城門五座，角樓四座，敵臺警鋪八座。其門北曰拱辰、南曰來熏、又小南門曰作新，東曰迎恩、西曰永定。池深丈餘，闊三丈，外護以堤。崇禎九年，奉敕重修，城增高五尺，共計三丈，添磚堞、瓮城。知縣張上春修，每遇堤決，洪波浩蕩，城不浸者三版，時有"城頭作古渡，樹杪成芳洲"之句，亦可見此城之窪下也。本朝康熙二十八年，知縣張朝琮重修，南門城樓、東門城樓極其高聳，小南門久閉，自是創開（《楊志》）。乾隆三十三年，知縣阮基領帑，加磚砌城，添設門樓，修橋浚池（《舊聞考》一百二十二）。

大城縣

（672）大城縣城，創建失考，明初惟有舊址。正德七年，知縣石恩即址築土城，雉堞悉具。嘉靖四十年，知縣余尚貢磚甃西、北二面，添修南門瓮城。四十五年，知縣張應武復甃東、南二面，建角樓四座，西、南門樓二座。隆慶二年，知縣趙德光建東、北門樓二座，並建敵臺、譙樓（大城《張志》，馬雲鳳《保障記略》：吾邑地悉遼曠，無寇儆之虞，故城未之設。正德六年，遭流寇之變，緣土築垣。越歲，石侯恩繼至，復增垣堞。繼此，代州吳侯璞加意修葺之。嘉靖壬戌，創始包砌石城西、北三面，堅峻改觀者，乃先任東遼余侯尚貢，而其績未竟也。乙丑冬，大同張侯繼余侯之後，而於已造者增飾之，未造者創建之。未三月，而東南城告完。隆慶己巳，樂安趙公德光來宰大城，潔己惠民，百廢具舉。一日謀及士庶曰：城垣更新而門宇未飾，則關防疏矣，奚足城？於是捐俸市木料磚石，不日而門宇、守鋪、敵樓恢廓矣。復於城外東、北二關新建郭垣門樓者二，并修譙樓，比之舊制，高峻突空，巍然壯麗矣）。（673）城周四里一十三步，高一丈六尺，基闊八尺，巔闊八尺，雉堞一千零九十餘。其門東曰通和、西曰安阜、南曰明遠、北曰恩光。池環四里五十三步，廣六丈，深七步。崇禎六年，知縣毛雲翰添築城牆，增土六尺。十年，添修東、北門瓮城二座，外浚池一層，復浚舊池，深闊倍之。本朝順治九年，河水決堤，城垣受損，知縣馬騰升修築，又重建東南城樓爲魁星閣（《張志》）。乾隆十年，知縣（失名）重修（《采訪冊》。按：《舊聞考》作順治九年重修，乾隆八年改築，並引縣志稱：故城基址在城北，土壘迴折，相傳是舊城，又傳名越州城，今縣城仍舊址築，衹得其半）。久復傾圮。同治六年，知縣彭瑞麒按舊城基址，捐資修建，並挑浚城濠，一律深通（《采訪册》）。

保定縣

（673）保定縣城，舊城，相傳宋團練使楊延朗所築，周六里，奎六十九步，高三丈，閻二丈，池導玉帶河水環其外。明嘉靖二十九年，知縣呂煥創置新城，依舊城之西北隅，而東、南二面則創築焉（定《成志》，王顯忠《呂公生祠記略》：侯於嘉靖丁未冬來知保定縣事。縣故無完城，頹垣故址，爲宋團練使楊延朗所築，以控契丹，數百年來無能改其故。歲庚戌秋，羽書告急，郊圻震驚。保定恃侯得不恐。事定，侯作而嘆曰：設險立防，爲國首務。於是首出俸金以倡之，度地量工，酌舊址而較其內地，弃東南，依西北，以便守也。崇雉堞，飾樓扉，以壯觀也。侯名煥，字堯文，浙之崇德人）。高一丈五尺，周八百八十九步。其門東曰通和，樓曰論文；南曰南熏，樓曰講武；西曰惠安，樓曰萃景；北曰拱宸，樓曰玉流環聚。城隅有櫓門，外有橋，池深八尺，闊一丈，城欲甃以磚，尋遷去，事寢。（《日下舊聞》引《縣志》，城五月而告成，煥自爲記。）萬曆三十九年，知縣田龍以東門逼近學宮，移近巽方，上蓋層樓，塑魁星像於內（《成志》）。後漸坍塌，迄今未建（《采訪册》，高雲驤《重繪縣境圖記略》：城基向已方，明嘉靖時築，【674】就舊城之西北隅，而取其正西之土築南面，取其正北之土築東面，當時爲守備計，本急就章，坍塌後，間存土埂而已）。

薊州

（674）薊州城，創始未詳，舊惟土城。明洪武四年，甃以磚石，周九里十三步，連女墻高三丈五尺，爲堞二千四十，南瀕沽水，北倚山原。城門三，東曰威遠、西曰拱極、南曰平津，各有樓。正北無門，上有樓（薊州《沈志》。按：城之中衢，建有鼓樓，《沈志》"藝文"載陸樹聲《重修鼓樓記》，《日下舊聞》引作《重修城樓記》，今按其文，當從《沈志》，且有關城垣考證，備錄於左。明陸樹聲《薊州重修城樓記略》：薊州爲京輔要鎮，左扼山海，右控居庸，背連古北，距東、西、南各四百餘里，而薊當其衝，枕山帶河，重關複鎮，遞爲應援，以翼蔽畿輔。又有東則朝鮮、朵顏，貢使往來，率道境上；南通西河，餽餫食；玉田、寶坻魚鹽之利，雄甲他鎮；故崇墉巨屏，特設守備。宿勁兵，豐儲峙，以顗城守備。北阻岡，不門，惟東、西、南設三門，上緣崇墉，各建麗譙、角樓，弩穴分峙四隅。中衢則建鼓樓，屹立與三門等，俯瞰閭閻，足稱壯巨。歲久傾圮，寖失舊觀。臬司西平王君誥、戶曹固安段君煉，圖新理之，經始於嘉靖二十六年六月，落成於二十八年七月）。敵樓二座，更房三十二間。崇禎十五年拆毀（《日下舊聞》）。本朝康熙十八年地震，西門甕城倒塌。三十三年，知州張朝琮修葺（《沈志》，張朝琮《重修甕城記略》：歲在甲戌，朝琮以河令來牧是州，下車之日，見西郭甕城傾圮，傍存中陷，如井中天，急欲修葺，而力不從心，綢繆之念，未嘗一日去諸懷抱。已而霪雨浹旬，磚石日墮，恒阻於途。漁陽父老咸相告曰：城堞頹壞久矣，往時過此者，率多死傷，以功費浩大，故司牧者勿遑興舉。朝琮心中惻然，乃召匠，計其值，磚灰木植工役之類，需用千金，即先發銀各窰戶燒磚灰，復置簿勸輸，同城文武各官，暨紳衿耆庶，隨意捐工，共二百餘金，其不足者，悉自朝琮捐措。於五月十九日興工，越三月而告成，堅固一如其舊，上爲覆屋，以禦風雨，未能及當日之宏麗者，貧吏力有不逮耳。若夫隨時葺補，毋使傾圮，實有望於後來之賢者）。並修東、南二門。又城下水溝二道，一在東門之南，一在南門之東，以泄城內雨水，久淤。三十四年，復疏浚之。四十一年，賜帑修城，（《沈志》按：志並稱，康熙四十年二月，工部題奏修城事宜，奉旨：這薊州城，著阿爾法清格理前往修理，欽此。欽遵。牌行到州，於四十一年三月興工，九月告成）。三門各建樓，四角各建角樓。正北無門，城上建樓曰"北極"。其東門曰永固、西門曰永寧、南門曰永康。雉堞二千百七十，城濠舊載東門至南門深六丈，闊五（675）丈，南門至西門深一丈，闊七丈，西門至東門角深三丈，闊八丈，東北角至東門深一丈，闊十丈。嘉慶十五年，知州趙錫蒲捐資重浚，並於堤岸栽柳以護之，今間形淤塞（《沈志》）。

平谷縣

（675）平谷縣舊無城，永樂二年，營州中屯衛自塞北徙入，安置平谷縣，創建土城。成化丁亥，始甃磚石。明成化三年，巡撫閻本增築之，高二丈五尺，址廣三丈五尺，頂殺址三之二，周六百丈，包以磚石，池闊二丈五尺，深半之（平谷《朱志》，商輅《平谷新城記》：平谷縣在薊州治西北八十里，古漁陽地，今爲順天屬邑。西連密雲、古北口，東接山海，道經遼東，北臨極邊諸山。永樂初，置營州中屯衛以鎭之，蓋重鎭也。縣故有土城，歲久頹圮。今巡撫都御史閻本謀諸總兵焦壽、參將劉輔，疏請於朝，得允。爰命衛指揮袁忠等，督軍夫增築之。城高二丈五尺，址廣三丈五尺，頂殺址三之二，周圍六百丈。爲城門四，門有甕城，又名罝門。城之外爲塹，闊二丈五尺，深半之，沿塹植榆柳幾萬株。經始於成化丁亥四月，訖工於明年二月）。嘉靖三十一年，巡撫孟春重修（《朱志》，邑人王鎧《重修城池記略》：嘉靖壬午，郊圻盜發，居人內外恐怖。□安巡撫孟公春、兵備熊公相協謀設策，地方無恐。乃命掌篆指揮季君勳修築，缺者補之，廢者葺之。建樓於諸門之上，東曰接盤、南曰觀瀾、西曰迎恩、北曰鎮遠，腰鋪隅樓，次第結構）。四十二年，復有警，俄退，知縣任彬撤舊城而新之，增高五尺。四門各樹以樓，東曰挹盤、西曰拱辰、南曰迎泃、北曰威遠。城隅增鋪舍四，重浚城濠，環植以柳（《朱志》，張四維《平谷修城記略》：縣舊有城池，歲久夷陊，攀堞往來，不異周道。今尹任君彬既視事，思以興葺之。癸亥冬，邊警至，任君部率市民，分地守之，始免於危。事平之後，任君乃禮延邑之名德、巨室、閭長、黨正，諭將有事城池，爲扞圉策。衆歡然稱便。遂上其事監司，諏日戒工。城以丈計，凡周六百五十，撤而修之者過半，城舊高二丈二尺，增築五尺，俾益崇。又於城四門各樹以樓，扁其東曰挹盤、西曰拱辰、南曰迎泃、北曰威遠。城隅增鋪舍四。又浚其隍丈餘，沿塹悉植以柳。當四門之衝，置便橋焉。經始於甲子閏二月廿日，竣於是歲六月之望，凡五閱月而工成）。隆慶二年，知縣瞿重浚城濠，又深丈餘，闊亦多半，并葺城牆裏口，堅厚近丈，修砌垛口，東、西二門添置吊橋。本朝康熙四十九年，賜帑重修（《朱志》，朱克閎《重修城池記》：平邑星分箕尾，郡號盤陰，北列瑞屏，南繞泃水，爲神京三輔要地，誠天漢之津梁，幽【676】之關隘也。邑城肇於永樂，修於成化，完於嘉靖。文正公商輅、邑御史王鎧曾爲之記。至我國朝，屹然如故，百年以來，漸近傾圮。邑令鄧君來祚，詳請重修，未幾卸事。大憲命北路廳李公化植爲之經始，我憲臺張公在，相繼董率，竭力殫心，功難悉述。至謝公鴻恩，聿觀厥成，而工告竣。總爲計之，卜吉於丁亥，鳩工於庚寅，報最於辛卯，約費帑金四萬四千二百有奇，而城若金湯，池若天塹，煥然維新矣。余於壬辰夏題署茲邑，下車聿始，見夫高壘巍峨，與妙峯同其崒崒，陂池淵浩，與靈泉共其湛深，僉以爲設險守國，可爲斯民保障也。豈知其士敦詩書，農安耕鑿，民情之醇樸，民風之敦龐，無形之險，隱寓於有形中哉！爰於課士勸民之暇，稽其始末，珥筆而爲之記）。乾隆三十年，知縣鄧來祚重修，三十六年落成（《采訪册》）。

上　海　市

光緒《寶山縣志》

光緒《寶山縣志》，成文出版社有限公司，1983年。

寶山縣

（卷二"營建志·城池"，139）縣城（即吳淞所新城），周四里，東西徑直一里，南北一里，水陸城門各四（門俱有樓，北城門樓舊有明黃應申書"海不揚波"額，今廢）。敵臺九，雉堞一千一百九（140）十四（考明洪武十九年，命滎陽侯鄭遇春會同鎮海衛指揮朱永，築土城於依仁鄉，距海三里，周一千二百六十丈，計六里一十六步，高一丈七尺，名滎陽壘，爲吳淞所舊城。建文元年，千戶施鎮用磚甃東北城，計三百八十一丈。永樂十六年，都指揮郭祥、張壽、監察御史韓瑜、董文增築，高二丈七尺，濠闊一十四丈，深一丈。嘉靖十六年，兵備副使王儀因海□□□，增築新城於舊城西南一里。十八年，海溢，舊城東北隅陷。十九年，海盜秦璠、王良入寇，焚舊城廨舍，官軍移居新城，以舊城爲教場。三十一年，倭警，舊城遂廢。三十三年，巡撫尚維持檄嘉定知縣楊旦，以磚石甃新城，疏濠塹，城周七百三十丈，高二丈四尺，濠廣二丈四尺，深一丈，塹廣二丈，深八尺，闢西北水關一，陸門四，雉堞一千一百九十四，敵臺九，窩鋪四十，塞沙浦以防衝決，開支河以通舟楫。又令千百戶以下，各據營地有差。萬曆四年，副總兵黃應甲建造四門城樓，移水門於東南。二十八年，巡江御史朱吾□復移水門於西南。二十九年，知縣韓浚增建四角樓，修雉堞、窩鋪。季年，舊城東北基址盡坍入海。天啓六年，知縣謝三寶浚外濠壩，塞海口）。（141）國朝順治二年，知縣唐瑾浚外濠。七年，副總兵沈豹浚外濠（復移水門於東南）。十年，知縣查逢盛浚外濠及閘港。十二年，知縣劉宏德浚外濠。十三年，副總兵趙光祖加浚，並於濠上築土牆。康熙元年，知縣潘師質修城垣，改併垛口，重建敵臺四座，窩鋪二十八舍。九年，知縣趙聽修城垣，並建四角敵臺（五月，霪雨，東北城圮，參將王永禎移修）。五十六年，參將趙武浚南甎，開西南、西北二水門（西南水門旋塞）。(142) 五十七年，布政使楊朝麟檄知縣李士甄，動帑修城垣，重建四門城樓（以上未分縣前）。乾隆四年，知縣胡仁濟修城堞、門樓並城門吊橋（領帑二千七百六十八兩有奇）。八年，知縣趙西牒委主簿陳至言深浚內甎。十九年，知縣李元奮修城垣（重題北門城樓"海不揚波"額）。咸豐六年，知縣辛於鏞修城垣（由本城善後局籌修，城紳王茮董其役）。光緒元年，知縣馮壽鏡修城垣。

寶山所城

江東寶山所城。明洪武三十年，太倉衛指揮劉源奏築土城於清浦旱寨（周廣一百八十步，高一丈六尺，廣二丈五尺）。(143) 永樂十三年，平江伯陳瑄奏清浦土山爲寶山所（瑄上言：嘉定瀕海地，江流衝會，海舟停泊無高山大陵可依，請築土山，立□表識，既成，賜名寶山，帝親爲文以記之）。(144) 正統九年，都指揮翁紹宗奏建磚城於寨左（至十三年，始成，樓堞、鋪舍、廨舍【145】悉具）。萬曆四年，兵備右參政王叔杲請築城於寶山（以舊城去山較遠，且城隘不足資控禦，請改建於寶山之麓。二載而成。周四百九十五丈，高二丈六尺二寸，四門皆建樓，敵臺一十二，窩鋪一十六，吊橋三，濠址六百八十九丈四尺。至十年七月，潮決李家浜，坍及於城，後盡衝沒）。(146) 崇禎十年，巡撫張國維、巡按路振飛檄知縣萬任浚寶山所外濠，修海岸（以導河夫銀充費）。國朝康熙三十三年，蘇州府海防同知李繼勳督建新城（在舊城西北二里，方廣六十四畝，雉堞樓櫓咸具）。

民國《寶山縣再續志》

民國《寶山縣再續志》，成文出版社有限公司，1970 年。

寶山縣

(1029) 城門。十年，本邑交通事務局局長錢淦以城市接近吳淞，商埠交通日繁，舊日城門過行湫隘，車馬出入妨礙殊多，呈准江蘇督軍、省長，將城垣四門月城、城垛一律拆除，另造鐵梗栅門，經費以縣署各項捐款、罰款並以帶徵築路經費補充之，更定四門名稱，南曰交泰、西曰通運、北曰望江、東曰鏡海。

民國《寶山縣續志附再續志·新志備稿》

民國《寶山縣續志附再續志、新志備稿》，成文出版社有限公司，1975年。

寶山縣

（卷三"營繕志·城垣"，176）今之縣城，即前所稱吳淞所城，在江東者曰寶山堡城。築於明嘉靖十六年，至三十三年乃甃以磚石，濠塹、堞櫓之屬咸備，稱新城（洪武十九年所築之土城，在新城東北一里。嘉靖十六年，漸坍入海，因建新城。嗣連遭海盜、倭寇之警，舊城遂廢。三十三年，巡撫尚維持檄嘉定縣知縣增葺新城，即今城垣是也。舊城基，萬曆季年，盡坍入海）。馬元調《吳淞所志》自序，稱其地爲江南重鎮，一城之中三總鼎峙，知有明立衛所以設險而守也。自雍正建縣，修治之責屬諸守土，間有興作，具載《前志》。洪楊之難，兩次分股撲犯，民兵登埤守禦，屹然僅存。咸同以後，海疆多故，淞口爲要塞門戶，守險在於江海，而不在城垣，故三十年中，祇見荒圮之迹，莫能詳其舉矣。

（177）寶山堡。寶山之得名，始於明永樂十年。是年，平江伯陳瑄奏請距清浦塞之十里築土山以設烽堠，因賜名寶山，成祖親爲碑文以記之。正統九年，（178）復於寨左加建磚城，以形勢度之，與土城殆如兩翼而離山則尚遠。至萬曆四年，始築城於山之麓。建城後，海潮屢決，坍及城齦。崇禎時，猶修葺堤防以保歷世經營之迹。逮其末葉，兵事倥傯，蕞爾東隅，遂爲滄溟巨浸矣。今高橋鄉之東北，殘垣屹存。俗稱老寶山城者，乃康熙三十三年所建，非萬曆時舊址也。《前志》依年分記，原委未明，覽者易惑。因詳叙其沿革，並考正之。

民國《崇明縣志》

民國《崇明縣志》，成文出版社有限公司，1975年。

崇明縣

（卷七"經政志·城池"，341）明萬曆十一年，邑治平洋沙，城囓於海，知縣何懋官卜遷今治於長沙，規城基七里三分，工未興，去。繼任李大經，以歲祲（342）民貧，減爲四里七分，工興於十四年八月，竣於十六年二月，周七百二十五丈四尺，高二丈，厚一丈，濠廣九丈（凡城基及外馬道，共用民田九頃五十二畝零，估價銀一千八百二十七兩九錢二分），陸門五，東曰樂平、西曰慶成、南曰迎熏、北曰拱辰、東南曰朝陽，水門二，一東南、一西北。門樓四（南門建樓輒灾，故缺），駐馬廳五，窩鋪二十八，月城五，敵臺十一，堞一千六百七十二。（343）二十五年，關白寇朝鮮，邑戒嚴，知縣莊尚稷增高堞三尺。清順治十年九月，張名振攻城西南隅，傾堞五，知縣陳慎剋期補助，濠內鑿品字塹（又名梅花坑）以禦敵。十二年，副將李必以堞多難守，併二爲一。十四年，參將楊膺又併二爲一，存四百四十一堞。十六年八月，鄭成功攻城西北隅，毀十餘丈，知縣陳慎、遊擊劉國玉、守備王龍、貢生施文、團練包日升取城中櫥櫃實土補之。十八年，總兵張大治詳請塞舊濠，去城二十步築土城以禦砲，周一千八十丈，高二丈八尺，厚二丈六尺，（344）鑿濠於外，廣十丈，東設水關，增柵門五，知縣龔榜及施文董其役。康熙十二年，總兵姚自強捐俸甃五門，未竟。十四年，提督劉兆麟捐俸訖工，鑱石題額，東曰春輝、西曰鎮海、南曰崇安、北曰武定、東南曰百勝，並增門樓，土城內各建駐馬廳一，軍儲房一。十五年，作蔑囤以補傾堞（囤以木爲架，蔑橫編其外，實土於中，計凡千餘）。十九年六月，霪雨，土城及蔑囤俱傾，命里長人置一囤葺之。雍正十年，知縣高國楹修西門迤北城垣一段。乾隆元年，知縣許維枚修西門迤北城垣，西北角迤東城垣各一段。道光二十年，知縣熊傳栗募修土城，並磚城五門。咸豐十年，粵匪東竄，邑戒嚴，土城久圮，邑人施在熔、在鈺捐資修復，沈沼捐建五門、譙樓、馬橋。（346）同治十一年，知縣林達泉募□重建磚城，並內城五門、譙樓，沈沼獨建東城一沿，知縣譚泰來、曹文煥踵成之。

崇明縣所屬舊城

天賜場州城，元至元十四年築，□至正十二年坍。

東沙城，方九里許，在天賜場城北十五里。至正十二年，達魯花赤八里顏、知州程世昌、同知王也先不花遷此，仍築以土。明洪武二年，改縣城。永樂十八年，坍。

秦家符城，永樂十八年，知縣高居正等遷，仍築以土。知縣（346）王瑛踵成之。周九里三十步，濠廣十一步，有陸門四，東曰寧洋、西曰承恩、南曰迎熏、北曰安順，水門一在迎熏門東（宣德初，始甃磚五門），有門樓四，角樓四，警鋪三十（正統八年，都指揮翁紹宗命指揮僉事張斌建，並增高城垣），增西南土城，設二關（弘治中，城西南坍，海艘泊濠。正德十二年，知縣梁景行加築西南土城，高丈餘。嘉靖八年，又坍）。

三沙馬家浜城，嘉靖八年，知縣杜畿遷，仍築以土，里數無考。二十九年，又坍。

平洋沙城，嘉靖二十九年，知縣尹轍遷。三十二年，知縣唐一岑築土。三十四年，巡按周如斗請帑金四萬餘兩，檄知縣紀元凱甃磚，十閱月工竣。基方七里三分，濠廣十丈餘，深一丈（時以倭警加浚），垣周一千二百八十六丈，高二丈，有陸門四，額其東曰"東海瀛洲"、西曰"姑蘇巨鎮"、南曰"青龍要津"、北曰"江海朝宗"，（348）有鋪臺（嘉靖三十八年，知縣范性增建），增闢東南朝陽門及東西水關（嘉靖四十四年，知縣孫裔興闢。萬曆十一年，城坍）。

光緒《重修奉賢縣志》

光緒《重修奉賢縣志》，成文出版社有限公司，1970年。

奉賢縣

（卷首"圖說"，72）舊圖所載甚略，今仿前規，補入內街、支河、水竇及名迹，其後建之文廟、言子祠、魁星閣、肇文書院、同善堂、接嬰堂、社倉一一備載。咸豐十一年冬，寇據，譙樓，雉堞皆毀。同治六年，修復譙樓，餘詳"建置"。

（卷二"建置志·城池"，157）城北負橫溪，南臨大海，在府城東九十里，即青村故城。明洪武十九年，湯和築（依嘉慶《松江府志》），周回六里，高二丈五尺，雉堞一千七百六十六，旱門四，東曰朝陽、西曰阜成、南曰鎮海、北曰拱辰，其上各有麗譙，入城皆陸地，故無水門，外有月城四座，窩鋪一百三十座。永樂十五年，都指揮使谷祥修。萬曆二十六年，巡撫趙可懷檄委署海防同知李遑修城加峻焉。國朝康熙十三年修。二十二（158）年，華亭知縣南夢班修。雍正二年，分華亭為今縣，即以此城為縣治。乾隆元年，署知縣勞啓鏗修西門，緊工七號，動帑七百餘兩。六年，檄委原任松江水利通判徐良模承修，周回一百六十號，動帑四千餘兩。十一年，知縣劉暐澤領修（《舊志》）。咸豐十一年，粵寇陷據，克復後，四門譙樓、雉堞皆毀。同治六年，知縣葛兆堂修復譙樓。

池，周繞城外，築城時濠廣二十有四丈，深七尺餘。萬曆二十六年，巡撫趙可懷檄委署海防同知李遑重浚，面闊十丈，底闊六丈，深一丈六尺。分縣後，雍正九年，署知縣舒慕芬又浚。乾隆三年，知縣許逢元復浚，通縣協辦（《舊志》）。

光緒《青浦縣志》

光緒《青浦縣志》，成文出版社有限公司，1970年。

青浦縣

（卷三"建置·城池"，257）城創建於明萬曆二年。先是，縣治青龍，萬曆元年，移唐行鎮，未有城，知縣石繼芳請城之，閱三年而畢役，圍一千三十丈（同治四年輿圖局量見圍九百六十六丈七尺，合五里有奇），高二丈三尺，箭垛一千七百二十有五（乾隆時繕治箭垛一千一百九十有二），敵臺七，窩鋪四十有八（後廢），門樓六（今五），門五，東曰鎮海、南曰觀寧（以敬避改曰延熏）、西曰永保、北曰拱辰、小西曰來蘇，水關三，南曰躍龍、西曰通漕、北曰□賦（後築小西水關，曰聚星），月城各附於水關之旁。濠廣三丈，深二丈（今測濠廣十丈不等），上海潘恩為記。終明世，知縣卓鈿、吳之琦兩修之，並浚城濠。入（258）國朝屢有修治，可考者次列於篇。（259）雍正七年，署知縣楊鳳然修城一百七十九丈有奇。九年，署知縣魯宏章修城八十丈。乾隆三十五年，頒帑修城，知縣褚啓宗委員爲昆山縣知縣李景隆，始於城上鋪磚爲馬路。嘉慶十九年，知縣馬紹援修城垣東南隅，有碑記，今失。道光二十年，署知縣錢燕桂修西南隅城垣。二十二年，署知縣王錫九重建南門月城及東南城堞，計五十有四丈，城脚築石岸七十有四丈，重鋪城面四十有五丈，又建東門炮臺一座，新築石岸一百七十有四丈，東北門又添沿濠護岸一百三十有五丈。是歲，以海警城守戒嚴。二十四年，修東南城堞，並新五門敵樓，署知縣朱瀚、邑人張（260）起鯤董役。咸豐五年，土匪亂，小西門毁於兵。署知縣彭樹勳修之，邑人潘以楫董役。同治元年，大兵攻克青浦城，東南隅轟壞。副將程學啓檄代理知縣李克勤修之，湘淮軍士當役，並新南門敵樓，榜曰"文明"。

（附）城内浚河（道光二十八年，署知縣平瀚浚縣署後河。同治六年，署知縣錢實傅浚城内各河。又北城内河，道光時浚，失其年月）。

民國《青浦縣續志》

民國《青浦縣續志》，成文出版社有限公司，1975年。

青浦縣

（卷三"建置·城池"，141）城池建修顛末，詳《前志》。洪楊亂後，頗多頹毁。光緒十年，知縣莫葆辰重修水旱城門，並添置更房、水柵，共耗緡錢三百四十一千八百三十文（支用光緒六年知縣吳康壽移交建衙工程餘剩經費）。光緒十一年冬，知縣錢志澄援案，詳准帶捐忙漕，爲繕修城垣經費。十五年夏，省委候補知縣余志仁莅縣，會同錢令勘估呈報，即於是年六月二十五日設局開工，自西城永保門迤南炮臺起，至南城觀明門（舊有觀寧、延熏、文明三名，見《前志》）折東十丈止，修葺城身七十六丈五尺，拆除通漕門水關，重建椿石，施工未竟，而邑人以余委鳩工庀材，諸多疑竇，兼之程役草率，頗加非難。十（142）一月，余委乃撤局去。越年九月，邑紳吳昌麟、張心鏡、陳光禧、宋思劬、孫錦瑚奉委設局接辦，自觀明門東十丈起，迤邐經望海（舊名鎮海，亦見《前志》）、拱辰、來蘇以達永保門南砲臺止，重甃城身一百四十二丈一尺五寸，月城城隍攔馬牆、水關天井攔馬牆二百七丈六尺五寸，城垛四百四十二丈五尺五寸，重修墻頂四百七十八丈，敵樓重修者二：望海、觀明，重建者三：來蘇、拱辰、永保，水關重修者二：聚星、充賦，重建者二：一爲躍龍、一即余委施工方始之通漕，同時並砌五門石級，重新水旱城門，又修平城上馬路一千二百一十三丈八尺五寸。十七年七月二十日工竣，撤局。是役也，先後歷時兩載，共費緡錢二萬七百三十九千文有奇。

同治《上海縣志》

同治《上海縣志》，成文出版社有限公司，1975 年。

上海縣

（卷二"建置·城池"，151）城周圍凡九里，高二丈四尺，門舊六新一，凡大小七，東曰朝宗、南曰跨龍、西曰儀鳳、北曰晏海，跨龍門迤東爲小南門曰朝陽，朝宗門迤北爲小東門曰寶帶，晏海門迤東爲新北門曰彰川。水門四，東西門者跨肇嘉浜，小東門者跨方浜，小南門者跨薛家浜。堞三千六百有奇，箭臺二十所。濠環抱城外（152），長一千五百餘丈，廣可三丈（《舊志》云，廣六丈，今目驗止此。濠內地九十七畝六分七厘三毫，由營出租）。舊從肇嘉浜、薛家浜、方浜分流灌注，今西商於方浜北新開一浜，又於城西溝通周涇焉。

元建縣後二百六十餘年，猶無城。故前明倭寇數躪焉。嘉靖三十二年，邑人顧從禮疏請建城，知府方廉始築之。（153）三十六年，同知羅拱辰於四門益以敵樓（先是惟大小東門有之），沿城益箭臺，環濠益土墻，東北要害處益高臺、層樓（今萬軍、制勝、振武三臺是也，《振顏志》作"鎮"）。萬曆二十六年，知縣許汝魁奉巡撫趙光懷檄，加高城五尺，開小南門水關，引薛家浜水通市河（先是，惟大小東門、西門有水關，茲益以小南門而四）。後知縣徐可求、劉一燝相繼修，大南門內迤東至北門甃以巨石，凡十餘年告成。三十六年，久雨，圮數十處，知縣李繼周修之。四十六年，知縣呂浚又增修焉（按《前志》但有四十六年增置川廊八十間之語。今見董其昌《呂侯續修城記》云，城袤一千五百七十餘丈，高視舊約十之二，廣視舊約十之四，則擴而大之皆呂力也）。國朝康熙十九年，風雨圮大南門城垣，知縣史彩葺之。乾隆十八年，知縣李希舜浚濠，環城可通舟楫。二十六年，雷雨圮（154）大南門城堞二丈。無何，海風壞西南隅城堞十餘丈。三十一、二年，又圮城垣數十處，知縣清泰葺之。道光元年，巡道龔麗正等倡勸重修，並於西門益箭臺一所，即今大境。十九年，海疆不靖，勸捐重修。咸豐三年，巡道吳健彰重建月城內營房，撥兵守之。八月，閩廣亂民據城叛，毀數十處。五年，城復。七月，巡道趙德轍等提善後捐繕葺如舊。十年，粵寇逼境，巡道吳煦於城上箭臺撥兵置砲，並於振武臺右闢小北門以便西兵出入。同治五年，巡道應寶時添築小北門月城，並整葺各門營房、敵樓、吊橋如制。

民國《上海縣續志》

民國《上海縣續志》，成文出版社有限公司，1970年。

上海縣

（卷二"建置上·城池"，145）城舊制高二丈四尺，本不足此數，而內外城根復日漸壅積，磚泥僅存一丈四五尺，□城漥下，跨龍、晏海等門，潮大時輒涌水，堞及箭臺多脫落，舊有之門，既低隘，鮮能通車馬，咸苦不便，議拆未果，爰添闢三門，東北曰福佑、西南曰尚文、西北曰拱宸，其寶帶、朝陽、晏海三門亦擴張之，均高一丈五尺，寬一丈八尺，視舊約增三之一。濠常淤墊，北半城尤甚，緣濠內地盡廬舍，濠外地即租界，無處儲泥，不易浚治。《前志》所稱於方浜北新開一浜者，已由法公董局填塞，其於城西溝通周涇者，亦已填作馬路（各《前志》載，濠長一千五百餘丈。《府續志》注謂與城周九里未符。茲丈見池周實有【146】一千六百二十丈）。光緒三十二年二月，巡道袁樹勳采紳士姚文枏等拆城之議，詳陳於督撫。（148）三十三年五月，總督端方、巡撫陳啓泰准巡道瑞澂詳會奏上海開闢城門，填河築路。六月，旨准。宣統元年五月，於跨龍、儀鳳門之間闢尚文門。六月，於儀鳳、晏海門之間闢拱辰門。九月，改大晏海門。二年四月，改大寶帶門。九月，於寶帶、障川門之間闢福佑門。三年三月，改大朝陽門，均就地籌捐濟用（宣統三年九月，改革後實行拆城矣）。

（"城池補遺"，148）雍正十年，知縣秦士顯請帑重修（《舊志》）。

乾隆《華亭縣志》

乾隆《華亭縣志》，成文出版社有限公司，1983 年。

華亭縣
（卷二"建置志·城池"，125）縣附府城，城周九里一百七十三步，高二丈二尺，雉堞一千二百有奇，陸門四，東曰披雲、西曰谷陽、南曰集仙、北曰通波，水門各附其旁，門各有樓，樓外爲月城，濠廣十丈，深七尺，周一千八百十三（126）丈二尺。國朝順治十三年，析城西北隅（嵌石爲界），迤南而東計雉堞五百一十有七，谷陽、集仙二門，城樓水門月城各二，自采花涇橋西折而南，又東至於咸通橋，計濠一千一百七十丈，屬婁縣，餘隸華亭。

金山衛
金山衛城，明安慶侯仇成築，在縣治西南七十二里。國朝分置婁縣，以東南隅青龍港故址，歷南西二門至北水門止隸之，濠界如城。雍正二年，復析婁爲金山縣，凡隸於婁者皆屬焉，餘仍隸華亭。

拓林城
（127）拓林城，原名堡，明巡按御史尚維持議築備倭。在縣治東南七十二里，城周四里，高一丈八尺，旱門三座（北門缺），水關二座，雉堞一千八百七十，濠面闊十丈，底闊六丈，深一丈五尺。

倉城
倉城，明知縣聶廷璧建，在谷陽門外秀州塘之右，今屬婁治。其倉廒，華亭、奉賢、婁縣三分焉，以受委輸，故修浚三縣共之。

萬曆《嘉定縣志》

萬曆《嘉定縣志》，成文出版社有限公司，1983 年。

嘉定縣

（卷三"營建考上·城池"，178）宋嘉定十二年，知縣高衍孫始築縣城，甃以甓。元至正十六年，張士誠據平江，遣其將呂珍重新之，周一千六百九十四丈，崇一丈五尺，基廣四丈，面三丈，爲門四，東曰晏海、西曰合浦、南曰澄江、北曰朝京（今改觀潮），東西南三水門附焉。外濠去城五丈，廣十三丈，深一丈，內塹廣二丈，深一丈。國朝永樂間，城漸就圮。正德間，流賊泛江，據狼山，知縣王應鵬築土牆（179）於上備之。嘉靖十五年，知縣李資坤增創北水門，又於上建樓三楹。十九年，海寇煽亂，知縣馬麟增崇土牆，高可丈餘。三十二年，倭人犯，知縣萬思謙以土堞難守，改甃以甓，周二千二百六十六丈六尺，崇二丈六尺，基廣五丈，面三丈，凡五閱月告成，萬以遷秩去。東南新築，毀於霪雨，知縣楊旦重甃，改置雉堞二千三百六十九，加崇四尺，分甃敵臺一十六座，守鋪三十四，於是城四門各建樓一座，廣（180）東北二水關及子城，修西南二門子城，增築東門，子城外濠重加疏浚，深廣有加。工始於癸丑十月，訖於丙辰六月，先後凡三年，邑人徐學謨爲之記。萬曆十八年，知縣熊密以形家言，移南水門於稍東，更名彙龍關。二十五年秋，知縣王福徵復疏內塹，未幾就闕，建東西北三門，內石塊橋。三十年，知縣韓浚增置敵臺一十四座，從諸生請，塞彙龍關，復南水關之舊。今城周二千二百六十六丈，高二丈（181）九尺，雉堞二千五百一十三，敵臺三十三，守鋪三十六，四隅房各一，內外濠塹如故。

民國《嘉定縣續志》

民國《嘉定縣續志》，成文出版社有限公司，1975 年。

嘉定縣

（卷二"營建志·營繕·城池"，101）光緒十一年，知縣龍景曾重修城垣、敵臺（用錢百七十九千九百七十文）。十三年，大雨，毀西門迤南城垣十六丈，知縣龍景曾重修（崇二丈七尺，頂寬三尺，根廣五尺，基深四尺，廣六尺，砌石九層，經費錢一千五百七十五緡三百六十文，在本縣經徵條銀辦公費六百文項下提捐，存仁振德各善堂五文內撥用）。

（102）十五年，知縣龍景曾浚內塹。十九年，知縣張樞重修東南城垣，甃塞彙龍關，修南水關。三十年、三十一年，知縣吳鏡沆重修四城門及營房（存仁堂協貼經費錢二百三十三千九百餘文）。宣統二年，知縣邵鼎重修四門、堞樓、水關（存仁堂協貼經費錢八十六千三百九十九文）。

乾隆《金山縣志》

乾隆《金山縣志》，成文出版社有限公司，1970年。

金山縣

（卷二"城池"，115）城即衛城，向爲華婁分轄，自東南隅青龍港故址，歷西南兩門至北水門止，爲婁界。金山分自婁縣，建署於城內之通衢，凡隸於婁者屬焉。

城北拱府治，南俯大海，西連乍浦，東接青村，周回一十二里三百步有奇，高二丈八尺，陸門四，水門一，唯北有之，門樓四，東曰瞻陽、西曰□□、南曰鎮海、北曰拱北，角樓四，腰樓八，敵樓八，間以箭樓凡四十八，雉堞三千六百七十有八。明洪武十九年，命安慶侯等召嘉湖蘇松等府衛軍民土築方城。永樂十五年九月，（116）命都指揮使谷祥始易磚甃。成化三年，都督僉事董宸奏令改甃以石，指揮使西賢繼成之。弘治年，指揮使翁熊重修。萬曆二十六年，巡撫趙可懷委本府督令衛官修砌城墙。崇禎三年，郡守方岳貢捐俸，移會指揮使范必忠修築坍城二百二十六丈。國朝康熙二十二年，婁縣知縣史彬修。乾隆二年，華亭知縣陳陛誠重修。

池，周於城，初深一丈，廣九丈。永樂十五年，都指揮使谷祥以潮沙淤塞，命指揮侯端等督浚，深一丈四尺，闊一十一丈。宣德六年，指揮僉事某重浚。正德六年，都指揮使張奎令指揮劉艮、翁仁廣加浚，深一丈八尺。（117）萬曆二十六年，巡撫趙可懷委衛官復浚，凡屬金山所轄者，其界址一如城。

咸豐《金山縣志》

咸豐《金山縣志》，成文出版社有限公司，1983年。

金山縣

（"建置志·城池"，219）縣治，未有城。乾隆二十四年，總督尹繼善、巡撫陳宏謀奏請移治朱涇鎮，並議築城。三十三年，總督高晋、巡撫明安靖以築城工役，增修衛城，改爲金山縣城，知縣仍駐衛城舊治所，城內半屬華亭者，歸併金山縣管轄（今戶口隸金山，田賦仍屬華亭）。後知縣仍駐朱涇。五十九年，舊署爲颶風所毀。嘉慶元年，知縣王之導詳准以縣城偏僻，永駐朱涇。城垣至今未（220）建。

金山衛

（220）金山衛城，在縣治南十里，距海三里，分隸華亭，自南水門起至北水門止，西南二門屬金山，東北二門屬華亭。城高二丈八尺，周一十二里步有奇，陸門四，南曰鎮海（又名南安）、西曰迎仙（又名凝霞）、東曰瞻陽、北曰拱北，南水門今塞，惟北有之。門樓四，角樓四，腰樓八，敵樓八，間以箭凡四十八（《新府志》作六），雉堞三千六百七十八，各廣二丈。前明築以海防，史稱太祖沿海建衛所城五十九，此其一也。信國公湯和經其始，安慶侯仇成董（221）其成。洪武十九年，工竣，俗以方鳴謙督造，故稱方城，今曰康城，音近之訛，或謂周康王築，或以爲吳越錢氏所作，皆流俗附會也。永樂十五年，都指揮使谷祥加高五尺，埤堄六尺，易土以磚，四門各築月城。成化三年，都督府僉事董宸改甃以石，指揮使西賢繼成之。弘治年，指揮使翁熊重修。萬曆二十六年，知府許維新重修。崇禎三年，知府方岳貢、指揮使范必忠修築二百二十六丈。國朝康熙二十二年，婁縣知縣史彬重修。乾隆二年，華亭知縣陳陛誠重修。三十九（222）年，知府韓錫胙、知縣程名桂又修之。嘉慶二十二年，知縣林沛重修四門敵樓。

池，周一十三里三百步，初深一丈，廣九尺，外周以子河。永樂十五年，都指揮使谷祥命指揮同知侯端重浚，加深四尺，加廣二丈。宣德六年，指揮僉事張注重浚。正德六年，都指揮使張奎令指揮劉良、翁仁廣加浚四尺，廣如故。萬曆二十六年，巡撫趙可懷、知府許維新督衛官復浚，共闊十丈，加深一丈五尺，周開子河。乾隆三十九年，知縣程名程加浚焉。今並湮塞，凡（223）屬金山所轄者，其界址一如城。

光緒《金山縣志》

光緒《金山縣志》，成文出版社有限公司，1983年。

金山縣

（卷七"建置志上·城池"，357）縣治未有城，乾隆二十四年，總督尹繼善、巡撫陳宏謀奏請移治朱涇鎮，並議築城。三十三年，總督高晉、巡撫明（358）安請以築城工役增修衛城，改爲金山縣城，知縣仍駐衛城舊治所。城內半屬華亭者，歸併金山縣管轄（今戶口隷金山，田賦仍屬華亭）。後知縣仍駐朱涇。五十九年，舊署爲颶風所毀。嘉慶元年，知縣王之導詳准，以縣城偏僻，永駐朱涇。城垣至今未建。

金山衛

金山衛城，在縣治南五十里，距海三里，本華亭之篠管鎮，今分隷華亭，自南水門起至北水門止，西南二門屬金山，東北二門屬華亭。城高二丈八尺，周一十二里三百步有奇，陸門四，南曰鎮海（又名南安）、西曰迎仙（又名凝霞）、東曰瞻陽、北曰拱北，南水門今塞，惟北有之，門樓四，角樓四，（359）腰樓八，敵樓八，間以箭樓，凡四十八（《府志》作六），雉堞三千六百七十八，各廣二丈。前明築以防海，史稱太祖沿海建衛所城五十九，此其一也。信國公湯和經其始，安慶侯仇成董其成。洪武十九年，工竣，俗以方鳴謙督造，故稱方城，今曰康城，音近之訛，或謂周康王築，或以爲吳越錢氏所作，皆流俗附會也。永樂十五年，都指揮使谷祥加高五尺，埤堄六尺，易土以磚，四門各築月城。成化三年，都指揮僉事董宸改甃以石，指揮使西賢繼成之。弘治年，指揮使翁熊重修。萬曆二十六年，知府許維新重修。崇禎三年，知府方岳貢、指揮使范必忠修築（360）二百二十六丈。國朝康熙二十二年，婁縣知縣史彬重修。乾隆二年，華亭知縣陳陛諴重修。三十九年，知府韓錫胙、知縣程名程又修之。嘉慶二十二年，知縣林沛重修四門敵樓。

池，周十三里三百步，初深一丈，廣九尺，外周以子河。永樂十五年，都指揮使谷祥命指揮同知侯端重浚，加深四尺，加廣二丈。宣德六年，指揮僉事張注重浚。正德六年，都指揮使張奎令指揮劉艮、翁仁廣加浚四尺，廣如故。萬曆二十六年，巡撫趙可懷、知府許維新督衛官復浚，共闊十丈，加深一丈五尺，周開子河。乾隆三十九年，知縣（361）程名程加浚焉，今並湮塞，凡屬金山所轄者，其界址一如城。

長濠，在衛城西門外。同治元年夏，衛城克復，李中丞以衛城毗連浙界，爲浦東門戶，議掘長濠以禦賊。冬，檄飭統領潘鼎新率同隨營紳士唐邦利、何鳴鏘、劉肇基等督率勇丁，距城河半里許，開浚長濠，環抱城河，北通運鹽河，南至海塘腳，不匝月而蕆事，濠面寬四丈八尺，深亦四丈有餘，長一千五百六弓，今俗名新濠河。

光緒《南彙縣新志》

光緒《南彙縣新志》，成文出版社有限公司，1970 年。

南彙縣

（卷三"建置志·城池"，251）縣城，在三團，地本守禦南彙嘴中後千戶所。明洪武十九年，信國公湯和始築城，即金山衛之分署，周五里一百四十九步，高二丈二尺，池周於城，深七尺，廣二丈四尺，旱門四，南曰迎薰、北曰拱極、東曰望海、西曰聽潮，水關二，東曰靜海、西曰通濟，門樓、角樓各四，敵臺四，箭樓四十，雉堞一千九百九十垛。永樂十五年，都指揮使谷祥增修，周六里七十五步，磚甃，加高五尺，池深七尺五寸，闊八丈。弘治初，指揮使翁熊重修。正德十一年，總督張奎、鎮撫胡洪浚池，（252）深五尺，廣如故。萬曆十六年，巡撫趙可懷檄重修，垣高厚如制，池面闊十丈，底闊六丈，深一丈四尺。國朝歲有修葺，屢修屢壞。康熙五十七年，發帑委松江府同知鄭山督修。雍正三年，改爲縣治。五年，知縣欽連重修。乾隆三十九年，知縣成汝舟同上海知縣尚確詳奉發帑三萬八千七百七十六兩二錢，分工修辦，本年十月興工，次年七月工竣。上邑承辦之工，自通濟關迤北轉東至靜海關北首止，共五十七段，估銷銀一萬九千五百二十二兩七分九厘；本邑承辦之工自靜海關迤南轉西至通濟關南首止，共五十一段，估銷銀一萬九千三百六十七兩四分五厘，計修旱門四，水關二，城樓四座，砲臺十六座，周長九百九（253）十八丈七尺五寸（以上《胡志》）。道光二十二年，西夷犯上海，知縣范鳳諧諭董修築。咸豐三年，會匪竊踞，旋即收復。四年，知縣富克精阿、董事陶翼等修建。同治十一年，知縣羅嘉杰據董事葉爲璋等禀請修葺城垣，詳准開工，周圍雉堞添用新磚五層，估銷制錢六千四百七十七千八百八十文（此項經費，由縣措墊，每年於漕糧隨收公費項下，每千提錢二十四文，計五年籌補足數）。

民國《南彙縣續志》

民國《南彙縣續志》，成文出版社有限公司，1983年。

南彙縣

（卷三"建置志·城池"，201）光緒二十一年六月十九夜，大雷電，南門城樓、東城墻觸電，毀雉堞三垛，旋即修理如舊。宣統二年，知縣畢培先以四門城樓損壞已多，籌款重修。

（卷三"建置志·附建置志考證"，263）城池，雉堞一千九百九十垛（秦榮光札記云，《欽志》作七百，按城在永樂間增葺，而雉堞不言其數，意《欽志》據始築言之，今《志》據現數言之歟）。國朝雖有修葺，屢修屢壞（《松江府志》康熙十三年重修。二十二年，上海縣知縣史彬重葺）。